中央财经大学民泰金融研究所系列报告

本报告受国家自然科学基金项目“中小企业金融服务与金融体系变革
——国际比较与中国实践”（批准号：71173247）资助出版

China MSME Finance Report 2019

中国中小微企业金融服务发展报告(2019)

史建平　主编

中国金融出版社

责任编辑：王效端　王　君
责任校对：孙　蕊
责任印制：裴　刚

图书在版编目（CIP）数据

中国中小微企业金融服务发展报告（2019）/史建平主编．—北京：中国金融出版社，2020．1
ISBN 978－7－5220－0439－6

Ⅰ．①中…　Ⅱ．①史…　Ⅲ．①中小企业—金融—商业服务—研究报告—中国—2019
Ⅳ．①F279．243

中国版本图书馆 CIP 数据核字（2020）第 000718 号

中国中小微企业金融服务发展报告（2019）
Zhongguo Zhongxiaowei Qiye Jinrong Fuwu Fazhan Baogao（2019）
出版
发行　中国金融出版社
社址　北京市丰台区益泽路 2 号
市场开发部　（010）63266347，63805472，63439533（传真）
网 上 书 店　http：//www. chinafph. com　（010）63286832，63365686（传真）
读者服务部　（010）66070833，62568380
邮编　100071
经销　新华书店
印刷　天津银博印刷集团有限公司
尺寸　210 毫米×285 毫米
印张　24. 75
字数　636 千
版次　2020 年 1 月第 1 版
印次　2020 年 1 月第 1 次印刷
定价　188. 00 元
ISBN 978－7－5220－0439－6

编辑部邮箱：jiaocaiyibu@126. com

编委会

Editorial Board

报告各部分分工如下：

第 1 章　王婉婷　汪　怡
第 2 章　曹　政　杨如冰
第 3 章　曹　政　吴祺加　贺　瑶　杨如冰
商业银行小微金融经理人调查
施雨婷　曹　政　杨如冰
第 4 章　吴祺加　贺　瑶
第 5 章　宋珏遐　张宏斌
第 6 章　郑　彬　史秀红
第 7 章　李明哲　史秀红
第 8 章　刘雨桐　史秀红
第 9 章　汪　璐　王　威
第 10 章　陈　熹　赵世晔　王　威
第 11 章　潘筱雯
第 12 章　阮志朋　步建霖　李恒城　闻　艺　王汀汀
第 13 章　王　琪　陈　逸　王汀汀
第 14 章　岳　媛
第 15 章　尹　龙　熊心玮　陈　诺　徐晓华
第 16 章　史建平　杨如冰
调查与统计支持　王　健
图文总校　史秀红

序

Preface

2018 年农历新年开始，几乎每月都有支持小微企业发展的政策在国务院常务会议上被提出，中国人民银行、银保监会等主要监管机构发展小微金融的政策也在不断加码。

然而，市场的变化并不尽如人意。作为中小微企业最大的资金供给方，银行业金融机构小微企业贷款余额增速较 2017 年明显放缓；小贷和典当行业仍未走出低迷态势，服务规模几无增长；股市融资规模整体收缩，中小微企业股市融资也受到影响；债市融资规模虽有增长，但真正流向中小微企业的比例微乎其微，绝对值甚至出现明显下降；创业投资募资陷入困境，行业笼罩在寒流之中，投资增幅减小，投资人出手更加谨慎。但值得肯定的是，金融回归本源的监管基调没有改变，回归的趋势还在继续，阵痛之后的重生值得期待；与此同时，金融机构利用金融科技破解小微金融瓶颈的脚步并未放缓，从向互联网金融巨头借力到独立建制，银行系金融科技子公司异军突起；与金融科技机构合作的金融机构也不再限于头部大行，中小金融机构也纷纷开始了合作，渐有全面渗透的趋势。

2019 年是我们第 11 年出版这份年度报告。在报告尚未截稿之时，中国人民银行和中国银保监会联合编写的《中国小微企业金融服务报告（2018）》于6 月正式出版，结束了在小微金融领域没有官方定期报告的历史，这是一个值得点赞的突破。与此同时，作为一份来自高校的同类型的报告，如何更好地发挥非利益相关者的中性立场优势做好差异化是我们需要认真思考的课题。

感谢 11 年来一直与我们同行的小微金融一线的实践者、业界专家和学者朋友们，我们一起见证了中小微企业金融服务市场的兴起和起落，一起为它的健康发展建言献策。感谢中国金融出版社王效端主任的出版团队一如既往的支持，严格的编辑把关使这份报告能够以最好的品质呈现给大家。还有各位亲爱的读者们，感谢你们年复一年的关注和督促。

还要特别感谢参加过报告编写的每一位作者，在这11年中，大部分人都从学校走向了工作岗位，有的已经成为小微金融一线的实践者，还有很多虽然没有直接从事小微金融服务工作，但因为有过这样一段研究经历而对中小微企业这个群体有更多的理解和关注。你们的成长是报告编写工作带来的最大财富。

最后，祝愿中小微金融服务市场在全社会共同的努力下，发展得越来越好！

中央财经大学民泰金融研究所所长

2019年10月

中财民泰金融研究所

微信号：mintaijinrong

目 录

CONTENTS

图

附图

表

附表

专题

1 中小微企业金融服务发展环境

1.1 经济环境

2018 年，世界经济整体延续复苏态势，全球经济增长率仍高达 3.6%，但增长势头较 2017 年 3.8%的增幅有所放缓，全球主要经济体也未能维持 2017 年持续的经济增长①。在主要经济体中，美国经济增长较为强劲但表现出减缓迹象，欧元区经济增长势头持续放缓，日本经济波动性增大，英国经济持续低速增长；新兴市场经济体表现继续分化，部分经济体处于经济收缩或失业率居高不下的境况。面对稳中放缓的全球经济，中国经济运行以 6.6% 的 GDP 增长、2.1% 的 CPI 涨幅总体平稳。然而，中国经济仍处于重要战略机遇期，面临当今错综复杂的世界经济形势，我国经济发展预见的长短期、内外部等因素变化带来的风险挑战明显增多，内生增长动力仍需进一步增强。

1.1.1 经济运行总体平稳

2018 年中国经济运行总体平稳。在“三大攻坚战”开局良好，供给侧结构性改革深入推进，改革开放力度加大等利好因素下，虽然面临稳中有变的内外部形势，中国经济仍保持较强韧性。全年实现国内生产总值（GDP）90 万亿元，按可比价格计算，比上年增长 6.6%，实现了 6.5%左右的预期发展目标。从三大产业对 GDP 增长的贡献率来看，第一产业增加值为 6.5 万亿元，同比增长 3.5%；第二产业增加值为 36.6 万亿元，同比增长 5.8%；第三产业增加值为 47.0 万亿元，同比增长 7.6%。三大产业增加值占 GDP 比重分别为 7.2%、40.7%、52.2%。第三产业占比继续提高，对经济的贡献持续增大；第一产业占比较上年回落 0.7 个百分点，第二产业占比较上年提高 0.2 个百分点。由于中国经济仍处在新旧动能转换阶段，长期积累的风险隐患暴露增多，小微企业、民营企业融资难问题较为突出，经济面临着下行压力。2018 年第四季度中国人民银行 5000 户工业企业调查显示，企业经营景气指数为 57.9%，比上年同期下降 1.9 个百分点；企业盈利指数为 58.7%，比上年同期回落 2.8 个百分点。此外，2018 年中国制造业 PMI 基本维持在荣枯线以上，仅在 12 月跌落至

① 国际货币基金组织（IMF）：《世界经济展望报告》，2019－04。

49.4%，表明制造业大体保持平稳增长；非制造业商务指数全年维持在53~55的高景气区间[①]。

从拉动经济增长的“三驾马车”来看，消费对经济增长贡献显著提升，投资缓中趋稳，进出口均保持较快增长。2018年最终消费支出对经济增长的贡献率为76.2%，较上年提高17.4%，是拉动经济增长的最大动力。2018年社会消费品零售总额为38万亿元，比上年增长9%；乡村消费品零售额同比增长10.1%，比城镇高1.3个百分点；网上零售增势仍然强劲，全年网上零售额为9万亿元，比上年增长23.9%。投资对经济增长的贡献率为32.4%，较上年上升0.3个百分点。固定资产投资增长5.9%，较上年下降1.41个百分点。分产业来看，第一、第二、第三产业固定资产投资增速分别为12.9%、6.2%、5.5%[②]，第一、第二产业增速较上年有所上升，第三产业相对有所下降。货物及服务净出口对经济增长贡献率为负8.6%，较上年下降17.7%。以人民币计价，2018年我国进出口贸易总额为30.5万亿元，同比增长9.7%，其中出口额为16.4万亿元，同比增长7.1%，进口额为14.1万亿元，同比增长12.9%，贸易顺差比上年收窄18.3%。

1.1.2 货币政策维持稳健

2018年人民银行实施稳健的货币政策，信贷结构继续改善，货币供应量、社会融资规模总体平稳增长，人民币汇率弹性增强。

货币供应平稳增长。2018年末，我国狭义货币（M1）余额为55.2万亿元，同比增长1.5%；广义货币（M2）余额为182.7万亿元，同比增长8.1%。2018年人民银行运用包括逆回购、中期借贷便利（MLF）、常备借贷便利（SLF）、抵押补充贷款（PSL）在内的多种货币政策工具，全年现金投放量为2563亿元，同比多投放221亿元，市场流动性合理充裕。

市场利率水平略有下行。在外部不确定性增大、经济下行压力有所加大的背景下，人民银行有针对性地适时适度预调微调，以加大金融对实体经济尤其是小微企业和民营企业的支持力度。截至2018年12月，非金融企业及其他部门贷款加权平均利率为5.63%，比上年同期下降0.11个百分点；其中，一般贷款加权平均利率为5.91%，比上年同期上升0.11个百分点。2018年银行间7天质押式回购加权平均利率为3.40%，银行间市场1年期、3年期、5年期、7年期和10年期固定利率国债到期收益率分别为2.60%、2.87%、2.97%、3.16%和3.23%，较年初均有不同幅度的下降。

社会融资规模适度增长。2018年，我国社会融资规模增量为19.26万亿元，比上年减少3.14万亿元，主要受表外融资大幅下降影响。其中新增人民币贷款15.67万亿元，比上年多增1.83万亿元；人民币贷款仍为最主要的融资方式，更为严格的金融监管使更多的融资需求转向人民币贷款，新增人民币贷款占同期社会融资规模增量的比重由2017年的71.2%提升至2018年的81.4%。受表外理财纳入宏观审慎评估体系考核范围和监管政策对表外业务清理的影响，委托贷款、信托贷款和未贴现的银行承兑汇票同比显著减少。委托贷款规模相对2017年大幅减少了23837亿元；信托贷款同比减少29456亿元。受市场中枢利率下行，企业发债成本降低的影响，2018年新增企业债券融资规模为24756亿元，同比大幅上升450.75%。[③] 此外，值得注意的是，在货币供给平稳增长、M2增速上升的背景下，2018年社会融资规模较上年有所缩减，企业债券融资规模大幅扩增，较好把握了支持

① 数据来源：Wind数据库。

② 2018年国民经济和社会发展统计公报。

③ 中国人民银行：《2018年第四季度货币政策执行报告》。

实体经济和兼顾内外部均衡之间的平衡，促进了国民经济的平稳健康发展。

1.1.3　中小微企业发展低位平稳

虽然2018年中国经济面临着下行压力，在国家激励引导金融机构加大对实体经济尤其是对小微企业和民营企业的支持力度的条件下，中小微企业仍保持平稳发展的态势，但整体生存环境和发展状况仍处低位。从中国中小企业发展指数（SMEDI）来看（见图1－1），2018年前三个季度指数整体缓升，第四季度略有下降，均处于景气临界值100以下；从经济日报—中国邮政储蓄银行“小微企业运行指数”来看（见图1－2），小微企业运行指数从2018年1月的46.2上升至12月的46.5，运行状况有所好转但尚处小于50的较差水平；从渣打银行公布的中小企业信心指数的数据表现来看（见图1－3），2018年第一季度中小企业信心指数增长明显之后有所下降，全年指数都在一般水平（50）以上，发展走势和2017年基本持平。

图1－1　中国中小企业协会“中国中小企业发展指数”（2016—2018年）

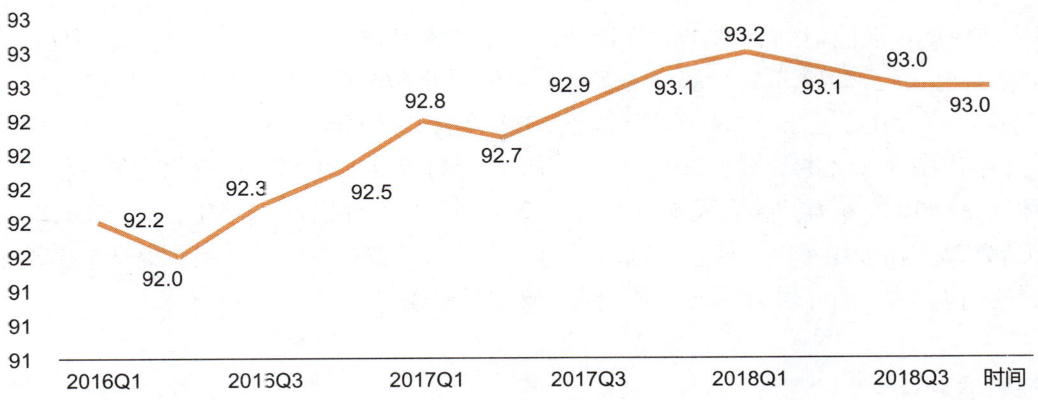

资料来源：中国中小企业协会《中国中小企业发展指数》。

图1－2　经济日报—中国邮政储蓄银行“小微企业运行指数”（2017—2018年）

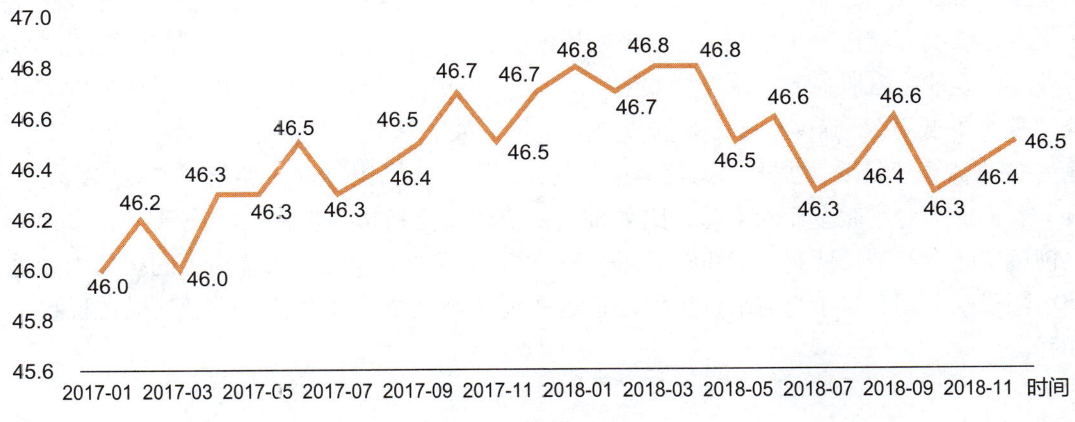

资料来源：经济日报，中国邮政储蓄银行《小微企业运行指数》。

图 1-3　渣打银行“中国中小企业信心指数报告”（2017—2018 年）

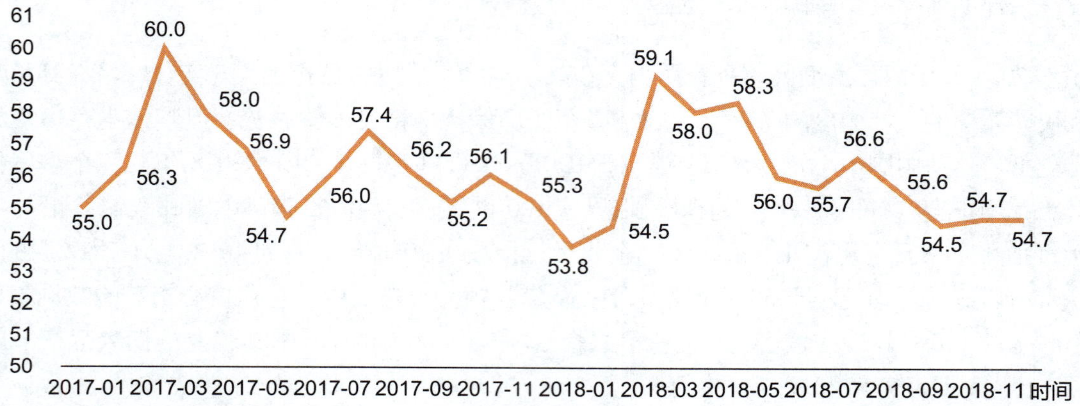

资料来源：渣打银行《中国中小企业信心指数报告》。

2018 年新设市场主体达到新高点，全国新设市场主体 2149.6 万户，同比增长 11.7%，平均每天新设 5.89 万户，高于 2017 年的 5.27 万户。全年新设企业 670 万户，同比增长 10.3%，比上年提高 0.4 个百分点，平均每天新设 1.84 万户，高于 2017 年的 1.66 万户。新设市场主体在高基数的基础上仍能保持高增速实属不易。截至 2018 年底，全国实有市场主体 11020 万户，其中，企业 3474.2 万户，个体工商户 7328.6 万户，农民专业合作社 217.3 万户，分别占 31.5%、66.5%、2.0%。① 在《中国制造 2025》激发中小微企业创业创新活力、促进中小微企业转型升级、提升中小微企业产业集群发展的指引和扶持下，中小微企业创业兴业环境日趋改善。

1.2　政策环境

当前，我国金融业仍坚持“归本质、促实体；严监管，防风险”的政策总基调，坚持金融服务实体经济的根本要求，激励引导金融机构加大对实体经济尤其是对小微企业的支持力度。2018 年，国务院、工信部先后分别印发《关于推动创新创业高质量发展打造“双创”升级版的意见》和《促进大中小企业融通发展三年行动计划》，让大企业发挥引领支撑作用，带动中小企业专业化水平得到进一步提升，表明国家进一步重视中小企业发展的生态环境。与此同时，银保监会《关于 2018 年推动银行业小微企业金融服务高质量发展的通知》，进一步优化考核指标，突出差异化方向。要求在继续监测“三个不低于”、确保小微企业信贷总量稳步扩大的基础上，重点针对单户授信 1000 万元以下（含）的小微企业贷款，提出“两增两控”的新目标。人民银行进一步创新和运用结构性货币政策工具，着力提高对小微企业的支持，比如推出信贷政策支持再贷款模式、民营企业债券融资支持工具，创设定向中期借贷便利（TMLF）工具等；财政部在小微企业税收优惠上的扶持力度进一步加大，使小额贷款公司、中小企业融资担保公司这些促进小微企业金融服务的金融机构税收优惠政策得到加强。

---

① 国家工商行政管理总局统计数据。

1.2.1 差异化监管政策持续引导

2018 年的小微企业差异化监管政策引导仍以正向激励为导向，从业务和机构两方面采取差异化监管政策。具体体现在定向降准制度实施、再贷款再贴现等信贷支持工具的跟进、小微企业金融服务考核办法的完善、不良贷款率容忍度的放宽、对小微企业贷款品种的改进和融资渠道的拓展等诸多方面。

■ 加大使用定向降准的结构性引导力度

继 2017 年人民银行再次启用定向降准支持小微企业融资服务后，定向降准的差异化监管激励政策在 2018 年全年和 2019 年上半年持续推行，2018 年 4 月、6 月、10 月，2019 年 1 月、5 月，人民银行五次实施定向降准以增强小微企业的信贷供给。

2018 年 4 月，中国人民银行宣布下调大型商业银行、股份制商业银行、城市商业银行、非县域农村商业银行、外资银行人民币存款准备金率 1 个百分点；2018 年 6 月下调国有大型商业银行、股份制商业银行、邮政储蓄银行、城市商业银行、非县域农村商业银行、外资银行人民币存款准备金率 0.5 个百分点；2018 年 10 月下调大型商业银行、股份制商业银行、城市商业银行、非县域农村商业银行和外资银行人民币存款准备金率 1 个百分点；2019 年 1 月人民银行决定下调金融机构存款准备金率 1 个百分点；2019 年 5 月人民银行决定对聚焦当地、服务县域的中小银行，实行较低的优惠存款准备金率，对仅在本县级行政区域内经营，或在其他县级行政区域设有分支机构但资产规模小于 100 亿元的农村商业银行，执行与农村信用社相同档次的存款准备金率，该档次目前为 8%。

此外，在 2019 年 1 月发布的《中国人民银行决定调整普惠金融定向降准小微企业贷款考核标准》中，中国人民银行决定，自 2019 年起，将普惠金融定向降准小型和微型企业贷款考核标准由“单户授信小于 500 万元”调整为“单户授信小于 1000 万元”。这有利于扩大普惠金融定向降准优惠政策的覆盖面，引导金融机构更好地满足小微企业的贷款需求，使更多的小微企业受益。

■ 继续利用再贷款再贴现等信贷支持工具

为加大对小微企业、民营企业的金融支持力度，中国人民银行于 2018 年 12 月决定创设定向中期借贷便利，对实体经济支持力度大、符合宏观审慎要求的大型商业银行、股份制商业银行和大型城市商业银行，可向中国人民银行提出申请。根据金融机构对小微企业、民营企业贷款增长情况，向其提供长期稳定资金来源。定向中期借贷便利资金可使用三年，操作利率比中期借贷便利（MLF）利率优惠 15 个基点。

同时，人民银行创新信贷政策支持再贷款模式，采用“先贷后借”的报账方式，引导金融机构将资源更多投向民营、小微企业。要求金融机构在“先借后贷”模式下，对运用再贷款发放的贷款建立台账管理制度，采取“一次授信、多次发放”方式提高再贷款审批发放效率。

与 2017 年人民银行发布的《关于进一步深化小微企业金融服务的意见》中再贷款再贴现政策相比，2018 年发布的相关政策更能突出对小微企业融资的支持。具体规定有，人民银行等五部门在《关于进一步深化小微企业金融服务的意见》（银发〔2018〕162 号）中提出增加支小支农再贷款和再贴现额度共 1500 亿元，下调支小再贷款利率 0.5 个百分点；支持银行业金融机构发行小微企业贷款资产支持证券，盘活信贷资源 1000 亿元以上；将单户授信 500 万元及以下的小微企业贷款纳入中期借贷便利（MLF）的合格抵押品范围；对符合条件的小微企业和个体工商户贷款利息收入免征增值税单户授信额度上限，由100万元提高到500万元。此外，人民银行又于2018年10月、12月增加再贷款和再贴现额度1500亿元和1000亿元用于支持金融机构扩大对小微、民营企业的信贷投放。

■ 继续落实小微企业金融服务考核办法

为进一步落实2016年《推进普惠金融发展规划（2016—2020年）》，2018年，中国人民银行、银保监会等五部门联合印发《关于进一步深化小微企业金融服务的意见》，强调银行业金融机构要努力实现单户授信总额1000万元及以下小微企业贷款同比增速高于各项贷款同比增速，有贷款余额的户数高于上年同期水平；要进一步缩短融资链条，清理不必要环节，禁止向小微企业贷款收取承诺费、资金管理费，严格限制收取财务顾问费、咨询费；要改进信贷政策导向效果评估，着力提高金融机构支持小微企业的精准度。

同时银保监会于2018年2月发布《关于2018年推动银行业小微企业金融服务高质量发展的通知》，进一步优化考核指标，突出差异化方向。要求在继续监测“三个不低于”、确保小微企业信贷总量稳步扩大的基础上，重点针对单户授信1000万元以下（含）的小微企业贷款，提出“两增两控”的新目标，“两增”即单户授信总额1000万元以下（含）小微企业贷款同比增速不低于各项贷款同比增速，贷款户数不低于上年同期水平，“两控”即合理控制小微企业贷款资产质量水平和贷款综合成本；突出对小微企业贷款量质并重、可持续增长的监管导向。同时从完善机构体系、提升服务效率、改进贷款支付、落实尽职免责、盘活信贷资源、主动开展信息披露等方面提出具体要求。

■ 继续强化小微企业不良贷款容忍度差异化监管

继2013年原银监会提出对小微企业不良贷款实施差异化监管以来，“提高小微企业不良贷款容忍度”的举措不断得到强化和落实。2018年银保监会在《关于2018年推动银行业小微企业金融服务高质量发展的通知》中要求各银行业金融机构要在商业可持续前提下，结合小微企业不良贷款容忍度的监管要求，加强对小微企业贷款的风险管理，努力将全口径小微企业贷款不良率控制在不超过自身各项贷款不良率2个百分点的水平；要按照收益覆盖风险原则，合理设定小微企业贷款利率。在落实“两禁两限”收费政策的基础上，进一步主动向小微企业减费让利，切实巩固清费减负成果，降低小微企业贷款综合成本。

同时，2018年银保监会在《关于进一步做好信贷工作　提升服务实体经济质效的通知》中提到，要积极运用资产证券化、信贷资产转让等方式，盘活存量资产，提高资金配置和使用效率。充分利用拨备充足的有利条件，在严格资产分类基础上，综合运用核销、现金清收、批量转让等方式，加大不良贷款处置力度，严禁隐匿隐瞒不良贷款，严查不良资产虚假出表、虚假转让等违规行为。

■ 进一步鼓励小微企业信贷资产流转

银保监会在《关于做好2018年小微企业金融服务工作的通知》中指出，可以通过信贷资产证券化、信贷资产转让和收益权转让等试点业务盘活小微企业信贷资源，从而进一步拓宽小微企业不良资产处置渠道；对近年完成考核指标良好、小微企业贷款基数大、占比高、户均余额低的银行业金融机构，在考核“两增”目标时，可将其通过信贷资产证券化、信贷资产转让和收益权转让试点、核销等方式盘活、处置的小微企业存量贷款进行还原计算。

人民银行等五部门在《关于进一步深化小微企业金融服务的意见》（银发〔2018〕162号）中提出，支持银行业金融机构发行小微企业贷款资产支持证券，将小微企业贷款基础资产由单户授信100

万元及以下放宽至500万元及以下。鼓励银行业金融机构发行小微企业金融债券，放宽发行条件，加强后续督导，确保筹集资金用于向小微企业发放贷款。

■ 增强金融机构服务小微企业的高效性

为落实2017年原银监会《提高小微企业信贷服务效率合理压缩获得信贷时间实施方案》进一步改进银行业小微企业信贷服务、提高服务效率的要求，2018年银保监会发布的《关于2018年推动银行业小微企业金融服务高质量发展的通知》中提及鼓励银行业金融机构加强与互联网、大数据、人工智能的深度融合，丰富获客手段，充分运用手机银行、网上银行等新渠道，加强产品和服务创新，提高对新设小微企业开户的办理效率和服务质量，提升小微企业金融服务便利度和满意度。

在改进信贷管理制度和流程方面，2018年银保监会发布《关于进一步做好信贷工作提升服务实体经济质效的通知》，强调要充分利用当前市场流动性宽裕、银行业和保险业盈利稳定等有利条件，加大对小微企业等领域的资金支持，降低融资成本；对于流动资金贷款到期后仍有融资需求的小微企业，要提前开展贷款调查与评审，符合标准和条件的，依照程序办理续贷，缩短资金接续间隔，降低贷款周转成本。

在贷款期限和产品创新上，2018年银保监会在《关于2018年推动银行业小微企业金融服务高质量发展的通知》中鼓励银行业金融机构改进小微企业贷款期限管理，研发适合小微企业的中长期贷款产品；在还款方式和落实续贷上，要求各银行业金融机构加大续贷政策落实力度，加强续贷产品的开发和推广，简化续贷办理流程，在风险可控的前提下，可对单户授信总额1000万元以下（含）的小微企业流动资金贷款（不含个体工商户和小微企业主贷款）采取自主支付方式。

1.2.2 财税政策激励和引导跟进

为支持小微企业的发展，2018年财政部联合多部委制定多项优惠政策，对小微企业税收优惠上的扶持力度进一步加大。

2018年4月，财政部发布《关于统一增值税小规模纳税人标准的通知》，将增值税小规模纳税人标准统一为年应征增值税销售额500万元及以下，并且按照《中华人民共和国增值税暂行条例实施细则》第二十八条规定已登记为增值税一般纳税人的单位和个人，在2018年12月31日前，可转登记为小规模纳税人，其未抵扣的进项税额作转出处理。

2018年7月，财政部在《关于延长高新技术企业和科技型中小企业亏损结转年限的通知》中，将自2018年1月1日起，当年具备高新技术企业或科技型中小企业资格的企业，具备资格年度之前5个年度发生的尚未弥补完的亏损，准予结转以后年度弥补，最长结转年限由5年延长至10年；《关于进一步扩大小型微利企业所得税优惠政策范围的通知》将自2018年1月1日至2020年12月31日，小型微利企业的年应纳税所得额上限由50万元提高至100万元，对年应纳税所得额低于100万元（含100万元）的小型微利企业，其所得减按50%计入应纳税所得额，按20%的税率缴纳企业所得税。

此外，相关部门加大了金融机构小微企业贷款利息收入免征增值税优惠力度。2018年9月，在财政部《关于金融机构小微企业贷款利息收入免征增值税政策的通知》中指出，自2018年9月1日至2020年12月31日，将对金融机构向小型企业、微型企业和个体工商户发放小额贷款取得的利息收入免征增值税。免征增值税的利息收入范围为，金融机构向小型企业、微型企业和个体工商户发放的，利率水平不高于人民银行同期贷款基准利率150%（含本数）的单笔小额贷款取得的利息收入，或为金融机构向小型企业、微型企业和个体工商户发放单笔小额贷款取得的利息收入中不高于该笔贷款按照人民银行同期贷款基准利率150%（含本数）计算的利息收入部分。

为了引导地方支持扩大实体经济领域小微企业融资担保业务规模，降低小微企业融资担保成本，2018年10月，财政部联合工信部发布《关于对小微企业融资担保业务实施降费奖补政策的通知》，决定在2018—2020年每年安排资金30亿元，采用奖补结合的方式，对扩大小微企业融资担保业务规模、降低小微企业融资担保费率等政策性引导较强的地方进行奖补。

2019年1月，为进一步支持小微企业发展，财政部在《关于实施小微企业普惠性税收减免政策的通知》中规定：对月销售额10万元以下（含本数）的增值税小规模纳税人，免征增值税；对小型微利企业年应纳税所得额不超过100万元的部分，减按25%计入应纳税所得额，按20%的税率缴纳企业所得税；对年应纳税所得额超过100万元但不超过300万元的部分，减按50%计入应纳税所得额，按20%的税率缴纳企业所得税。

1.2.3 融资担保政策性支持加大

继2016年《推进普惠金融发展规划（2016—2020年）》以及相关政策的颁布督促各地方政府建立担保类基金或机构、2017年《融资担保公司监督管理条例》为融资担保服务小微企业提供了实质性法规支持之后，2018年3月28日，国务院常务会议审议通过国家融资担保基金设立方案，9月26日，基金正式运营。值得注意的是，国家融资担保基金对其合作的地方政策性担保机构提出了明确的要求，尤其要突出主业，即以服务小微企业和“三农”为主，并逐步达到小微企业融资担保金额占比不低于80%，其中单户授信500万元及以下融资担保金额占比不低于50%。这对引导和推动地方政策性担保机构加大为小微企业和“三农”服务有着重要作用。此外，财政部联合工信部发布《关于对小微企业融资担保业务实施降费奖补政策的通知》，决定实施小微企业融资担保业务降费奖补政策，引导地方支持扩大实体经济领域小微企业融资担保业务规模，降低小微企业融资担保成本，促进专注于服务小微企业的融资担保机构可持续发展；2018年国务院在《关于同意深化服务贸易创新发展试点的批复》中提出，为进一步完善政策体系、拓宽服务贸易企业融资渠道，由试点地区负责推进，银保监会负责落实政策保障，推动中小微服务贸易企业融资担保体系建设，积极推进中小微服务贸易企业综合信息共享。

2019年，国务院还先后发布了《关于有效发挥政府性融资担保基金作用切实支持小微企业和“三农”发展的指导意见》《关于加强金融服务民营企业的若干意见》，为支持小微企业发展提出更为直接的具体支持。主要优惠政策：首先，各级政府性融资担保、再担保机构要在可持续经营的前提下，适时调降再担保费率，引导合作机构逐步将平均担保费率降至1%以下；其次，国家融资担保基金再担保业务收费实行差别费率，对单户担保金额500万元以上的小微企业再担保业务收费，原则上不高于承担风险责任的0.5%，单户担保金额500万元及以下的再担保业务收费，原则上不高于承担风险责任的0.3%；此外，规范银行业金融机构和融资担保、再担保机构的收费行为，除贷款利息和担保费外，不得以保证金、承诺费、咨询费、顾问费、注册费、资料费等名义收取不合理费用，避免加重企业负担。

1.3 金融基础设施建设

1.3.1 征信体系建设改进前行

■ 二代征信体系的建设正在持续进行中

金融科技的发展为提升征信系统服务水平提供了技术支撑。为更好地满足金融机构和社会各界的征信需求，征信中心于2018年适时启动了新一轮的系统升级优化工作（二代征信系统建设工作），当前征信系统升级优化工作仍在稳步进行当中，尚无明确的上线时间表。此次征信系统的优化升级，重点是提升系统性能、优化信用报告内容和展示、改进产品加工和服务方式、完善系统管理等，努力提高运行和服务效率，为金融机构、社会公众等提供更好的征信服务。新版信用报告的改进，主要在优化界面展示、提升可读性方面做了调整。拟推出的新版信用报告与目前的信用报告版本相比，增加了一些信息，如个人基本信息中增加了国籍等信息，信贷信息中增加了共同借款、个人为法人担保、法人为个人担保等信息。另外，新版信用报告的信息更新频率将进一步提升，信用报告的展示方式也进行了部分优化。

■ 征信合规与信息安全建设加强

2018年5月，中国人民银行下发《关于进一步加强征信信息安全管理的通知》，对金融信用信息基础数据库运行机构和接入机构提出要求。同时，人民银行表示将建立征信合规与信息安全年度考核评级制度和征信信息安全巡查制度，从严强化征信监管；2018年5月，中国人民银行征信中心印发《金融信用信息基础数据库异常查询行为监测工作暂行规程》，征信中心将采用技术手段监测和定位金融信用信息基础数据库查询操作，对异常查询行为将实时阻断，并停止该用户查询权限。

■ 非信贷信用信息的采集尚未实现突破

当前征信系统对公共信息的收集严重不足，采集非信贷信用信息一直十分困难。虽然目前公共信息开放力度加大，但由于信息公开的法律法规不健全，公共信息可获得性仍然不高，征信中心在现有体制下难以建立有效的信息采集机制，对于一些关键、重要的非信贷信用信息，如工商登记注册信息、法院判决信息、缴税信息、海关进出口经营信息、支付结算信息、社保缴存信息、商业信用信息等未能取得重要突破。

“守信激励、失信惩戒”的联合机制未能完全实现。需考虑从扩大征信系统应用范围出发，扩大数据来源，增强征信系统对信用的综合评估能力，提高社会影响力。一是建立非银行信息采集标准和规范，统一数据采集格式，形成信息共享机制；二是加强与有关政府部门、法院等公共部门、公用事业单位、金融机构的沟通，加强对公共信息、非金融负债信息、商业信用信息、支付结算信息的采集；三是深度挖掘能反映人们日常信用行为的信息，形成对社会公共事业领域信息的覆盖。

■ 个人信息保护的立法和手段仍不明确

随着互联网技术的日益成熟，个人信息侵权违法犯罪活动采用的技术手段日益复杂，地域跨度较大，现有的管理模式以及人力和技术的配置很难满足有效识别、监测需求，给信息主体权益保护工作增加了难度。我国现有的法律中尚未建立和制定专门的个人信息保护立法和与之相配套的法律管理体系。《征信业管理条例》虽涉及个人信息保护，但缺少详细要求，可操作性有待进一步提高，且《征信业管理条例》法律层级相对不高。这既不利于信息主体权益的保护，也对信息合规、安全流动形成了一定阻碍，《征信业管理条例》配套细则还有待进一步完善。

同时，我国尚未设立个人信息保护的专门监管机构，个人信息的保护工作分散于各个领域。不同部门负责不同领域的信息保护，个人信息保护的规则和标准不统一，在一定程度上导致资源的无序利用。人民银行作为征信业监管部门和社会信用体系建设牵头部门，须加强与公检法等部门合作，联合对信息提供方、信息采集加工方、信息使用方协同监管，有效遏制信用信息泄露及扩散风险，并加强与各信用市场监管部门、地方政府之间的沟通与协作，为其他行业和地方信用体系建设提供技术、人才及制度支持。

■ 百行征信业务开展陆续进行

2018 年，在 8 家试点征信机构均错失牌照的情形下，8 家试点征信机构分别占股 8%、中国互联网金融协会占股 36% 的“百行征信”，作为第一家拿到个人征信牌照的机构注册成立。根据最初的定位，百行征信将与人民银行征信中心形成互补，征信中心的信息主要来自银行及部分证券、保险公司，而百行征信的信息主要来自非传统金融机构。2018 年 6 月，百行征信与首批 15 家互联网金融机构和消费金融机构在深圳举行了信用信息共享合作签约仪式。截至 2018 年底，百行征信已与 240 余家机构签署信用信息共享合作协议，涵盖 P2P、网络小额贷款等。我们仍然将持续关注着百行征信未来的业务开展和面临的挑战，如广泛的数据搜集方式和渠道，对不同类型金融机构参与信息共享的引入，以及结合大数据、人工智能和区块链等先进的信息技术所进行的产品创新等，诸多方面需要监管部门和业务人员进一步落实开展。

1.3.2 动产融资统一登记系统稳步发展

中国人民银行征信中心动产融资统一登记公示系统是征信中心根据《物权法》授权建成的我国首个基于互联网的动产融资登记平台，也是我国唯一的综合性动产融资登记系统，已建成并平稳运行 10 余年。2018 年，动产融资统一登记系统仍保持进一步发展，截至 2018 年 12 月末，企业出质人/出租人登记数达 43306 笔，比上年增长 28.9%，约 89.6% 来自中小微企业；累计登记 3775212 笔，较上年同期增长 20.5%。①

动产融资登记数量的稳步上升得益于各地方政府的积极响应。2018 年 1 月深圳市政府出台《关于加大营商环境改革力度的若干措施》，鼓励中小微企业发展动产融资，支持银行开展特许经营权、政府采购订单、收费权、知识产权新型融资方式；2019 年 4 月底，北京市取消企业银行账户许可，北京市动产担保统一登记系统试点正式启动，在全国范围内率先实现了动产担保的统一登记与查询，截至 2019 年 5 月底已新增 70 余笔动产抵押登记；同时 2019 年 4 月，人民银行上海总部、上海市地方金融监管局、上海市市场监管局也启动动产担保统一登记试点，在启动仪式上，中电投融和融资租赁有限公司等单位在人民银行征信中心动产融资统一登记公示系统中，分别完成了生产设备、产品等类别的动产抵押登记业务，标志着上海市动产担保统一登记试点工作正式启动。

---

① 中国人民银行征信中心：动产融资统一登记系统。

1.3.3 应收账款融资服务平台持续关注

■ 融资规模和活跃程度稳步提升

2018年，应收账款融资规模得到进一步增长，该平台的用户注册和融资交易进一步活跃。截至2018年末应收账款融资服务平台注册用户17.16万家，已促成融资额8.79万亿元，较上年同期分别增长18.1%和28.7%。[①]

从国家统计局的公开数据来看，截至2018年底，我国工业类企业应收账款余额为14.34万亿元，同比增长8.6%，略高于2017年末8.5%的增幅。同时，2018年末应收账款占流动资产的比重较上一年同期缓慢增长，说明规模以上工业企业的流动资金风险有增加的趋势。根据国家统计局的规定，将工业类企业划分为国有经济、集体经济、私营经济、个体经济、联营经济、股份制经济、外商投资、港澳台投资、其他等经济类型。其中，私营工业企业的应收账款余额到2018年末达到3.8万亿元，同比增长10.5%，增幅高于平均水平8.6%。基于这样的现状和前提，中小微企业的流动性风险防范需要更积极应对。中小微企业不仅要加强企业的信用制度建设、企业内部财务管理等措施，而且要积极盘活应收账款，加强应收账款应用于生产的资金再循环和融资需求，以小微企业为主要融资主体的应收账款融资有必要得到进一步的关注和拓展。

■ 相关政策支持需要进一步落实

2017年相关部门发布多项直接针对应收账款平台建设、应收账款质押登记等方面的政策规范和行政支持。如2017年中国人民银行等七部门关于印发《小微企业应收账款融资专项行动工作方案(2017—2019年)》(以下简称《专项行动工作方案》)的通知，而2018年至2019年是《专项行动工作方案》实施的关键之年，需要继续深入落实方案有关内容。在诸多方面仍需要持续改进和落实，比如，需要通过宣传培训、调研走访、政策支持等形式，鼓励引导更多的供应链核心企业与融资服务平台对接，为小微企业开展在线应收账款融资业务提供便利，推动《专项行动工作方案》尽快取得实际效果；同时，需要引导金融机构完善应收账款融资产品和制度流程。推动更多的金融机构与应收账款融资服务平台开展系统直连。在此基础上，引导金融机构在风险可控的前提下，创新线上应收账款融资配套制度和产品，改进小微企业的风险评估机制，优化应收账款融资的业务流程，提高小微企业的融资效率。

此外，中国人民银行为了支持部分省市动产担保统一登记试点工作，进而更好地提供动产担保登记公示服务，于2019年5月发布了通知，通知内容是向社会公开征求意见，对《应收账款质押登记办法》(中国人民银行令〔2017〕第3号发布)进行修订。相关修订进展值得进一步关注。

1.3.4 支付结算系统发展稳步推进

2018年支付业务统计数据显示，全国支付体系运行平稳，社会资金交易规模不断扩大，支付业务量保持加速增长。2018年，支付系统共处理支付业务2157.23亿笔，金额6142.97万亿元，同比分别增长178.95%和13.46%。随着互联网技术和移动支付设备的不断升级，支付清算基础设施的稳定运行和发展对满足中小微企业金融需求产生积极影响。

---

① 中国人民银行征信中心：中征应收账款融资服务平台。

■ 移动支付全球领先快速增长

2018 年移动支付业务量持续保持快速增长，银行业金融机构共处理电子支付业务 1751.92 亿笔，金额 2539.70 万亿元。其中，网上支付业务 570.13 亿笔，金额 2126.30 万亿元，同比分别增长 17.36% 和 2.47%；移动支付业务 605.31 亿笔，金额 277.39 万亿元，同比分别增长 61.19% 和 36.69%；电话支付业务 1.58 亿笔，金额 7.68 万亿元，同比分别下降 0.99% 和 12.54%。[①]

■ 网联平台运行平稳

2018 年网联平台运行平稳，接入机构持续增长。截至 2018 年末，共有 424 家商业银行和 115 家支付机构接入网联平台。2018 年，网联平台处理业务 1284.77 亿笔，金额 57.91 万亿元。日均处理业务 3.52 亿笔，金额 1586.48 亿元。[②] 同时，2018 年中国人民银行支付结算司发布《关于对非银行支付机构发起涉及银行账户的支付业务需求进行调研相关文件的通知》，要求支付机构和银行应积极接入网联平台，加紧推进剩余商业银行、多家支付机构的接入工作，将全面覆盖直连模式下的双向渠道。

■ 支付基础规范化建设稳步推进

支付行业的长远发展离不开支付体系规范化的建设。2018 年支付基础规范化建设稳步推进，特别是在认证和标准建设方面取得了突出进展。2018 年 1 月，中国支付清算协会制定的《支付技术产品认证自律管理规则》和《支付技术产品认证目录》正式实施；2018 年 8 月，全国金融标准化技术委员会发布《聚合支付安全技术规范》（征求意见稿），该规范提出了聚合技术平台的基本框架，规定了聚合支付系统的实现、安全技术、安全管理、风险控制等多方面要求，适用于从事聚合支付系统建设、服务运营的聚合技术服务商；2018 年 11 月，中国人民银行发布《云计算技术金融应用规范 技术架构》《移动金融基于声纹识别的安全应用技术规范》等多个与移动支付相关的规范标准，标准是创新推广的桥梁，这些由银行、科技公司等多类型主体参与制定的标准，将为我国移动支付发展提供新助力。

■ 支付行业服务金融开放

2018 年金融行业对外开放力度进一步加大。2018 年 3 月，中国人民银行发布公告明确了外商投资支付机构的监管规则，外商投资支付机构应在中国境内拥有安全、规范、能够独立完成支付业务处理的业务系统和灾备系统；外商投资支付机构在中国境内收集和产生的个人信息和金融信息的存储、处理和分析应当在境内进行等要求。2018 年 5 月，中国人民银行收到了英国跨境支付企业 World First 关于进入中国第三方支付市场的申请，这是外商投资支付机构监管规则公布后，首家提出申请的境外企业；此外，2018 年 11 月，中国人民银行宣布审查通过运通公司银行卡清算机构筹备申请，这意味着首家合资银行卡清算机构正式获批，美国运通正式入局中国清算市场。从监管来说，需要思考在全新的支付科技下，如何以新的理念和工具对支付行业进行规范治理。从行业来说，必须更加尊重金融和支付本身的规律，更加积极拥抱监管，实现依法合规发展。

---

① 中国人民银行 . 2018 年支付体系运行总体情况［EB/OL］［2019－03－18］. http：//www. pbc. gov. cn/goutong jiaoliu//134561 113469/3787878/index. html.

② 同①。

1.4　金融科技环境

2016年至今，金融科技将人工智能、大数据、区块链等技术全面融入互联网金融业务的各个环节。金融科技驱动金融新业态形成，为金融领域和实体经济发展注入活力，也为缓解我国中小微企业发展困境、助力金融机构高效优质服务中小微企业提供强劲动力。

1.4.1　金融科技领域发展蓬勃推进

2018年我国金融科技领域仍蓬勃发展，根据零壹财经·零壹智库于2017年1月推出的国内首个金融科技指数——零壹GFI（Global FinTech Index），2018年零壹GFI整体平稳上行，其中2018年3月与6月共同达到了历史最高峰260。据零壹财经统计结果，2018年全球至少发生1097笔金融科技投融资事件，融资总额约为4360.9亿元，分别是2017年全球金融科技领域融资649笔和融资金额约1397亿元的1.7倍和3.1倍。其中，2018年中国金融科技融资事件615笔，占全球一半以上（56.1%）；融资总额约为3256.3亿元，占全球的74.7%。①区块链为2018年最热门的投资领域，共获得451笔333.5亿元融资，但下半年受监管整治影响，融资笔数持续下滑；网贷、支付、汽车金融领域融资金额均超过200亿元，分别为356.5亿元、298.1亿元、289.7亿元。

1.4.2　金融科技助力中小微企业融资服务

中国银保监会于2019年2月公布的《中国银保监会关于进一步加强金融服务民营企业有关工作的通知》（银保监发〔2019〕8号）特别指出“商业银行要坚持审核第一还款来源，减轻对抵押担保的过度依赖，合理提高信用贷款比重。”这预示着，银行业在信贷过程中的风控逻辑和风控手段的革新，以及对企业第一还款来源识别和评价的能力建设势在必行。金融科技可发挥其大数据分析和建模的优势，利用大数据技术对企业经营信息开展筛选分析和价值挖掘，增强银行及其他信贷服务机构对小微企业的风险识别和经营信用评价能力。

金融科技应用于小微企业信贷的前提是有足够的可以对企业第一还款来源进行信用评价的经营数据。在现实情况中，有两大类数据源可以全部或重点反映企业经营特征的数据源体系。第一类是税务数据，从2015年国税总局和原银监会签署战略协议开展“银税互动”项目，税务数据开始在金融信贷领域发挥风险识别和经营情况评价的作用；第二类是互联网交易平台内的交易数据，如淘宝、京东等平台上商户的线上销售数据。从第一类税务数据来看，截至2018年12月底，千亿资产规模以上114家银行（包括国有、股份制、城市商业、农村商业和民营银行）中的89家银行，陆续推出97个银税互动信贷产品。表明以税务数据为支撑的银行小微企业信贷决策在实践中已获得了广泛的行业认可。其中，97个银税互动信贷产品中，利用大数据风控技术实现的“秒批”或“秒批秒贷”产品占比10%，未来金融科技在银税互动的融合发展空间可观。② 从第二类互联网交易平台内的交易数据来看，国内主要电商平台通过获得金融业务资质开展中小微信贷业务，都是围绕本平台交易数据，如阿里小贷、京东贷等产品，服务对象为各网商生态圈内的存量客户群。网商银行的大数据风控管理框架建立在阿里系交易流（淘宝、天猫）、资金流（支付宝）、物流（菜鸟）的交易网络

---

① 零壹财经：《2018全球金融科技发展指数（GFI）和投融资年报》。

② 清华大学互联网产业研究院：《金融科技在小微企业信贷中的应用发展研究报告》。

上。根据网商银行官网数据披露，截至2018年12月，仅2018年支付宝服务的中国小微企业贷款笔数超过8000万笔，较2017年增幅达到60%，网商银行及其前身阿里小贷已经累计为超过1300万小微企业提供了超过2万亿元的贷款支持。金融科技在小微企业信贷领域的应用具有破局小微企业信贷供给侧改革、助力构建小微企业信用评价体系等现实意义。

1.4.3 金融科技在政策规范化中前行

金融科技应用模式在推广时，需要政府和监管部门的大力扶持，也需要规范地监管和正确引导，从而才能发挥科技的正面作用，避免科技滥用的风险。回望2018年，金融科技诸多子行业的发展始终伴随着法律政策的变化和完善。

P2P网贷行业在经历整改、备案、检查后，基础设施建设和规范体系建设持续推进。2018年11月《中国银行保险监督管理委员会职能配置、内设机构和人员编制规定》公布，正式将P2P网贷纳入中国银行保险监督管理委员会的管辖，并明确由普惠金融部制定网络借贷信息中介机构业务活动的监管制度。这一规定明确了P2P网贷的监管职责划分，对于未来的行业健康发展具有重大意义。

中国人民银行征信系统积极服务于互联网金融风险防范。2018年征信系统在互联网金融风险防范中的作用凸显。蚂蚁借呗、苏宁任性付、腾讯微粒贷等互联网信贷都纷纷接入人民银行征信系统。2018年8月，互联网金融风险专项整治工作领导小组办公室下发《关于报送P2P平台借款人逃废债信息的通知》指出，整治办拟协调征信管理部门将P2P逃废债信息纳入征信系统和“信用中国”数据库，对相关逃废债行为人形成制约；2018年9月，互联网金融风险专项整治工作领导小组办公室再次下发《关于进一步做好网贷行业失信惩戒有关工作的通知》，要求各地整治办收集辖内出险网贷平台失联跑路高管人员名单，并督促辖内重点网贷平台筛选、整理恶意逃废债重点借款人名单；向社会公告辖内出险网贷平台失联跑路高管人员名单，并督促辖内重点网贷平台向社会公告恶意逃废债重点借款人名单，给予两类失信人员一个月宽限期。宽限期结束后，针对仍然失信的两类失信人员，各地将名单、符合筛选标准的相关证据及公告情况报送国家整治办，并由中国人民银行纳入征信系统，加强失信惩戒。

此外，在第三方支付行业，支付机构客户备付金合规管理始终是监管机构关注的重点。2018年5月，中国人民银行支付结算司下发了《支付机构客户备付金集中存管账户试点开办资金结算业务的通知》，要求备付金集中存管账户以后将直接在人民银行有关部门开立，专项用于所有支付业务资金清算；2018年6月，中国人民银行发布《中国人民银行办公厅关于支付机构客户备付金全部集中交存有关事宜的通知》，明确自2018年7月9日起，按月逐步提高支付机构客户备付金集中交存比例，到2019年1月14日实现100%集中交存；2018年11月，中国人民银行支付结算司发布特急文件《关于支付机构撤销人民币客户备付金账户有关工作的通知》，再次对备付金集中交存提出要求，规定支付机构应在2019年1月14日前撤销开立在备付金银行的人民币客户备付金账户。

1.4.4 金融监管科技化渐成共识

2017年监管科技（RegTech）进入监管层的视野，2018年是监管科技概念走向实施的关键一年。2018年5月，全国政协召开“健全系统性金融风险防范体系”专题协商会，提出发挥监管科技作用，精准监管，提高监管人员的技术和能力水平，娴熟运用大数据、云计算、人工智能、区块链等技术改进监管方式；2018年8月，中国证监会正式印发《中国证监会监管科技总体建设方案》，希望通过大数据、云计算、人工智能等科技手段，为证监会提供全面、精准的数据和分析服务。

2018 年，在行政监管方的大力推动下，自律管理中的监管科技也取得了很大的进展，上交所和深交所是其中的典型。2018 年上交所已经建设了公司业务管理系统，上市公司信息披露业务办理、公告审核、业务流程管理等均通过系统完成，经过多次优化升级，功能日益完备，监管科技含量不断提高。同时，上交所运用机器学习技术开展投资者画像研究，运用知识图谱技术分析建立违法违规账户组的关联关系，应用文本挖掘技术侦测网络“黑嘴”行为的研究和探索；2018 年 10 月，深交所自主研发的智能监管辅助系统——“企业画像”一期项目正式运行上线。该项目应用功能包括公司速览、公司标签、股权股东、重组审查辅助、关系图谱、信息检索等模块，运用了文本挖掘、云计算等信息技术，可以自动抽取、集中展示、智能提示不同的监管高频关注信息，有效帮助一线监管人员提升违法违规线索发现能力，提前防范和化解风险。

即使从全球范围来看，监管科技仍处在初级发展阶段，还不够成熟稳定，实际应用效果也还没有经过一个完整经济周期的检验。基于大数据和新技术的监管科技，是否会诱发新的法律和伦理难题、是否会引发新的金融风险、监管科技的算法是否存在歧视、是否需要披露以及披露的程度等，这些问题都可能随着监管科技的深入推进而涌现，值得未来进一步思考。

1.4.5 银行系金融科技子公司开始运营

截至 2018 年末，兴业银行、平安银行、招商银行、光大银行、建设银行、民生银行六家商业银行先后成立了金融科技子公司。各子公司纷纷依托母公司特点、优势，建立起各自的产品体系，在服务内部的同时，开展科技输出服务。银行系金融科技子公司的发展路径通常遵循由内到外的发展轨迹。成立初期主要以服务集团及集团内部子公司为主，在此基础上，逐渐实现技术输出，服务同业。

在服务内部的过程中，主要通过集团内基础设施建设、应用系统搭建、技术内部孵化等方式提升集团信息化水平；推动集团金融服务场景化、平台生态化、风险管理智能化，赋能集团金融科技转型；同时，提升集团内经营管理的数字化发展，激励机制的市场化转型，促进集团创新体制改革。六家商业银行在金融业务发展方面各具特色。同时，经过近几年在金融科技方面的布局，均培养起自身的金融科技优势。银行系金融科技子公司在为母公司提供技术服务的基础上，整合母公司所积累的技术、业务、资源、经验优势，以市场化运行机制为平台，向金融同业机构、民营企业、小微企业提供技术外包服务。技术输出方式主要有软件输出、云平台输出、开放平台输出、咨询服务输出四种模式。

银行系金融科技子公司最大的优势在于对金融行业运营、业务、监管理解更为深刻，同时，集团化优势能给予其更多金融资源。但与互联网金融科技公司相比，在技术、场景和体制机制方面仍存在差距。未来，在科技赋能转型、银行业加速内部孵化金融科技、金融云发展进入红利期的时代背景下，银行系金融科技子公司将获得一定的发展机会，但同时需要注意技术风险、市场竞争及集团内外的资源平衡问题。未来，银行系金融科技子公司将充分发挥自身优势，抓住金融科技发展机会，以“对内创新平衡、对外合作共赢、对上拥抱监管、对下技术输出”四步走的模式开启金融科技时代颠覆式创新。同时，预计将有更多的商业银行研究并实践金融科技公司化运作模式，为银行业在信息经济时代的可持续发展提供科技基础和支撑。

2

中小微企业金融服务发展现状概述

2.1　中小微企业金融服务体系

本报告将中小微企业金融服务体系①分为银行业金融机构、保险机构、其他金融机构/类金融机构、金融市场和民间金融五个大类（见图2－1）。

图2－1　中小微企业金融服务体系

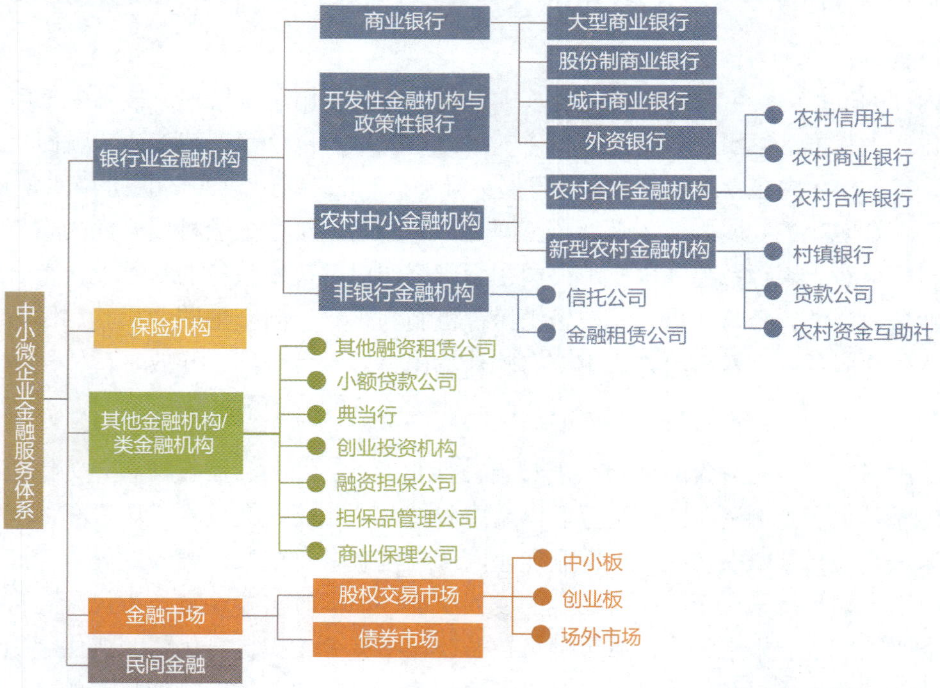

① 广义的中小企业金融服务体系不仅包括服务机构和市场，还应包括其他服务中介以及服务环境，为了突出本报告的重点，这里的体系只包括主要服务机构和市场。

银行业金融机构中，涉足口小微企业金融服务领域的机构包括开发性金融机构与政策性银行、大型商业银行（含邮政储蓄银行）、股份制商业银行、城市商业银行、外资银行、农村中小金融机构和非银行金融机构。其中，农村中小金融机构可进一步分为农村合作金融机构和新型农村金融机构两类，农村合作金融机构包括农村信用社、农村合作银行和农村商业银行；新型农村金融机构则包括村镇银行、贷款公司和农村资金互助社。非银行金融机构中，涉足中小企业金融服务领域的机构主要有信托公司和金融租赁公司。

除了银行业金融机构外，涉足中小微企业金融服务领域还包括除归口银行业金融机构的金融租赁公司之外的其他融资租赁公司、小额贷款公司、典当行、创业投资机构、融资担保公司、担保品管理公司和商业保理公司。[①] 在金融市场方面，有股权交易市场和债券市场，其中，股权交易市场包括了创业板、中小板和场外市场。此外，还有民间金融，包括正式金融之外的金融服务形态。最后，除了关注提供融资服务的机构，还有保险机构这类虽然不直接提供融资但提供风险管理服务的金融机构。

2.2 小微企业贷款种类构成

在中小微企业金融服务中，贷款服务是最主要的类型之一，随着金融机构，尤其是商业银行在小微企业领域的实践发展，小微企业贷款所包括的范围进一步明确，课题组对此做了总结和界定，广义的小微企业贷款从形式上可以分为两大类，一类是以企业贷款形式发放的小微企业贷款，即小型企业贷款和微型企业贷款（含称狭义小微企业贷款）；另一类是以个人贷款形式发放的个体工商户贷款和小微企业主贷款（见图2－2）。

图2－2 银行业金融机构小微企业贷款分类

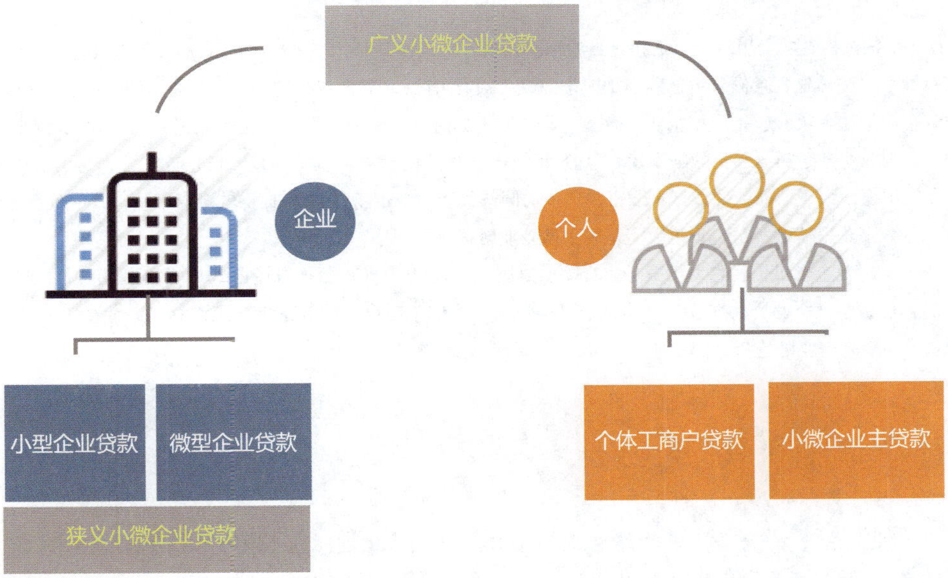

① 这些机构中有的机构虽然没有明确的法律或部门规章将其界定为金融机构，但鉴于其所从事业务的金融属性，我们称其为类金融机构。2015年10月，人民银行、银监会、证监会、保监会和国家统计局共同发布的《金融业企业划型标准规定》，将小贷公司、典当行、融资担保公司等归为非货币银行服务类金融业企业。

2.3 中小微企业金融服务概况

图 2－3 展示了中小微金融服务体系中的主要供给主体提供的中小微金融服务规模。我们可以看到，银行业金融机构仍然是中小微企业最大的资金供给方，为千万户中小微企业提供了万亿级别的融资规模；提供千亿级别融资规模的有小贷、融资租赁、创投、股市；中小微企业典当余额和债市融资均未过千亿。与 2017 年相比，小贷和典当的服务规模几无增长；创投增长最为显著；股市融资规模整体收缩，中小微企业股市融资也受到影响；债市融资规模虽有增长，但真正流向中小微企业的比例微乎其微，绝对值甚至出现明显下降。

图 2－3 中小微企业金融服务概况（2018 年）

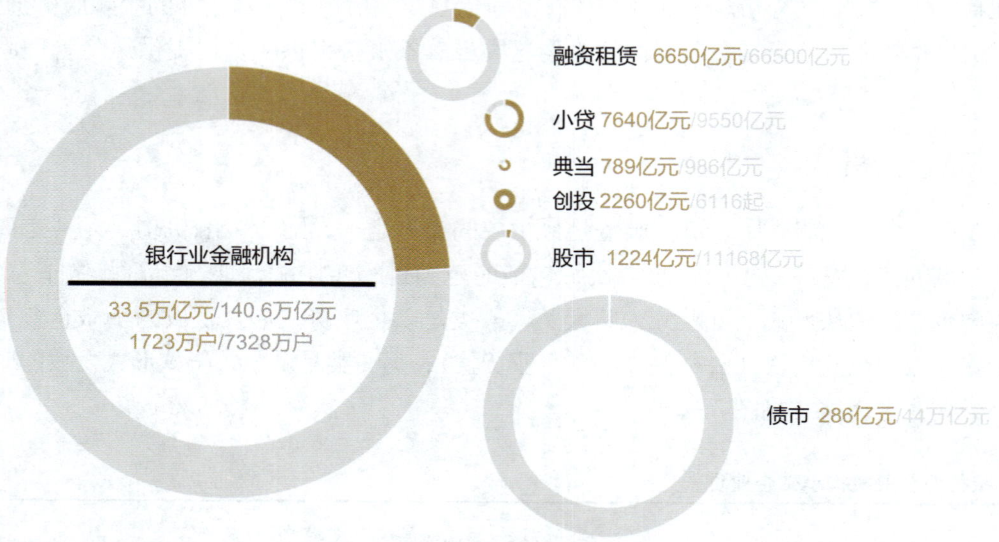

注：①银行业金融机构、融资租赁、小贷和典当的圆圈代表各类机构 2018 年提供的融资余额，其中黄色部分代表中小微企业融资余额（灰色数字是整体融资余额，黄色数字是中小微企业融资余额）。具体口径如下：银行业金融机构和小贷的统计/估算口径是广义的小微企业贷款余额（包括小型企业、微型企业、个体工商户贷款和小微企业主个人经营性贷款）；融资租赁和典当的估算口径是中小微企业业务余额。创投的圆圈代表 2018 年创投（含天使投资）投资增量，黄色数字分别是已披露的投资金额和投资起数，实际的规模会大于已披露的数据。股市、债市的圆圈代表两个市场 2018 年提供的融资增量，其中黄色部分代表中小微企业融资额（灰色数字是整体融资额，黄色数字是中小微企业融资额）。

②2018 年末，银行业金融机构普惠型小微企业贷款户数达 1723.2 万户（该数据口径自 2019 年开始由过往的“小微企业贷款户数”变更为“普惠型小微企业贷款户数”），全国小微企业（含个体工商户）的数量来自工商总局，截至 2017 年 7 月底，我国小微企业名录收录的小微企业已达 7328.1 万户。

2.4 银行业金融机构

2018 年，“强监管、严惩治”依旧是银行业的主旋律，延续了 2017 年强监管、防风险态势，监管文件与罚单有增无减。同时，2018 也是小微企业受到高度重视的一年，扶持小微企业的政策频出，旨在纾困小微企业融资难题。

2.4.1 小微企业贷款余额增速开始放缓，普惠型小微企业贷款开始发力

银保监会数据显示，截至2018年末，我国银行业金融机构广义小微企业贷款总余额达33.5万亿元（包括小型企业贷款、微型企业贷款、个体工商户贷款和小微企业主个体经营性贷款，下文若非特别强调狭义口径或普惠型小微企业口径，均为广义口径的小微企业贷款），比2017年增加2.7万亿元，增速8.9%，自2015年以来首次增速下降，较2017年降低了6.2个百分点，为2013年以来的最低增速。另外，2018年3月银监会印发《中国银监会办公厅关于2018年推动银行业小微企业金融服务高质量发展的通知》，针对单户授信1000万元以下（含）的普惠型小微企业贷款，提出“两增两控”的新目标。截至2018年末，单户授信1000万元以下（含）的普惠型小微企业贷款余额9.4万亿元，增速较高，较年初增长21.8%，占广义小微企业贷款总余额的28.1%。普惠型小微企业贷款户数达1723.2万户，比年初增加455.1万户。

图2－4 银行业金融机构广义小微企业贷款余额及增速（2013—2018年）

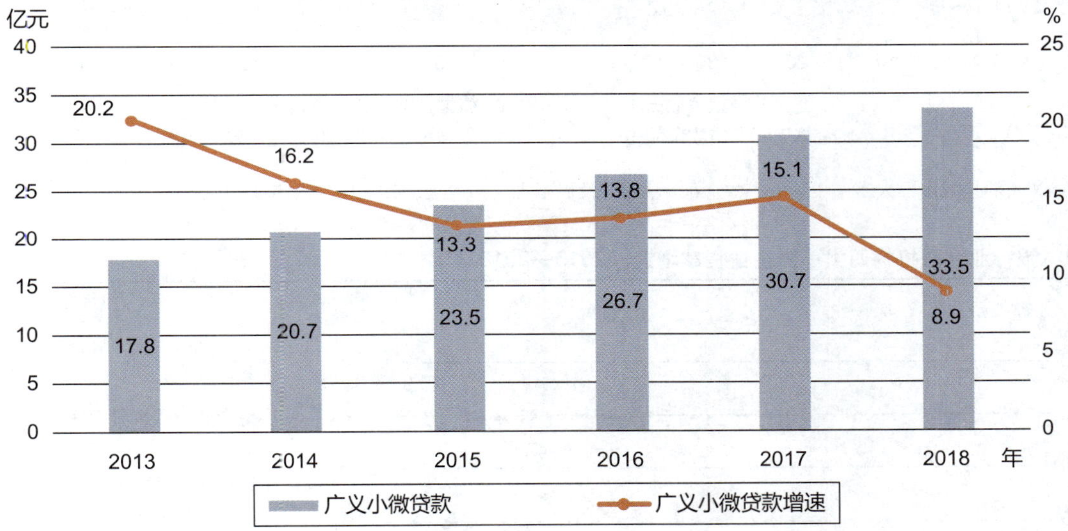

资料来源：中央财经大学《中国中小微企业金融服务发展报告（2019）》课题组根据银保监会数据整理。

2.4.2 狭义小微企业贷款占广义小微企业贷款比例维持八成水平，以个人贷款形式发放的小微企业贷款继续高速增长

从结构维度来看，2018年广义小微企业贷款中，小型企业贷款占比依旧最高，达69.4%，但较2017年下降2.8个百分点；微型企业贷款、个体工商户贷款和小微企业主个体经营性贷款分别占11.4%、10.6%和8.6%，其中微型企业贷款和小微企业主个体经营性贷款占比较2017年分别提高了1.5个百分点和1.1个百分点，微型企业贷款占比首次超过个体工商户贷款。但总体来看，以个人贷款形式发放的小微企业贷款与以企业贷款形式发放的狭义小微企业贷款“二八开”的态势没有发生明显改变。

从增速维度看，以个人贷款形式发放的小微企业贷款继续维持2017年加速增长的势头，小微企业主个人经营性贷款增速高达25.9%，较2017年大幅提升11.8个百分点，在四类贷款中增速最快，首次超过微型企业贷款增速，摘得增速第一的桂冠；个体工商户贷款增速在2017年的基础上提高

1.6 个百分点，达到 11.9%。以企业贷款形式发放的小微企业贷款增速方面，微型企业贷款基本维持 2017 年的水平不变，但小型企业贷款增速急转直下，增速降为 4.6%，较 2017 年下降 10.2 个百分点，在四类贷款中增速最低。

图 2－5　银行业金融机构广义小微企业贷款余额构成比例（2014—2018 年）

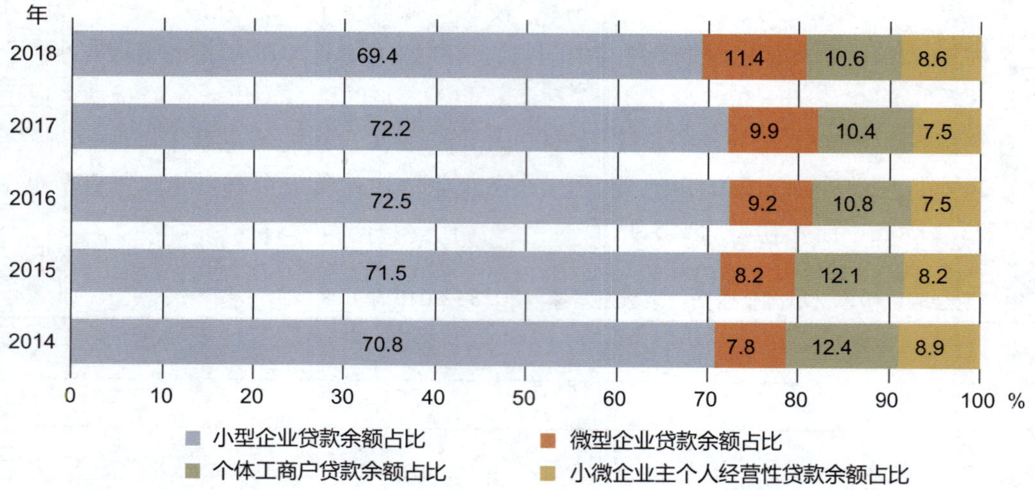

资料来源：中央财经大学《中国中小微企业金融服务发展报告（2019）》课题组根据银保监会数据整理。

图 2－6　银行业金融机构四类小微企业贷款增速（2015—2018 年）

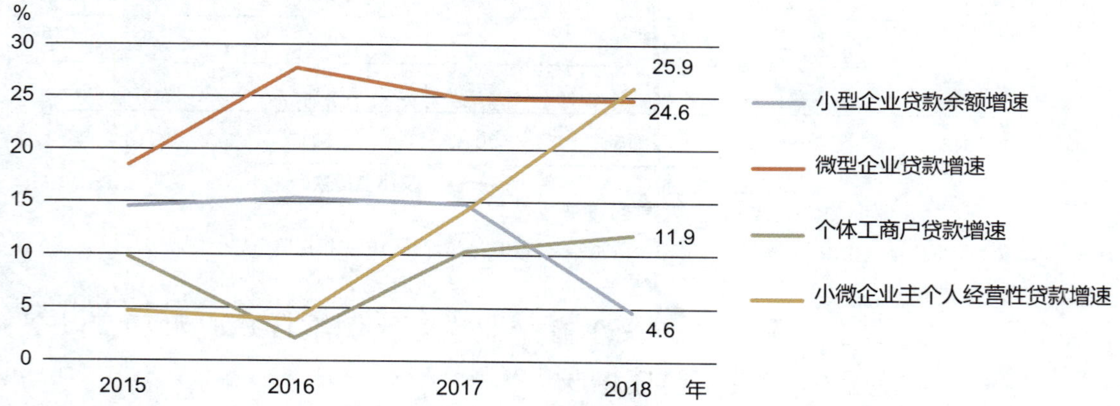

资料来源：中央财经大学《中国中小微企业金融服务发展报告（2019）》课题组根据银保监会数据整理。

2.4.3　六大行小微企业贷款余额及占比齐降，第二、第三梯队增长明显

从小微企业贷款余额看，六大商业银行（工农中建交邮）依旧处于第一梯队，以 8.0 万亿元占据银行业金融机构小微企业贷款余额的 23.8%，其中 2019 年新加入国有大行队伍的邮储银行小微企业贷款余额为 0.9 万亿元，占比 2.6%，基本与 2017 年持平；第二梯队是农村商业银行、城市商业银行和股份制商业银行，三类银行余额占比分别为 20.8%、18.7% 和 13.6%。自 2015 年农商行跃居第二位后，第二梯队的小微企业贷款余额占比排名保持稳定，未发生变化，三类银行分列二、三、四名，第二梯队的小微企业贷款余额合计占比超过 1/2。

一二梯队四类银行的小微企业贷款余额合计占比超过3/4，剩下的1/4主要由第三梯队的政策性及国开行和农村信用社所贡献，两类机构的余额分别为4.3万亿元和1.4万亿元，占比分别为12.8%和4.2%。

与2017年相比，六大商业银行小微企业贷款余额占银行业金融机构总体小微企业贷款余额的比例下降2.8个百分点，小微企业贷款余额减少0.2万亿元，其中原五大商业银行（工农中建交）合计占比下降2.9个百分点，小微企业贷款余额减少0.3万亿元。另外，农村商业银行、城市商业银行、政策性银行及国开行的占比增长明显，分别增长1.3个、1.2个以及1.1个百分点，小微企业贷款余额分别增长1.0万亿元、0.9万亿元以及0.7万亿元。民营银行小微企业贷款余额增速很快，但总量依旧较小，为690亿元，占比为0.2%。外资银行、农村合作银行和村镇银行小微企业贷款余额略微增长或下降，占比基本维持不变。

图2-7 各类银行业金融机构广义小微企业贷款余额占比（2018年）

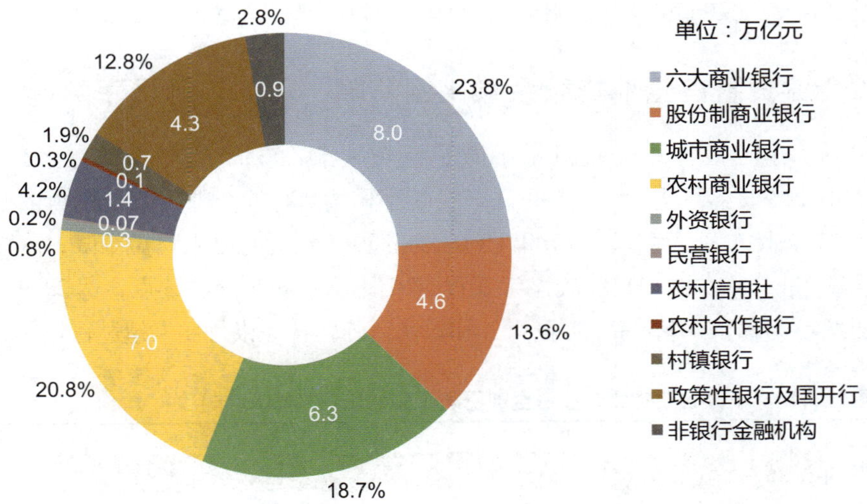

注：环形圈内数值表示小微企业贷款余额（万亿元），外圈数值表示占比。

资料来源：中央财经大学《中国中小微企业金融服务发展报告（2019）》课题组根据银保监会数据整理。

2.4.4 各类主要银行小微企业贷款余额增速持续回落，六大商业银行出现负增长

从各类银行业金融机构增速维度来看，延续了2017年增速普遍回落的状态。民营银行以216.5%的小微企业贷款增速居于首位，民营银行的惊人增速一方面是由于自身在小微企业贷款方面持续深耕，另一方面主要是因为其小微企业贷款余额基数相较其他银行业金融机构过低。政策性银行及国家开发银行增速回落明显，下降8.9个百分点，但依旧以19.5%的增速位居第二。往年在增速方面保有较高竞争力的城商行、农商行以及村镇银行继2017年之后继续以较大幅度回落，其中村镇银行的增速回落高达7.1%，已经被2017年增速相当的外资银行超过并甩出一个身位，增速跌至8.6%。而六大商业银行未能保持住2017年11.6%的高增速，甚至出现了负增长，增速较2017年下降13.5个百分点。

图 2－8　各类主要银行小微企业贷款余额增速（2018 年）

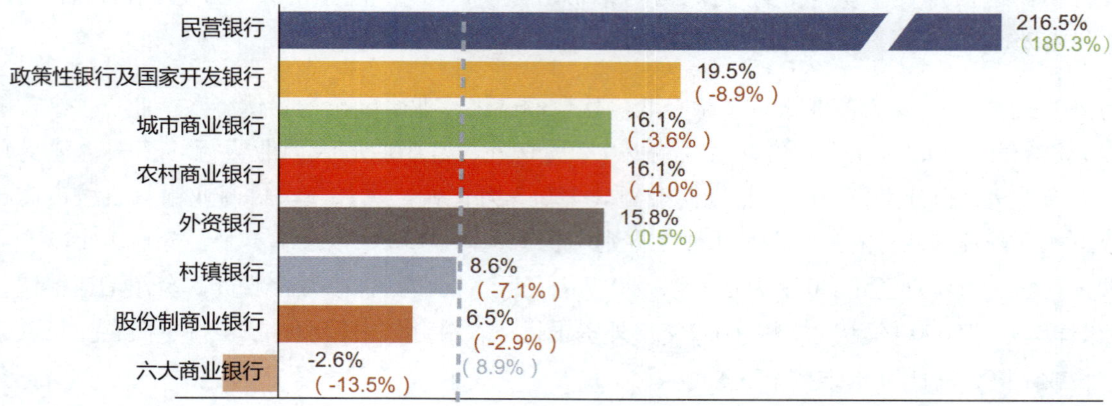

注：①图中括号内表示相比 2017 年增速的变化，绿色表示增速增加，红色表示增速下降。

②图中虚线数值 8.9% 为银行业金融机构 2018 年广义小微企业贷款余额增速。

资料来源：中央财经大学《中国中小微企业金融服务发展报告（2019）》课题组根据银保监会数据整理。

2.4.5　小微企业贷款占全部贷款余额比例略降，民营银行异军突起

截至 2018 年末，全国银行业金融机构小微企业贷款余额 33.5 万亿元，占各项贷款总余额的 23.8%，与 2017 年 24.7% 的占比相比稍有下降。农商行和城商行的全部贷款余额中依旧半数或近半数都为小微企业贷款，占比分别为 51.5% 和 42.1%，但在 2017 年的基础上略微下降，均减少近 2 个百分点。民营银行小微企业贷款占比增长较快，与 2017 年相比增长 8.5 个百分点，达 22.9%。而其他类型银行则在不同程度上微升或微降，除了城商行外和农商行外，其他银行均未超过行业平均水平。

图 2－9　各类主要银行广义小微企业贷款余额占全部贷款余额的比例（2018 年）

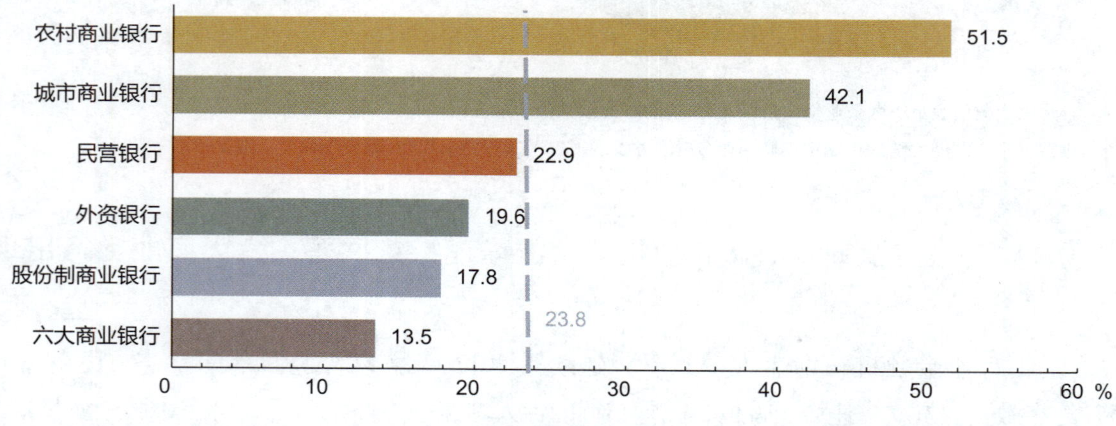

注：①各类机构全部贷款余额由银保监会公布的 2018 年第四季度各机构不良贷款余额和不良贷款率推算获得。

②图中虚线数值 23.8% 为 2018 年银行业金融机构广义小微企业贷款余额占全部贷款余额的比例。

资料来源：中央财经大学《中国中小微企业金融服务发展报告（2019）》课题组根据银保监会数据整理。

2.4.6　小微企业网均贷款余额排名稳定，增速开始放缓

2018 年，银行业金融机构整体的小微企业网均贷款水平为 1.4 亿元，较 2017 年增长 6.6%。不

同类型银行的小微企业网均贷款差异在一定程度上反映出银行小微企业发展的模式差异，大银行通常以网点规模取胜，网点数量少的银行则需要在网点效率上取胜。2018 年，网点最少的民营银行的小微企业网均贷款排名最高，高达 46.0 亿元，这与网商银行和微众银行依靠金融科技迅速提高小微企业贷款效率有很大的关系。城市商业银行、股份制商业银行以及外资银行延续了 2017 年的强势表现，小微企业网均贷款余额分别为 3.8 亿元、3.2 亿元以及 2.6 亿元。小微企业网均贷款余额排名与 2017 年保持一致。六大商业银行和农村信用社继续居于最后两位。

图 2－10　各类主要银行网均小微企业贷款余额（2018 年）

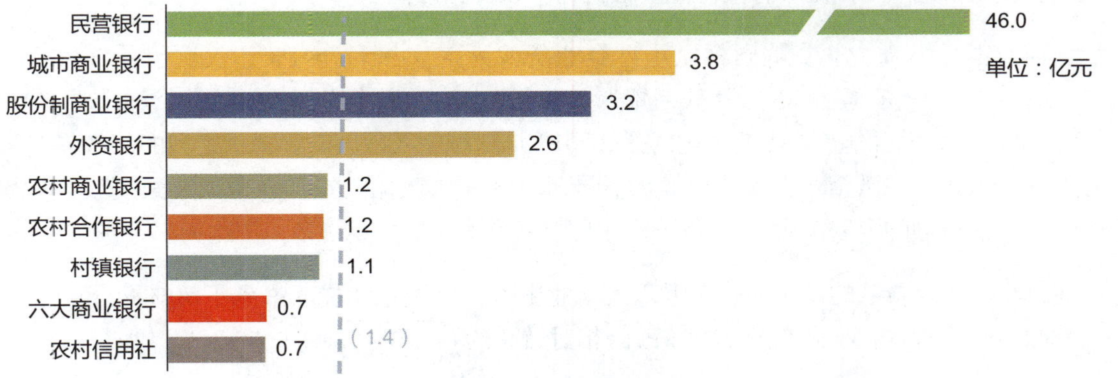

注：图中虚线数值 1.4 亿元为 2018 年银行业金融机构网均小微企业贷款余额。

资料来源：中央财经大学《中国中小微企业金融服务发展报告（2019）》课题组根据银保监会数据整理。

增速方面，民营银行、城市商业银行、外资银行以及股份制商业银行的小微企业网均贷款增速分别达 216.5%、19.8%、18.6% 以及 15.0%，较 2017 年有所提高，分别增长 243.8 个、6.3 个、1.3 个以及 6.9 个百分点。其他类型银行则均出现不同程度的增速回落，其中增速下降最多的为六大商业银行，小微企业网均贷款出现负增长，增速较 2017 年下降 13.3 个百分点，但新加入国有大行的邮政储蓄银行增速大幅提高，较 2017 年提高 10.2 个百分点，达 14.1%。

图 2－11　各类主要银行网均小微企业贷款增速（2018 年）

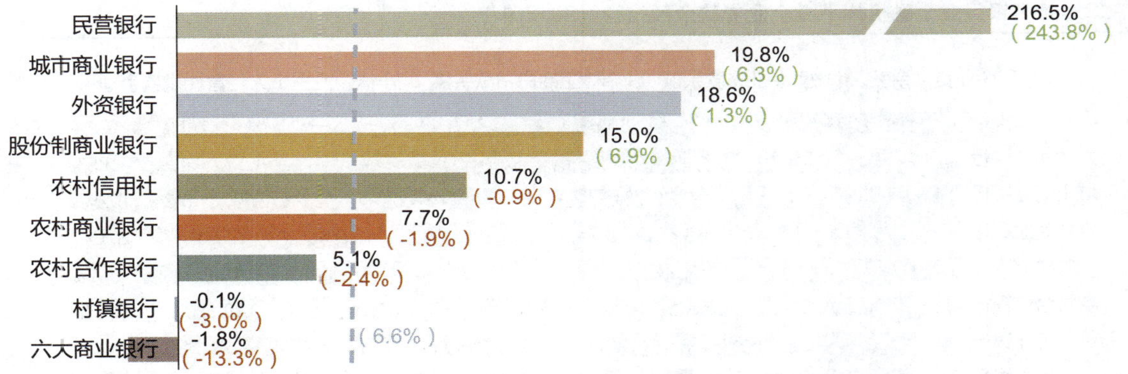

注：①图中括号内表示相比 2017 年增速的变化，绿色表示增速增加，红色表示增速下降。

②图中虚线数值 6.6% 为 2018 年银行业金融机构网均小微企业贷款增速。

资料来源：中央财经大学《中国中小微企业金融服务发展报告（2019）》课题组根据银保监会数据整理。

2.4.7 小微企业贷款主要集中于小型企业，但各类银行小微贷款结构各具特色

观察银行业金融机构的四类小微企业贷款余额占比，小微企业贷款主要集中于小型企业，占到小微企业贷款总额的69.4%，这一比例较2017年下降了2.8个百分点，而微型企业贷款、个体工商户贷款以及小微企业主贷款的占比均有不同程度的增加。再放眼至各类银行业金融机构，由于各自银行以及小微企业贷款客户定位的不同，小微企业贷款结构也不尽相同。

外资银行在小型企业贷款余额占比方面依旧略高于六大商业银行，达80.5%；而以个人贷款形式发放的贷款仅占约2%，在所有银行业金融机构中该占比最低。

六大商业银行小微企业贷款同样以小型企业贷款为主，占比76.1%，仅次于外资银行，但与2017年相比小型企业贷款占比有所降低，减少3.1个百分点。以个人形式发放的贷款比重有所提高，较2017年增加1.9个百分点。需要说明的是，2018年刚被纳入六大商业银行之列的邮政储蓄银行与其他五大商业银行的小微企业贷款结构截然不同，2018年邮政储蓄银行以个人形式发放的贷款占据了小微企业贷款总额的半壁江山，达55.9%，其中以个体商户贷款居多，占比为39.3%。

城商行小微企业贷款的结构比较接近六大商业银行，小型企业贷款占到了70%以上，有所不同的是，其微型企业贷款和小微企业主贷款占比相对较高。

农商行、农信社、农合行的小微企业贷款结构非常相近，小型企业贷款占比在60%左右，个体工商户贷款占比在20%左右，其次是微型企业贷款和小微企业主贷款。

股份制商业银行小型企业贷款占比为51.2%，较2017年有显著下降，降低了7.1个百分点，而以个人贷款形式发放的小微企业贷款占比显著上升，达到了37.2%，其中，小微企业主贷款占比高达24%，是同体量银行中占比最高的。

民营银行和村镇银行的小型企业贷款余额占比较少，均在40%以下。其中，村镇银行则主要以个人贷款形式发放小微企业贷款，占比达58.1%，是全部银行业金融机构中最高的。值得注意的是，与2017年相比，民营银行的小型企业贷款占比下降高达15.6个百分点，个体工商户和小微企业主贷

图2-12 各类银行业金融机构小微企业贷款余额结构（2018年）

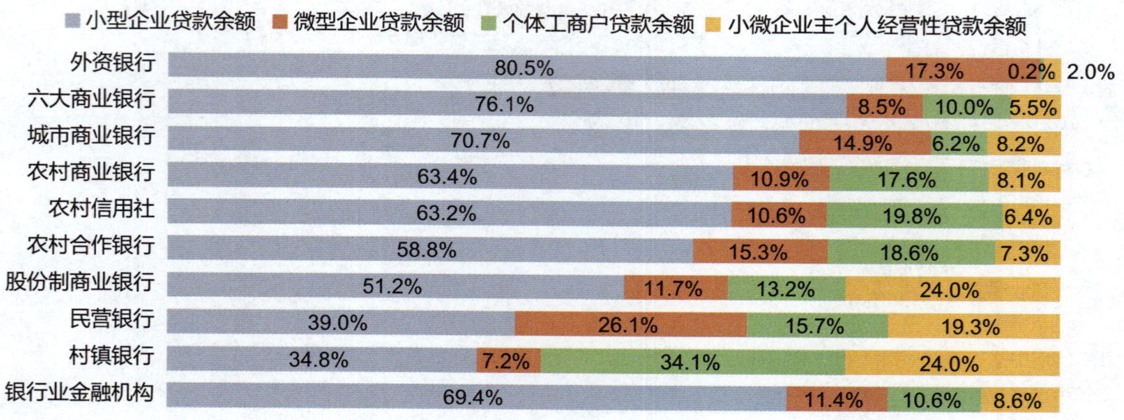

资料来源：中央财经大学《中国中小微企业金融服务发展报告（2019）》课题组根据银保监会数据整理。

款占比上升显著，分别上升了12.9个和7.4个百分点，反映出民营银行在进一步“做小”方面取得的进展。

2.4.8 各类银行业金融机构四类小微企业贷款“存异趋同”，小型企业贷款增速普遍放缓

通过对各类银行业金融机构四类小微企业贷款余额增速进行比较可以观察到，与2017年有所不同的是，各类机构在小微金融服务的发力点上既有存异，也有趋同。整体上看，各类银行的微型企业贷款和小微企业主个人经营性贷款增速均有较高的正增长，体现出银行在下沉客户重心方面做出的努力。

六大商业银行四类贷款增速最高的是小微企业主个人经营性贷款增速，增速较2017年提高了21个百分点，基本接近行业平均水平。而2017年增速较高的小型企业贷款余额增速则下降约18个百分点，出现负增长。

外资银行的微型企业贷款由2017年的负增长一跃变为超过40%的高速正增长。而小型企业贷款方面，股份制银行则出现了负增长，较2017年下降高达15.2%。

民营银行2018年在个体工商户和小微企业主个人经营性贷款方面发力尤为突出，其个体工商户贷款同比增长17倍，小微企业主个人经营性贷款增速由负转正，且增长4倍。其余各类型贷款也保持高速增长。

图2－13 各类主要银行四类小微企业贷款余额增速（2018年）

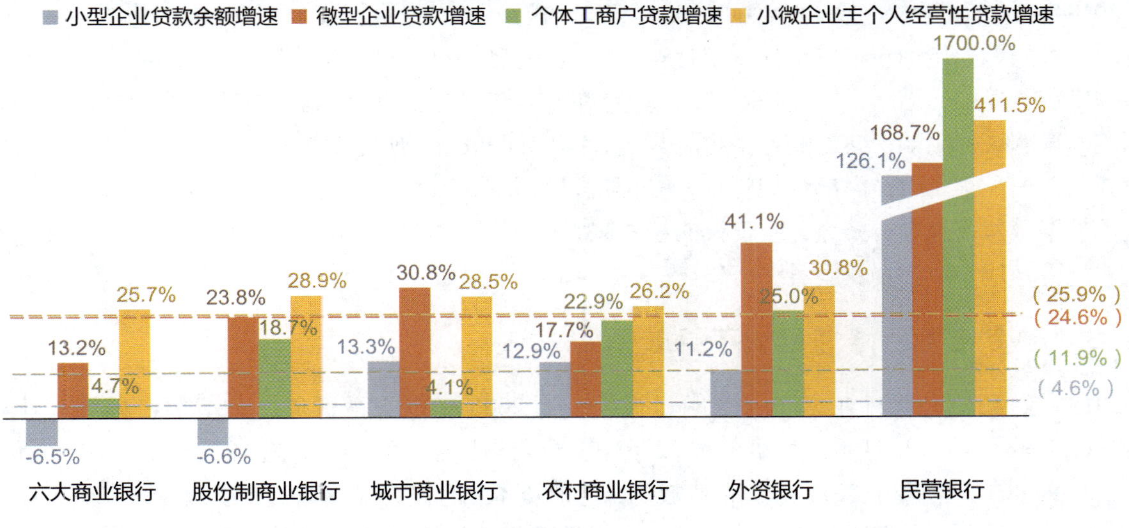

注：不同颜色的虚线代表相应颜色对应的贷款2018年整体增速。

资料来源：中央财经大学《中国中小微企业金融服务发展报告（2019）》课题组根据银保监会数据整理。

2.5 其他金融机构/类金融机构

2.5.1 小贷：置死地而后生

2018年，小额贷款行业的整体发展不容乐观，行业主要指标普遍下降，全国共有小额贷款公司

8133 家，同比下降 4.89%；行业从业人员数 90839 人，同比下降 12.64%。贷款余额经历了 2017 年小幅回升后，回落至 9550.44 亿元，同比下降 2.54%。小贷行业实收资本 8630.20 亿元，同比增长 1.12%。

由于外部经济环境下行的压力增大，小贷公司的信用风险快速上升，不良贷款率明显升高。与此同时，来自银行小额贷款业务、P2P 平台与民间借贷等的竞争不断加大，小贷公司的盈利空间被进一步压缩，行业整体营收状况下滑明显。在这样的行业大背景下，部分小贷公司逐渐被淘汰出局，但也有部分小贷公司凭借其更强的风险控制能力与不断的产品与技术创新，在困境中开辟出了继续前行的道路。

2.5.2 典当：刮骨疗伤待重生

在宏观经济景气度下行，经济增速放缓的背景下，典当行业的扩张速度呈现回落态势。截至 2018 年末，全国共有典当企业 8657 家，同比增加 2.05%，增速持续小幅回落。从业人员 4.2 万人，同比下降 0.7 万人，行业内部竞争加剧，部分资质较弱的典当行及从业人员正面临被市场淘汰的风险。在营收方面，行业近年来的发展颓势有所扭转，营业收入、净利润均有显著提升，盈利能力明显增强。全行业实现典当总额 2863.2 亿元，较 2017 年下降了 1.25%，但降速有所放缓。典当余额 985.8 亿元，同比上升 2.3%。全年行业实现营业收入 96.2 亿元，同比上升 5.48%，扭转了长期以来的下降态势；全行业实现净利润 13.5 亿元，同比增长 29.81%，增幅相比于 2017 年有显著提升，行业亏损面与亏损额均有所下降。

2018 年典当行业由商务部监管的局面结束，正式移交给银保监会管理，监管部门的转变及典当行业对业务的差异化创新在一定程度上促进了行业的良性发展。历经行业洗牌后的各家典当行都在积极探索创新发展的道路，以满足客户日新月异的需求。但是也应看到，目前行业内外部均存在诸多问题尚未解决，比如：典当业务结构不均衡，本源性的民品典当业务仍处于发展弱势，而房地产业务依然占据半壁江山；内部合规管理问题频出，行业风险控制不到位；互联网金融冲击明显，行业竞争越发激烈；等等。如今，监管权的统一只是规范行业发展的第一步，整治行业乱象并创新服务，才能更好地为中小企业服务。

2.5.3 融资租赁：降速增长下寻转型

2018 年，融资租赁行业增长速度明显放缓，为 2006 年以来最低值。全国融资租赁企业共计 11777 家，同比增长 21.71%；注册资本 32763 亿元，同比增长 1.34%；合同余额共计 66500 亿元，同比增长 9.38%。相较于 2017 年，企业数量、注册资本和合同余额增速进一步放缓，尤其是注册资本增速骤降。其中，外资租赁无论是注册资本还是合同余额增速都大幅度下降，并首次成为三类租赁企业中的最低，外资租赁的缓慢发展是融资租赁行业增幅下降的重要原因。融资租赁公司经历着前所未有的变革，寻求转型升级，稳健发展成为 2018 年融资租赁行业的主题。随着信用环境和融资环境趋紧，违约事件频发，以及租赁业统一监管政策的落地和会计准则即将发生重大变化等因素的影响持续深入，融资租赁行业内业务规模增速放缓。在“严监管”背景下，融资租赁行业的透明度不断增加，空壳化现象得到改善，融资租赁行业逐渐回归本源。尤其是空壳化现象最严重的外资融资租赁公司方面，情况也有所好转。

2018 年，厂商系和独立第三方融资租赁公司仍然是服务中小微企业的主力，但银行系融资租赁公司也在逐渐发力，不断提高直租比例。应当注意到的是融资租赁行业当前现状仍然是以服务大型企业为主，中小微企业的融资需求还远远未得到满足，租赁公司仍需要继续深耕中小微市场。此外，针对中小微企业信用程度低、资金规模小等问题，融资租赁公司需要制定新的风控策略和评审程序才能促使项目平稳推进，实现租赁公司和中小微企业共同发展。随着行业监管走向统一和内外部经济环境的变化，融资租赁行业迎来了深度转型调整期，回归融资租赁本源，服务实体经济成为租赁行业发展趋势，中小微融资租赁市场的价值将被慢慢发掘，越来越多的融资租赁企业将逐步下沉服务重心，积极开拓中小微市场，为中小微企业提供专业化和特色化的业务服务，融资租赁服务中小微企业或将驶入快速发展的道路。

2.5.4 担保与保理：乘风破浪　行稳致远

2018 年担保行业整体运行平稳，业务规模稳定增长，截至 2018 年末，全国融资性担保法人机构 6053 家，同比减少 260 家；实收资本 11365 亿元，继续保持增长态势；行业整体融资担保余额 2.3 万亿元，较上年增长 5.02%。代偿风险逐步暴露，代偿率处于历史高位。与此同时，监管升级提振行业实力，政策利好为行业发展保驾护航。随着中国银行保险监督管理委员会关于《融资担保公司监督管理条例》四项配套制度的出台，融资担保行业已建立起“1+4”的完善监管体系，未来行业发展将更加规范化。国家融资担保基金的成立标志着覆盖全国的再担保体系基本形成，有助于提高融资担保行业整体风险防控能力。在中央和地方各项政策扶持下，政策性担保机构向间接融资担保业务回归，业务规模和覆盖范围方面均有所提升，在普惠金融领域发挥作用显著。

担保品管理行业稳步发展，全国电子仓单系统启动试点工作，标志着具有可复制性、可推广的标准化电子仓单和仓库管理体系正式推出。该系统的启动，让多家物流企业可以充分利用闲置的仓储产品，与各类银行机构合作，通过货权生成仓单，以质押的方式获得融资。平台的搭建有助于降低行业融资成本，提高行业效率，便利中小贸易商融资，通过行业标准、行业信用、全场景风控和数据服务使中小企业融资的效率问题得到解决。

商业保理行业进入快车道，2018 年商业保理业务量达到 1.2 万亿元，连续五年实现高速增长，或将取代银行保理成为我国保理业未来发展主要动力，资产证券化与人工智能科技更为保理业新发展开辟广阔前景。商业保理 ABS 以其较低的发行成本，为保理公司提供了重要的融资渠道，更为保理公司所服务的中小企业提供了可观的流动性支持。

2.5.5 创业投资：大浪淘金　任重道远

2018 年创投市场的大清查及严监管全面推进，行业步入过渡调整期，但税收优惠的落地、“双创”领域的升级、保险资金进场限制的放开、私募股权投资基金对上市公司并购重组的参与等一系列“政策利好”仍为行业下一步发展注入强心剂。募资端由于宏观环境的低谷以及资管新规等条文的出台而陷入困境，行业笼罩在寒流之中，新增募集资金及募集基金数量双双下降。2018 年，中国创业投资基金（含早期基金和 VC 基金）新增募集资本量为 3206.86 亿元，较 2017 年有明显缩减，降幅达到 13%；另外，新增募集基金数量减少至 844 只，出现自 2013 年以来的首次下降，降幅达到 19%。虽然募资端困难涌现，但由于投资端存在一定的滞后性，因此，全年投资金额尚未出现下降，但增长幅度减小，投资案例数出现一定幅度下滑。投资人对项目要求更高，出手更谨慎。2018 年全年发生早期投资、VC 投资共计 6116 起，同比减少 10.51%；披露的投资金额为 2260.42 亿元，同比小幅增长 4.01%，与 2017 年高达 51.45% 的投资额增幅相距甚远。A 轮及以前的项目仍受欢迎，IT 领域更大幅吸金，互联网及生物医疗也同受关注，人工智能开始多场景探索商业化落地方案，新消费领域带来生活方式延展升级，在线教育持续广受资本青睐。2018 年，VC 机构共发生 1050 笔退出交易，相比 2017 年 1420 笔的退出数量减少了 26.06%。退出端出现渠道重要性排序更替，新三板功能性进一步弱化，股权转让及回购占比则显著提高。

在创投行业马太效应显现，两极分化正在悄然上演，投资机构正本清源的同时，对广大被投初创中小微企业也提出了更高的要求，To B 风口之下，众多垂直细分领域为更多独角兽的诞生提供了广阔舞台，极大利好于企服领域初创公司，互联网巨头硝烟四起的战略投资风云协同政府引导基金的进场更是令创投圈显得精彩纷呈，泛生态布局及全产业链覆盖众多中小微企业。创投行业的发展为更多中小微企业的成长提供更多可能，同时对其核心竞争力更加看重，技术迭代的加快、国际竞争的愈加激烈，也都带给广大中小微企业更大的挑战。

2.6 金融市场

2.6.1 股权交易市场：融资结构仍待优化，政策支持前景向好

2018 年，伴随着股市走低，股权市场融资规模出现了较大幅度的下降。全年在主板、中小板、创业板和股转系统获得融资的企业共有 1667 家，相比 2017 年的 3336 家减少了约 50%；募资总额为 11168.21 亿元，较 2017 年减少了 35.28%。2018 年全年中小微企业的融资额占全部股权市场融资总额的 3.75%，相比 2017 年 6.75% 的比重有所下降，股权市场资金仍然集中流向大型企业。从年报披露看，中小微企业在规模、盈利能力和抗风险能力等方面均不及大型企业，营业收入严重下滑，亏损局面加剧。

2018 年股权市场改革仍在进行，减税降费贯穿全年，独角兽 IPO 绿色通道开启，资管新规促使资金脱虚向实，A 股纳入国际指数，沪伦通正式开启，资本市场国际化水平不断提高，科创板横空出世，多层次资本市场进一步得到完善。展望未来，在股权市场改革的背景下，仍需思考如何定位和完善不同市场的功能，拓宽中小微企业资本补充渠道，优化资源配置效率，更好地服务于中小微企业的发展。

2.6.2 债券市场：困境与转机共存

2018 年，在国内经济疲软、中美贸易摩擦和货币政策宽松的背景下，债券市场迎来拐点，走出波澜壮阔的结构性牛市行情。全年债券市场融资 43.84 万亿元，同比增长 7.38%。中债总财富（总值）指数全年上涨 4.61%，10 年期国债收益率较 2017 年末大幅下行，全年下行 65 个基点。非金融企业一级市场新发各类债券融资额达到 6.94 亿元，较上年增长 33.13%。但与此同时，民营企业债券违约激增，仅 2018 年单年违约债券的数量和金额就超过历史上违约债券的总和。伴随着层出不穷的债券违约事件，投资者风险偏好明显下降，中小微企业通过债券直接融资的难度与日俱增。2018 年中小微企业合计发行各类债券（企业债、公司债、中期票据、短期融资券、PPN、可转债、可交换债）共计 58 只，融资规模 285.58 亿元，分别占债市全部发行量的 1.50% 和 0.64%。中小微企业合计发行数量较 2017 年下降了 44.76%，融资规模减少 41.26%。债券融资进一步向大型企业倾斜，

中小微企业想要通过债券工具获得融资的难度进一步增加。

庆幸的是，在这一年，纾困债和信用风险缓释证券成功发行，政府在助力中小微企业融资中表现出更强的信心和更大的决心。2018 年小微企业专项金融债全年发行规模 2145 亿元，较 2017 年增长了 100.47%，在 2017 年出现首降后大幅增长并发展为新高；小微企业专项金融债在一般性商业银行债中的占比达 41.49%，较 2017 年增加了 14.10 个百分点。应收账款类 ABS 的发行在政策支持下回到正轨，在供应链金融政策支持下，中小微企业通过反向保理方式发行该类资产证券化产品，在 2018 年获得创新性进展。这些多样化的融资方式都有助于提高中小微企业债市融资的效率，从而增强债券市场对中小微企业金融服务的供给能力。

2.7　保险：调整与转型

2018 年，我国保险市场进入“调整与转型”期。偿二代二期工程的推进、为规范市场行为银保监会发布的一系列文件等表明防范风险、强化监管仍然是行业主旋律。保险市场量减质增，增速放缓，业务结构加快调整，行业防控风险能力增强，回归保障本源，是从重规模走向重质量的关键转型期。保险业作为我国金融业的“三驾马车”之一，不断为全社会提供更高风险保障，在社会发展中发挥着越来越重要的作用。

非车险财产保险业务焕发新活力，成为带动财产保险保费增速的主要动力，企业相关保险市场在国家政策的推动下出现新的增长点，2018 年末，企业相关保险原保险保费收入约 2828.4 亿元，同比增长 27.1%，增速较 2017 年有进一步提升。在国家政策的引导下，行业越来越重视对中小微企业提供保障全面、丰富多样的保险服务，一方面助力在专业领域具有优势的中小微企业发展科技创新，提供“首台套技术装备保险”；另一方面涌现了一批专门为中小微企业服务的保险中介，为中小微企业提供更为精准贴心的服务。2018 年，保险扶贫政策力挺中小微企业发展，积极探索“保险 + 期货”模式的农业保险，建立小微企业出口信用保险政府统保平台，创新发展关税保证保险、知识产权质押融资相关的保证保险等险种，为中小微企业和农户的经营稳定提供更高风险保障。

2.8　民间金融：攻坚克难

2018 年，民间金融攻坚克难，P2P 爆雷潮、平台清退转型、备案延期接踵而至，众筹平台低潮持续，“疯狂”“乱象”不是民间借贷的本来面目，贯穿问题事件频发的还有政策的密集出台，监管、自律双管齐下，《非存款类放贷组织条例》纳入 2019 年立法工作，或将进一步引导民间借贷“阳光化”。2018 年，也是金融科技加速赋能、支持中小微企业发展如火如荼的一年，金融科技发挥技术优势，降低民间金融平台获客成本、提升金融交易效率。P2P 网贷历经至暗时刻，加速转型清退，年中“三项检查”开启、资金存管落地，法律体系进一步规范，但行业剧烈动荡、备案不确定性及投资恐慌情绪依然在市场蔓延，参与者如履薄冰。众筹市场颓势延续，股权众筹试点有待开启。大浪淘沙后，能真正服务中小微企业，并且建立了核心竞争力的平台或将所剩无几。尽管 P2P 在 2018 年经历至暗之年，但也只是庞大的民间金融体系中非常小的一部分，有着悠久历史的民间金融仍具有顽强的生命力，也依然会是中小微企业资金周转的主要来源渠道。

3

商业银行：脚步放缓，重心放低

2018 年银行业继续延续了强监管、防风险态势，监管层提出“两增两控”目标，重点考核单户授信 1000 万元以下的普惠型小微企业贷款。各大银行在此背景下在继续回归服务实体经济本源的同时也进一步放低服务重心，但商业银行小微企业贷款余额增速较 2017 年明显有所放缓，不同类型的商业银行增长情况分化明显。六大行小微企业贷款总额较 2017 年出现负增长，但普惠型小微企业贷款增长明显，服务重心明显下降；股份制银行小微企业贷款增速较 2017 年有所回落，但依旧保持增长态势，城商行则依旧保持高增速，发挥自身比较优势。

商业银行继续结合自身优势，不断探索服务小微企业的新途径。2018 年是金融科技蓬勃发展的一年，同时也是银行业萌发久违生机的一年。先是上海出现首家“无人银行”，继而建行设立全资科技子公司——建信金融科技有限责任公司，打响了国有大行成立金融科技子公司的“第一枪”。从向互金巨头借力到独立建制，银行系金融科技子公司快速从后台奔向前台，得到大家的关注。“互金合作”重心开始下沉，2018 年互联网巨头与传统银行的合作不再局限于国有大行，而是向下与股份制银行、城市商业银行、农村信用社开展合作，渐有全面渗透的趋势。此外，伴随着“互联网 + ”的发展与区块链技术的赋能，供应链金融也同样迎来了黄金发展时期，与各大平台合作进一步拓展深化，为产业集群内的中小微企业提供更为广泛有效的融资支持。

整体来看，商业银行小微企业金融服务增速虽有所放缓，但质量有所提高，小微企业服务进一步做“精”、做“小”。另外，银行业主动拥抱金融科技，各大银行的科技转型进一步深化也将进一步助力小微企业金融服务的完善与发展。

3.1 小微企业贷款增长放缓重心开始下沉

2018 年是小微企业受到高度重视的一年，扶持小微企业的政策频出，旨在纾困小微企业融资难题。为了进一步推动银行小微企业金融服务由高速增长转向高质量发展，监管层提出“两增两控”目标，引导各大银行聚焦薄弱环节、下沉服务重心。但另外，各大银行在小微企业贷款整体增长与针对单户授信 1000 万元以下的普惠型小微企业贷款增长方面分化明显。为力求直观、全面、真实地反映我国商业银行2018年小微企业金融服务领域的最新动态，我们选取了6家大型商业银行、11家全国股份制商业银行和20家城市商业银行作为研究样本，分类剖析国有大型商业银行、股份制商业银行和城市商业银行在小微金融服务领域的供给情况。

3.1.1 大型商业银行小微企业贷款发展概况

■ 六大行小微企业贷款余额排名稳定，普惠型小微企业贷款开始发力

六家大型商业银行的小微企业贷款总额近四年首次出现负增长。根据银保监会披露数据，六家大型商业银行的全口径小微企业贷款余额为7.97万亿元，其中原五大行（工行、农行、中行、建行、交行）为7.10万亿元，较2017年减少4.32%。如图3－1所示，六家大型商业银行中仅有两家对全口径下的小微企业贷款进行了披露，分别是农业银行和邮储银行。农业银行延续往年的上升趋势，小微企业贷款余额达到1.43万亿元，较2017年增加4.51%。新加入国有大行队伍的邮储银行与工行、农行、建行、中行四家银行往年万亿元水平相比依旧有一定差距，仅有8648亿元，但自2015年后一直保持着稳定的增长态势。交通银行2018年将披露口径改为中小微企业贷款，贷款余额为1.32万亿元，较2017年减少110.85亿元。

图3－1 六大商业银行小微企业贷款余额（2013—2018年）

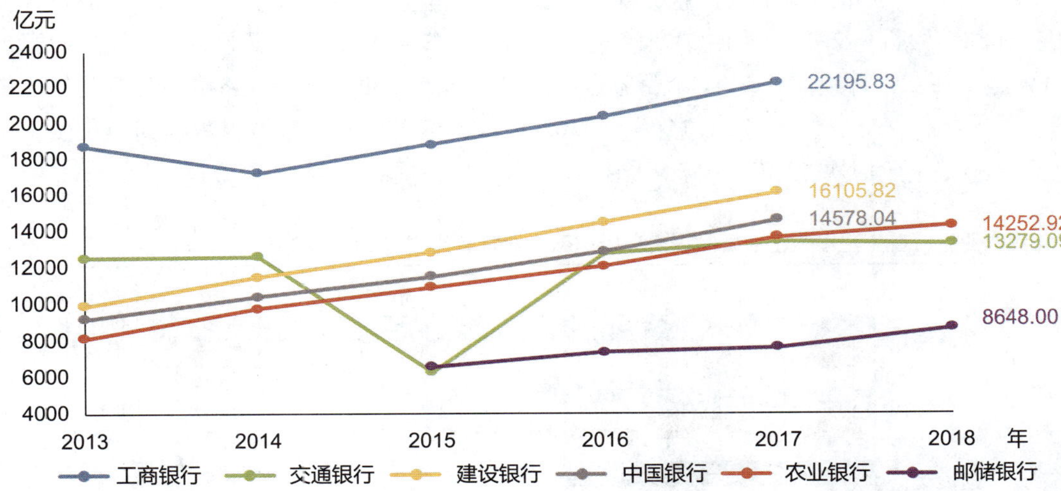

注：①每个银行折线右侧的数字表示该银行相应年份的小微企业贷款余额。

②交通银行将2016—2018年披露口径改为：报告期末境内行中小微企业贷款余额；以前口径为：报告期末境内行符合国家四部委标准的小微企业贷款余额。

资料来源：2018年数据摘自各银行2018年年报，2013年至2017年数据摘自《中国中小微企业金融服务发展报告（2018）》。

2018年起，1000万元以下的普惠型小微企业贷款开始受到监管机构重视。六家大型商业银行的普惠型小微企业贷款总额为2.41万亿元，较2017年增加26.73%。如图3－2所示，各家银行普惠型小微企业贷款余额均有一定程度增长。其中建设银行的普惠型小微企业贷款余额以6310.17亿元的水平超过邮储银行，摘得六大行“桂冠”。邮储银行继续发挥自己低重心的优势，普惠型小微企业贷款余额为5449.92亿元，位居第二。农业银行、工商银行和中国银行分列第三、第四、第五名，维持2017年排名情况不变。位居末位的交通银行2018年普惠型小微企业贷款突破千亿元水平，达到

1104.93 亿元，但与其余五家大型商业银行相比，依旧有一定差距。

图 3－2　六大商业银行普惠型小微企业贷款余额（2017—2018 年）

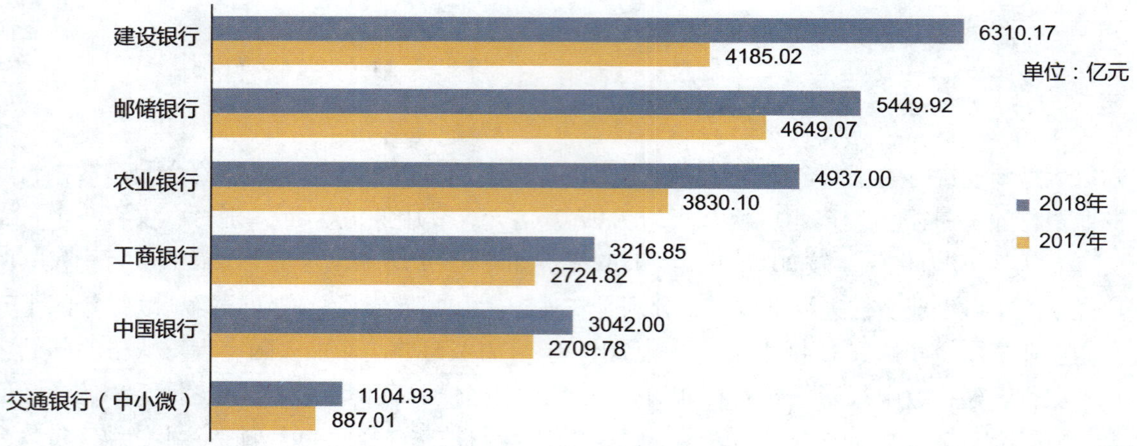

注：农业银行、中国银行、交通银行 2017 年普惠型小微企业贷款余额数据为根据 2018 年年报披露增长幅度推算所得。

资料来源：除以上特殊标注外，2017—2018 年数据均摘自各商业银行 2018 年年报和企业社会责任报告。

如图 3－3 所示，在普惠型小微企业贷款占全口径小微企业贷款比例方面，2018 年披露相关数据的农业银行和邮储银行与 2017 年相比，其普惠型小微企业贷款占比均有所提高。其中农业银行提高 6.56 个百分点，邮储银行则提高 1.91 个百分点。同时，六大商业银行中邮储银行连续两年普惠型小微企业贷款占比超过半数，分别为 61.11%、63.02%。交通银行 2018 年披露数据为中小微企业贷款口径，普惠型小微企业贷款占比较 2017 年同样有一定提升，提高 1.70 个百分点。

图 3－3　六大商业银行普惠型小微企业贷款占全口径小微企业贷款比例（2017—2018 年）

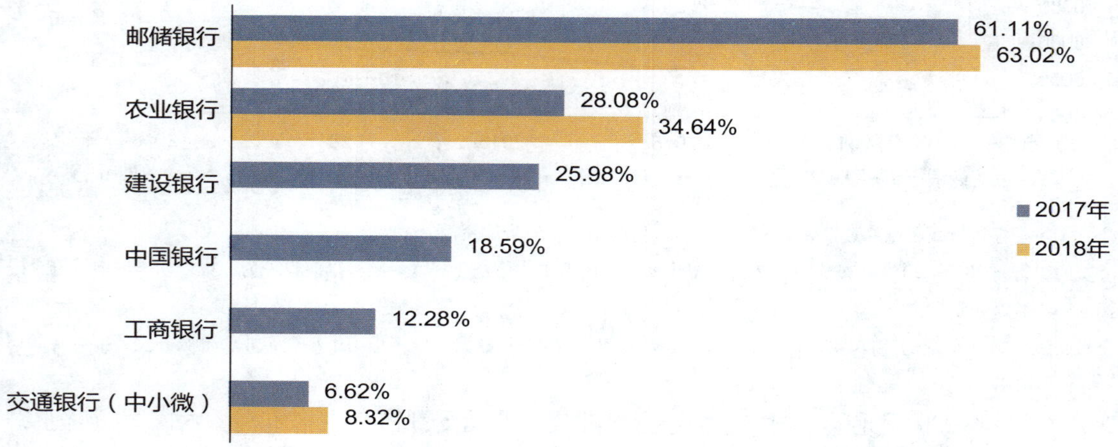

注：①由于未披露小微企业贷款余额数据，交通银行计算该比例的分母为“中小微企业贷款余额”口径。

②图中蓝色代表 2017 年数据，黄色代表 2018 年数据。

资料来源：以上比例均由 2017—2018 年各商业银行年报和企业社会责任报告披露数据计算所得。

■ 六大行小微企业贷款余额出现负增长，普惠型小微企业贷款增速较高

2018 年，大型商业银行小微企业贷款情况不容乐观。六大商业银行小微企业贷款余额整体增幅为 -2.63%[①]，原五大行（工行、农行、中行、建行、交行）增幅为 -4.32%，自 2015 年以来首次出现负增长，较 2017 年分别下降 13.47 个和 15.97 个百分点。如图 3 -4 所示，已披露全口径数据的两家大型商业银行均超过整体水平。其中，邮储银行增速触底反弹，增至 13.68%，增长近 10 个百分点，达到两家银行中的最高增速。农业银行增速明显放缓，增速下降近 10 个百分点，降至 4.51%。交通银行披露的数据为中小微企业口径，2016 年后增速逐年下降，2018 年出现负增长。

图 3 -4　六大商业银行小微企业贷款增幅（2013—2018 年）

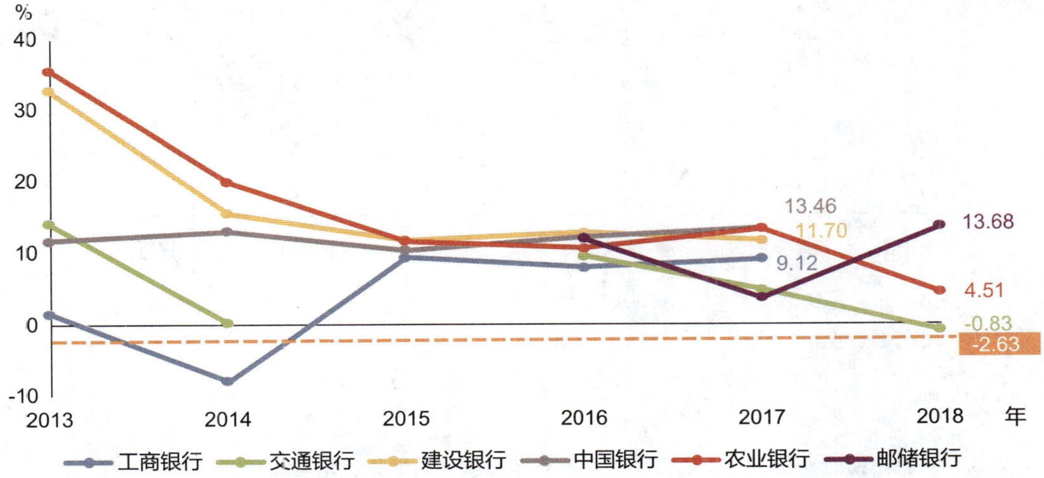

注：①每个银行折线右侧的数字表示该银行相应年份的小微企业贷款余额增幅。

②交通银行将 2016—2018 年披露口径改为：报告期末境内行中小微企业贷款余额；以前口径为：报告期末境内行符合国家四部委标准的小微企业贷款余额。

③图中橙色虚线表示六大商业银行 2018 年小微企业贷款余额的整体增速，根据银保监会披露数据计算所得。

资料来源：所示商业银行 2018 年小微企业贷款余额增幅是通过各行 2017—2018 年年报计算所得，2013—2017 年增幅数据摘自《中国中小微企业金融服务发展报告（2018）》。

随着监管层提出“两增两控”目标，大型商业银行发力普惠型小微企业贷款。2018 年，六家大型商业银行普惠型小微企业贷款整体增速为 26.73%。如图 3 -5 所示，仅有建设银行和农业银行超过整体增速水平。其中建设银行以 50.78% 的高增速“领跑”六大行。其次是农业银行和交通银行，分别以 28.90% 和 24.57% 的增速分列第二、第三名。工商银行、邮储银行和中国银行增速均在 20% 以下，其中中国银行增速最低，为 12.26%。

如图 3 -6 所示，与各行的全部贷款增幅进行比较，全口径小微企业贷款余额方面，披露相关数据的农业银行和邮储银行的小微贷款余额增幅均低于全部贷款增幅。其中农业银行低于全部贷款增幅 6.62 个百分点。交通银行披露口径为中小微企业贷款，其增幅同样低于全部贷款增幅 6.84 个百分点。而普惠型小微企业贷款方面，由于政策支持和基数较小，六大行普惠型小微企业贷款增幅均高

① 课题组根据银保监会披露数据计算所得。

于全部贷款增幅。其中，普惠型小微企业贷款余额增幅高出全部贷款增幅最多的是建设银行，高出 43.96 个百分点；普惠型小微企业贷款余额增幅高出全部贷款增幅最少的是邮储银行，仅高出 0.06 个百分点。

图 3－5　六大商业银行普惠型小微企业贷款增幅

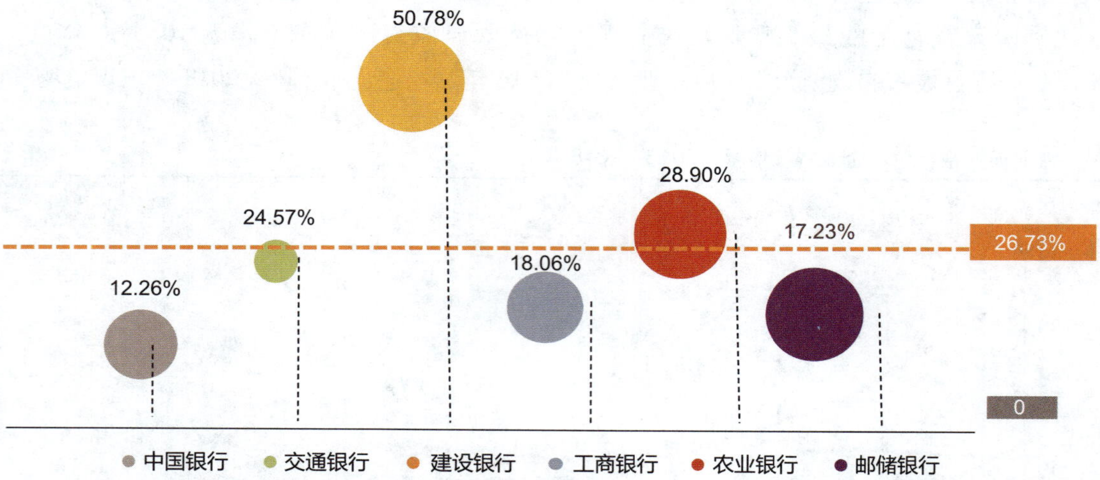

注：图中圆圈大小表示银行 2018 年普惠型小微企业贷款余额的大小，圆圈旁边的数字表示银行普惠型小微企业贷款余额增幅。黄线为六大商业银行普惠型小微企业贷款整体增幅。

资料来源：所示商业银行 2018 年普惠型小微企业贷款余额增幅数据摘自各商业银行 2018 年年报和企业社会责任报告。

图 3－6　六大商业银行小微企业贷款和普惠型小微企业贷款增幅与全部贷款增幅比较

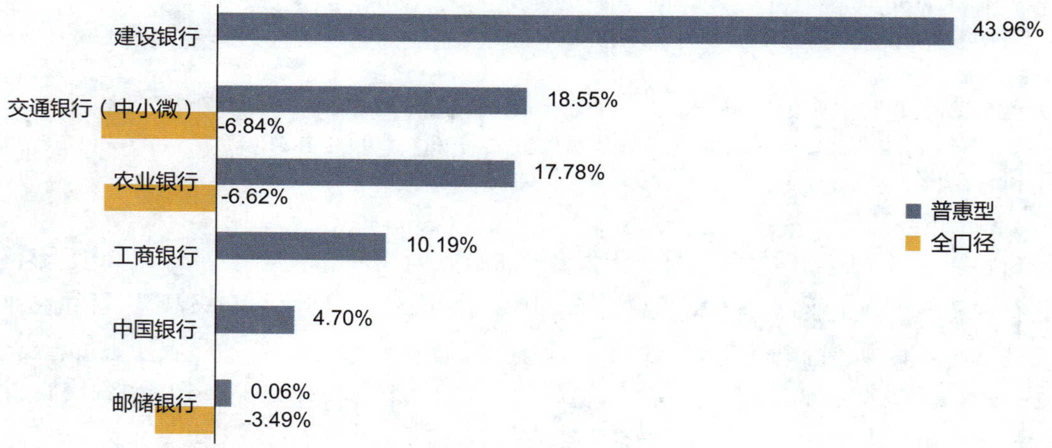

注：柱状图右侧的数字表示该银行 2018 年小微企业贷款余额增幅或普惠型小微企业贷款余额增幅高于全部贷款余额增幅的百分比。

资料来源：所示商业银行 2018 年小微企业贷款余额、普惠型小微企业贷款余额和全部贷款余额增幅是通过各行 2017—2018 年的年报计算所得。

■ 六大行小微企业贷款余额占比下降，普惠型小微企业贷款占比稳定

如图 3－7 所示，2018 年大型商业银行小微企业贷款余额占全部贷款余额整体水平为 13.49%①。农业银行和邮储银行披露数据为小微企业贷款占比，其中邮储银行最高，超过整体水平，占比 20.84%。交通银行披露口径为中小微企业贷款，占全部贷款比例较高，为 28%。

2016—2018 年，交通银行的中小微企业贷款余额占比和邮储银行的小微企业贷款余额占比连续下降，2018 年分别下降 1.93 个和 0.64 个百分点。农业银行在 2017 年略微上升后占比基本回落至 2016 年水平，2018 年相较 2017 年下降 0.24 个百分点。

图 3－7　六大商业银行小微企业贷款余额占全部贷款余额的比例（2013—2018 年）

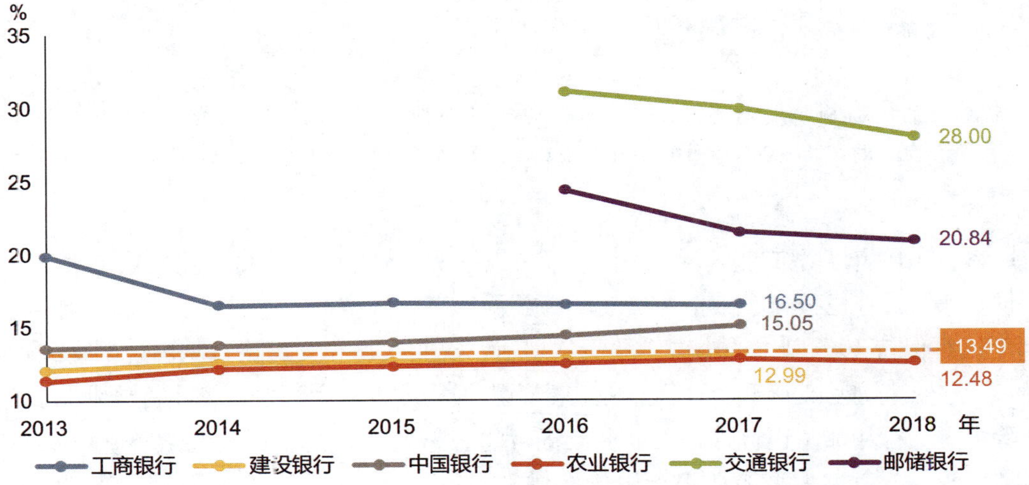

注：①每个银行折线右侧的数字表示该银行相应年份小微企业贷款余额占全部贷款余额的比例。

②图中橙色虚线 13.49% 代表六大商业银行小微企业贷款余额占全部贷款余额的整体比例，根据银保监会和人民银行提供数据计算所得。

③课题组对全部贷款余额口径进行统一调整：全部采用银行口径下的贷款与垫款总额（不扣减减值准备）。

资料来源：所示商业银行 2018 年小微企业贷款余额占全部贷款余额比例是通过各行 2018 年年报计算所得，2013—2017 年数据摘自《中国中小微企业金融服务发展报告（2018）》，交通银行 2016—2017 年数据根据 2018 年年报披露进行了调整。

如图 3－8 所示，2018 年六型商业银行普惠型小微企业贷款余额占全部贷款余额的整体水平为 4.09%②。邮储银行、建设银行和农业银行均超过整体水平。其中邮储银行以 13.13% 的占比遥遥领先，建设银行和农业银行以 4.58% 和 4.32% 的占比分列第二位和第三位，与邮储银行相比依旧有一定差距。处于末位的中国银行、交通银行和工商银行普惠型小微企业贷款余额占比在 2%～3%。与 2017 年相比，普惠型小微企业贷款余额占比基本保持稳定，除建设银行较 2017 年占比增加 1.34 个百分点外，其余各家银行占比虽较 2017 年有所增加，但增长幅度均在 0.5 个百分点左右，占比基本保持稳定。

---

① 课题组根据银保监会披露数据计算所得。

② 课题组根据银保监会披露数据计算所得。

图 3－8　六大商业银行普惠型小微企业贷款余额占全部贷款余额的比例（2017—2018 年）

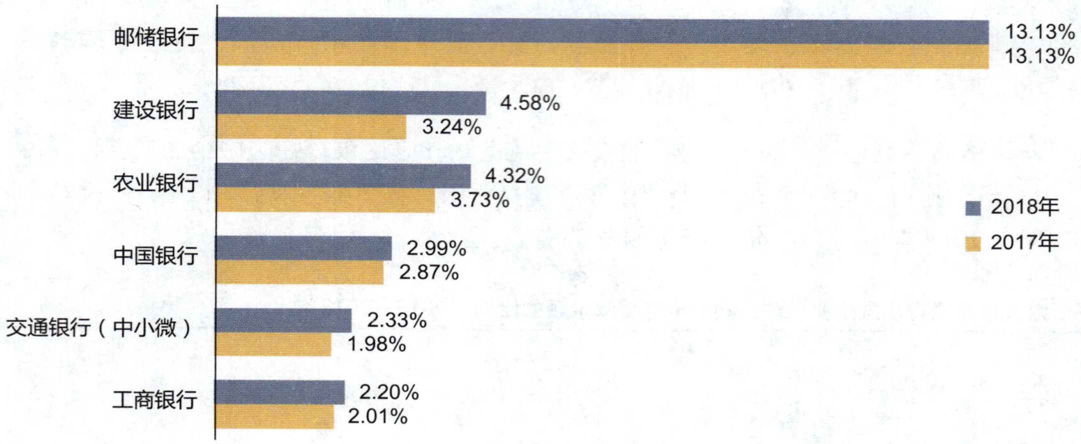

注：课题组对全部贷款余额口径进行统一调整：全部采用银行口径下的贷款与垫款总额（不扣减减值准备）。

资料来源：所示商业银行 2017—2018 年普惠型小微企业贷款余额占全部贷款余额比例是通过各行 2017—2018 年年报计算所得。

综上所述，2018 年大型商业银行的小微企业贷款情况不容乐观，小微企业贷款余额自 2015 年以来首次出现负增长。在已披露小微企业贷款余额数据的三家大型商业银行中，仅有新加入国有大行队伍的邮储银行保持 10% 以上的小微企业贷款增速，农业银行和交通银行均出现明显的增速下滑。2018 年大型商业银行加强对普惠型小微企业贷款的重视程度，六大行普惠型小微企业贷款呈高速增长态势。除中国银行和邮储银行外，其余各家银行的普惠型小微企业贷款余额增速均在 10% 以上，但绝对量依旧较少，六家大型商业银行中仅有建设银行和邮储银行的普惠型小微企业贷款余额在 5000 亿元以上。

3.1.2　股份制商业银行小微企业贷款发展概况

■ 股份制银行小微企业贷款余额排序保持稳定，普惠型贷款余额增长显著

如图 3－9 所示，2018 年，12 家股份制商业银行中，有 6 家股份制商业银行披露了全口径小微企业贷款余额数据，且均超千亿元水平。与 2017 年相比，各银行小微企业贷款余额排序在 2018 年基本保持稳定。兴业银行以 5809.53 亿元的规模位居披露信息的七家银行首位，比第二名光大银行的 4521.33 亿元超出 28.5%；民生银行小微企业贷款余额回升，以 4069.38 亿元居第三位；华夏银行小微企业贷款余额持续上升，以 3573.26 亿元居于第四位；此外，浦发银行披露口径为中小微企业贷款，其贷款余额为 13374.87 亿元。从量级上来看，股份制银行小微企业贷款余额仍然和大型商业银行有较大差距。

如图 3－10 所示，2018 年，12 家股份制商业银行中，有 7 家股份制商业银行披露了普惠型小微企业贷款余额数据。与 2017 年相比，各银行小微企业贷款余额排序在 2018 年基本保持稳定。招商银行以 3489.93 亿元的规模位居披露信息的七家银行首位，比第二名浙商银行 1405.78 亿元高 148.26%；中信银行普惠型贷款余额大幅增长，以 1363.53 亿元居第三位，超过了以 1281.76 亿元居于第四位的光大银行。从量级上来看，股份制银行普惠型小微企业贷款余额与大型商业银行相比仍

有差距，但差距明显比全口径数据小。

图 3－9 全国性股份制商业银行小微企业贷款余额（2014—2018 年）

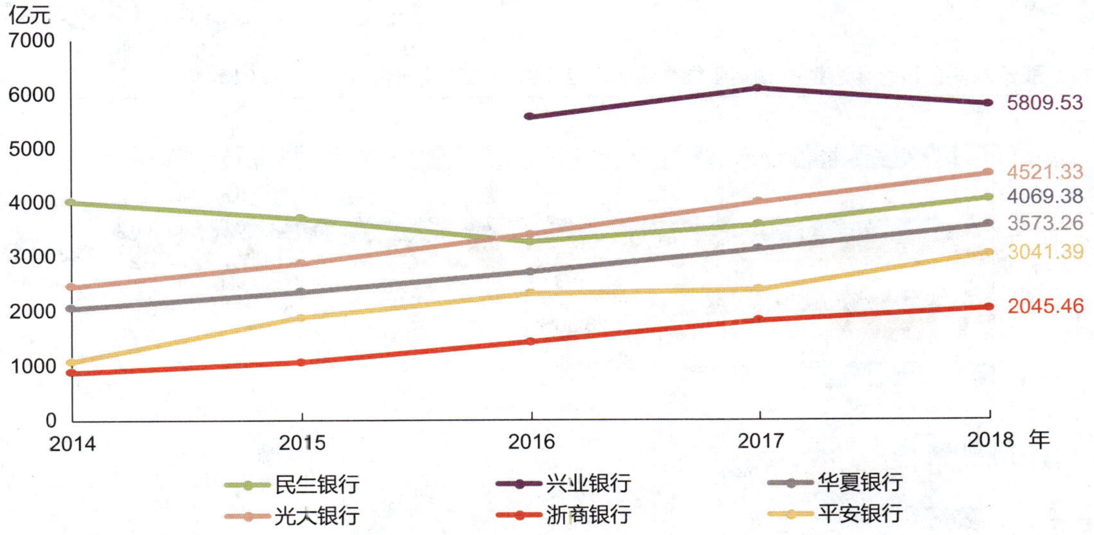

注：①民生银行小微企业贷款余额数据为民生银行（非集团）小微企业贷款余额。

②招商银行、中信银行、广发银行、渤海银行公布了普惠型小微企业贷款余额数据，未公布全口径数据；截至报告完稿时未见恒丰银行 2018 年年报。

资料来源：除以上特殊标注外，其余各家银行 2018 年数据摘自各银行 2018 年年报及社会责任报告，2014—2017 年数据来自《中国中小微企业金融服务发展报告（2018）》。

图 3－10 全国性股份制商业银行普惠型小微企业贷款余额（2017—2018 年）

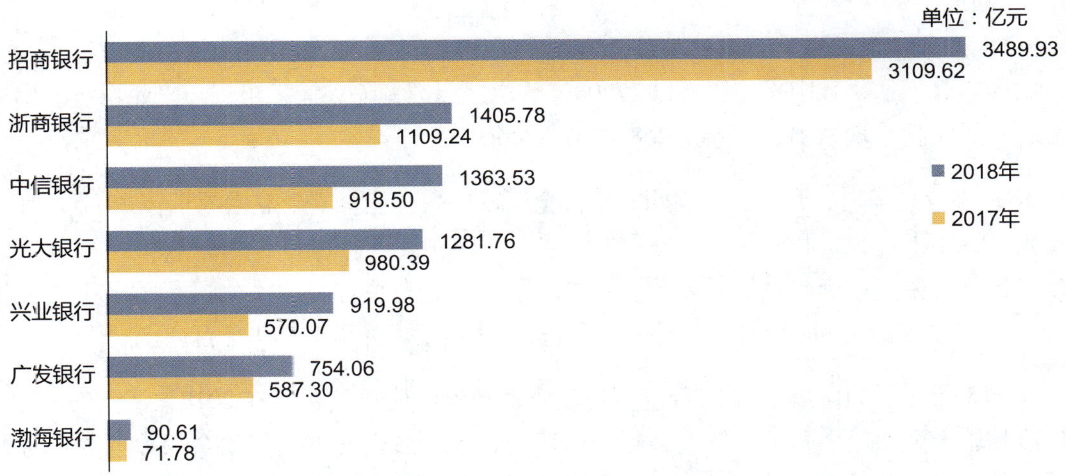

注：①招商银行 2017 年普惠型贷款余额数据根据年报披露增长幅度推算得到。

②民生银行、平安银行、华夏银行只公布了全口径小微企业贷款余额数据，未公布普惠型贷款余额数据；截至报告完稿时未见恒丰银行 2018 年年报。

资料来源：除以上特殊标注外，其余各家银行 2017 年、2018 年数据摘自各银行 2018 年年报及社会责任报告。

如图 3－11 所示，在普惠型小微企业贷款占全口径小微企业贷款比例方面，2018 年披露相关数据的兴业银行、光大银行和浙商银行与2017年相比，其普惠型小微企业贷款占比均有所提高。其中浙商银行提高7.85个百分点，兴业银行提高6.51个百分点，光大银行提高3.86个百分点。同时，全国性股份制银行中浙商银行连续两年普惠型小微企业贷款占比超过半数，分别为60.88%、68.73%。

图3-11　股份制商业银行普惠型小微企业贷款占全口径小微企业贷款比例（2017—2018年）

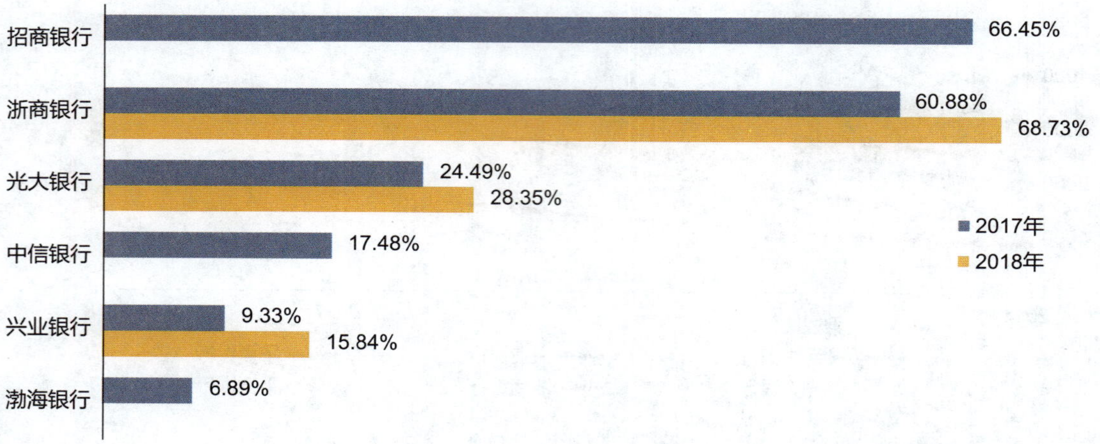

资料来源：以上比例均由2017—2018年各商业银行年报和企业社会责任报告披露数据计算所得。

股份制商业银行小微企业贷款余额增长放缓，重心下沉

如图3-12所示，2018年，股份制商业银行全口径小微企业贷款余额的整体增幅为6.50%①，相较2017年回落2.87个百分点，整体增速高于六大商业银行9.13个百分点。披露信息的股份制银行在2018年大部分实现正增长。除浦发银行与兴业银行外，其余五家银行的增速均超过了股份制银行小微贷款的整体增速，其中平安银行以27.08%的增速遥遥领先；浦发银行与兴业银行的增幅低于股份制银行小微贷款平均增幅，增幅为2.87%和-4.93%。

2018年，兴业、华夏、光大、浙商四家银行全口径小微企业贷款余额增幅相较2017年都有不同程度的下滑。其中浙商银行和兴业银行增幅下降较大，分别下降了14.6个百分点和14.39个百分点。另外，平安银行小微企业贷款余额增幅较大，上升了24.33个百分点；民生银行小微企业贷款余额增幅上升3.52个百分点；浦发银行中小微企业贷款余额增幅下降了11.79个百分点。

如图3-13所示，2018年，披露普惠型贷款余额数据的股份制银行在2018年全部实现正增长，且增长幅度相较于全口径小微企业贷款余额增速普遍较大。披露普惠型贷款余额数据的银行的增速均超过了股份制银行小微贷款的整体增速，其中兴业银行以61.38%的增速位居首位，中信银行以48.45%的增速紧随其后；七家银行中普惠型贷款余额体量最大的招商银行增速最低，但也达到了12.23%。

① 课题组根据银保监会披露数据计算所得。

图 3－12　全国性股份制商业银行全口径小微企业贷款余额增幅（2015—2018 年）

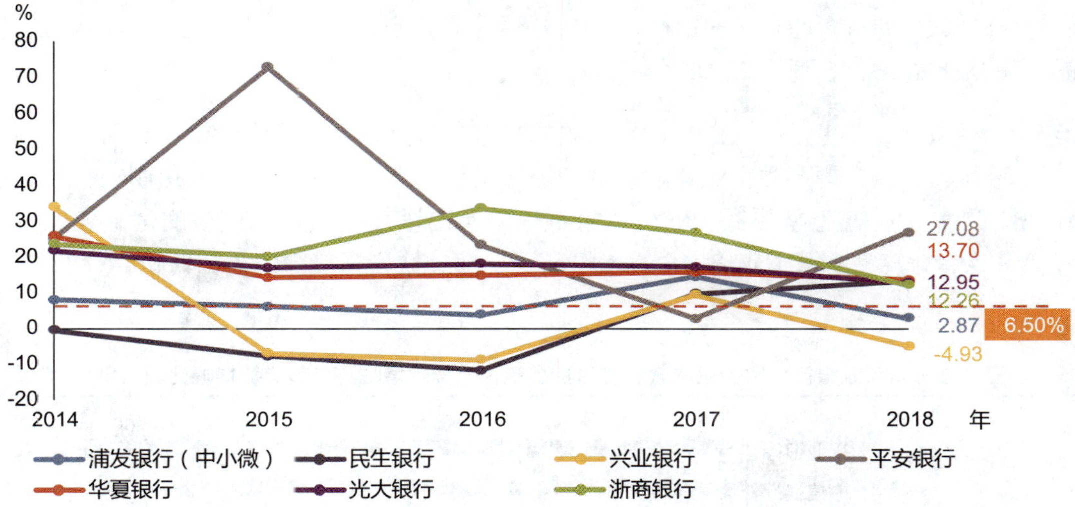

注：①每家银行折线上的数字表示 2018 年小微企业贷款余额增幅。

②浦发银行增幅数据计算自其 2015—2018 年中小微企业贷款余额数据。

③兴业银行在 2017 年更改披露口径为小微企业贷款并披露了 2016—2017 年数据；以前年度披露口径为小企业贷款。因此只有 2017 年和 2018 年增幅数。

④图中橙色虚线表示股份制商业银行 2017 年小微企业贷款余额的整体增速为 6.50%，根据银保监会披露数据计算所得。

资料来源：除以上特殊标注外，2018 年增幅是通过各行 2017—2018 年的小微企业贷款余额计算所得，余额数据具体来源请参见图 3－9 标注，2015—2017 年数据来自《中国中小微企业金融服务发展报告（2018）》。

图 3－13　全国性股份制商业银行普惠型小微企业贷款余额增幅（2018 年）

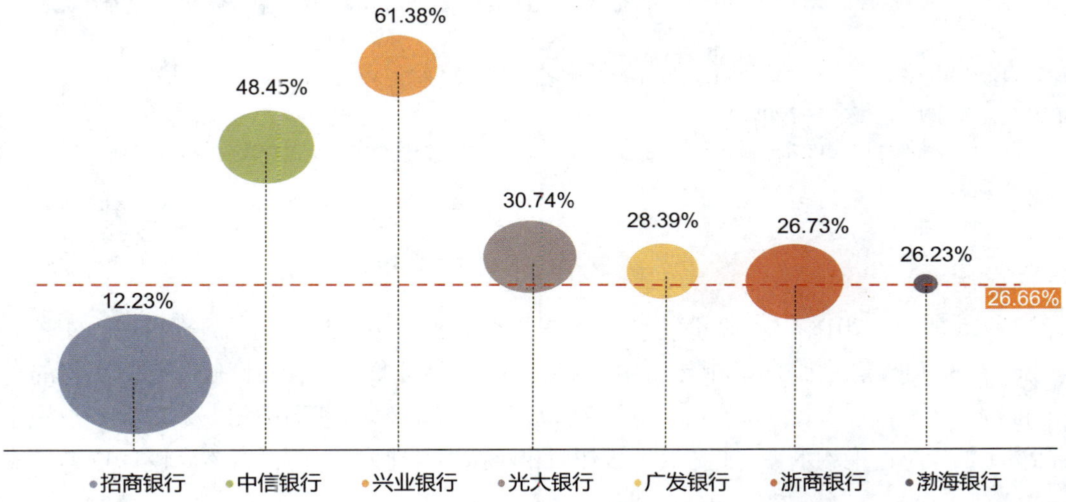

注：图中圆圈大小表示银行 2018 年普惠型小微企业贷款余额的大小，圆圈上方的数字表示银行小微企业贷款余额增幅。黄线为股份制商业银行普惠型小微企业贷款整体增幅。

资料来源：各行小微企业贷款余额增幅数据由各行在 2018 年年报及社会责任报告中披露的 2017 年和 2018 年普惠型小微企业贷款余额数据计算得出。

如图 3 – 14 所示，与全部贷款增幅进行比较，仅有民生银行和平安银行的全口径小微企业贷款余额增幅高于全部余额增幅，其余股份制银行均低于全部贷款余额增幅。其中，小微企业贷款余额增幅高出全部贷款增幅最多的是平安银行，高出 9. 87 个百分点；小微企业贷款余额增幅低于全部贷款增幅最多的是兴业银行，低于 22. 08 个百分点。

相较全口径数据，普惠型小微企业贷款余额增幅与全部贷款增幅的比较数据相对亮丽很多，仅浙商银行一家银行的普惠型小微企业贷款余额增幅低于全部余额增幅，其余股份制银行均高于全部贷款余额增幅。其中，普惠型小微企业贷款余额增幅高出全部贷款增幅最多的是兴业银行，高出 44. 23 个百分点；普惠型小微企业贷款余额增幅高于全部贷款增幅最少的是招商银行，低于 1. 91 个百分点。

图 3 – 14　全国性股份制商业银行小微企业贷款和普惠型小微企业贷款增幅与全部贷款增幅比较（2018 年）

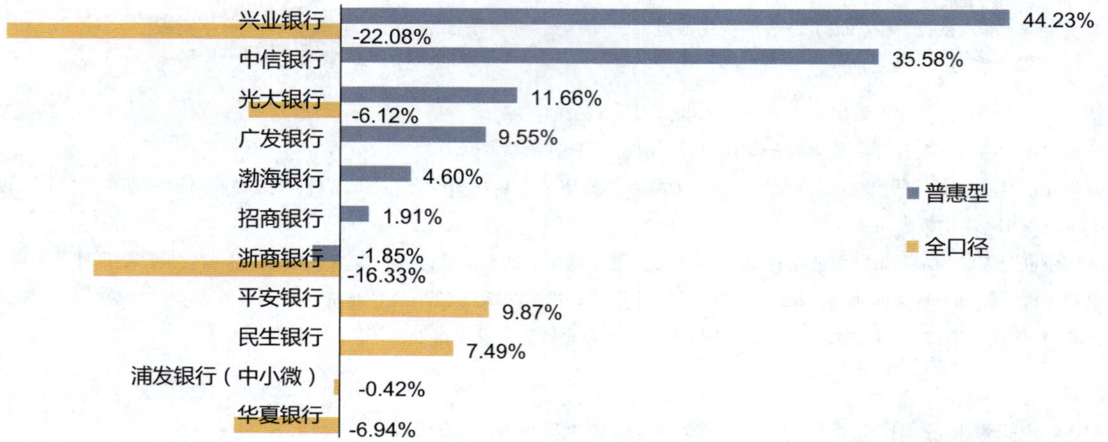

注：①柱状图右侧的数字表示该银行 2018 年小微企业贷款余额增幅或普惠型小微企业贷款余额增幅高于全部贷款余额增幅的百分比。

②浦发银行增幅数据计算自其 2015—2018 年中小微企业贷款余额数据。

③截至报告完稿时未见恒丰银行 2018 年年报。

资料来源：所示商业银行 2018 年小微企业贷款余额、普惠型小微企业贷款余额和全部贷款余额增幅是通过各行 2017—2018 年的年报计算所得。

■ 股份制商业银行小微企业贷款余额占比下降，普惠型贷款占比上升

如图 3 – 15 所示，2018 年，股份制商业银行小微企业贷款余额占全部贷款余额的整体比例为 17. 79%[①]，2018 年披露信息的股份制银行中，全口径小微企业贷款余额占比超过这一比例的有兴业银行、华夏银行、光大银行以及浙商银行，分别为 20. 47%、22. 15%、18. 67% 以及 23. 64%。民生银行和平安银行该比例未超过平均水平。此外，浦发银行中小微口径比例占比 40. 81%，较 2017 年略有下降。

从 2015 年至 2018 年全口径小微企业贷款余额占比变化的情况来看，除民生银行和平安银行略有上升之外，其余多家股份制银行整体趋势均有所下降。2018 年较 2017 年小微贷款占比下降较多的是兴业银行、浙商银行和华夏银行，分别下降了 4. 75 个、3. 44 个和 1. 35 个百分点。

① 课题组根据银保监会和人民银行提供数据计算所得。

图 3－15　股份制商业银行小微企业贷款余额占全部贷款余额的比例（2015—2018 年）

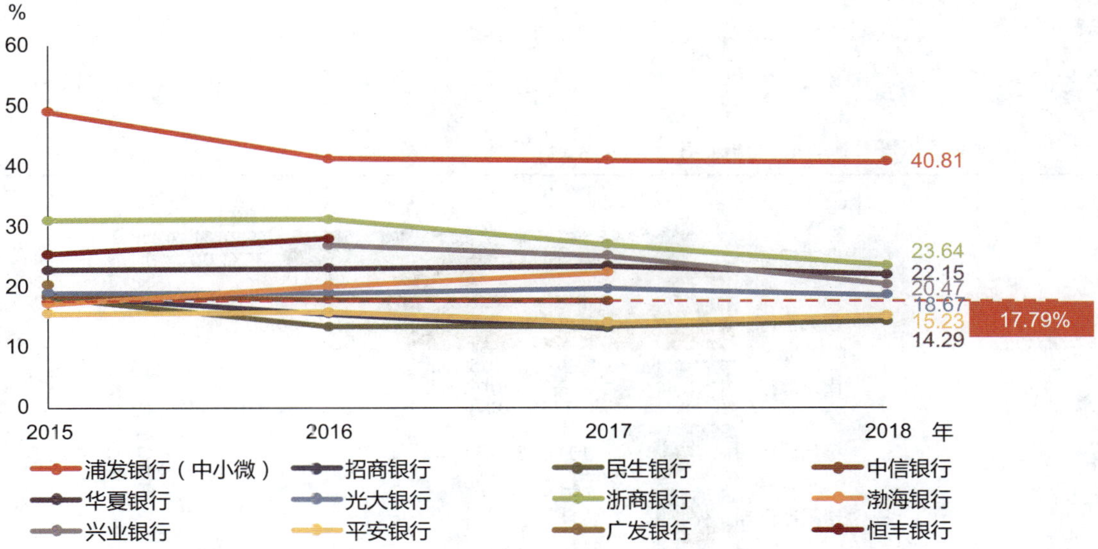

注：①图中橙色虚线 17.79% 表示股份制商业银行小微企业贷款余额占全部贷款余额的整体比例，根据银保监会和人民银行提供数据计算所得。

②浦发银行为“中小微企业贷款余额”。

③课题组对全部贷款余额口径进行统一调整：全部采用银行口径下的贷款与垫款总额（不扣减减值准备）。

④兴业银行 2016 年开始披露小微企业贷款余额口径数据。

资料来源：各行小微企业贷款余额数据具体来源请参见图 3－9 标注，2018 年全部贷款余额数据来自各行 2018 年年报，2015—2017 年占比数据来自《中国中小微企业金融服务发展报告（2018）》。

普惠型贷款方面，如图 3－16 所示，2018 年披露普惠型贷款余额数据的股份制银行中，除浙商银行外都实现了普惠型小微企业贷款余额占比正增长。2018 年较 2017 年小微贷款占比增长较多的是中信银行和兴业银行，分别上升了 0.91 个百分点和 0.89 个百分点。

图 3－16　股份制商业银行普惠型小微企业贷款余额占全部贷款余额的比例（2017—2018 年）

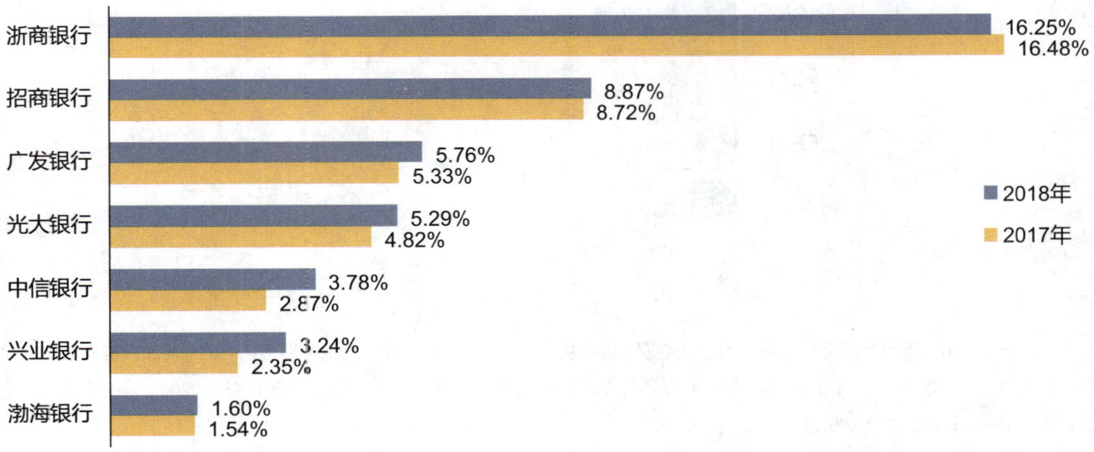

资料来源：所示商业银行 2017—2018 年普惠型小微企业贷款余额占全部贷款余额比例是通过各行 2017—2018 年年报计算所得。

3.1.3 城市商业银行小微企业贷款发展概况

■ 城商行小微企业贷款和普惠型小微企业贷款余额排序基本保持稳定

如图 3－17 所示，2018 年全口径小微企业贷款余额中，北京银行和江苏银行分别以 4256 亿元和

图 3－17 部分城商行小微企业贷款余额（2016—2018 年）

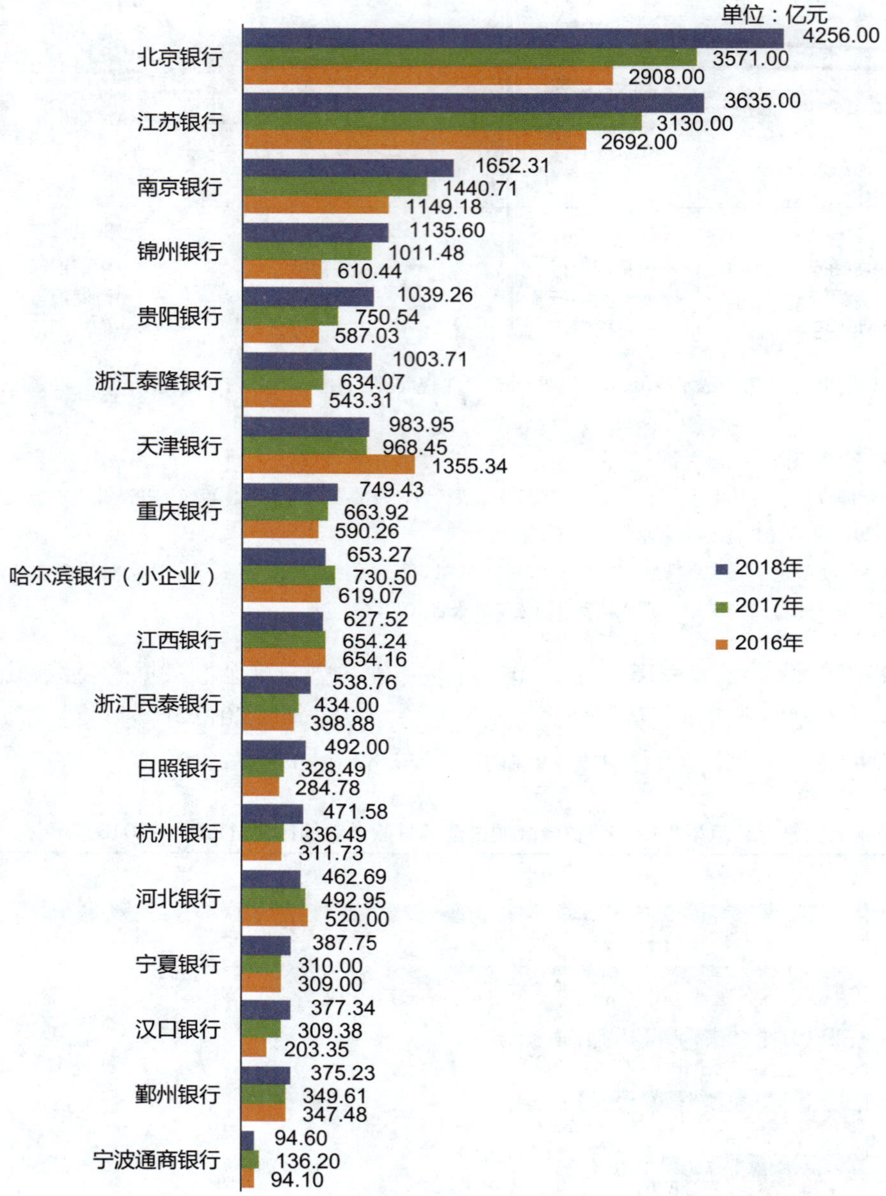

注：①河北银行 2018 年数据截至 9 月末，数据来自《河北银行多措并举支持民营小微企业发展》，载《河北日报》，2018－12－13。
②宁夏银行 2018 年数据来自《宁夏银行力挺民营经济发展贷款余额达 587 亿元》，载《宁夏日报》，2019－01－16。
③浙江泰隆银行数据为单户 500 万元以下贷款余额。
④天津银行 2017 年、2018 年数据口径改为“小微企业贷款余额”，之前为“中小微企业贷款余额”。
资料来源：除以上特殊标注外，其余银行 2018 年数据摘自各银行 2018 年年报。

3635 亿元稳居前两位，仍然以绝对优势领先于其他城商行；小微贷款余额规模超过 600 亿元的还有南京银行、锦州银行、贵阳银行、浙江泰隆银行、天津银行、重庆银行、哈尔滨银行、江西银行；其余银行的小微企业贷款余额规模集中在 90 亿元到 600 亿元之间。

如图 3－18 所示，2018 年普惠型小微企业贷款余额中，江苏银行以 546 亿元居于首位，以绝对优势领先于其他城商行；普惠型小微企业贷款规模超过 200 亿元的还有重庆银行、南京银行、河北银行、郑州银行、江西银行；其余银行的普惠型小微企业贷款余额规模集中在 50 亿元到 200 亿元之间。

图 3－18　部分城商行普惠型小微企业贷款余额（2017—2018 年）

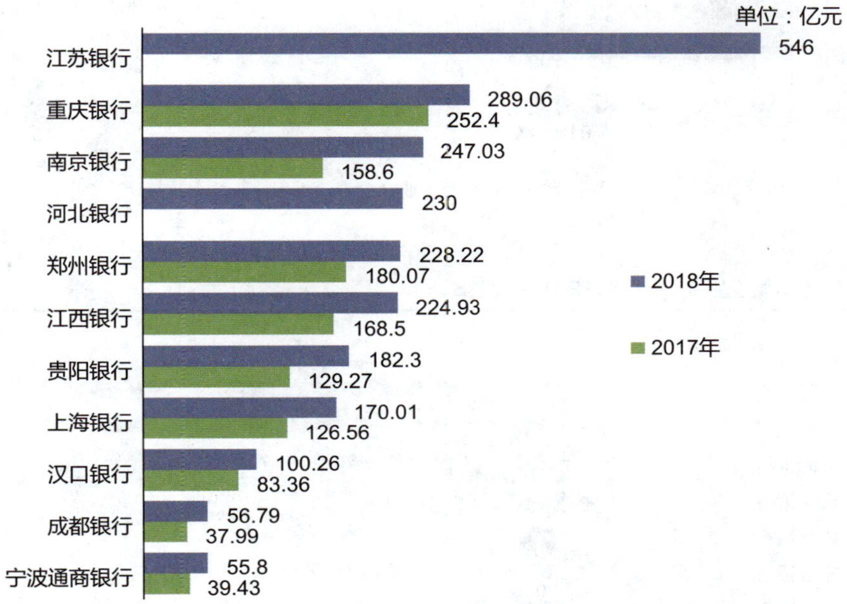

注：汉口银行、郑州银行、成都银行、宁波通商银行 2017 年两增口径数据根据年报披露增长幅度推算得到。

资料来源：除以上特殊标注外，其余银行 2018 年数据摘自各银行 2018 年年报。部分银行存在部分年份缺失的情况。

如图 3－19 所示，在普惠型小微企业贷款占全口径小微企业贷款比例方面，2018 年披露相关数据的江西银行和宁波通商银行与 2017 年相比，其普惠型小微企业贷款占比均大幅度提高。其中江西银行提高 10.08 个百分点，宁波通商银行则提高 30.04 个百分点，其普惠型小微企业贷款占比已超过半数，为 58.99%。同时，重庆银行、南京银行、贵阳银行普惠型小微企业贷款占比均有所提高。

■ 城商行小微企业贷款和普惠型小微企业贷款余额整体增长明显

如图 3－20 所示，2018 年，城商行全口径小微企业贷款余额整体增幅为 16.11%[①]，在课题组统计的范围内，有 11 家银行超过了这一幅度。城商行的小微贷款余额增速普遍高于大型商业银行及股份制商业银行。其中，浙江泰隆银行和日照银行分别以 58.3% 和 49.78% 排在前两位；超过 30% 的还有贵阳银行（38.47%）、宁波通商银行（33%）；杭州银行、宁夏银行和汉口银行增幅均超过 20%。

① 课题组根据银保监会披露数据计算所得。

图 3－19　部分城商行普惠型小微企业贷款占全口径小微企业贷款比例（2017—2018 年）

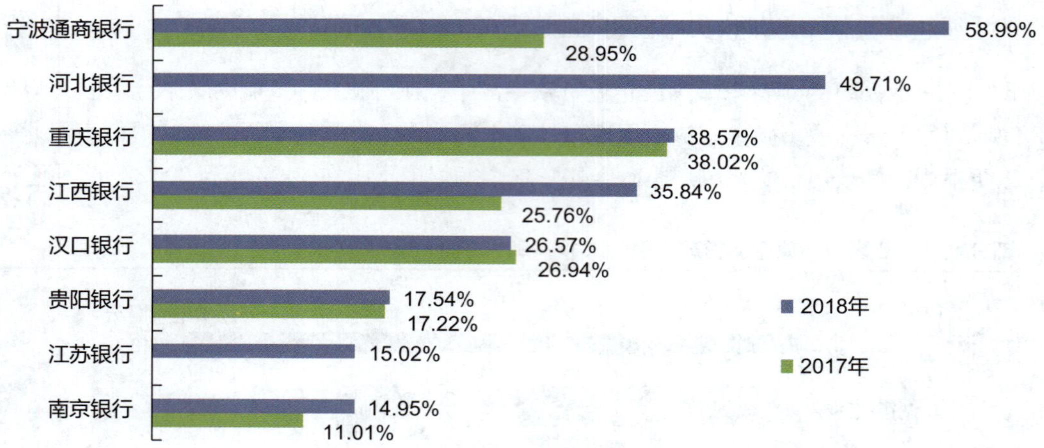

资料来源：以上比例均由 2017—2018 年各商业银行年报和企业社会责任报告披露数据计算所得。

图 3－20　部分城商行小微企业贷款增幅（2017—2018 年）

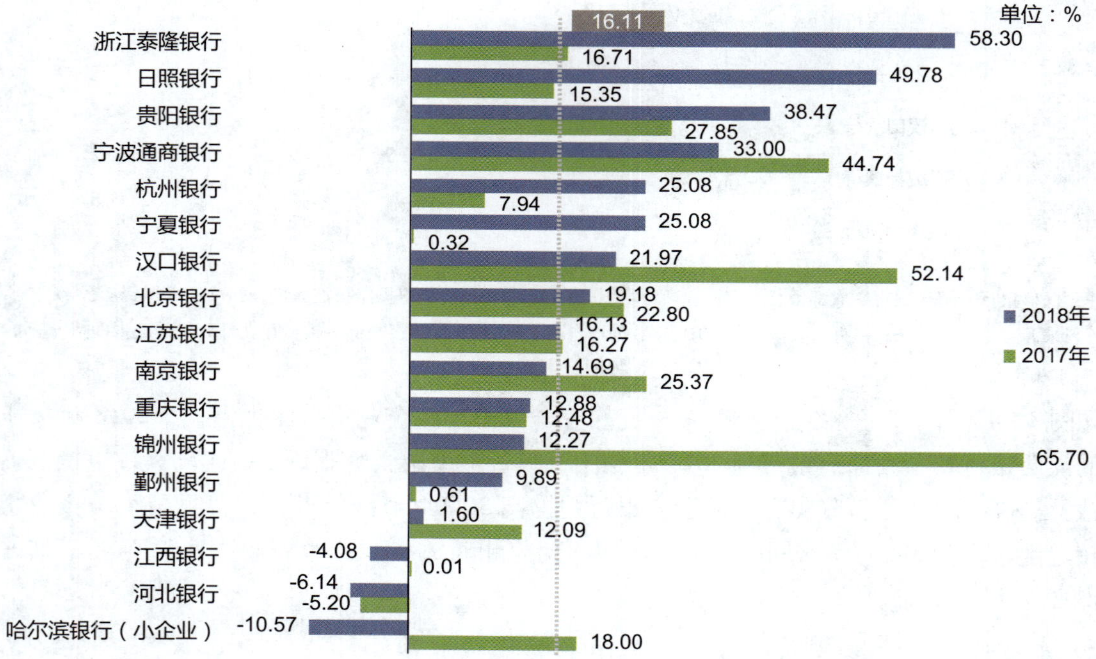

注：图中灰色虚线 16.11% 表示城市商业银行小微企业贷款余额的整体增速，课题组根据银保监会披露数据计算而得。

资料来源：所有银行 2018 年小微贷款余额增幅是通过各银行 2017—2018 年的小微贷款余额数据计算所得，余额数据来源参见图 3－9 标注；除以上特殊标注外，2017 年增幅数据来自《中国中小微企业金融服务发展报告（2018）》。部分银行存在部分年份缺失的情况。

如图 3－21 所示，2018 年，披露的城商行普惠型小微企业贷款余额整体增幅中，南京银行以 55.76% 居于首位；超过 30% 的还有成都银行（49.48%）、宁波通商银行（41.50%）、贵阳银行（41.02%）、上海银行（34.33%）、江西银行（33.49%）；郑州银行、汉口银行和重庆银行普惠型小微企业贷款余额增幅均超过 14%。

图 3－21 部分城商行普惠型小微企业贷款增幅（2018 年）

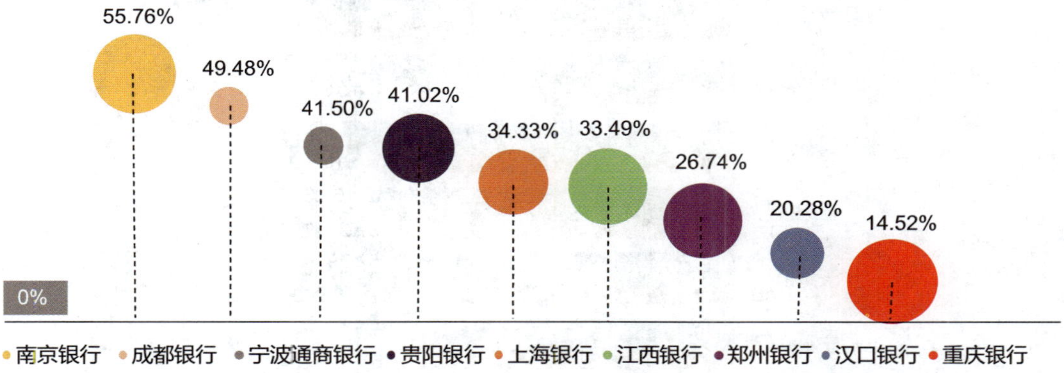

注：图中圆圈大小表示银行 2018 年普惠型小微企业贷款余额的大小，圆圈旁边的数字表示银行普惠型小微企业贷款余额增幅。
资料来源：所有银行 2018 年普惠型小微企业贷款余额增幅摘自各银行 2018 年年报。

■ 城商行小微企业贷款余额占比较高，普惠型贷款余额占比保持稳定

如图 3－22 所示，2018 年，城商行全口径小微企业贷款余额占全部贷款余额的整体比例为 42.14%[①]，在课题组统计的范围内，超过这一比例的银行有浙江泰隆银行、日照银行、浙江民泰银行、贵阳银行、天津银行、宁夏银行这 6 家银行；未超过整体比例的城商行占比大多集中在 20%～41%，但都基本高于大型商业银行和股份制商业银行，最低的是杭州银行，占比 13.46%。

如图 3－23 所示，2018 年，宁波通商银行和江苏银行普惠型小微企业贷款余额占全部贷款余额比例居于前两位，均为 16.4%；其余城商行普惠型小微企业贷款余额占比大多集中在 5%～15%，最低的是上海银行，占比 2%。

3.1.4 大型银行“提质”未能“保量”，中小型银行比较优势延续

将大型商业银行、股份制商业银行和城市商业银行的小微企业金融服务情况进行分类分析之后，本节对大中小型商业银行的小微企业金融服务进行横向综合对比分析，比较不同规模类型的商业银行在小微企业贷款和普惠型小微企业贷款的余额规模、余额增长、占全部贷款的比例、网均贷款以及户均贷款等方面的差异化特点。

在小微企业贷款方面，从 2018 年各类商业银行主要指标区间分布可以看出，大中小银行各自在小微企业金融服务方面的发展情况差异较大。大型商业银行虽然依旧在小微企业贷款余额的规模上遥遥领先，而中小银行则是依日在占比方面更胜一筹。在小微企业贷款余额增幅方面，城市商业银行的表现依旧抢眼，增幅远高于大型商业银行和股份制银行。大型商业银行未能维持住往年的“大体量、高增速”，在 2018 年首次出现负增长。在小微企业贷款余额占全部贷款余额比例方面，城市商业银行继续保持优势，占比远高于大型商业银行和股份制银行。在网均贷款规模方面，城市商业银行领先于股份制银行和大型商业银行，在大型商业银行网均贷款较 2017 年减少的情况下，城市商

① 课题组根据银保监会和人民银行提供数据计算所得。

图 3－22 部分城商行小微企业贷款余额占全部贷款比例（2016—2018 年）

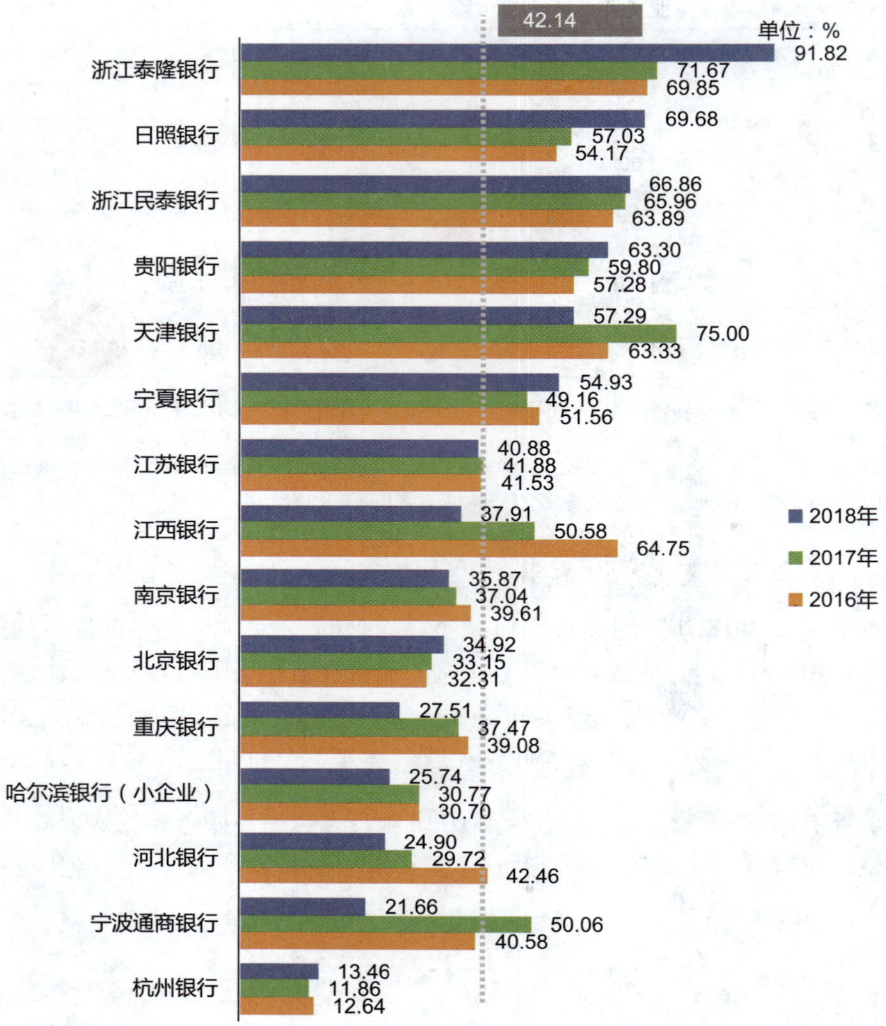

注：①河北银行 2018 年数据截至 9 月末，数据来自《河北银行多措并举支持民营小微企业发展》，载《河北日报》，2018－12－13；

②图中灰色虚线 42.14% 表示城市商业银行小微企业贷款余额占全部贷款的整体比例，根据人民银行和银保监会提供的数据计算所得；

③宁夏银行 2018 年数据来自《宁夏银行力挺民营经济发展贷款余额达 587 亿元》，载《宁夏日报》，2019－01－16；

④浙江泰隆银行数据为单户 500 万元以下贷款余额；

⑤根据课题组对全部贷款余额口径进行统一调整：全部采用银行口径下的贷款与垫款总额（不扣减减值准备）。

资料来源：2018 年占比通过小微企业贷款余额和全部贷款余额计算而得；2018 年全部贷款余额数据来自各银行 2018 年年报；课题组选择口径为银行口径下贷款与垫款总额，除特殊注明外，2016—2017 年占比数据来自《中国中小微企业金融服务发展报告（2018）》。蓝色、绿色和橙色分别代表 2018 年、2017 年和 2016 年的数据，部分银行存在部分年份缺失的情况。

业银行和股份制银行的网均贷款与其差距进一步拉大，大型商业银行依然垫底。户均贷款规模方面，从可获得的商业银行户均贷款数据来看，股份制商业银行的平均值最高，户均贷款分布在 45.46 万元至 919.23 万元之间；城市商业银行户均贷款分布在 26.22 万元至 1097.06 万元之间。

图 3－23　部分城商行普惠型小微企业贷款余额占全部贷款比例（2017—2018 年）

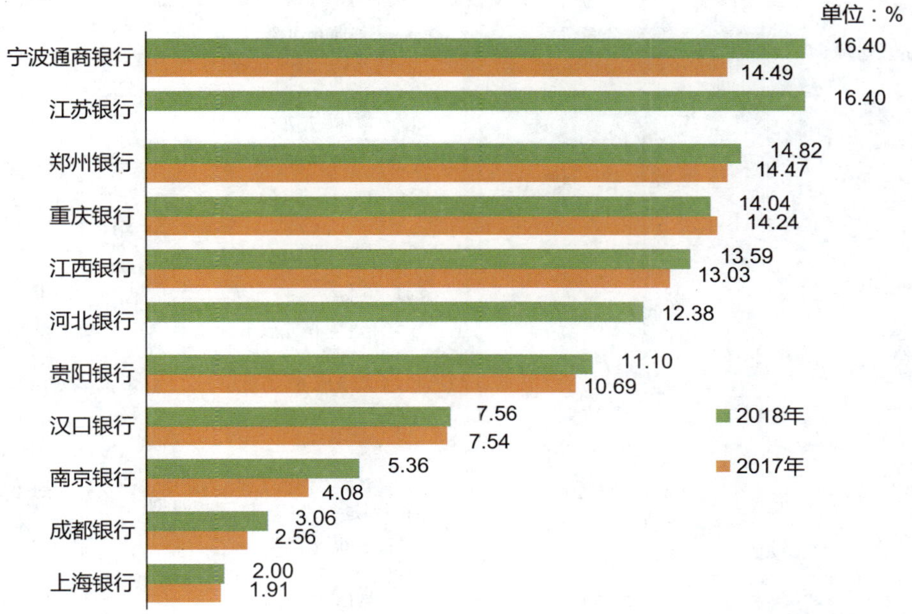

注：①汉口银行、郑州银行、成都银行、宁波通商银行 2017 年“两增”口径数据根据年报披露增长幅度推算得到；

②根据课题组对全部贷款余额口径进行统一调整：全部采用银行口径下的贷款与垫款总额（不扣减减值准备）。

资料来源：2018 年占比通过小微企业“两增”贷款余额和全部贷款余额计算而得；除特殊注明外，2017—2018 年全部“两增”贷款余额数据来自各银行 2017 年年报；课题组选择口径为银行口径下贷款与垫款总额。部分银行存在部分年份缺失的情况。

普惠型小微企业贷款方面，2018 年大型商业银行在政策和监管指引下加大对普惠型小微企业贷款的支持力度，在普惠型小微企业贷款余额方面与其他类型银行相比具有明显优势。普惠型小微企业贷款余额增幅方面，城市商业银行的表现要优于大型商业银行和股份制银行。虽然大型商业银行的普惠型小微企业贷款余额相较于股份制银行基数较大，但增速方面和股份制银行基本持平。普惠型小微企业贷款占全部贷款比例方面，城市商业银行优势明显，与大型商业银行和股份制银行差距较大。普惠型网均贷款方面，城市商业银行和股份制银行基本持平，大型商业银行与二者相比相差甚远，且与 2017 年相比，差距进一步拉大。普惠型户均贷款方面，城市商业银行平均值较高，主要分布在 40.46 万元至 170 万元之间。大型商业银行的普惠型户均贷款平均水平最低，仅为 72.99 万元，分布在 20.19 万元至 142.94 万元之间，股份制银行略高于大型商业银行的普惠型户均贷款水平，分布在 19.92 万元至 255.55 万元之间。

表 3－1　各类商业银行主要指标区间分布（2018 年）

指标	大型商业银行	股份制商业银行	城市商业银行
小微企业贷款余额	超万亿元①（除邮储银行外）	千亿元（高不超过 6 千亿元，低不低于 2 千亿元）	百亿元（高度分散，高超过 4256 亿元，低至 94.60 亿元）

① 交通银行 2018 年披露口径为中小微企业贷款。

续表

指标	大型商业银行	股份制商业银行	城市商业银行
小微企业贷款增幅	整体 -2.63% （-0.83% ~13.68%）	整体 6.50% （-4.93% ~27.08%）	整体 16.11% （-10.57% ~58.30%）
小微企业贷款余额占全部贷款比例	整体 13.49% （12.48% ~28.00%）	整体 17.79% （14.29% ~40.81%， 集中在 14% ~24%）	整体 42.14% （13.46% ~91.82%， 集中在 50% 以下）
网均贷款（小微企业贷款）	整体 0.74 亿元 （最低 0.22 亿元）	整体 3.17 亿元 （1.46 亿 ~8.45 亿元， 集中在 4 亿元以下）	整体 3.79 亿元 （1.78 亿 ~8.65 亿元， 集中在 5 亿元以下）
户均贷款（小微企业贷款）	未披露	平均 396.67 万元 （45.46 万 ~919.23 万元）	平均 289.23 万元 （26.22 万 ~1097.06 万元）
普惠型小微企业贷款余额	千亿元（高超过 6310.17 亿元， 低至 1104.93 亿元）	千亿元（较为分散， 高不超过 3489.93 亿元， 低至 90.61 亿元）	百亿元（55.8 亿 ~546 亿元， 集中在 300 亿元以下）
普惠型小微企业贷款增幅	整体 26.73% （12.26% ~50.78%）	整体 26.66% （12.23% ~61.38%）	整体 31.74% （14.52% ~55.76%）
普惠型小微企业贷款余额占全部贷款比例	平均 4.93%（2.20% ~13.13%， 集中在 5% 以下）	平均 6.40%（1.60% ~16.25%， 集中在 10% 以下）	平均 16.18% （3.06% ~16.40%）
网均贷款（普惠型）	平均 0.27 亿元 （最低 0.14 亿元）	平均 1.63 亿元 （0.36 亿 ~5.81 亿元， 集中在 2 亿元以下）	平均 1.61 亿元 （0.61 亿 ~2.04 亿元， 集中在 2 亿元以下）
户均贷款（普惠型）	平均 72.99 万元 （20.19 万 ~142.94 万元）	平均 112.88 万元 （19.92 万 ~255.55 万元）	平均 106.56 万元 （40.46 万 ~164.79 万元）

注：①本表根据课题组 37 家商业银行研究样本的各类指标汇总整理。

②普惠型小微企业贷款增幅为已披露数据的各类型银行普惠型小微企业贷款整体增幅。

③由于极少数商业银行公布了小微企业贷款户数和普惠型小微企业贷款户数，表中户均贷款仅根据这些少数商业银行数据整理所得，所以户均贷款的区间分布缺乏代表性。

■ 大中小银行小微企业贷款余额比较

2018 年，在小微企业贷款余额方面，已披露小微企业贷款余额的三家大型商业银行中，仅有邮储银行未达到万亿元水平，但交通银行 2018 年跻身万亿元行列主要是由于其 2018 年将披露口径改为中小微企业贷款余额。股份制商业银行的小微企业贷款余额规模主要集中在 2000 亿元到 6000 亿元之间，次于大型商业银行，其中浦发银行达到万亿元水平同样是由于其 2018 年的披露口径为中小微企业贷款。城市商业银行的小微企业贷款余额规模整体上低于大型商业银行和股份制商业银行，北京银行和江苏银行延续了 2017 年的领先优势，以 4256 亿元和 3635 亿元的规模位于城市商业银行的前两位，南京银行和锦州银行以 1652 亿元和 1135 亿元分列第三位和第四位，此外贵阳银行和浙江泰隆银行在 2018 年也踏入千亿元行列。其他城市商业银行的小微企业贷款余额不足千亿元。

图 3－24 主要商业银行小微企业贷款余额（2018 年）

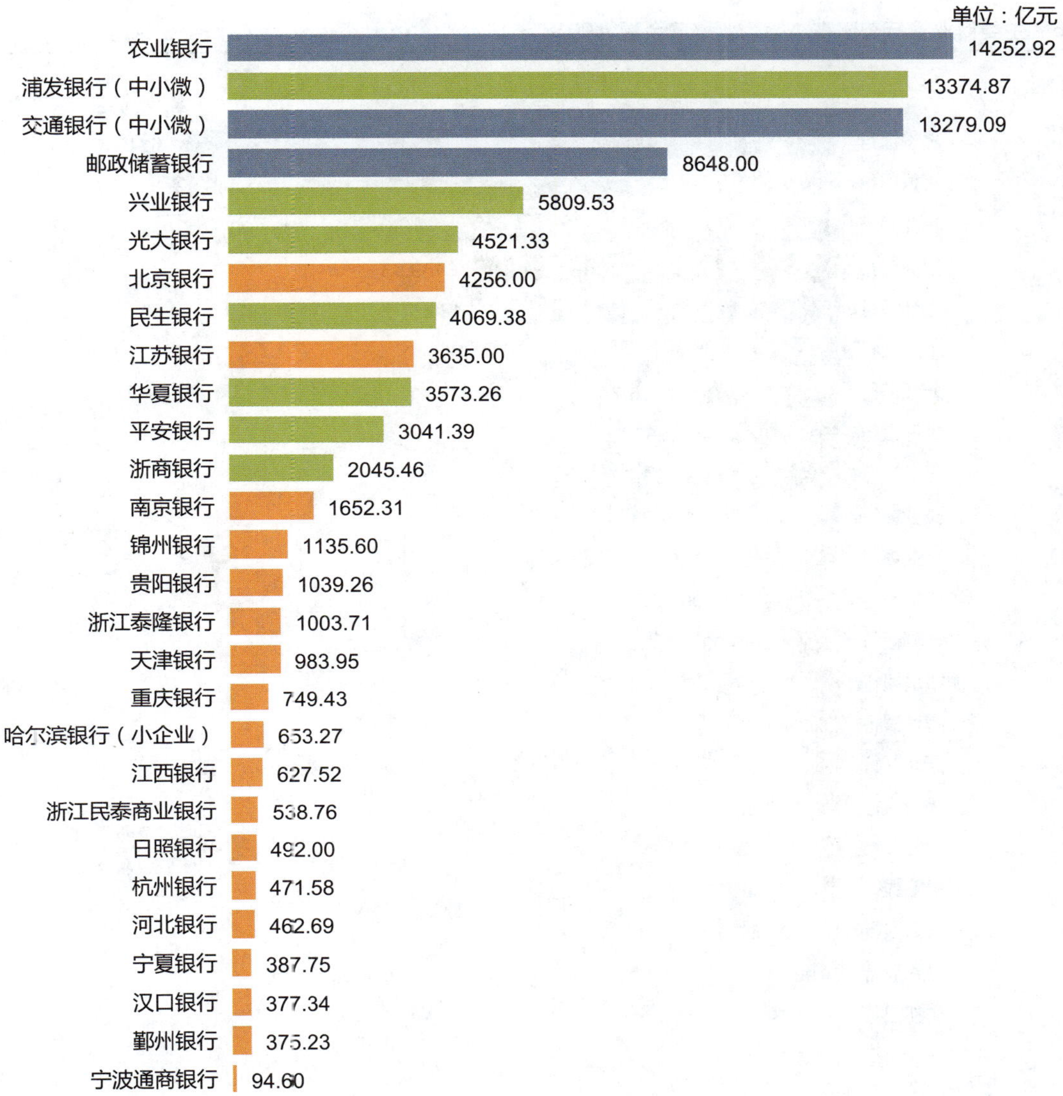

注：①交通银行 2018 年披露口径为报告期末境内行中中小微企业贷款余额，未披露小微企业贷款余额。
②浦发银行 2018 年披露口径为中小微企业贷款余额，未披露小微企业贷款余额数据。
③河北银行 2018 年数据截至 9 月末，数据来自《河北银行多措并举支持民营小微企业发展》，载《河北日报》，2018－12－13。
④宁夏银行 2018 年数据来自《宁夏银行力挺民营经济发展贷款余额达 587 亿元》，载《宁夏日报》，2019－01－16。
⑤锦州银行数据为 2018 年中报数据。
⑥浙江泰隆银行数据为单户 500 万元以下贷款余额。

■ 大中小银行普惠型小微企业贷款余额比较

2018 年，在普惠型小微企业贷款余额方面，除交通银行外，其余大型商业银行普惠型小微企业贷款余额均在 3000 亿元以上，与其他类型银行相比有明显优势。股份制商业银行的普惠型小微企业贷款余额规模主要集中在 700 亿元到 1500 亿元之间，其中招商银行、浙商银行、中信银行和光大银行均跻身千亿元行列，招商银行一骑绝尘，以 3489 亿元的绝对优势“领跑”股份制商业银行，而渤海银行则以90亿元的水平居于末位。城市商业银行的普惠型小微企业贷款余额普遍低于大型商业银行和股份制商业银行，全部处于百亿元水平。

图3-25 主要商业银行普惠型小微企业贷款余额（2018年）

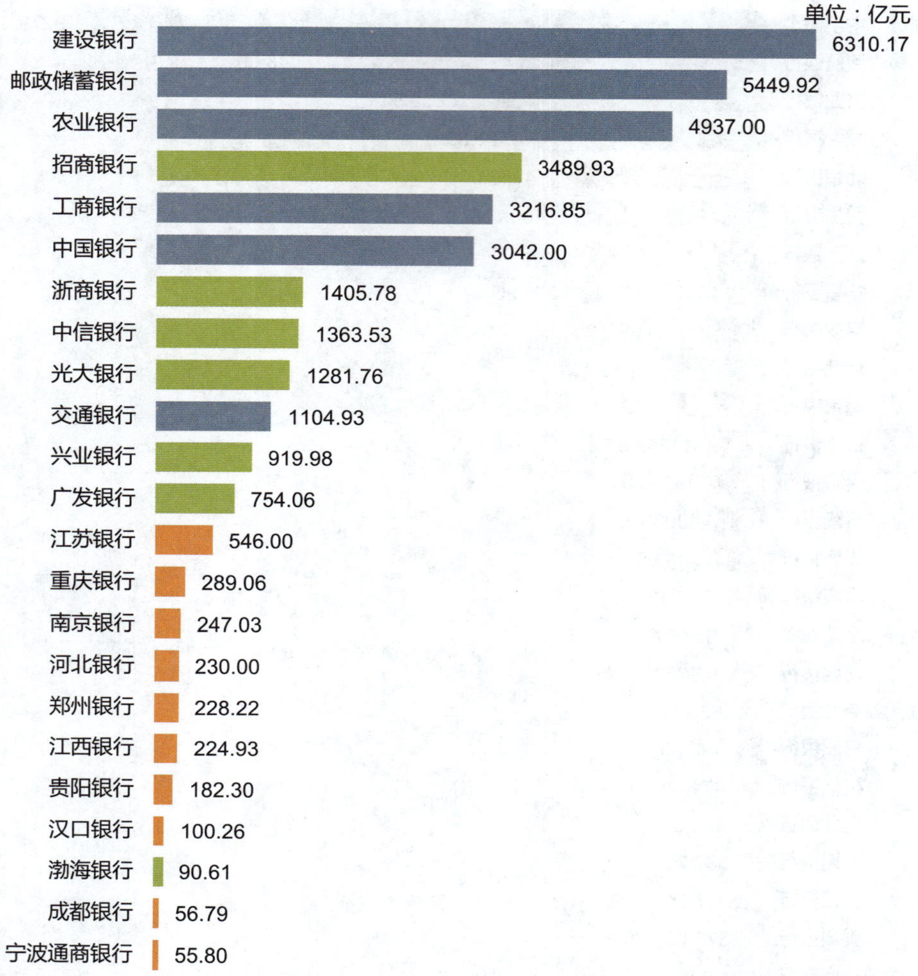

资料来源：各主要商业银行普惠型小微企业贷款数据均摘自各银行2018年年报和社会责任报告。

■ 大中小银行小微企业贷款余额增速比较

从2018年小微企业贷款增速来看，样本内城市商业银行表现抢眼，整体表现优于大型商业银行和股份制商业银行。其中，除江西银行、河北银行和哈尔滨银行为负增长外，其他主要城市商业银行均实现正增长，并且增幅全部高于行业整体水平（8.94%）。增幅最为明显的是浙江泰隆银行和日照银行，分别为58.30%和49.78%。贵阳银行和宁波通商银行以38.47%和33.00%的增速紧随其后。在7家披露信息的股份制商业银行中，仅有兴业银行一家出现负增长（-4.93%），除浦发银行外（2.87%），其他股份制商业银行小微企业贷款余额增速均超过银行业整体水平，其中平安银行以27.08%的增速“领跑”股份制商业银行。大型商业银行方面，小微企业贷款增速并不乐观。披露信息的3家银行中仅有邮储银行增速高于银行业整体水平，达到13.68%，农业银行和交通银行增速明显放缓，其中交通银行出现负增长（-0.83%）。此外，通过对银保监会披露的各类商业银行小微企业贷款余额计算分析，六大行的小微企业贷款整体增速一改2017年的“大体量、高增长”态势，在2018年首次出现负增长（－2.63%），远低于城市商业银行（16.11%）和股份制商业银行（6.50%）的增速。

图3－26 主要商业银行小微企业贷款增幅（2018年）

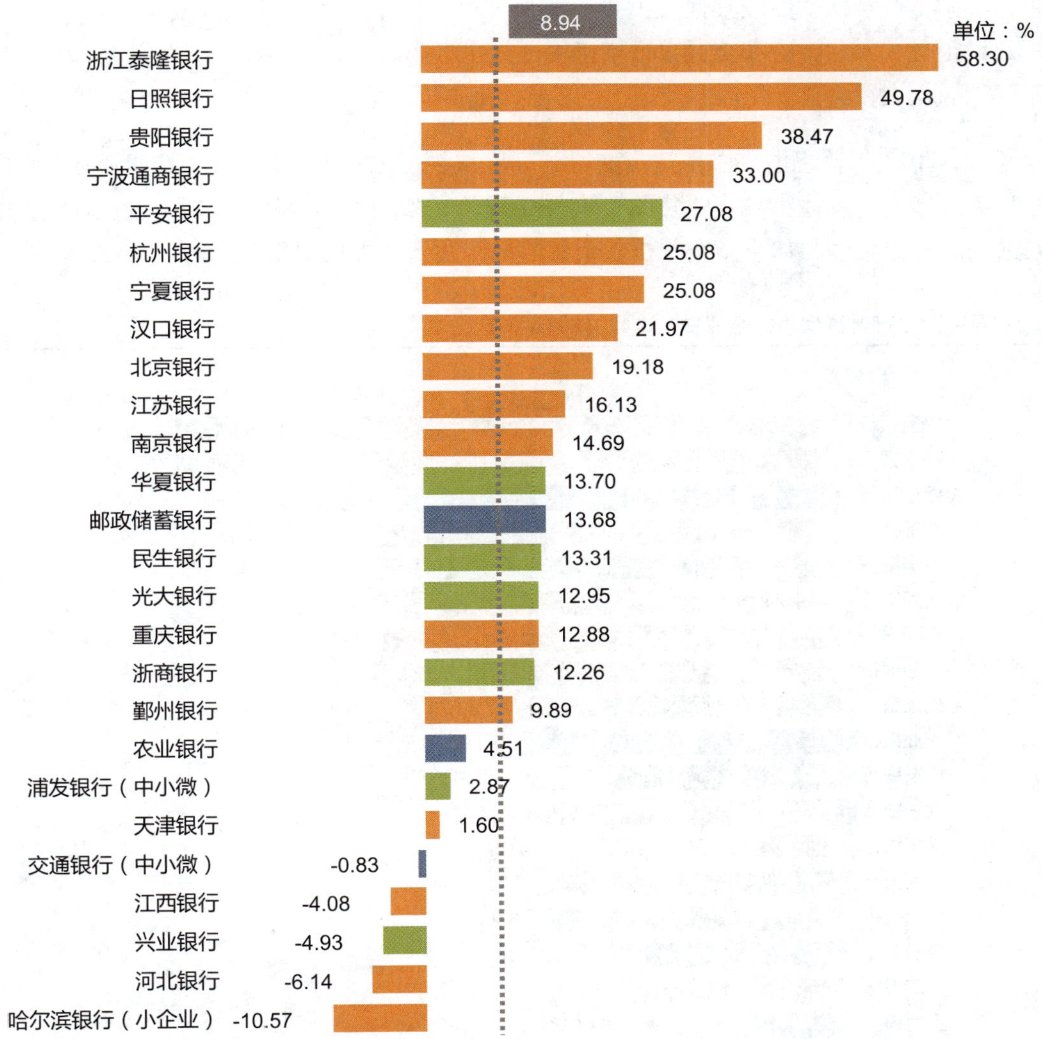

注：①图中灰色虚线表示银行业2018年小微企业贷款余额的整体增速为8.94%，根据银保监会披露数据计算所得。

②由于未披露小微企业贷款余额增幅，哈尔滨银行的增幅为“小企业贷款增幅”，交通银行和浦发银行的增幅为“中小微企业贷款增幅”。

资料来源：所有银行2018年小微贷款余额增幅是通过各银行2017—2018年的小微贷款余额数据计算所得；2018年余额数据来源请参见图3－21；除以上特殊标注外，2017年余额和增幅数据来自《中国中小微企业金融服务发展报告（2018）》。

■ 大中小银行普惠型小微企业贷款增速比较

2018年，监管机构提出“两增两控”目标，要求各家商业银行的普惠型小微企业贷款增速不低于其余各项贷款增速，另外由于各类银行普惠型小微企业贷款基数相对较小，各类银行普惠型小微企业贷款增速均在较高水平。城市商业银行增速方面依旧优势明显，除汉口银行（20.28%）和重庆银行（14.52%）外，其余各家银行普惠型小微企业贷款增速全部高于行业整体水平（21.79%），其中以南京银行、成都银行、宁波通商银行和贵阳银行增速最为明显，分别为55.76%、49.48%、41.50%和41.02%。股份制商业银行中仅有招商银行（12.23%）低于行业整体水平，小微企业贷款负增长的兴业银行一改颓势，以61.38%的高速增长“问鼎”全行业，中信银行以48.45%的增速紧随其后，其他股份制商业银行普惠型小微企业贷款增速均在20%至30%之间。大型商业银行方面，虽然普惠型小微企业贷款基数较其他类型银行明显较高，但依旧实现了较高的增速。六家大型商业银行中，建设银行、农业银行和交通银行增速均在行业水平之上，其中建设银行以50.78%的增速位列行业第三，居六大行之首。

总体来看，2018年普惠型小微企业贷款得到高度重视，增速普遍较高，但同时也出现了普惠型小微企业贷款高增速，总体小微企业贷款负增长的现象，如大型商业银行和兴业银行。各类银行在放低重心的同时也应关注整体小微企业贷款余额情况，做到“提质保量”。

图3－27　主要商业银行普惠型小微企业贷款增幅（2018年）

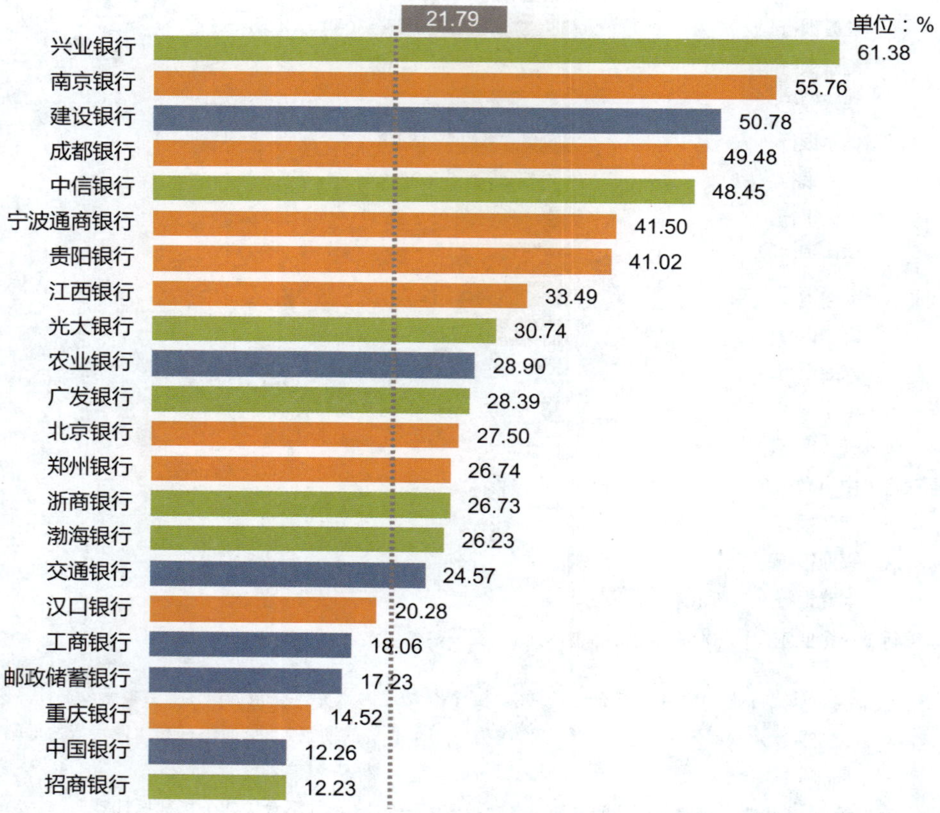

注：图中灰色虚线表示银行业2018年普惠型小微企业贷款余额的整体增速为21.79%，根据银保监会披露数据计算所得。

资料来源：所有银行2018年普惠型小微贷款余额增幅是通过各银行2017—2018年的普惠型小微贷款余额数据计算所得；2017—2018年普惠型小微企业贷款余额与增幅数据均摘自各银行2018年年报和社会责任报告。

■ 大中小银行小微企业贷款余额占比比较

2018年，在小微企业贷款余额占全部贷款比例方面，银行业的整体比例为23.8%，城市商业银行的该项占比远超股份制商业银行和大型商业银行，在15家披露相关数据的城市商业银行中，有6家占比超过50%，其中浙江泰隆银行以91.82%的高占比“领跑”全行业，除宁波通商银行和杭州银行外，其余城市商业银行占比均超过行业整体水平。股份制商业银行中，除浦发银行以40.81%的占比超过行业整体水平外，其他股份制商业银行占比均在行业整体水平之下，集中在14%至24%之间。大型商业银行披露相关数据的三家银行中，仅有交通银行占比超过行业整体水平，但需要注意的是，交通银行2018年披露的口径为中小微企业贷款余额，而农业银行则以12.48%的占比位居行业末位。另外，根据银保监会提供数据计算所得，六大行的小微企业贷款余额占全部贷款比例为13.5%，也未超过行业整体水平。

图3-28 主要商业银行小微企业贷款余额占全部贷款比例（2018年）

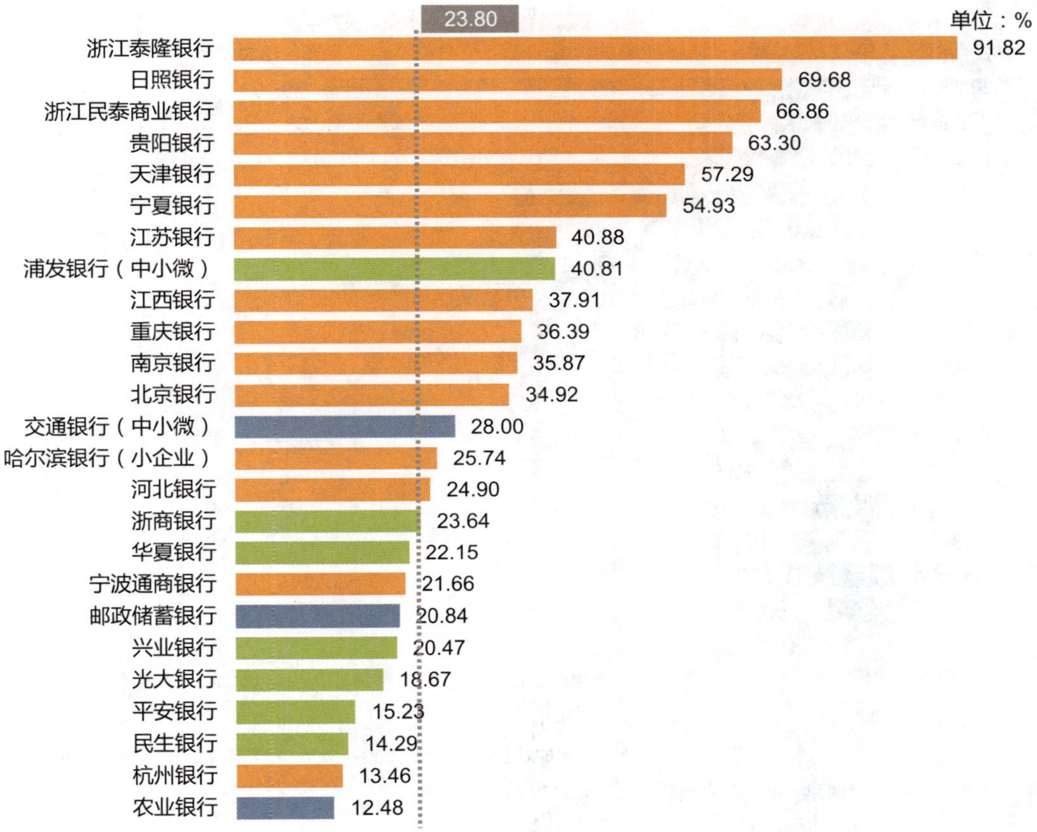

注：①图中灰色虚线表示银行业小微企业贷款余额占全部贷款余额的整体比例为23.80%，根据银保监会披露数据计算所得。

②由于未披露小微企业贷款余额，交通银行和浦发银行的占比为“中小微企业贷款余额占全部贷款余额比例”；哈尔滨银行的占比为“小企业贷款余额占全部贷款余额比例”。

资料来源：所有银行小微企业贷款余额占全部贷款的比例是通过小微企业贷款余额和全部贷款余额计算而得；2018年全部贷款余额数据来自各银行2018年年报。

■ 大中小银行普惠型小微企业贷款余额占比比较

由于普惠型小微企业贷款是针对单户授信1000万元以下的小微企业贷款，所以在各类银行的全部贷款中占比普遍较低，银行业的整体比例仅为6.66%，城市商业银行的占比要明显高于股份制商业银行和大型商业银行。在9家披露相关数据的城市商业银行中，仅有南京银行和成都银行占比未超过行业整体水平，江苏银行和宁波通商银行以16.40%的占比并列位于榜首。其余城市商业银行该项占比集中在11%至15%之间。股份制商业银行中仅有浙商银行和招商银行超过行业整体水平，分别占比16.25%和8.87%。大型商业银行占比普遍偏低，除邮储银行外（13.13%），其余各家银行占比均在5%以下。

图3－29　主要商业银行普惠型小微企业贷款余额占全部贷款比例（2018年）

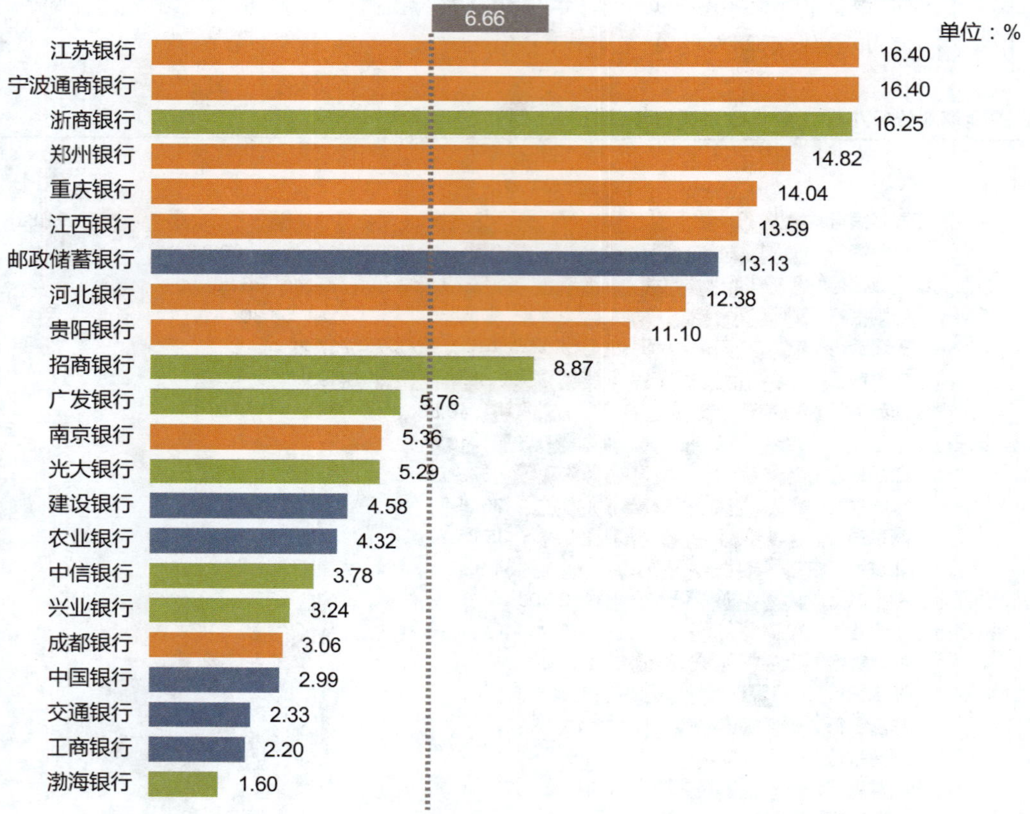

注：图中灰色虚线表示银行业普惠型小微企业贷款余额占全部贷款余额的整体比例为6.66%，根据银保监会披露数据计算所得。

资料来源：所有银行普惠型小微企业贷款余额占全部贷款的比例是通过普惠型小微企业贷款余额和全部贷款余额计算而得；2018年普惠型小微企业贷款余额和全部贷款余额数据来自各银行2018年年报。

■ 大中小银行普惠型小微企业贷款占全口径小微企业贷款比例比较

2018年银行业普惠型小微企业贷款占全口径小微企业贷款比例为28.06%，城市商业银行占比普遍较高，浙商银行以68.73%的占比位居榜首，此外另有四家城商行普惠型小微企业贷款占比均在30%以上，分别是宁波通商银行、河北银行、重庆银行以及江西银行（58.99%、49.71%、38.57%以及35.84%）。披露相关数据的国有大行中邮储银行普惠型小微企业贷款占全口径小微企业贷款比例最高，为63.02%，其次是农业银行，占比同样超过30%，达到34.64%。交通银行2018年披露口径为中小微企业贷款，普惠型小微企业贷款占比仅为8.32%。披露相关数据的股份制银行普惠型小微企业贷款占比均在30%以下，光大银行该比例为28.35%，兴业银行则为15.84%。

图 3－30 主要商业银行普惠型小微企业贷款占全口径小微贷款比例（2018 年）

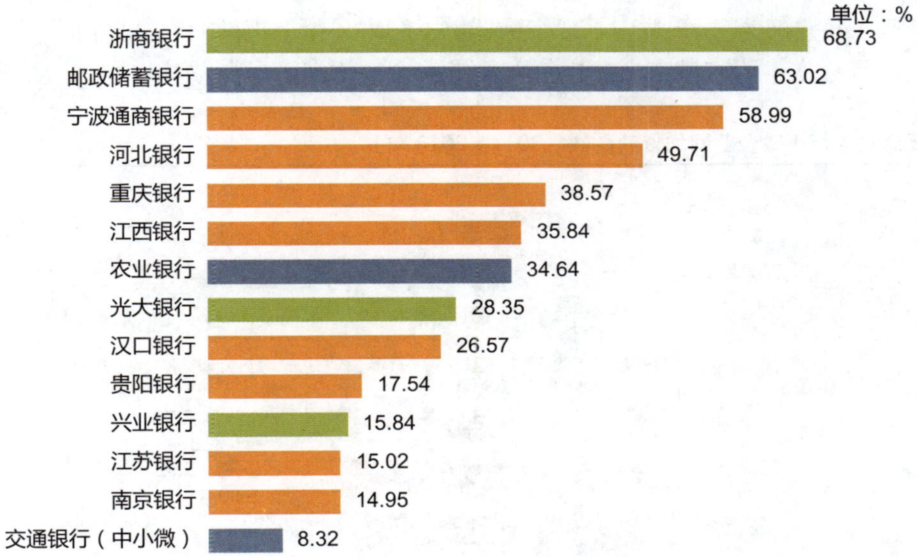

注：由于未披露小微企业贷款余额数据，交通银行数据为“中小微企业贷款余额”口径。

资料来源：以上比例均由各商业银行 2018 年年报和企业社会责任报告披露数据计算所得。

■ 大中小银行小微企业贷款网均余额比较

2018 年，银行业金融机构整体的小微企业网均贷款水平为 1. 43 亿元，相比 2017 年同比增长 6. 62%，在各类银行机构的网均贷款余额方面，城市商业银行和股份制商业银行表现依旧突出，二者均超过行业整体水平且继续呈上升态势。其中城市商业银行以 3. 79 亿元的小微企业网均贷款余额位居三者之首；股份制商业银行以 3. 17 亿元的水平紧随其后。反观大型商业银行，与 2017 年相比小微企业网均贷款余额略微下降，为 0. 74 亿元，其中 2018 年新加入国有大行队伍的邮储银行小微企业网均贷款余额为 0. 22 亿元，较 2017 年同比增长 14. 09%。

图 3－31 主要银行业金融机构小微企业网均贷款（2016—2018 年）

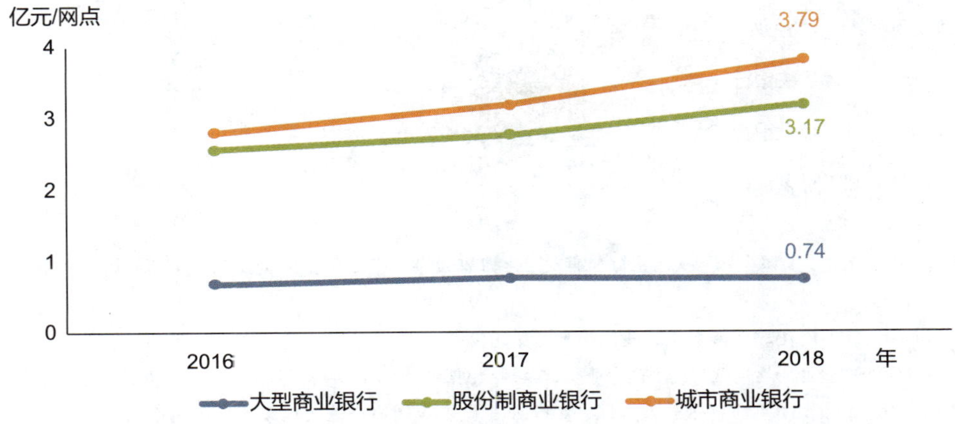

资料来源：根据银保监会提供的各类银行业金融机构的 2018 年小微企业贷款余额和营业性网点数量计算所得。每条线旁边数据表示该年该类商业银行的小微企业网均贷款余额。

2018 年，南京银行以 8.65 亿元的小微企业贷款网均余额超过浙商银行跃居行业首位，浙商银行和浦发银行则分别以 8.45 亿元和 7.91 亿元的小微企业贷款网均余额分列行业第二位和第三位。同时，在已披露相关信息的 21 家银行中，处于头部位置的大多为城市商业银行，前 7 名中，城市商业银行占据 5 席，且样本中所有城市商业银行网均贷款余额均高于行业整体水平。大型商业银行网均

图 3－32　主要商业银行小微企业网均贷款余额（2017—2018 年）

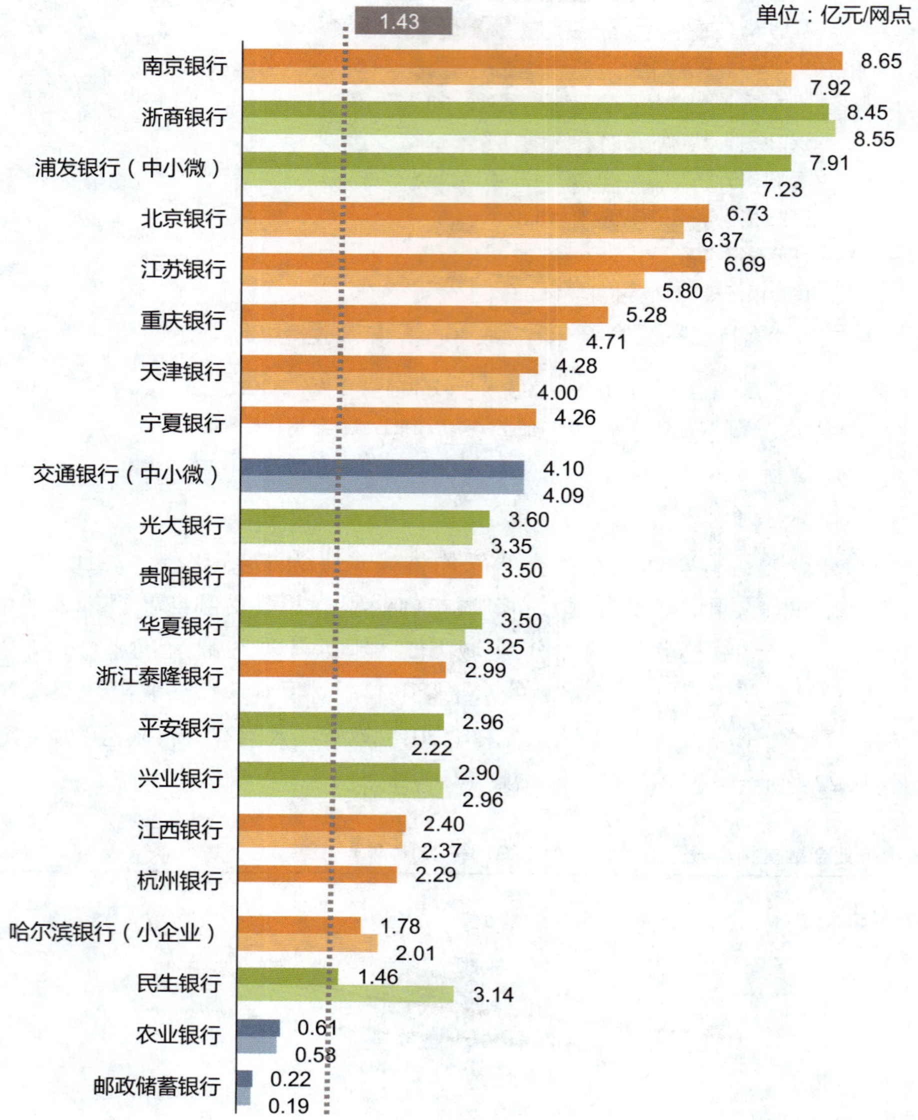

注：①由于未披露小微企业贷款余额，交通银行和浦发银行的数据为“中小微企业贷款余额”口径，哈尔滨银行的数据为“小企业贷款余额”口径。

②图中从上到下深色条形代表 2018 年数据，浅色条形代表 2017 年数据。

资料来源：2018 年小微企业网均贷款根据小微企业贷款余额与网点数量计算所得，除上述特殊说明外，余额数据以及网点数量摘自各银行 2018 年年报，企业社会责任报告及官网；2017 年小微企业网均贷款数据来自《中国中小企业金融服务发展报告（2018）》。

贷款余额较低，除披露口径为中小微企业贷款的交通银行外，农业银行和邮储银行分列行业最后两位。从可获得数据的银行近两年网均贷款余额变化来看，21 家商业银行中仅有 4 家小微网均贷款余额出现下降，其中有 3 家股份制银行（浙商银行、兴业银行、民生银行），1 家城市商业银行（哈尔滨银行）。民生银行下降幅度较大，较 2017 年下降 53.50%。

■ 大中小银行普惠型小微企业贷款网均余额比较

2018 年银行业整体普惠型小微企业贷款余额为 0.40 亿元。从可获得数据商业银行近两年的普惠型小微企业贷款网均余额变化来看，19 家商业银行均出现不同程度的上升，以城市商业银行和股份制商业银行的上升幅度最为明显，大型商业银行较 2017 年略微上升。浙商银行以 5.81 亿元的普惠型

图 3－33　主要商业银行普惠型小微企业网均贷款余额（2017—2018 年）

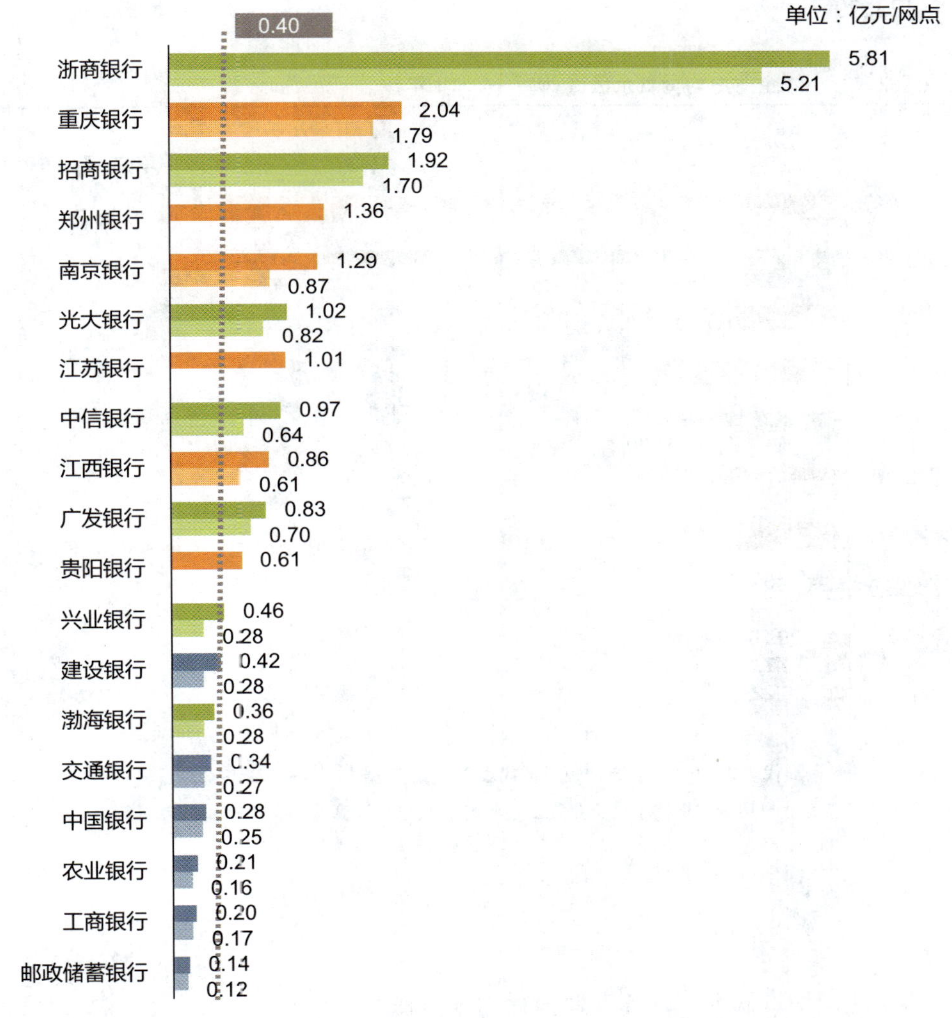

注：图中从上到下深色条形代表 2018 年数据，浅色条形代表 2017 年数据。

资料来源：2017 年和 2018 年普惠型小微企业网均贷款根据普惠型小微企业贷款余额与网点数量计算所得，余额数据以及网点数量摘自各银行 2018 年年报，企业社会责任报告及官网。

小微企业贷款网均余额领先于样本内其他商业银行。城市商业银行和股份制商业银行包揽头部位置，其中样本内城市商业银行普惠型小微企业贷款网均余额全部高于行业整体水平，股份制银行仅有渤海银行一家低于行业整体水平，为0.36亿元。大型商业银行全部处于后置位，仅有建设银行一家超过行业整体水平，达到0.42亿元。

■ 大中小银行小微企业户均贷款余额比较

2018年，披露小微企业贷款户数的银行仅有城市商业银行和股份制商业银行，两极分化现象依旧明显，小微企业户均贷款有高于千万元水平的，也有十万元水平的。总体来看，大部分银行小微企业户均贷款均有不同程度下降，重心逐渐下沉。其中样本内小微企业户均贷款最高的依旧是江苏银行，但较2017年减少34.09万元，此外，除兴业银行和鄞州银行外，其他银行小微企业户均贷款均有不同程度下降，其中天津银行下降最为明显，较2017年减少1389.92万元，2018年小微企业户均贷款余额为123.29万元/户。

图3-34　主要商业银行小微企业户均贷款余额（2017—2018年）

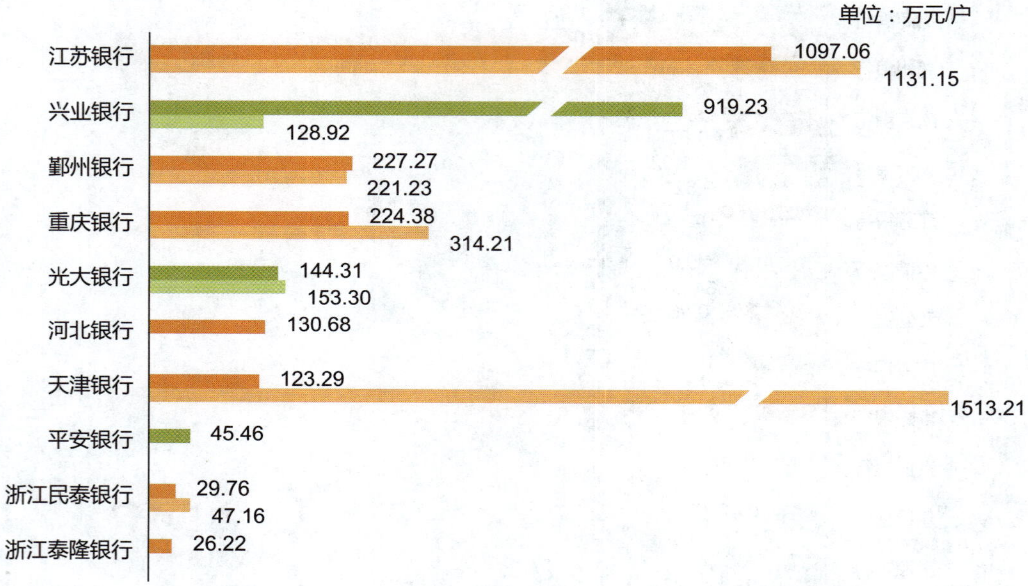

注：图中从上到下深色条形代表2018年数据，浅色条形代表2017年数据。

资料来源：2018年小微企业户均贷款根据小微企业贷款余额与贷款户数计算所得，数据摘自各银行2018年年报和企业社会责任报告。

■ 大中小银行普惠型小微企业户均贷款余额比较

普惠型小微企业户均贷款方面，各类型银行均分布在百万元水平和十万元水平之间。分布较为分散，各类银行在各个区间均有分布。普惠型小微企业贷款余额最高的为3家股份制银行（兴业银行、浙商银行、中信银行），均在150万元以上。大型商业银行中除交通银行和工商银行外，普惠型小微企业户均贷款水平均在十万元级别。客户结构重心下沉方面，普惠型小微企业贷款户均余额较2017年有所下降的银行中，有2家大型商业银行（工商银行、建设银行），3家股份制商业银行（渤海银行、广发银行、招商银行）和1家城市商业银行（重庆银行）。

图 3－35 主要商业银行普惠型小微企业户均贷款余额（2017—2018 年）

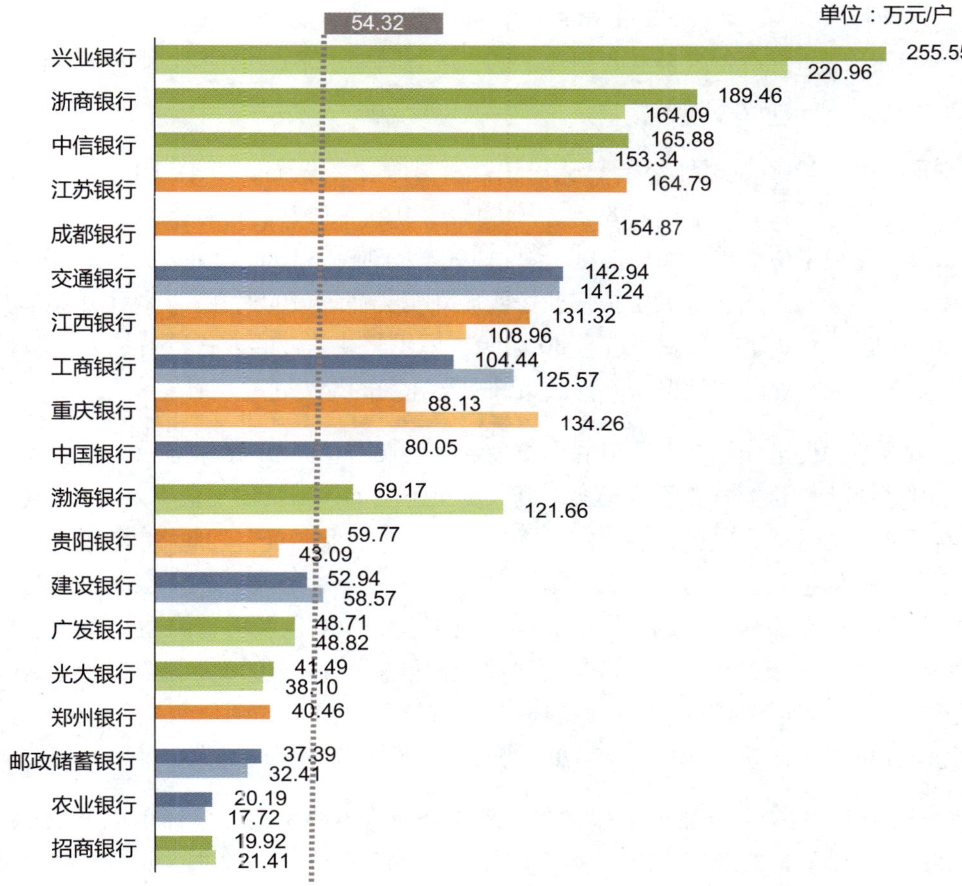

注：①农业银行 2017 年数据根据 2018 年年报披露普惠型小微户数增长幅度推算得到。

②交通银行 2017 年数据根据 2018 年年报披露普惠型小微户数增长幅度推算得到。

③邮储银行 2017 年数据根据 2018 年年报披露普惠型小微户数增长幅度推算得到。

④招商银行 2017 年数据根据 2018 年年报披露普惠型小微户数增长幅度推算得到。

⑤浙商银行 2017 年数据根据 2018 年年报披露普惠型小微户数增长幅度推算得到。

⑥图中灰色虚线表示银行业普惠型小微企业贷款户均余额为 54.32 万元/户，根据银保监会披露数据计算所得。

⑦图中从上到下深色条形代表 2018 年数据，浅色条形代表 2017 年数据。

资料来源：2018 年普惠型小微企业户均贷款根据普惠型小微企业贷款余额与普惠型小微企业贷款户数计算所得，数据摘自各银行 2018 年年报和企业社会责任报告。

3.2 政策加码推动商业银行加大小微企业金融支持

2018 年，中央不断加大对小微企业的融资支持，一系列政策举措旗帜鲜明地引导银行业加强对于小微企业的信贷支持，年内实施了四次针对中小微企业的定向降准，为小微企业融资注入金融活水。监管部门也是大棒、胡萝卜纷出，旨在纾困小微企业融资难题。

监管方面，2018 年 2 月 11 日，银监会发布《中国银监会办公厅关于 2018 年推动银行业小微企业金融服务高质量发展的通知》（银监办发〔2018〕29 号），为引导银行业金融机构聚焦小微企业中的相对薄弱群体，进一步放低重心，把小微企业“做精、做小”，提出在银行业普惠金融重点领域贷款统计指标体系的基础上，将以单户授信总额1000万元以下（含）的小微企业贷款为考核重点。同时提出了“两增两控”目标：“两增”即单户授信总额1000万元以下（含）小微企业贷款同比增速不低于各项贷款同比增速，有贷款余额的户数不低于上年同期水平；“两控”即合理控制小微企业贷款资产质量水平和贷款综合成本水平。

在政策激励方面，2018年6月25日，人民银行、银保监会等五部门联合印发《关于进一步深化小微企业金融服务的意见》，提出从2018年9月1日至2020年底，将符合条件的小微企业和个体工商户贷款利息收入免征增值税单户授信额度上限由100万元提高到500万元。此外，2018年10月15日，财政部发布《关于对小微企业融资担保业务实施降费奖补政策的通知》（财建〔2018〕547号），中央财政在2018年至2020年每年安排资金30亿元，采用奖补结合的方式，对扩大小微企业融资担保业务规模、降低小微企业融资担保费率等政策性引导较强的地方进行奖补。

具体到各类政策的促进作用，课题组的小微金融经理人问卷调查①结果显示，受访者认同度最高的政策为“将普惠型小微企业贷款不良率容忍度放宽至不高于各项贷款不良率3个百分点”，其他政策认同度由高至低分别是“人民银行四次定向降准支持小微企业融资”“加大金融机构小微企业贷款利息收入免征增值税优惠力度”“设立国家融资担保基金并对基金支持的融资担保公司支持小微企业融资提出要求”等。关于银保监会加大无还本续贷政策落实力度以及将普惠型小微企业贷款的考核口径由“单户授信总额小于500万元”调整为“单户授信总额小于1000万元”对商业银行小微企业金融服务的影响，受访者反馈总体比较正面。但对于监管层提出的“两增两控”新目标，接近半数的受访者认为所在银行实现该目标有一定难度，仅一成的受访者认为难度较小。

明显不同于2017年调查结果的是，受访者对小微企业金融服务市场的评价中，“政策推动”成为出现频率最高的关键词，“风险加剧”“规模增加”“创新服务”及“可圈可点”等关键词出现频率也较高。反映出在2018年以来频频出台的助力小微企业融资政策推动下，小微企业金融服务发展在规模和服务上取得了一定的成绩，但受访者对由此带来的风险存有隐忧。对银行开展小微企业贷款业务主要动力来源的调查结果显示，“响应国家号召和监管层的要求，内在动力其实不大”的排序较2017年上升两位，而“小微企业有定价优势，能够带来更高的收益”的排序跌至最后一位。反映出监管政策对商业银行开展小微企业贷款业务有直接推动力，但在一定程度上影响了商业银行提高小微企业金融的内生发展动力。

截至2018年末，普惠型小微企业贷款余额（单户授信总额1000万元以下）为9.36万亿元，较年初增长21.79%，较各项贷款增速高9.2个百分点，有贷款余额的户数为1723.23万户，比年初增加455.07万户。贷款利率稳步下降，2018年第四季度银行业新发放普惠型小微企业贷款平均利率7.02%，较上一季度下降0.8个百分点，较好地实现了普惠型小微企业贷款“两增两控”的目标。值得注意的是，虽然普惠型小微企业贷款增长势头良好，但小微企业贷款整体增长的情况并不理想，根据银保监会披露的数据，2018年，我国银行业金融机构广义小微企业贷款余额为33.49万亿元，较2017年同比增长8.9%，自2015年以来首次增速下降，较2017年降低了6.2个百分点，为2013

① 2019年，中央财经大学民泰金融研究所开展了第七届商业银行小微金融经理人年度问卷调查活动，对商业银行小微金融服务的市场状况、政策影响、行业竞争、产品创新、发展趋势、经理人的工作状况、市场预期等方面进行了调查。详细调查结果参见本报告附录“商业银行小微金融经理人调查报告（2019）”。

年以来的最低增速。大型商业银行虽然在普惠型小微企业贷款增速方面表现亮眼，工商银行、农业银行、中国银行、建设银行、交通银行、邮储银行六大商业银行的普惠型小微企业贷款增速分别为18.06%、28.90%、12.26%、50.78%、24.57%、17.23%。但是全口径小微企业贷款方面，六大行的表现并不尽如人意，根据银保监会提供的数据，六大行2018年全口径小微企业贷款出现负增长，较2017年同比下降1.84%。

3.3 金融科技发力小微金融服务

2018年，金融科技在传统商业银行小微企业金融服务的应用更为广泛。商业银行纷纷加快对大数据、云计算、人工智能、区块链等领域的布局。具体来看，金融科技推动商业银行强化智慧银行基础设施建设，改善业务渠道和流程，升级金融产品和服务，提高营销和风控效率，促进线上和线下的融合，展开与互联网金融平台的跨界合作和优势互补。互联网、大数据、云计算等信息技术在推动银行业金融机构改造信用评价模型、提高营销获客能力、增进贷款投放效率等方面发挥了重要作用，也为金融支持小微企业融资提供了更多的选择和可能。

金融科技带动传统金融业务转型，进一步推动了金融科技向银行业务的渗透，有助于弥补我国普惠金融体系的短板，提高了实体经济的投入效率。一方面，金融科技能够帮助金融机构降低运营成本，金融机构可利用金融科技手段对物理网点和人力资源进行替代、补充和改进，扩大金融服务覆盖面；另一方面，金融科技降低金融机构风险管理成本，提升风险管理效果，基于大数据、人工智能技术整合客户信息，以替代指标刻画小微企业信用状况，降低对小微企业贷款抵押品的要求，从而最大限度地解决小微企业融资难的问题；此外，金融科技有助于提高金融服务的效率，有效消除传统金融服务时空限制带来的低效率，同时也大幅提升了基于大数据的信贷审批决策效率。可以说，金融科技的广泛应用有效改变了金融业态，体现了金融科技对于促进小微金融发展的重要作用。

在商业银行小微金融经理人问卷调查中，我们将当前金融科技对小微企业金融服务的影响进行了具体分类并请受访者依次打分，各个选项按加权平均分数由高至低排序依次为："银行触达客户的能力提高，小微企业业务的获客更加便利""基于互联网全流程在线的网络贷款产品开发""基于大数据的小微企业精准营销和交叉销售""供应链金融线上化""基于大数据的小微企业信用风险管理（包括数量化打分卡技术、反欺诈技术等）"以及"借助iPad等移动设备实现移动展业、调查、审批，提高效率，防范客户经理道德风险"。与上年的调查相比，各选项的排序未发生变化，但整体分值明显提高，反映出金融科技在多个方面对小微企业金融服务的促进作用进一步凸显。

3.3.1 传统银行与科技企业合作布局下沉

2018年是传统银行与互联网公司合作布局下沉的一年。继2017年工行、农行、中行、建行四家大型商业银行先后宣布与互联网巨头京东、百度、腾讯、阿里建立金融科技合作之后，2018年互联网巨头与传统银行的合作不再局限于头部国有大行，而是向下与股份制银行、城商行、农村信用社开展合作，渐有全面渗透的趋势。

在金融科技应用上，各银行业金融机构基于优势互补、各取所长的原则，积极与金融科技领域知名企业开展合作，通过快速整合多方优势资源，实现引领性创新，提升小微企业融资便利度和可得性。

2018 年，银行与互联网公司通过入口与渠道、流量场景、产品创新及大数据建立联盟伙伴关系，并将合作上升至集团战略层面。随着金融监管日趋严格，互联网公司金融业务发展空间越发收窄，互联网金融机构的“去金融化”趋势愈加明显。将金融业务交给传统的金融机构去运作，移动互联网时代诞生的互联网金融平台转型去做支撑工作成为互联网金融时代发展的一个主要方向。[①] 与此同时，商业银行也纷纷着手新一轮数字化转型，在此趋势下，商业银行纷纷与互联网公司、金融科技公司展开合作，共同探索金融科技在不同场景的应用，这也是商业银行实现自我转型、寻找业务新增长点的重要途径。双方的携手，是传统银行融合、吸收、推进金融技术革新的进程，在金融服务渠道、风险管理、精准营销、金融产品服务等各方面提升银行服务企业的能力，实践普惠金融理念的过程。

2018 年，传统银行与科技企业的合作进一步深化、广化、细化，合作内容逐步深入至普惠金融的各个环节，合作对象向下拓展至股份制商业银行及城农商行。2018 年 5 月，光大银行分别与京东、腾讯和蚂蚁金服合作设立了“金融科技创新实验室”，其中，京东与光大银行共同进行溯源防伪、智能合约、信息共享等应用设计；光大科技与腾讯云加强大数据领域合作，在风控技术和大数据领域加强交流；蚂蚁金服与光大银行、光大科技则在云平台、人工智能体系、信用风控、海量数据处理等重点金融科技领域开展深入合作。华夏银行分别与腾讯和蚂蚁金服展开合作，腾讯云助力华夏银行孵化纯线上小微企业融资产品“华夏龙商贷”，通过大数据反欺诈为风控平台有效提升贷款的审批效率；蚂蚁金服则与华夏银行签署了战略合作协议，宣布在手机银行、分布式架构和场景服务等多个领域展开深入合作；建设银行与安选惠民金融平台展开全面合作，中小微企业用户可通过安选普惠金服 APP 申请“建行惠懂你”线上贷款产品。此外，各股份制银行、城农商行及互联网银行都积极与互联网巨头展开了多对多合作，在表 3－2 中，课题组对各银行 2018 年金融科技合作以及应用情况做了详细的归纳梳理。

除 BATJ[②] 外，华为、中国移动、中国联通也与多家银行展开战略合作。作为通讯领域的巨头，华为、移动和联通具有不同于 BATJ 的技术优势和数据优势，随着 5G 时代逐步到来，“通讯 + 银行”的合作产生了新的可能性。中国银行和交通银行分别与中国联通签署了战略合作协议，将在大数据、物联网、5G 等领域展开合作；华夏银行与华为签署了合作协议，携手打造联合创新实验室，重点在金融云、大数据、AI 等领域进行创新合作；浦发银行与中国移动正式揭牌“浦发 · 中国移动 5G 金融联合创新实验室”，双方将共同探索 5G 移动通信技术在金融产品、服务方面的创新应用。

表 3－2　　上市银行 2018 年以来在金融科技领域跨界合作概况

银行	合作方	主要合作领域	具体内容
工商银行	同盾科技、车云金服、第四范式	大数据风控、人工智能、反欺诈等领域	2019 年 2 月，工商银行与同盾科技正式达成合作，同盾科技将运用领先的智能风控技术及解决方案，协助工商银行完善大数据风控体系，更好地降低欺诈风险、减少欺诈损失，进一步增强银行对抗外部欺诈风险的防范能力。[①] 2018 年 11 月，工商银行与车云金服宣布合作，签署了互联网金融业务合作协议，共同推进普惠金融在汽摩产业的应用。车云金服拥有产业数字化整体解决方案，是架起小微企业与金融机构之间的数据桥梁，帮助小微企业获得便捷的融资增信服务。[②]

① 钛媒体．互联网金融加速转型，首先需要将其去金融化［EB/OL］［2018－08－13］．http：//www. tmtpost. com/3414321. html.

② 百度、阿里巴巴、腾讯、京东四大互联网公司的简称。

续表

银行	合作方	主要合作领域	具体内容
工商银行	同盾科技、车云金服、第四范式	大数据风控、人工智能、反欺诈等领域	2018年8月，工商银行与人工智能独角兽公司第四范式签约，合作主要内容是基于人工智能平台“第四范式先知”，为工行提供通用的AI基础设施能力和标准化应用流程，帮助工行自主构建覆盖营销、反欺诈、审批、贷后管理、运营等全生命周期的AI业务场景应用。[③]
农业银行	腾讯公司	云计算、大数据应用、人工智能等领域	2018年6月，农业银行和腾讯公司签署全面合作协议。双方将在数字银行建设、智慧城市和乡村生态圈建设、金融科技、投融资等业务领域开展深入合作，通过整合各自的优势资源，为客户提供优质、创新的金融服务。下一步，双方将在云计算、大数据应用、人工智能、分布式技术合作、企业移动办公等领域深化合作，共同研究“人智”+“机智”相结合的智能服务模式，打造基于智能设备的智能服务网点，利用数字化账户体系开展创新应用，为客户提供多层次、个性化、便利化的金融服务。[④]
	南大通用、科大讯飞、金蝶集团、航天科工	云计算、大数据应用、人工智能等领域	2018年10月，农业银行与天津南大通用数据技术有限公司在北京签署合作协议，共建联合创新实验室，合作以“金融领域大数据及数据智能平台应用研究”为主要方向。[⑤] 2018年10月，农业银行与金蝶集团进一步开展合作，新一款金蝶旗下亮点产品“智慧记”在农业银行企业掌银APP试点发布，为农行小微企业客户提供了云加端、一站式的记账服务，增强了企业金融服务平台对小微企业多维度综合服务能力。[⑥] 2018年10月，农业银行与科大讯飞合作成立联合创新实验室，在智能客服、智慧网点、智能营销、智能运营、智能案防、智能办公等6大领域开展联合研发。[⑦] 2018年1月，农业银行与航天科工签署战略合作协议，双方将在金融业务合作、大数据服务、扶贫工作、信息安全、高科技产品开发等领域开展深度合作，加快推进以中小企业信贷征信业务合作为主要内容的普惠金融发展。[⑧]
中国银行	京东集团	战略合作、信用卡	2018年5月，中国银行与京东集团就银企全面战略合作达成共识，并将在金融科技、公司金融、个人金融等领域开展广泛合作。双方将围绕数据共享、客户互荐、场景互嵌、模型共建等展开全面合作，共同打造开放、普惠、共赢的金融服务生态。[⑨]两者的合作于同年11月再次升级，联名推出了中银京东联名卡，科技公司和金融机构的合作从单纯的线下到线上的合作，发展成为线上与线下双向互为入口的“O+O”式合作。
	百度集团	资讯服务	2018年2月9日，中国银行与百度知识在京签署合作协议。本次合作力求发挥各自领域优势，创新“互联网+金融”资讯服务模式，为双方用户提供更专业、更权威的金融资讯与即时搜索服务。
	中国联通、TestBird	智慧网点、数字金融、移动APP等领域	2019年3月，中国银行与中国联通签订了共建“5G联合创新应用实验室”框架协议，双方将在智慧网点、数字金融、物联网、数据智能等诸多方面拓展合作空间，在5G业务、金融大数据、生态链金融、数字化服务等领域合作将持续深化。[⑩] 2018年12月，中国银行与TestBird正式签约，此次合作TestBird将为中国银行提供金融测试解决方案，协助中国银行优化APP质量和用户体验。[⑪]

续表

银行	合作方	主要合作领域	具体内容
建设银行	腾讯	人工智能、大数据、云计算、区块链等领域	2019年4月，建设银行与腾讯在深圳签署金融科技联合创新实验室战略合作协议，宣布共同成立“建设银行—腾讯金融科技联合创新实验室”。该实验室将会运用人工智能、大数据、云计算、区块链等先进技术，共同搭建金融科技创新平台，开展创新技术研究、金融服务模式优化、创新产品孵化，进一步加大科研投入、加强科技创新。[12]
	科大讯飞、金山云、安选惠民金融平台、知商金融、汇桔网	人工智能、大数据、云计算、区块链	2019年4月，科大讯飞与建设银行签署战略合作协议，将为建设银行打造数字化、智能化、前后端一体化的智慧金融服务。[13] 2019年3月，金山云与建设银行在大数据领域正式展开合作。基于行业领先的数据处理能力和自主化、体系化的大数据产品体系，金山云成为建设银行金融科技战略推进过程中的重要合作伙伴。[14] 2019年1月，建设银行与安选惠民金融平台展开全面合作。本次合作中，中小微企业用户可通过安选普惠金服APP申请“建行惠懂你”线上贷款产品。[15] 2018年8月，汇桔网、知商金融与建设银行达成全面深度战略合作，双方共同创建新型知识产权融资产品“知商贷”，通过大数据智能风控，为广大知商企业降低融资成本，提供多样化、全方位的金融服务。[16]
交通银行	京东金融	平台合作	2018年1月，交通银行成为京东金融“京银计划”首个合作伙伴。“京银计划”首次通过京东支付将京东核心大促资源向银行业合作伙伴开放，整合了整个京东的无界零售优势资源，将京东内部的商城、金融、物流、线上线下等大生态打通，实现京东与银行的无界营销、跨界互动和用户分享。[17]
	中国联通、中移电商、科大讯飞	大数据、人工智能等领域	2019年4月，中国联通与交通银行签署战略合作协议。双方将在通信基础业务、大数据、物联网等领域开展全面合作。 2018年12月，交通银行与中移电商签署全面战略合作协议，双方将在银行能力对接、小额贷款服务、供应链金融、互联网理财、和包交费、扫码收单业务、企业信息查询系统等方面双向赋能，实现资源共享，共同推动互联网＋金融的快速发展。 2018年10月，科大讯飞与交通银行在上海签署了全面战略合作协议。根据协议，将依托科大讯飞先进的智能语音和人工智能技术，助力推动交通银行信息技术创新发展，建设数字化、智能化特色的科技金融银行。[18]
邮政储蓄银行	腾讯、微众银行	云计算、大数据、人工智能、区块链	2018年6月，中国邮政储蓄银行与腾讯公司、微众银行在北京举行全面深化战略合作协议签约仪式。在金融业务领域，三方将在互联网金融、消费信贷、供应链金融、公司金融等方面全面深化合作；在金融科技领域，将在云计算、大数据、人工智能、区块链、信息安全等领域开展广泛合作与交流培训；此外还将在用户研究和客户体验等领域展开合作。[19]
	创新奇智	人工智能	2018年8月，邮政储蓄银行与深圳创新奇智科技有限公司举行战略合作签约仪式。邮政储蓄银行与创新奇智将充分发挥各自在金融业务领域和人工智能技术方面优势，聚焦人工智能基础核心技术、智能数据中心、人工智能业务场景应用等三个方面开展深度合作，共同挖掘人工智能技术在金融业务领域的应用。

续表

银行	合作方	主要合作领域	具体内容
光大银行	京东	区块链、云计算	2018年5月，光大集团和京东集团正式签署战略合作协议。双方将加强物联网金融、区块链、云计算等合作。研究基于区块链技术的分布式共享记账能力，共同进行溯源防伪、智能合约、信息共享等应用设计。尝试共同创建“金融科技创新实验室”以及探讨建立科技创新产业基金，共同孵化前沿科技项目。[20]
	腾讯	云计算、大数据	2018年5月，光大科技与腾讯云分别代表光大集团与腾讯集团签约，共同成立“光大—腾讯金融科技创新实验室”。双方将加强新一代互联网化金融云平台的合作，加快光大集团整体IT架构的云化，支撑金融科技能力在银行的加速落地；加强大数据领域合作，在风险控制方面的技术及大数据方面进行交流合作等领域实现共赢。[21]
	光大科技、蚂蚁金服	云平台、人工智能、大数据	2018年5月，光大集团旗下的光大银行、光大科技与浙江蚂蚁小微金融服务集团达成三方战略合作。光大银行、光大科技将与蚂蚁金服在云平台、人工智能体系、信用风控、海量数据处理等重点金融科技领域开展深入合作。此外，三方还将共同探索建立“数据共创实验室”，共同孵化金融科技创新应用，进行普惠金融方面的数据模型和数据应用的探索。[22]
广发银行	普金科技	税银服务	2018年5月，广州普金计算机科技股份有限公司与广发银行股份有限公司签署了《税银服务战略合作框架协议》，双方建立税银服务战略伙伴关系，发挥各自优势为广东省中小微企业搭建融资服务平台，着力解决中小微企业融资难问题，共同为纳税企业提供税银服务、资信服务和普惠金融服务。[23]
华夏银行	腾讯	产品研发	2018年6月，腾讯云助力华夏银行孵化纯线上小微企业融资产品“华夏龙商贷”，通过大数据反欺诈为风控平台有效提升贷款的审批效率，整个线上申请和放款过程最快5分钟即可实现。
	蚂蚁金服	手机银行	2018年5月，华夏银行与蚂蚁金服在杭州签署战略合作协议，宣布在手机银行、分布式架构和场景服务等多个领域展开深入合作，双方将各自依托自身独特优势为不同客群提供高效、智能的金融服务体验，共同开拓市场。
	华为、航天信息	云计算、大数据、人工智能、产品研发、供应链金融等领域	2018年11月，华夏银行与华为技术有限公司在深圳签署了合作协议，携手打造联合创新实验室。未来双方将在信息技术和通信技术在金融行业的应用、未来技术趋势研究等方面展开合作研究和应用实践，以联合创新实验室和项目组等方式，重点在金融云、大数据、AI等领域进行创新合作。 2018年9月，华夏银行与航天信息在杭州签署战略合作协议，并正式发布双方首个合作落地项目——“龙惠贷”产品。双方宣布，未来还将在食药品溯源、物联网交通、供应链金融、企业生态互联等多个领域开展深度合作，为实体制造业及物联网企业提供智慧金融服务。
民生银行	华为	云计算、大数据、人工智能、物联网等领域	2018年2月，民生银行与华为技术有限公司在北京签署战略合作协议。双方将重点开拓云计算、大数据、人工智能、物联网等领域的智能化金融产品和服务创新，推进传统金融行业转型升级，更好地普惠民生、服务大众。[24]
浦发银行	百度、中国移动	人工智能	2019年4月，浦发银行在上海召开“你好未来”数字人概念发布会，在业内首次提出虚拟“数字人”创新理念，与百度、中国移动宣布正式启动“数字人”合作计划。浦发银行将在为用户提供API无界开放金融服务的基础上，运用智能技术为金融服务赋予智能化、人性化的新内涵。

续表

银行	合作方	主要合作领域	具体内容
浦发银行	腾讯	云计算、大数据、反欺诈、人工智能等领域	2018年6月，浦发银行与腾讯在深圳签署了战略合作协议。双方将在云计算、大数据、支付、反欺诈、人工智能、生物识别、区块链等多个维度深化合作。同时，双方还将加强创新金融业务的开发和推广，探索供应链融资、智能投顾、ABS云平台、消费信贷等领域的创新业务形态。[25]
	蚂蚁金服	人工智能、供应链、大数据等领域	2018年5月，浦发银行与蚂蚁金服在上海签署了战略合作协议。浦发银行将优先加强金融科技领域合作，探索人工智能在金融领域的广泛应用，从金融业人工智能应用、行业解决方案及供应链、生物识别辅助校验、指纹身份认证和基于大数据的风险控制等多个维度开展全方位合作。同时，双方还将合作探索与提升在互联网风控及反欺诈方面的风险防御能力与潜力，蚂蚁金服也将以其大数据能力为浦发银行提供营销作弊、交易欺诈、信贷欺诈等方面的立体化支持。
	华为、百度、科大讯飞、中国移动	创新实验室	2018年2月，浦发银行创新实验室正式揭牌，这标志着浦发银行、上清所、华为、百度和科大讯飞，正式达成跨界智能金融创新战略合作，未来将共同在大数据、人工智能、物联网、云计算等多个前沿技术和金融领域开展全面深入创新合作。[26] 2018年6月，浦发银行和中国移动正式揭牌"浦发·中国移动5G金融联合创新实验室"。双方将通过5G金融联合创新实验室，发挥各自优势，共同探索5G移动通信技术在金融产品、服务方面的创新应用，以及建立5G实验网点、5G设备及数据建模等方面的创新应用。
	百信银行、微软等	跨界合作	2018年10月，百信银行与浦发银行在上海签署全面战略合作协议。双方将在普惠金融、金融市场、信贷资产流转、支付结算等业务领域展开深层次合作，同时在API银行、智能风控、智能账户、金融云等金融科技领域，共同打造科技合作共同体。 2018年9月，浦发银行在北京发起成立"科技合作共同体"，并与微软（中国）有限公司、IBM（中国）有限公司、SAS公司、天睿信科技术（北京）有限公司、Temenos公司、银联数据服务有限公司等16家知名科技公司签署科技合作共同体备忘录，创新金融科技业务新模式。
招商银行	腾讯云	人工智能	2018年12月，招商银行与腾讯云就AI资源平台建设达成合作。腾讯云将以GPU虚拟化技术和资源调度技术，帮助招商银行实现对人工智能研发资源的集中管理、调度和监控。该平台将全面支撑招商银行金融AI应用的研发和探索，帮助招商银行提升人工智能研发效率。
	Kyligence、深信服、追一科技	大数据、人工智能等领域	2019年1月，招商银行宣布与领先的大数据分析技术及解决方案供应商Kyligence签约，在Kyligence旗下核心产品Kyligence Enterprise的助力下，招商银行将搭建统一的多维分析平台。 2018年12月，深信服和招商银行举行签约仪式，正式开启全面战略合作。未来，双方将深化在技术创新、金融服务等方面的交流与合作，深信服也将发挥在数字化转型方面的优势，为招商银行打造"智慧金融"新业态赋能。 2018年9月，追一科技宣布与招商银行信用卡在智能服务领域达成战略合作关系。双方将融合各自在人工智能技术、产品与场景、数据、业务等多方面能力优势，在服务数据和服务场景中深入落地AI应用。一起探索AI服务平台建设，打造金融AI服务标杆。

续表

银行	合作方	主要合作领域	具体内容
中信银行	蚂蚁金服	战略合作	2018年6月，中信银行与蚂蚁金服在京签署战略合作协议，双方将在普惠金融、绿色金融、金融科技、新零售等领域发挥各自优势。
	中企云链、邦盛科技	供应链、大数据、人工智能等领域	2018年9月，中信银行举行与中企云链整体合作启动会，双方一致同意在全国范围内建立“总对总、分对分、点对点”的业务对接体系，全面推进业务合作。借助中企云链“产业互联网+供应链金融”的独特创新模式，中信银行将通过云链平台，将大企业信用向上游供应链延伸，提供融资支持中小企业发展，解决中小企业融资难问题。 2018年4月，邦盛科技与中信银行在风控反欺诈建设方面达成合作，为中信银行智能实时风控系统升级贡献力量。邦盛科技利用大数据、机器学习等核心技术，开发机器学习引擎及反欺诈模型，结合可视化关系图谱分析等技术，能有效解决银行面临的这一问题。
南京银行	度小满金融	战略合作	2018年10月，度小满金融与南京银行签署战略合作协议，双方将联合推动金融科技创新，在消费金融、小微金融等领域展开深度业务合作，让更多的金融机构能够运用人工智能技术服务实体经济，践行普惠金融。
	阿里云	金融云平台	2018年4月，南京银行宣布国内首个商业银行分布式核心业务系统顺利上线运营。“鑫云+”平台通过引入阿里云、蚂蚁金融云两大云平台体系，搭建了高效输出、快速迭代、海量扩容的互联网金融云平台。[27]
杭州银行	阿里云、杭州城市大数据运营公司	创新实验室	2018年1月，由杭州银行、阿里云、杭州城市大数据运营公司联合成立的国内首家城商行金融科技创新实验室在杭州正式挂牌。该金融科技创新实验室由以上三家公司联合打造，基于金融云、区块链、大数据、移动化、生物识别及其他新技术应用分享和实践，以深入研究金融科技创新能力，探索新技术在银行业的应用，促进金融机构数字化转型发展为研究方向的实验室。
锦州银行	腾讯云	大数据风控，智慧信贷	2018年12月，锦州银行与腾讯云签署战略合作协议，宣布联合成立金融科技创新实验室，搭建联合工作载体，共同设计小微智慧信贷产品和流程，构筑智慧信贷风控体系，建设智慧信贷业务的综合平台，以此推动双方在金融科技领域的深度合作。
	中企云链	战略合作	2018年11月，锦州银行携手中企云链在京举办了“云链通”产品发布会，双方现场签署了战略合作协议。
宁波通商银行	狐狸金服	大数据、人工智能、区块链	2018年8月，搜狐旗下金融科技集团狐狸金服与宁波通商银行签署战略合作协议，共同发展包括中小微企业金融需求在内的普惠金融服务。本次合作将以狐狸金服持续深耕的金融科技创新为基础，应用包括大数据、人工智能、区块链等方面技术，在获客、营销、风控、数据等维度，推动双方在资源整合、能力布局以及技术创新上的共建、共享。
宁夏银行	华为	云计算、大数据、人工智能	2019年4月，宁夏银行与华为公司签署了战略合作协议，在数据中心规划建设、云计算、大数据、信息化创新等方面开展合作，共同探索大数据与数据治理等技术应用。双方将共同针对人工智能、生物识别等技术在移动互联网及金融服务中的应用领域进行研究，并共享创新成果。

续表

银行	合作方	主要合作领域	具体内容
天津银行	苏宁金服	战略合作	2018年8月，天津银行与苏宁金服签署战略合作协议，双方将在综合授信、消费及供应链金融、金融科技及研究、银银合作、渠道共享、支付及联合营销、账户服务、系统对接、电商领域等开展深度合作。
张家港农商银行	腾讯	大数据、反欺诈等领域	2018年4月，张家港农商银行与腾讯公司成立"联合金融创新实验室"。本次合作重点在微测平台、反欺诈、企业微信、大数据、私有云、金融安全等领域开展多维度、多层级的战略合作。

资料来源：除特殊标注外，均来自各银行2017年年报。标注的资料来自媒体报道，依次为：

① 钛媒体．中国工商银行与同盾科技达成合作［EB/OL］．［2019－02－27］．http：//tmtpost. com/nictation/3788264. html.

②《车云金服与工商银行官宣合作，共推普惠金融落地汽摩产业》，中国经济新闻网，2018－11－09。

③《人工智能公司第四范式宣布与中国工商银行合作》，新浪科技，2018－08－10。

④《强强联合 中国农业银行携手腾讯搭建金融新生态》，中国农业银行，2018－06－14。

⑤《农业银行携手南大通用共建联合创新实验室》，中国农业银行，2018－10－29。

⑥《农行企业掌银为小微服务开启"智慧"时代》，中国农业银行，2018－10－26。

⑦《中国农业银行与科大讯飞签约成立智能语音联合创新实验室》，中国农业银行，2018－10－08。

⑧《中国航天科工与中国农业银行签署战略合作协议　加快推进普惠金融等业务发展》，中国航天科工集团，2018－01－09。

⑨《中国银行京东金融达成全面战略合作共识　金融与科技握手共赢》，东方财富网，2018－05－11。

⑩《中国银行与中国联通签署战略合作协议暨共建"5G联合创新应用实验室"框架协议》，中国银行，2019－03－28。

⑪《中国银行与TestBird正式签约合作》，艾瑞网，2018－12－19。

⑫《"产学研用"驱动发展　聚合优势赋能实体——建行联手腾讯共建金融科技联合创新实验室》，中国建设银行，2019－04－04。

⑬《科大讯飞牵手建设银行，共创智慧金融服务体系》，第一财经，2019－04－03。

⑭《金山云与建设银行在大数据领域展开合作》，人民网，2019－03－25。

⑮《中国建设银行与安选惠民金融平台达成全面合作》，光明网，2019－01－23。

⑯《知商金融、汇桔网与建设银行签署战略合作协议》，中金在线，2018－08－08。

⑰《交行成京东金融"京银计划"首个合作伙伴》，中国证券网，2018－01－23。

⑱《科大讯飞与交通银行共同打造智能化科技金融银行》，搜狐，2018－10－12。

⑲《邮储银行与腾讯公司、微众银行签署全面深化战略合作协议》，邮政储蓄银行，2018－06－14。

⑳《光大＋京东：共启合作新篇章》，光大银行，2018－05－30。

㉑《光大集团与腾讯集团金融科技创新实验室签约成立》，光大银行，2018－05－24。

㉒《共创金融科技发展新模式　光大银行、光大科技与蚂蚁金服达成战略合作》，光大银行，2018－05－22。

㉓《普金科技与广发银行签署战略合作协议》，上海证券报，2018－05－07。

㉔《民生银行与华为达成战略合作　携手打造数字化智能银行》，和讯网，2018－02－09。

㉕《浦发银行与腾讯达成全面战略合作创新合作实现互惠共赢》，浦发银行，2018－06－11。

㉖《浦发银行创新实验室揭牌　开启跨界智能金融战略合作》，浦发银行，2018－02－06。

㉗《阿里云助力南京银行打造国内首个分布式核心业务系统》，新浪网，2018－04－26。

3.3.2 传统银行建立金融科技子公司弥补短板

相比新兴的金融科技机构，银行在过往几十年中建立了大型的基础设施，依法合规制定产品，拥有深厚的客户基础及信任度。在我国金融科技发展的道路中，银行逐步发觉金融科技的重要作用，开始以适应社会发展诞生的金融服务需求、改善企业运营效率、增强自身竞争力和符合监管要求为主要导向，逐步加大金融科技研发投入，许多银行开始设立自身的金融科技子公司，并已有部分银行取得了显著的进展。比如平安银行目前在人工智能、大数据、云计算等领域取得不少成果，专利超1400项，已处于世界领先水平。光大银行2018年在科技创新上的投入约为净利润的2%。招商银行预计2018年将有22.1亿元投入到金融科技创新项目基金。[①]

2018年，传统银行在寻求对外合作的同时也在积极进行金融科技自建，目前已有工商银行、中国银行、建设银行、兴业银行、平安银行、招商银行、光大银行、民生银行、北京银行九家银行建立了金融科技子公司。各银行系金融科技子公司的发展脉络主要分为服务集团内及集团外两个方面：集团内，面向集团综合经营公司提供科技服务；集团外，通过大数据、云计算等创新技术，为同业金融机构提供全方位金融科技服务，或是通过打造开放银行平台，通过开放银行服务API，开展微创新，成为“银行端”和“场景端”的连接器。

总体而言，银行系金融科技子公司发展应立足自身优势：一是赋能总行各部门以及银行集团旗下其他子公司。二是银行内部，以金融科技子公司开展试错尝试，船小好掉头，尝试成功可以在总行进行推广；未来，真正起到金融科技子公司对集团的战略价值，并形成集团新的重要利润增长点。

表3-3　银行金融科技子公司合作概况

金融科技公司	控股银行	成立时间[①]	主要合作
工银科技	工商银行	2019年5月8日	2018年5月，与雄安新区管委会签署《金融科技合作备忘录》。
中银金科	中国银行	2019年6月13日	暂无。
建信金科	建设银行	2018年4月18日	2019年3月，焦作中旅银行和建信金融科技有限责任公司在郑州签署《金融科技合作意向协议》。双方将在大数据服务、智能风控服务等金融科技方面开展合作，实现科技共赢、资源共享、理念共通、深化合作、共同发展。 2019年2月，中国建设银行、建信金融科技有限责任公司和国家开发银行在国开行总行大楼签署《全面合作协议》和《新一代核心业务系统工程合作协议》。
兴业数金	兴业银行	2015年12月22日	2018年10月，兴业数金与益博睿整合双方优势资源，建立风控实验室，致力于为促进数字金融科技发展共同探索并开发适合中小企业信贷不同应用场景的全新风控解决方案。 2018年5月，兴业数金与上海普兰金融服务有限公司签署战略合作协议，双方将在产业供应链金融和农村金融等领域共同发力。 2018年1月，兴业银行、兴业数金与微软中国在上海举行战略合作签约仪式，根据协议，兴业银行将与微软公司在人工智能平台与“金融行业云”平台构建方面展开全面合作。[②] 2019年3月，兴业数金与广东微模式软件股份有限公司签订战略合作协议。双方将结合兴业数金在互联网、大数据、云计算、区块链等现代信息技术行业的资源优势与微模式领先的人工智能核心技术，推进中国金融行业科技服务。

① 以上数据均来自各银行2018年年报及社会责任报告。

续表

金融科技公司	控股银行	成立时间	主要合作
金融壹账通	平安银行（兄弟公司）	2015 年 12 月 29 日	截至 2019 年 3 月 31 日，金融壹账通已为 590 家银行、70 家保险公司、2600 家非银行金融机构提供金融科技服务。 2019 年 1 月，金融壹账通与韩国友利银行签署战略合作协议，在亚洲市场继续拓展。此次签约内容为车金融资产业务，这是继与华夏银行、浙商银行开展车金融资产业务合作后，金融壹账通首次与外资银行成功签约个人贷款业务。
招银云创	招商银行	2016 年 2 月 23 日	2019 年 3 月，神州数码集团与招银云创在上海招银大学举行战略合作签约仪式，共同宣布双方将在业务云和金融基础云转售、云迁移及实施部署、管理咨询等方面展开通力协作，共同快速推进金融行业云化落地。
光大科技	光大银行（兄弟公司）	2016 年 12 月 20 日	2018 年 5 月，光大银行、光大科技与浙江蚂蚁小微金融服务集团达成三方战略合作。光大银行、光大科技将与蚂蚁金服在云平台、人工智能体系、信用风控、海量数据处理等重点金融科技领域开展深入合作。此外，三方还将共同探索建立“数据共创实验室”，共同孵化金融科技创新应用，进行普惠金融方面的数据模型和数据应用的探索。
民生科技	民生银行	2018 年 5 月 15 日	2018 年 6 月，民生科技与阿里云达成战略合作。此次合作，民生科技与阿里云将共同推动分布式架构、大数据及人工智能等技术与解决方案在金融行业的应用。③ 2018 年 8 月，中移物联网与民生银行、民生科技举行了物联网金融战略合作签约仪式，双方将发挥各自优势，围绕物联网和金融客户综合需求，合作建立物联网业务生态圈，携手开拓物联网的广阔市场。 2018 年 8 月，民生科技与同盾科技在北京举行战略合作签约仪式，双方将充分发挥各自领域的资源、技术、客户群等优势，共同推动人工智能、大数据分析等技术与解决方案在金融行业的应用，加速民生银行改革转型实施，推进民生科技金融银行建设。
北银金科	北京银行	2019 年 5 月 17 日	暂无。

注：① 各金融科技公司的成立时间以成立仪式日期为准。

②《兴业银行、兴业数金携手微软共建数字化银行，打造领先金融行业云》，兴业数金，2018 - 01 - 10。

③《民生科技与阿里云达成战略合作》，东方财富网，2018 - 06 - 21。

3.3.3 传统银行 FinTech 加速小微金融服务数字化

小微企业的融资难题主要来自金融机构与小微企业的信息不对称，金融机构难以衡量其真实信用情况，造成发放贷款的困难。传统银行的 FinTech 程度加深和推广为攻克上述难题提供了可能。金融服务产品的创新拓宽了贷款渠道，提高了贷款效率，进一步满足了小微企业“短、小、频、快”的融资需求；大数据技术、人工智能在金融领域的创新应用，精准刻画信用情况，大大提升了金融服务的触达率和效率，可以为小微企业量身定制金融服务解决方案，满足其在信贷和融资方面的需求；与互联网金融企业合作，与其共同研发金融产品、提供数据、建 IT 系统、完善风控等技术服务，从而提高商业银行小微金融服务效率，降低运营成本。

■ 创新金融服务产品

金融科技对商业银行小微企业的金融服务产生全方位的促进作用，其中较为明显的是金融服务产品的创新。2018 年，小微企业网贷产品延续了以信用贷款为主的形式，保持了全流程在线、审批迅速、模式灵活的特点，同时引进大数据技术，通过税收、用电量、公积金等指标衡量小微企业的信用水平，减少了对抵押品的要求，降低了申贷门槛，提高了贷款可得性。

2019 年 3 月，建设银行与国家电网合作推出“云电贷”业务，“小微快贷”系列产品再添新成员。基于用电信息，用于企业生产经营周转的信用贷款产品，额度高达 200 万元，期限长达 1 年。业务实现了从客户申请、业务准入、额度测算、贷款审批、合同签约、贷款支用到贷款归还的全流程线上办理。“云电贷”现正在江苏、福建、江西、宁夏、厦门、苏州六家分行试点，接下来，还要在更多的省份大力推广，研发推出“云电贷”，建设银行通过与国家电网合作，发挥双方优势，更加有效地为小微企业提供普惠服务①。

工商银行的工银小微金融服务平台还围绕小微企业的成长周期，提供包括纯信用类的“经营快贷”、抵质押类的“网贷通”以及“网上质押贷款”和“网上票据池质押融资”等在内的多款线上融资产品。2018 年以来，该平台已服务近 70 万小微企业，其中为 43 万小微企业开立了对公结算账户，开户时间缩短到了 30 分钟以内。其中，“e 抵快贷”是工商银行在“网贷通”基础上优化业务体系，形成的房产在线评估和贷款智能审批产品。“e 抵快贷”是借款人在工商银行以特定区域优质房地产作抵押的网络贷款，贷款资金可用于日常生产经营。②

专题 3－1　工商银行推出“经营快贷”小微专属融资产品

大数据助力“小微快贷”③

“经营快贷”是工商银行 2018 年新推出的“低门槛、纯信用”小微专属融资产品，它主要面向个体工商户和小微企业，无须抵押担保。企业或个人可以通过手机银行渠道办理，银行依据大数据主动授信，线上办理，系统自动审批，资金实时到账，可谓“秒贷”。“经营快贷”推出不到 4 个月贷款余额已破百亿元，惠及 3 万多小微企业。

“经营快贷”运用互联网及大数据技术，基于结算、税务、开户、资产、交易链、平台等各类交易场景，为诚信经营的小微企业、个体工商户、小微企业主个人主动核定贷款额度，在线发放，满足客户小额、高频资金需求的纯信用贷款，企业最高可以贷到 500 万元，个人最高可达 100 万元。

---

① 《携手普惠共建生态开启银电合作新篇章——“云电贷”点亮小微企业融资之路》，建行新闻，2019－03－28。

② 《工行全面升级普惠金融服务》，工行新闻，2018－09－26。

③ 《工行全面升级普惠金融服务》，工行新闻，2018－09－26。

“经营快贷”从线下到线上的蜕变①

工商银行“经营快贷”的前身是“企业网络小贷”，需要企业提交资料，验证资质，银行经过一系列的尽职调查后，需要一周甚至更长时间才能放款，“流程长、价格高、担保难”已成为众多小微企业最头疼的问题。而工商银行“经营快贷”则成功抓住了小微融资痛点，省去了这些烦琐的流程，企业主可直接用手机打开工商银行手机APP，在首页点击“贷款”，选择“经营快贷”，整个过程大约1分钟，资金基本上可实时到账。同时，产品价格优惠，利率远低于同业平均水平，大幅降低了融资成本。

“经营快贷”自动化、便捷化、普惠化②

“经营快贷”产品覆盖的客户群体广泛，包括在工商银行有经营结算数据的个体工商户和小微企业主个人；采用信用担保方式，无须任何其他担保措施；还款方式灵活方便，可选择到期一次性还本付息、按月还息到期还本、按月还本付息等多种方式。客户可在手机银行自助办理、全程无人工审批干预、资金一分钟内到账，贷款随借随还等优势，以最大限度满足小微企业“短、小、频、快”的资金需求，不少小微民营企业都因此获得工商银行的帮助，缓解了资金上的压力。

未来工商银行将通过各类场景和数据的共享互联，构建更为全面、精准、快速的客户信用画像，以广覆盖、多层次、高效率、可持续的普惠金融服务体系，惠及千家万户、造福百姓民生。

光大银行2018年9月正式推出了普惠金融新产品“阳光e微贷”，“阳光e微贷”突破了传统授信业务理念，运用互联网思维，把互联网、大数据和信贷业务有效结合，将信贷业务化繁为简，通过分析企业和企业主在光大银行的结算及资产信息，让信息不对称、缺少抵质押担保而难以获取贷款的小微企业，在已更新基础信息的情况下，短短几分钟即可完成线上贷款全流程，大大提升业务办理效率。

平安银行2018年正式推广了线上化网络融资产品KYB业务，KYB中小企业信用贷主要包括“发票贷”“税金贷”，它是平安银行根据中小企业的增值税发票及纳税信息提供的信用贷款。目前最高额度50万元，最快一天放款，且按日计息，一天起借，不使用不计息，免抵押免担保。平安银行2018年社会责任报告数据显示，截至2018年末，小企业数字金融（KYB）服务客户数14103户，2018年累计发放贷款107亿元。

网商银行2019年1月正式上线了票据贴现业务“网商贴”，小微企业在网商银行官方网站开通该功能后，即可通过任意其他银行企业网银在线发起跨行票据贴现，不仅贴现利率低，而且最快10秒即可获得放款，支持500万元以下、最低500元的贴现面额，基本覆盖小微企业的小额票据需求，年利率低至3%，帮助小微企业以更低成本获得资金支持。③

微众银行2018年推广了针对小微企业的“微业贷”融资模式，“微业贷”借助先进的金融科技手段为广大小微企业提供全线上、纯信用、随借随还的贷款服务。截至2018年9月，小微企业贷的户均授信金额仅32.19万元，笔均提款仅19.47万元。从客户他行授信情况来看，68%的客户在获得

---

① 《工商银行经营快贷助力小微企业》，和讯网，2018－06－25。

② 《工行面向中小微企业发布“经营快贷”信用贷款产品》，中国电子银行网，2018－05－26。

③ 《网商银行：科技让金融更好服务小微企业》，中证网，2019－03－19。

授信时无任何企业类贷款记录，38%的授信客户在获得授信时无任何个人经营性贷款记录；从授信客户的规模来看，80%的客户年营业收入在1000万元以下。截至2018年末，在其小微企业贷对外推广不足一年的时间里，已经为5万户小微企业提供了超过150亿元的授信金额支持。①

表3－4　部分商业银行小微企业网络贷款主要产品

银行名称	小微企业网络贷款主要产品
网商银行	网商贴、网商贷、信任付、自保理、回款保、支付宝商户贷
新网银行	创客贷
微众银行	微业贷
邮政储蓄银行	小微易贷、E捷贷、在线供应链金融
工商银行	经营快贷、网贷通－e抵快贷、供应链融资－e链快贷、供应链融资－电子供应链、工银e贴、付款票据通、网上票据池质押融资、小企业网贷通
农业银行	微捷贷－资产e贷、智动贷、小微企业贷款在线申请、数据网贷
建设银行	小微快贷、抵押快贷、质押快贷、平台快贷
交通银行	POS贷、沃易贷
江阴银行	公积金e贷
无锡银行	网上经营性融资预约平台、365小易贷电话银行
渤海银行	渤税贷、贷款e申请
浦发银行	浦银快贷－POS机网贷
浙商银行	点易贷（已上线电商贷、商超贷和设备按揭贷）、房抵点易贷
华夏银行	网络贷系列、POS机网贷、电商贷
民生银行	小微增值贷产品、网乐贷、云快贷、民生E链
平安银行	线上供应链金融、KYB
兴业银行	小企业网上自助“循环贷”业务
光大银行	阳光e粮贷、阳光e微贷、网贷易
华夏银行	平台金融
哈尔滨银行	小企业网络循环贷款
中信银行	POS机网贷
招商银行	自主贷、闪电贷
河北银行	网易贷
江苏银行	税e融、电e贷
杭州银行	云抵贷、税金贷、云小贷、农户贷
江西银行	税e融
重庆银行	好企贷
包商银行	税e宝、商赢宝
汉口银行	小微企业贷款在线申请、科技金融网上申请绿色通道、“网上自助”
贵阳银行	数谷e贷系列（已推出烟草e贷和电商e贷、税源e贷，超值e贷，诚e贷）
浙江泰隆银行	融e贷

① 《微众银行：借力金融科技，撬动普惠金融》，第一财经，2018－11－15。

■ 拓宽金融服务渠道

2018 年，商业银行在推动智慧银行系统升级、开发互联网金融云平台、升级手机银行功能等方面取得一系列进展；另外，小微企业金融服务也从传统渠道向更为便捷高效的“线上 + 线下”模式转变。

2018 年，工商银行的“工银小微金融服务平台”从产品、场景、渠道等多维度深化互联网金融和普惠金融的融合，全面整合了贴近小微企业生产经营的“便捷开户、公私联动、财务管理、理财融资、小微 e 管”等五大功能。同时，工银小微金融服务平台还围绕小微企业的成长周期，提供包括纯信用类的“经营快贷”、抵质押类的“网贷通”以及“网上质押贷款”和“网上票据池质押融资”等在内的多款线上融资产品。2018 年以来，该平台已服务近 70 万户小微企业，其中为 43 万户小微企业开立了对公结算账户，开户时间缩短到了 30 分钟以内。①

建设银行 2018 年推出了“建行惠懂你”APP，创新推出“互联网获客 + 全线上信贷业务流程”业务新模式，具有开放式获客、一站式办理、智能化风控等特点，从申请到贷款支用只需几分钟。为了匹配小微企业“小、频、急”的资金需求特点，可实现在贷款合同有效期内随借随还、循环支用，极大地提高了融资效率，充分满足了小微企业融资需求，降低了企业融资成本。截至 2018 年末，平台交付市场仅三个多月，下载量即突破 260 万次，访问量达 620 万次。②

■ 提升风险管理水平

2018 年，商业银行一方面运用云计算、人工智能、人脸识别等技术为客户精准画像，从而在贷前识别风险并合理授信；另一方面运用大数据技术对小微企业进行贷后实时监测和风险预警。

2019 年 2 月，工商银行与同盾科技正式达成合作，同盾科技将运用领先的智能风控技术及解决方案，协助工商银行完善大数据风控体系，更好地降低欺诈风险、减少欺诈损失，进一步增强银行对抗外部欺诈风险的防范能力。同盾科技将从三大方面助力工商银行大数据风控体系的完善：一是整合客户行为数据，构建欺诈信息库；二是交叉验证多维风险评估系数，更为全面、精准地进行客户风险评估；三是形成全条线风险预警，为各业务部门提供风险防控。③

2018 年 5 月，光大科技与腾讯云分别代表光大集团与腾讯集团签约，共同成立“光大—腾讯金融科技创新实验室”。双方将加强新一代互联网化金融云平台的合作，加快光大集团整体 IT 架构的云化，支撑金融科技能力在银行的加速落地；加强大数据领域合作，在风险控制方面的技术及大数据方面进行交流合作等领域实现共赢。④

2018 年 5 月，浦发银行与蚂蚁金服在上海签署了战略合作协议。浦发银行将优先加强金融科技领域合作，探索人工智能在金融领域的广泛应用，从金融业人工智能应用、行业解决方案及供应链、生物识别辅助校验、指纹身份认证和基于大数据的风险控制等多个维度开展全方位合作。同时，双方还将合作探索与提升在互联网风控及反欺诈方面的风险防御能力与潜力，蚂蚁金服也将以其大数

---

① 《工行小微金融服务平台成了小微业主好帮手》，工行新闻，2018－12－18。

② 《中国建设银行 2018 年年报》。

③ 《中国工商银行与同盾科技达成合作》，钛媒体，2019－02－27。

④ 《光大集团与腾讯集团金融科技创新实验室签约成立》，光大银行，2018－05－24。

据能力为浦发银行提供营销作弊、交易欺诈、信贷欺诈等方面的立体化支持。[①]

3.4 互联网银行助力小微企业融资

3.4.1 依靠技术优势，继续深耕小微服务

我国目前有三家持有互联网银行牌照的民营银行，分别是深圳前海微众银行、浙江网商银行以及四川新网银行。目前，互联网银行对传统银行业务的蚕食仍集中体现在个人业务上，支付脱媒、线上小额信贷和基金销售等。2018 年互联网银行多次实现与传统银行、消费金融公司等牵手合作，发放联合贷款，利用发挥各自优势，在小微企业贷款发放方面效果显著。但互联网银行“马太效应”明显，微众银行与网商银行一直处于行业领先地位，互联网银行发展不平衡，但互联网基因较好、渠道比较畅通的互联网银行在后期将显现优势。

■ 网商银行

不良率方面，网商银行仅为 1.3%，网商银行的不良率在小微信贷中属于较低水平。2018 年，网商银行为小微经营者提供了超过 1 万亿元的资金支持，其中 96% 发放给了贷款金额 100 万元以下的小微经营者。开业 4 年，网商银行累计服务小微企业和小微经营者 1227 万户，户均贷款余额 2.6 万元。

金融服务产品创新方面，网商银行在 2017 年 6 月开始，紧贴线下小微商户通过二维码收款的支付新趋势，为小微商户提供“多收多贷”的信贷服务，客户交易笔数越多，生意越红火，银行为其提供的贷款额度就越高。截至 2018 年 6 月末，“多收多贷”已服务超过 300 万小微客户。2019 年 1 月 28 日，网商银行的票据贴现业务“网商贴”正式上线，贴现利率低、最快 10 秒即可获得放款，支持 500 万元以下、最低 500 元的贴现面额，基本覆盖小微企业的小额票据需求，年利率低至 3%，帮助小微企业以更低成本获得资金支持。

政府合作方面，网商银行与浙江、山西、陕西等地的税务局，以及微众税银合作，在全国 11 个省市正式推出了银税互动信贷服务品牌“有税贷更多”[②]，上线短短一个月，已经为近 4000 户小微企业提供授信 6 亿元。

风险控制方面，网商银行基于大数据、人工智能等科技能力，以及用户以交易为核心的多维数据，建立了有效的线下商户的风险模型，让线下小商户享受到普惠的信贷服务。[③] 2018 年 6 月，网商银行宣布启动“凡星计划”，向行业开放所有能力和技术，与金融机构共享“310”风控模式（3 分钟申贷，1 秒钟放款，全程 0 人工介入）。在“310”模式下，网商银行每笔贷款的平均运营成本仅为 2.3 元，其中 2 元为计算和存储硬件等技术投入费用。网商银行提出，未来 3 年，要与 1000 家各类金融机构携手，共同为 3000 万小微经营者提供金融服务。[④]

---

① 《浦发银行与蚂蚁金服达成全面战略合作》，浦发银行，2018－05－29。

② 《小微商家大福利：“有税贷更多”可帮助提额 8～10 倍》，搜狐新闻，2018－11－30。

③ 《浙江网商银行有限公司 2018 年年报》。

④ 《网商银行启动“凡星计划”将为 3000 万小微经营者提供金融服务》，凤凰网财经，2018－06－21。

■ 微众银行

微众银行在净利润以及不良率方面都超越网商银行，这主要源于两家银行的客户群体和定位不同。微众银行偏向个人消费信贷服务，而网商银行则主要是小微和个人经营性贷款。这使得微众银行定价能力以及盈利能力均强于网商银行。2018 年微众银行新发放贷款平均利率下降近 1 个百分点，其中小微企业下降超过 2 个百分点。金融服务产品创新方面，微众银行主要采取两种方式：一是全线上，追求高覆盖和好体验；二是线上线下相结合（O2O），植入场景和实体。结合这两个维度，微众银行借助先进的金融科技手段，自 2015 年 5 月起先后推出了定位大众客户的首款小额信贷产品“微粒贷”，以及于 2017 年推出的服务小微企业的“微业贷”，并结合应用场景陆续推出了“微车贷”和“微路贷”等一系列小额信贷产品。微业贷目前只开放了广东、湖南、江苏等区域，仍处于谨慎开放阶段，截至 2018 年末，在小微企业贷地域性对外推广不足一年的时间里，为约 7 万户小微企业授信，户均授信金额为传统银行小微贷款的 10%，服务的小微企业的雇员数仅 10 人，服务对象向更小更微发展。

在政府合作方面，2018 年 3 月 28 日，微众银行与深圳国税局签订“银税互动”战略合作协议，旨在通过银税双方紧密协作，充分利用税务大数据，着力解决守信企业及中小微企业融资难问题，为纳税人提供资信服务和普惠金融服务。

专题 3 – 2　网商银行上线　“网商贴”

网商贴是网商银行在 2019 年 1 月 28 日正式上线的票据贴现业务，该产品针对小微企业用款“短、小、频、急”的需求，为持有大把小额票据的小微企业提供了融资便利，有力地支持了实体经济的融资需求。

小微企业在网商银行官方网站开通该功能后，即可通过任意其他银行企业网银在线发起跨行票据贴现，不仅贴现利率低，而且最快 10 秒即可获得放款，500 元的小票也可以贴现。

上海票据交易所的数据显示，2018 年前 11 个月，票据承兑发生额为 16.12 万亿元，同比增长 24.71%，贴现发生额为 8.72 万亿元，同比增长 35.62%，其中小企业和民营企业票据超过 80%。网商贴的票据贴现业务支持 500 万元以下、最低 500 元的贴现面额，基本覆盖小微企业的小额票据需求，年利率低至 3%，帮助小微企业以更低成本获得资金支持。

这是继“银税互动”之后，网商银行在原有“310”模式基础上又一拓展小微企业融资服务的探索，依托税务信息可以帮助小微企业贷款额度快速提升 8 ~ 10 倍，上线“网商贴”将不断加快小微企业票据流转。网商银行相关负责人表示，随着人民银行和票交所建设票据基础设施的力度不断加大，票据的安全性和流动性不断增强，未来还将进一步降低门槛，力争普惠更多小微企业。①

① 《小微企业年底好消息：小额票据也能秒“变现”了》，和讯，2019 - 01 - 28。

表 3 – 5　网商银行和微众银行年报披露金融科技与小微业务发展情况对比

商业银行	愿景	IT 基础设施/业务流程及功能	特色产品	风控技术	贷款规模（截至 2018 年末）
网商银行	■将普惠金融作为自身的使命，希望利用互联网的技术、数据和渠道创新，帮助解决小微企业、个人创业者融资难融资贵、农村金融服务匮乏等问题，促进实体经济发展。 ■定位为网商首选的金融服务商、互联网银行的探索者和普惠金融的实践者，为小微企业、大众消费者、农村经营者与农户、中小金融机构提供服务。	■中国第一家将核心系统架构在金融云上的银行，基于金融云计算平台，拥有处理高并发金融交易、海量大数据和弹性扩容的能力。 ■核心系统采用“大平台、微应用、微服务”的架构模式，大平台沉淀了各种金融基础服务和基础组件，这些基础服务不仅大幅提升研发效率，同时经过组合后还可支持快速重构银行业务价值链，将金融服务全面融入社会各类应用场景中。 ■采用云计算底层，保障底层基础设施具备更高的稳定性、可用性及性能。 ■启动“异地多活”容灾体系升级项目的建设。 ■完成超级网银的接入。 ■上线跨行批量代发功能，主要针对物流、人力资源、航旅、运营商、网游等行业客户，主要应用包括贷款发放、工资发放等。 ■上线企业网银 U 盾功能，可支持企业客户多操作员、批量转账和批量代发等功能。 ■在淘系商家贷款场景，2017 年对天猫和淘宝商家的信贷业务进一步升级，提升了客户的准入率和授信额度，进一步细化和加强了天猫场景联动运营，与天猫平台的客户分层、客户成长、平台大促等方面开展了更紧密的合作。 ■2017 年，运用人工智能（AI），提升精准化营销能力；圆满完成了云计算基础设施和 Oceanbase 数据库的整体升级，完成上海数据中心机房物理设施建设。	■围绕淘宝、天猫及阿里巴巴电商平台，向广大电商平台卖家推出了“网商贷”产品，满足电商平台卖家的融资需求。 ■结合阿里巴巴集团“千县万村”计划，借助“村淘合伙人”模式，结合消费品下乡、农产品上行以及农村生态圈等信贷场景，面向农户推出了“旺农贷”产品。 ■结合电商平台用户需求，积极开发淘客贷、阿里云贷款、大数贷等新型数据化贷款产品，满足了更多场景客户需求。 ■围绕 O2O 互联网生态，推出了支付宝商户贷、口碑商户贷等新产品，促进了多样化业务的发展。 ■针对外部合作机构客户推出了 CNZZ 流量贷等产品。 ■2018 年紧贴线下小微商户通过二维码收款的支付新趋势，为小微商户提供“多收多贷”的信贷服务，客户交易笔数越多，生意越红火，银行为其提供的贷款额度就越高。 ■2018 年在农村用户和小微商家金融服务方面，结合阿里巴巴农业生产资料销售平台和农产品销售平台，为农业产业链上的企业提供从农资采购到农产品销售的整体金融服务方案。	■基于海量数据优势，围绕信贷产品自身的特色，通过互联网化、批量化、数据化的方式来量化识别客户潜在的信用风险、经营风险、欺诈风险；开发并实施适应客户特性的风险等级的度量方法，建立有效的目标客户财务状况复原技术、开发适当的贷款需求计算方法以及相应的额度授予办法进行风险分析。 ■推动多元化的数据来源，结合小微商家的交易数据，升级授信模型，更精准地识别小微企业，并根据其经营行为进行画像。 ■通过线上交易数据、虚假交易监控系统、欺诈行为特征数据库等多个维度，不断提升自身的反欺诈模型等风险模型的有效性。 ■通过结合服务客群下探的尝试，强化数据引入和内外部数据联动等手段，使小微企业获得更高获贷额度和更高获贷通过率，通过模型自动风险定价，贷款整体呈现出更低风险表现，形成了预授信和自动授信相结合的小微企业普惠金融的业务模式。	■贷款余额约 476.89 亿元。 ■服务小微企业客户数 1227 万户，户均贷款余额约为 2.6 万元。 ■贷款不良率 1.3%。

续表

商业银行	愿景	IT 基础设施/业务流程及功能	特色产品	风控技术	贷款规模（截至 2018 年末）
微众银行	■“科技·普惠·连接”，即深度应用科技和数据，通过连接互联网平台和金融机构，共同服务普罗大众和小微企业。	■基于开源技术、按分布式架构搭建的自主可控的科技平台，截至 2017 年末，已建成 174 个关键系统、857 个子系统，极大地降低了账户运维成本，可支持亿级海量用户高并发交易。 ■基于领先技术的“微动力”（互联网 + 金融）开放平台。 ■持续开展互联网金融科技前沿领域的研究探索，将人脸识别、声纹识别、机器人客服、大数据等应用于实际业务场景，构建了传统和新型数据相结合的风控模型及体系。 ■在业务流程内控方面，上线了风险管理平台系统、贷款名单管理系统、贷款审批系统、信用额度总控系统、同业授信管理系统、反欺诈系统、催收系统等，实现了业务流程控制的电子化。 ■在底层技术和场景应用两个层面积极探索并全面推进 ABCD（人工智能 AI、区块链 Blockchain、云计算 Cloud Computing、大数据 Big Data）四个领域科技发展战略。 ■核心技术系统全部采用云计算技术构建，在风控、服务、营销等各方面深度运用大数据和人工智能，推出了 BCOS 区块链开源底层平台并代表国家参与国际 ISO 标准认证。	■在消费信贷方面，在国内首创、基于社交数据风控的移动端自助式小额信用、循环使用贷款的拳头产品“微粒贷”。“微粒贷”作为全线上运营的信贷产品，依托微信和手机 QQ 提供个人小额信用循环贷款。 ■在汽车金融方面，与多个互联网平台携手合作，将信贷产品嵌入消费场景，在电商二手车平台融资服务领域摸索出了一条新路。 ■小微企业金融服务方面，2017 年 11 月为广大中小微企业推出线上流动资金贷款服务——“微业贷”。	■以大数据为核心，构建风险规则，创建新型风控体系，引入决策树、随机森林、神经网络等机器学习方法，建成包括征信、互联网、反欺诈等七大类风险模型，以及信用风险策略、反欺诈、拨备、征信、风险参数等五大工具箱；将人民银行征信和公安等传统数据，与互联网和行为等新型数据相结合，更全面地评估信用风险；将大数据与人脸识别、声纹识别等生物技术相结合，更精准地识别客户身份、防范欺诈风险；引入第三方电子存证管理、机器人客服和机器人催收、数据访问安全体系，控制全流程线上操作的潜在风险，有效地发挥了风险防控作用。 ■2018 年，全年风险偏好运行情况平稳，信贷资产质量良好，贷款不良率 0.51%，低于银行业平均水平。	■贷款余额 1198 亿元，同比增加 721 亿元，较 2017 年末增长 151%。 ■贷款不良率 0.51%。

资料来源：浙江网商银行和深圳前海微众银行 2017 年及 2018 年年报。

■ 新网银行

成立于2016年12月28日的新网银行是全国第三家、中西部首家基于互联网模式运行的民营银行。作为继微众银行、网商银行之后的第三家互联网银行。运行两年后，新网银行业务模式进一步成熟，业务快速发展，步入了轻资本扩张、良好风险控制、快速盈利增长的良性循环。该行资产总计361.57亿，比上年末增长121.55%；2018年净利润3.68亿元，较2017年的1.69亿元大幅增长117.75%。此外近2年来，新网银行净息差逐年增加，从2017年的3.31%，增长到2018年的4.30%。而年报中同时披露了新网银行的不良贷款率仅为0.39%。截至2018年末，新网银行小微企业贷款余额近10亿元，在贷户数超过6200户，累计发放小微贷款约4万笔，笔均贷款金额约10万元。

金融产品创新方面，新网银行已与成都市郫都区、成都市高新区、绵阳市游仙区、天府股权交易中心等政府及相关机构，合作开展小微贷款业务创客贷，服务战略性新兴产业的创新创业者，通过纯线上、秒申秒贷的纯信用贷款模式，为创业者提供更加灵活、便捷的融资服务。

金融科技运用方面，新网银行在2018年重点围绕打造普惠金融服务核心技术能力，进一步加大技术研发资源投入，截至2018年末，累计提交专利、软著申请超过81项，当年提交专利申请数位列全球银行第15位。

风险控制方面，新网银行重点加强对信用风险的识别和控制，依托自主研发的反欺诈系统、信用风险决策模型、大数据挖掘体系，实现在线化、自动化、批量化处理，大大提高了审批决策效率；通过不断完善风险定价模型，进一步提高了风险定价的科学性与灵活性，同时，利用技术手段进行实时监测，有效提高了贷后管理质量和风险分类水平。

新网银行采用“开放银行”模式，通过开放超过300个API接口，与包括中国移动、蚂蚁金服、滴滴出行、携程、优信等多个商业机构，与包括工商银行、渤海银行、华夏银行、天津银行等银行同业机构深度合作，共同满足用户在购车、教育、交通出行、电商购物等消费领域，以及创新创业、生产经营等领域的金融需求，助力数字普惠金融加速推进，帮助用户奔向更美好的生活。

数据显示，截至2018年末，新网银行交易的客户已覆盖31个省市，客户总数突破1905万人，累计放款5733万笔，累计放款金额1601亿元。新网银行近80%的客户来自三、四线城市和农村地区，覆盖大量信用记录缺乏、从未享受过正规金融机构授信服务的群体。

3.4.2 传统金融机构与互联网银行优势互补，纾难小微企业融资

商业银行与新兴互联网银行不断开展合作，两种银行形态的战略合作纾难小微企业融资。传统商业银行有着一定数量的营业网点以及线下客户资源，互联网银行有着数量庞大、资质优良的线上客户资源，双方在客户资源共享、线上与线下融合方面有着广阔的合作空间。2018年，网商银行和微众银行都广泛开展与传统银行的合作，切实促进小微企业融资。

截至2018年7月底，与网商银行合作的金融机构数已达到330家。“双十一”期间，网商银行联合五十多家金融机构联合放款、信贷ABS、线上线下联合风控等，为淘宝天猫商家这一小微企业群体发放贷款。针对部分销售额高、资金需求量大的品牌商家，网商银行则通过与其他金融机构深度合作的方式，由金融机构提供服务。以天猫品牌商Amii为例，自2017年起拓展新零售布局需要千

万级的大额资金，网商银行了解Amii的需求后，将其推荐给广州银行，广州银行通过线下尽调，结合网商银行线上风控，最终为Amii提供了1000万元的贷款。

2018年8月22日，华能信托与网商银行合作，由网商银行提供技术支持和引流，由华能信托主动管理的小微企业贷款资产支持票据成功在银行间市场进行了簿记。2019年4月，华能信托基于蚂蚁金服电商系统，创设了首单专项用于乡村振兴的资产支持证券，首期40亿元，已经取得上海交易所的同意，向“三农”和小微企业提供贷款，支持农村普惠金融发展。

2018年12月26日，网商银行与国税总局江苏省税务局合作的银税互动产品“有税贷更多”正式上线，让商家线上线下的整体经营状况得到更全面、更准确的呈现，不但可以帮小微企业获得原来8~10倍的贷款额度，同时也能更好地控制风险。未来一年，网商银行将联手金融机构为江苏超过20万户诚信纳税的小微企业提供200亿元的资金支持。

2018年12月29日，农发行浙江省分行营业部向浙江网商银行股份有限公司发放首笔2亿元支农转贷款，用于支持浙江网商银行对从事农业种植、养殖、加工、流通等“三农”领域客户的资金需求。农发行将其政策、资金优势与浙江网商银行网络平台、资源优势相结合，实现优势互补，共同惠及涉农经营主体，解决部分涉农经营主体融资难、融资贵的难题，有效拓展了农发行对“三农”领域信贷支持的广度和深度，使政策性金融的支农方式更加灵活化、便捷化。

济宁银行联合网商银行推出“网商贷”线上信贷产品，向山东省内淘宝、天猫等电商卖家、口碑、支付宝收单商户等小微经营者发放用于日常经营的信贷产品。济宁银行联合网商银行推出的“网商贷”线上信贷产品于2018年9月10日上线，截至12月末，已累计发放55670笔，累计发放贷款38613万元。①

2018年6月25日，华融湘江银行与微众银行签署了战略合作协议，两家银行将在支付及客户互荐、信用卡、小微及个人贷款、理财、同业授信、互联网金融生态圈等方面开展深入合作，为客户提供线上与线下相结合的全方位金融服务。

微粒贷为微众银行与金融机构合作放贷，通过“联贷平台”，微众银行只发放少量贷款资金，大头的贷款资金由合作银行发放，微众银行基于大数据、AI技术为合作机构提供客户筛选与风控业务，基于区块链技术搭建银行间联合贷款清算平台，用于提供清算对账等后台支持工作。

3.5 供应链金融稳步发展

近年来，伴随着“互联网+”的快速发展，供应链金融在升级换代的同时迎来黄金发展时期，供应链金融已逐渐成为缓解中小微企业融资难的重要方式。供应链金融依托真实交易背景，基于企业应收应付账款、存货、预付账款等流动资产进行融资。2018年我国供应链金融的市场规模约为17.5万亿元，到2020年将达到27万亿元左右。② 此外，近年来国家先后出台金融支持工业稳增长、推进企业信息化建设、金融支持服务贸易发展等若干政策，鼓励金融企业大力发展供应链融资业务。2018年4月18日，商务部等八部门联合发布了《关于开展供应链创新与应用试点的通知》，提出在

① 《济宁银行：创新业务模式 助力中小企业腾飞》，金融界，2019-05-09。

② 易宝研究院. 2018年供应链金融行业发展趋势研究报告［R］. 2018-07.

全国范围内开展供应链创新与应用试点。2019 年 3 月 19 日，中国中小企业协会、中小银行互联网金融（深圳）联盟、金融壹账通发起成立中国中小企业协会供应链金融工作委员会，旨在以供应链金融为突破口，为中小企业打开融资新局面。

3.5.1 线上平台供应链模式进一步发展

随着供应链与互联网、物联网、云计算、大数据、区块链等技术的深度融合，供应链连接的主体越来越丰富多元，不再是线性结构而是网络化生态，使得以大数据支撑、网络化共享、智能化协作等为特征的互联网供应链体系有了雏形，反过来为供应链金融模式创新提供了条件。

从商业银行供应链金融的发展看，目前供应链金融已经进入 3.0 阶段，即互联网供应链金融时代，线上“N + N”模式，部分银行已经进入 4.0 阶段。即供应链融资颠覆了以供应链核心企业为组带的“1 + N”融资模式，通过搭建平台的方式，整合供应链环节的所有参与方，为其提供多维度的配套金融服务。供应链各参与方的订单、运单、收单、融资、仓储物流等交易行为都通过线上化处理。

建设银行发挥近两万户客户的基石作用，创新供应链网络银行服务，通过信用交换和交易增信，实现产业链条上下游小微企业的融资服务，2018 年全年通过网络供应链融资，累计服务 1 万多家小微企业，提供融资 700 亿元。①

农业银行推出“数据网贷”业务，通过核心企业推荐和历史数据分析的方法，向核心企业上下游微集群客户提供全流程线上化的供应链融资服务。截至 2018 年末，为 1100 多户核心企业上下游小微企业累放贷款近百亿元。②

光大银行推出“阳光融 e 链”在线供应链产品。阳光融 e 链在线供应链产品，是在光大银行网银端在线保理产品基础上整合升级的创新金融产品，将服务由保理业务延伸到供应链各类产品，可满足各类企业的标准化、个性化、平台化需求，并推出包含“e 网赢”“e 企赢”“e 共赢”三种模式，通过网银、第三方供应链平台或银企直连等电子手段，直接或间接参与到交易当中，交互债权转让数据、为客户提供全流程电子化保理金融服务。

2018 年 11 月 29 日，民生银行在京发布供应链金融品牌——“民生 E 链”。民生银行在 2018 年 5 月就已组建了供应链金融事业部，成为银行业内第一个在总行设立供应链金融专业部门的银行。同时，初步搭建完成了全链条线上化产品体系“E 系列”，包括应收 E、赊销 E、仓单 E、采购 E 等主体产品。

上海银行推出“上行 e 链”在线供应链金融服务平台，为中小企业提供更深融合、更广覆盖、更高效率的综合金融服务。郑州银行的“云融资”平台，作为互联网 + 供应链服务平台，可提供多端口介入，可提供一站式便捷、高效的供应链融资服务。

3.5.2 区块链赋能供应链金融

供应链金融自身存在管理跨度较大，信息不对称、信息追根溯源能力弱、供应链全链条数据获

① 《2018 年中国小微企业金融服务白皮书》，中国人民银行。
② 《2018 年中国小微企业金融服务白皮书》，中国人民银行。

取难度大等问题，区块链+供应链成为解决供应链金融问题的有效手段。在供应链金融中，用区块链技术所搭建的票据平台可以与供应链金融业务结合，实现票据融资、签发、支付票据拆分、统计报表、清算结算等功能，实现数字票据在多方见证的情况下，公开透明地进行快速支付和快速拆分，让核心企业的信用向供应链的上下游传递，开创了供应链金融新模式。区块链的应用让供应链上的每个环节都能受益，并且提升供应链管理效率。2018 年区块链在供应链金融领域的实践企业也很多，TCL、腾讯、阿里、平安银行、工商银行等。

2018 年 4 月 12 日，腾讯区块链正式发布了“腾讯区块链+供应链金融解决方案”。此次，“腾讯区块链+供应链金融的解决方案”采取“以源自核心企业的应收账款为底层资产，通过区块链实现债权凭证的流转、保证不可篡改、不可重复融资，可被追溯”的模式。

招商银行与富融科技携手合作，主要利用富融区块链分布式账本各节点间数据实时同步及数据不可篡改的特性，链接到制造业企业、承运的物流企业。招商银行以及富融物流区块链管理平台四方，实现物流管理从下单、发布、分配、跟踪、收货、确权、放款到还款的全过程自动化管理，真正做到了秒级风控、秒级放款、深入长尾市场，在很大程度上提高了银行系统在供应链金融领域的服务水平和服务效率。

农业银行推出的“e 链贷”平台，是区块链技术在供应链金融的有效应用。农行“e 链贷”平台在充分挖掘和利用农业银行涉农电商数据的基础上，向电商供应链的法人客户提供完整的电商融资服务，功能包括订单采购、批量授信、灵活定价、自动审批、受托支付以及自主还款。工商银行联手趣链科技研发自主可控的区块链平台，在供应链金融、存证溯源、资产交易与监管审计等多领域布局。国内以太坊的测试网络自 2017 年底上线后，已经完成了超过一亿元的供应链金融交易额。

中信银行推出的“信 e 链—应付流转融通”产品，将该行与核心企业的供应链金融平台对接，借助标准化电子“付款凭证”的多级流转，向其上游多级供应商提供全流程、线上融资。

浙商银行推出的“仓单通”产品是区块链技术的落地成果之一。通过该平台，存货人可以把提货单、仓储货物转化为标准化的区块链电子仓单，既可将其向受让人转让交易，又可质押给银行获得在线融资。提货时，仓单持有人可凭合法取得、非质押的区块链仓单向仓储监管方提取货物，将线上挂牌交易、线下实物交割同步进行，从而减少在传统模式下的交易环节，提升业务的安全性、合规性和时效性。

华夏银行推出“链通雄安—区块链—供应链”产品。该产品在雄安集团区块链应用和实施团队的支持下，以雄安集团信用为基础，借助区块链平台的数据溯源、行为规范、资金管理等功能，为雄安建设的分包商解决工人工资发放、原材料采购等资金问题。

平安银行依托 A（AI 人工智能）、B（Blockchain 区块链）、C（Cloud computing 云计算）技术，搭建供应链应收账款服务平台（SAS），赋能升级供应链金融服务模式，为核心企业产业链上游供应商提供线上应收资产交易、流转服务，推动供应链金融业务“双轻”转型，支持中小微企业应收账款融资。2017 年末，SAS 平台业务通过监管备案，完成首单融资；2018 年上半年，SAS 平台业务规模突破 10 亿元，已有上百家用户获得平台服务支持。①

① 《平安银行 2018 年半年报》。

2018 年 3 月 26 日，天津银行首单供应链金融资产证券化产品成功发行，同时该笔业务也是市场首单应用供应链管理系统及区块链技术的证券化产品。此次供应链产品的成功发行，有效拉动了存款增长，进一步丰富了天津银行资产证券化业务的资产类型，为天津银行投资银行业务开辟了新的疆土。该产品模式同时也为核心企业上游的供应商包括中小企业提供了高效可复制的融资方案。

3.5.3 多方合作深化

供应链金融为外包服务提供机遇，银行自建平台成本和局限性较高，供应链金融依靠单个银行或者单个企业难以成型。银行和相关政府都在牵头，寻找合作伙伴合作发展供应链金融。供应链金融的合作方不仅仅是银行和核心企业，还可以是供应商、经销商、交易平台的交易商、贸易商，协作方面可以与标准化服务提供商、风控机构、认证机构、数据公司等合作。为所有参与方构建开放式、合作共赢的模式，各主体发挥自身的优势，做到资源的互通和整合。

2019 年 3 月 28 日，建设银行与合采网达成合作。合采网供应链金融通过引入国际国内、省内省外优质供应商，作为核心企业信用背书。以高效的 B2B 集采分销平台为基础，通过规模化经济效应，进行交易数据沉淀，形成完善的企业征信体系，联合银行机构为其提供供应链金融服务。从而使中小企业更易获得融资贷款，缓解资金周转压力；供应商更易维系用户稳定，提升营销业绩，最终达成多方共赢的局面。

交通银行与浙江网盛达成合作，推出供应链融资产品，支持实体经济。生意宝在线供应链金融产品以大数据为支撑，实现贷款申请、授信审批、贷款发放、贷后监控、贷款使用和借款归还的全程在线化，为产业链上下游企业提供授信额度及银行贷款。交通银行利用该平台海量的核心企业与下游采购企业信息，缓解小微企业融资中最严峻的“信息不对称”问题。

中信银行与中企云链达成合作，双方一致同意在全国范围内建立“总对总、分对分、点对点”的业务对接体系，中信银行将通过云链平台，将大企业信用向上游供应链延伸，提供融资支持中小企业发展，解决中小企业融资难问题。

2018 年 8 月 29 日，浦发银行与智能云科签署战略合作协议，此次合作，智能云科携手中国银行和浦发银行共同探索通过独特的大数据增信模式，为线上平台客户提供高效率、低成本的供应链金融解决方案和服务，打造供应链金融新生态，形成工业互联网平台上普惠金融发展的新模式。2019 年 1 月 11 日，浦发银行与摩贝宣布达成战略合作，此次合作将为化学品行业上下游企业提供包括且不限于现金管理服务、国际业务服务贸易结算服务、离在岸国际金融服务、供应链金融服务等在内的一系列综合金融服务。双方将在“互联网 + 化工 + 供应链金融”领域深入合作，为化学品行业上下游企业提供优质专业的供应链金融服务，用金融手段提升企业竞争力。

2018 年 11 月 27 日，平安银行与郑大信息技术有限公司签订战略合作协议，双方为大宗商品核心企业及其上下游客户量身打造的供应链聚合信息服务平台——“云商汇信平台”正式上线，开创了大数据时代供应链金融服务的新模式。平安银行“供应链应收账款服务平台”（SAS）联手深圳市中小企业信用融资担保集团，为深圳生产制造业提供供应链融资支持。

光大银行基于第三方供应链金融平台开展了云链保理业务。云链保理业务是指核心企业在云链平台向上游供应商开立“云信”，产业链上游供应商可将其接收的“云信”转让、持有或融资，“云信”持有人可将其持有的“云信”转让给光大银行，再由光大银行为其提供保理融资业务。云链保理作为银行业金融机构与互联网金融平台合作的创新产品，是对互联网金融产品的有力探索，为实现全流程电子化操作奠定了基础，通过云链平台可以为广大中小企业提供资金支持，充分将金融活水引至实体企业。

3.6 商业银行中小微企业金融服务发展趋势展望

商业银行小微金融经理人问卷调查结果显示，关于2019年商业银行小微企业金融服务领域面临的挑战，受访者反馈最为普遍的是“小微企业贷款风险上升”以及“市场竞争加剧”，而“优质小微企业客户减少”“小微金融产品同质化程度提高”“缺少大数据等金融科技类的专业人才”等也被较多受访者选择。超过七成的受访者认为2019年小微企业贷款风险将会增加，预期2019年小微企业金融服务市场竞争增加的受访者超过85%。同时，仍有超过七成的受访者预期2019年小微企业有效贷款需求将会增加，小微企业金融服务市场的增长可期。与此同时，超过90%以上的受访者预期2019年小微企业金融服务产品创新活跃度将增加，这一比例较上年明显提高。值得注意的是，在上年的调查中，超过六成的受访者预测小微企业贷款利率将增加（包括显著增加和有所增加），与上年的预测结果截然相反，2019年超过六成的受访者预测小微企业贷款利率将降低（包括显著降低和有所降低），这与监管层“两增两控”要求的落实有一定关系。

“两增两控”目标的提出使商业银行更加关注中小微企业的小额融资需求，各项利好政策的出台也为银行小微信贷投放的增长提供了基础，商业银行主动拥抱金融科技，大数据的普及、人工智能的运用以及区块链技术的赋能使小微企业金融服务的发展可期。展望2019年，在政策的引导下，商业银行的服务重心将进一步放低，小微企业信贷整体仍有望保持增长，头部商业银行布局金融科技子公司或成银行业新的金融科技输出点，助力中小银行金融科技发展。

2019年将是金融科技继续蓬勃发展的一年，从向互联网巨头借力到独立化运营，成立金融科技子公司已成为商业银行当下的新潮流，银行系金融科技公司基于在业务层面的实践优势，相比金融科技巨头，具有差异化的优势。金融与科技的融合仍处于初期阶段，人工智能等技术对于金融业态的渗透还很浅，未来仍有很大的发展潜力和空间，站在风口之上，银行系金融科技公司具有较好的发展前景。此外，银行系金融科技子公司与一般中小银行的合作阻碍较少，因此，部分银行系金融科技子公司会有很大的发展机会，将成熟的技术系统、云服务、区块链技术、风控模型等输出给中小银行。小微金融经理人问卷调查结果显示，金融科技的发展有效提高了商业银行的获客能力，大数据技术创新备受期待。

互联网巨头与商业银行的合作也已不再局限于头部银行，开始逐渐与股份制银行、城商行、农村信用社开展合作，渐有向下渗透的趋势。在一定程度上将会解决中小银行科技支撑不足、区域人才匮乏等问题。区块链技术还处于初步发展阶段，其应用规范与监管还是一个空白，与此同时，区块链技术开发投资大、人才缺乏，其在金融或金融供应链领域的大规模应用还有待时日。

附表 3－1

上市银行中小微企业贷款信息披露情况对比表（2018 年）

银行名称	中小微企业				小企业				小微企业				小微企业（普惠型）				选择性披露	普惠型小微企业口径	小微企业口径
	贷款余额		贷款户数		贷款余额		贷款户数		贷款余额		贷款户数		贷款余额		贷款户数				
	绝对值	占比	绝对值	占比	绝对值	占比	绝对值	占比	绝对值	占比	绝对值	占比	绝对值	占比	绝对值	占比			
工商银行													✓		✓		金融精准扶贫贷款余额 制造业领域贷款余额 绿色信贷余额	◎	
建设银行													✓◎		✓◎		基础设施领域贷款余额 战略性新兴产业贷款余额 绿色信贷余额	◎	
中国银行	✓												✓◎		✓◎		战略性新兴产业贷款余额 棚户区改造贷款余额 绿色信贷余额	✓◎	
农业银行									◎				✓◎		✓◎		文化产业贷款余额 制造业贷款余额 绿色信贷余额	✓	◎
交通银行	✓◎												✓◎		◎		中西部地区贷款余额 绿色类授信余额		
浦发银行	◎																科技企业贷款余额 绿色信贷余额		◎
招商银行									✓◎		◎						战略性新兴产业贷款余额 绿色信贷余额		
民生银行									✓								节能环保项目 及服务贷款余额		✓
中信银行													✓◎		✓◎		绿色信贷业务余额	✓◎	
兴业银行									◎		◎						科创企业贷款余额 绿色信贷余额		
平安银行									◎		◎						绿色信贷余额		
华夏银行									◎								绿色信贷余额 节能环保项目及 服务贷款余额		

续表

银行名称	中小微企业				小企业				小微企业				小微企业（普惠型）				选择性披露	普惠型小微企业口径	小微企业口径
	贷款余额		贷款户数		贷款余额		贷款户数		贷款余额		贷款户数		贷款余额		贷款户数				
	绝对值	占比	绝对值	占比	绝对值	占比	绝对值	占比	绝对值	占比	绝对值	占比	绝对值	占比	绝对值	占比			
光大银行									◎	◎	◎	◎	✓◎	✓◎	✓◎	✓◎	绿色信贷余额		
广发银行													✓		✓		绿色信贷余额	✓	
浙商银行									✓◎	✓◎	◎	◎	✓		✓		绿色信贷余额	✓	✓
渤海银行													✓		✓		绿色信贷余额	✓	
北京银行									✓		✓						科技金融贷款余额		✓
南京银行									✓				✓◎				科技文化金融贷款余额 创业小额担保贷款余额		
重庆银行									✓		✓		✓		✓				
浙江民泰银行									◎										
哈尔滨银行									✓								绿色信贷余额		
江苏银行									✓◎		✓		✓◎		◎		科技型企业贷款余额 绿色信贷余额		
杭州银行									✓								绿色信贷余额		
浙商银行							✓◎	◎	✓◎		✓◎						绿色信贷余额 支持战略性新兴产业贷款余额		✓◎
贵阳银行									✓				✓◎		✓◎		绿色信贷余额		
河北银行									✓										
汉口银行									✓◎		◎		◎		◎		科技型企业贷款余额 绿色信贷余额		
日照银行													✓		✓				
江西银行	✓	✓			✓	✓			✓	✓			✓		✓				✓
成都银行													◎		◎				
锦州银行									✓		✓								
天津银行													◎		◎		绿色信贷余额		
浙江泰隆银行													◎		◎		绿色信贷余额		
鄞州银行									✓		✓						绿色信贷余额		
宁波通商银行									✓				✓						

附表 3－2　　主要商业银行中小微企业服务规模对比（2018 年）

银行名称	全口径					普惠型			
	客户类型	余额（亿元）	占全部贷款比例（%）	增长变化情况（%）		余额（亿元）	占全部贷款比例（%）	增长变化情况（%）	
				余额增幅	增幅与全部贷款增幅比			余额增幅	增幅与全部贷款增幅比
工商银行	小微企业					3216.85	2.20	18.06	10.19
建设银行	小微企业					6310.17	4.58	50.78	43.96
中国银行	小微企业					3042.00	2.99	12.26	4.70
农业银行	小微企业	14252.92	12.48	4.51	6.62	4937.00	4.32	28.90	17.78
交通银行	中小微企业	13279.09	28.00	0.83	6.84	1104.93	2.33	24.57	18.55
邮政储蓄银行	小微企业	8648.00	20.84	13.68	3.49	5449.92	13.13	17.23	0.06
浦发银行	中小微企业	13374.87	40.81	2.87	0.42				
招商银行	小微企业					3489.93	8.87	12.23	1.91
民生银行	小微企业	4069.33	14.29	13.31	7.49				
中信银行	小微企业					1363.53	3.78	48.45	35.58
兴业银行	小微企业	5809.53	20.47	4.93	22.08	919.98	3.24	61.38	44.23
平安银行	小微企业	3041.39	15.23	27.08	9.87				
华夏银行	小微企业	3573.25	22.15	13.70	6.94				
光大银行	小微企业	4521.33	18.67	12.95	6.12	1281.76	5.29	30.74	11.66
广发银行	小微企业					754.06	5.76	28.39	9.55
浙商银行	小微企业	2045.45	23.64	12.26	16.33	1405.78	16.25	26.73	1.85
渤海银行	小微企业					90.61	1.60	26.23	4.60
北京银行	小微企业	4256.00	34.92	19.18	1.89			27.50	10.21
南京银行	小微企业	1652.31	35.87	14.69	3.73	247.03	5.36	55.76	37.34

注：①由于未披露小微企业贷款余额增幅，浦发银行选取的是“中小微企业贷款余额”的口径。

②交通银行 2018 年未披露全口径小微贷款余额，披露的为中小微企业贷款余额，2018 年披露了 2016—2018 年的中小微贷款余额，增幅数据据此计算得出。

③民生银行小微企业贷款余额数据为民生银行（非集团）小微企业贷款余额。

④截至报告完稿时未见恒丰银行 2018 年年报。

⑤北京银行 2018 年年报中披露了普惠型小微企业贷款余额增幅，但未披露普惠型余额。

⑥课题组对全部贷款余额口径进行统一调整：全部采用银行口径下的贷款与垫款总额（不扣减减值准备）。

资料来源：此表中黑色字体的数据直接摘自 2018 年年报和 2018 年企业社会责任报告。

附表 3－3　2018 年上市银行年报披露金融科技发展与应用情况对比

商业银行	金融科技发展思路/方向	服务渠道/流程/IT 基础设施	金融产品/服务/平台	大数据技术应用（精准营销/风险管理等）
工商银行	■顺应金融科技和银行发展的趋势，积极运用先进技术手段构建综合化、智能化、生态化的现代金融产品服务体系，提供更加智慧的金融服务。 ■通过零售金融与金融科技的深度融合，打造更加智慧化的线上＋线下零售金融新模式、新服务和新渠道。 ■深化大数据和信息化战略，整合科技创新资源，投入近千个应用创新项目，加快推动科技与业务的融合创新，尤其是继续从产品、场景、管道等多维度推动 e－ICBC 互联网金融发展。 ■成立科技子公司工银科技，主要业务方向是以金融科技为手段，聚焦行业客户、政务服务等金融场景建设，开展技术创新、软件研发和产品运营。	■推进网点优化建设。紧扣调结构、控总量、提效能的主线，科学调控网点总量与业态结构，提升对核心区域和优质客群的服务覆盖能力。 ■推动远程银行中心转型。依托科技优势和专业服务，重点推动系统整合升级、智能客服建设等工作，将智能客服推广到融 e 行、融 e 联、微信等 20 多个服务渠道。 ■丰富新渠道入口应用。丰富二维码、网点 WiFi、微信等各类新型渠道入口与工具，拓展新渠道服务功能和应用场景。	■“融 e 行”“融 e 购”“融 e 联”三大平台和网络融资中心及支付产品线建设发力。 ■开创工银小微金融服务平台，为小微企业打造专属的综合金融服务平台，以便捷、开放、创新为原则，依托企业手机银行、个人手机银行和企业网银渠道，为小微企业提供标准化、一站式便捷金融服务。 ■推出纯信用贷款经营快贷，个体工商户、小微企业在线发放的流动资金贷款业务，具有无须担保、一键即贷的特点。 ■推出工银 e 贴，以“线上提交＋智能审核＋实时到账”为主要特点，通过智能风险控制系统控制和全流程无人工干预的自助服务，可以显著提高贴现业务的用户特点。	■持续开展信息安全运营平台（SOC）建设，搭建 IT 大数据平台，为安全监测提供数据基础。 ■持续推进风险计量体系建设及成果应用，积极推动大数据等金融科技手段应用，优化内部评级与反欺诈模型，提高风险计量的准确性和稳定性。

续表

商业银行	金融科技发展思路/方向	服务渠道/流程/IT 基础设施	金融产品/服务/平台	大数据技术应用（精准营销/风险管理等）
农业银行	■顺应金融科技发展，启动实施数字化转型。以金融科技和业务创新为驱动，推进产品、营销、渠道、运营、内控、决策等全面数字化转型，着力打造客户体验一流的智慧银行、“三农”普惠领域最佳数字生态银行。 ■加大金融科技创新力度，为经营管理提供强有力技术支撑。推进科技与产品创新体制改革落地，进一步提升产品创新效率和质量。制订金融科技创新三年行动计划，明确重点工作和实施路径，推动全行数字化转型。	■顺应金融科技发展和客户需求变化，推进网点智能化、轻型化转型和线上线下一体化融合发展，全面提升网点营销服务能力、风险管控能力、价值创造力和市场竞争力，增强产品创新和场景布局，加快产品和业务向线上引流。	■应用金融科技，加快产品体系建设，推进公司业务产品“线上化、链条化、场景化”。持续推进公司金融大数据平台建设，深化对公客户营销管理系统（CMM）应用，提升客户洞察、精准营销、智能决策、营销协同四大功能。 ■以建设“互联网智能银行”为目标，继续围绕“做强 B 端商户”和“做活 C 端客户”两条工作主线，加快产品创新，完善网络金融服务平台，布局金融服务场景。 ■创新和优化企业金融服务平台，不断提升平台综合服务能力。推出“e 开户”智能开户服务，发布“微捷贷”小微特色融资产品，上线对公保险、债券等新产品；加强“农银惠农 e 通”平台服务能力完善平台功能，丰富线上产品；与商务部“电商扶贫频道”对接，打造“电商扶贫”专区。 ■坚定实施“移动优先”战略，以“智能 + 掌银”为主攻方向，发布全新智能掌银 1.0 版，掌上银行发展迈上新台阶；顺应金融服务场景化发展趋势，加快布局消费场景生态。 ■持续加强小微金融业务和产品创新。运用金融科技，创新线上融资产品，上线全线上纯信用的小微企业法人信贷产品——微捷贷，实现“秒申”“秒审”“秒贷”。	■夯实大数据平台基础架构，推进数据分析挖掘平台建设，进一步提升数据提取服务效能和自动化管理水平。

续表

商业银行	金融科技发展思路/方向	服务渠道/流程/IT 基础设施	金融产品/服务/平台	大数据技术应用（精准营销/风险管理等）
中国银行	■坚持科技引领，把科技元素注入业务全流程、全领域，打造用户体验极致、场景生态丰富、线上线下协同、产品创新灵活、运营管理高效、风险控制智能的数字化银行，打造新金融，构建新生态，建设新中行。 ■中行大力推进数字化发展战略，通过信息平台建设、业务平台建设、业务流程优化、渠道资源整合、创新产品研发等，将业务、技术和数据深度融合，打通境内境外、线上线下，整合产品服务，打造场景生态丰富、线上线下协同、用户体验极致、产品创新灵活、运营管理高效、风险控制智能的数字化、智慧化银行。 ■中行建立金融科技子公司中银金科，推动科技引领战略、打造数字化银行的重要举措之一。	■智能柜台完成 9 次迭代升级，投产 41 大类、186 子类服务场景，基本建成涵盖基础金融、重点销售、线上线下协同、国际化特色以及对公业务等五大产品的智能服务体系。 ■进一步拓展海外渠道服务范围，升级发布手机银行国际版，海外手机银行覆盖 18 个国家和地区，海外网上银行覆盖 46 个国家和地区。	■全球首创“中银全球小企业跨境撮合服务”，支持企业开展贸易、投资、技术引进等一系列商务合作。举办 50 场跨境撮合对接会，吸引了来自五大洲 87 个国家和地区的 3 万家中外企业。 ■中行推出“中关村模式”，解决科技型中小企业融资难题。截至 2018 年末，已在北京中关村、上海张江、天津滨海、武汉东湖、江苏苏州、广东广州、江苏南京等地进行推广。 ■中行研发的区块链跨境支付系统，利用区块链分布式数据存储，点对点传输、共识机制等技术，加密共享交易信息，完成行内应用系统与区块链平台的整合。 ■中国银行与百度知识签署合作协议，力求发挥各自领域优势，创新“互联网 + 金融”资讯服务模式，为双方用户提供更专业、更权威的金融资讯与即时搜索服务。	■依托大数据及人工智能技术搭建“网御”反欺诈平台。完成分布式架构私有云平台、大数据平台及人工智能平台基础建设，以三大技术平台支持业务创新。 ■应用人工智能、大数据、生物识别等新技术，实现“千人千面”，推出人脸识别认证、语音识别搜索、手势登录等功能，上线智能投资顾问、智能客服等服务，提升手机银行智能服务水平。 ■综合运用大数据、云计算、人工智能、生物识别等技术，创新风险管理组合形式，形成覆盖事前、事中、事后的全流程网络金融风险管控体系。

续表

商业银行	金融科技发展思路/方向	服务渠道/流程/IT基础设施	金融产品/服务/平台	大数据技术应用（精准营销/风险管理等）
建设银行	■着力实施金融科技战略，以智慧聚能激发新动力。启动新一轮金融科技“TOP +”战略，成立建信金融科技有限公司，整合形成七大核心事业群。运用大数据、区块链、人工智能等为产品创新、客户服务和风险管理赋能。 ■推进金融科技战略实施，构建技术与数据双轮驱动的金融科技基础能力，打造智慧金融和智慧生态内外发力的金融科技业务体系。	■积极推动渠道智能化转型，推广“龙易行”移动智能终端，累计实现账户业务、小微快贷等19类234项业务功能。 ■部署贯穿客服业务全流程的智能客服机器人，电话、网络、移动在线等多渠道创新协同深化，企业远程金融服务平台“云客服”建设引领同业。	■发布“建设・新华普惠金融—小微指数”，成为首个全国性有影响力的银行业普惠金融指数和评价指标。 ■推出“云税贷”，实现与国家税务总局及多省税务数据系统直连，实现对小微企业及企业主的需求精确匹配及风险准确判断。 ■推出“龙财富”个人管理平台，强力整合金融科技资源，打造新零售模式。 ■构建“惠懂你”一站式服务平台，使普惠金融服务触手可及，发挥大行引领作用。创新“小微快贷”系列产品和平台化经营模式，累计投放贷款超过7100亿元，惠及小微企业55万户。	■运用人工智能、大数据，推进个人客户“千人千面”式精准营销和定制化服务。 ■依托大数据技术，首创“跨境快贷”系列产品，为小微外贸企业提供纯信用，全线上的融资服务。
交通银行	■加速金融科技落子布局，以数字化、智慧化为核心，全面启动集团“新531”工程，积极探索向智慧型银行升级换代。	■线上线下全渠道服务能力不断提升，最早将服务作为战略发展目标的银行，并提出做全渠道服务最好的银行。 ■线上渠道建设持续发力，手机银行方面，打造智能化、移动化、社交化的金融理财服务，上线我的管家功能，推出沃德理财顾问功能，打造专属消费场景的安全账户“安心付”，新增外汇宝及满金宝交易、小微商户服务等功能。网上银行方面，发布“蕴通e动”对公移动服务品牌，持续创新“交付保”代理结算产品。	■持续优化普惠金融体制机制，加强全面全流程普惠金融服务体系建设，推出线上优贷通、线上税融通等全线上标准化小额信用贷款产品。 ■交通银行北京市分行与华智众创（北京）投资管理有限公司签署了全面战略合作协议，并表示今后将在国家平台系统建设、知识产权质押融资等方面展开深入合作。 ■正式推出“蕴通e动金融服务平台”，主要以交通银行公司金融微信公众号、企业手机银行及微信小程序等移动产品，构建交通银行公司金融移动服务新模式。	■在线贴现功能持续优化，支持银票商票全品种、全程无纸化操作；大数据技术不断提高产业链金融风险识别能力；区块链技术在汽车物联网金融领域已落地应用；应收账款链业务快速推进。 ■基于移动互联及大数据技术，面向符合准入条件的客户推出线上小额信用消费贷款产品“惠民贷”，通过手机申请、秒批秒贷，满足客户消费金融需求。 ■积极探索大数据、人工智能、云计算、图计算等在风险管理中的应用，启动全集团风险数据应用生态体系建设，打造覆盖全集团的统一风险监测体系。

续表

商业银行	金融科技发展思路/方向	服务渠道/流程/IT 基础设施	金融产品/服务/平台	大数据技术应用（精准营销/风险管理等）
邮储银行	■以科技赋能释放不竭动力，实现“互联、共享、智慧、创新”。加快数字化转型步伐，加大信息科技投入，提高软件自主研发占比，实现信息化能力快速提升。深化大数据应用，打造一体化信息科技体系，推进科技兴行，提升信息科技管理水平。	■邮储银行打造了包括网上银行、手机银行、自助银行、电话银行、微信银行等在内的全方位电子银行体系，形成了电子渠道与实体网络互联互通，线下实体银行与线上虚拟银行齐头并进的金融服务格局。建立模型训练机制、优化意图和语料，智能客服对外服务准确率达 94.01%。 ■手机银行推出 4.0 版本，功能全面升级；推出新一代个人网银，强化渠道互通，新增手机银行扫码登录等功能。	■积极运用大数据，云计算、移动互联等技术手段开展“三农”金融服务流程优化、产品创新和风险控制，稳步推进“无纸化、智能化”作业模式。 ■邮储银行持续推进互联网贷款模式，E 捷贷累计放款 1177.81 亿元，掌柜贷累计放款 11.51 亿元。持续开发新的线上贷款产品，利用大数据风控、场景获客等新技术与作业手段，开发极速贷等线上产品。极速贷试点 4 个月，累计放款 4.68 亿元。 ■推出小微易贷，分为线上线下两个渠道，线上业务是邮储银行利用互联网、大数据技术，通过多维度数据应用，建立自动风险识别模型，为小微企业提供的互联网网贷产品。线下业务是邮储银行根据小微企业客户的行为记录所产生的相关数据记录，分析其实际经营情况和履约能力，判断流动资金需求量，无须财务报表，可信用、可抵押，轻松易贷。	■“1+N+36”大数据应用体系不断完善，面向经营管理者、客户经理、网点柜员三个层级的应用效果凸显，为管理决策、经营分析、网点服务提供有力的数据支持。 ■积极完善小企业金融业务信用风险管理体系，利用大数据风险预警模型，定期开展非现场风险监测，持续退出高风险客户，提升风险处置能力。
华夏银行	■把推动金融科技创新作为六大战略重点之首，加大金融科技创新投入，大力培养引进科技人才，运用金融科技打造差异化竞争优势。	■积极与头部互联网公司、风控技术知名金融科技公司、互联网银行和大型保险公司等合作，运用金融科技探索开展大数据分析技术支持的全线上个人小额消费贷款、汽车消费贷款等业务。 ■推出柜面小助手（i 桂圆）、移动营销 APP（i 掌柜）、移动运维 APP（i 掌运）等金融科技特色产品，全方位践行“以客户为中心”的经营理念。升级 P2P 资金存管系统，适应业务小额高频特点，提高并发处理能力，本公司被纳入首批中国互联网金融协会存管银行“白名单”。	■在业务规范、风险可控的前提下，运用互联网金融巨擘等合作平台数据，通过大数据风控、云计算等技术为小微企业打造“龙 e 贷”“龙商贷”“龙惠贷”等线上贷款产品，报告期末，线上贷款余额超过 160 亿元，贷款客户超过 4 万户。 ■推广“年审制贷款”“房贷通”等特色产品，多方位满足小微企业金融需求。 ■推出“平台通宝”“跨行通宝”等产品，有效打通平台企业上下游资金链和信息流，为 130 余家产业互联网企业量身定制个性化、综合化解决方案，B2B2C 平台化商业模式不断成熟。	■坚持自主风控原则，将金融科技与传统风控逻辑有机统一，推动“小企业授信业务决策引擎”项目开发。 ■上线“i 先知”人工智能服务基础平台，以“AI 即服务”的理念，为全行人工智能应用场景提供知识推理、深度学习等基础服务，打造创新引领优势，提升自主风控和智能决策能力。

续表

商业银行	金融科技发展思路/方向	服务渠道/流程/IT 基础设施	金融产品/服务/平台	大数据技术应用（精准营销/风险管理等）
光大银行	■积极进行科技创新，大力推进云计算、大数据、区块链、人工智能等新技术应用，开展现金管理云平台等平台建设。	■开展了核心业务系统3.0、新一代对公客户关系管理系统、新一代财富管理平台、新一代贵金属交易系统、新一代积分系统、新零售业绩管理系统、智能柜台、移动外拓 PAD、光大超市等重点项目建设。积极应用金融科技新技术，建设智慧金融大脑，升级智能服务渠道，与互联网巨头共同成立“金融科技创新实验室”，实现银行数字化转型平台布局。	■推广智能化网络贷款品牌随心贷，基于大数据、人工智能的应用，深入消费场景，为客户提供方便、快捷、智能的网络普惠贷款服务。	
广发银行	■根植创新基因，洞悉行业趋势，改革体制机制，创新管理模式，发展金融科技，重塑运营流程，强化风险防控，赋能转型发展。	■推出手机银行 4.0 版本，上线智能客服、智慧单证、委外区块链催收平台等重要系统，搭建具有行业领先水平的互联网应用共享服务平台和大数据服务体系，再造运营流程。 ■云计算方面，搭建了灵活弹性的 IaaS 云平台，实现资源的集中管理、按需分配；建立私有 PaaS 云支持双模 IT，实现数据库线性扩容能力，解决性能瓶颈。 ■人工智能方面，应用生物特征识别技术，实现个人手机银行 APP、发现精彩 APP、柜台等渠道的人脸识别、人证比对、身份识别等业务场景。	■推出 e 秒票据系列产品，将供应链金融服务提升至秒级时代；“一带一路”综合金融服务方案以金融科技突破金融服务边界，实现银企双赢；推出智慧单证业务，提升客户服务体验，形成广发单证专业服务口碑。 ■企业通、税银通等数据模型化产品推广初见成效。同时，针对民营企业金融服务需求痛点，打造民营金融快车一体化服务体系，支持民营企业和实体经济发展。	■依托金融科技持续提升小微金融服务能力，通过对接征信、税务、工商等多个公共信息平台形成底层数据，运用大数据技术对客户精准画像，开展精细化的客户营销及贷后管理。 ■推动对公互联网金融平台及金融科技建设，通过企业知识图谱达成精准营销和风险预警，实现交易银行业务的移动化、全球化、智能化。

续表

商业银行	金融科技发展思路/方向	服务渠道/流程/IT 基础设施	金融产品/服务/平台	大数据技术应用（精准营销/风险管理等）
浙商银行	■创新金融科技应用，植入平台化基因，重新定义银行业务模式和经营管理，构建科技 + 金融 + 行业综合服务平台，将银行业务嵌入实体企业生产经营和资金管理活动之中。		■持续深化金融科技应用，依托池化融资、易企银、应收款链等三大平台，创新推出了涌金司库、订单通、仓单通、分期通等创新业务模式和 A + B、H + M 专项授信模式，帮助实体企业降杠杆、降成本，打造企业流动性服务银行。 ■加快推动全线上业务，推广全线上点易贷业务，推出房抵点易贷业务，实现 5 分钟申请、1 小时审批、0 手续费。截至报告期末，全线上业务累计授信突破 100 亿元，服务小微客户约 3.2 万户。 ■创新运用点易贷、智造贷还贷通等特色产品，帮助小微企业易贷、多贷、快贷；打造小微企业服务流程 2.0，借力金融科技，推广全线上化流程服务，客户通过融查通可足不出户办理业务。	
北京银行	■创新科技治理手段，提升服务管理效能。 ■提升科技业务融合，加速金融科技成果转化。 ■升级科技基础设施，保障系统平稳运营。 ■提升基础研究能力，产、学、研结合发展取得多项成果。 ■科技工作将全面实施数字化转型发展战略，全力打造“智慧营销、智慧风控、智慧管理、智慧运营”的信息科技品牌。		■成立科技金融创新中心，并在行业内率先发布支持前沿技术企业的金融服务方案，推出专属产品“前沿科技贷”。 ■发布“e 商融”交易市场综合服务方案，借助大宗商品交易平台信用，为平台交易商提供全流程金融服务，打造“供应链金融 + 资金存管”线上创新业务模式。 ■研发“京信链”在线供应链产品，将核心企业信用延伸至上游多级供应商，实现应收账款债权拆分与转让，开辟互联网批量获客新模式。 ■推出纸电票据交易融合业务，实现纸票、电票同场交易，降低风险、提升效率。	■利用分布式 NewSQL 数据库集群的横向水平扩展能力，通过增加存储或计算节点来实现弹性升级，节约成本与实施难度。

续表

商业银行	金融科技发展思路/方向	服务渠道/流程/IT 基础设施	金融产品/服务/平台	大数据技术应用（精准营销/风险管理等）
杭州银行	■不断加强产品创新研发能力，提高 IT 支撑和数据分析能力，以前端线上化、中后台集中化为着力点，重点推进消费信贷产品线上化改造、财富金融综合营销系统改造、网点智能化改造和业务场景化改造，不断优化业务流程，打造极致客户体验。		■杭州银行联合阿里云、杭州城市大数据运营公司成立国内首家城商行金融科技创新实验室。	
江苏银行	■公司深化“智慧零售”建设，积极运用金融科技推进业务创新，提升零售业务运行效率和发展质量。 ■着力“打造最具互联网大数据基因银行”，不断提升客户质量、强化价值创造。	■第一家与国家信息中心建立信息共享战略合作关系的城商行，与阿里、腾讯、华为、英国帝国理工大学等开展大数据科研合作。	■自主开发上线了区块链平台的多通道和多业务场景，成功将物联网动产监管系统版本信息数据共享到银行区块链，打造“区块链 + 物联网”金融新生态。 ■江苏银行应用物联网和区块链技术，率先推出线上化物流动产质押融资产品。	■自主研发了“融创智库”大数据平台，支持数据的海量存储和高速运算，实现行内数据与行外数据多层次整合，引入工商、司法、税务、电力、海关等 47 大类数据。 ■新版手机银行借助大数据技术，依托智慧引擎平台，分析客户行为轨迹、交易历史、产品偏好，精心设计了热门推荐、猜你喜欢、专属推送等基于客户个性化展示的功能页面近 60 处，真正实现了以先进技术满足客户的个性化需求。
南京银行	■加大在金融科技领域的投入，实现在精准营销、智能风控、智慧运营等领域的应用，向全面的数字化、智能化转型。	■度小满金融与南京银行签署战略合作协议，双方将联合推动金融科技创新，在消费金融、小微金融等领域展开深度业务合作。	■首个商业银行分布式核心业务系统“鑫云 +”平台顺利上线运营，通过引入阿里云、蚂蚁金融云两大云平台体系，搭建了高效输出、快速迭代、海量扩容的互联网金融云平台。	■加快“鑫航标”大数据平台的应用，加强前、中、后台的数据分析与应用能力，助力全行业务快速发展。

续表

商业银行	金融科技发展思路/方向	服务渠道/流程/IT 基础设施	金融产品/服务/平台	大数据技术应用（精准营销/风险管理等）
宁夏银行		■宁夏银行与华为签署战略合作协议，双方将成立联合工作小组，在数据中心规划建设、云计算、大数据、信息化创新等方面开展合作	■“小微智 +”营销管理平台用移动互联技术优势，实现小微信贷业务的全线上化操作。	
上海银行	■围绕“智慧金融、专业服务”企业形象，持续推进打造在线渠道、物理网点、呼叫中心立体联动的协同体系，不断完善服务体验，提升全渠道价值创造能力。 ■建立金融科技创新机制，推进人工智能等新技术创新应用，不断提升客户体验，构建大数据应用体系，实现客户挖掘、风险控制等领域的数字化、自动化和智慧化，金融服务能力形成较强竞争优势。	■以银联贷记延伸 3 类场景服务，与近百家优质三方支付机构及基金公司建立支付结算合作。 ■个人手机银行围绕“简•智”内涵，推进数字化创新。基于客户洞察及体验提升，升级智享财富、乐享生活、美好生活三个专属版本服务；围绕数字化销售应用，推出智能理财推荐、社保卡在线办卡、在线投资专家、在线上银 e 卡等新功能；积极推进新科技应用，升级指纹登录、刷脸登录、刷脸转账、AR 活动、隐形盾等新产品。	■采用基于深度学习的 OCR（光学字符识别）技术进行会计档案影像识别，识别率超过 90%，人工补录量降低 53%。 ■企业开户采用 RPA（机器人流程自动化）技术实现自动填单。 ■在场景支付方面，电子联名卡移动支付（ePay）向消费类、消费金融类场景输出，上线云闪付等 17 家平台，有效推动人民银行移动支付示范工程。 ■在场景理财方面，向具有理财属性的场景平台输出在线理财超市服务，上线中国电信甜橙金融等 15 家平台。 ■在生活场景方面，搭建出行、教育、社区、园区金融服务平台，先后推出全国首个扫码乘车 APP（智慧松江）、电子就餐卡、在线云缴费等。	■应用大数据风险管理模型进行自动消费贷款授信，在线消费贷款审批日处理峰值同比提升 5 倍，线下零售信贷业务审批效率平均提升 75%，信用卡发卡自动审批率近 50%，日产能峰值突破 2 万笔。 ■深化运维大数据应用，每天接收约 10 亿条应用及系统日志记录，实现交易实时监控；基于大数据形成网点综合运营视图，实时反映业务运营情况。

资料来源：各银行 2018 年年报。

4

开发性金融机构与政策性银行：立足自身职能服务小微企业

2018 年 1 月 1 日，《国家开发银行监督管理办法》《中国进出口银行监督管理办法》以及《中国农业发展银行监督管理办法》正式施行，政策性银行迎来“专门监管”时代。突出国开行及政策性银行的开发性金融和政策性金融的特色定位，弥补监管制度短板，有效防控风险。在服务小微企业方面，2018 年 2 月 11 日，银监会发布《中国银监会办公厅关于 2018 年推动银行业小微企业金融服务高质量发展的通知》，明确鼓励开发银行及政策性银行结合自身定位与业务特点积极践行普惠金融，与商业银行展开合作，基于自身主营业务，向银行业批发资金，专门支持小微企业。

4.1 国家开发银行——依托开发性金融主业，开展小微金融服务

国家开发银行作为政府的开发性金融机构，积极加大对民生等经济社会发展瓶颈领域的支持力度，为缓解中小微企业融资难、融资贵提供融资融智支持。2018 年，国开行已与多家商业银行签署合作协议，发挥各自优势，紧密合作，全面提升金融服务质效，更好支持实体经济发展；参与投资设立国家融资担保基金有限责任公司，投资金额不超过 20 亿元人民币，持股比例 3.0257%。[①]

2018 年，国开行开展开发性金融支持科技型中小微企业试点工作，全方位支持民营企业发展，11 月设立 1000 亿元民营企业专项贷款，首月即实现专项贷款发放 87 亿元，截至 2018 年末，国开行对民营企业投贷余额合计 6371 亿元，积极支持民营企业拓宽资金来源渠道，主承销发行 TCL20 亿元超短融，浙江恒逸 5 亿元中票等民营企业债券，助力区域民营企业稳健发展。[②]

在投贷联动方面，国开行加快推动科创企业投贷联动落地试点，创新“投资 + 贷款选择权”业务模式，累计以投贷联动支持 45 家科创企业，与科技部建立重大科技项目合作机制，全年发放科技贷款 467 亿元。[③]

---

① 《中国银保监会关于开发银行等四家银行投资设立国家融资担保基金有限责任公司的批复》，银保监会，2018 - 10 - 29。

② 资料来源：《国开行 2018 年年报》。

③ 资料来源：《国开行 2018 年年报》。

在供应链金融方面，开鑫金服主要从供应链核心企业出发，打通上下游企业的需求，通过科技输出，比如供应链系统开发、风控模型设计，线上化、智能化操作，把优质的资产、低成本资金推送给合作机构，帮助资金、资产高效对接。同时，围绕合适的供应链服务场景，开鑫金服在系统平台上创建不同的“租户”，让核心企业及其上下游中小微企业能够便利地进行融资和交易。开鑫金服通过打造在线供应链金融平台，借助互联网平台，加速整个供应链体系的周转效率，并积累了优质的客户群体。依托该供应链系统，供应链企业可以高效、准确地进行数据交换进而实现风险控制，不必依靠线下烦琐的纸质文档，提高业务办理效率，大大缩减上游中小企业的借款流程。通过打造便捷化的在线供应链服务平台，开鑫金服已经帮助合作机构将中小微企业的平均年化融资成本降至9%左右①，为实体经济、小微企业发展提供有力支撑。

2018 年，国开行与中国银行、中国建设银行、中国农业银行均签署了全面合作协议。其中，国开行与农行②将在助力乡村振兴、脱贫攻坚、普惠金融、“一带一路”建设和支持企业“走出去”等国家重大战略实施领域等方面进一步加强合作。

4.2 进出口银行——开拓创新，扶植小微企业“走出去”

为贯彻落实国务院关于“加大金融支持缓解民营企业特别是小微企业融资难融资贵”的要求，中国进出口银行立足政策性定位，不断探索支持小微企业有效模式，目前已打造了同业存出、银行贷款、小微直贷“三支箭”，为小微企业特别是出口型小微企业提供专项贷款，缓解企业的融资难问题。2018 年，进出口银行积极与国有大型商业银行及中小银行签署战略合作协议，通过银行转贷款、小微企业直贷等业务提供更加精准高效的政策性金融支持，充分发挥稳外贸、服务民营经济、服务小微企业等重点领域的政策性金融职能，扶植小微企业“走出去”。

总行方面，2018 年，进出口银行分别与农业银行、建设银行签署战略合作协议，进出口银行与农业银行将加大对重大装备“走出去”支持力度，积极为“三农”、小微企业、创业创新和精准扶贫提供金融服务，共同推动农业农村现代化建设和外向型发展，更好地服务农业供给侧结构性改革；进出口银行与建设银行将在国际经济合作、助力“一带一路”建设、支持雄安新区建设、普惠金融、银团贷款、贸易金融、资金业务、同业业务、代理业务、金融科技合作、人力资源培训等方面进一步加强合作。

此外，2018 年 12 月，进出口银行在北京召开支持民营企业发展座谈会及签约仪式暨《中国进出口银行支持民营企业发展二十三条》发布会③，在会上与 32 家民营企业签署了战略合作协议，银企双方将以此为契机，实现合作共赢，共同为民营经济健康发展贡献更大力量。进出口银行表示，将立足自身定位，加大对民营企业的金融支持力度，着力提高民营企业的获得感，为实体经济发展提供优质金融支持。

分行方面，2018 年，进出口银行各地分行不断加强银政企合作，充分发挥政策性金融和外经贸发展专项资金的协同作用，创新支持小微企业融资模式。2018 年 5 月，进出口银行四川省分行与成

① 《服务中小微企业，开鑫金服以金融科技践行普惠金融》，剑客网，2019－04－30。

② 《国开行与农行签署全面合作协议》，国家开发银行，2018－11－19。

③ 《进出口银行与 32 家民营企业签署战略合作协议》，《金融时报》，2018－12－05。

都产业投资集团有限公司在成都签署 战略合作协议[①]，此前双方已合作支持了一批对区域经济具有重要意义的重大产业项目，扶持了数百家中小微企业，协议签署后，双方将深化合作，进一步聚焦政策性金融助推服务区经济社会发展和结构转型。

2018 年 9 月，进出口银行浙江省分行与浙江省对外贸易服务中心、浙江国贸云商企业服务有限公司、浙江融易通企业服务有限公司签署了合作备忘录[②]。通过联合浙江省商务厅，进出口银行浙江省分行将进一步加大对外贸小微企业支持力度，优先安排专项信贷资金，提供便利化通道，给予浙江省外综服企业以政策性金融支持，助力其向广大外贸小微企业提供更加高效的综合服务，精准支持外贸小微企业发展。同月，进出口银行浙江省分行与浙江省政府签署战略合作协议[③]，双方将从各方面加大政策性金融资源投放力度，降低小微企业融资成本，支持企业开拓市场、“优进优出”。

2018 年 12 月，进出口银行广东省分行发放系统内首笔小微企业直接贷款[④]，实现了中国进出口银行小微直贷业务零的突破。进出口银行广东省分行是全行小微直贷业务试点分行之一，该分行与广东省丝丽集团有限公司“丝贸天下”外贸综合服务平台合作，以“保单贷”产品为突破点，根据已生效出口订单和中信保保单，向外贸小微企业提供融资服务，有助于企业拓宽融资渠道，降低融资成本，稳定出口业务。2019 年进一步扩大对出口型小微企业的覆盖面。该行聚焦出口型制造业小微企业客群，以“贸赢贷”系列产品对有订单有出口的小微企业提供低成本政策性资金，发挥了政策性银行落实普惠金融政策的引领作用。截至 2019 年 4 月，该分行已累计向同业提供了 12.1 亿元专项资金，支持外贸小微企业 245 家，拉动出口超过 12 亿美元。

4.3 农业发展银行——着眼农、林、牧、渔，支持小微企业

农业发展银行是服务于乡村振兴的银行，作为中国唯一的农业政策性银行，农发行始终将支持涉农中小微企业发展作为工作重点，不断强化政策性银行支农支小职能，积极破解涉农中小微企业抵押担保不足问题，探索发展产业链金融，与国家有关部委合作，为小微企业提供贷款贴息支持。2018 年，在推进服务民营小微企业提升工程视频会议上，农发行提出，服务民营小微企业要做到“三真”：“真小微”，支持真正的、主营突出的小微企业；“真支持”，深入了解企业真实资金需求数量和时点，及时提供金融服务；“真提升”，提高小微企业贷款可获得性，实现支持小微企业贷款业务可持续发展。同时聚焦粮食安全、脱贫攻坚和乡村产业振兴，优先支持深度贫困地区的小微企业、纳入风险共担机制和“万企帮万村”精准扶贫行动的小微企业和具有当地特色优势的小微企业。

商业银行合作方面，2018 年农发行分别与工商银行、浦发银行签署全面战略合作协议。农发行与工商银行将围绕金融科技、客户管理、资金业务、风险防控等方面，深化和拓宽合作领域，两行将在精准扶贫、防控金融风险和服务乡村振兴等领域开展全方位合作，全面提升金融服务实体经济的能力，拓宽普惠金融服务范围及领域。农发行与浦发银行将合力做好服务“三农”工作，充分发挥政策性金融和商业性金融的互补优势，推动两行不断提高金融供给质量，全面提升金融服务实体经济的能力。

---

① 《中国进出口银行四川省分行与成都产投集团签署战略合作协议》，人民网，2018-05-04。
② 《中国进出口银行浙江省分行 支持外综服企业及外贸小微企业发展》，新华网，2018-09-26。
③ 《中国进出口银行与浙江省政府深化战略合作》，《证券时报》，2018-09-28。
④ 《中国进出口银行广东省分行发放全行首笔小微企业直接贷款》，中国进出口银行，2018-12-29。

5

农村金融：小微金融供给被强化 有效需求待挖掘

2018年，针对小微和“三农”的金融供给在不断强化，但有效需求明显不足。大银行强力推动基于针对小微的无抵押、无担保的纯线上贷款，县域小法人机构加快其数字化转型的步伐；部分省联社被纳入省财政厅直管，之前强调的省联社改革去行政化逐渐被“模糊处理”；以蚂蚁金服为代表的互联网平台主体进一步下沉县域，是否可带来“普惠增量”有待观察；县域金融服务的“空白点”仍然很多，金融机构推动“首贷”致力于扫除盲区。

5.1 针对小微金融的政策叠加推动供给主体下沉县域

5.1.1 多项政策推动下的各供给主体探路农村小微金融

乡村振兴战略提出已两年有余，人民银行、银保监会纷纷出台针对金融支持乡村振兴的指导意见。同时，基于小微金融的政策在过去一年多时间接连出台，从中央层面到监管部门，相继推出各类政策，推动解决民营、小微企业融资问题，在这些政策中，相当一部分是在“敦促”大银行将业务下沉县域。从2017年的政府工作报告及国务院常务会议敦促五大商业银行成立普惠金融事业部，到2019年3月，银保监会发布通知，首次明确小微贷款考核指标，要求五大行实现普惠型小微企业贷款余额较年初增长30%以上，并将小微贷款不良率容忍度放宽至不高于各项贷款不良率3个百分点。

基于多项政策的叠加效应，五大行纷纷开始开发基于线上的平台贷款产品，县域金融法人机构也在尝试线上线下融合的产品及服务途径，所谓“大行上线，小行下乡”正在县域地区发生。此外，农商银行开始了数字化转型的尝试，探索将更多移动互联的技术应用于其业务及管理系统之上，既优化自身的作业系统，又贴近客户的行为习惯，同时创造更多的金融交易场景。

农业农村的现代化进程伴随着乡村振兴战略的实施，正在有条不紊地推进着，针对贫困等弱势群体的金融服务随着金融精准扶贫的进一步深化，取得了显著效果，基于金融支持产业扶贫的模式得到市场的普遍认可。

农信机构仍然是县域支农支小的主力军，尤其是在小微金融领域，农信机构紧扣县域经济发展需要，统筹城乡金融差异化需求，虽然受经济进一步下行的影响，部分农商银行的资产质量有所下降，但总体来看，农信机构的运行状况较为正常。

5.1.2　县域产业融合发展的趋势要求全链条金融服务

从当前县域经济发展的趋势来看，城乡统筹的步伐会进一步加快，伴随其中的是产业融合的推动力起着至关重要的作用。农业生产本身对外部金融的依赖性并没有那么强，尤其是对于信贷资金的需求并不旺盛，但如果结合农产品加工以及流通环节，金融供给的必要性才会充分显现。国家有关主管部门持续推动的一、二、三产业融合发展，正是基于上述逻辑。但产业融合并非简单连接，这其中，不同主体之间价值链的构建是关键，而金融服务就是内嵌于这个价值链的每个环节之中。

课题组在调研中发现，传统的种粮大户单一靠种粮很难获得银行的贷款，或者说，其单一种植的资金需求也并不那么强烈，只有进入到粮食流通领域，从种粮到收粮，再到卖粮，整个环节贯通，信贷资金在其中才会发挥更大的作用。再如，养殖业本身存在较大的风险，同时，单一依靠养殖业获得银行的信贷资金也很难，但是，有了相应的加工行业及农产品销售主体的介入，上下游打通，信贷资金就有了投放的载体。

课题组在云南临沧调研糖、酒、茶三个特色产业时发现，每个产业的背后都是超大规模的种植业作为后盾，而在这样的产业链的构建中，上下游价值关联的形成，金融服务的逻辑是非常清晰的。对于相关的制造业主体来说，其原材料的保障是非常重要的，而种植业主体本身如何保证获得稳定及较好的收益，离不开加工制造主体的良性运转，银行的信贷资金既可以给种植业的农户，其还款保障依赖于制造业主体的订单，同时，还可以满足制造业主体的经营周期性的资金需求，这就是金融促进产业融合发展的逻辑。

课题组在调研中同样也发现存在不切实际的产业构建案例，用生搬硬套的方式推动所谓千亿规模、百亿规模的产业，而且在对市场需求的把握能力尚不健全的情况下，在缺乏产业融合发展的条件下，盲目推动相关农业产业的发展，甚至不计后果地过度攫取自然资源，这类做法导致的不良后果是难以估量的。尤其是财政资金、银行的资金都可能在这样的推动下，处于较为不安全的境地。

产业融合一定要有适合的主体参与，同时，在价值链的构建过程中，每个主体的职责要非常清晰。产业融合发展的模式也是多种多样的，并非一定要以规模大小论高低，只要价值定位明确，形成产业循环发展的良性回路，金融供给在其中就会有施展空间。

政府在产业融合发展中角色定位很重要，制定产业发展的规划，但尽量不要参与市场运转的部分，政府扮演的是平台搭建者的角色，而不是市场的参与者，因此，在产业融合发展过程中，政府要谨慎运用平台公司的方式去参与其中，更不应该“与民争利”，政府应该在构建产业融合发展平台的同时，创设良好的营商环境，让各个产业主体都能够高效率地做好擅长的事情，金融机构起到的更像产业发展“催化剂”的作用，为产业链健康有序运转提供新鲜血液。

5.1.3　“场景”与“赋能”推动城乡融合共生

建设银行提出，从城乡融合共生的视角，搭建城乡对接、双向赋能、互惠共赢平台，用大场景、大连接、大服务助力乡村振兴。其中有两个关键词——“场景”和“赋能”，而其角度更强调“城乡融合”。

2018 年底，课题组在陕西省安康市紫阳县调研时了解到，该县自 2015 年开始，成为建行的定点帮扶县，为使贫困群众搬得出、稳得住、能脱贫，使贫困群众就地就近就业，解决农村留守问题，安康市政府将毛绒玩具文创产业定为安康市新兴支柱产业，田国立亲自前往安康调研，并确定了建行支持该项目落地的具体方式及内容，当地政府提供三年免费的厂房及能源，建行提供相应的贷款支持，毛绒玩具生产主体迅速进入安康紫阳县，很快就超过了 100 家的规模，安置了大量的贫困户就地就业。

上述建行在紫阳县的实践说明，场景和赋能是相辅相成的，赋能需要场景，场景设置的标准要看是否有赋能效果，这其中的赋能既包含对需求主体创造价值能力的提升，又包括金融本身作用于需求主体的可能性和必然性。

乡村振兴战略的实施目标之一就是全面促进城乡融合发展，融合的目标之一就是缩小城乡差距。金融供给主体要想下沉到乡镇，只靠线上平台放贷款是远远不够的，但如果要想做到线上线下融合，就需要有“赋能”价值的“场景”构建。

5.2 数字化成为农村金融的转型方向

5.2.1 线上线下融合发展是农商银行数字化转型之本

农商银行的数字化转型是其变革中的重要一步，转型的核心目标还是增强其未来在县域金融生态中的核心竞争力。长期以来，省联社作为省域内各农信机构的服务及支持单位，无论在科技平台的建设上，还是在业务方向的指导上，在农商银行数字化转型的推进过程中，均起着不可或缺的作用，甚至可以说，省联社是农商银行数字化转型成败的关键性因素。

几家规模较大的省联社都在积极推动省内行社进行数字化转型的试点，农商银行数字化转型已成为一种必然趋势。数字化转型的目的对内就是提升管理效率，对外就是更加精准地服务客户。数字化体现更多的是借助大数据、云计算等手段，形成数据驱动银行的运营和业务的管控，未来的县域法人银行更多要转向数据驱动型的银行。基于这样的目标，农商银行线下的优势不可丧失，反而还要加强，做好数字化转型，做实线下是关键的基础。

课题组在浙江省分别调研了浙江省农信联社、德清农商银行、桐庐农商银行、苍南农商银行，从省联社到县域行社在数字化转型中的策略、定位、实施以及效果做了一定的了解。浙江省农信提出“以普惠引领大零售转型、以科技引领数字化转型”的策略，并把数字化转型确定为浙江农信当前和下一步的重点工作。具体实施包括：一方面，不断夯实线下的基础工程，全面融入社区治理；另一方面，利用科技手段，形成以数字化为支撑的决策、管理和营销体系，解决成本和效率的问题。通过线上线下融合，全面连接每个家庭和有需求的小微企业，提供足额、便捷、便利的服务。

专题 5－1 德清农商银行数字化转型的探索与实践

德清农商银行于2016年起探索“以客户驱动为引领”的数字化银行建设新模式，尤其在精准营销、管理会计应用等方面展开有益实践，并取得一定成效。截至2019年6月末，移动支付覆盖率达到10.49%，电子银行替代率达到93.25%。截至2019年6月末，全行核心客户17.47万户，较2016年初新增约30000户，按省联社新口径为19.81万户，核心客户覆盖率为45.15%，全省排名第6位。客户平均拥有产品4.21个，全省排名第4位，核心客户关联度建设达53.78%。

德清农商银行围绕建立“三大体系”进行数字化转型的探索与实践。

体系一：面向客户的数字化服务体系

对于农商银行而言，数字化客户服务体系构建的关键是将数字技术融入零售过程中，通过客户、渠道、产品、营销的全面升级，迎来新零售的全面发展。

其一，实施客户分层、画像与精准维护。建立大数据定量分析平台，利用大数据定量分析技术，整合客户信息等要素，形成单一客户的个人画像，构建数字化标签体系。基于省联社CRM系统支撑，框定核心客户，实施“一对一”差异化服务。

其二，实施渠道建设、分流与效率提升。建立渠道交易结构模型，通过大数据定量分析平台，分析各服务渠道资源业务承载情况，为渠道资源的科学、合理、有效利用提供决策依据。通过数据分析，德清农商银行以“方便客户、降低成本、提升效率”为原则，线上注重“安全性与便捷性”的统一，线下注重“覆盖面与体验感”的提升，重构渠道功能定位和服务支撑体系，优化客户服务流程。

其三，实施网点转型、建设与智慧应用。该行于2017年启动网点转型工程，结合数据分析与应用，打造“智能识别、互动体验、智能引流、场景营销”四位一体的智慧网点。一是硬件方面，通过建立网点标准化配置模型，以定量分析模型数据为基础，形成具有本行特色的网点布局和运营体系。二是软件方面，通过后台大数据信息，分别开发以大堂手持PAD为载体的取号推送营销系统和以厅堂体验PAD为载体的客户引流系统，有效提升网点转型后的线下获客能力。

其四，实施产品创新、上线与闭环管理。数字化客户洞察驱动产品生命周期闭环管理。如打造金卡管家管理系统，推进信贷业务零售化，通过信贷结构调整，实施公私联动，集约式、批发式地将信贷资源投入零售领域。推进业务办理线上化，创新薪享贷、轻松贷、易贷通等线上信贷产品，推广个人循环贷款网上放贷，实现30万元以下信用贷款随借随用，随用随还。推进便民服务多元化，布局智能POS机、二维码收单，推广ETC、社保卡、贷记卡，参与智慧菜场、智慧校园、智慧公交、智慧医疗等便民工程，引入工商营业执照、社保、公积金代办，助力“最多跑一次”改革。

其五，实施营销分析、挖掘与精准匹配。本行提出“精准营销”的概念，打破了传统“粗放式、广撒网”的营销模式，通过综合营销平台推进精准营销活动的体系化、系统化，实现以客户为中心的多维度、复合型的营销策略。2017年以来，主要在个人客户领域实施精准营销，2018年，搭建小微企业服务精准营销平台，将精准营销延伸至企业客户服务。

体系二：基于管理的数字化管控体系

其一，建立管理的平台运作体系。依托小银行平台，开发上线100余个流程，实现统一流程处理、统一流程导航、流程分类查看、流程管理分析。同时，加快线下操作线上化迁移，加强管理的数据化应用，实现财务预算、大额采购、物资、供应商、合同等的系统管控，提升平台化管理、自动化处理和智能化分析能力。

其二，建立精细的管理会计应用体系。推进 FTP 在考核中的运用，建立面向机构、面向客户经理、面向产品、面向客户的分摊机制。2017 年实现对机构存量进行 FTP 模拟利润考核；2018 年实现对费用预算、机构增量及客户经理存量进行 FTP 模拟利润考核；2019 年实现对客户经理增量进行 FTP 模拟利润考核，对机构、条线、产品等进行多维度 FTP 模拟利润评价。通过两年来管理会计的深入应用与宣贯，精细化管理理念在全行扎根落地，综合效益显著提升。

其三，建立系统的全面风险管理体系。根据全面风险管理体系建设五年规划（2017—2021年），基本搭建涵盖风险容忍管理系统、操作风险管理系统、反洗钱辅助系统、声誉风险管理系统、市场流动性风险管理系统、信用风险管理系统在内的基本体系框架，实现“事后管理”向“全流程管理”的转变。

体系三：围绕技术的数字化支撑体系

其一，推进数据治理与管理，实现数据从“无序”到“有序”的转变。该行于 2018 年启动数据仓库改造升级项目，通过数据仓库建设，利用元数据管理、数据血缘管理、数据标准化等数据管理工具及外部数据接入接口，把数据作为战略资产进行储备、管理，提升数据资产的有效性，夯实数据基础。

其二，推进数据挖掘与应用，实现数据从“无用”到“有用”的转变。2016 年至今，该行引入数字化定量管理技术，开展定量管理体系建设，打造定量分析平台，开展三期大数据定量分析项目，将数据洞察应用到业务策略制定、管理模式调整、营销模式创新等各个领域，推动数据挖掘应用的价值最大化，逐步实现自动化运行，并向智能化建设靠拢。

其三，推进平台建设与开发，实现“线下操作”到“线上管理”的转变。结合现代商业银行扁平化、流程化、精细化、专业化、智能化发展方向，利用信息科技手段，推动系统开发和平台建设，于 2017 年 2 月上线小银行综合经营管理平台，逐步实现管理平台化，保障了高标准的管理水平，不断扩大“人”的作用与价值，为信息共享、组织协调、系统联动、效能提升、科学决策提供了科技支撑。

5.2.2 蚂蚁金服以“智慧县域”布局县域金融

自 2018 年初以来，蚂蚁金服加速了其在县域的布局，“普惠金融 + 智慧县域”项目在全国多个省份纷纷落地。“普惠金融 + 智慧县域”项目依托蚂蚁金服的“大数据 + 人工智能”优势，为农民群体提供免担保、免抵押的信用贷款。该项目主要包括生活缴费、农村数字化小额贷款和移动政务服务等，通过支付宝手机客户端服务农户。蚂蚁金服旗下的网商银行为县域农户提供无抵押、免担保、全天候的信用贷款服务。主推“310”模式，即实现 3 分钟申请，1 秒钟审核放款，0 人工干预，人均贷款额度 1000 元至 20 万元不等。此外，蚂蚁金服为县域政府在支付宝“城市服务”频道开立本地普惠金融 + 智慧县域平台，免费提供标准化的便民生活 & 智慧政务服务接口，与政府一起推广运营，让县域居民享受到便利的互联网 + 公共服务。

对于蚂蚁金服布局县域的市场反应各不相同，主要有三种情况：第一种情况，部分县域政府表现出了积极的态度，尤其是经济相对欠发达的地区，由于其数字化程度不高，金融供给和结构都有待提升和优化，因此，这类地区的政府往往会较为主动地与蚂蚁金服协同合作。第二种情况，部分县域政府采取的是观望态度，尤其是针对蚂蚁金服提出的政府对其开放部分数据表现出“担忧”，同时认为，蚂蚁金服只是为了拓展其支付宝的入口，放贷对象基本也是该地区较为优质的客户。第三种情况，部分县域政府采取的是不合作的态度，尤其是金融供给较为充分的地区，经济发达程度中等水平，并且在该地区的数字化水平属于上升阶段。对于蚂蚁金服的质疑围绕的是，其并不一定会在金融服务方面产生增量，会形成与已有金融机构的“不对等”竞争，以及并未真正能够对需要普惠的人群提供金融服务等。

综上所述，以蚂蚁金服为代表的线上平台下沉县域，依赖县域政府的数据支持，其贷款性质及用途往往围绕消费需求，对于经营性需求的贷款的支持有限，这也是线上平台推动信贷的局限性所造成的。

5.2.3 尽职免责，大银行线上产品下沉县域

2018 年，人民银行和有关部门出台了一系列措施缓解民营企业融资难、融资贵。从宏观上营造稳健中性的货币政策，使流动性合理充裕。同时采取了“三支箭”的政策组合：“第一支箭”是增加民营企业的信贷；“第二支箭”是支持民营企业发债；“第三支箭”是研究设立民营企业股权融资支持工具。面对民营企业和小微企业面临的实际困难，如果财政、监管和人民银行的货币政策都能支持小微企业和民营企业贷款，财政、银行、监管部门以及其他部门“几家抬一下”，把民营企业融资难的问题解决好，民营企业融资的环境和经营环境就会明显得到改善。

在监管部门的推动下，国有商业大行开始以其线上平台产品“下沉”县域。例如，农业银行的惠农 e 贷，建设银行、工商银行等推出的小微税银贷等，从几万元到高达 200 万 ~ 300 万元的小微贷款都可以通过大银行的平台发放，对于大银行的县域支行，其主要工作就是将县域小微企业的相关信息搜集整理上传，批贷、放贷、还贷均在线上完成，而且，大多数银行采取了县域支行尽职免责的方式，这对于县域支行推动业务来说，更具一定的积极性。

“大行上线下沉”对于解决小微企业融资难的问题起到了一定的推动作用，但也存在两方面的问题：其一，总行平台推动的一些小微信贷产品并不一定具有“普适性”，县域小微需求差异性较大，想通过平台做标准化的信贷产品难度较大；其二，基于尽职免责的原则，此类贷款的不良贷款发生的概率较高，通过税务、工商、水电费等数据结合算法发放贷款对于大银行来说尚属尝试阶段，风控模型需要不断完善。

5.2.4 农村支付环境建设进入跨越式发展阶段

农村支付环境正在发生“质”的变化，基于普惠金融理念的农村金融服务系统不断发展与完善，农村支付环境建设从填补空白，到全面覆盖，再进入到更高效、可持续的移动支付阶段，农村支付环境建设进入跨越式发展阶段。

数据显示，截至 2019 年第一季度末，农村地区银行网点达到 12. 7 万个，农村地区设置的助农取款服务点达到 84. 75 万个，行政村覆盖率达到 98. 32%；农村地区 ATM 达到 37. 84 万台，POS 机达到 702. 18 万台；农村地区累计开立单位结算账户 2239. 73 万户，个人银行结算账户 43. 35 亿户，农村地区人均持卡量 3. 4 张。

从助农取款服务的广覆盖，到后来的多功能、可持续的金融服务终端的铺设，农村支付环境建设进入到了全覆盖的复合功能阶段。尤其是在电子商务兴起后，助农取款服务点与村级电子商务服务站合作共建、资源共享，合力推动农村电商和支付服务普惠融合发展。在产品应用上，选择银行卡、手机支付和条码支付为主。为推广银行卡使用，在同步扩大农村发卡规模的同时，银行卡受理环境建设快速推开，受理终端从早期的普通 POS 机、电话 POS 机、移动 POS 机，逐步发展到农民金融服务自助终端、惠农通和智能手机等。在组织方式上，人民银行各分支行广泛组织动员辖内市场主体，积极争取政府支持，形成以市场主导为主、行政扶持为辅的工作机制。

农村支付环境建设所体现的社会效益突出。据统计，2010—2017 年，助农取款笔数合计 10.63 亿笔，以每笔业务为农民节约交通餐饮费用 10 元和 4 小时计算，助农取款服务可为农民节约 106.3 亿元和 42.52 亿小时，社会效益相当显著。据统计，2011—2015 年，助农取款金额年均增长 82%（其中 2015 年的金额逾千亿元，同比增长 105.84%）；2016 年、2017 年的取款金额均保持在 1100 亿元以上。

自 2014 年中国人民银行发布《关于全面推进深化农村支付服务环境建设的指导意见》起，各银行和支付机构便不断下探经营重心，使移动支付这一新兴支付方式开始在我国农村地区迅速发展起来。

中国互联网协会发布的《中国互联网发展报告（2019）》显示，移动支付已成为农村地区的主要网络支付方式。2018 年非银行支付机构为农村地区提供网络支付业务共计 2898.02 亿笔，增长 104.4%；支付金额达 76.99 万亿元，增长 71.11%。其中移动支付 2748.83 亿笔，增长 112.25%，占网络支付份额的 94.85%；支付金额达 74.42 万亿元，增长 73.48%，占网络支付份额的 96.66%。至此，移动支付已经成功包围农村。

但也要看到，当前，我国农村老年人口占农村人口比重已超过 18.3%，人口流动产生的留守儿童占农村儿童总数的 28.29%，这就造成年龄结构的失衡。这种以老幼为主体的人口结构在行为特征上通常表现为传统习惯顽固，不太容易接受新事物、新工具，并且缺乏主动性。因此，青壮年人口的流失和年龄结构的失衡对本就稀薄的移动支付发展生态带来了不小的挑战。同时，农村通信的基础设施在部分地区尚处于初期建设阶段，发展移动支付的条件还需进一步完善。基于移动支付在农村地区面临的挑战，已经布局的农村支付的线下网络在未来一段时间仍需要“担当使命”，这也就呈现出一种特殊的农村支付系统状态，即线上线下融合发展的支付体系，这也与当前普惠金融在中国的发展路径完全吻合。

专题 5－2　北川县数字普惠金融的探索与实践

北川羌族自治县（以下简称北川）是“5·12”汶川特大地震极重灾区、少数民族地区、革命老区、边远山区和连片特困地区（五区合一的国家级贫困县）。近年来，北川积极探索数字普惠金融发展策略及路径，通过强化数字手段运用，全覆盖授信、三年循环信用大数据监测、动态调整以及简化贷款手续、家庭成员信用联动，交通要道、老百姓集中生活区增设自助银行等措施，在北川这个山区县全面进行数字金融的实践。截至 2018 年末，北川线上发放贷款笔数占比 65.6%，人均线上贷款金额 13 万元，线上涉农贷款笔数占比 88.8%，贫困户授信率为 73.72%

（基本实现可授信人群的全覆盖），小额信贷年利率4.698%。

课题组在北川县访问了北川县政府、人民银行北川县支行、北川农信联社、农业银行北川支行、建设银行北川支行以及部分当地的小微企业代表、农业新型经营主体的代表。

人民银行北川县支行创新“扶贫再贷款＋E贷通”模式，发放2.08亿元扶贫再贷款，推动北川农村信用联社支持消费者线上自助办理小额信贷32.3万笔，66.7亿元。截至2018年末，全县城乡授信72023户56.5亿元，授信面85.6%，其中农户授信43876户29.1亿元，授信面高居97%。全县布放ATM 124台、POS机1185台、电话POS机1704台，设置助农取款点511个、数字普惠金融体验点9个。截至2018年末，北川农信联社、农业银行北川支行及建设银行北川支行3家重点机构数字支付客户保有10.6万户，比创建前增长82.7%，完成交易186.9亿元，为创建前的3.9倍。3家重点金融机构签约手机银行客户9.5户，比创建前增长53.2%，活跃率为45.2%，比创建前提高5.7个百分点。其中北川农村信用联社手机银行自助办贷款达到85.68%。

北川农信联社结合蜀信e平台信贷产品开展营销，截至2018年末，蜀信e手机银行签约45300户，占全县总人口的18.99%，占全县户籍的53.84%，其中有效客户33500户，占比73.95%，活跃客户14690户，占比32.43%。2018年通过手机银行动账交易108万笔，替代率达27.01%，客户自助办理贷款32.26万笔，66.73亿元，手机银行贷款自助办贷率85.68%。客户从贷款申请到贷款发放实现线上智能化办理，基本实现手机端客户身份证识别、贷款申请、信息采集、征信授权、贷款关系人关联、信息分配等主要功能，目前，该系统已有284户通过远程系统申请贷款319笔，贷款金额1453万元。

该联社以衣食住行、吃喝玩乐为应用场景，一是首选与该联社已建立良好业务关系的300多户存贷款商户，从“情感联系”“经济联系”入手，优先发展“惠支付”体验群，积累经验打开局面。截至2018年12月末，“惠支付”共签约2909户，累计交易笔数508177笔，交易金额5851.95万元，户均交易175笔，笔均金额115元，居全省前列，“惠支付”业务起到了通过支付捆绑账户、账户粘连存款、存款增长信用的作用。2017—2018年，该联社的50万元以内小微贷款客户就增加了3363户，增长13.91%，余额增加4.99亿元，占同期贷款增长的123.82%。该联社累计向北川人民银行申请支农和扶贫再贷款7.3亿元，按年利率4.35%～4.698%执行，截至2018年末，该联社手机银行贷款余额客户达18939户，余额达到13.91亿元，仅此一项北川老百姓每年少支付利息2000万元以上。据统计，2017—2018年，该联社手机银行客户分别归还了贷款11.05万笔和18.02万笔，金额23.97亿元和35.95亿元，交易量和交易金额分别提升了63.08个百分点和49.98个百分点，不少客户一年贷款还款次数达到100次以上，通过加速资金周转降低融资成本效果明显。

农业银行北川支行投放惠农e贷36户，累计投放金额1430.7万元，现有贷款户数28户、贷款余额为1356.01万元。其中2019年新投放贷款16户，金额1159.9万元。建设银行北川支行对于没有开立建行账户的客户，通过“建行惠懂你”APP可优享预约开立对公结算账户服务，通过手机即可办理预约，时间、网点都可选择。“建行惠懂你”APP的上线，将融资服务与小微企业生产经营场景有机结合，自2018年下半年以来，该行通过“惠懂你”累计支持了小微企业45户，累计投放贷款81笔。

5.3 传统农村金融机构供给差异化明显

5.3.1 农村中小金融机构资产增速略低于银行业总体水平

2018 年，农村中小金融机构（包括农村合作金融机构和新型农村金融机构）总资产为 34.68 万亿元，较 2017 年底增长 5.36%，占银行业金融机构总资产的 12.89%。农村中小金融机构资产增速略低于银行业总体水平。

图 5－1 农村中小金融机构资产总额及在银行业金融机构资产总额中占比（2011—2018 年）

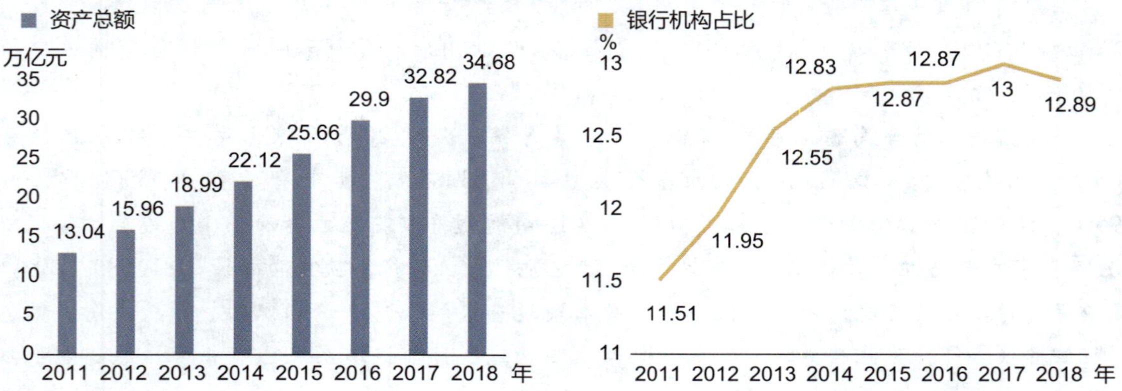

数据来源：银保监会官网。

截至 2018 年末，农村地区所有银行网点数量 12.66 万个，每万人拥有银行网点数为 1.31 个，县均银行网点 56.41 个，乡均银行网点 3.95 个，村均银行网点 0.24 个。在小微金融等方面的政策指导影响下，与前几年金融数字化程度提升而表现出的网点数略有下降不同，2018 年银行类金融机构普遍加强了针对小微主体市场的线下开拓力度，并放缓了网点的简化调整力度——除村均银行网点数保持不变之外，以上体现覆盖范围的数据均较 2017 年略有上升。而在助农取款服务方面，截至 2018 年末，农村地区拥有助农取款服务点 86.49 万个（其中加载电商功能的 20.61 万个），覆盖村级行政区 52.2 万个，村级行政区覆盖率达 98.23%，村均拥有量为 1.63 个。2018 年，农村地区助农取款服务点共办理支付业务（包括取款、汇款、代理缴费）合计 4.63 亿笔、金额 3618.69 亿元，与上年基本持平。助农取款服务行政村全覆盖继续保持稳定且结构不断优化，总体业务量与上年基本持平。同时，非银行支付机构继续呈现高速发展。一方面，2018 年非银行支付机构为农村地区提供网络支付业务共计 2898.02 亿笔、金额 76.99 万亿元，分别增长 104.4% 和 71.11%。其中，移动支付 2748.83 亿笔、金额 74.42 万亿元，分别增长 112.25%、73.48%，占网络支付份额分别为 94.85%、96.66%，移动支付业务已逐步成为网络支付的绝对主导方式。另一方面，非银行支付机构也有力地支持了农村地区电商发展。2018 年非银行支付机构为农村地区网络商户提供收款 5.32 亿笔、金额 2626.31 亿元，分别增长 92.53%、46.58%。①

① 数据来源：人民银行《2018 年农村地区支付业务发展总体情况》。

5.3.2　农村合作金融机构商业化改制匀速推进

根据银保监会公布数据，截至2018年底，全国共有农村合作金融机构2269家，较年初增加9家。其中，农村商业银行1427家，较年初增加165家，农村合作银行和农村信用社分别由2017年底的33家、965家减少到30家、812家。农村合作金融机构的商业化改制持续匀速推进。

表5－1　农村合作金融机构数量变化（2011—2018年）　单位：家

年份	2010	2011	2012	2013	2014	2015	2016	2017	2018
农村信用社	2646	2265	1927	1803	1596	1455	1047	965	812
农村商业银行	85	212	337	468	665	853	1055	1262	1427
农村合作银行	223	190	147	122	89	59	37	33	30
合计	2954	2667	2411	2393	2350	2367	2139	2260	2269

数据来源：银保监会官网。

图5－2　农村合作金融机构数量占比情况（2011—2018年）

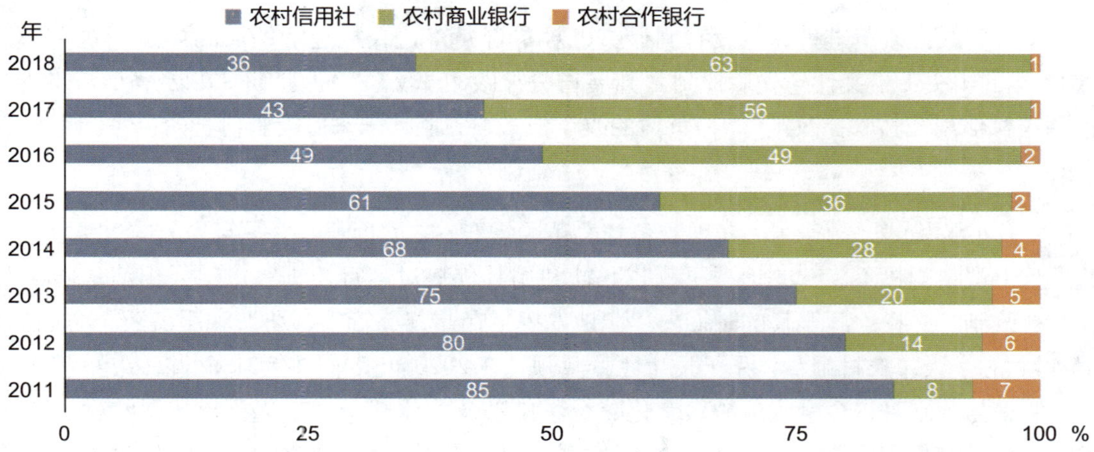

数据来源：银保监会官网。

在外界环境或经营规模等到达一定阶段时，合作制经营的农信社的业务模式、抗风险能力、治理结构将难以满足继续发展的需求。而改制确实能在一定程度上改善机构的治理结构并提升其抗风险能力，同时，由此带来的监管评级水平的提高和业务开展资质的增多，也为农村金融带来了更多的规范与活力。

不过，这些都是在合作制影响发展的前提下。合作制的存在本身有其必要性——部分县域主体难以通过抵押、征信等方式进行“陌生人”金融活动，或说是无法通过商业金融获得金融支持，因此之前通过合作金融方式，以熟人社会破解金融供给过程中的信息不对称问题。而如今信息不对称难题在我国部分农村地区仍是影响金融活动开展的关键因素，更多样的业务、投资资质以及改制所带来的其他灵活性也并非所有农信社都能够负担，再加之改制不彻底可能带来其他风险，因此业内仍在提倡差异化的、有序的进行农信社改制，而非“一刀切”，相关部门也应更严格地监管改制成效。

不可回避的是，部分农信机构改制不适宜或不彻底所带来的问题已逐步显性化。以 2018 年银保监会开出的监管罚单来看，贷款管理在相应的违法违规事实类型中占到大多数，而其中的绝大部分又是由各类业务人员违规操作造成的。部分农商银行在内控管理、治理结构等方面不达标的影响在经济下行压力大的今天已很难再隐藏，并成为其必须面对的问题。

一方面是机构自身的觉醒，另一方面各级政府也开始引导机构进行有序整合或出清。银保监会普惠金融部主任李均锋就曾公开表示，要探索完善小法人的退出机制。农村中小金融机构要“有生有死，有进有退”，必须要建立退出机制。但退出不能是简单的破产，而是要探索推广引入新股东或由其他法人进行兼并重组来实现，这样农村金融机构才能有生机和活力。而这些也已在实践中得以逐步推广。例如，广东省农信系统就在 2019 年上半年先后进行了两轮的整合：4 月，佛山农商银行吸收合并高明农商银行和三水区农信社，并承继其债权债务；7 月，广东农商银行战略投资控股潮州农商银行获批。通过一系列的吸收、合并、控股，农信机构在改制实现化解历史包袱的基础上，寻求到了相对安全、稳健的退出方式，这或许是提升小法人机构整体竞争力的有效方式。不过，这些吸收合并主体是否能抵御跨区域经营风险，仍需要经过实践检验。

5.3.3 省联社改革方向现新变化

近些年，省联社改革进程一直没有明显突破。尽管一直是农村金融领域的焦点问题之一，2016 年至 2018 年的中央 1 号文件也先后提到“开展省联社改革试点”“抓紧研究制定省联社改革方案”和“推动农村信用社省联社改革”，但具体的改革模式、省联社未来应担当何种角色等问题一直是相对模糊的。

省联社目前的模式是源于十五年前农信社改革的需要。在当时县域法人机构综合发展水平较低、风险畸高且治理结构极不完善的情况下，省联社利用其优势对各行社进行重组并出清风险，有效推进了农信社改制，并在之后很长的时期内尽职地发挥了在监督、管理、协调和服务四个方面的作用。但在 15 年后的今天，农村金融体系已发生巨变。预计在 2020 年底前，有 21 个省（市）将全面完成农信社改制；与此同时，金融服务的数字化、场景化以及整体理念的变化，也使得农村金融不可再只追求资产规模增长和风险管控，而是更多地根据区域需求提供差异化服务。农信机构对省联社的要求也从引导和行政管理，转向对专业化服务的强化。

当然，更深层次的还是省联社“自下而上”的筹建方式与“自上而下”行政管理职能之间的矛盾。在影响机构差异化、自主发展的同时，省联社对人事权的干预与法人机构的利益及治理结构相悖。特别是在法人机构足够强大的省份，这一矛盾则更为突出。两年前，常熟银行与江苏省联社关于副行长任命的对峙，就将这一之前潜在的博弈公开化。

弱化省联社行政管理职能的诉求很难再回避。2019 年初，人民银行、证监会等五部委联合发布的《关于金融服务乡村振兴的指导意见》对省联社改革及其职能作出了新的要求，即“淡化农村信用社省联社在人事、财务、业务等方面的行政管理职能，突出专业化服务功能”。至此，这一长期存在于业内的诉求也终得到上层回应。

不过，有关省联社改革模式的博弈仍在持续。

3 个月后，江苏省财政厅发布《江苏省财政厅关于实行省级国有金融资本集中统一管理的通知》，根据省政府授权，省财政厅将对省级国有金融资本履行出资人职责，并依法依规负责省级国有金融资本集中统一管理工作。江苏省农信联社正位列其中。根据《中共中央 国务院关于完善国有金融资本管理的指导意见》，省财政厅对相关金融机构依法依规享有参与重大决策、选择管理者、享有收益等出资人权利；负责组织实施基础管理、经营预算、绩效考核、负责人薪酬管理等工作。其后，为落实财政部关于《中共中央 国务院关于完善国有金融资本管理的指导意见》的通知，辽宁、福建、吉林、四川、江西、河南、河北、云南、陕西等多省省委、省政府也发布了关于完善国有金融资本管理的实施意见。

新的管理体制明确了省财政厅对省联社的出资人权责，省联社也被明确为国有金融资本的代管者，这其实是在间接地肯定省联社存在的必要性。但针对省联社之于下辖农信机构的职能，管理体制并未体现出来，仍需长期的实践予以佐证。

5.3.4 村镇银行显现集约化管理趋势

中国银行业协会数据显示，截至2018年末，全国共组建村镇银行1621家，已开业1616家。在全国组建的所有村镇银行中，中西部地区有1063家，占比65.6%；已覆盖全国1286个县，县域覆盖率达70%；在全国758个国定贫困县和连片特困地区所辖县市中，有444个县市已设立或已备案规划拟设村镇银行。截至2018年末，村镇银行整体资产规模约1.51万亿元，负债总额1.33万亿元，同比分别增加了1104亿元和987亿元。其中，农户和小微企业贷款合计占比91.18%，已连续五年保持在90%以上，户均贷款余额由2017年末的36.96万元下降至34.15万元，已保持连续六年下降；单户500万元和100万元以下贷款余额占比也分别由2017年末的81.8%和37.3%上升至83.5%和41.26%。尽管资产在农村金融中占比仍很小，但从分布区域、户均贷款余额、各类贷款占比等方面看，村镇银行在金融服务供给中较好地保持了支农支小的战略定力。

而从机构层面看，在近一年多的时间里，村镇银行机构股权交易频繁的状况得以延续。2019年初，由于相应板块业绩不佳，龙江银行和华夏银行先后转让了所持有的部分或全部村镇银行股权。挂牌信息显示，截至2018年11月底，龙江银行股权转让所涉及的6家村镇银行中，仅武夷山本富村镇银行盈利127万元，其余5家的净利润均为负数。从战略发展角度出发，该行决定将省外的村镇银行进行打包转让。但同样在村镇银行板块业绩不佳的上海农商银行却选择以5.1亿元增资旗下在云南、湖南、山东地区的10家村镇银行。上海农商银行2018年年报显示，其控股村镇银行对集团的净利润和资产质量水平有一定程度的拖累。不过，受政策和监管影响，该行在新三年战略规划增加了支持民营经济发展、推进普惠金融和乡村振兴战略等表述，并且要调整村镇银行定位。除此之外，不少优质农商银行也在加强村镇银行业务的力度和占比。

同时，银监会在2018年初发布的《关于开展投资管理型村镇银行和“多县一行”制村镇银行试点工作的通知》在2019年得到了“回应”。在村镇银行业务运营上已颇有“心得”的常熟农商银行和中银富登村镇银行则陆续于2019年7月和8月获批筹建投资管理型村镇银行。其中，常熟农商银行在尝试主营传统信贷业务失败后，对控股的村镇银行开始全面推行微贷业务，并逐步形成了差异化的发展战略。该行向村镇银行提供了资金、科技、培训共3方面的支持，包括提供超过50亿元的授信额度以及统一建立70余个科技系统等。据2019年半年报，截至报告期末，常熟农商银行旗下村镇银行总资产185.56亿元；差异化战略也让该板块一改上市前近半数亏损的境况，资金自求平衡能力显著增强，在上半年实现利润总额2.03亿元、净利润1.5亿元，同时贷款整体不良率保持在

1%以内。中银富登同样也保持着在村镇银行运营方面的专业性。从设立之初，该行即采取批量化、规模化、标准化、集约化方式发起设立村镇银行，同时建立了有效的管理体系、中后台服务体系以及风控制度，因而在降低运营成本，实现规模经济效益方面进行了卓有成效的探索。中国银行2018年年报显示，中银富登村镇银行资产总额603.32亿元，实现净利润6.74亿元。

村镇银行在2006年被准许新设时没有很多限制，这造成了很多银行在设立村镇银行时更多地出于规模扩张和异地经营的考虑，而由于此类机构逐步受到监管和规范以及不同发起行在这一业务板块的专业度不同，村镇银行之间的业绩差别逐步拉大。根据村镇银行业务效果及机构整体的战略规划，银行（即村镇银行发起行）对村镇银行业务板块会作出强化、弱化或退出等不同的决策。进而形成现阶段股权结构日趋集中化的趋势，这其中也存在部分城区农商银行为达到监管要求而增加村镇银行业务比重的情况。因此，投资管理型村镇银行试点工作的启动在更大程度上是顺势而为，理论上说，新的投资管理模式能够更好地统筹集中优势资源，提高管理服务效率；独立法人形式也能更好地解决目前人员归属问题，在公司治理层面也将更加规范。

5.3.5 小微企业贷款口径变化，农村金融机构业务承压

人民银行于2019年年初宣布将从2019年起改变普惠型小微企业贷款考核标准，即将普惠金融定向降准小型和微型企业贷款考核标准由“单户授信小于500万元”调整为“单户授信小于1000万元”，监管口径相应地调整为普惠型小微企业贷款。

在目前的监管口径下，截至2019年6月末，全国小微企业贷款余额35.63万亿元，其中普惠型小微企业贷款余额10.7万亿元，较年初增长14.27%，比各项贷款增速高7.14个百分点；贷款余额户数1988.31万户，较年初增加265.08万户。2019年上半年新发放的普惠型小微企业贷款平均利率为6.82%，较2018年全年平均利率下降0.58个百分点。全国普惠型小微企业贷款不良率3.75%，较年初下降0.43个百分点。2019年上半年，信用保险和贷款保证保险累计服务34.37万家小微企业，助其获得银行贷款533.68亿元。①

我国银行业普惠型小微企业贷款余额已超过10万亿元。银保监会公开数据显示，农村金融机构在其中提供了40748亿元，在各类型银行机构中占比最高，为38.1%，其次是大型商业银行提供了29117亿元，占比27.2%。

由于监管口径和公示内容的变化，很难从量化角度分析小微企业贷款供给的结构变化。不过以调研情况看，农村金融机构的小微贷款业务在中短期内承压。在近两年一系列政策的推动下，大型商业银行正在大力发展小微金融业务。由于在资本金、运营成本、技术等方面具备优势，大型商业银行争取到不少县域优质客户，再加上整体经济下行压力加大造成的风险上扬，农村金融机构未来要想在控制风险的前提下保持业务稳步增长，必须对业务和服务对象有更明确的定位，同时由内到外地进行数字化转型。

① 数据来源：《普惠金融发展报告》。

5.4　农村金融需求的满足“由内向外”，扫除金融服务盲区

5.4.1　村级信用互助推动内生金融与外部金融的联动

农村信用体系建设是农村金融发展的核心基础，长期以来，这项工作采取的方式围绕的还是一个“推”字，换言之，基本上都是金融监管方、政府、金融供给方在用各种方式推动或促进信用建设，从整体效果上来看，取得了一定的效果，但这种外因只是起到一定的构建和促进作用，信用建设缺乏的是内生的因素，即所谓“信”由内生。

在农村发展资金互助或信用互助，需要具备一定的条件，首先，还是要有“带头人”，在农村，最适合的“带头人”就是村支两委的负责人。这样的“带头人”需要具备良好的经营头脑，拥有一定的金融意识和知识也是必要的，当然，必须是有充分的“公心”，要有为大家共同发展奉献的意愿，有担当意识；其次，要能够做到公开透明，建立互信机制、民主监督机制、长效发展机制，同时资金互助不可完全以盈利为目标，尤其是在合规、合法方面绝不可触及监管“红线”，否则将没有发展空间；最后，商业金融主体要帮扶资金互助主体发展，而且要建立共管机制，做到互相促进，收益共赢。

需求主体的信用源于其自我约束及相关联主体的制衡，这种制衡之前是靠供给方要求的抵押或担保，对于相对弱势的借贷人来说，门槛高、成本高，但如果把这种约束与制衡转化为需求主体内部的自愿行为，也就是说，信用被锁定在一个熟人社会的村级互助平台上，任何一个成员的违约都可能导致整个村子的“信用危机”，那么每一个成员违约的可能将不得不面对内部的自我约束或制衡的抗力，而外部的商业金融的供给主体既可能降低贷款风险，又可能提升其信贷额度，可谓一举多得。

线性地看信用，都会聚焦在某个主体上，但信用本身存在于交易的过程之内，交易必定是两个或多个主体，这其中存在复杂的相互作用。一个人在没有任何约束的情况下，违约的可能性肯定大大提高，但这种约束有直接可视化的约束，可称其为“硬约束”，而另外一种就是更隐性的、内置的约束，可称其为“软约束”。以资金互助为代表的合作金融模式就存在对信用的“软约束”，这种金融形态的风险较纯商业金融要低很多，尤其在农村地区更是如此。

信用建设如果是更多“由内向外”，其稳定性和可量化评估将会变得更简单，从互联网平台所依托的大数据、智能化技术的角度也可以说明“信”由内生。互联网平台敢于发放贷款而且具有极低的不良率，其根据是对需求方的即时交易数据的持续跟踪及挖掘，发现需求主体的各种习惯和取向，辅以精准分析，适时推送更适合的产品或服务。这里的需求主体相当于置身于一个更大的信用平台，一旦违约，将会形成连锁反应，违约代价将会成倍增长。

专题5－3　贵州铜仁市印江县坪柳村的“‘振兴行’诚信互助基金”

课题组在贵州铜仁市印江县走访的“振兴行”诚信互助基金是根植于内生性的合作金融模式，有了合规、合法、适合的资金互助的主体存在，商业金融的能量也可以得到成倍的释放。

据该村支部书记田仁天介绍，该村设立的“振兴行”诚信互助基金解决了信用方面的一大障碍，相当于设立了一个担保互助基金，当地农信社不需要抵押，也可以贷款，村民也能按时还款，村集体的收入也有所增加。

据印江农信社理事长杨胜荣介绍，农信社在坪柳村未成立“振兴行”诚信互助基金前授信79户，授信总额458万元，贷款户数33户，贷款余额295万元，不良贷款4万元，占比1.35%；基金成立后，贷款余额620万元，贷款户数64户，总授信金额984万元（含授信集体经济100万元），不良贷款为零。

课题组在调研中发现，创立“振兴行”诚信互助基金是以“源于群众需求、基于民主诚信、达到互助效果、实现共赢目标”为基础，以“入会自愿、按比例缴纳、帮困解困”为原则，通过村民自发参与、村级集体经济适度补助、“春晖使者”捐赠、帮扶单位捐赠等方式筹集资金。资金存入乡镇信用社村集体经济账户下，不以盈利为目的，也不得用于任何产生利润性质的投资。该村基金总注入资金30.25万元，全村76户农户有72户参与，参与率达94.7%。截至2018年末，该基金还没有一次被提取用于偿还可能逾期的贷款利息。

该基金的成员借款时在当前执行利率基础上优惠8%，授信额度在原基础上上浮40%，有效降低了农户借款成本，同时，有利于信用社降低资金使用风险和成本。印江信用联社以坪柳村为试点，给予“一增一降两升”的信贷支持政策，一增，新增加村集体经济授信额度100万元；一降，降低社员个人贷款利率，以贷款10万元为例，年利息将比之前减少3000元，两升：整村授信额度由1000万元提高到1500万元，个人单户最高信用授信额度提升到50万元。

为了能够让诚信互助基金持续发展下去，农信社与该村共同制定了“振兴行”诚信互助基金《章程》《财务管理制度》《代表职责》等12个制度，加强对基金的规范管理。社员按照流程向管理小组申请贷款、本金互助、利息互助或临时救助。为确保资金安全，该基金实行信用社专户管理，基金使用情况接受信用社和基金监督小组的共同监督，并及时向全体社员公布。具体实施步骤如下：

其一，村支两委监督将资金存入信用社该村村级专用账户保管，实行按月对账制，设立3名基金池管理人员，一人保管支票、一人保管印章，并在信用社预留印鉴，实际取款时必须印鉴与相关人员到场方可支取。

其二，信用社将“振兴行”诚信互助基金小组组长纳入农户评定领导小组成员，信用社对农户建档、评级、授信后，到村召开评审会，评定领导小组成员对本村授信额度无异后，在村醒目位置公示7天，农户在授信额度范围内申请贷款。

其三，该管理办法及规则对互助基金的提取和返回设定了严格的程序。第一，贷款本金互助。需申请互助的农户提前3日向诚信互助基金管理小组申请，诚信互助基金管理小组审定，同意互助，还回互助金（次日）；第二，贷款利息互助。需申请互助的农户提前3日向诚信互助基金管理小组申请，诚信互助基金管理小组审定，同意互助，还回互助金（15日内）；临时救助申请。救助人向诚信互助基金管理小组申请，诚信互助基金管理小组审定，公示（3日）无异后，同意救助，资金拨付（15日内，并独立建立台账）。

据介绍，印江农村信用联社正在整个印江县12个村推广“振兴行”诚信互助基金模式。这种内生性的合作金融模式与商业金融的融合，是金融支持乡村振兴一种有益的实践。

5.4.2 关注“首贷”，扫除农村金融服务盲区

越来越多的县域金融机构关注“首贷”。例如，人民银行济南分行与山东银保监局、省财政厅、省地方金融监管局、省工业和信息化厅、省自然资源厅联合印发《关于“民营和小微企业首贷培植行动”的指导意见》，这里说的“首贷”是指人民银行征信报告中无贷款记录的企业首次获得的贷款，包括民营企业贷款、单户授信1000万元以下的小微企业贷款、小微企业主和个体工商户经营性贷款。

从关注“首贷”来看，针对县域及农村地区的金融服务正在向更深层次推进的阶段，同时也说明，在县域地区，有效需求的挖掘以及填补金融服务的空白的任务还很艰巨，农村金融服务的盲区亟须扫除。

专题5-4 发掘“被隐藏”的金融需求：惠州“访百万企业”深化民营与小微服务调研

为进一步贯彻改进和加强民营、小微企业金融服务的相关部署和政策措施，人民银行惠州市中心支行于年初制订了专项行动的实施方案。其中明确争取用10个月时间，组织辖内银行机构走访惠州市超过8万家暂无银行授信的民营、小微企业，了解融资需求，宣讲金融政策，提供金融服务，以助力企业实现健康发展。

课题组与人民银行惠州市中心支行及当地金融机构的工作人员一起回访了多个在专项行动中获得有效金融支持的生产经营主体。课题组发现，当地金融机构不仅有重点地拓宽了民营、小微金融服务的可及性，还对工作流程、业务模式进行了优化，为探索形成市场化长效服务机制打下了坚实基础。

课题组在调研中发现，很多走访到的小微企业在之前并不知道应当通过何种方式从正规金融机构获得贷款。同时，因为所能获取的信息有限，金融机构很容易遗漏一些较优质的民营企业客户。此外，有些企业在转型或规模扩张等特殊时期才会有贷款需求，而这很难被银行捕捉到。与绝大多数地区一样，惠州也存在民营、小微金融供给不充分的问题。信息不对称的问题不只存在于风控环节，还发生在金融服务供需认知之中。事实证明，专项行动能让金融机构认识到突破原有服务模式的必要性，以更好地发掘有效金融需求，进而促进金融与实体经济长期、良性互动发展。

课题组走访了三家涉农及小微企业，这三家企业的共同之处都是首次获得银行贷款，而且，都是惠州“访百万企业”行动的重点对象。

案例一：惠州市博罗县罗浮山绿景旅游服务有限公司。该公司是一家坐落于罗浮山景区的旅游公司，其业务专注于周边旅游项目设计、策划和顾问服务等。据该公司负责人介绍，在旅游旺季到来之前，该公司需要大量资金预订旅游项目、酒店等，因此，会在这段时间产生流动资金贷款需求，但以往公司在贷款方面并不顺利。该公司属于轻资产经营，规模较小且没有可供抵押的资产，往年向多家银行提交过的贷款申请都被驳回了。

建设银行博罗县支行通过人民银行广州分行“走访系统”筛选形成的暂无银行授信的“待访企业列表”，发现了绿景旅游，因为在该支行开有结算账户且结算流水稳定，绿景旅游成为该行较

早走访的企业之一。该行相关负责人表示，从连续一段时间的结算流水看，绿景旅游的经营情况较好，并且经过线下走访，发现其个性化规划旅游线路的业务在小微企业中是有一定竞争力的。在了解了绿景旅游的经营状况和额度需求后，该支行着重向企业主推荐了“云税贷”和“小微快贷”这两款大数据信用贷产品。最终，绿景旅游以5%的较低利率成功融资142万元。

案例二：经调查发现，有不少民营、小微企业的贷款需求是偶然性的，它们一般情况下现金流较好，业务开展更多是使用自有资金。但在业务量突然增加或是下游回款变慢时，往往也会产生临时性的资金需求。惠州市永乾农副产品有限公司就是这样的一家企业，该公司是一家专业从事向驻军、机关单位、企业等提供蔬菜、水果、鲜肉、预包装食品等生产和配送服务的公司。为保障供应产品数量和质量的稳定，永乾已建立了自己的生产基地，其大部分产品从生产基地采购，少部分自产自销。公司的配送中心还设有食品卫生化验中心，配有专员对蔬菜农残、肉禽蛋质量进行检测。这不仅增加了公司利润，外部价位波动可能造成的影响也能够有所缓解。由于产品销售都是走现金结算方式，业务拓展过程也一直在稳步进行，因此多年来公司业务发展一直是使用自有资金。

但随着军改的落地和相应人员的到位，当地的驻军人数有所增加，军改使该公司的业务量几乎翻了一倍，除了需要新增工作人员和车辆之外，由于运输距离等方面的调整，还需要进行仓库改造并配备更多的冷链运送设备，而这些，仅靠其自有资金已明显不足。结合上述需求，建设银行博罗县支行以5%的年利率给予了该企业100万元的信用类小微快贷额度。这笔贷款不仅解决了企业配送车辆改造、更新和仓库改造等问题，企业还可以利用资金在低价位时采购耐存储的农副产品，有效降低经营成本。

课题组发现，这类临时性的资金需求往往都来自较为优质的客户，他们大多经营稳定且现金流较好，只是不愿使用杠杆而不存在贷款记录。金融机构发展小微金融业务不应只局限于信贷业务，可以扩展到提供综合性金融服务，这在给机构带来更多效益的同时，也是培育潜在客户、发现临时性贷款需求的重要方式。

案例三：以“标签化”提高机构服务效率。人民银行除了提供“待访企业列表”之外，还丰富了企业的标签信息。这在很大程度上方便了机构筛选客户，优先选择更擅长服务的对象进行走访。其中，主要的标签包括拟上市企业培育库名单、各类特色产业协会和商会企业名单、高新技术企业、高纳税信用等级中小微企业、环境友好型小微企业、“小升规”重点培育库企业、进出口企业等。另外，当地人民银行各县（区）支行也发挥区域优势，提供出本辖区特色企业名单，如龙门提供竹木产业名单、博罗提供健康养生企业名单、惠阳和惠东提供沿海经济企业名单等。

惠州市惠州区的红健家具有限公司是农业银行惠阳支行通过“标签”发现的客户。这家公司主要经营休闲软体沙发的生产加工与销售，公司产品一直是面向日本、法国市场，年销售额约为2500万元。因为有稳定的结算账户，加之该公司纳税等级为A的评级，红健家具有限公司较早被农业银行惠阳支行选中，成为其重点走访企业之一。公司有扩大生产规模的想法，经过产品梳理并结合日常结算工作中对公司的了解，农业银行惠阳支行通过“纳税e贷”向红健家具有限公司提供了贷款，满足了公司资金灵活使用的需求。

5.4.3 金融精准扶贫运用组合手段进行创新

2019年初发布的《中共中央 国务院关于坚持农业农村优先发展做好“三农”工作的若干意

见》提出“聚力精准施策，决战决胜脱贫攻坚”。在明确“到2020年确保现行标准下农村贫困人口实现脱贫、贫困县全部摘帽、解决区域性整体贫困”总体目标的前提下，分别从三方面提出了具体要求，即主攻深度贫困地区、着力解决突出问题及巩固和扩大脱贫攻坚成果。基于上述三方面要求，金融精准扶贫脱贫攻坚也需要提供多元化组合供给。

课题组在调研金融扶贫过程中发现，针对深度贫困地区，金融支持往往要打“组合拳”。针对产业扶贫，金融“瞄准”的是新型经营主体的带动效应；针对易地扶贫搬迁，金融“对接”的是财政支持及对贫困人群的就业赋能载体；针对产业并不发达地区的金融扶贫，银行、保险、担保等多种手段会被组合运用。

同时，政策性金融的作用凸显，包括针对农村基础设施及绿色环保方面的投入；也包括金融机构的负责人深入扶贫一线，动态把握扶贫脱贫攻坚的重要节点，并适时地给予帮扶；还包括建立金融扶贫脱贫的弹性架构，把扶贫脱贫与支持地方经济发展有机结合等。

在2018年12月25日召开的人民银行扶贫开发工作领导小组会议暨定点扶贫工作座谈会上，人民银行行长易纲表示，2019年是打赢脱贫攻坚战极为关键的一年。人民银行全系统要把握新形势、适应新要求，要坚持政治统领，要发挥自身优势，要立足高质量脱贫，要巩固专项治理成果，要做好脱贫巩固提升，为坚决打赢脱贫攻坚战作出新的更大贡献。易纲同时指出，构建人民银行大扶贫工作格局，把定点扶贫“责任田”打造成“金融政策落地、金融普惠实现、信用价值彰显、风险防范有效”的金融精准扶贫“示范田”，使定点扶贫体现金融特点、彰显金融价值，展现金融担当。

综上所述，在扶贫脱贫攻坚的关键时刻，应该构建一个系统性更强、精准度更高、可持续性更强、推动实体经济更夯实的多维度的金融供给体系。在这样的体系推动下，扶贫脱贫目标的实现将更加高效，乡村振兴战略的推进也将更加扎实、有序。

专题5-5 金融扶贫的“隆化模式”

河北省隆化县是国家扶贫开发工作重点县和“燕山—太行山”扶贫开发片区重点县，脱贫工作艰巨，2016年，隆化县有152个贫困村，贫困人口数达83460人，在全县总人口中占比超过20%。自2016年开始，隆化县开始启动以财政资金做担保，以保证保险为保障的“政府、信用社、农业企业、农户、保险”五位一体的“政银企户保”农业合作贷款担保模式。经过3年时间，隆化县农信联社已累计发放“政银企户保”贷款3212笔，覆盖了7000余户贫困户，带动近万名贫困人口年均增收2500元以上，当地贫困发生率已降至不到10%。

课题组发现，隆化县在选择“政银企户保”贷款对象时有两项重要原则。一方面，要紧密围绕当地经济发展格局。承德是京津冀水源涵养功能区，因而大力发展绿色产业也成为隆化的优先选择，加之当地旅游资源丰富且自然条件适合部分农作物种植，农业产业、乡村旅游等特色产业便成为贷款扶持的重点领域。另一方面，不仅所属产业要符合地方发展格局，还要选择自身经营能力较强的帮扶主体。

课题组在隆化县走访了隆化县耀翔种养殖有限责任公司。该公司蔬菜种植面积占地350亩，年产蔬菜1200多吨，每栋棚的年均纯收入能达到4万元。公司先后向115户贫困户支付分红，解决了当地200余名人口就业，其中安置贫困人口80余人，带动贫困户年均增收4000元以上。

在2013年成立时，耀翔种养殖公司通过担保方式从隆化农信联社获得了50万元的贷款，主要用于自建大棚的流动资金。在随后两年，综合生产需求和资金状况，公司又先后新建了25栋大棚。但蔬菜种植本身很难防范自然风险，受到2015年冬季持续多天的雾霾、冰冻天气影响，一次性损失150万元，而此时恰逢“政银企户保”贷款模式刚刚启动，由于经营和信用状况一直较好，并且提供了不少就业机会，该公司很快通过创新模式获得了70万元的贷款。根据要求，该公司对贫困户所需要承担的责任包括解决就业、流转农地和入股分红三个方面。前两项本来就存在于经营过程之中，公司需要额外支付的只有每年每户贫困户3600元的分红，这也在一定程度上被贴息抵消掉了，因此在很大程度上降低了利息成本。

课题组发现，隆化的做法中首先考察的是带动主体自身的实力。特别是农业企业，其本身所面临的风险就不小，其在规模扩张、产业链延伸等方面的投资又是中长期的。如果过于看重扶贫政绩或贷款数额，而将过多帮扶任务和贷款压给生产经营主体，很容易导致主体形成经营风险。这不仅增加了返贫的概率，还会在一定程度上消耗地方经济发展能量。原则上每帮扶一户贫困户，帮扶主体可以获得5万元贷款，但同时，包括县农业政策性担保服务中心、农信联社和保险公司都会根据经营能力再对帮扶主体的贷款金额进行调整。企业首先要向担保服务中心提交申请，担保服务中心综合其所持资产、盈利水平、现金流等情况进行判断，并以此作为反担保将主体推荐给联社。农信联社在发放超过一定数额贷款时往往要求足额抵押或担保。但担保中心因持有较多交易平台、资源，其在贷前审核时便可更关注主体的软实力。在推荐后，农信联社还会对借款主体进行贷前调查。而经担保中心、县联社和保险公司共同确认的贷款产生损失时，三方将按照1:1:8的比例进行分担。

据了解，担保中心在隆化县农信联社专门开户，设立了7000万元的风险补偿基金。“政银企户保”的放贷总额被控制在风险补偿金8倍额度范围内。在贷款本息出现逾期后，除了风险共担，农信联社也会同担保中心、保险公司等多方向借款人进行追缴，以加强对贷款秩序的维护，有效遏制恶意骗贷、诈贷等行为。此外，当乡镇此项贷款的不良贷款率达到5%时，暂停该乡镇合作贷款业务；而当全县该业务的不良贷款率超过3%时，将暂停这一模式在全县的运行。

隆化县农信联社自模式启动之日起就坚持要求贷款主体按照付息计划先将利息支付给银行，再以凭证向担保中心办理贴息。这种模式贷款的最长期限为3年，在这中间经营主体可能会有不少变化。按期支付利息的行为时时提醒经营主体，使其能保持良性经营习惯，并间接提升诚信意识。

截至2019年5月末，隆化县农信联社“政银企户保”贷款已累计发放达6.8亿元，相应产生不良贷款约600万元。该业务不良率不到1%也在一定程度上说明了合作贷款担保模式在实践中的可持续。

5.5 农村金融发展展望

未来农村金融将会是“大融合”的发展趋势，并且，将伴随着县域经济的变革以及城乡统筹所带来的产业机构的变化。这种“大融合”体现为金融与产业发展的融合、金融与社会治理的融合、金融与科技的融合以及金融手段之间的融合。基于上述融合，未来农村金融将以“平台化”的思路提供金融服务，这种平台既有线上，又有线下，所谓线上线下融合发展。未来县域金融的着力点在零售银行，换言之，应该是根植于社区的普惠型零售银行，这也是与城乡统筹发展的需求密切相关。

从供给的角度来看，部分农商银行将会继续走上市之路，同时，经营状况良好的农商银行有可能会吸收合并经营状况一般、规模较小的农商银行。省联社的职能会进一步被强化，针对农商银行的“管控”不仅会通过行政手段，还会更多融入技术手段，从而介入农商银行的业务层面，这与大部分农商银行的科技依赖省联社的科技平台有关。村镇银行个体独立发展的空间将会越来越小，合并重组的概率较高，同时，村镇银行的业务重心必将向着经济欠发达地区转移。

农村普惠金融将进入“分层服务”的阶段，同时，普惠金融的内涵将被进一步充实。金融精准扶贫将进入寻找长效发展机制的阶段，尤其是金融对于解决相对贫困的问题的实践将会影响县域普惠金融的发展。数字技术将会被更加广泛地应用于农村金融领域，这已不再是少数互联网平台机构的“特权”。

基于过去一年多非洲猪瘟的影响，农业保险及农业生产的风险补偿机制亟待完善。农业保险针对灾害或疫情的保障作用明显不足，这与当前我国农业整体生产水平较低、政府财政压力较大、整个市场补位机制不足等因素均有密切的关联。

基于移动支付的农村支付环境将会更加完善和高效，农村信用环境建设需要更多从内生性的信用互助入手，避免一味使用外部力量形成的不可持续的问题。

6 信托：步入快速转型期

2018 年，随着以资管新规为代表的一系列监管措施落地，行业迎来重要拐点。横向对比来看，整个金融行业的监管政策不断完善和加强，银信之间的通道业务受到严格监督；纵向来看，信托行业整体规模首次出现下降，新增信托贷款同样出现较大跌幅。但是在严监管的背景下，许多信托行业选择积极转型，收缩传统通道业务，强化主动管理能力，积极创新业务模式，引入大数据技术等新型技术手段，提高风险管理和信用定价的能力，通过资产证券化等途径主动进军服务中小微企业的蓝海市场。这些尝试为信托行业转型作出了积极探索，也为解决中小微企业融资问题、提高金融行业服务实体经济的能力作出了贡献。

6.1 监管政策趋严促进行业转型

6.1.1 资管新规加码监管力度

2018 年以来，我国监管当局对金融行业的监管力度不断加大，通道业务受到进一步限制。许多信托公司基于风险管理和监管要求的考虑，主动控制资产规模，降低发行新计划的数目，使得行业整体规模首次出现不增反降的趋势。在宏观经济增速放缓、金融去杠杆政策推行的大背景下，许多信托公司在守住不发生系统性风险的底线的同时积极探索转型道路，回归服务实体经济的本质功能，提高服务中小微企业的能力。

2018 年 1 月 5 日，中国银监会发布了《商业银行委托贷款管理办法》（银监发〔2018〕2 号），明令禁止交叉委贷、资管产品嵌套和信贷资金用于委贷，并停止了对“一对多”投向信托委托贷款产品的备案。“一对一”产品虽未被禁止，但也必须满足期限匹配、银行风险穿透等要求。该办法不仅限制了银行发放委托贷款，还极大地压缩了证券公司与基金公司通过信托开展委贷业务的通道。

2018 年 4 月 28 日，中国人民银行、中国银保监会、中国证监会和国家外汇管理局联合发布了《关于规范金融机构资产管理业务的指导意见》（银发〔2018〕106 号），也即资管新规。资管新规规定，资管产品仅能进行一层嵌套，从而从根源上禁止了多重嵌套和通道业务。而在此之前，通道业务是部分信托公司生存、盈利的依赖业务，吸引了一大批风险承受能力较低，又对回报有一定要求的投资者。资管新规生效之后，信托公司将会面临两方面的挑战：一方面这部分风险厌恶型客户将会流失；另一方面信托公司必须提高主动管理能力，增强基于产品本身的投资逻辑进行风险经营的水平。

2018 年 8 月 17 日，中国银保监会下发了《关于加强规范资产管理业务过渡期内信托监管工作的通知》（信托函〔2018〕37 号，以下简称《通知》）。该《通知》根据资管新规的相关规定，对信托业在过渡期（即 2020 年之前）内对通道业务、存量业务的整改工作作出了具体指导。该《通知》鼓励信托公司开展符合监管要求、资金投向实体经济的事务管理类信托，严格控制信托公司为委托人开展监管套利等违规事务管理类信托。信托公司未来的资金信托将得到更加严格的监管，而财产权信托、家族信托等将得到监管层面的支持，这对于信托回归本源、服务实体具有重要意义。

6.1.2 行业规模首现负增长

随着资管新规等政策的出台，信托行业增长压力明显加大。截至 2018 年底，国内 68 家信托公司受托资产为 22.7 亿元，同比下降 13.5%，这是自 2015 年第三季度以来国内信托资产规模首次出现下降。从增速上来看，2015 年至 2017 年这三年中，信托行业保持高速增长且增速逐年递增，而 2018 年信托资产增幅则出现断崖式下降，可见 2018 年是信托业一个明显的拐点。从各个季度的数据来看，2018 年第一季度信托资产规模环比下降 2.41%，而在 4 月资管新规出台后，这一数字继续扩大，第二、第三季度环比下降 5.25%、4.65%。第四季度下降幅度有所收窄，环比下降 1.89%。这主要是因为在《关于规范金融机构资产管理业务的指导意见》等各项监管政策的指导下，信托业既面临着降低存量风险、严控增量风险的严格要求，又需要完成提高主动管理能力、回归服务实体经济本源的转型任务，还要面临通道业务受限、多层嵌套受阻等挑战。多数信托公司选择主动降低规模、控制增速，从而导致全行业整体规模下滑。

图 6－1 信托资产规模（2008—2018 年）

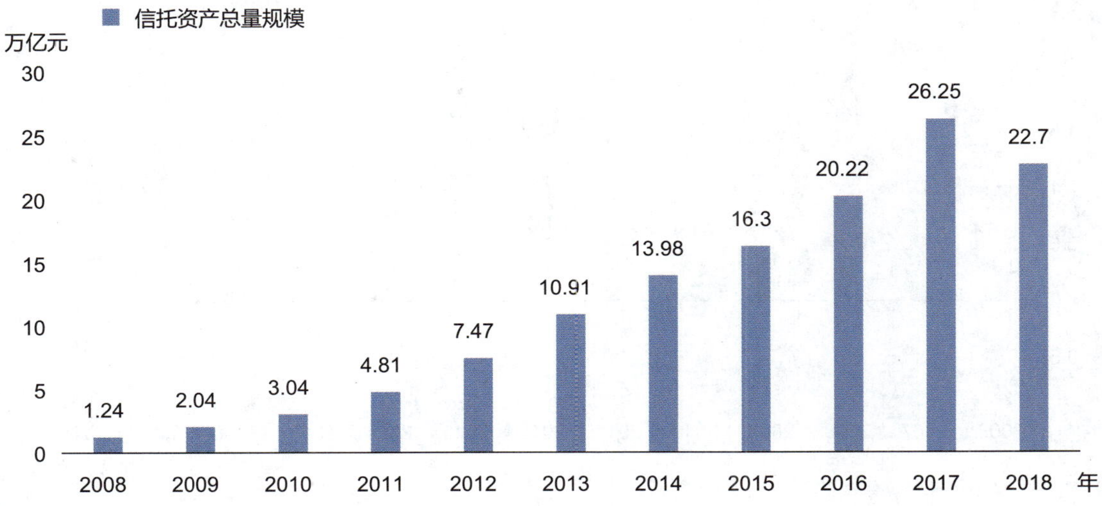

资料来源：信托资产总量数据来自中国信托业协会网站。

图 6－2　信托资产年增长率（2008—2018 年）

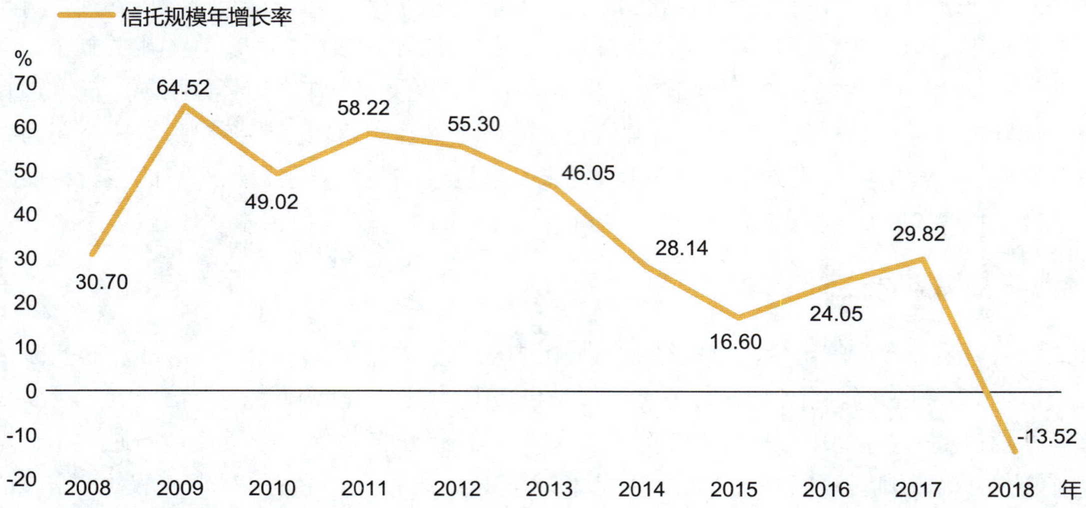

资料来源：信托资产总量数据来自中国信托业协会网站，年增长率为计算所得。

与总量变化相对一致，2018 年新增贷款数据大幅下降。从 2017 年的峰值 2. 26 亿元一路狂跌至 －0. 69 亿元，新增贷款占社会融资比例大幅下降至 －3. 58%——事实上拖累了社会融资的增长。

图 6－3　新增信托贷款规模（2006—2018 年）

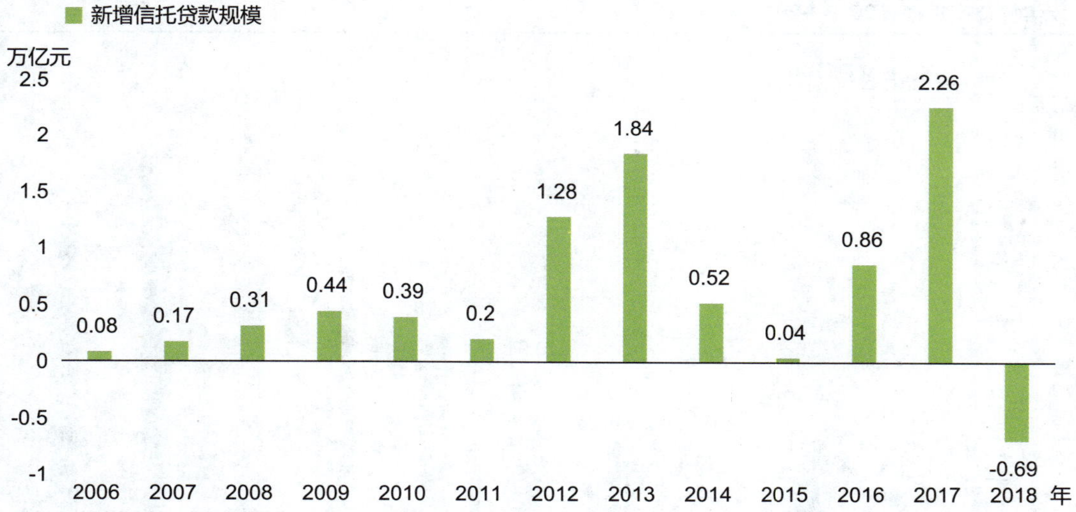

资料来源：新增信托贷款数据来自中国人民银行网站。

图 6－4　新增信托贷款规模占社会融资比例（2006—2018 年）

资料来源：新增信托贷款数据来自中国人民银行网站，新增信托贷款占社会融资比例为计算所得。

6.1.3　资金来源结构持续优化

2018 年，去通道、严监管仍然是信托行业的主要基调，这给信托资金来源结构带来了进一步优化的动力。自从资管新规落地以来，通道业务的收缩导致单一信托资金比重持续下降。截至 2018 年第四季度，单一信托资金总量下降至 9.84 万亿元，比重下降至 43.33%；相比之下，集合资金规模达到 9.11 万亿元，比重相较于 2017 年大幅上升，存量逐渐逼近单一信托。

另外，中国信托业协会网站披露的数据显示，2018 年第四季度新增单一信托资金比例为 30.4%，首次低于新增集合信托（43.86%），这无疑是信托行业资金来源结构优化的一个分水岭。与之相对应的是主动管理型信托的快速增长。2018 年末，68 家信托公司主动管理的信托资产规模达到 7.45 万亿元，虽然总量较 2017 有所下滑，但规模占比上升至 32.83%，较 2017 年同期上涨 3 个百分点，被动管理信托资产规模则为 15.25 万亿元，规模占比降为 67.17%。从新增规模来看，2018 年新增主动管理规模 3.24 万亿元，规模占比为 40.23%，较 2017 年 25.68% 的规模占比有较大程度的提升。其中，主动管理资产占比超过 50% 的公司共有 14 家，较 2017 年同期增加了 2 家。

这些信号显示出，尽管单一信托仍然是信托资金的首要来源，但在数年以内，信托行业将会快速转向主动管理业务，回归"受人之托、代人理财"的本质功能，从而更好地服务实体经济。

一直以来，银信合作业务占据了通道业务相当大的比重。资管新规在限制通道业务的同时，也势必会影响到银信合作单一资金信托。但从数据上来看，2018 年银信合作单一资金信托下降幅度相对较小，相比于 2017 年仅降低 0.5 个百分点；而非银信合作单一资金信托则猛降了 2.4 个百分点，这说明银信合作并没有随着资管新规的落地而受到致命打击。这是因为信托公司在监管政策的指导下积极创新银信合作模式，从以前的依赖通道业务与监管套利，逐步回归本源。银信双方除了在传统的企业项目、证券投资和房地产等领域继续合作外，还积极探索在资产证券化、消费信托、家族信托、慈善信托、绿色信托等业务上的合作模式，协同银行有效盘活存量资产促进流转。

图6－5　信托资产来源分布情况（2010—2018年）

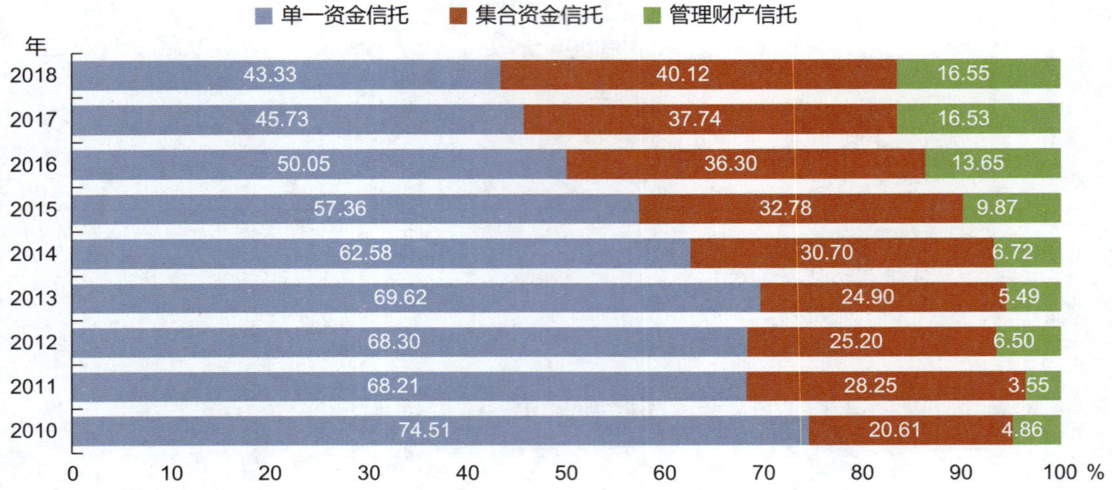

资料来源：中国信托业协会网站。

图6－6　资金信托分布情况（2012—2018年）

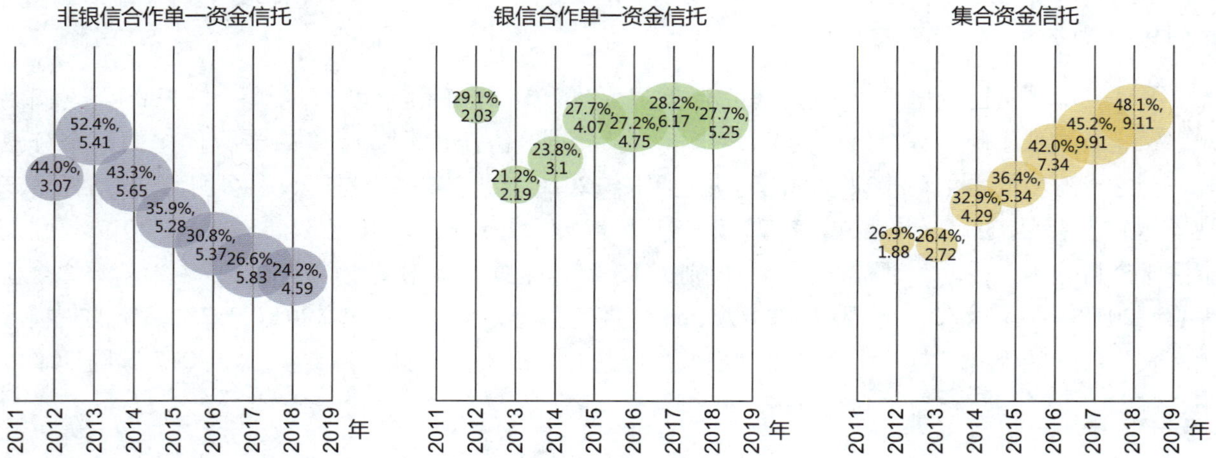

注：① 图中气泡大小代表相应类别信托规模大小，气泡高度代表相应占比。

② “3.07，44.0%”表示2012年非银信合作单一资金信托3.07万亿元，占比为44.0%。其他数据含义依此类推。

资料来源：2012—2017年资金信托分布情况数据来自中国信托业协会网站。

6.2　信托行业服务实体经济的能力不断增强

6.2.1　融资类信托占比有所反弹

2018年信托资产运用情况的变化趋势相较往年出现了一些变化。2011年至2017年，国内事务管理类信托占比不断提高，而融资类信托占比则不断下降。而在 2018 年，事务管理类信托占比首次出现下降，融资类信托则有所回升，投资类信托则微降 1.02 个百分点。事务管理类信托下降的原因同样与资管新规及其配套的《关于加强规范资产管理业务过渡期内信托监管工作的通知》等政策有关。这些监管政策明确提出支持合法合规、投资于实体经济的事务管理类信托，严厉打击监管套利业务和隐藏风险的通道业务，这对信托业资金配置结构产生了明显影响。2018 年也见证了许多事务管理类信托的爆雷事件。从中融信托两款信托计划“中融—嘉润 30 号集合资金信托计划”和“中融嘉润 31 号集合资金信托计划”，到国通信托的“方正东亚天津市政开发流动资金贷款集合信托计划”，这些出问题的信托均被披露为“事务管理类信托”。这类业务对于信托公司而言属于通道业务，项目风险均由委托人承担。

图 6－7　信托资产功能分布情况（2010—2018 年）

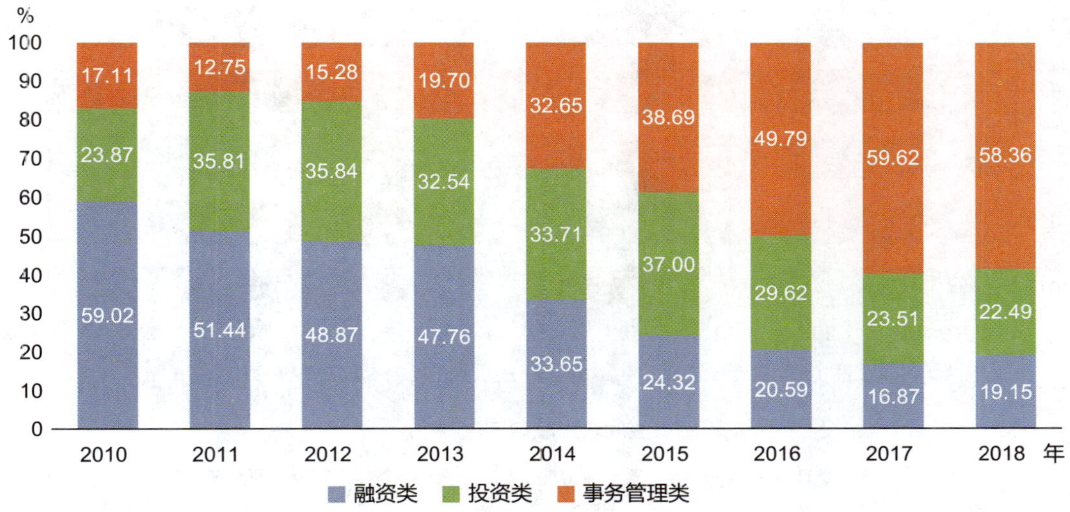

资料来源：中国信托业协会网站。

不过值得注意的是，2018 年第一季度至第四季度事务管理类信托环比下降幅度分别为 3.22%、5.56%、4.83% 和 2.66%，第四季度下降幅度明显收窄，未来下降趋势大概率会放缓甚至扭转。从总量上来看事务管理类信托仍占据半壁江山，信托行业回归本源的根本趋势没有发生改变。

6.2.2　工商企业资金配置再度拔得头筹

中国信托业协会的数据显示，从资金的投向来看，投向工商企业的信托资金再度拔得头筹。其次分别是金融机构、基础产业、房地产、其他以及证券市场。其中，工商企业所获资金占比继续大幅上升，这延续了自 2015 年以来的一贯趋势。值得注意的是，尽管 2018 年流向工商企业的信托贷款规模总量呈现下降趋势，但流向制造业与信息科技服务两大部门的资金不降反增。2018 年第四季度，制造业获得的资金信托为 5712.83 亿元，同比 2017 年增长 1.29%；科技服务业资金信托余额为 1022.06 亿元，同比 2017 年更是增长了 26.29%。这与国家层面制定的“中国制造 2025”等产业政策息息相关，凸显了信托正在为包括制造业和信息行业在内的实体企业高质量、高速度地发展提供资金支持。

此外，2018 年投向房地产企业的资金比例出现了明显涨幅，存量相较上年提高了近 4 个百分点，增量更是提高了 7 个百分点，这是在监管政策推动下，房地产与信托供需两旺的结果。一方面，房地产行业融资需求旺盛，但房企发行债券和获得银行贷款等传统融资渠道均受到不同程度的限制，加上临近年末房地产企业融资需求激增，使得大量房地产企业选择通过信托进行融资。另一方面，信托行业受到资管新规的约束，对投资标的的安全性与回报率有了更高的要求。而房地产行业经过多年的发展，市场较为完备，经营模式趋于成熟，项目风险容易把控，收益也相对可观，自然成为信托公司的首选。此外，随着我国货币政策边际宽松以及政府对于基础设施建设的高度重视，城投债市场逐渐回暖，基建类信托项目明显增加。这类项目信用风险较低，是性价比颇高的投资选择。

图 6 –8　存量资金信托与新增资金信托投向分布情况（2014—2018 年）

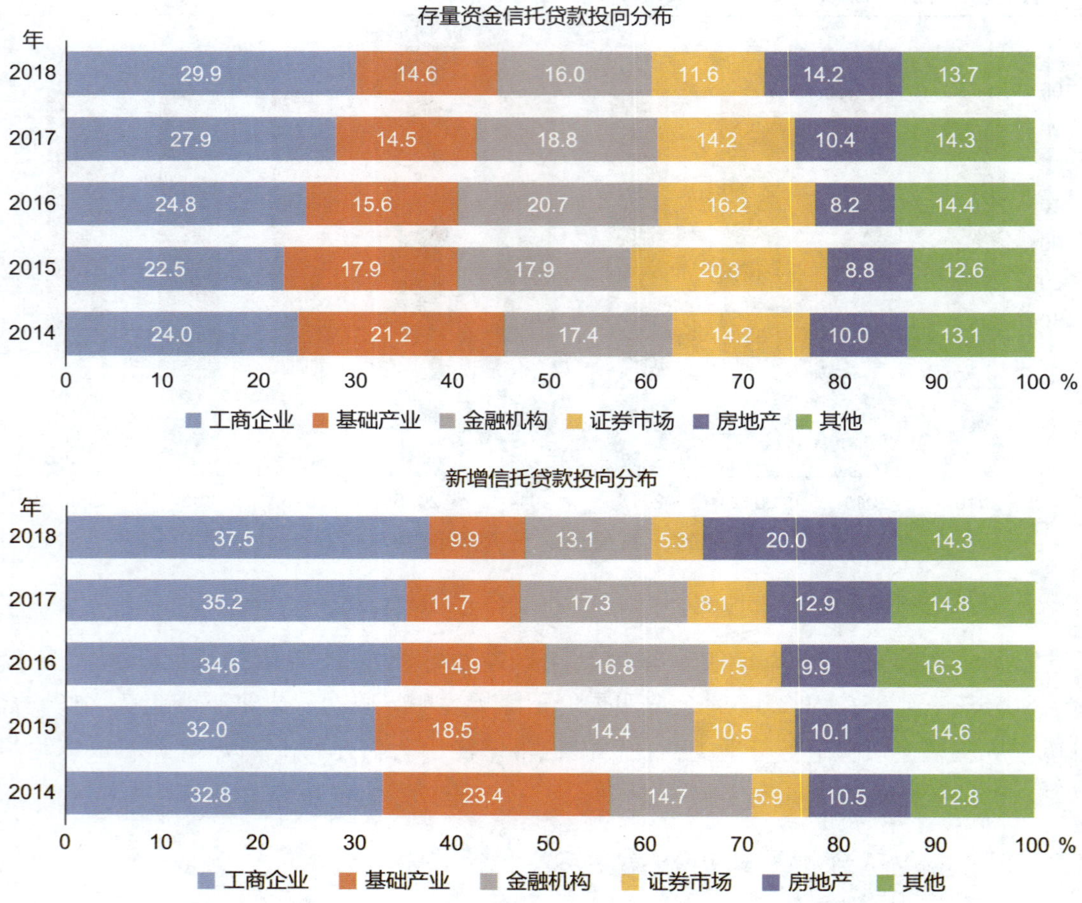

资料来源：资金信托投向分布情况数据来自中国信托业协会网站。

相比之下，金融机构所获信托贷款占比有所下降，这反映了信托业在监管政策的指导下主动整治政策套利乱象、防范隐藏风险，主动压缩金融同业通道规模的结果。同时，新增基础产业信托资金占比大幅度下降，符合我国政府提出的去产能、调结构、产业升级的政策路线。可以预见未来一段时间内，基建类与城投类信托仍然是机会最多的领域，而随着行业转型升级的深入，资产证券化、绿色信托、家族信托、慈善信托等新形式在总规模中的占比也会不断提升。

图 6－9 存量与新增工商企业信托资金配置规模及占比（2014—2018 年）

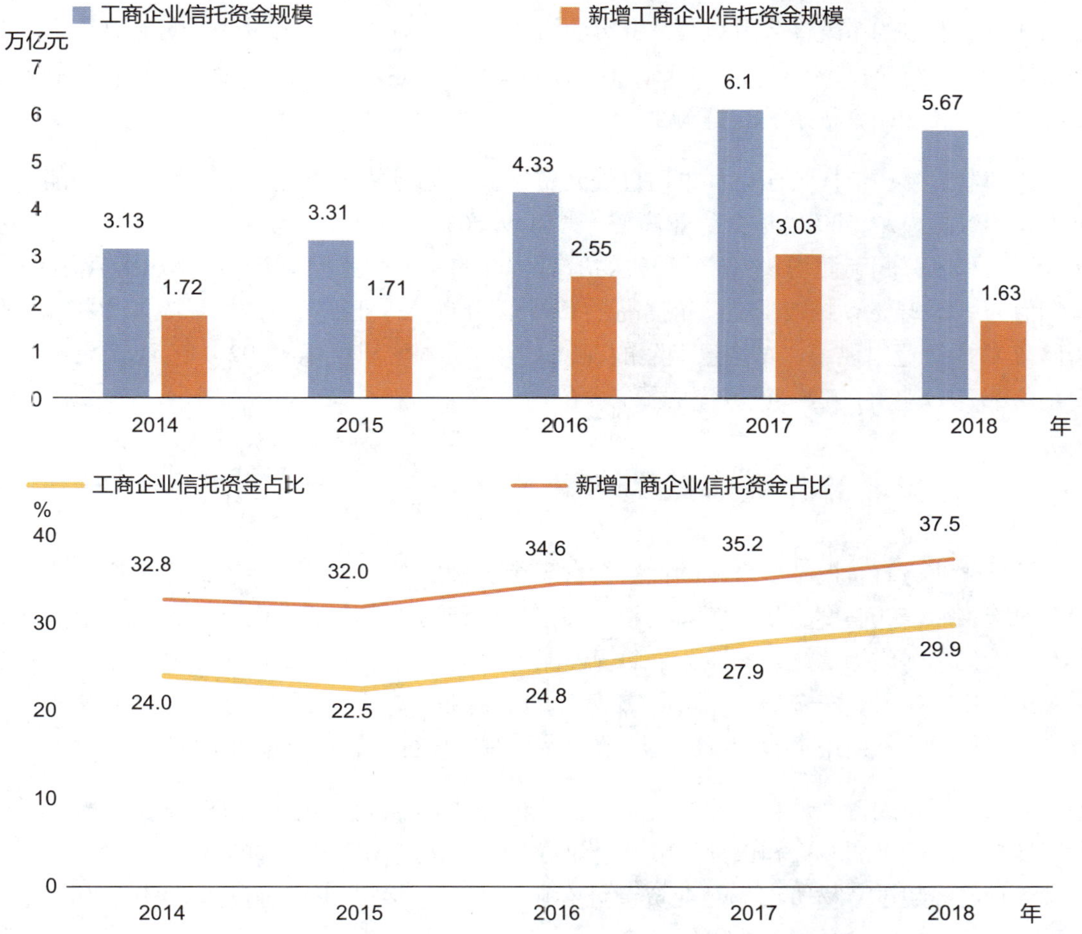

资料来源：中国信托业协会网站。

6.2.3 信托业严守“不发生系统性风险的底线”

早在 2013 年，国务院就颁布了《国务院办公厅关于加强影子银行监管有关问题的通知》，给“影子银行”下了明确的定义，即“机构持有金融牌照，但存在监管不足或规避监管的业务，包括信托公司信托业务、银行表外理财业务、证券公司资产管理业务等业务范围”。影子银行是诱发系统性风险事件的重要原因，而信托又在影子银行中扮演主导角色。刚性兑付是诱发影子银行系统性风险的重要源头。具体而言，遭遇负向冲击时，刚性兑付使得影子银行业务由表外转入表内，金融机构承担资产损失。因而，金融机构具备了主动处置资产的权利，进而引发抛售资产传染。由此可见，刚性兑付是诱发影子银行系统性风险的重要源头①。

针对信托行业影子银行的属性，2018 年 4 月落地的资管新规与 8 月出台的《关于加强规范资产管理业务过渡期内信托监管工作的通知》均提出了相应的监管要求。除了限制通道业务、禁止多层

① 方意，韩业，荆中博．影子银行系统性风险度量研究——基于中国信托公司逐笔业务的数据视角［J］．国际金融研究，2019（1）：57－66.

嵌套、落实穿透监管外，还严格限制了信托公司资金池业务的开展和期限的匹配，并且要求打破刚兑。刚性兑付的彻底打破一方面对信托公司的主动管理能力提出了更高的要求，另一方面也极大地缓释了信托行业潜在的系统性金融风险。此外，资管新规还对资管产品的杠杆率上限作出了明确要求，即公募产品不得超过140%，私募产品不得超过200%。这使得信托资金来源端将受到限制，防止由于杠杆率过高加剧金融系统的脆弱性。

除了外部监管外，信托公司自身也通过提升资本实力的方式增强抵抗系统性风险的能力。用益信托网发布的数据显示，2018 年全行业净资产增长 9.36%，其中实收资本、资本公积、盈余公积、一般风险准备和未分配利润均有 7% 至 15% 的增幅。2018 年，行业资本资产比率达到 78.66%，资本充足率均值为 202.23%，相较于上一年提高了 13 个百分点，行业抵抗系统性风险能力整体较强。不过，2018 年信托行业出现了“增资退潮”的现象，实收资本增加额共计 192.1 亿元，同比有所下降，这主要是由于 2017 年不少公司已经完成了必要的增资。

6.3 信托资产证券化业务或为未来潮流

资产证券化业务有着提高资产流动性、偿付现金流稳定等优点，且能够优化资产结构、盘活存量、隔离风险；而信托制度的独立性和权利转移恰好可与运行资产证券化所要求的风险隔离完美契合，具有先天优势，成为信托公司提升主动管理能力与创新转型的重要方向。2018 年出台的资管新规中明确定义规定，限制资金信托“多层嵌套”的通道业务，强调“穿透监管”，但是依据规定开展的资产证券化业务不适用资管新规。这一政策无疑对信托行业的转型起到了导向性作用。

近年来信托行业的资产证券化业务发展迅猛。根据华鑫信托发布的研究数据，目前信托公司是信贷资产证券化资产（CLO）和银行间市场企业资产证券化（ABN）的主要发行机构，CLO 和 ABN 的总规模合计已经超过交易所市场企业资产证券化（ABS），约占市场总量的 53%。2018 年，信托公司参与资产证券化的途径和方式出现了许多新的突破进展，概括来说主要包括以下三个方面：一是交易结构创新。例如，平安信托在其推出的国内首单互联网消费金融债券通 ABN“北京京东世纪贸易有限公司 2018 年度第一期资产支持票据”中，创造性地引入境外投资者，提高了企业融资渠道的多样性，有效地降低了融资成本。二是基础资产创新。传统的资产证券化业务的基础资产主要包括企业贷款、住房抵押贷款、汽车贷款等，而新兴的基础资产还包括应收账款、不良资产重组、CMBS（商业房地产抵押贷款支持证券）等。例如，2018 年长安信托发行了全国首单公交客票收益权 ABN。三是角色突破。信托公司不断提升资产证券化业务的主动管理能力和服务能力，例如，华能信托成立国内首单信托公司作为管理人的资产证券化产品——华能信托·世茂住房租赁信托受益权资产支持证券。

2018 年 4 月，银行间市场交易商协会发布了《关于意向承销类会员（信托公司类）参与承销业务市场评价结果的公告》，确定中信信托、兴业信托、华润深国投信托、中诚信托、华能贵诚信托和上海国际信托六家信托公司为新增非金融企业债务融资工具承销商。信托公司获得非金融企业债务融资工具承销商资格，可充分发挥其在主动管理业务中高效撮合资产和资金的竞争优势，为全链条参与资产证券化业务奠定了基础。交易所也已批准中信信托与华能贵诚信托获得专项计划管理人试点资格，这为信托公司为参与交易所 ABS 扫清了政策障碍。信托公司拥有在银行间市场与交易所市场开展 ABS 业务资格，有助于发现市场价格优势，为融资方选择合适的发行渠道。

但信托公司作为发行机构，当前多处于通道角色，主导性弱，费率低。未来，信托公司一方面可以在信贷 ABS、小微 ABS、供应链金融 ABS 等方面发力，发挥自身相对于银行等传统金融机构的比较优势，通过 Pre - ABS 等形式对接中小微企业，解决这部分信贷资产质量较差、市场认可度较低的问题。另一方面逐渐形成信托主动管理的优质小微资产，整合机构资源发行小微 ABS，采取滚动发行的模式，加快资金周转效率。

6.4 模式创新服务中小微企业

尽管 2018 年信托行业整体景气度不佳，但仍有一部分“黑马”逆势而上，取得了不错的收益。这些信托公司在战略层面高度重视普惠金融和中小微企业融资问题，通过引进大数据、人工智能等技术，提高风险管理水平，取得了不错的成效。这些模式创新包括以下三类。

第一类是供应链金融模式。信托供应链金融依托从采购原材料、制成中间产品、最终产品到最后由销售网络把产品送到消费者手中这一商业链条，把供应商、制造商、经销商、零售商之间的信息整合，借助核心企业在信息流、物流和资金流方面的管理和控制能力，为其上下游中小企业解决资金短缺困境的融资模式。近些年信息技术的进步使“三流合一”得以实现，为信托通过该模式服务中小微企业提供了技术基础。从具体实践的角度来看，实现“三流合一”需要信托公司与核心企业、SAAS 平台、B2B 平台、细分领域互金机构、物流仓储企业等进行深度合作，发挥信托灵活的优势，通过单一信托、集合信托、ABS、ABN 等多种方式进行资金介入中小微企业融资。

专题 6 -1　云南国际信托有限公司的供应链金融创新

近年来，云南国际信托有限公司不断创新服务模式，通过多种手段支持中小微企业的发展，其中最典型的就是供应链金融模式。《云南国际信托有限公司 2018 年度履行社会责任情况报告》中披露，2018 年内云南信托成立的供应链金融贷款累计约 173.78 亿元，通过对接资金方与资产端，既为资产方提供了比民间借贷成本更低的融资渠道，又为资金方提供了较高收益的投资渠道。

在工程建筑行业，云南信托与工程建筑企业的上游供应商合作，通过受让这类企业的应收账款来为其融资。2018 年，“云南信托—云程万理 10 - 23 号”系列产品成立合计 8 期，规模超过 3.5 亿元；云南信托—新城供应链金融产品成立 1 期，规模超过 2 亿元。该类项目覆盖江苏、广东、湖北、浙江、安徽等多个省市，为上游数百家供应商提供融资便利。

在电子商务方面，云南信托同样与电商的上游供应商密切合作，开展供应链金融业务。上游企业向电商销售手机等产品形成应收账款，云南信托则受让这些应收账款以实现对其融资。2018 年云南信托成立了“云南信托·云涌 1 号集合资金信托计划”等 7 期信托计划来支持电商龙头的上游供应商，累计放款达到 12 亿元。

在汽车销售行业，由于汽车的销售周期长，中小汽车经销商往往难以快速回笼资金，只能选择通过银行或其他途径融资，融资成本较高、难度较大。云南信托与汽车供应链知名服务品牌“卖好车”联手打造多款信托产品，由“卖好车”及各汽车经销商方面以融资租赁方式形成基础债权，再将该债权批量转让至信托产品，帮助中小经销商进行融资。截至 2018 年末，云南信托为 156 家汽车经销商提供了融资服务，累计金额超过 1.6 亿元。

在国内经济持续转型升级的大背景下，金融领域成为供给侧结构性改革的重要阵地。云南信托依托供应链金融对实体经济产生了强大的促进作用，为振兴实体经济、推动产业升级贡献了一份力量。

第二类是“场景＋大数据”模式。“场景＋大数据”模式是指通过第三方真实场景所提供的交易数据，运用大数据风控技术，对中小微企业提供普惠金融服务。常见的场景往往形式多样，例如SAAS平台、B2B平台、分销服务平台等不同的服务平台或者系统。在“场景＋大数据”模式下获得的数据是真实的业务数据，相比于财务数据更能真实地反映出中小微企业的经营状况。再配合各类第三方征信、人行征信、支付数据等大数据，信托公司可以对小微企业客户进行信用评估、风险定价，从而为其提供信贷支持，以实现信托金融提供普惠金融服务的功能。

第三类是“B＋C模式”。所谓的“B＋C模式”是指信托公司通过个人消费金融业务对于C端进行服务，间接掌握B端相关客户信息，积累交易信息，逐步培育对于B端的风险控制能力。例如信托公司向自然人提供车辆消费贷，在此过程中间接掌握经销商分期出售车辆的数量、价格等信息，信托公司可以通过这些信息对于经销商的情况进行评估，从而判断是否可向经销商提供融资服务。“B＋C模式”目前主要运用于农业、汽车以及租房等领域。

6.5 信托服务中小微企业展望

2019年，信托行业将继续在监管外驱力和转型内驱力的双重作用下，继续加速回归“受人之托、代人理财”的本源。从外部来看，资管新规等一系列监管政策的出台从顶层设计的角度给信托行业未来的发展指明了方向。资管新规的适用范围被明确限定为资金信托而非公益信托、家族信托等信托本源业务，对事务管理类信托区别对待，鼓励信托资金投向实体经济而非监管套利，强调主动管理，打破刚性兑付，这些都为信托行业回归本职功能、提高主动管理水平、服务实体经济尤其是中小微企业提供了助力。从内部来看，许多信托公司在行业整体景气度下滑的环境下，主动转型，利用供应链金融、“场景＋大数据”以及“B＋C模式”等新的业态，提高了核心竞争力，顺应监管要求与时代发展的趋势，实现可持续健康发展。

伴随着通道业务的逐步收缩，未来信托行业必然会走上强化主动管理能力的转型道路，而服务中小微企业正是主动管理型信托的一片蓝海。“短、小、频、急”的特殊性质，加上普遍缺少征信信息和足够的抵押物、没有地方政府或大企业为其担保、缺少完善的会计体系与财务报表等缺点，使得过去中小微企业一直不被金融机构重视。而信托行业作为资管行业的主力军，受到的限制相对商业银行宽松，可以发挥自身具有的灵活性特点，借助新型的业务模式和技术手段，降低信息的获取成本，打破资金供求双方的信息不对称问题，减轻中小微企业信贷中的道德风险；同时发挥自己的相对优势，打通资本市场、货币市场和信贷市场，完成银行等传统金融机构触碰不到的领域，通过资产证券化等手段，在符合监管要求与风险管理要求的条件下，为中小微企业的融资提供积极助力。

7

融资租赁：降速增长下寻转型

2018 年，中国融资租赁行业增长速度明显放缓，为 2006 年以来最低值。2018 年上半年，信用环境和融资环境趋紧，违约事件频发；下半年政策导向由“去杠杆”向“稳杠杆”转变，融资租赁公司融资压力稍解。随着租赁业统一监管政策的落地和会计准则即将发生重大变化等因素的影响持续深入，融资租赁行业内业务规模增速放缓，但大多龙头企业仍保持了增长趋势，行业内竞争趋于两极分化。一直以来，中小微企业成长都面临着融资渠道不畅，融资成本过高等问题，随着监管层对中小企业融资的支持政策持续加码，融资租赁公司在服务中小微企业方面将得到进一步提升。

7.1 租赁行业扩张持续放缓，融资租赁行业回归本源

2018 年，中国融资租赁行业延续了 2017 年的发展势头，但增长速度进一步放缓，为 2006 年以来最低值。行业企业数（不含单一项目公司、分公司、SPV 公司和收购海外的公司）共计 11777 家，同比增长 2101 家，增长率为 21.71%；注册资本 32763 亿元，同比增长 432 亿元，增长率为 1.34%；合同余额共计 66500 亿元，同比增长 5700 亿元，增长率为 9.38%。相较于 2017 年全行业情况而言，企业数量、注册资本和合同余额增速进一步放缓，融资租赁公司经历着前所未有的变革，寻求转型升级，稳健发展成为 2018 年融资租赁行业的主题。

7.1.1 行业增速创造新低，外资租赁增幅严重下滑

截至 2018 年底，全国融资租赁企业总数为 11777 家，比上年增长 21.71%。其中，外资租赁公司数量 11311 家，增幅 21.3%；内资租赁公司数量 397 家，增幅 41.8%；金融租赁公司数量与 2017 年相同，维持在 69 家（见图 7-1）。外资租赁公司数量增速不断下降，内资租赁公司数量增幅进一步扩大。

图7－1 三类融资租赁公司数量及年增长率（2014—2018年）

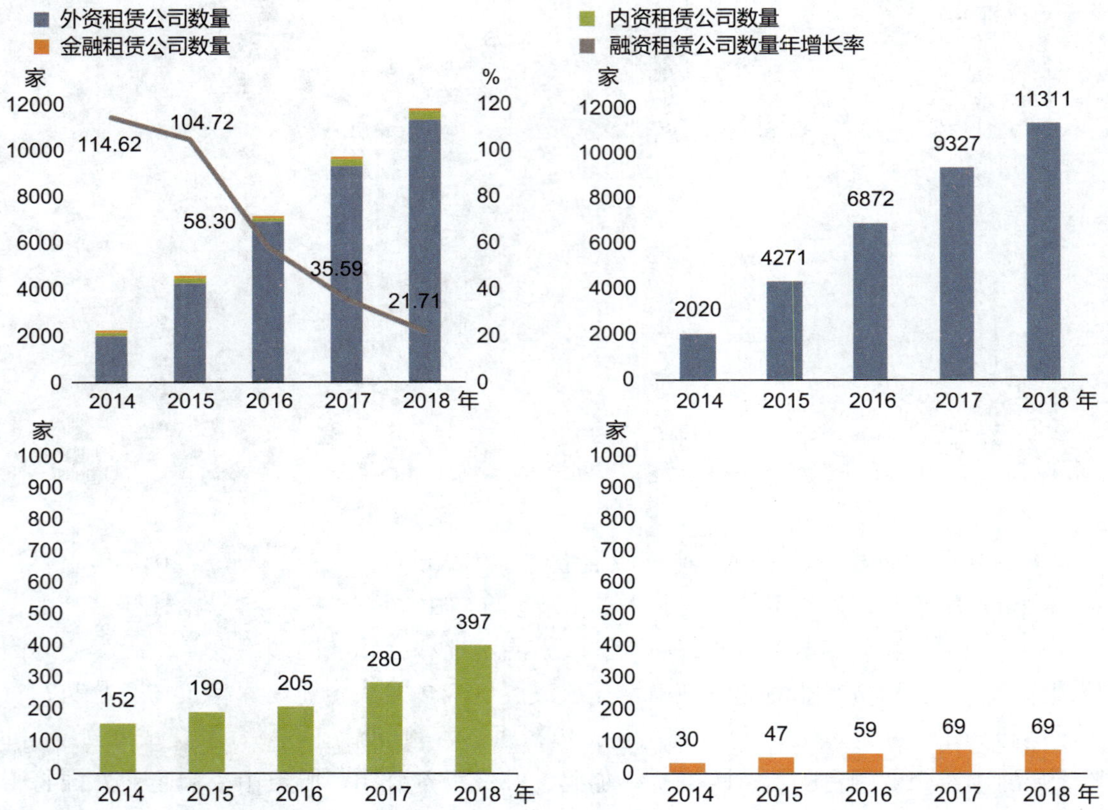

资料来源：Wind资讯。

2018年融资租赁行业扩张速度放缓在企业注册资本规模方面体现得淋漓尽致。截至2018年底，全国融资租赁公司累计注册资本32763亿元，增幅仅为1.34%。其中，金融租赁公司累计注册资本2262亿元，增幅14.59%；内资租赁公司累计注册资本2117亿元，增幅2.92%；外资租赁公司累计注册资本28383亿元，增幅0.29%。相比较2017年金融租赁、内资租赁、外资租赁累计注册资本增速的17.08%、44.86%、24.65%，外资租赁公司累计注册资本增速减缓尤为明显，仅为2017年的1%左右。

在行业开启“严监管”，竞争压力增加等因素的影响下，融资租赁合同余额增速进一步放缓。截至2018年底，全国融资租赁合同余额约6.65万亿元，增幅9.38%。其中内资租赁合同余额约2.08万亿元，增幅10.64%；金融租赁合同余额约2.5万亿元，增幅9.65%；外资租赁合同余额约2.07万亿元，增幅7.81%。无论是在注册资本还是在合同余额方面，外资租赁增速都大幅度下降，并首次成为三者中的最低值，外资租赁的缓慢发展是影响融资租赁行业增幅下降的重要原因。

图 7－2 三类融资租赁企业注册资本及年增长率（2014—2018 年）

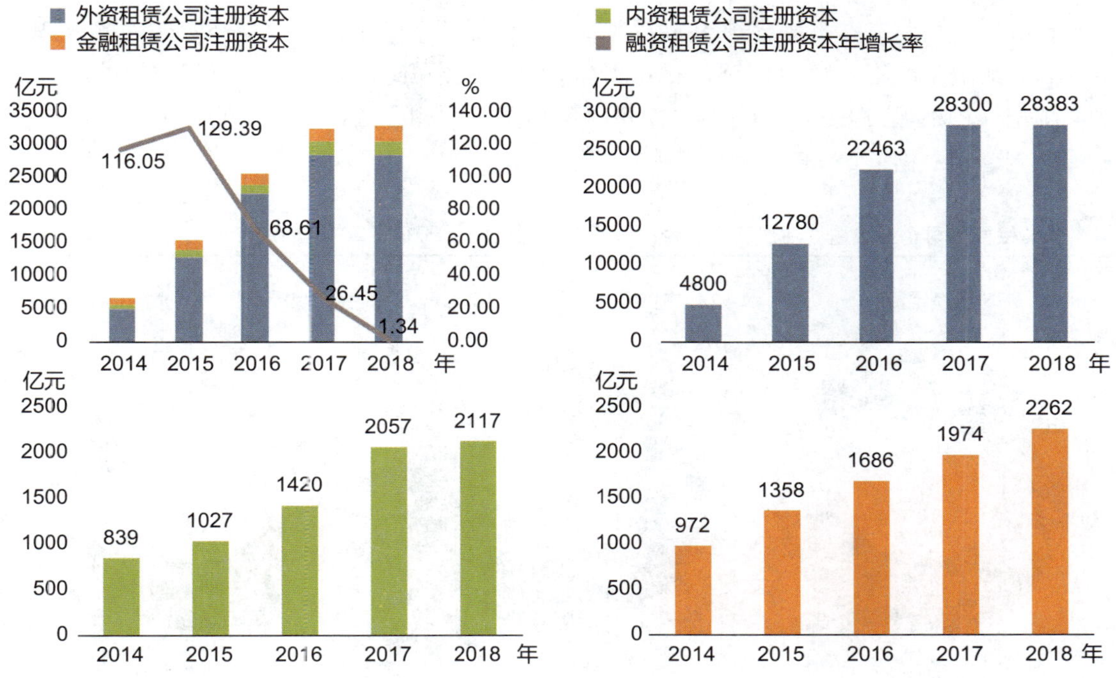

资料来源：Wind 资讯。

图 7－3 三类融资租赁企业合同余额及年增长率（2014—2018 年）

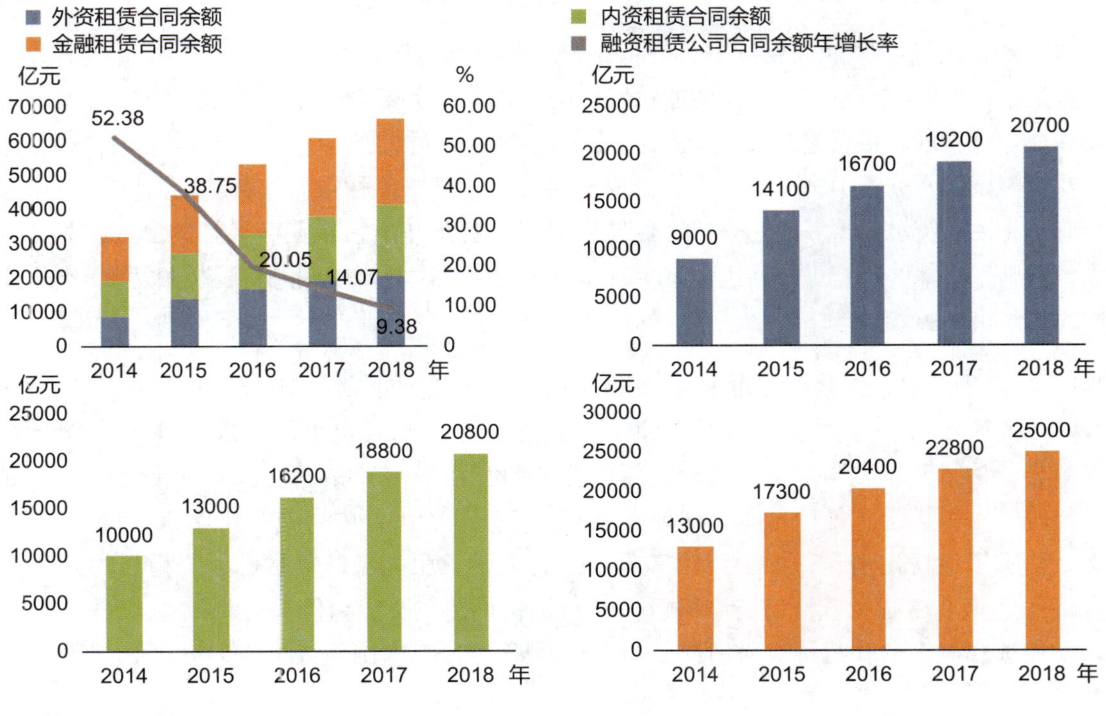

资料来源：Wind 资讯。

三类融资租赁公司的数量、注册资本和合同余额占行业总体的比例与2017年相比变化不大。外资租赁公司的数量、注册资本占比分别为96.04%和86.63%，合同余额占比为31.13%；内资租赁公司的公司数量和注册资本占比分别为3.37%和6.46%，合同余额占比31.28%；金融租赁公司的公司数量和注册资本占比分别为0.58%和6.91%，合同余额占比37.59%。较为明显的趋势是外资租赁的三项指标均小幅回落，此外，尽管内资融资租赁公司和金融租赁公司的数量和注册资本占比较小，但两者合计占据了68.87%的市场业务。

图7-4　三类租赁公司企业数量、注册资本、合同余额占比对比图（2017—2018年）

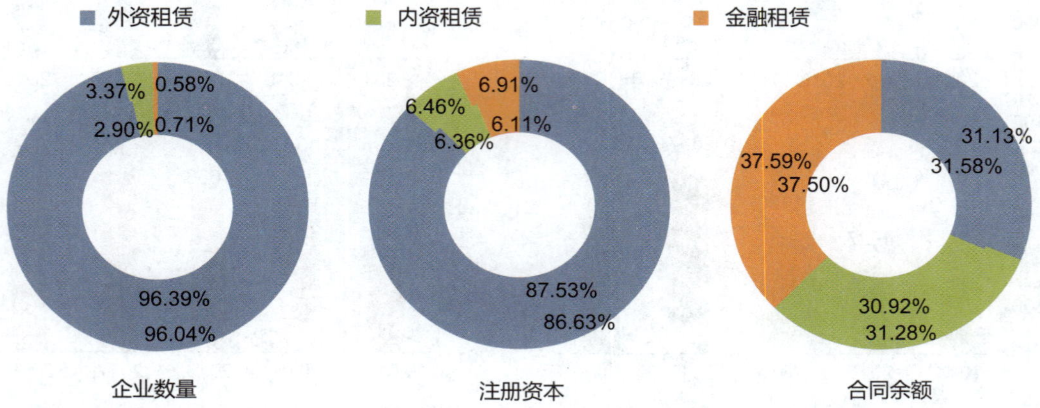

注：内环为2017年占比数据，外环为2018年占比数据。

7.1.2　行业统一监管政策落地，推动融资租赁行业回归

自2017年以来，融资租赁行业一直处于监管逐渐趋严的状态。2018年5月14日，融资租赁行业正式迎来统一监管的变革。商务部流通业发展司发布《商务部办公厅关于融资租赁公司、商业保理公司和典当行管理职责调整有关事宜的通知》，将制定融资租赁公司、商业保理公司、典当行业务经营和监管规则职责划给中国银行保险监督管理委员会（以下简称银保监会），自4月20日起，银保监会履行相关职责。值得一提的是，银保监会的统一监管并不意味着直接监管，而是负责制定经营和监管规则，具体的监管工作将由地方金融监管局负责。由此，中国融资租赁长达40年的分头监管体制宣布结束。

2018年12月7日，财政部发布了关于修订印发《企业会计准则第21号——租赁》（以下简称新租赁准则）的通知①，进一步完善我国企业会计准则体系，同时也更真实地反映企业资产负债情况，提高会计信息质量和防范化解风险。新租赁准则在租赁定义和识别、承租人会计处理方面作了较大修改，出租人会计处理基本延续现有规定。其修订的主要内容有如下四点：1. 完善了租赁的定义，增加了租赁识别、分拆、合并等内容；2. 取消承租人经营租赁和融资租赁的分类，要求对所有租赁（短期租赁和低价值资产租赁除外）确认使用权资产和租赁负债；3. 改进承租人后续计量，增加选择权重估和租赁变更情形下的会计处理；4. 丰富出租人披露内容，为报表使用者提供更多有用信息。

① 财政部会计司有关负责人就新租赁准则发布实施答记者问，财政部，2018-12-24。

新租赁准则的实施对出租人和承租人都产生了巨大的影响，尤其是对于承租人而言，无论是经营租赁还是融资租赁（除了短期租赁和低价值资产租赁之外），承租人都需要进表，这将使得资产负债率大幅提高。据普华永道年度调研，新租赁准则出来后承租人的负债率会提升 22% 左右。另外，由于租赁资产要作为使用权资产入表，总资产增加了，评价经营能力的总资产周转率也会下降，财务指标的恶化会导致承租人融资能力下降或者融资成本上升，进而导致企业利用租赁来提高自己融资能力的空间被挤压。对出租人而言，新租赁准则的影响主要体现在融资租赁交易失去了表外融资的功能，会使得融资租赁交易在某些业务中失去竞争力。

在“严监管”背景下，融资租赁行业的透明度不断增加，空壳化现象得到改善，融资租赁行业逐渐回归本源。尤其是空壳化现象最严重的外资融资租赁公司方面，情况也有所好转。此外，2018 年有 6 家金融租赁公司收到 7 笔银保监会罚单，处罚金额累计达 455 万元。从中可以看出，审慎经营是监管重点，这也给金融租赁公司敲响了警钟，必须在合规经营、风险管理等方面提高重视程度。

7.2 中小微企业融资租赁成为创新风向标

由于越发严峻的监管环境和中国复杂的经济形势，2018 年中国融资租赁行业发展速度明显放缓，在融资和监管的双重压力下，融资租赁公司不断探索着新型业务模式：专业化、特色化的业务模式逐渐替代原本粗放式的经营模式。作为为我国贡献了 50% 以上的税收、60% 以上的 GDP、90% 以上的企业数量的中小微企业，成为融资租赁公司新的发力点。

2018 年 5 月，人民银行、银保监会等五部门联合印发《关于进一步深化小微企业金融服务的意见》，从货币政策、融资渠道、财税激励、普惠金融、优化环境等方面提出 23 条意见，为精准发力、缓解小微企业融资难融资贵提供有效方针。此外，9 月以来，人民银行连续两次召开专门会议，研究改进民企融资服务、支持民营经济发展的相关问题。一系列政策红利的释放，让中小微企业金融服务得到进一步的重视。

针对中小微企业融资面临的“风险高”等问题，融资租赁公司以租赁物控制风险，具有服务中小微企业的天然优势。具体而言，融资租赁的业务模式主要分为直租和回租两种。直租模式是租赁公司从供货商手中购买租赁资产，然后出租给融资租赁客户使用。回租模式是租赁公司从运营商手中购买他们已经在使用的产品，然后再回租给他们使用并收取租金。相较而言，售后回租对租赁公司简单、容易操作、风险小，新租赁公司一般都从售后回租开始发展。然而直租对于租赁公司来说，要求更高、利润更高、所起作用更大，是融资租赁公司真正的业务，在成熟市场中，融资租赁的主要模式就是直租。但事实上，中国租赁公司从 2013 年左右才真正大规模开展直租业务，并且在中国市场上融资租赁售后回租的比例远远超过直租的比例。就中小微企业而言，直租业务才是真正能够解决融资问题的融资租赁业务，各类融资公司需要调整两种业务模式的比重，才能更好地服务中小微企业。

根据股东类型的不同，我国融资租赁企业可以分为：银行系、厂商系和第三方融资租赁公司。银行系融资租赁公司是指以银行为主要股东设立的租赁公司，通常为银保监会审批和监管的金融租赁公司。由于其强大的资金实力，银行系金融租赁公司以经营资金需求大的行业和资金批发式业务为主，较少服务于中小微企业。厂商系融资租赁公司的股东主要为设备生产厂商，以促进厂商设备销售为主要目的，以厂商的下游客户为主要服务对象。第三方融资租赁公司是非银行或厂商背景的第三方股东成立的租赁公司，通常专业性较强，专注于一个或几个行业。[①]

2018 年，厂商系和独立第三方融资租赁公司仍然是服务中小微企业的主力，但银行系融资租赁公司也在逐渐发力，不断提高直租比例，其中服务中小微企业的代表有江苏租赁、苏银租赁等。厂商系和独立第三方融资租赁公司方面，远东宏信、君创国际、海通恒信等开始布局中小微市场，平安租赁、渤海租赁、仲利国际、狮桥租赁等早已进军中小微企业，形成自己的产业特色并取得了良好的经营成果。

7. 2. 1　厂商系融资租赁公司服务中小微企业

厂商系融资租赁公司的主要服务对象是厂商的自有客户，融资租赁的标的物主要为厂商生产的设备，租赁方式以直租为主。厂商的客户群体中很大一部分是中小微企业，厂商拥有广泛的客户群体，且对于客户群体的偿债能力和资信状况具有信息优势，从而在中小微企业融资租赁的风控方面具有一定的比较优势。此外，厂商在收回的融资租赁设备的处置方面具有比较优势。当承租人发生违约，厂商收回设备时，可以在其客户群体中有效地实现设备的转让和资金的退出。其劣势在于难以获得稳定且低成本的银行贷款，且厂商系融资租赁公司主要为服务于母公司的设备销售建立，因而业务模式和租赁资产比较单一，受到母公司的限制较多。业内具有代表性的公司有中联重科、徐工租赁、西门子租赁等。

中联重科融资租赁有限公司的母公司是中联重科股份有限公司，主要从事工程机械、环卫机械、农业机械的研发制造。中联重科融资租赁有限公司服务于母公司的设备销售，母公司客户的付款方式包括一般信用销售、按揭贷款和融资租赁三种方式。2018 年母公司通过融资租赁方式实现的工程机械销售收入为 69. 63 亿元，占母公司全年工程机械板块收入的 26. 06%，无论是在融资租赁销售收入（2017 年为 20. 40 亿元）还是在占比（2017 年为 11. 38%）方面，均有明显提升[②]。徐工租赁母公司为徐工集团工程机械股份有限公司，主要从事工程机械的研发、制造和销售，销售模式有全额付款、按揭贷款、融资租赁和分期付款。2018 年母公司通过融资租赁模式实现的销售金额为 58. 15 亿元，占母公司全年营业收入的比例为 13. 09%。[③] 可以看出，厂商系融资租赁公司在融资租赁业务上拥有天然的优势，能够稳定有效地服务中小微企业。

此外，厂商系融资租赁公司在设备回收方面和风险控制的比较优势上持续发力。中联重科 2018 年发布面向工程机械用户的租赁业务管理应用“智租”，利用工业互联网降低融资租赁业务风险，提高效率；徐工租赁通过接入人民银行征信系统，实现了对于客户信用状况更深入地了解，有利于控制融资租赁业务的信用风险，降低坏账水平。融资租赁公司制定完善的风控策略，经营好风险，将能够更好地服务中小微企业。

---

① 不同的股东背景决定了第三方融资租赁公司实力和业务领域的多样性。业内存在大量的以从事通道业务为目的设立的第三方融资租赁公司，它们不具有良好的发展前景。本部分主要关注以实现母公司战略转型或产融结合为目的，实质上从事融资租赁业务的第三方融资租赁公司。

② 《中联重科股份有限公司 2018 年年度报告》。

③ 《徐工集团工程机械股份有限公司 2018 年年度报告》。

7.2.2 第三方融资租赁公司服务中小微企业

第三方融资租赁公司受到约束较少，通常能够开展多样化的业务，其服务对象包括大型公司和中小微企业，并且是中小微企业重要的租赁资源。第三方融资租赁公司通常在工程机械、基建、医疗、工业装备等领域提供直租和回租服务，实现与其他金融机构的差异化竞争并为股东带来盈利，其提供的特色化的服务，能够满足客户多样化的需求，具有创新优势。第三方融资租赁公司的劣势在于：相比于银行系融资租赁公司，融资成本相对较高；相比厂商系融资租赁公司，缺少固有的客户群体，关于客户信用的信息量较少。业内具有代表性的公司有狮桥租赁、远东宏信、渤海租赁、仲利国际等。

第三方融资租赁公司拥有庞大的资产规模和资金优势，再加上其受到约束较少，若能在中小微市场深耕，将会对中小微企业“融资难”问题起到缓解作用。以业内龙头企业远东宏信为例，截至2018 年末，远东宏信资产总额超过2659 亿元，较年初增长约16.9%，资产规模在第三方融资租赁公司中位列第二。远东宏信在医疗、包装、交通、建设、工业装备、教育等多个领域，开展包括金融服务、产业投资、工程服务等产业综合运营服务，2018 年全年实现收入总额253.79 亿元，同比增长35.1%，年内溢利43.88 亿元，同比增长28.7%。[①] 在融资租赁行业整体发展速度降低的情形下远东宏信仍然保持了高速的增长，此外，远东宏信工业与装备事业部开始组建自己的中小企业客户开发团队，这标志着公司将正式进军中小企业融资租赁市场。中小微企业融资租赁市场成为创新风向标。

一些已在中小微企业融资租赁市场深耕多年的第三方融资租赁公司则力图在原有融资租赁业务的基础上实现价值链的延伸，针对不同客户的特点创新服务模式，更好地为中小微企业服务。仲利国际租赁有限公司成立于2005 年，是台湾上市公司中租控股的全资子公司，其市场定位是服务于制造加工类的中小微客户。2017 年，仲利国际客户数量15948 个，其中融资额在500 万元以下的存续客户占比为93.75%，涉及金额占比为82.90%，分别较2016 年上升1.36 个百分点和1.58 个百分点。[②] 截至2018 年第三季度末，仲利国际总资产逾258.47 亿元，净资产收益率达到26%以上。中关村科技租赁主要服务于科技型中小微企业，重点布局大数据、大环境、大健康、大智造等高精尖产业，成立六年来已累计服务企业480 余家，达成合作项目1000 余个，实现融资租赁投放额140 余亿元。随着新经济的发展以及科技型中小微企业的增长，中关村科技租赁采取专业化、投行化、智能化的新型融资租赁模式，为科技型中小企业提供更为高效的金融服务和设备租赁综合解决方案。

专题7－1 狮桥租赁——一家专注于中小微企业的融资租赁公司

狮桥融资租赁（中国）有限公司（以下简称狮桥租赁）是一家立足于服务中小微企业的外商控股融资租赁公司，成立于2012 年，初始注册资本0.10 亿美元，2018 年末注册资本增至3.38 亿美元。狮桥租赁致力于以技术驱动、联结共生，提升商用车全周期多场景价值，经过6 年的努力开拓，狮桥租赁现已建立起以商用车为中心，围绕商用车司机和车主、经销商、金融机构、物流公司货主的健康生态体系。

① 《远东宏信有限公司2018 年年度报告》。

② 《仲利国际租赁有限公司2015 年第一期中期票据跟踪评级报告》。

狮桥租赁现有员工约2000人，业务范围涵盖全国30个省级行政区的700余个县级市，此外，狮桥租赁拥有超过7000多家商用车经销商、运输公司、物流公司合作伙伴，以及近20万名车主用户。截至2018年末，狮桥租赁资产总额为170.39亿元，较2017年末增长11.52%；净资产为26.27亿元，较2017年末增长30.83%；实现营业收入17.10亿元，同比增长11.09%；净利润2.03亿元，同比增长31.07%。服务小微方面，狮桥租赁在过去6年中融资和服务支持了近14万名商用车司机和个体车主，平均融资额低于30万元，成为行业内支持实体经济、践行普惠金融的表率，获得2018年“年度最佳普惠金融服务奖”①。

■ 专注商用车业务，建立行业新模式

2018年1月15日，狮桥租赁正式退出乘用车领域，转而将全部资源投入到商用车业务中，并发展成为中国领军的商用车智慧服务平台。6月，狮桥租赁发布“一二三四”战略，即围绕一个定位（中国领军的商用车智慧服务平台）、两个基础（移动互联技术和大数据风控技术）为四大相关方（车主、经销商、货主、金融机构）提供三种业务服务即车贷金融、车后服务、域配和干线物流。通过这一模式，狮桥租赁不断拓展商用车全产业链条，力图打造一个基于商用车全生命周期的智慧金融和服务平台，为中小微企业提供更加丰富的服务。

■ 完善风险管理制度，具备较强风控能力

狮桥租赁制定和施行了包括《客户准入管理办法》《承租人信用评分表》《结清管理办法》《分级风控管理办法》《融资租赁业务续保管理办法》等具体的管理制度和操作方法，基本覆盖了风险管理的各个方面，为公司防范和控制风险提供了有效支撑。② 此外，狮桥租赁建立了基于狮桥数据、人行征信、三方数据的信用评级模型，覆盖融资租赁业务全部流程，以防范客户的道德风险；同时狮桥租赁还建立了先进的车辆监控系统，监控、收集和分析车辆运行数据，以防范客户的运营风险。完善的风险管理制度和较强的风控能力帮助狮桥租赁更好地服务中小微企业。

■ 信用评级稳定，融资渠道广泛

狮桥租赁在商用车融资租赁业务中深耕多年，现已发展成为中国最大的第三方商用车金融公司，国际评级机构穆迪和惠誉分别维持对狮桥租赁B1和B+的评级，展望稳定；大公国际资信评估有限公司对狮桥租赁及“16狮桥债”信用等级均维持AA，展望稳定。上述评级体现出三家评级机构对于中国商用车领域的乐观态度以及对狮桥租赁业务发展和风控能力方面的认可。此外，狮桥租赁具有丰富的融资渠道，在资金支持方面具有优势。狮桥租赁融资渠道包括发行债券，银行贷款、非银行金融机构贷款、委托贷款等方式，除此之外，狮桥租赁背后最终控制人贝恩资本实力强劲，再加上其在2018年6月获得百度和阳光融汇资本的10亿元战略投资，狮桥租赁资本实力显著增强，信用风险平衡。

7.3 融资租赁资产证券化微增，金租公司偏好金融债

2018年融资租赁资产证券化发展速度进一步下降，全年租赁公司发行ABS/ABN达138笔，发行

① 《狮桥融资租赁（中国）有限公司2018年年度报告》。

② 《狮桥融资租赁（中国）有限公司主体与相关债项2018年年度跟踪评级报告》。

总额为1581.48亿元，较2017年增长8.10%，增速为五年来最低值。此外，2018年租赁ABS发展还呈现出“两极分化”的情形：租赁企业ABS/ABN发展迅速，租赁信贷ABS则发行惨淡。具体来看，租赁企业ABS共发行106笔，占发行总数的76.81%。同比增长41.33%，发行金额为1191.29亿元，同比增长43.70%；租赁ABN发行31笔，占发行总数的22.46%，同比增长82.35%，发行金额为371.68亿元，同比增长28.94%；租赁信贷ABS发行1笔，占发行总数的0.73%，较2017年下降90.91%，发行金额为18.51亿元，较2017年下降94.65%。①

图7－5　租赁ABS发行规模及增长率（2014—2018年）

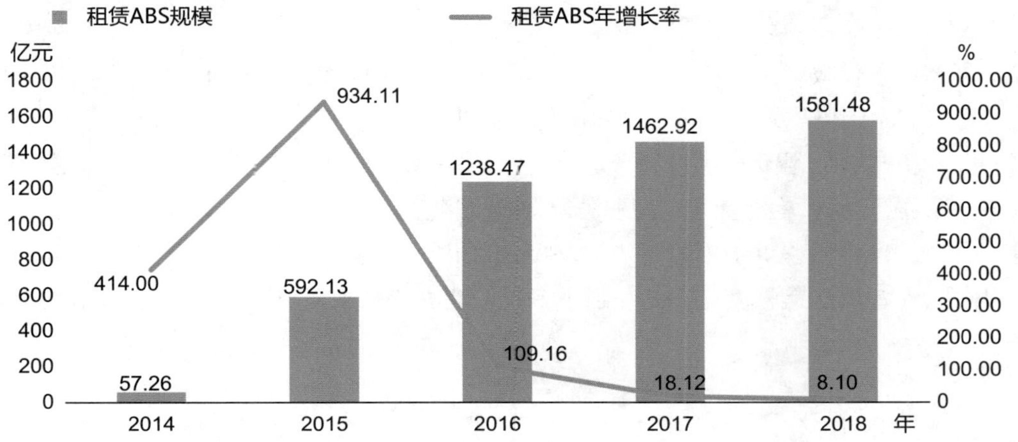

资料来源：Wind资讯。

金融租赁公司在放弃发行利率较高的租赁信贷ABS的同时把目光转向了成本更低的金融债。2018年，租赁金融债发行30只，发行金额累计903亿元，同比增长73.99%。从利率方面来看，三年期AAA级租赁金融债加权平均发行利率为4.61%，相比2017年的4.64%下降3个基点，相比同年租赁信贷ABS优先A级发行利率6.25%下降164个基点②。此外，从评级来看，租赁金融债评级普遍较高，债券评级为AAA级的有28只，占发行总数的93.33%，其余均为AA+级评级。

值得一提的是，2018年租赁公司债发行规模四年来首次下降。2018年，租赁公司债共发行52笔，发行规模为506.42亿元，同比下降3.72%，加权平均利率为6.13%，同比上升61个基点③。从2018年租赁ABS、租赁金融债、租赁公司债的发行可以看出，2017年“去杠杆”的宏观政策带来的影响延续到了2018年上半年，再加上行业监管趋严带来了更高的融资难度，直到下半年“去杠杆”转为“稳杠杆”，融资成本才有所下降。租赁金融债的发行利率很好地反映了这一现象：第四季度加权平均利率为4.26%，相比第二季度的5.31%下降了105个基点。

通过资产证券化，融资租赁企业可以有效开辟新的融资渠道、降低综合负债成本、优化财务报表以及形成轻资产转型，同时融资租赁资产证券化也在一定程度上帮助中小微企业获得了更广泛的租赁服务。专注服务中小微企业的狮桥租赁2018年共发行6笔ABS，发行总额达到了81.69亿元，

① 资料来源：Wind资讯。

② 资料来源：2018年年度盘点，零壹租赁智库，2019－01－08。

③ 资料来源：2018年年度盘点，零壹租赁智库，2019－01－02。

而截至2018年底，狮桥租赁共发行13期ABS和1期ABN，募集资金达150.64亿元。可以看出，仅2018年全年发行金额就占到总量一半以上，狮桥租赁在商用车领域已经进入快车道，未来将能够为更多中小微企业提供更优质的服务。此外，还有很多融资租赁公司发行资产证券化产品来服务中小微企业：早已在中小微市场深耕多年的平安租赁2018年发行两笔小微租赁ABS，发行金额达20亿元；海通恒信租赁发行“海通恒信小微1号资产支持专项计划”，发行总额为10亿元，这是国内首单储架式小微融资租赁资产证券化产品；致力于服务科技型中小企业的中关村科技租赁发行第三期资产支持专项计划，募集资金6.81亿元。

从这几年融资租赁资产证券化发展趋势和金融环境上看，未来租赁ABS会继续保持稳定上升。2018年2月9日，上交所、深交所和报价系统联合发布《融资租赁债权资产支持证券挂牌条件确认指南》和《融资租赁债权资产支持证券信息披露指南》。新规对租赁ABS的入池基础资产要求、基础资产转让要求、原始权益人、管理人等作出了详细规定，进一步规范租赁ABS产品的发行。2018年4月27日，人民银行、银保监会、证监会、外汇局联合发布了《关于规范金融机构资产管理业务的指导意见》，各类金融机构的资产管理业务需要全面覆盖、统一规制。挂牌确认指南和信息披露指南为租赁公司的ABS业务提供了更为明确的方向，为租赁公司的结构化融资提供了更好的制度支持；资管新规引导租赁ABS迈向标准化。站在当下，我们能够预测未来租赁ABS将会迈入稳定、规范的发展道路。

7.4 融资租赁违约集中爆发，租赁公司风控有待加强

在“强监管”和“去杠杆”的大环境下，企业融资渠道受限，导致原本就紧绷的资金链面临着断裂的风险。截至2018年12月25日，年内违约债券数量达到117只，较2017年增长234.29%，违约金额上升至1152.01亿元，较2017年增长241.35%。此外，在这次债务违约潮下，至少有29家企业发生融资租赁逾期，超过百家融资租赁公司受到牵连，融资租赁公司风控能力亟待加强[①]。

从公司业务领域来看，此次融资租赁违约主要涉及新能源、环保、能源、医疗、房地产等领域；从违约发行人来看，国企、民企均牵涉其中，上市公司和民企的数量增长尤为明显。关于此次违约爆发原因，宏观环境、行业特点、微观项目等问题是此次融资租赁违约集中爆发的原因。宏观环境方面，经济周期下行，经济结构调整下产能更新换代，宏观监管政策趋严，企业融资环境更加复杂困难；行业原因方面，租赁行业处于去产能、去杠杆的行业衰退期，租赁行业仍以传统信贷补充产品为主，直租回租比例不协调，租赁市场不成熟；微观项目方面，承租人合规合法性存在问题，租赁款、租赁标的物追踪管控失效，租赁公司内部管控措施存在漏洞等。

为了防范融资租赁公司再次踩雷，加强风控，增强抗风险能力是融资租赁公司进一步经营发展的根本。尤其是对于信息不对称、信用风险较大的中小微企业，融资租赁公司要确定好风控策略。具体而言，融资租赁公司要提升自身大数据技术、物联网技术，积极和第三方机构开展合作，利用好租赁平台，在此基础上对于承租人背景调查要详细深入，对于承租人融资用途要跟踪掌握。只有做好风控，融资租赁公司才能深入中小微市场发展，提升企业服务中小微企业的效率。

---

① 资料来源：2018租赁风险事件盘点，零壹财经，2018－12－28。

7.5 融资租赁服务中小微企业展望

回顾2018年，我们能清晰地感受到国家助力中小微企业发展的决心。在货币政策方面，中国人民银行实施四次定向降准释放中长期资金助力金融机构服务中小微企业；在监管政策方面，完善差异化监管指标，提升金融机构对小微企业的服务意愿和效率；在财税政策方面，财政补贴、税收优惠等政策降低金融机构服务成本、信用风险，提高金融机构服务小微企业积极性。因此，融资租赁作为一种特殊的金融业态，发力服务中小微企业既符合大政方针，又能够为公司带来新的增长点。随着行业监管走向统一和内外部经济环境的变化，融资租赁行业迎来了深度转型调整期，回归融资租赁本源，服务实体经济成为租赁行业发展趋势，展望未来，中小微企业市场将成为租赁公司创新发展的着力点。

然而，应当注意到的是融资租赁行业当前现状仍然是以服务大型企业为主，中小微企业的融资需求还远远未得到满足，租赁公司仍需要继续深耕中小微市场。此外，针对中小微企业信用程度低、资金规模小等问题，融资租赁公司需要制定新的风控策略和评审程序才能促使项目平稳推进，实现租赁公司和中小微企业共同发展。

我们相信，随着融资租赁逐渐回归本源，中小微融资租赁市场的价值将被慢慢发掘，越来越多的融资租赁企业将逐步下沉服务重心，积极开拓中小微市场，为中小微企业提供专业化和特色化的业务服务，融资租赁服务中小微企业将驶入快速发展的道路。

8 小贷：置死地而后生

2018 年，小额贷款行业的整体发展不容乐观，行业主要指标普遍下降，地区发展不均衡。由于外部经济环境下行的压力增大，小贷公司的信用风险快速上升，不良贷款率明显升高。与此同时，来自银行小额贷款业务、P2P 平台与民间借贷等的竞争不断加大，小贷公司的盈利空间被进一步压缩，行业整体营收状况下滑明显。在这样的行业大背景下，部分小贷公司逐渐被淘汰出局，但也有部分小贷公司凭借其更强的风险控制能力与不断的产品与技术创新，在困境中开辟出了继续前行的道路。

8.1 小贷行业发展仍处低位

8.1.1 机构数量和贷款余额下降

2018 年，全国共有小额贷款公司 8133 家，同比下降 4.89%；行业从业人员数为 90839 人，同比下降 12.64%。公司平均从业人员为 11 人，同比下降 8.88%。贷款余额在经历了 2017 年的小幅上升后，回落至 9550.44 亿元，同比下降 2.54%。而小贷行业的实收资本在 2018 年略有上升，达到 8630.20 亿元，同比增长 1.12%（见图 8－1）。

各省机构数量的排名基本维持不变，江苏、辽宁、吉林、广东与安徽的机构数量依然保持在前五名。整体来看，仅有 7 个省市地区的机构数量较 2017 年有所上升。重庆市的净增量最多，2018 年新增 8 家小贷机构。在 24 个机构数量增长率为负的省市地区中，贵州最为突出，增长率为－21.71%（见图 8－2）。

贷款余额排名前五的省市地区为重庆、江苏、广东、浙江与四川，这一排名与 2017 年相同。其中，重庆市的贷款余额从 2017 年的 1467.37 亿元增至 2018 年的 1582.78 亿元，实现了 7.87% 的增长。在所有省市地区中，西藏的增长率最高，达到了 63.73%；贵州的增长率最低，为－16.89%（见图 8－3）。

图 8－1　我国小贷行业机构数量、从业人员数、贷款余额与实收资本（2011—2018 年）

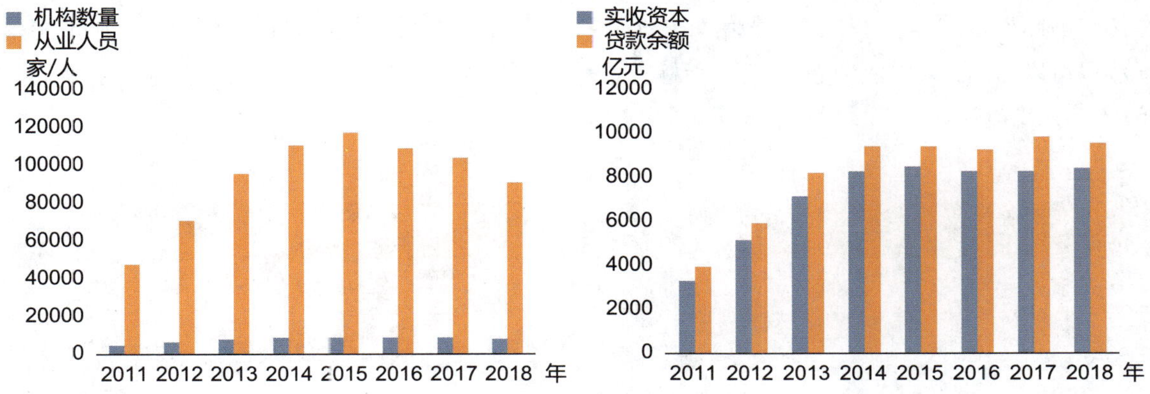

资料来源：中国人民银行《小额贷款公司分地区情况统计表》（2018）。

图 8－2　各省市地区机构数量与增长率比较（2018 年）

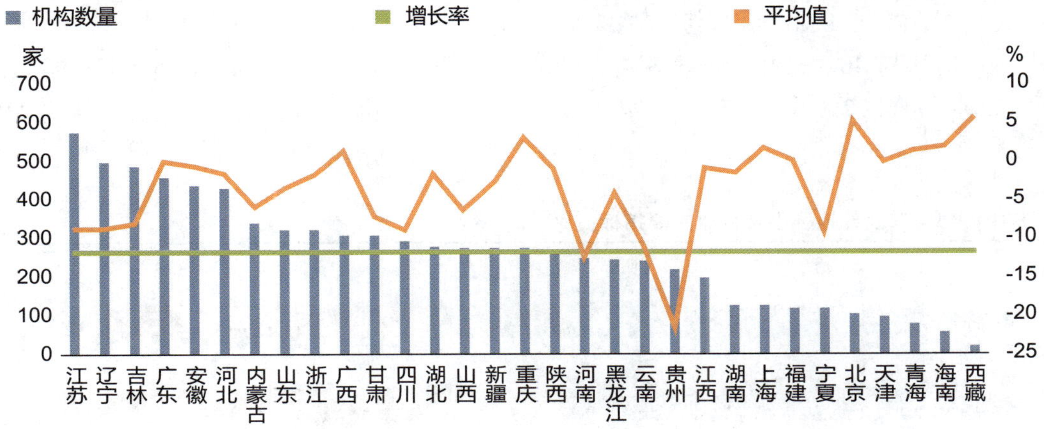

资料来源：中国人民银行《小额贷款公司分地区情况统计表》（2018）。

图 8－3　各省市地区贷款余额与增长率比较（2018 年）

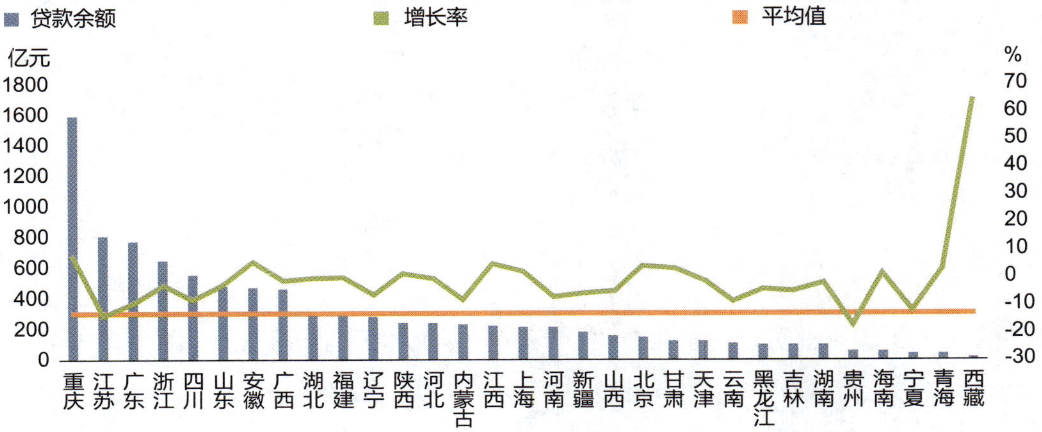

资料来源：中国人民银行《小额贷款公司分地区情况统计表》（2018）。

8.1.2 小贷行业区域发展不均衡

按照地理位置不同，可以将各省市划分为东部、中部、西部与东北部①四个区域。根据2018年统计数据可以看出，小贷行业的各主要指标存在地区差异性。西部拥有数量最多的小贷机构，占比33.67%；东部略次之，为32.03%（见表8-1）。

表8-1 东中西部与东北部地区小贷行业发展状况

	机构数量（家）	从业人员数（人）	实收资本（亿元）	贷款余额（亿元）
东部	2605	32111	3439.82	3822.64
中部	1560	17522	1397.98	1502
西部	2738	31759	2919.05	3722.56
东北	1230	9447	605.94	503.21

资料来源：中国人民银行《小额贷款公司分地区情况统计表》（2018）。

而在从业人员数、实收资本与贷款余额方面，东部都占据了最大的比重，分别达到了35.35%、41.13%与40.03%；西部略次之，分别为34.96%、34.91%与38.98%；中部较少，分别为19.29%、16.72%与15.73%；东北最少，分别只占据了10.40%、7.25%与5.27%（见图8-4）。

图8-4 东中西部与东北部地区小贷行业主要指标占比（2018年）

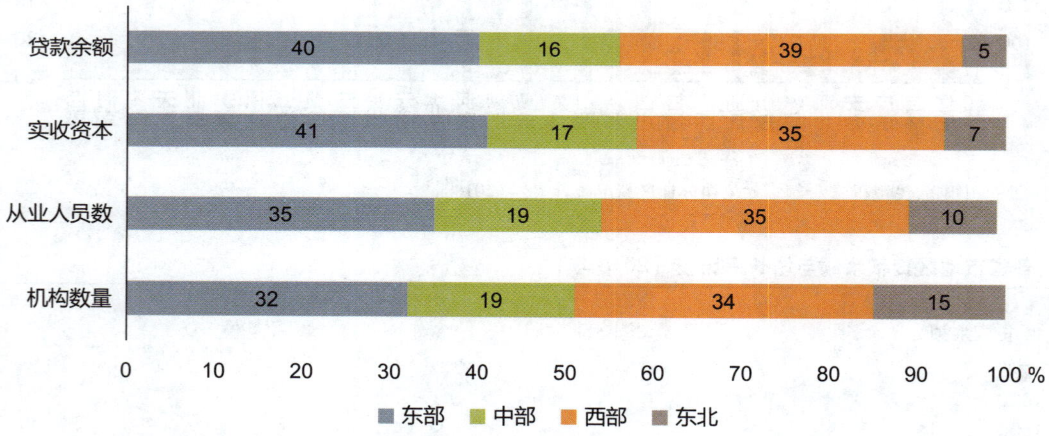

资料来源：中国人民银行《小额贷款公司分地区情况统计表》（2018）。

8.1.3 行业盈利能力减弱

小额贷款公司的主营业务是为小微企业、“三农”、个体工商户等发放贷款，对应的主要收入

① 东部地区是指北京、天津、河北、上海、江苏、浙江、福建、山东、广东和海南；中部地区是指山西、安徽、江西、河南、湖北和湖南；西部地区是指重庆、四川、贵州、云南、西藏、陕西、甘肃、青海、宁夏、新疆、广西和内蒙古；东北部地区是指辽宁、吉林和黑龙江。

来源是由此产生的利息。一方面，利息收入受利率波动的影响较大。随着利率市场化程度不断推进，市场利率有下降的趋势，小贷公司贷款的利率也会在大环境的影响下不断走低。另一方面，小贷公司越来越受到来自商业银行等传统金融机构、民间借贷，以及行业内其他公司等信贷渠道的竞争，出于吸引客户的目的，小贷公司会主动降低贷款利率，通过降息让利的方式留住优质客户。

受到宏观经济不景气的影响，小微企业的经营面临更加艰难的局面，为了降低不良贷款发生的概率，小贷公司提高了贷款者的准入门槛，并严格控制个人或某个小微企业占贷款发放总数的比例，以此来降低信贷风险，因此自身发放的贷款数量普遍下降。

综观2018年小贷行业的发展，可以将营业收入与净利润下降归结为以下几个主要原因：第一，为应对经济下行趋势，小贷公司适度控制放款规模，提高放款质量，导致业务发展规模放缓；第二，信贷资产质量下降，不良贷款大幅增多，同时，小贷公司也会根据贷款风险情况以及相关监管要求增加资产减值损失的计提金额；第三，为吸纳优质客户，小贷公司采取手续费减免措施，同时下调借款利率。

8.1.4 互联网小贷公司发展不容乐观

2017年11月21日，互联网金融专项整治工作领导小组办公室下发《关于立即暂停批设网络小额贷款公司的通知》，各级小额贷款公司监管部门一律不得新批设网络小贷公司。在这一监管要求下，曾一度发展得如火如荼的互联网小贷也不容乐观，2018年全年仅有3家网络小贷公司获批。截至2018年12月底，全国共批设了261家网络小贷公司（含已获地方金融办批复未开业的公司），其中有243家完成工商登记。①

截至2019年5月底，共有14家网络小贷公司披露了2018年的经营业绩，营业收入总计达到6.56亿元。10家网络小贷公司在2018年实现盈利，净利润总计达到2.42亿元，其中净利润超千万元的有8家。爱施德小贷营业收入、净利润均高于其他公司，2018年营业收入和净利润分别为1.45亿元和6227.29万元。而乐云小贷、广州熊猫小贷、君正小贷、钱包小贷4家网络小贷公司则出现亏损，2018年分别净亏损153万元、468.62万元、1387.14万元、2.72亿元。②

8.2 代表性商业性小贷公司发展状况

截至2019年7月1日，共有33家新三板挂牌小额贷款公司和3家港股上市的小贷公司，另有开展小贷业务的港股上市公司翰华金控、金榜集团与中新控股。除了金榜集团以外，其余小贷公司均已发布2018年年报。

2018年，小贷行业的发展仍旧处于低潮中。和信科贷、ST昌信、汇邦小贷、永丰华盛小贷与金长城小贷依次“摘牌”，鑫盛小贷与泰鑫小贷也于第四季度发布了终止挂牌的公告。除此之外，鑫庄农贷、日升昌分别于2018年7月、11月公告摘牌计划，但由于无法与部分股东达成一致意见，还需

① 网贷之家：全国已发261张网络小贷牌照，行业乱象屡禁不止，2019-01-24。
② 网贷之家：小贷行业发展现状（附网络小贷等业绩对比），2019-06-11。

要寻找重启终止挂牌申请的时机。

8.2.1 信贷风险大幅增加

按照担保方式不同，小贷公司发放贷款主要包括信用贷款、保证贷款、抵押贷款与质押贷款。通利农贷、天秦股份、中新控股未公布相关信息，黔中泉、瀚华金控只公布了抵质押贷款的合计情况。已披露详细数据的小贷公司以发放保证贷款为主，新三板挂牌小贷公司保证贷款占全部贷款的平均比重达到了62.48%，保证贷款发放总数同比下降14.15%，其中有10家公司保证贷款发放比重超过90%。港股上市的3家小贷公司保证贷款发放比例分别为：汇鑫小贷41.73%，佐力小贷95.25%，泰和小贷95.23%。其次分别是抵押贷款、质押贷款，占比最少的是信用贷款。相比于2017年，新三板小贷公司发放信用贷款占比的平均值由4.25%增至7.86%，而上市小贷公司发放信用贷款占比的平均值则由4.46%下降至2.28%（见表8－2）。这主要是由佐力小贷大幅减少信用贷款并增加保证贷款所造成的，当信用风险增加时，小贷公司可以通过减少部分信用贷款以提高放贷的门槛和贷款质量。整体来看，小贷公司发放贷款的担保方式依然较为集中。

表8－2　30家新三板小贷公司与3家上市小贷公司发放贷款方式占比（2018年）

贷款类别	新三板挂牌小贷公司			上市小贷公司			
	平均值（%）	最大值（%）	最小值（%）	汇鑫小贷（%）	佐力小贷（%）	泰和小贷（%）	平均值（%）
信用贷款	7.86	62.48	0.00	4.60	2.24	0.00	2.28
保证贷款	67.96	99.51	3.55	41.73	95.25	95.23	77.40
抵押贷款	19.91	92.31	0.00	36.02	2.29	4.77	14.36
质押贷款	4.11	57.46	0.00	17.65	0.23	0.00	5.96

资料来源：新三板挂牌小贷公司年报（2018），港股上市小贷公司年报（2018）。

按照五级分类法，可以将小贷公司发放的贷款分为正常、关注、次级、可疑、损失，后三类即为不良贷款，不良贷款占全部贷款的比重即为不良贷款率。不良贷款会影响小贷公司的正常经营，计提的贷款损失减少当期利润。而对于资本金与经营规模相对小贷公司而言，不良贷款率在短期内大量攀升会给公司的资金流造成较大影响，甚至会直接导致公司破产。

2018年，新三板33家挂牌小贷公司不良贷款率平均值为11.98%，相比于2017年增加4.57个百分点。33家小贷公司中，有25家小贷公司的不良贷款率较2017年有所上升，占75.76%，信贷风险大幅增加，这也是造成小贷公司盈利能力普遍下降的原因之一。

33家小贷公司中，仅有国汇小贷的不良贷款率保持在0，24家小贷公司的不良贷款率小于10%，5家小贷公司的不良贷款率大于20%。其中，日升昌、棒杰小贷、商汇小贷的不良贷款率分别为63.29%、62.37%、58.74%（见图8－5、图8－6）。

图 8－5 新三板挂牌小贷公司不良贷款率对比（2018 年）

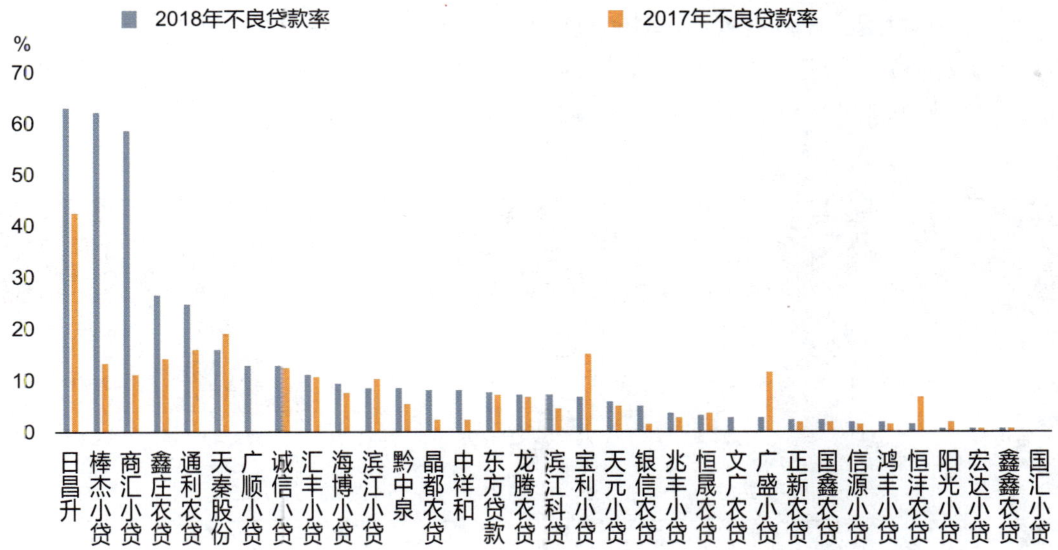

资料来源：新三板挂牌小贷公司年报（2018）。

图 8－6 新三板挂牌小贷公司不良贷款率分布（2018 年）

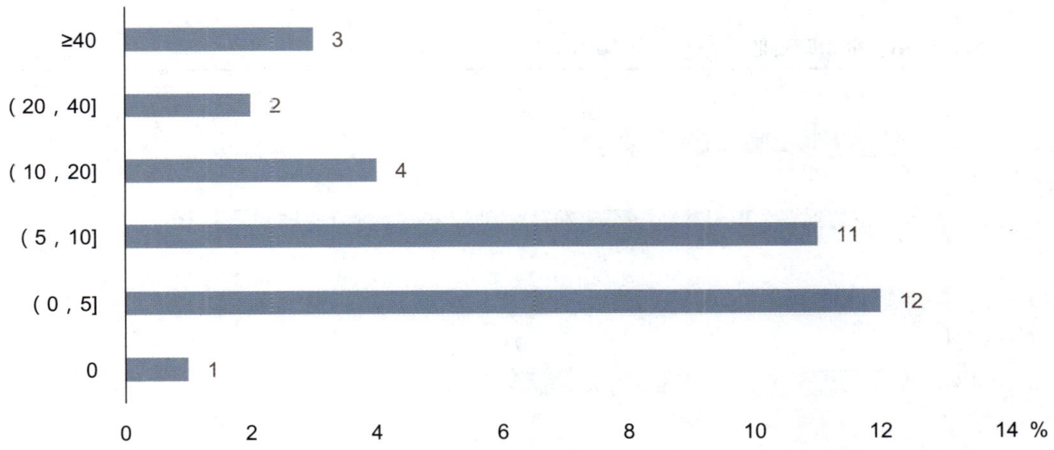

资料来源：新三板挂牌小贷公司年报（2018）。

8.2.2 盈利水平普遍下降

由于利息收入下降、贷款损失准备增多等原因，部分小贷公司的盈利水平遭遇了巨大滑坡。2018 年，新三板小贷公司营业收入继续下降，33 家小贷公司共实现营业收入 12.94 亿元，平均营收 3919.82 万元，同比下降 7.69%。其中，宏达小贷实现营收 1.59 亿元，居新三板挂牌小贷公司之首，同比增长 16.60%。晶都农贷营收垫底，仅实现 596.00 万元，同比下降 31.91%。净利润方面，2018 年新三板上市小贷公司共实现净利润 2.12 亿元，平均净利润 642.36 万元，同比下降 68.65%。

除中新控股外，其他上市小贷公司基本维持了2017年同期的盈利能力，或略有下降。5家已公布年报的小贷公司2018年共实现营业收入46.57亿元，平均营收9.31亿元，同比下降32.07%。共实现净利润负2.08亿元，平均净利润-4166.24万元，同比下降112.22%。这主要是由于中新控股2018年净利润仅为负8.36亿元，拉低了上市小贷公司的平均水平。剔除中新控股后，其余四家小贷公司全年平均实现净利润1.57亿元，同比增长10.81%（见表8-3）。

表8-3　新三板挂牌小贷公司与上市小贷公司的盈利状况（2018年）

	新三板小贷公司				上市小贷公司			
	均值	最大值	最小值	合计	均值	最大值	最小值	合计
营业收入（百万元）	39.20	159.29	5.96	1293.54	931.49	2545.19	108.33	4657.44
营收增速（%）	-5.42	50.44	-95.42	-5.42	-1.75	-32.07	-47.03	-32.07
净利润（百万元）	6.42	101.24	-195.41	211.98	-41.66	328.49	-836.44	-208.31
净利润增速（%）	-68.65	2326.36	-878.44	-68.65	-112.22	50.01	-176.15	-112.22

资料来源：新三板挂牌小贷公司与5家上市小贷公司年报（2018）。

新三板小贷公司2018年营业收入主要聚集在1000万元至5000万元区间，共有5家小贷公司营业收入小于1000万元，另有2家小贷公司营业收入超过了1亿元，分别是实现了1.16亿元与1.59亿元营收的天秦股份与宏达小贷（见图8-7）。

图8-7　新三板挂牌小贷公司营业收入分布（2018年）

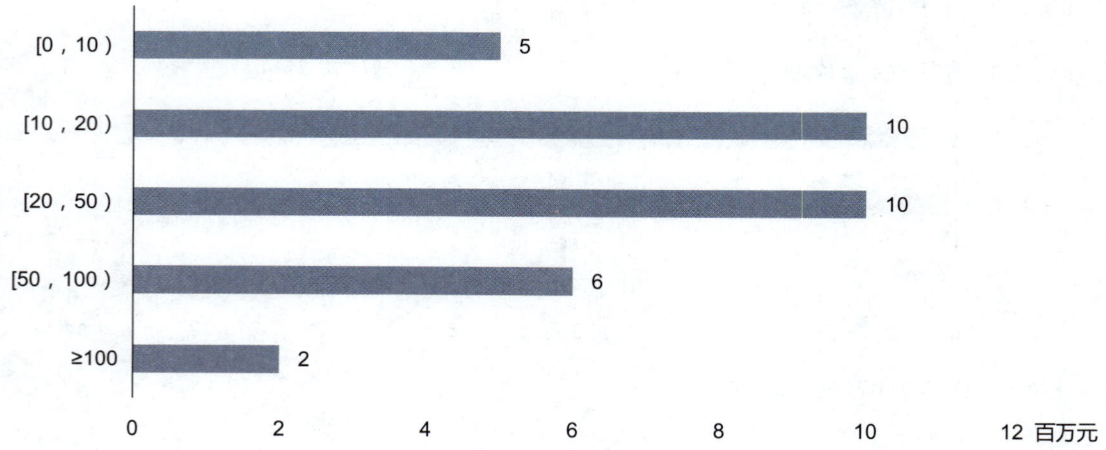

资料来源：新三板挂牌小贷公司年报（2018）。

净利润方面，仅有宏达小贷的全年净利润超过了1亿元，并且有5家小贷公司的净利润为负值，分别是日升昌、棒杰小贷、商汇小贷、通利农贷与阳光小贷。其余小贷公司的净利润主要分布在5000万元以下，这一盈利表现较2017年同期存在明显的下滑（见图8-8）。

综合新三板小贷公司与上市小贷公司的数据，可以观察到整体代表小贷行业发展状况的营业收入增速与净利润增速状况。在统计的38家小贷公司中，17家小贷公司营业收入为负增长，3家小贷公司的营收增速低于50%，分别是商汇小贷、亚阳光小贷与国汇小贷。仅有东方贷款一家小贷公司营收增速超过了 50%。同时，共有 20 家小贷公司的净利润增速为负，商汇小贷净利润增速为 -385.74%。上市小贷公司中，中新控股净利润增速仅为 -176.15%。共有 6 家小贷公司全年净利润增速超过了 50%，其中增速最大的是滨江小贷，达到了 2326.36%（见图 8-9）。

图 8-8　新三板挂牌小贷公司净利润分布（2018 年）

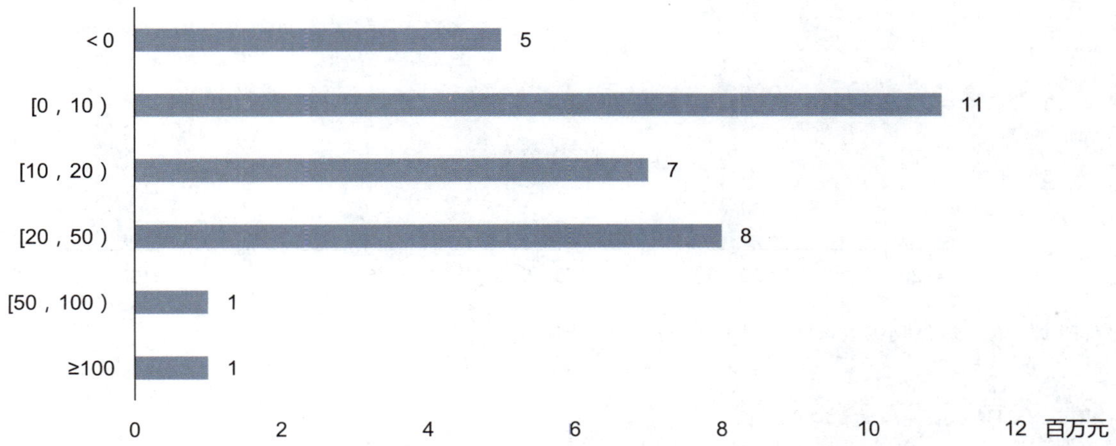

资料来源：新三板挂牌小贷公司年报（2018）。

图 8-9　新三板挂牌小贷公司和上市小贷公司净利润增速与营业收入增速分布（2018 年）

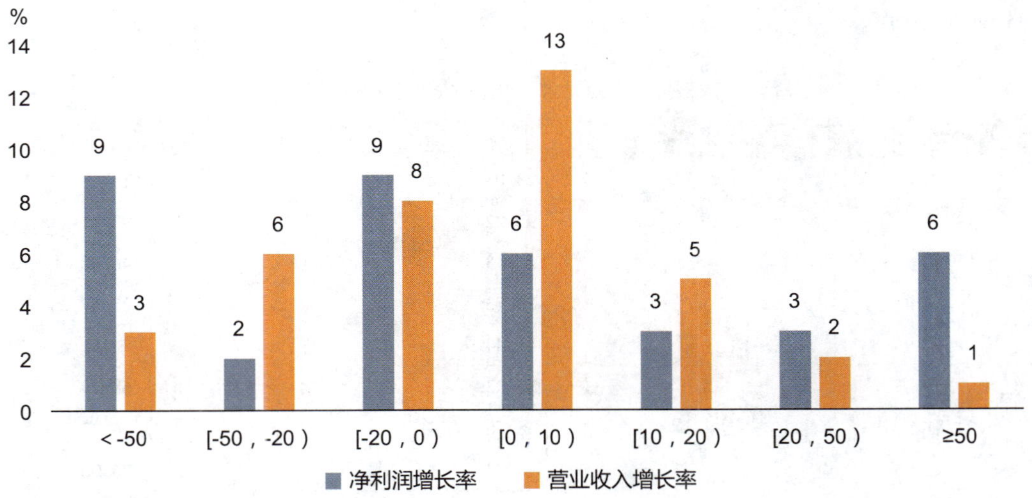

资料来源：新三板挂牌小贷公司与 5 家上市小贷公司年报（2018）。

2018 年，新三板小贷公司整体资产负债率为 15.70%，较 2017 年同期的 17.94% 有所下降。这与行业整体发展不景气，部分小贷公司收紧贷款并减少外部融资借款有关。小贷公司的净资产收益率也有所下降，表明公司的获利能力遇到了一定问题。在统计的 38 家小贷公司中，6 家小贷公司的净资产收益率为负，仅有 4 家小贷公司的净资产收益率大于 10%，分别是黔中泉、信源小贷、鸿丰小贷与宏达小贷，其余大部分集中在 5% 至 20% 的区间（见图 8-10）。

图 8－10　小贷公司净资产收益率分布（2018 年）

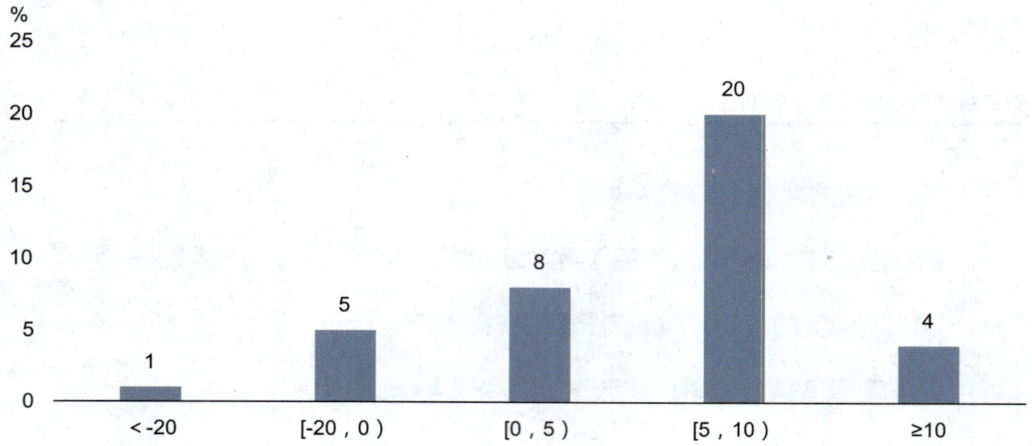

资料来源：新三板挂牌小贷公司与 5 家上市小贷公司年报（2018）。

8.2.3　公司贷款发放占比增加

中小微企业一直是小额贷款公司服务的对象，在 33 家新三板挂牌小贷公司中，共有 15 家披露了企业贷款与个人贷款的具体数据（见表 8－4）。另有通利农贷在年度报告中披露“报告期末小微贷款余额 7705.56 万元，2018 年度小微贷利息收入 1752.49 万元，比上年利息收入增长 18.54%”。而广顺小贷则指出“企业客户贷款余额增加 1360 万元；自然人客户贷款余额增加 1945 万元；农户贷款余额减少 560 万元”。

表 8－4　　15 家新三板小贷公司公司贷款占比变化（2018 年）

证券简称	2018 年公司贷款比重（%）	2017 年公司贷款比重（%）
棒杰小贷	23.08	15.13
商汇小贷	92.22	92.21
天秦股份	35.13	46.48
诚信小贷	26.73	25.87
汇丰小贷	41.44	8.00
黔中泉	35.93	68.79
龙腾农贷	48.56	36.32
滨江科贷	74.73	70.96
天元小贷	73.02	87.93
兆丰小贷	27.15	26.00
广盛小贷	47.74	39.74
信源小贷	23.45	33.30
宏达小贷	37.36	48.79
鑫鑫农贷	94.29	84.03
国汇小贷	85.06	53.78

资料来源：新三板挂牌小贷公司年报（2018）。

2018年，上述15家小贷公司共发放公司贷款385622.24万元，比2017年增加17457.34万元，同比增长4.74%，占发放贷款总数的比重达到了64%。在这15家挂牌公司中，共有10家公司贷款占发放贷款总数的比重较2017年有所上升。其中，增幅最为明显的是汇丰小贷，公司贷款发放比重同比增加了33.44个百分点。黔中泉在报告期内共发放公司贷款15172.43万元，同比下降48.48%，公司贷款比重占比降幅最大。

8.3 小贷行业助力中小微企业发展

中小微企业在我国经济发展中占据着越来越重要的地位，然而根据传统金融中的“二八定律”，它们往往难以在商业银行等传统金融机构获取信贷资金。因此，成立小额信贷公司的宗旨之一就是为中小微企业服务，而数量众多的小贷公司正作为毛细血管为实体经济发展输送血液。

8.3.1 小贷公司发挥桥梁作用

■ 小微助贷

小额贷款公司提供小微助贷的业务模式在我国已有一定的发展，该模式的参与者主要包含银行与小贷公司，小贷公司根据其掌握的信息提供客户，撮合借贷交易完成，并承担信用风险。2007年，国家开发银行深圳分行、中国建设银行深圳分行与深圳市中安信业创业投资有限公司开创了“贷款银行+助贷机构”的微贷款业务模式，这也是我国助贷模式的雏形。

专题8-1 监管趋严与小贷公司助贷业务的发展

2017年12月1日，互联网金融风险专项整治工作领导小组办公室、P2P网贷风险专项整治工作领导小组办公室正式下发《关于规范整顿“现金贷”业务的通知》，明确统筹监管，开展对网络小额贷款的清理整顿工作。这一监管政策给小贷行业的发展带来了长足的影响。

小贷公司的发展始终受制于地域、资金与杠杆率等因素，这也是为了能在更好地服务当地实体经济的同时降低风险。然而，资产证券化等表外融资方式可以绕过杠杆率的监管要求，扩大小贷公司的经营规模。这一规避监管的方式使小贷行业的表外融资在短期内飞速增长，但也积聚了较多风险。但2017年下发的通知中明确指出了应当加强小额贷款公司资金来源审慎管理。禁止以任何方式非法集资或吸收公众存款。禁止通过互联网平台或地方各类交易场所销售、转让及变相转让本公司的信贷资产。禁止通过网络借贷信息中介机构融入资金。以信贷资产转让、资产证券化等名义融入的资金应与表内融资合并计算，合并后的融资总额与资本净额的比例暂按当地现行比例规定执行，各地不得进一步放宽或变相放宽小额贷款公司融入资金的比例规定。

通过表外融资加杠杆的方式不再可行，持续增加注册资本也不是扩大放贷资金的有效途径。因此，自营放贷与助贷模式的结合成为了小贷公司的明智选择。将这两种不同进行比较也可以看出，相较于小贷公司使用股本金与借贷资金放贷会受到杠杆率、资产流动性、贷款集中度的限制，与金融机构合作的助贷模式可以有效缓解以上诸多问题。借贷资金置于表外，而收取的担保费将回流至利润表内，不必占用自有资金。贷款余额上限也可以根据产品形态调整，不必受制于同一借款人贷款余额上限为500万元的要求。而从资金需求方的角度来说，小贷公司提供的资金利率较高，而助贷模式下的合作金融机构可以提供价格更低的信贷资金，更低的资金成本也有利于缓解中小微企业融资难、融资贵的问题。

在助贷之外，还存在着一种联合贷款模式。联合贷款其实可以看做是助贷的一种特殊形式，由贷款人和合作机构基于共同的贷款条件和统一的借款合同，按照事先约定的比例出租，联合向符合条件的借款人发放贷款。在联合贷款模式中，合作金融机构与小贷公司都需要出资，共同承担风险，并按照出资比例分享收益，这就是联合贷款与助贷的主要区别。

资料来源：中国小额信贷联盟官网，助贷与联合贷款：141号文后的井喷与宿命。

■ 小贷公司与开鑫贷的合作

开鑫贷由国开金融有限责任公司和江苏国信、江苏省再担保等省内大型国企共同出资设立，于2012年正式上线。它提供了一个将资金富余方与融资需求方连接起来的平台，致力于为中小微企业与个人提供方便快捷的网络借贷居间服务。2013年，江苏省金融办发布了《江苏省小额贷款公司开鑫贷业务管理办法（暂行）》，开鑫贷成为政府直接监管的网贷平台。

根据新三板挂牌小贷公司发布的年报，有11家小贷公司开展了开鑫贷业务，并收取担保费用。通过设立开鑫贷业务，小贷公司可以不单纯依赖发放贷款带来的利息收入，由此扩大经营规模，提高盈利能力，增进其对小微企业的服务能力。

专题8－2　开鑫贷的发展与创新

开鑫贷官网上披露的2018年12月经营报告显示，当月成交额4462.86万元，包含存量资金收益的情况下共为用户创造收益482.86万元，借贷余额为25859.99万元，全年累计成交余额2.6亿元。[①] 日益壮大的开鑫贷业务离不开其发展背后不断的创新。

首先是开鑫贷的业务模式创新。开鑫贷的业务模式有其独特的三角结构，即“开鑫贷平台＋小额贷款公司＋结算代理行”。开鑫贷平台借助互联网公布融资信息，撮合借贷供求双方达成交易。小额贷款公司在业务模式中扮演了担保人的角色。相较于平台方与资金供给方而言，小贷公司拥有更成熟的信息获取渠道，且由于经营范围固定，地理位置接近，小贷公司能够及时获取小微企业的最新状况。与此同时，小贷公司对每笔贷款提供担保服务，有效控制了信用风险。这种将线上平台与线下调查相结合的方式，可以充分发挥优质小贷公司提供贷前调查、贷后跟踪、贷款担保等服务的优势。而支付结算属于银行的先天职能之一，资金经由江苏银行或中国银行完成托管与划转，当资金筹集额满之后，便转入到借入人开设的账户，至此交易完成。

其次是开鑫贷的风控模式创新。第一，建立严格的小贷公司准入标准，包括小贷公司参与开鑫贷业务需经省金融办备案，要符合监管评级A级以上、发起的股东需是企业而非自然人、不良率低于一定水平等一些基本条件。第二，在对小贷公司日常运行的动态风险评估和现场调查基础上，确定每家小贷公司的综合授信担保额度，对其开鑫贷业务担保总额进行控制，并进行动态调整。第三，开展开鑫贷业务的小贷公司需要对借款项目进行全额担保。第四，不仅小贷公司需要承担担保责任，小贷公司的主发起人也需要提供不可撤销的连带责任担保。第五，建立开鑫贷业务风险准备金制度，所有参与平台业务的小贷公司按照授信担保额缴纳一定比例的风险准备金，建立全省统筹使用的风险准备金池。

① 开鑫贷经营报告。

最后是开鑫贷的产品创新。开鑫贷自成立以来持续不断进行产品创新，陆续推出苏鑫贷、开鑫保、商票贷、银鑫汇、保鑫汇、鑫普惠等产品。通过不断与其他专业机构开展密切合作，严格风控审核，建立多层级的风控体系。多元化的产品创新有助于吸引具有不同投资需求的资金供给者，撮合更多的资金借贷交易。小贷公司也可以借助这一平台充分发挥金融服务的毛细血管作用。

资料来源：中国金融，开鑫贷小微金融服务模式，2014－02－14；凤凰网，开鑫贷构建三角形模式，2014－09－03。

8.3.2 公益性小贷机构深入农村基层

按照企业是否追求社会价值的最大化，可以将小额贷款公司划分为商业性小贷公司与公益性（非营利性）小贷机构，二者的目标客户群体存在一定差异。公益性小贷机构主要提供准公共物品性质的小额信贷服务，其贷款额度普遍较低，具有较强的利他性。

公益性小贷机构按照运作形式不同可继续分为两类，分别是以民间组织形式运作的小额贷款机构和以企业形式运作的小额贷款机构，二者在推行普惠金融的过程中发挥着重要的作用。以民间组织形式运作的公益性小贷机构数量相对更多一些，主要分布在甘肃、内蒙古、青海、云南等经济发展相对落后的地区，一些机构隶属联合国儿童基金会、联合国开发计划署等援助项目，资金主要来源于政府拨款与境内外的非政府组织捐赠。以企业形式运作的公益性小贷机构数量相对较少，虽然这种兼具公益性与商业性的模式在理论上应当成为公益性小贷机构未来发展的主要方向，但近些年来其发展始终较为缓慢。

中和农信是我国目前具有代表性的一家以企业形式运作的公益性小贷机构。该公司从 NGO 转型而来，始终遵循并倡导国际上小额信贷的双重底线管理原则，始终坚持企业的财务绩效与社会绩效比重，将打通农村金融的最后“一百米”作为公司的目标与使命。截至 2019 年 6 月底，中和农信小额信贷项目已覆盖 20 个省份地区，共拥有 320 家分支机构，机构总人数达 5057 人，农贷客户数增至 41.28 万人，累计放款 296.02 万笔，贷款余额 101.65 亿元，户均余额 2.46 万元。①

中国小额信贷联盟在 2018 年年报中揭示了部分会员的基本情况，有 42 家非政府组织和农村资金互助社加入了该联盟，其中共 34 家披露了相关数据。2018 年，非政府组织和农村资金互助社的贷款有效客户数为 27687 人，同比下降 19.93%；信贷员共 335 人，同比下降 5.10%；年末贷款总余额为 72816.57 万元，同比下降 6.02%；资产总额达 111147.56 万元，同比增长 6.23%；全年共实现净利润 1808.24 万元，同比增长 25.25%。

表 8－5　　非政府组织和农村资金互助社经营概况（2018 年）

机构名称	贷款有效客户（数）	贷款总余额（万元）	还款率（%）	净利润（万元）
北京富平学校	1617	4433.30	97.86	242.27
重庆市开州区民丰互助合作会	5891	33065.00	97.42	99.20
重庆武隆县互助合作扶贫总会	2059	1837.35	100.00	0.00

① 中和农信官方网站. https://www.cdfinance.com.cn/business.html? year=2019&month=07#com2.

续表

机构名称	贷款有效客户（数）	贷款总余额（万元）	还款率（%）	净利润（万元）
甘肃省定西市安定区民富鑫荣小额信贷服务中心	429	549.30	48.41	9.44
甘肃省和政县乡村发展协会	204	234.88	98.00	27.13
甘肃省景泰县城乡发展协会	98	—	—	19.21
甘肃省积石山县乡村发展协会	85	157.36	58.00	0.12
甘肃省武山县城乡发展协会	134	271.32	47.29	27.38
甘肃省武山县渭水妇女发展协会	112	179.50	99.00	3.96
广西壮族自治区都安县 UNDP 项目办公室	1346	224.93	99.12	7.39
贵州省兴仁县农村发展协会	999	128.91	96.50	-15.12
河北省河间市三农农业专业合作社	498	4704.00	30.00	668.00
河北省顺平县盛源玉米专业合作社	789	2349.33	99.80	47.42
河南省兰考县南马庄生态农产品专业合作社	389	1544.00	100.00	62.00
河南兰考县金裕种植专业合作社	238	713.00	100.00	36.64
河南省濮阳市农村贷款互助合作社	618	4889.68	58.69	49.40
信阳市浉河区浉河港陆羽茶商会	331	821.00	50.00	—
河南省虞城县扶贫经济合作社	762	756.69	99.87	1.09
内蒙古赤峰市昭乌达妇女可持续发展协会	4289	3891.44	98.93	206.60
内蒙古乌审旗贫困地区社会发展小额信贷管理中心	1424	627.00	100.00	55.73
青海省大通县 LPAC 项目办	142	362.60	100.00	5.77
青海省贵德县 UNDP 项目办公室	65	121.56	100.00	1.53
青海省贵南县 LPAC 项目办	132	193.90	93.76	9.45
青海湟源 UNDP 援助项目办公室	876	270.94	81.70	0.54
青海省尖扎县 LPAC 项目办公室	44	108.10	98.00	2.43
青海省同仁县 UNDP 援助项目办	334	117.17	98.00	14.75
山东省单县利民资金互助合作社	836	2806.37	98.20	35.53
四川省贫困乡村经济发展促进会	211	429.99	100.00	-2.02
陕西省淳化县妇女发展协会	145	228.57	99.16	0.06
陕西省蒲城县妇女可持续发展协会	383	471.29	99.50	5.77
陕西省西乡县妇女发展协会	1342	3547.00	99.83	175.67
天津市妇女创业发展促进会	122	665.23	65.00	1.78
云南省昆明市妇女促进就业中心（小额信贷工作站）	163	1602.00	99.70	—
云南省麻栗坡县乡村经济发展协会	580	513.87	96.23	9.16

资料来源：中国小额信贷联盟年报（2018）。

8.4 小贷服务中小微企业展望

近几年来，小额贷款行业整体发展呈不断下滑的趋势，小贷公司如何利用自身优势成功突围成了重中之重。相比于银行等传统金融机构，小贷公司更容易对中小微企业展开线下调查，降低信用风险，同时也积累了较多的小贷经验与优质客户信息。小贷公司应立足于服务“三农”与中小微企业，坚持“小额、分散”原则，努力拓宽客户数量与覆盖面，在促进金融体系更好服务实体经济的过程中，扮演好毛细血管的角色，这也是该行业的初心。

在直接向中小微企业发放贷款方面，小贷公司可以选择传统的线下经营方式；同时，充分利用大数据技术提高风控能力是小贷公司转型需要重视的发展方向。在间接向中小微企业发放贷款方面，小贷公司可以充分利用自身的信息优势，与银行或互联网平台合作，提供小微企业的相关信息，扮演连接资金供求双方的中介者与担保人。通过这种方式，小贷公司可以在不占用自有资金的情况下，尽可能扩大其经营范围。

虽然小贷行业受到诸多监管限制，发展规模受到了一定的限制，但在未来，小贷公司依然要秉持为小微企业提供金融服务的出发点，充分利用自身优势，从直接与间接两个角度出发，积极解决小微企业融资难的问题，更好地服务于我国实体经济的发展。

9 典当：刮骨疗伤待重生

近年来，在宏观经济景气度下行，经济增速放缓的背景下，典当行业的扩张速度呈现回落态势，行业内部两极分化明显。2018 年 5 月 14 日，商务部发布《关于融资租赁公司、商业保理公司和典当行管理职责调整有关事宜的通知》，宣告典当行业由商务部监管的局面结束，正式移交给银保监会管理。监管部门的转变及典当行业对业务的差异化创新在一定程度上促进了行业的良性发展，2018 年典当行业扭转了近年来发展颓势，营业收入、净利润均有显著提升，盈利能力明显增强。但是也应看到，目前行业内外部均存在诸多问题尚未解决，比如，典当业务结构不均衡，本源性的民品典当业务仍处于发展弱势，而房地产业务依然占据半壁江山；内部合规管理问题频出，行业风险控制不到位；互联网金融冲击明显，行业竞争越发激烈；等等。如今，监管权的统一只是规范行业发展的第一步，整治行业乱象并创新服务，才能更好地为中小企业服务。

9.1 行业扭转发展颓势

9.1.1 行业扩张速度放缓

近年来受宏观经济下行的影响，典当行业的发展规模持续扩大，但典当行业扩张速度逐步放缓。截至 2018 年末，全国共有典当企业 8657 家，同比增加 2.05%，增速持续小幅回落。从业人员 4.2 万人，同比下降 0.7 万人，行业内部竞争加剧，部分资质较弱的典当行及从业人员正面临被市场淘汰的风险。全行业实现典当总额 2863.2 亿元，较 2017 年下降了 1.25%，但降速有所放缓。典当余额 985.8 亿元，同比上升 2.3%，占行业全部资产总额的 59.1%（见图 9-1、图 9-2、图 9-3、图 9-4）。[①]

① 资料来源：银保监会官方网站。

图 9 –1 全国典当企业发展数

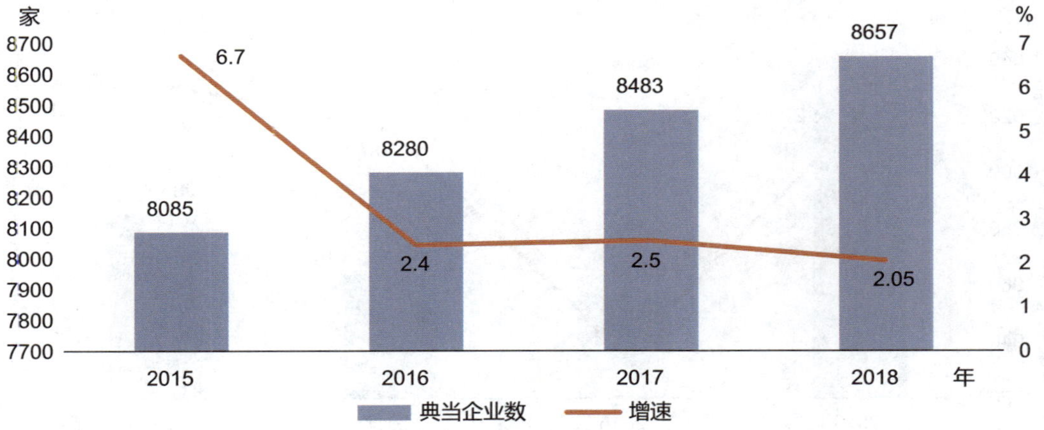

资料来源：银保监会官方网站。

图 9 –2 全国典当行业从业人数发展情况

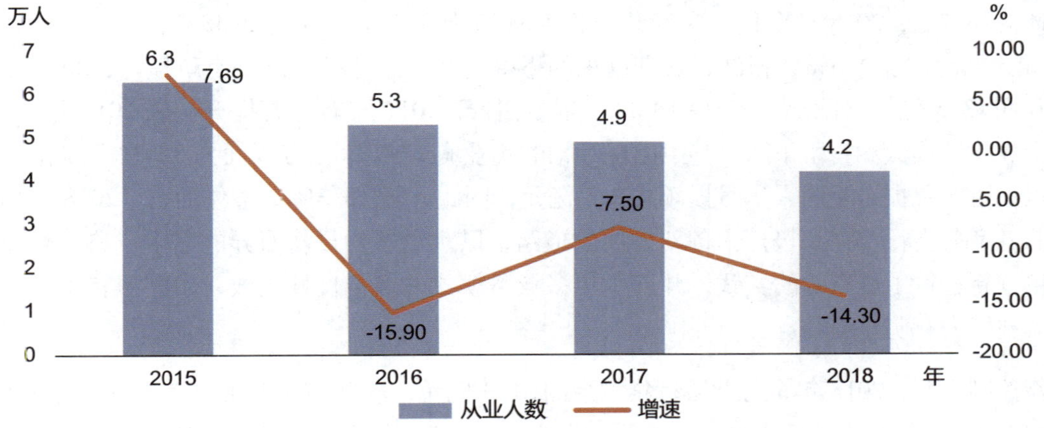

资料来源：银保监会官方网站。

图 9 –3 全国典当总额发展情况

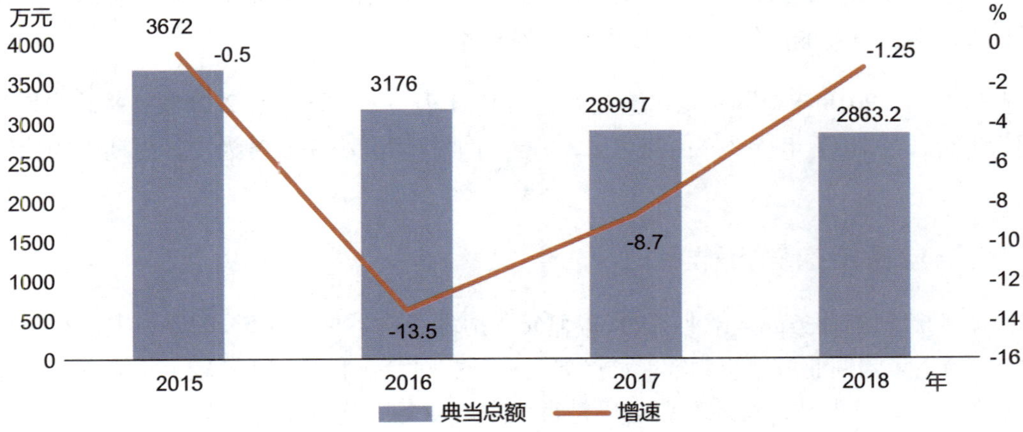

资料来源：银保监会官方网站。

图9－4　全国典当余额发展情况

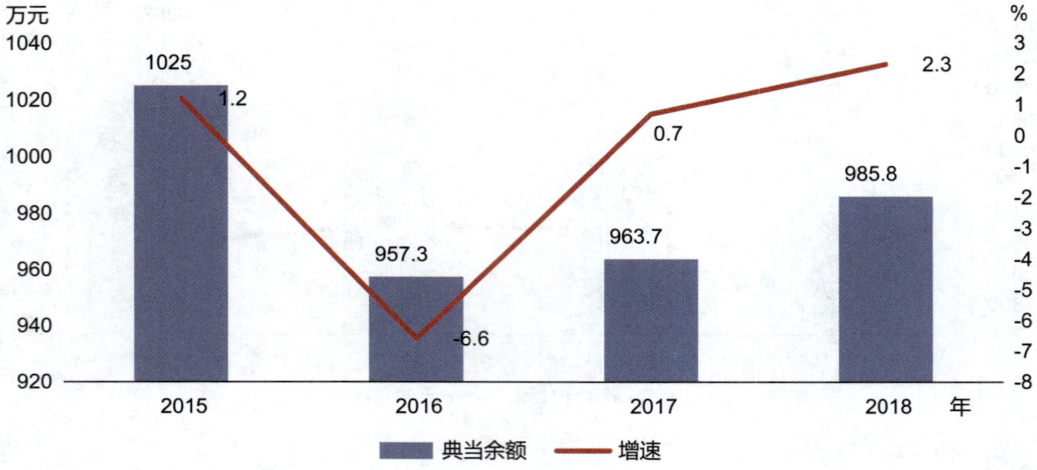

资料来源：银保监会官方网站。

总体盈利方面，2018年全行业实现营业收入96.2亿元，同比上升5.48%，其中主营业务收入83.2亿元，同比增加4.5%，扭转了长期以来的下降态势。总体盈利能力有所提升，2018年全行业实现净利润13.5亿元，同比增长29.81%，增幅相比于2017年有显著提升。较2017年同期相比，行业亏损面与亏损额均有所下降。其中出现亏损的企业有2797家，亏损面为32.3%，同比下降4.2个百分点；所有亏损企业的累积亏损额共8.5亿元，同比下降18.3%。整体而言，2018年历经行业洗牌后的各家典当行都在积极探索创新发展的道路，以满足客户日新月异的需求，典当企业对业务的差异化创新进行了更有效的实践，开辟了更多业务模式并取得良好成效，由此扭转了近年来发展颓势，盈利能力有明显提升。

风险控制方面，2018年全行业银行贷款余额31.9亿元，较2017年降低了5.6%，占典当企业资产总额的1.9%，仍处于较低水平。这表明典当企业主要利用自有资金进行经营，风险传导性较低；也反映出典当企业从银行融资难度仍然较大。贷款逾期率有所上升、绝当率较2017年有所下降。2018年行业逾期率为14.2%，同比上升0.9%；绝当金额27.1亿元，绝当率为1.0%，较2017年同期下降0.1个百分点，企业经营风险整体处于较低水平。然而部分典当行存在贷前调查不完善、违规垫资操作等问题，行业的内控合规程度仍处于较低水平。

具体业务方面，2018年全国平均单笔业务金额18.1万元，同比增长2.26%；平均当期为32天，最短当期为1天，与2017年持平。由此可见，典当行业持续以小额业务为主，短期、快捷仍是其主要特性。

9.1.2　典当业务结构保持稳定

2018年，动产典当业务占全部业务的32.51%；房地产典当业务占53.02%；财产权利典当业务占14.47%。与上年同期业务结构比较，动产典当业务和财产权利典当业务较上年同期基本持平，房地产典当业务占比略有上升，房地产典当仍是行业主要业务。整体而言，典当行业业务结构较为稳定，主要形成以房地产典当业务为主导，动产典当次之，财产权利典当第三的结构（见图9－5）。

2018 年，房地产典当业务仍是典当行业的主要业务类型。近年来，银行信贷资金流受到严格监管，部分融资者将视角转向典当行寻求资金，房地产典当业务凭借放款金额大、审批程序简单的优势，逐步成为一种主流的典当融资方式。我国于 2016 年确立“房住不炒”的政策基调，从“限购、限贷、限售、限商、限价”五限来挤压炒房市场，此后，相关配套政策陆续出台，自 2018 年第三季度以来，中国房地产市场出现明显降温，商品房成交面积下滑，部分城市房价开始调整。房地产市场的降温对房地产典当业务量影响较大，由于市场中流通住房总量减少，参与房地产典当业务的房产数量也随之下降。据统计，房地产典当占比于 2016 年达近五年来峰值，随着楼市政策收紧，房地产典当业务有轻微下降态势。

图 9－5　典当业务结构图

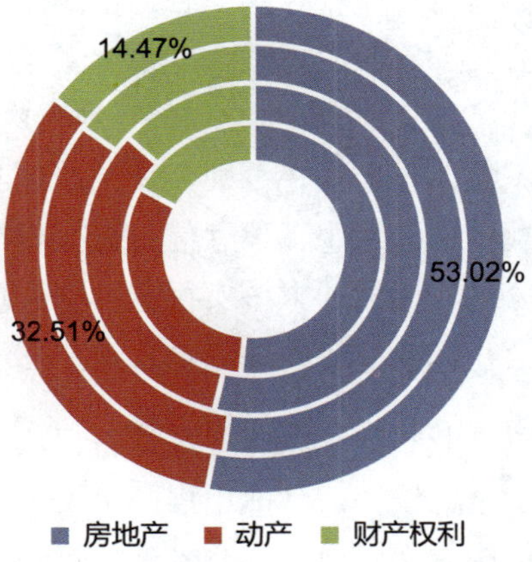

注：最内圈为 2015 年，最外圈为 2018 年。
资料来源：银保监会官方网站。

动产典当业务占比自 2017 年起连续两年呈下降趋势，主要受两方面因素影响，一是担保公司业务拓展，构建企业与银行间合作的桥梁，使得部分潜在的动产典当客户转向银行融资。二是随着互联网金融的快速发展，信用贷成为小额借贷的主流趋势，部分动产典当业务被网络信用贷取代。因此，动产典当市场一方面受到担保公司瓜分，另一方面被互联网信用贷挤压，导致动产典当业务量遭受强烈冲击，业务量下滑显著。

2018 年，财产权利典当业务占比有小幅上涨。据统计，2013 年全国典当业财产权利占比为 19.1%，此后每年约下降一个百分点，2017 年首次出现增长后占比 14.93%，但总体业务量仍维持在较低水平，这与业务涉及品种受限存在较大关联。① 一方面，股权典当受人力、专业度的影响，从接触客户到放贷需要花费一周左右的时间，耗时相对较长，这在很大程度上弱化了典当“快捷”的特点。另一方面，当前融资市场上许多保理公司、投资公司均涉及股权质押类融资项目，就融资成本而言，典当行业仍然不占优势。就典当行本身而言，财产权利典当对典当行专业度、风控把握程度要求较高，且变现难度较大，典当行更倾向于实物质押业务。由此可以看出，财产权利典当业务很难在短期内实现实质性增长。

9.2　银保监会正式接管典当行业

9.2.1　典当划归银保监会

典当行业在过去定位较为模糊，主管部门几经轮换，1987 年第一家典当行设立开始由体改委主管，1993 年典当行纳入人民银行的监管体系下，2003 年机构改革后，典当业的监管划归商务部负责。2018 年 5 月 14 日，商务部发布《关于融资租赁公司、商业保理公司和典当行管理职责调整有关事宜的通知》，根据该通知，制定典当行业务经营监管规则的有关职责由中国银行保险监督管理委员

① 资料来源：全国典当行业监管信息系统。

会（银保监会）履行。

典当行业监管权移交后，银保监会开始启动全行业检查整顿工作。2018 年 5 月 4 日，银保监会联合公安部等四部委联合发布《关于规范民间借贷行为　维护经济金融秩序有关事项的通知》，根据该文件精神，典当企业不规范经营或者以民间借贷形式经营的必须立即整改，特别是部分不规范经营的民营典当企业，否则会受到严厉打击和处罚。此外，银保监会还发函地方加强监督管理，及时妥善处置风险隐患，建立信息通报机制，组织企业登录全国典当行业的管理信息系统填报信息，并且部分地方还被要求核实行业数据，总结情况并形成监管报告，附上正常经营企业的“白名单”。银保监会在调研摸底的基础上，也在酝酿新的监管政策。

典当业划归银保监会意味着，从监管层层面将典当业从特殊工商企业认定为金融企业，确定了行业的金融属性，其适用规定也不止局限于《典当管理办法》，而是包括资管新规在内的一系列金融监管措施，今后典当行业受到的管制将更加严格。具体而言，一是在 2018 年提出融资穿透审查的意见下，以往通过典当行进行的通道业务、民间借贷业务可能会被直接禁止。二是典当行的设立、运营成本将有显著提升，优胜劣汰、兼并重组后的典当业寡头可能会形成。目前，典当行设立的门槛相对于金融租赁及担保机构明显偏低，监管层或将提升设立门槛，鼓励典当行业进行兼并重组，减少数量，提升品质。三是典当行业的合规内控将加强。银保监会要求公司在内控投放层面需具备严格的审批制度及审批负责人，同时对风险管理的要求也更加明晰。总之，在此次典当行业监管层转换的大背景下，典当行随之迎来的或是监管升级、行业洗牌，但在银保监会的统一监管下，行业运营将会更为规范，行业地位也将有所提升。

9.2.2　行业乱象引风波

在过去几年中，受益于房地产市场景气，将房地产作为主要典当品的典当行一度是一个低风险、高收益的行业。然而，进入 2016 年之后，部分地区房地产价格开始结束单边上扬，房地产作为抵押品的保值属性开始逐渐淡化。而长期将房地产业务作为主要业务类型的典当行业并未对此作出调整，2018 年房地产典当业务占比 53.02%，依然占据典当业务的半壁江山。过高的行业集中度导致楼市价格波动对典当业影响巨大，因此，对典当行而言，合理受理房地产典当业务，提高房地产典当业务的合规程度，决定着典当行业的整体风险状况。

长期以来，由于交叉监管及监管空白的影响，房地产典当业务的合规性监管指标及贷后管理细则均不明确，由此导致监管中存在一定的灰色地带，滋生了部分典当行“打擦边球”的现象。2017 年以来，多个中央和地方监管部门严查资金违规流入楼市、规范购房融资行为。强监管下，银行资金违规流入楼市的情况有所遏制，但有购房者将目光转向了典当行寻求融资，部分银行信托理财资金借道典当流入楼市。随着房地产的政策环境趋紧，宏观经济下行压力增大，房地产典当经营面临前所未有的困境。“以房买房”现象也加剧了典当资金的使用风险，稍有不慎极易触发行业的系统性危机。

房地产金融风险是银保监会的重点监管领域，尤其是对投机性房地产贷款进行了严格控制。将典当行业划归银保监会后，房地产典当业务受到的管制无疑将日趋严格，上述提到的“大量信托资金流入楼市”“以房买房”现象将会有所好转，在此趋势下，以房地产典当业务领跑的格局或将悄然转型。目前，典当行业业务结构十分不均衡，房地产典当业务占据行业半壁江山，而本源性的民品典当业务所占份额却相对较小。事实上，民品典当业务是典当行业在同质化竞争中最具差异性的着眼点，且其同时具备诸多优势。在房地产市场逐步降温，房地产典当业务风险加剧的条件下，大力发展民品典当业务应当成为典当行转型的必由之路。

9.3 典当实践互联网+平台

近年来，随着互联网金融、数字经济的迅速发展，网络借贷平台遍地生花，给典当行带来了一些冲击。小额贷款公司的发展以及商业银行下沉客户也在客观上压缩了典当行业的生存空间。典当业务需要以实物及财产权利的抵质押为基础，与信用贷相比制约条件更多，在新环境下，典当行业迎来了更大的挑战，典当业的转型升级已是必由之路。

事实上，典当行业的本源业务应是民品典当业务，从传统意义上人们对典当的认知，到典当行对于动产业务中定价、处置的专业性，民品业务无疑都是典当业在日渐激烈的同质化竞争中最具差异化的着眼点。同时民品典当业务自身也具备着独特的优势，首先，小额物品便于携带，可移动性强，使缔结或终止典当合同关系变得相对简便；其次，民品典当接当范围广，当品不仅局限于黄金、手表、珠宝等，还包含奢侈品、彩宝、数码产品等新兴物品，能够吸引各类客户群体；最后，小额物品易于保管，容易变现，经营风险低。因此，民品典当作为典当行最传统、最根本的业务，在典当业务中充当着必不可少的风险调和作用，而回归民品典当业务，典当业务结构才能更趋于合理化。基于此，自2015年起典当行业开始尝试转型，逐步与互联网接轨。近两年来，部分省市开始上线互联网典当服务平台，拓展典当业务渠道。

专题9-1 江苏首家互联网典当服务平台“蚌蚌拍当”APP上线[①]

2018年11月17日，为期两天的2018常州首届典当节在民元里开幕，江苏首家互联网典当服务平台——“蚌蚌拍当”APP同时上线。

现场，典当界的“老师傅”为市民带来的闲置艺术品鉴定、估价。随后，市民下载“蚌蚌拍当”APP，体验互联网典当服务平台带来的便捷。平台集合江苏省内13个城市超过60家典当公司在线服务，根据宝祥典当给出的实物复检结论，60家持牌照典当公司自由报价、报综合费率，再由客户根据报价自由选择合适的公司受理该项业务，最后中标公司生成专属的互联网典当凭证，并通过第三方支付功能远程放款完成业务。从拍照上传艺术品到放款，整个流程30分钟完成。

市民龚先生带了两大包多年收藏的“宝贝”来到现场，一件一件拿给专家鉴定估价，他表示：“过去典当铺的柜台特别高，小时候进去，老师傅的脸都看不见，老师傅特别厉害，不仅眼力过人，耳力也好，丢在桌上的银元，听响声便能辨真伪。”典当铺的灵魂人物，过去称“老师傅”，现在叫“鉴定师”，通过“鉴定师”的火眼金睛，长眼、鉴定、估价才能真正实现物品的变现和再次流通。多年来，只有小部分高端艺术品通过拍卖公司回流到市场上，实现再次流通，超过八成以上的艺术品都是闲置在家，没有变现或再流通的渠道。大量艺术品的闲置也在无形中造成文化艺术品资源的极大浪费。“其实，艺术品不分高低，只分层次，老百姓没多少钱去买收藏品，但他特别喜欢，现在互联网典当，相当于有个经纪人帮你去卖，不管是把资金盘活，还是把艺术品

① 资料来源：《江苏首家互联网典当服务平台“蚌蚌拍当”APP上线》，载中央广电总台国际在线，2018-11-18。

市场盘活，都是好事一桩。”

据了解，常州宝祥典当行是常州投资集团下属全资国有典当公司，也是华东地区乃至全国为数不多全面开展各类艺术品典当业务的公司之一。2017 年，在江苏省典当行业协会的支持下，与江苏誉道拍当网络科技有限公司开展战略合作，参与设计了全新的互联网典当 APP——“蚌蚌拍当”APP。宝祥典当负责人黄震表示，其实典当行业里的估价是最“掷地有声”的，是再次流通市场的保证。“互联网典当将为每个人的艺术品消费添了一份保障。它既可以雪中送炭，又可以锦上添花”。

活动现场，常州梳篦厂开展了非遗手工艺梳篦的现场制作活动。常州梳篦厂是首批签约平台的非遗、艺术品供应商之一。今后，常州梳篦厂设计制作的艺术品梳篦在平台即可“买”也可“当”。据了解，未来，平台将集结江苏百位非遗传承人、独立艺术品创作者，直通普通消费者的订制、流通服务，让更多非遗作品走进寻常百姓家。

典当这门老行当“触网”，不仅成为民品典当服务的一次回归，更将助力文化市场的繁荣。为期两天的常州典当节上，来自常州 8 家典当行的 2000 余件绝当物品，包括和田玉、翡翠、彩色宝石、常州梳篦、文玩杂项等门类，供市民“淘宝”。江苏省典当行业协会执行会长凌家龙表示，目前，典当业务里除房产、车辆抵押典当外，民品典当业务占到 30% 左右，未来，典当的核心竞争力还将在民品业务上。民品典当服务不仅承袭了典当的传统，更符合“十三五”规划倡导的促进循环经济和绿色经营。典当节的举办，在典当人看来，是提供给了大家一个“艺术品绿色流通”平台，再一次为大家服务，市民把家里有价值的东西，如翡翠、钟表拿出来，再一次进行流通。这对市民和经营者来讲都有益处，是双赢。

“互联网 + 典当”是典当行业适应互联网经济发展形势、探索更好地为中小企业融资服务的必然选择。由于在线平台可以聚集大量的典当业务进行集中服务，能够有效提高经营效率与资源利用率。“互联网 + 典当”对于经营风险防控积极影响体现在：网络平台引入竞争促使价格信息充分，减少当品定价错误带来的操作风险；绝当流通情况变好，提高处置绝当物品的能力，减少损失率，进而减少投资风险；互联网典当平台集“典当、鉴定、购物”为一体，能够打破典当行“坐地经营”的局限，很好地分散了信用风险，由于网上数据样本丰富，会使客户风险评估更准确，减低信用风险；也可以充分利用从在线渠道收集的数据，对客户特征，质押类别和典当贷款数量等进行统计，进一步优化业务流程，降低运营风险。

当品鉴别是技术含量极高的工作，网上鉴定，增大当品（审当、验当）定价的风险，以及保管难度。针对普通的网络二手交易平台存在的卖品真假难辨的问题，互联网典当平台聘请了专业的名师反复鉴定，多方报价，确保卖品价格真实反映其内在价值。同时，典当平台集合多家典当机构，拓展了典当品传播范围，节省了客户的时间成本实现民品典当业务线上化，盘活了绝当品及闲置品，达成经营者与客户的双赢，为典当行业的发展带来了新的机遇。

2018 年，“互联网 + 典当”模式再度迎来创新，部分典当行开始尝试引入区块链技术。区块链技术具备去中心化、开放性、不可撤销、不可篡改和加密安全性的特性，与典当行业对信息和数据安全、交易数据溯源等金融业务的本质需求高度契合，能够帮助典当行业实现规范化操作、标准化运营，并且优化风险管理技术。

9.4 典当服务中小企业展望

典当划归银保监会后，短期来看，典当行将会发生优胜劣汰的兼并重组，典当行“寡头”将会形成，但长期而言，无疑是对不良典当市场的一次清理，对典当业更有效更精准的服务中小企业具有促进作用。“回归本业，避虚就实、防范系统性风险”将是银保监会对典当行业的重点管控思想，其中的“回归本业”即指大力发展民品典当业务。目前，典当业务呈现出以房地产典当占据绝对优势的现状，而民品典当业务作为典当行区别性最强、最具优势的业务，在典当总体业务中占比并不高。民品典当的回归能够为中小企业开辟一条新型融资渠道，更好地满足中小企业主的应急融资需求。而互联网典当平台的出现能够有效带动民品典当业务的发展。将典当与互联网结合具有许多优势：首先客户范围更广，能够快速、便捷地接触更多客户；其次资金成本更低，依托互联网交易能够减少门店经营的各项杂费；最后更多渠道、更加便利的销售绝当品，回笼资金。目前，越来越多的典当行开始建立自己的网络典当服务平台，更有典当行将传统的典当业务搬上区块链。未来随着互联网与典当行业的联系更加密切，还将推出更多创新性产品来推动典当行业的发展，使之更好地服务中小企业。

10 担保与保理：乘风破浪　行稳致远

2018 年担保行业整体运行平稳，业务规模稳定增长，代偿风险逐步暴露，监管升级提振行业实力，政策利好为行业发展保驾护航。随着中国银行保险监督管理委员会关于《融资担保公司监督管理条例》四项配套制度的出台，融资担保行业已建立起“1＋4”的完善监管体系，未来行业发展将更加规范化。国家融资担保基金的成立标志着覆盖全国的再担保体系基本形成，有助于提高融资担保行业整体风险防控能力，降低融资担保费率，缓解小微企业、“三农”等普惠金融领域融资难、融资贵问题，支持发展战略性新兴产业。担保品管理行业面临国内外机遇，将借力债券担保品与跨境担保品创新发展模式。商业保理行业稳步发展，或将取代银行保理成为我国保理业未来发展主要动力，资产证券化与人工智能科技更为保理业新发展开辟广阔前景。

10.1　融资担保：监管升级助力行业重整旗鼓

2018 年是我国融资担保行业发展 25 周年，25 年间担保行业从无到有，由小到大，迅速发展，业务规模不断上升，经营范围不断扩大，在服务实体经济，为企业提供增信，疏通融资渠道、提高融资效率、降低交易成本方面持续发挥积极作用。随着行业发展，相关行业监管体制不断完善，尤其是 2017 年 8 月国务院《融资担保公司监督管理条例》和 2018 年 4 月中国银行保险监督管理委员会下发的关于《融资担保公司监督管理条例》四项配套制度的出台，提高了担保机构准入门槛，在集中度方面有更严格规定，细化了担保责任余额计量方法和放大倍数的规定，体现了政策导向，监管升级促进了机构整改、规范化经营，有利于行业稳健发展。2018 年 9 月国家融资担保基金有限责任公司成立，首期注册资本 661 亿元，采用再担保、股权投资等形式，支持担保机构为小微企业提供贷款担保，着力缓解小微企业、“三农”等普惠金融领域融资难、融资贵问题，支持发展战略性新兴产业。

10.1.1　平稳发展暗波涌动

2018 年担保行业总体平稳运行，截至 2018 年末，全国融资性担保机构法人机构数量同比减少 260 家，实收资本 11365 亿元，继续保持增长态势。行业整体融资担保余额稳定增长，2018 年末在保余额 2.3 万亿元，较上年增长 5.02%，担保行业代偿风险逐步暴露，代偿率处于历史高位，受资产分级管理影响投资收益下行，担保费率下调，担保机构盈利能力承压（见图10－1、图10－2）。

图10－1 全国融资性担保机构法人机构数量和在保余额（2013—2018年）

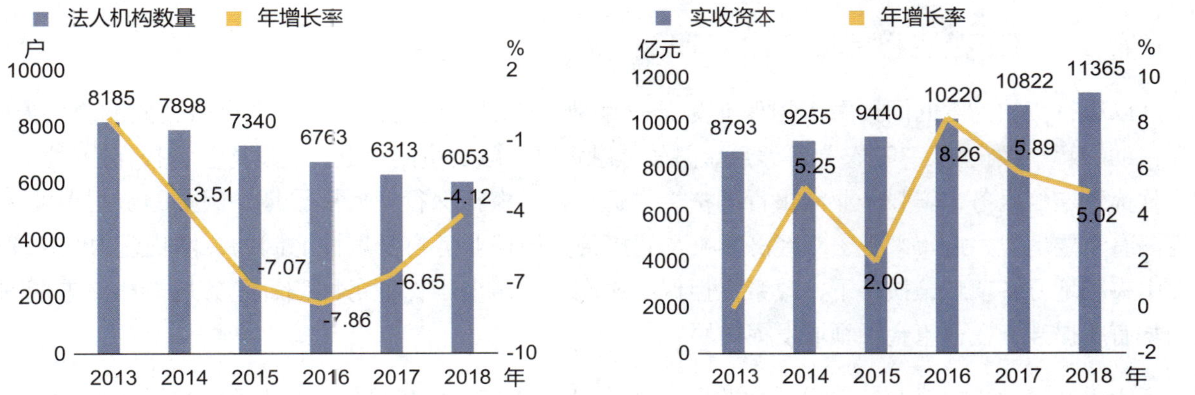

数据来源：2013—2014年数据来自Wind数据库，2015年数据来自《我国融资担保业的现状、问题与发展》，2016—2018年数据来自中国银行保险监督管理委员会。

图10－2 融资担保在保余额和融资担保代偿率（2013—2018年）

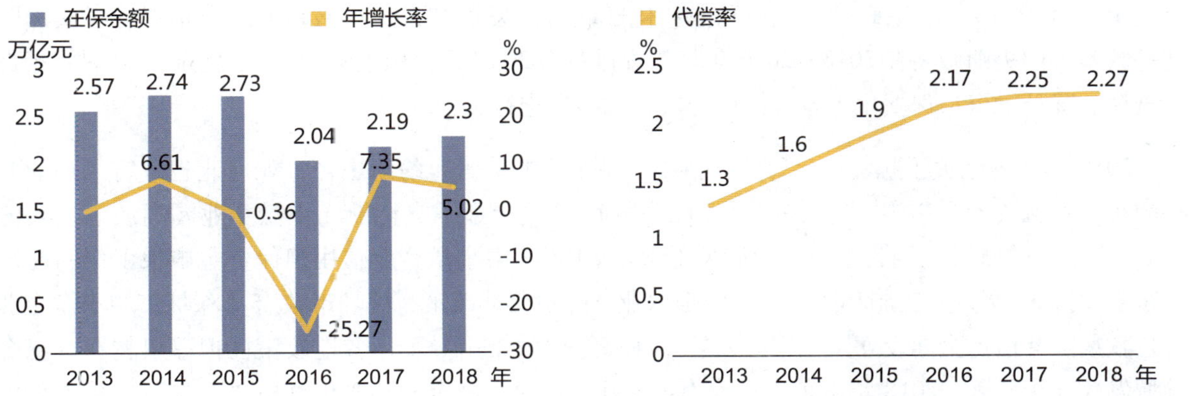

数据来源：2012—2014年来自Wind数据库，2015年来自中国融资担保协会报告《去年担保新增代偿415亿，行业之路前景解析》，2016年的数据来自《信用担保业协会2017年上半年工作报告》，在保余额2017—2018年数据来自中国银行保险监督管理委员会，代偿率2017年数据来自国金证券，2018年数据无法通过公开渠道获得。

在融资担保余额方面，随着行业监管体制不断完善和服务小微企业、“三农”的政策性引导，担保公司业务发展出现分化：前期发展迅猛的直接融资担保业务受市场波动和政策监管影响，2018年发展趋于平稳；以贷款担保为主的间接融资担保业务，符合政策导向获得支持，业务规模得到提升。

在代偿风险方面，经济景气度持续下行，风险相对较低的债券担保在2018年出现违约风险，且债券担保在行业和区域分布上较为集中，受担保债券集中到期影响代偿压力增加，债券市场风险向担保行业转移。加之政策推动风险相对较高的间接融资担保业务规模增长，融资担保业务代偿风险继续上升。

在融资性担保机构盈利能力方面，收入来源包括担保费收入和投资收益，一方面，对小微企业和“三农”提供担保的融资担保费率降低，资产分级管理的监管制度同样使担保机构自有资金投资收益减弱；另一方面，国家从2018年起每年安排30亿元资金对小微企业提供融资担保业务的地区进行奖励和补贴，在民企纾困政策指引下，融资担保机构面临更大的业务拓展空间。

10.1.2 间接融资担保回归政策职能

以银行贷款为主的间接融资担保业务，一直是融资担保机构服务地方中小微企业的重要方式，在帮助缓解小微企业、“三农”等普惠金融领域融资难、融资贵问题上一直发挥着积极作用，为企业贷款提供增信服务，增强企业与银行间资金融通。在融资担保行业发展早期，间接融资担保业务一直占有重要地位，近年来受宏观经济影响及间接融资担保业务自身属性的制约，增长乏力，2018年在中央和地方各项政策扶持下，政策性担保机构向间接融资担保业务回归，业务规模和覆盖范围方面均有所提升，在普惠金融领域发挥作用显著。

由于间接融资担保业务担保费率收入持续走低，造成担保机构承担的风险和所获收益不匹配，在没有明显扶持政策落地前，业务增长乏力。2018年，中央和各地区纷纷出台一系列政策，对从事间接融资担保业务的担保机构提供较为有力的政策支持，政策性担保机构向间接融资担保业务回归。2018年4月，中国银行保险监督管理委员会发布四项配套制度规定，对小微企业借款类担保在计量时享有75%的折扣；《融资担保公司监督管理条例》规定对小微、“三农”企业的放大倍数可放宽至15倍；2018年10月，财政部、工业和信息化部联合印发通知，对小微企业融资担保业务实施降费奖补政策，中央财政将在2018—2020年每年安排资金30亿元，用于奖励在扩大小微企业融资担保业务规模、降低融资担保费率等政策性引导较强的地方进行奖补。

2018年各地区关于融资担保行业扶持中小微企业的政策也纷纷出台，如河北省政府《河北省支持中小企业融资若干措施》、人民银行浙江省分行《关于金融支持浙江小微企业园高质量发展的意见》、山西省政府《山西省中小企业局关于做好2018年中小微企业信用担保资金申报工作的通知》、广东省安排5429万元实施小微企业融资担保业务降费奖补政策、深圳市政府《深圳市中小微企业银行贷款风险补偿资金池设立工作方案》等。在一系列政策引导下，各地政策性担保机构在普惠金融领域发挥作用显著，2018年广东省累计为4.3万余户中小微企业和2.9万户“三农”提供新增融资担保金额540亿元①，2018年服务中小微企业数量是2017年的近六倍，2017年广东省累计为小微企业7288户、“三农”941户提供融资担保服务②。四川省2018年累计为农业小微企业、城镇和农村居民、个体工商户担保余额共计737.45亿元，占在保余额的44.44%③。江苏省截至2019年第一季度末，小微企业担保在保余额920亿元，在保户数12112户④。江西省2018年12月新增担保小微企

---

① 广东金融网．广东省融资担保行业2018年度发展与监管情况报告［EB/OL］．［2019-03-14］．http：//gdjr.gd.gov.cn/zwgk/fwgk/content/post_2223339.html.

② 广东省地方金融监督管理局．广东省融资性担保行业2017年度发展与监管情况报告［EB/OL］．［2018-03-23］．http：//zwgk.gd.gov.cn/759214127/201803/t20180325_757722.html.

③ 四川省地方金融监督管理局．四川省融资担保行业2018年度发展情况［EB/OL］．［2019-03-01］．http：//dfjrjgj.sc.gov.cn/news/show/e7eaa1c9-6eea-459a-ac89-7b894aba4699.html.

④ 江苏省地方金融监督管理局．对省十三届人大二次会议第7006号建议的答复［EB/OL］．［2019-07-25］．http：//jsjrb.jiangsu.gov.cn/art/2019/7/25/art_4675_8641388.html.

业 1714 笔，担保金额 34.79 亿元，分别占新增总数的 75.15% 和 31.86%。[①]

10.1.3 债券担保增速放缓

以债券担保为主的直接融资担保业务近年来发展迅猛，2018 年以来受监管集中度和放大倍数、民企违约事件频发、地方政府平台债务周转压力加大等影响，担保机构的债券担保业务收紧，2018 年末债权在保担保机构数量下降，债券担保在保余额增速放缓。从担保债券种类看，债券担保业务主要为城投债。根据 Wind 统计，2018 年第三季度末在保的 778 只债券中，城投债数量为 557 只，占比超过 70%。从被担保债券规模看，前四家担保公司中合中小企业融资担保有限公司、中债信用增进投资股份有限公司、重庆三峡融资担保集团股份有限公司、中国投融资担保股份有限公司的债券担保业务规模约为担保债券总规模的 50%，前十家担保公司合计占有 80% 的市场份额。

2018 年末债券担保机构数量继续减少至 51 家，债券担保新增业务收缩，规模增长受限，债券担保在保余额年增长率由 56.51% 下降至 5.33%，2018 年末在保余额 9522 亿元（见图 10-3）。一方面，受《融资担保公司监督管理条例》对集中度和放大倍数影响，原《融资性担保公司管理暂行办法》对债券担保单独划定的 30% 集中度上限不再适用，债券发行等债务融资行为被明确划至融资担保业务范畴，单个被担保人的融资性担保责任余额不得超过净资产的 10%，担保放大倍数不得超过净资产 10 倍，部分前期以债券担保业务为主的担保公司面临整改。另一方面，受民企违约事件频发、地方政府平台债务周转压力加大、担保债券集中到期影响，债券担保业务代偿风险趋升，担保公司新增债券担保业务收紧。

图 10-3 债券担保机构数量及债券担保在保余额（2014—2018 年）

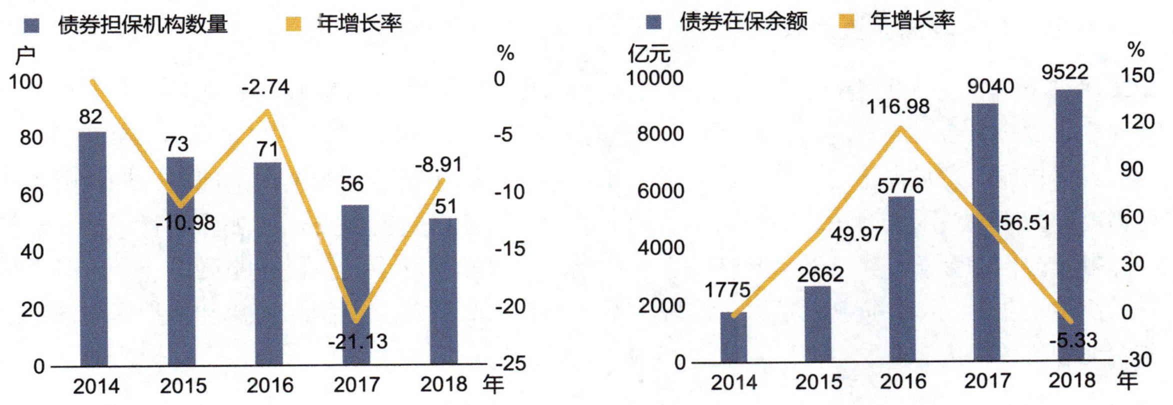

数据来源：债券担保机构数量 2014—2017 年来自天风证券，2018 年来自新世纪评级；债券在保余额 2014—2017 年来自联合评级，2018 年来自 Wind。

10.1.4 细化监管助力行业规范发展

2018 年 4 月，中国银行保险监督管理委员会（以下简称银保监会）发布《融资担保业务经营许可证管理办法》《融资担保责任余额计量办法》《融资担保公司资产比例管理办法》《银行业金融机

① 江西省地方金融监督管理局．全省融资担保 2018 年 12 月份运行情况简析［EB/OL］．［2019-04-12］．http：//jxjr.jiangxi.gov.cn/Item/6019.aspx.

构与融资担保公司业务合作指引》四项配套制度，对 2017 年 8 月国务院颁布的《融资担保公司监督管理条例》（以下简称《条例》）进行细化。在《条例》提高担保机构准入门槛、重新界定债券担保业务归属和集中度口径调整的基础上，四项配套制度对担保机构在保责任余额的计量方法、资产管理等方面作出更加明确的规定，一方面引导融资担保机构回归公共产品属性定位，服务小微和“三农”；另一方面明确了担保公司的监督管理体系，强化了中央与地方的监管职责，促进行业规范发展，至此融资担保行业已建立起“1 +4”的完善监管体系，行业总体运行将更加规范。

在担保责任余额计量方面规定：单户（小微企业）在保余额 500 万元以下的借款类担保权重 75%，单户（农户）在保余额 200 万元以下的借款类担保权重 75%，主体信用评级 AA 级以上债券担保权重 80%，其他融资担保业务权重 100%；在放大倍数方面规定：对小微企业和农户融资担保业务在保余额占比 50% 以上且户数占比 80% 以上的融资担保公司，放大倍数放宽至 15 倍；在担保集中度方面：对企业主体评级 AA 级以上的发行债券担保，责任余额按在保余额的 60% 计算；在资产管理方面，按照资产的流动性和安全性对融资担保公司的资产类别进行区分：Ⅰ级资产不得低于资产总额扣除应收代偿款后的 20%、Ⅰ级与Ⅱ级资产之和不得低于资产总额扣除应收代偿款后的 70%、Ⅲ级资产不得高于资产总额扣除应收代偿款后的 30%。受四项配套制度影响，贷款担保业务规模有所提升，债券担保客户低信用等级新增客户数量减少，客户高信用等级化，融资担保机构整体抗风险能力得到提升，融资担保机构资产端业务风险下降，安全性和流动性提升有利于机构保持充足的偿付能力。

随着“1 +4”的监管体系建成，各地金融监管部门对融资担保机构监管力度加强。例如，2018 年 3 月，深圳市人民政府对部分融资担保机构下发整改通知；2018 年 4 月，郑州市地方金融监督管理局吊销该市 11 家投资担保公司经营许可证；2018 年 6 月，四川省担保协会下发通报，停业整顿 49 家和取消业务资格 29 家融资担保公司。

2018 年 6 月，由人民银行、银保监会、证监会、发展改革委以及财政部五部委联合出台了《进一步深化小微企业金融服务的意见》，从货币政策、监管机制、融资渠道等方面明确了金融服务小微企业的具体措施。意见提出要健全普惠金融组织体系，增强小微信贷持续供给能力，增强财税政策支持力度，减少融资附加费用，对国家融资担保基金支持的融资担保公司要加强监管考核，支持小微企业融资的担保金额占比不低于 80%，其中支持单户授信 500 万元及以下小微企业贷款及个体工商户、小微企业主经营性贷款的担保金额占比不低于 50%，适当降低担保费率和反担保要求，减轻小微企业融资负担。

10.2 再担保：源头活水引流资金惠小微

为更好地破解中小微企业融资难、融资贵问题，满足实体经济发展的多样化融资需求，发挥融资担保机构政策功能，吸纳和分担小微企业融资服务业务风险，提升融资担保行业整体风险防控能力，2018 年 3 月 5 日，国务院总理李克强在政府工作报告中提出，设立国家融资担保基金。2018 年 7 月，国家融资担保基金成立，基金首期注册资本 661 亿元，由财政部联合五大行、政策性银行等 20 家金融机构共同出资设立。担保基金定位于准公共性金融机构，坚持市场化运作，不以盈利为目的，推动形成“国家融资担保基金—省级担保再担保机构—辖内融资担保机构”三级机构与银行的风险分担机制，构建健康可持续发展的全国政府性融资担保体系，分担风险，降低成本，提升金融服务实体经济能力，引导资金流向小微、“三农”等领域，推动普惠金融发展。

国家融资担保基金采用再担保和股权投资等形式，其中，再担保是支持省级再担保机构向体系内的融资担保机构提供再担保服务，分摊担保机构风险，降低担保费率，缓解中小微企业融资压力，推动解决融资难问题。股权投资则是通过资金注入增厚担保机构的安全垫，缓解预期外的流动性压力。截至 2018 年底，基金再担保合作业务规模已达 326 亿元，担保户数 25245 户，其中单户 500 万元及以下的担保金额 197 亿元，占比约为 60%。①

在基金再担保业务的引导带动下，各地陆续出台配套支持政策，通过设立省级担保基金（机构）、健全风险补偿机制、提高省级机构分险比例、降低再担保业务收费标准、提高支小支农担保业务占比、完善银担合作机制等措施，形成上下呼应与政策协同。截至 2018 年 11 月，已有北京、山西、上海、江苏、浙江、福建、山东、广东、贵州、云南、陕西、宁夏等 21 个省（自治区、直辖市）相继成立了省级再担保机构；河南、安徽、湖南、青海等 4 个省份成立了明确承担省级再担保职能的融资担保性机构，另有东北再担保覆盖黑龙江、吉林、辽宁与内蒙古 4 个省（自治区）。在风险补偿措施方面，江苏设立 3 亿元的融资担保代偿补偿资金池②，重庆对基金分险的项目给予 30% 的风险补偿③，广东成立 5 亿元中小企业信用担保代偿补偿资金④。在分险比例上，北京、江苏、浙江、安徽、广东、四川、贵州等省级再担保机构将风险分担比例提高为 40%，降低市县担保机构的风险责任，将政策红利进一步传导至基层。

10.3 担保品管理：机遇来临，未来可期

10.3.1 仓储业助力金融仓储

担保品管理是金融业的衍生物，也是现代仓储业的新兴业态，在发达国家已经形成成熟的商业模式与严格的政府监管制度，在我国，长期发展的以金融仓储形式开展的动产质押监管是担保品管理的一部分。金融仓储主要是指融资企业以存货或由仓储公司出具的仓单为质押标的，从金融机构取得融资的活动，仓储公司对质押期间的质押物进行监管。参与者主要为中小型企业、金融机构和具有金融仓储资格的仓储企业。作为金融和仓储的交叉创新，金融仓储有效解决了中小企业“想借借不到”、金融机构“想贷不敢贷”的问题。

在传统的融资借贷关系下，金融机构很难依靠自身对企业动产进行实时监管和价值评估，所以中小企业很难凭借动产抵押在金融机构获得想要的贷款，而仓储业的发展尤其是高端仓储服务的出现，为中小企业在金融机构通过动产抵押进行融资贷款提供了一条联系的渠道。金融仓储企业可以通过自身专业化的仓储监管和信用资质，在动产抵押的基础上为企业融资提供一定程度的担保，同

---

① 国家融资担保基金引导放大作用初显［N/OL］. 中国财经报，2019－02－20. http：//www.cfen.com.cn/dzb/dzb/page_3/201902/t20190218_3172682.html.

② 财政部网站．江苏省财政多措并举支持企业降低融资成本［EB/OL］.［2018－11－30］. http：//www.mof.gov.cn/mofhome/mof/xinwenlianbo/jiangsucaizhengxinxilianbo/201811/t20181130_3079555.htm.

③ 中国政府网．财政部：国家融资担保基金业务运行成效初显［EB/OL］.［2019－02－17］. http：//www.gov.cn/xinwen/2019－02/17/content_5366357.htm.

④ 广东金融网．广东省融资担保行业 2018 年度发展与监管情况报告［R/OL］.［2019－03－14］. http：//gdjr.gd.gov.cn/zwgk/fwgk/content/post_2223339.html.

时通过实施价值评估降低金融机构放款风险，可以说仓储业在近年来的发展为金融仓储发展提供了机遇。

存货融资作为物流金融的核心业务和供应链金融业务之一，是企业融资的主要方式。通过企业的存货融资，可以增加企业的资金流动性，提高企业资金利用效率。存货融资是以资产控制为基础的商业贷款的基础，分为静态抵质押授信和动态抵质押授信两种类型。前者是指客户以自有或第三人合法拥有的动产为抵质押的授信业务；后者是延伸产品，银行对于客户抵质押的商品价值设定最低限额，允许在限额以上的商品出库，客户可以以货易货。对于许多无法提供不动产抵押或第三方担保的中小企业，只要拥有资金方认定的可进行抵、质押的货物，并交付给资金方指定的仓储监管公司监管，就可以从资金方获得融资。从而将原本积压在存货上的资金盘活，并且有利于扩大经营规模。①

2018 年 9 月 26—27 日在天津举办的“第六届仓储融资和担保品管理国际研讨会”上，全国电子仓单系统启动试点工作，标志着具有可复制性、可推广的标准化电子仓单和仓库管理体系正式推出。该系统的启动，让多家物流企业可以充分利用闲置的仓储产品，与各类银行机构合作，通过货权生成仓单，以质押的方式获得融资。并且随着全国电子仓单系统的不断完善，物流金融大数据平台也会逐渐完备，将推广动产质押融资业务模式，提升金融服务整体水平，优化贸易产业环境。物流金融服务平台的搭建，让动产融资回溯本源，降低行业融资成本，提高行业效率，便利中小贸易商融资，通过行业标准、行业信用、全场景风控和数据服务使中小企业融资的高效问题得到解决。

据中国仓储与配送协会信息，我国目前的动产资产达到 50 万亿 ~ 70 万亿元，金融机构短期贷款余额 35 万亿元左右，但其中动产担保贷款只有 5 万亿元左右，占比不足 20%，但是西方发达国家短期贷款中约 60% 为动产担保贷款。与西方发达国家相比，我国金融仓储行业发展水平仍旧较低，广大中小企业利用此种方式进行融资的比率依旧较低，这说明我国金融仓储未来发展仍有较大空间。

10.3.2 债券担保品业务应运而生

中国债券市场发展迅速，现在已经发展成为继美国和日本之后的全球第三大债券市场。随着市场的进一步发展壮大，以信用风险、流动性风险为主的各类风险也在累计上升，而担保品管理能够有效地防控债券市场风险。从国债公司近几年的实践来看，担保品管理对于疏解和防控债券市场信用风险、优化流动性风险管理是非常有效的。

首先，在交易当中合理地运用担保品管理，可以有效防范信用风险。一方面担保品本身可以减少违约损失，另一方面高效的担保品管理机制可以控制市场波动带来的风险。比如通过一系列的担保品期间的管理机制，对担保品进行逐日盯市，担保品不足的时候进行自动追加、增补以及置换，进行全程的风险监测，就可以避免担保品价值波动所产生的风险道路。其次，担保品管理是流动性风险管理非常重要的手段之一，债券是天然最优质的担保品。全球金融市场 70% 的担保品是债券，如果把这些债券高效地运转起来发挥它的作用，就可以盘活存量债券，获取流动性。最后，独立的第三方担保品管理对于金融去杠杆能够发挥积极的作用，可以有效减少金融市场的泡沫，起到减震器的作用。

---

① https：//www. sohu. com/a/241430462_ 560551.

伴随着中国债券市场的跨越式发展，债券担保品也逐步渗透到了金融市场的方方面面，在国内宏观调控和金融交易中得到广泛应用。中央结算公司作为中国金融市场的核心基础设施，承担了绝大多数债券的登记托管职能，截至 2018 年 9 月，管理中的担保品余额超过 13 万亿元，服务境内外各类客户 5700 余家，已是全球最大的担保品管理机构，充分发挥金融市场流动性管理和风险管理中枢作用。

在宏观调控中，债券可作为货币政策、财政政策和社保资金管理的合格担保品。2018 年以来，人民银行进一步扩大了中期借贷便利的合格担保品范围，一定程度上缓解了合格担保品不足的问题。此外，地方国库现金管理业务已在全国范围内 34 个省市铺开，涉及管理中担保品余额达到 1.25 万亿元。在全国社保资金管理及 9 个省市的地方社保资金管理过程中，金融机构还可以灵活运用各类债券作为担保品参与其中（见表 10－1）。

表 10－1　2018 年债券担保品在宏观调控中的应用

业务种类	业务笔数/期数	累计操作量（亿元）	管理中担保品余额（亿元）
中期借贷便利 MLF	68	210000	59000
常备借贷便利 SLF	1472	9200	632
支小、支农再贷款	1320	3700	1400
地方国库现金管理	405	80000	12500
社保体系	66	4000	3100

数据来源：中央结算公司。

随着业务的发展，担保品管理机制的应用领域也在不断创新。传统的授信管理依赖于对交易对手方信息的获取和分析，引入专业的担保品管理能够为现有的银行间授信管理“减负”，在优化流动性管理的同时充分防控风险。这一模式即将在银行同业账户透支业务中试点推行，将来在市场成员授信管理中也将有广阔的应用前景。

10.4 商业保理发展进入快车道

10.4.1 商业保理接棒银行保理继续前行

商业保理是一整套基于保理商和供应商之间所签订保理合同的金融方案，包括融资、信用风险管理、应收账款管理和催收服务。130 年前，保理业务最早出现在美国纽约，1991 年引入我国。2000 年后我国银行保理业务进入快速发展期，2011—2014 年我国连续四年位居全球保理业务量首位。但是近几年，我国银行保理业务量出现了下滑。据统计，2018 年，我国银行保理业务量约 2 万亿元人民币，同比下降 11%。其中国内保理业务量约 1.68 万亿元人民币，同比微增 0.6%；国际保理业务量 354.44 亿美元，同比下降 53%。[①] 与银行保理发展趋势形成巨大反差的是，从 2015 年开始，我国商业保理保持成倍增长态势，2015 年，商业保理业务量超过了 2000 亿元；2016 年达 5000 亿元，同比增长 150%；2017 年已达 1 万亿元，2018 年达到 1.2 万亿元，连续五年实现高速增长

① 《中国保理产业发展报告（2018）》。

（见图 10-4）。据中投产业研究院预测，未来四年（2019—2022 年）年均复合增长率约为 17.67%，2022 年将达到 2.32 万亿元。在银行保理增长缓慢的情况下，商业保理成为我国保理业发展的主要动力。

图 10-4　2012—2018 年我国商业保理业务量

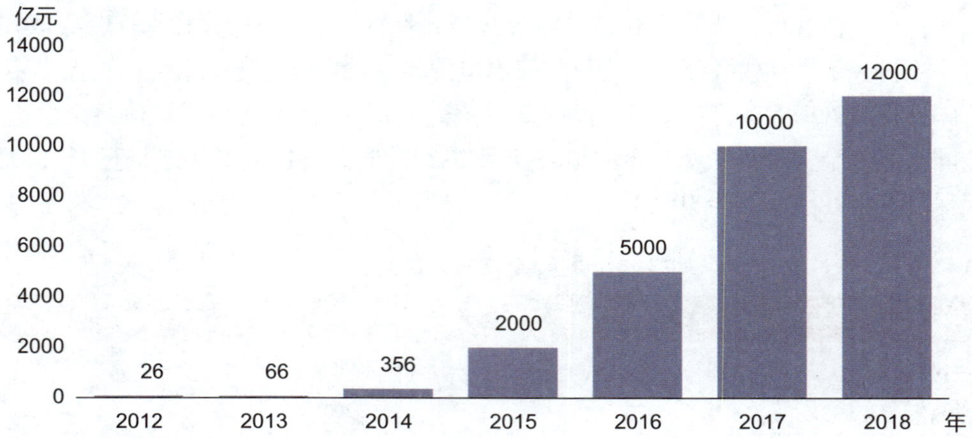

数据来源：国家统计局。

据环球同业银行金融电讯协会（SWIFT）组织预测，2020 年赊销在全球国际贸易结算中占比将上升到 91%，这一比例 2012 年为 82%，20 世纪 90 年代为 20%。与此同时，根据商务部研究院报告，我国国内贸易中赊销比例已上升到 80% 以上。目前，保理业服务第一大行业是制造业，第二大行业是批发零售业，其他主要行业还有建筑工程、房地产、航空、交通、物流和医药等。

专题 10-1　人工智能和保理：即将到来的革命[①]

在技术发展的加速期，诸多融资领域正在发生巨变。应收账款融资也不例外。信息传输便捷化和基础工具自动化促进供应链金融（SCF：一个古老的概念，也称为反向保理或者保兑，重新设计为主流银行产品）等领域快速发展，各种应收账款平台试图将已确认的发票商品化。然而，传统保理对变化具有很强的抵抗力：虽然较新的操作平台使保理流程更容易和更有效，但它仍然深受人类专业和决策的驱动。原因在于，由于多重风险相互作用，例如买方信用风险、供应商风险、履约风险、操作风险（导致稀释风险）和欺诈风险，保理作为一种产品，本质上是复杂的。

引入基于 AI 的先进系统将对保理生态系统产生重大的组织和技术影响，尤其是对保理组织本身。在组织层面上，系统自行推荐和/或作出决策的能力将大大降低人类参与程度。基于各种机器学习算法的系统，可以通过训练解释有关过去决策信息和数据模式，和/或监控当前正在作出的决策（以及监控当前生成的数据），了解如何在特定业务领域作出决策，从而模仿人类决策者的专业知识（AI 系统通常可以超越人类同行）。

这种发展态势可能导致在简单的或常规场景中完全替代人类决策者，或者是以 AI 系统担任顾问，可以将常规性的决策移交给初级工作人员，而级别较高、经验丰富的保理工作人员则去处理

① 商业保理专业委员会。

复杂情况，比如说审计等。由此带来的生产率提高将使保理公司能够应对更大的客户数量并降低运营成本。

在开展保理业务和供应链金融业务中运用计算机算法和预测模型，在三个关键领域发挥价值，具有巨大潜力：

首先，准确、快速的风险评估将大大降低风险成本，特别是在因无法准确利用所有可能的风险因素而导致风险评估过于保守的情况下。

其次，运用自动决策算法将支持及时的、数据驱动的和基于证据的决策，这些决策考虑了各种威胁和机会，并且根据尽可能多的积累值进行了优化。

最后，与需要进行大量流程修订的“以解决方案为中心”的现有工具相比，能够引入强大的预测性解决方案而无须大量修订现有流程和供应链要素之间的关系，将最大限度地减少对业务流程的干扰，提高对新方法的接受程度。

人工智能（AI）的发展以及供应链中显著扩张的大数据，为保理公司提供了巨大的机会。从历史上看，金融机构一直无法应对复杂的风险，因此大多数金融产品都是基于简化风险类型——例如信用证，其合同关系被 UCP 标准下的正式审查所取代，“传统”供应链金融通过确权和法律框架等消除履约风险。相比之下，保理行业传统上处理“现实世界”的风险组合。新技术将使该行业能够运用数据和结构化流程来更好地提供资金，防范风险。运用先进的 AI 工具，不仅可以使保理公司更好地分析和定价风险，而且可以成为客户的真正合作伙伴，从而深入了解客户的业务，并在许多情况下成为客户宝贵建议的来源。

10.4.2 商业保理新模式——ABS 蓬勃发展

资金制约是商业保理公司发展的瓶颈，从国内商业保理实践来看，目前通过银行贷款等间接融资占据资金来源的半壁江山，而银行信贷融资，在达到一定规模后很难再提供融资增量，保理公司需要选择向市场融资。商业保理公司可以通过资产证券化（ABS）渠道进行融资。在当前融资环境下，ABS 以低成本的优势，有底层资产做支持而获得投资者较高的接受度，对于保理公司自身提升系统建设和风控、运营能力方面的益处，使其逐渐成为商业保理公司新的重要融资渠道。

商业保理公司 ABS 项目的基础资产所对应原始资产即为应收账款，应收账款是一项风险相对较高的资产类别，在应收账款到期之前无法变现，作为未来收益权的资产其流动性较差，要等到应收账款到期之后才能拿到债务人的回款，随着保理业务规模的扩张，保理公司对资金再融资需求非常迫切，资产证券化可以提高资产的流动性，保理公司以其保理资产发行 ABS 市场潜力较大。ABS 能给保理公司提高资产周转率，突破融资瓶颈，优化财务状况。而保理公司主要服务于中小企业，因此当中小企业需盘活应收账款时，保理公司便可提供流动性支持。

自 2015 年 5 月 19 日国内首单保理资产证券化产品——“摩山保理一期”，在上海证券交易所成功发行后，商业保理资产证券化井喷式增长，2018 年，以保理融资债权为基础资产的 ABS 发行数量达 53 只，发行规模 435.63 亿元，相较于 2017 年增长 3.55 倍。① 2018 年 6 月 25 日，由中化保理主

① https://baijiahao.baidu.com/? =1619136790004734238&wfr=spider&for=pc.

导的供应链金融资产证券化项目——平安证券—中化保理—金茂供应链金融资产支持专项计划资产支持证券，取得上海证券交易所无异议批复函，是国内首单由央企保理公司——中化保理，作为原始权益人和资产服务机构来主导发行的，采取分期发行方式，发行总额100亿元。①

10.5　担保与保理服务中小微企业展望

融资担保方面，随着2018年《融资担保公司监督管理条例》四项配套制度出台，融资担保行业“1+4”监管体制得到完善，预计2019年各级监管机构将加强落实最新监管体系，对当地担保公司加强整改力度，行业整体运行将更为规范。随着国家融资担保基金成立运营，覆盖全国的再担保体系基本形成，“国家融资担保基金—省级担保再担保机构—辖内融资担保机构”三级机构与银行的风险分担机制有助于化解融资担保信用风险水平，提升行业整体风险防控能力，融资担保机构业务拓展能力将得到提升。随着由政府主导的融资担保体系的构建完成，担保行业政策导向性进一步提高。未来将致力于解决中小微企业融资难、融资贵问题，发展普惠金融，支持创新创业。

担保品管理方面，作为金融和仓储交叉创新的金融仓储有效解决了中小微企业融资问题，并且随着全国电子仓单系统的诞生，动产融资业务流程不断得到规范，以更好地服务于实体经济。商业保理方面，在国家加强金融监管与规范行业秩序的环境之下，依然稳中有进，接棒银行保理继续为我国保理业向前发展增添动力。同时，商业保理ABS以其较低的发行成本，为保理公司提供了重要的融资渠道，更为保理公司所服务的中小微企业提供了可观的流动性支持。互联网金融与人工智能科技的飞速进步，将激发传统保理行业发展潜力，开创全新态势。

---

① 雪球．央企保理公司首单，中国金茂百亿供应链金融ABS成功获批！［EB/OL］［2018－06－29］．https：//xueqiu．com/2576680180/109662601．

11 创业投资：大淘淘金，任重道远

2018 年创投市场的大清查及严监管全面推进，行业步入过渡调整期，但税收优惠的落地、“双创”领域的升级、保险资金进场限制的放开、私募股权投资基金对上市公司并购重组的参与等一系列“政策利好”仍为行业下一步发展注入强心剂。募资端由于宏观环境的低谷以及资管新规等条文的出台而陷入困境，行业笼罩在寒流之中，新增募集资金及募集基金数量双双下降。投资端则相对乐观，未受较大影响，但增长幅度减小，投资人对项目要求更高，出手更加谨慎。A 轮及以前的项目仍受欢迎，IT 领域更大幅吸金，互联网及生物医疗也同受关注，人工智能开始多场景探索商业化落地方案，新消费领域带来生活方式延展升级，在线教育持续广受资本青睐。退出端出现渠道重要性排序更替，新三板功能性进一步弱化，股权转让及回购占比则显著提高。创投行业马太效应显现，两极分化正在悄然上演，投资机构正本清源的同时，对广大被投初创中小微企业也提出了更高的要求，To B 风口之下，众多垂直细分领域为更多独角兽的诞生提供了广阔舞台，极大利好于企服领域初创公司，互联网巨头硝烟四起的战略投资风云协同政府引导基金的进场更是令创投圈显得精彩纷呈，泛生态布局及全产业链覆盖众多中小微企业。创投行业的发展为更多中小微企业的成长提供更多可能，同时也对其核心竞争力更加看重，技术迭代的加快、国际竞争的愈演愈烈，也都带给广大中小微企业以重要的挑战。

11.1 山重水复，柳暗花明，看政策支持稳步推进

2018 年，政策跌宕牵引着创业投资行业每一位从业者的心，伴随着资管新规的出台、行业大清查的启动，严监管正式拉开序幕。但行业全局政策基调仍整体向好，相关行业扶持政策持续稳步推进，无论是税收优惠的明确、“双创”浪潮的升级，或是险资投资限制放开、科创板设立带来的资金募、退两端双头利好，都在有力地鼓励创业投资行业的发展以及在此背景下科创型公司和中小微企业的成长。

11.1.1 政策跌宕牵引人心，行业严监管时代来临

2018 年的创投行业，本在一片鼓舞的期待中开始。1 月，证监会的发声体现有意吸收国际资

本市场成熟有效有益的制度与方法，改革发行上市制度，加大对新技术新产业新业态新模式的支持力度。3 月，更有关于中国存托凭证（CDR）① 将推出的消息传出，证监会表示将努力创造一些更好的工具和制度安排支持新经济企业，市场纷纷翘首以待，因为这一方面不仅有利于创投市场独角兽们在国内的上市，另一方面还将有利于曾错失 A 股市场的 BAT 们强势回归。然而，市场并没有等来期待中的 A 股上市制度大变革，这一切在几个月后归于平静，似乎没有激起任何的水花。

而正当市场在逐渐遗忘对 A 股变革的期待时，4 月，由人民银行、银保监会、证监会、外汇局联合发布《关于规范金融机构资产管理业务的指导意见》（以下简称资管新规）引起了市场的剧烈反响。这一堪称史上最严的资管新规，无可避免地也将对创投行业带来冲击，在资管新规对资金池设置、期限错配以及多层嵌套业务等方面的限制下，私募股权投资基金的募资端面临严峻挑战。行业寒冬之声开始鹊起，泛起“钱荒”的恐慌。而雪上加霜的是行业大清查的启动——9 月 20 日晚间，中国证券投资基金业协会下发《关于限期提交自查报告的通知》，开始对各类私募基金业务进行大规模清查，管理人若未能在规定时间提交通知要求的自查报告，将被纳入异常经营范畴。业内一时间人心惶惶，但这只是私募基金迈入严监管时代所开启的冰山一角，未来行业将面临更多、更为严格的市场监管和规范要求，未来的行业将经历一场深刻的洗牌，不合规的相关私募基金都将退出行业舞台。

11.1.2 行业支持政策不减，未来仍可期

2018 年，政府仍持续推进相关利好政策，旨在加大对科技创新的关注和对创投行业的支持，各项优惠措施包括保证税收水平只减不增、升级“双创”产业布局、放开保险资金投资限制，鼓励私募股权投资基金参与上市公司并购重组等内容。

■ 政策落实税收水平只减不增，提振行业信心

延续了 2017 年相关税收政策对行业的优惠基调②，2018 年创投业的税收利好仍然坚挺。国务院常务会议带来“确保创投基金税负总体不增，并按照不溯及既往原则，抓紧完善进一步支持创投基金发展的税收政策”的明确利好。12 月，国务院常务会议进一步对相关税收优惠政策进行了明确：从 2019 年 1 月 1 日起，依法备案的创投企业，可选择按单一投资基金核算，其个人合伙人从该基金取得的股权转让和股息红利所得，按 20% 的税率缴纳个人所得税；或选择按创投企业年度所得整体核算，其个人合伙人从企业所得，按 5% ~35% 的超额累进税率计算个人所得税。该政策确保创投企业个人合伙人的税负只减不增，由此也带给社会各界以更加稳定的预期，提振了行业的信心，有助于行业的进一步发展。

■“双创”升级，充分激活创新资源潜力

除了税收利好的持续推进外，9 月的国务院常务会议上，李克强总理对于“双创”的表态同

---

① 中国存托凭证（Chinese Depository Receipt，CDR），是指在境外（包含中国香港）上市公司将部分已发行上市的股票托管在当地保管银行，由中国境内的存托银行发行、在境内 A 股市场上市、以人民币交易结算、供国内投资者买卖的投资凭证，从而实现股票的异地买卖。

② 2017 年 4 月，财政部、国家税务总局发布《关于创业投资企业和天使投资个人有关税收试点政策的通知》（财税〔2017〕38 号），与以往的税收政策相比主要有两点变化：一是对享受政策优惠的投资标的的要求，从经认定的中小高新技术企业前移至“种子期、初创期科技型企业”；二是政策惠及主体有所扩容，在原来公司制基金及合伙制基金法人合伙人的基础上，增加了合伙制基金个人合伙人以及天使投资个人。

样引起市场的强烈关注——“打造大众创业、万众创新升级版，不仅要巩固近年来快速发展的新业态、新模式，还要向更广阔的领域拓展，使创业创新在更大范围、更高层次和更深程度上蔚然成风”，“双创升级版”备受期待。政策对“双创”升级的引导与重视，将持续优化社会的创新创业环境，更大程度推进科技创新力度，提高对中小微企业的发展保护以及各类孵化平台的培育水平，进一步激发社会活力和创造力。另外，科创板也让市场情绪高涨，对于私募股权投资行业来说，科创板的推出为技术型科创类公司的上市开辟了一条大道，也为投资的退出增添了一个有利渠道。

■ 险资投资范围限制放开，有望带来源头活水

私募行业募资难的一大痛点一直在于保险资金投资的限制，而这一掣肘的情况将有所改善。2018 年 10 月，银保监会公布《保险资金投资股权管理办法（征求意见稿）》，向社会公开征集意见，修订后的管理办法最受市场关注的内容主要在于取消保险资金开展股权投资的行业范围限制，拟在通过“负面清单 + 正面引导”的机制来提升保险资金服务实体经济的质效。基于此，保险公司在进行股权投资时，不再受限于原有规定的行业范围，而是可以充分结合自身实际和需求，选择投资行业和企业标的。而巨额保险资金的入场，无疑为目前发展略显困顿的私募投资行业注入强心剂，众多民营和中小微企业也将获得更多的长期资金支持，融资环境有望获得一定的改善。

■ 峰回路转，IPO 被否重组上市间隔期获缩短

2018 年 2 月，证监会在发布的《关于 IPO 被否企业作为标的资产参与上市公司重组交易的相关问题与解答》公告中表示“对于重组上市类交易（俗称借壳上市），企业在 IPO 被否决后至少应运行 3 年才可筹划重组上市”。这也意味着一旦 IPO 申请被否，公司在近几年内也无法通过借壳实现上市，这就极易对公司之后的发展产生严重影响，限制发展节奏。而伴随企业 IPO 被否代价的增大、IPO 申请的谨慎，企业过审上市的脚步显著放慢，这将间接影响私募投资基金的退出，延长基金存续期。所幸峰回路转，在综合考虑市场各方声音后，证监会在 2018 年 10 月决定将 IPO 被否企业筹划重组上市的间隔期从 3 年缩短为 6 个月。这一调整背后显示的是政策对于优质企业参与上市公司并购重组的支持，也是对改善和提升上市公司质量的诉求。

11.2 募资：市场环境多变带来“新增双降”

2018 年，中国创业投资基金（含早期基金和 VC 基金）新增募集资本量为 3206.86 亿元，较 2017 年有明显缩减，降幅达到 13%；另外，新增募集基金数量减少至 844 只，出现自 2013 年以来的首次下降，降幅达到 19%；而由新募集基金数较大幅度减少所带来的新募基金平均募资规模小幅上升，由 2017 年的 3.53 亿元/只增加至 3.80 亿元/只（见图 11－1）。

分阶段来看，早期基金新设资本规模在 2017 年的回升之后再次出现缩减，由 2017 年的 199.36 亿元下跌至 2018 年的 181.90 亿元，同比减少 8.76%；新设立只数为 111 只，在经历多年的连续上升之后迎来首降，同比减少 23.97%。与早期基金的情况相似，VC 基金也出现了新增资本量和新募集基金数的“双降”，其中新增资本量由 2017 年的 3476.69 亿元下降至 2018 年的 3024.96 亿元，新募集基金数由 2017 年的 895 只下降至 2018 年的 733 只，同比分别减少 12.99% 和 18.10%（见图 11－2）。

图 11－1　中国创业投资基金募集情况（2011—2018 年）

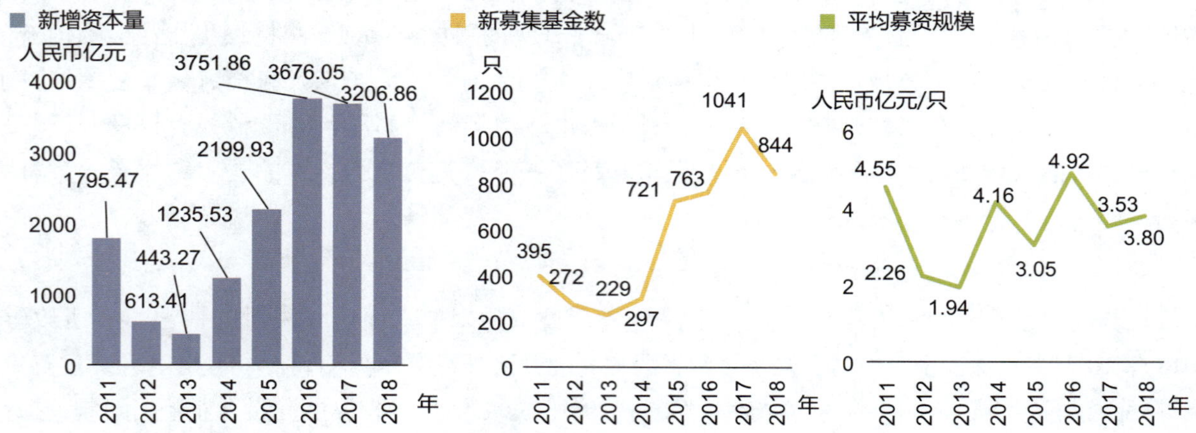

资料来源：清科研究中心：《2018 年中国股权投资市场回顾与展望》。

图 11－2　中国早期基金与 VC 基金募集情况（2011—2018 年）

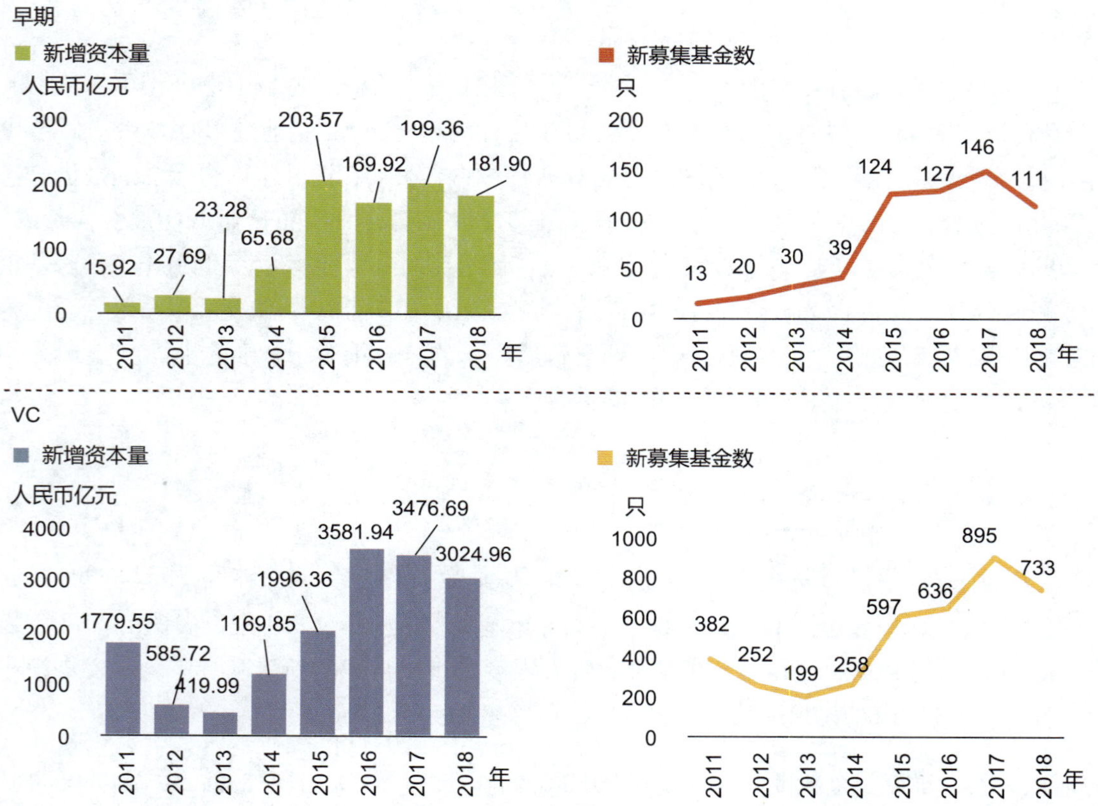

资料来源：清科研究中心：《2018 年中国股权投资市场回顾与展望》。

2018 年，由于宏观经济大背景的复杂、监管环境的趋严，以及资管新规的正式下发，创投行业募资在开年迎来重创不利。募资渠道的大幅缩减、投资人的高度谨慎、市场堆积的泡沫风口，让 2018 年上半年的募资金额呈现断崖式下降。虽然下半年伴随着诸多行业支持性优惠政策的落地，募资整体情况趋向好转，但纵观全年募资情况，仍是举步维艰，并最终带来了2018年早期和VC基金领域新增资本额和新募集基金数的双双下跌。

然而，看似全行业募资“哀鸿遍野”，但实质上却丝毫没有给“头部机构”带来影响，根据私募通统计，2018年VC市场新募金额超过10亿体量的基金有64只，涉及2012.71亿元人民币，即8.73%的基金募集到了66.54%的资金量，因此，与其说环境的“外忧”带来募资的“内患”，倒不如说行业高速的发展终究避免不了进入“洗牌”阶段的重整。国内创投行业在历经数年来的高速发展后，积累了太多的弊病、投机以及滥竽充数，市场上创投机构呈现极端“长尾”现象，存在着众多盲目跟风、能力缺乏的违心GP①，这不能不让LP②在出手时慎之又慎。另外，市场上也存在着“强势”LP，“越俎代庖”地要求GP搜寻的项目需要先征得LP的同意方可获得出资，已然颠覆基金运作规范，而随着越来越多的LP开始逐渐自立门户成为GP，行业的募资情况也势必受到影响。

再看VC基金募集币种情况，2018年，人民币属性VC基金募集规模为1970.32亿元，在中国大陆新设立VC基金募集规模中占比65.1%，外币属性VC基金募集规模则为1054.64亿元，占比34.9%，相比2017年人民币基金占比高达86.5%的“霸主”地位，2018年的外币基金募资情况增长迅猛（见图11－3）。过去几年，人民币基金募集金额占比的连年攀升，主要得益于国内IPO审核的逐渐放开以及国内资本市场相对于美国等资本市场的“高估值”，但随着近年来我国对外金融政策的不断放开，外币VC基金又逐渐显现出日益适应中国VC市场的抢眼表现，且由于国内IPO相关政策的限制，长期以来仍有众多当处亏损阶段的优质企业赴海外上市，这也为外币VC基金提供了广阔的施展舞台。

图11－3 中国VC基金不同币种募集情况（2011—2018年）

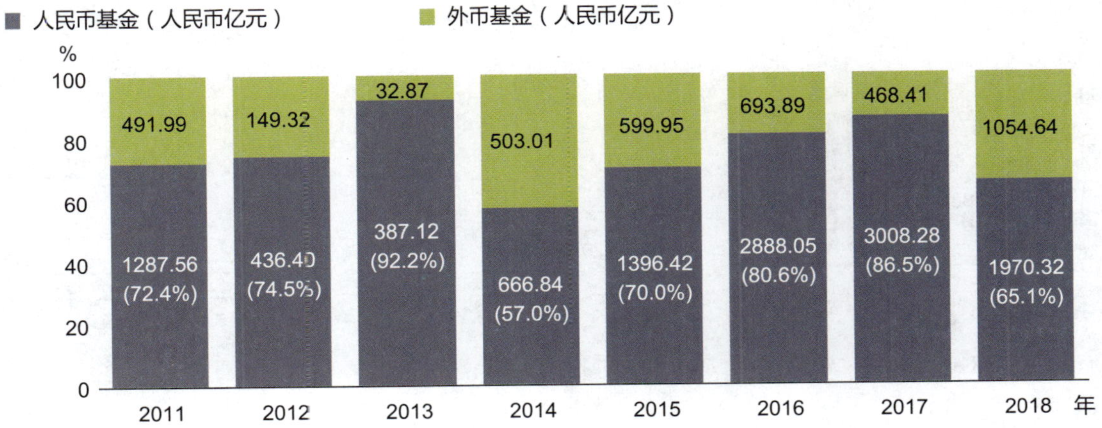

资料来源：清科研究中心：《2018年中国股权投资市场回顾与展望》。

---

① GP：普通合伙人（General Partner），泛指股权投资基金的管理机构或自然人，英文简称为GP。普通合伙人对合伙企业债务承担无限连带责任。

② LP：有限合伙人（Limited Partner），即参与投资的企业或金融保险机构等机构投资人和个人投资人，或经其他合伙人一致同意依法转为有限合伙人的，英文简称为LP。有限合伙人以其认缴的出资额为限对合伙企业债务承担责任。

11.3 投资：资本布局逐步回归理性，多赛道繁荣百花齐放

2018 年，创投行业募资难引发关注，但投资端尚未出现大幅度影响，增长稍显趋缓，投资人在项目选择上更加谨慎，全年投资案例数发生小幅下降。市场整体投资仍以 A 轮及以前阶段为主，项目区域继续集中在北上广浙苏等传统优势地区。IT 领域首次取代互联网成为最热门投资赛道，投资案例数和投资金额双双登顶，互联网和生物医疗分列第二位和第三位。人工智能获市场持续看好，政策支持助力 AI + 教育/零售/交通出行/医疗健康等领域实现多场景落地。社会结构性调整及居民消费观念升级带来新消费领域的崛起繁荣，伴随共享经济、新零售、新电商、新旅游、新住宿、新消费品牌、新餐饮、新生活服务等众多细分领域的百花齐放，新消费为居民“衣食住行”带来崭新全系统解决方案。在线教育频受资本加注，打破时间空间的崭新知识获取方式和渠道正火力全开高歌猛进。

11.3.1 市场总体平稳：投资金额小幅上升，投资案例数略减

2018 年创投行业虽然募资端困难涌现，但由于投资端存在一定的滞后，因此全年投资金额尚未出现下降，但投资案例数出现一定下滑。2018 年全年发生早期投资、VC 投资共计 6116 起，同比减少 10.51%；披露的投资金额为 2260.42 亿元，同比小幅增长 4.01%，与 2017 年高达 51.45% 的投资额增幅相距甚远；每起案例所投金额平均为 3696 万元，同比增长 16.22%（见图 11－4）。

图 11－4　中国创业投资市场投资总量比较（2011—2018 年）

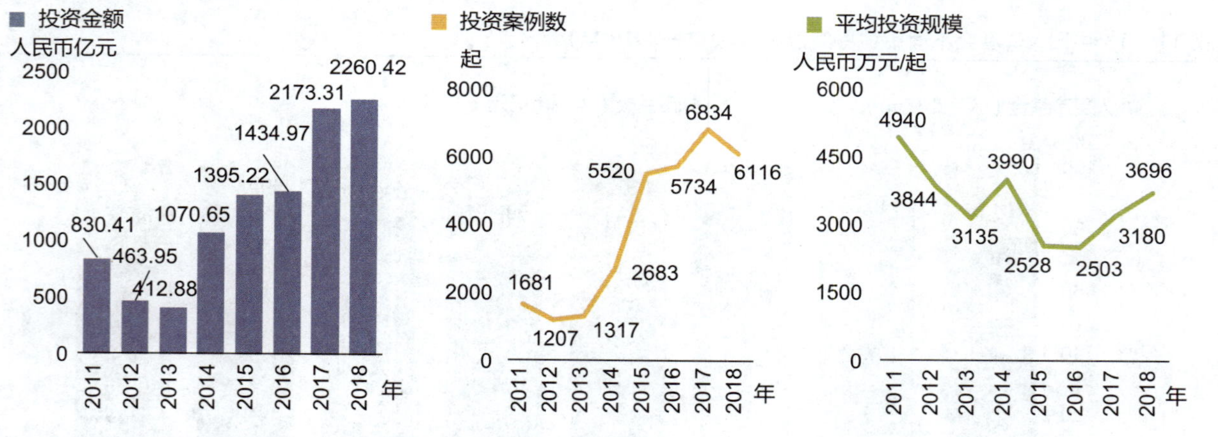

资料来源：清科研究中心：《2018 年中国股权投资市场回顾与展望》。

投资阶段上，从细分市场差异可以看出，创投市场投资总量的小幅增加主要来自于 VC 端投资额度的攀升。2018 年，VC 投资案例数虽经历 10.39% 的小幅下降至 4321 起，但投资金额由 2017 年的 2025.88 亿元上升至 2117.97 亿元，同比增幅为 4.55%。与此不同的是，2018 年早期投资金额为 142.45 亿元，投资案例数为 1795 起，分别发生 3.38% 和 10.79% 的双下降（见图 11－5）。

图 11－5 早期投资与 VC 投资情况比较（2011—2018 年）

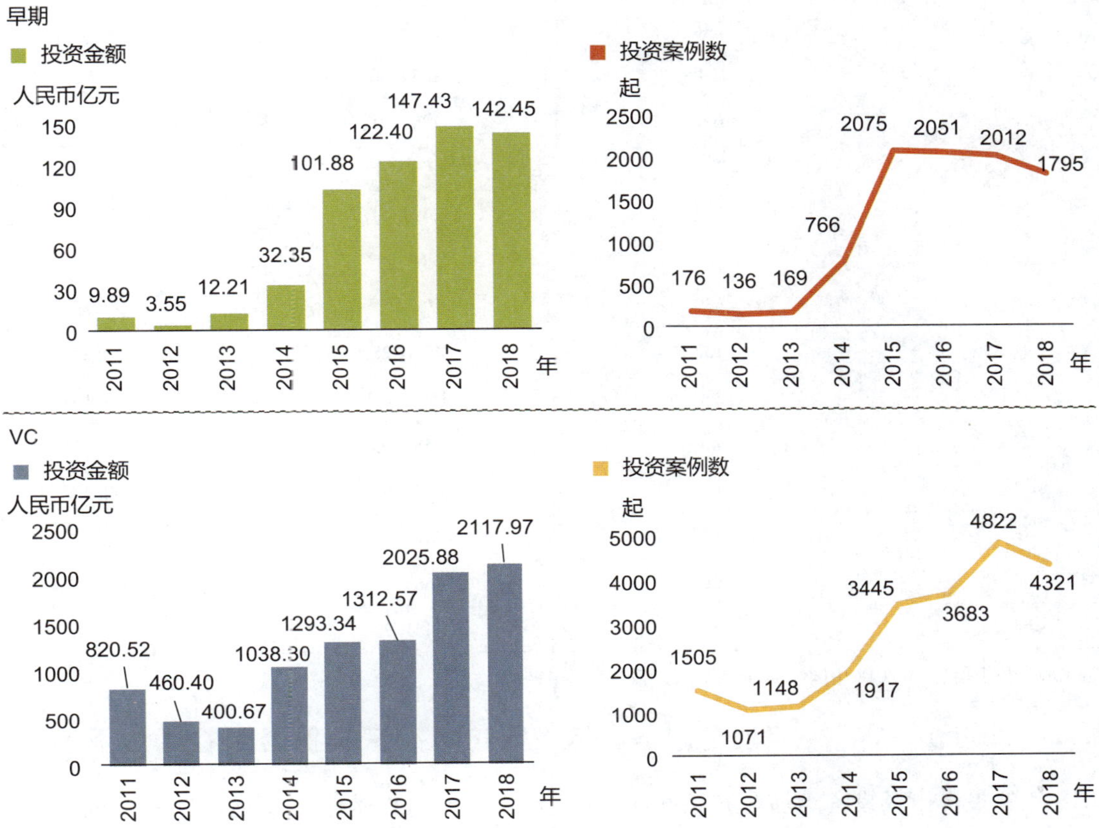

资料来源：清科研究中心：《2018 年中国股权投资市场回顾与展望》。

11.3.2 市场投资仍以 A 轮及以前为主，优质项目追寻需火眼金睛

根据投中信息的统计数据，从创投市场的细分轮次来看，2018 年的项目投资依旧集中于天使轮至 A 轮区间，该区间共发生 3941 起投资事件，投资金额共计 216.15 亿美元，占比分别达到 68.50% 和 26.19%。以单一轮次来看，案例数量及融资规模的榜首分别为 A 轮（1702 起，占比 29.58%）和 B 轮（176.30 亿美元，占比 21.36%），其中 A 轮战绩尤为亮眼，其不止在案例数量方面占比最大，融资规模也仅以 2.37 亿美元之差位列第二。对于企业来说，种子轮与天使轮的融资一般代表其尚未完成商业模式的验证，综观 2018 年该轮次的投资案例数量共计 1796 例，市场占比超三成达到了 31.22%，由此可见优质项目的挖掘绝非易事，投资机构需要具备独特的火眼金睛和卓越的识人能力，方可在数量繁多的早期项目中成功地捕捉到真正具有高成长性的优质企业，且助其迅速发展并成功获得后续融资。而在单笔规模方面，由于资本带来企业市场估值的迅速推升，E 轮及以后的投资则以 4.98 亿美元的高水平遥遥领先[①]（见表 11－1）。

① 本段占比值均根据表 11－1 和图 11－4 数据计算得出。

表 11－1　　2018 年中国 VC 市场投资细分轮次情况

融资类型	案例数量	融资规模（百万美元）	单笔规模（百万美元）
种子轮	248	1220. 74	4. 92
天使轮	1548	2355. 86	1. 52
Pre－A	691	1865. 91	2. 70
A	1702	17393. 23	10. 22
A＋	303	2499. 51	8. 25
Pre－B	26	266. 34	10. 24
B	639	17629. 75	27. 59
B＋	132	4066. 28	30. 81
C	290	15703. 82	54. 15
C＋	43	2584. 93	60. 11
D	89	8034. 93	90. 28
D＋	7	766. 74	109. 53
E	26	3667. 23	141. 05
E 轮及以后	9	4481. 21	497. 91

资料来源：投中信息：《2018 中国 VC/PE 市场数据报告》，2019－01。

11.3.3　北上广浙苏持续领跑，各区域 VC 市场投资案例数存在明显下滑

2018 年的投资市场投资地域分布情况与 2017 年相比没有大范围的变化，总体来看，北京、上海、广东、浙江、江苏五省不论在早期投资市场抑或是 VC 投资市场均持续稳固前五地位。具体来看，北上广浙苏作为创投投资项目的五大集中高发地，2018 年合计发生创业投资案例数 5051 起，同比减少 7. 68%，涉及金额 1946. 53 亿元，同比上涨 11. 61%，由此可以发现投资的平均金额呈现上升情况，而北上广浙苏地区的投资案例数和投资金额在我国创业投资市场中的占比均超过八成，达到 82. 59% 和 86. 11%①，地域优势效应和吸金能力毋庸置疑。北京作为常年的榜首，2018 年再次毫无意外摘冠，但从投资金额上来看，北京的优势或许正在缩小。2017 年，北京获得的早期和 VC 投资金额共计 777 亿元，领先广东与上海两地合计值（673 亿元）达 104 亿元，但 2018 年则被反超 138. 72 亿元。

再看第二梯队相关区域情况，2018 年相比 2017 年有小幅调整。在早期投资市场，安徽成功闯进案例数前十大区域，并一举超过湖北和陕西（其中湖北地区早期投资案例数下降较为明显，从 2017 年的 121 起第五位降至 2018 年的 41 起第九位）排名第八位，以 45 起的数额得到 136. 84% 的同比增幅；VC 投资市场方面，陕西替代天津进入前十，湖北、四川、福建、山东等地则发生位次的微调。综观 VC 投资市场整体情况，多地域普遍发生了投资案例数的明显下降，由此也可以窥见投资机构在出手投资项目时确实更加谨慎。未来，粤港澳大湾区的进一步发展以及各地相关“双创”支持政策、人才吸引政策的持续推进，将激活众多优质新创企业在全国设立和发展，也将成为创投资金流动的风向标（见图 11－6）。

① 数据来源：两个占比值均根据图 11－6 和图 11－4 数据计算得出。

图 11－6 中国创业投资市场投资地域分布（以投资案例数排序前十大地区）（2017—2018 年）

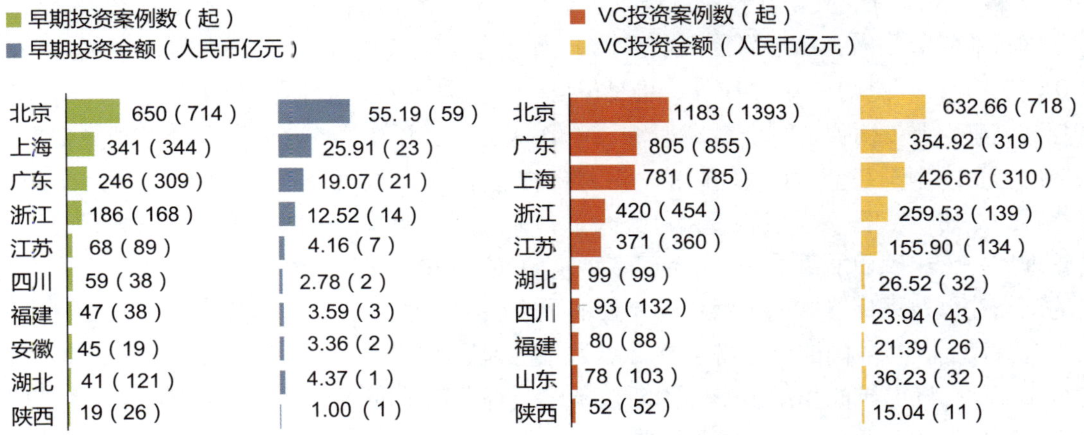

注：括号前为 2018 年数据，括号内为 2017 年数据。

资料来源：清科研究中心：《2018 年中国股权投资市场回顾与展望》《2017 年中国股权投资市场回顾与展望》。

11.3.4 技术创新和消费升级领域获投资市场持续看好

■ IT 登顶首位宝座，互联网、医疗紧随其后

从投资行业角度划分，2018 年最受创业投资基金青睐，位列创业投资市场行业分布前三位的仍是 IT、互联网、生物技术/医疗健康，该三大行业的投资案例数达到 3004 例，投资金额达到 845.01 亿元，分别占比投资市场总规模的 49.12% 和 37.38%，对其他行业的领先优势仍相当明显，处于绝对第一梯队。但相比 2017 年三大行业 3507 起投资案例数和 1083.87 亿元投资金额，2018 年的数据情况分别下降了 14.34% 和 22.04%。

互联网行业没有延续多年来高居创业投资基金最青睐投资领域之首的战绩，2018 年被 IT 行业超越，且 IT 行业以 1437 起投资案例数和 406.01 亿元投资金额荣登双榜单第一，不可谓不来势汹汹。伴随着第四次工业革命①的全面展开，以 AR、IR、机器学习、物联网等为代表的技术领域百花齐放，且相比前三次工业革命，中国在第四次工业革命浪潮中首次与发达国家站在同一起跑线，这也被视为是中国发展弯道超车的历史性机遇，全面提高国家科技创新能力成为共识。在多行业均明显出现相比 2017 年投资案例数和投资金额下降的大背景下，IT 行业逆流而上保持坚挺，在投资案例数和投资金额两方面分别实现了 9.11% 和 36.88% 的强劲增长，行业未来前景普遍看好。

互联网行业在 2018 年出现下滑，1168 起投资案例和 358.37 亿元投资金额分别对应了 18.04% 和 18.73% 的降幅。回看 2018 年，互联网经济度过了百感交集的一年，共享单车的爆雷让曾经风口上狂热的资本开始停下来反思，而伴随着互联网人口红利的逐步枯竭，也似乎令行业步入困顿调整期，不管是互联网行业的创业者抑或投资人，都开始对互联网经济进行新的深层次思考。然而尽管互联网行业在 2018 年吸金能力出现下降，但随着新电商、新零售、新消费、新生活服务等诸多崭新赛道

① 第四次工业革命是继蒸汽技术革命（第一次工业革命），电力技术革命（第二次工业革命），计算机及信息技术革命（第三次工业革命）的又一次科技革命，以人工智能、机器人技术、虚拟现实、量子信息技术、可控核聚变、清洁能源以及生物技术为技术突破口。

的兴起，以及 To B 商业模式的巨大市场空间潜力，相信未来互联网行业仍将具有绝对的吸金实力。

生物技术/医疗健康行业虽在投资案例数上不及互联网行业屈居第三，但行业所获投资金额却几乎与互联网行业旗鼓相当，在单笔案例融资量上数额更大①。2018 年全球医疗健康领域融资总额达到 388.01 亿美元，同比增长 70.79%②，可见市场广阔。据动脉网统计③，2018 年国内医疗健康领域融资金额最高来自平安医保，融资额高达 11.50 亿美元，独占鳌头。而医疗健康领域投资最活跃机构则归属红杉资本中国基金，其关注医药、医疗器械、生物技术、科技医疗等方面，以 21 起投资事件高居榜首。2018 年，国务院机构设置重大改革，国家医疗保障局、国家卫生健康委员会、国家药品监督管理局三大组织职能重构，由上而下确保政策推动医疗行业的深化改革，尤其是具有重大临床价值的创新药以及医疗器械更获得优先审评的优惠特权，加之资本的强效助力，医疗健康行业获得增长的有效动力，行业内的产业链条整合能力将得到显著提高，且有利于优势资源的集中和规模效应的扩张。而伴随着国民生活水平的不断改善以及消费需求的不断提升，医疗健康领域也迎来相关专业化趋势发展的春天，口腔、眼科等专业性诊所的出现和快速发展正体现了居民对个性化就医服务和高水平专业技术的渴求。未来，随着大数据服务逐步为医疗健康领域赋能，随着各类民营医院网络的逐步建立，以及专业化、细分化的进一步行业水平优化提升，医疗健康领域将带给投资人更多的惊喜和想象空间。

综观 2018 年创业投资市场前十二大行业分布，可以发现其与 2017 年保持一致，只存在个别行业在排位上的调整，市场总体投资格局较为稳定，见图 11 – 7。

■ 人工智能全场景落地，新消费同在线教育高歌猛进

人工智能长期以来的发展一直积蓄着强大的能量，随着科技的不断迭代进步与发展，作为计算机科学分支之一的人工智能研究领域已经遍及机器人、语言识别、图像识别、机器学习、自然语音处理等诸多方面，各国都争先恐后投入人工智能的浪潮，众多科技企业也加紧布局。我国对人工智能领域的关注和相关政策出台要晚于美国，但如今已上升到国家战略高度，在 2017 年发布《新一代人工智能发展规划》，确定“三步走”战略④后，李克强总理在《2018 年国务院政府工作报告》中再次指出，要加强新一代人工智能研发应用。2018 年 10 月，工信部发布《新一代人工智能产业创新重点任务揭榜工作方案》，提出要通过在人工智能主要细分领域，选拔领头羊、先锋队，树立标杆企业，培育创新发展的主力军，加快我国人工智能产业与实体经济深度融合，促进创新发展。人工智能领域的重点正在逐渐从技术研发转向技术与产业的融合，众多互联网和科技企业代表也纷纷提出将大力推进人工智能落地医疗、教育、交通等领域。

---

① 根据鲸准研究院《周期、重构、起航——2018 年中国新经济创投白皮书》（2018 年 12 月）数据：医疗健康行业 2014 年至 2017 年行业平均单笔融资金额变化幅度较小约为 4000 万元，2018 年平均单笔融资金额大幅增高达到 9500 万元人民币，较之前几年增长 130% 左右。

② 数据来源：动脉网. 2018 年医疗健康领域投融资报告［R/OL］.［2019 – 01 – 29］.

③ 同②。

④ 第一步，到 2020 年人工智能总体技术和应用与世界先进水平同步，人工智能产业成为新的重要经济增长点，人工智能技术应用成为改善民生的新途径，有力支撑进入创新型国家行列和实现全面建成小康社会的奋斗目标。第二步，到 2025 年人工智能基础理论实现重大突破，部分技术与应用达到世界领先水平，人工智能成为带动我国产业升级和经济转型的主要动力，智能社会建设取得积极进展。第三步，到 2030 年人工智能理论、技术与应用总体达到世界领先水平，成为世界主要人工智能创新中心，智能经济、智能社会取得明显成效，为跻身创新型国家前列和经济强国奠定重要基础。

图 11 –7　中国创业投资市场前十二大行业分布（2017—2018 年）

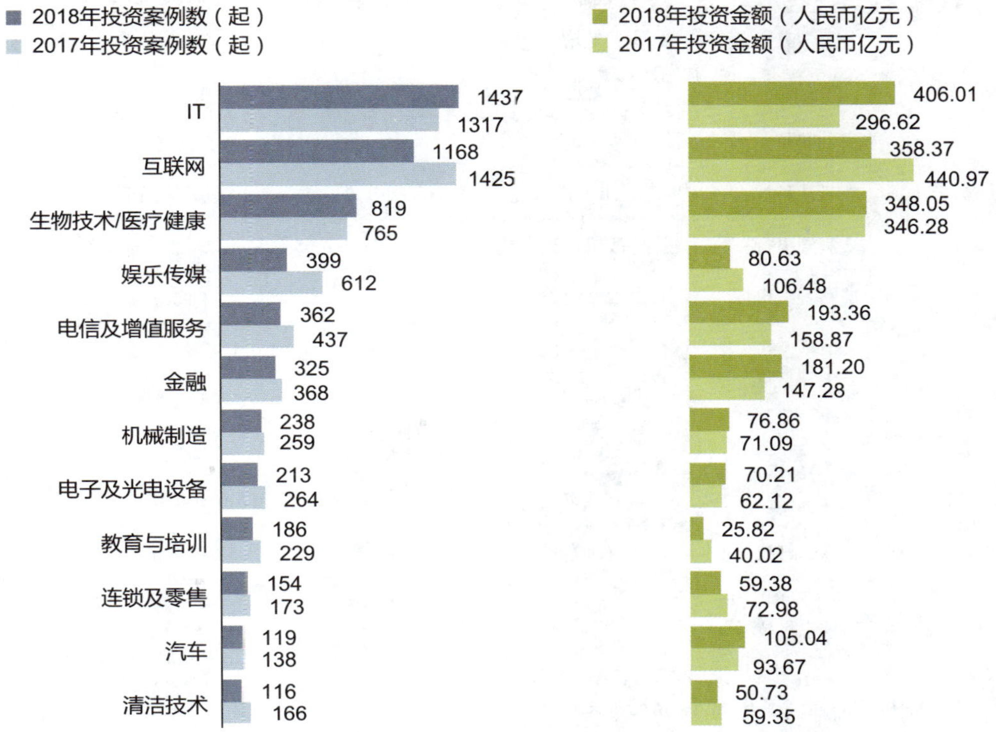

注：图中行业从上至下的顺序按照“2018 年投资案例数”指标由大到小排列。根据清科的划分标准，互联网行业包括网络营销、电子商务、网络服务等，IT 行业包括硬件、软件、IT 服务等，生物技术/医疗健康行业包括医药、保健品、医疗设备、医疗服务、生物工程等，电信及增值服务行业包括电信设备及终端、电信运营、无线互联网服务、固网增值服务等，清洁技术行业包括环保、新材料、新能源等。

资料来源：清科研究中心：《2018 年中国股权投资市场回顾与展望》《2017 年中国股权投资市场回顾与展望》。

具体来看，2018 年人工智能领域发生的投融资事件，赛道内的头部玩家几乎无一例外完成了一轮或多轮融资，其中商汤科技更是在 2018 年一年间连续完成了 3 笔共计 22. 2 亿美元融资[①]，仅 2018 年上半年人工智能领域融资金额就达到 538 亿元人民币，是 2013 年同期的近 75 倍[②]。而随着人工智能赛道加速进入商业落地期，AI 应用层覆盖行业的广泛性也带来了诸多发展迅速的企业，包括 AI + 教育领域的乂学教育（现更名为松鼠 AI 智适应教育）、英语流利说（2018 年已成功 IPO）、猿辅导、一起作业，AI + 零售领域的云从科技，AI + 交通出行领域的滴滴出行、蔚来汽车（2018 年已成功 IPO）、威马智慧出行、图森未来、小马智行，AI + 医疗健康领域的阿里健康、平安好医生（2018 年已成功 IPO）、云知声、羽医甘蓝、依图科技、推想科技等。根据亿欧发布的 2018 年中国人工智能独角兽和准独角兽榜单，其中人工智能独角兽（估值 10 亿美元以上）企业包括：旷视科技、商汤科技、寒武纪科技、依图科技、云从科技、优必选科技、出门问问，人工智能准独角兽（估值 5 亿美元以上）企业包括 Pony. ai、明略数据、第四范式、碳云智能、图森未来、推想科技、汇医慧影、智能管家、地平线机器人（见表 11 –2）。

① 数据来源：根据烯牛数据商汤科技融资历程进行抓取。

② 数据来源：IT 桔子 . 2018 年中国人工智能创业投资趋势分析，2018 –09.

表 11-2　　2018 年 AI 赛道有关企业融资情况①

细分 AI 赛道	企业名称	融资轮次	融资总额
AI+教育	乂学教育	A 轮	10 亿元人民币
	猿辅导	F 轮	3 亿美元
	一起作业	E 轮	2.5 亿美元
AI+零售	云从科技	B+轮	10 亿元人民币
AI+交通出行	滴滴出行	战略投资	7.65 亿美元以外部分未完全披露
	威马智慧出行	战略投资	未披露
	小马智行	A 轮	1.12 亿美元
		A+轮	1.02 亿美元
AI+医疗健康	云知声	C 轮	1 亿美元
		C+轮	6 亿元人民币
	依图科技	C+轮	3 亿美元
	推想科技	B+轮	未披露
		C 轮	3 亿元人民币以外部分未完全披露

资料来源：根据烯牛数据对应企业融资历程情况抓取。

2018 年，新消费领域的各类投融资事件一直占据着热点中心，这主要来源于社会整体结构性调整大背景下所带来的消费行业转型升级。“新消费”有别于原有的消费概念，不再局限于满足消费者最基本的对商品物质的需求，而是结合了科技创新、商业模式重塑等对消费者的购买体验、场景需求等进行更深层次的思考，从而衍生出更多样化的消费业态。随着居民消费观念的升级，消费者对个性化商品的追求提高，同时注重商品所带来的社交认同感，这创造了消费群体画像细分的进一步可能，同时更催生出了对应于不同消费诉求的各类垂直型消费模式。据鲸准研究院统计，2018 年新消费领域共发生 1372 起投资事件，投资总额达到 1753 亿元人民币②，而与此规模相呼应的自然是新消费领域众多的细分条线以及庞杂的产业图谱。新消费概念下包含了共享经济、新零售、新电商、新旅游、新住宿、新消费品牌、新餐饮、新生活服务等③热门细分领域——共享经济除了最早在出行领域的成功探索，还继续繁荣出共享充电宝、共享衣橱等业态，而新零售更是从 2016 年提出后④便成为巨头的必争之地，既有阿里盒马鲜生、苏宁苏鲜生、永辉超级物种、京东 7FRESH 对线下生鲜超市的重构探索试错，又有多品类自助贩卖机、无人便利店的广泛试水，新电商、新旅游领域则孵化出众多针对消费者个性化专业化细分领域需求的垂直电商和旅游定制推荐平台，新住宿赛道通过长租公寓、民宿短租等意在为“住有所居”提供多样性解决方案，盘活传统住房市场，新消费领域

① 数据来源：根据烯牛数据相关企业融资历程进行抓取，只列示相关企业在 2018 年度的融资情况，不代表企业最新融资。

② 数据来源：鲸准研究院：《周期、重构、起航——2018 年中国新经济创投白皮书》，2018 年 12 月。

③ 此处新消费概念所覆盖热门细分领域根据鲸准研究院：《周期、重构、起航——2018 年中国新经济创投白皮书》（2018 年 12 月）的划分标准。

④ 2016 年 10 月马云在阿里云栖大会上首次提出“新零售”概念，即个人、企业以互联网为依托，通过运用大数据、人工智能等先进技术手段并运用心理学知识，对商品的生产、流通与销售过程进行升级改造，进而重塑业态结构与生态圈，并对线上服务、线下体验以及现代物流进行深度融合的零售新模式。

同时更是带来了在个性化餐饮、家政、母婴、宠物、婚嫁、医美、护肤等众多新兴生活服务业态的百花齐放。而“衣食住行”的刚需也使得新消费作为强抗周期性的行业之一，始终保持着对资本的高吸引力，投融资事件发生频繁。

2018 年新消费领域最受瞩目的变革自然要属瑞幸咖啡和拼多多的崛起，二者深刻地将下沉市场和社交裂变所带来的客户和商业价值推到极致。拼多多聚焦二三线下沉市场客户人群，通过低价、免单、领红包等方式利用微信生态进行拉新，并进一步将流量变现，获得订单量的大幅度增长，在短短三年内实现 IPO①。相比拼多多，瑞幸咖啡则更显来势汹汹，从 2018 年 4 月 15 日获得数千万美元天使轮融资后便迅速扩张，“一路狂奔”“疯狂烧钱”，似乎是两个被广泛用来形容瑞幸的词汇，但却也从另一方面凸显出瑞幸成长的速度，其截至 2018 年底共开出了 2073 家直营店，付费用户 1254 万人，销售量达 8968 万杯②。而在拼多多和瑞幸的成长历程中，我们也可以看到存在众多知名投资机构的身影——拼多多曾获得来自 IDG 资本、高榕资本、腾讯、红杉中国、凯辉基金、光速中国的投资，而瑞幸身后则站着愉悦资本、君联资本、新加坡政府投资公司、中金公司、贝莱德等。然而，在资本的狂欢下也有着各种未知在等待着市场的检验——拼多多“并不高明”的盈利模式是否将不断积累风险？面临大量的诉讼、打假和商家围攻其又应如何面对？当瑞幸停止补贴后，用户黏性是否能够坚挺？当同类品牌快步跟上时，其产品和体系创新是否还能不断迭代？企业的管理能力又能否与其快速的扩张相匹配？这些一系列的疑问，市场将拭目以待。

除此之外，在线教育赛道同样占据着 2018 年市场热点之位。顾名思义，在线教育是以在线网络作为介质和平台的一种教育方式，借助现今发达的通讯技术，人们的知识获取已经彻底打破了时间和空间的束缚，碎片化的时间利用、多场景的渠道渗透给予了人们丰富的知识获取体验。2018 年 4 月，教育部颁发了《教育信息化 2.0 行动计划》，被视为教育信息化的升级，提出了要到 2022 年基本实现“三全两高一大”的发展目标③，进一步为在线教育的发展保驾护航。截至 2018 年上半年，在线教育市场规模和用户数量已达到 1890 亿元和 1.72 亿人，其中手机移动端用户占比更超过 80%。④

根据前瞻产业研究院数据，截至 2018 年 9 月 10 日，在线教育发生投融资事件 577 起，占教育类投融资事件的 22.6%⑤，而从在校教育的细分领域来看，则可以发现 K12 阶段教育、专业化职业培训和语言学习是在校教育行业的投资重点⑥，三者合计占比高达 59%。其中尤受关注的不得不提在线少儿英语培训领域，其近两年在资本和市场教育需求的助推下取得了巨大的发展，目前市场已形成 VIPKID、哒哒英语、51talk 等多个头部品牌，而 VIPKID 更在 2018 年获得了由全球知名投资管理机构 Coatue、腾讯公司、红杉资本中国基金、云锋基金携手领投的 5 亿美元 D + 轮融资，这也是迄今

---

① 数据来源：IT 桔子：拼多多在 2018 年 4 月完成 D 轮 13.69 亿元的融资后，于 2018 年 7 月 26 日登陆纳斯达克。

② 数据来源：亿欧智库：《2019 年中国咖啡市场发展数据报告：破译瑞幸咖啡估值密码》，2019 年 2 月。

③ “三全”指教学应用覆盖全体教师、学习应用覆盖全体适龄学生、数字校园建设覆盖全体学校；“两高”指信息化应用水平和师生信息素养普遍提高；“一大”指建成“互联网 + 教育”大平台。教育信息化从 1.0 时代进入 2.0 时代。

④ 数据来源：前瞻产业研究院：《2019 中国在线教育行业市场前瞻分析报告》，2018 年 12 月。

⑤ 数据来源：前瞻产业研究院：《2019 中国在线教育行业市场前瞻分析报告》，2018 年 12 月。

⑥ 根据前瞻产业研究院：《2019 中国在线教育行业市场前瞻分析报告》（2018 年 12 月），截至 2018 年 9 月 10 日，排名前三的投资细分领域为 K12、语言学习和职业培训，分别占比 22%、19%、18%。

为止全球在线教育领域最大一笔融资，完成融资后，VIPKID 的估值将超过 200 亿元①。

11.4 退出：股权转让与并购占比提升

2018 年，VC 机构共发生 1050 笔退出交易，相比 2017 年 1420 笔的退出数量减少了 26.06%。从退出方式上看，占比最高的前三大渠道从 IPO、股权转让、新三板变更为 IPO、股权转让和并购，三者占比分别为 37.7%、30.7%、12.2%，虽然占比相比 2017 年都有所提高，但若具体来看三种渠道的退出笔数——396 笔、322 笔、128 笔，则均呈现出一定的下降，降幅分别达到 15.74%、10.56%、13.51%。在所有退出渠道中，降幅最大的为新三板，从 2017 年的 315 笔减少到 2018 年的 72 笔，下降 77.14%，可见，新三板市场的较低流动性导致中小企业选择在新三板挂牌的意向逐年下降，新三板也不再是 VC 投资退出的主要选择，再考虑到科创板的推出，未来新三板市场退出占比预计仍可能出现下降。值得注意的还有通过回购方式完成的退出，从 2017 年的 12 笔增加至 2018 年的 84 笔，是唯一实现笔数增长的退出方式，增幅高达六倍（见图 11－8）。

图 11－8　中国 VC 投资退出数量和退出方式分布（2012—2018 年）

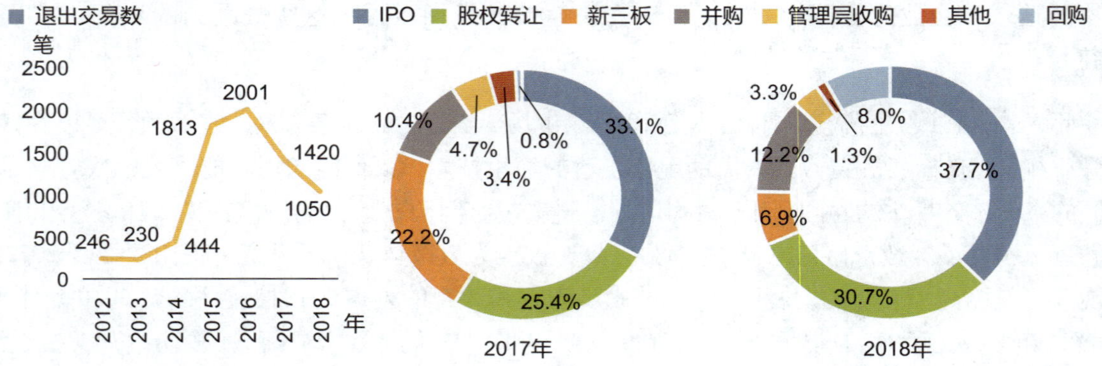

注：“其他”项包括借壳上市、清算、未披露等。按清科的统计标准，1 笔退出交易指 1 只股权投资基金从 1 家被投企业退出，如 N 只股权投资基金从 1 家企业退出，则记为 N 笔。

资料来源：清科研究中心：《2018 年中国股权投资市场回顾与展望》《2017 年中国股权投资市场回顾与展望》。

2018 年，早期投资共发生 166 笔退出交易，较 2017 年的 184 笔下降 9.78%。在具体的投资退出结构中，相比 2017 年出现了一些调整。股权转让仍占据最主要退出渠道地位，占比 66.3%，总计 110 笔，但相比 2017 年的 125 笔仍有 12% 的下滑。此前高居第二位的新三板渠道则发生了 88.57% 的大比例减少，从 2017 年的 35 笔、占比 19% 降至 2018 年的 4 笔、占比仅为 2.4%，此趋势也与 VC 市场相呼应。虽然早期项目由于投资时点较早，项目风险大，能从所在赛道脱颖而出的公司实为少数，但根据 2018 年的统计数据来看，通过 IPO 渠道退出的占比有所提高，从 2017 年 5 笔、占比 2.7% 增加至 2018 年 15 笔、占比 9%。与 IPO 渠道发生类似增长的还有回购渠道，2017 年仅发生 2 笔，占比只有 1.1%，但 2018 年已经一跃增加为 21 笔，占比 12.7%（见图 11－9）。

① 数据来源：IT 桔子：VIPKID 历史融资记录。

图 11 -9 中国早期投资退出数量和退出方式分布（2014—2018 年）

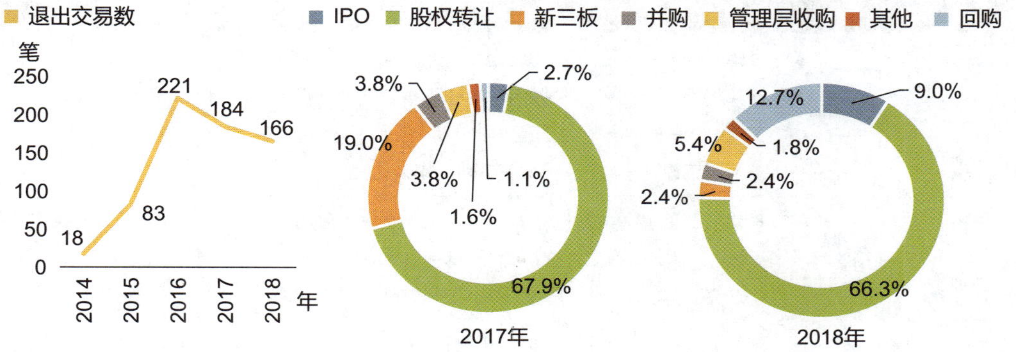

注："其他"项包括借壳上市、清算、未披露等。按清科的统计标准，1 笔退出交易指 1 只股权投资基金从 1 家被投企业退出，如 N 只股权投资基金从 1 家企业退出，则记为 N 笔。

资料来源：清科研究中心：《2018 年中国股权投资市场回顾与展望》《2017 年中国股权投资市场回顾与展望》。

专题 11 -1 创业投资机构 2018 年退出成绩单

根据投中研究院整理[①]，2018 年全球市场共有 321 家中国企业成功实现 IPO，IPO 募资规模达到 4162 亿元，相比 2017 年 598 家、3468 亿元的数据，2018 年的中企 IPO 情况呈现平均募资规模较高的情况（2018 年中企平均 IPO 募资规模为 12.97 亿元/家，2017 年为 5.80 亿元/家）。

其中，2018 年 A 股 IPO 中企数量及募资规模分别为 105 家和 1378 亿元，相比 2017 年 436 家和 2301 亿元的情况，减幅分别达到 75.92% 和 40.11%，这主要源自证监会从严市场监管，对 A 股 IPO 审核严格的因素。而相较 IPO 中企数量的大幅下滑，IPO 募资规模的"相对坚挺"则主要得益于包括工业富联、宁德时代、药明康德等独角兽在内的大额募资。2018 年 A 股中企 IPO 数量大幅减少，但港股却因 IPO 制度改革[②]而迎来了全球 IPO 募资规模榜首的高光时刻。2017 年，港股的 IPO 中企数量及募资规模分别为 135 家、916 亿元，这一数据到 2018 年增长为 176 家、2173 亿元，其中募资规模的增幅高达 137.23%。美股及其他市场则在 2018 年迎来 40 家中企 IPO，较往年也有所增加。展望 2019 年，科创板的推出有望拓宽投资机构的项目退出路径，给投资机构提供更多的支持，尤其针对在"硬技术"科技创新领域有所项目储备的投资机构，科创板的落地将在很大程度上为其带来潜在的良好回报率。

表 11 -3　　2018 年 VC/PE 机构 IPO 战绩排行榜[③]

排名	机构	上市公司
1	IDG 资本	英语流利说（纽交所）、极光（纳斯达克）、哔哩哔哩（纳斯达克）、爱奇艺（纳斯达克）、小牛电动（纳斯达克）、小米（港交所）、美团点评（港交所）、Farfetch（纽交所）、蔚来汽车（纽交所）、平安好医生（港交所）、Opera（纳斯达克）、万兴科技（深交所）、拼多多（纳斯达克）、富士康（上交所）、科顺股份（深交所）、蘑菇街（纽交所）、360（上交所）、科沃斯（上交所）

① 本专题数据来源：投中研究院：《2018 中国企业 IPO 市场数据报告》，2019 年 1 月。

② 2018 年 4 月，港交所召开新闻发布会，正式公布《新兴及创新产业公司上市制度》修订咨询总结，标志着新政正式出台，允许"同股不同权"结构的公司以及尚未盈利的生物科技公司赴港上市。

③ 数据来源：投中研究院：《2018 中国企业 IPO 市场数据报告》，2019 年 1 月。

续表

排名	机构	上市公司
2	红杉资本	华兴资本（港交所）、美团点评（港交所）、触宝（纽交所）、云米科技（纳斯达克）、德邦物流（上交所）、拼多多（纳斯达克）、蘑菇街（纽交所）、ARMO BioSciences（纳斯达克）、华米科技（纽交所）、360（上交所）、爱奇艺（纳斯达克）、蔚来汽车（纽交所）、药明康德（上交所）、小牛电动（纳斯达克）、信达生物制药（港交所）
3	高瓴资本	优信二手车（纳斯达克）、药明康德（上交所）、美团点评（港交所）、百济神州（港交所）、君实生物（港交所）、蘑菇街（纽交所）、信达生物制药（港交所）、爱奇艺（纳斯达克）、蔚来汽车（纽交所）、哔哩哔哩（纳斯达克）
4	君联资本	创梦天地（港交所）、信达生物制药（港交所）、药明康德（上交所）、同程艺龙（港交所）、明德生物（深交所）、优信二手车（纳斯达克）、宁德时代（深交所）、Bionano Genomics（纳斯达克）、密尔克卫（上交所）、哔哩哔哩（纳斯达克）
5	顺为资本	云米科技（纳斯达克）、小米（港交所）、华米科技（纽交所）、爱奇艺（纳斯达克）、御家汇（深交所）、品钛（纳斯达克）、蔚来汽车（纽交所）、51 信用卡（港交所）、趣头条（纳斯达克）
6	平安创新	蘑菇街（纽交所）、信达生物制药（港交所）、华领医药（港交所）、越博动力（深交所）、科顺股份（深交所）、药明康德（上交所）、宇信科技（深交所）、鼎胜新能源（上交所）、平安好医生（港交所）
7	淡马锡	亚信科技（港交所）、药明康德（上交所）、信达生物制药（港交所）、Farfetch（纽交所）、蔚来汽车（纽交所）、美团点评（港交所）、小米（港交所）
8	启明创投	触宝（纽交所）、哔哩哔哩（纳斯达克）、腾讯音乐娱乐（纽交所）、美团点评（港交所）、小米（港交所）、蘑菇街（纽交所）、ARMO BioSciences（纳斯达克）
9	华平投资	灿谷管理（纽交所）、优信二手车（纳斯达克）、美团点评（港交所）、红星美凯龙（上交所）、蔚来汽车（纽交所）、猎聘（港交所）、药明康德（上交所）
10	高榕资本	拼多多（纳斯达克）、华米科技（纽交所）、虎牙直播（纽交所）、美团点评（港交所）、普惠财富（纳斯达克）、蘑菇街（纽交所）、平安好医生（港交所）

11.5 创投行业变化及其对中小微企业金融服务的影响

2018 年，创投行业“二八效应”显现，投资机构加速代际迭代，赛道头部项目更受资本青睐，投资人避险情绪趋强，对中小微企业核心竞争力要求提高，市场定位需进一步明确；To B 风口再次卷起，企业服务概念下垂直细分领域众多，核心技术创新能力重要性提升，企业注重产业泛生态圈融合，专注企服领域的初创中小微企业迎来市场利好，同样惠及非一线城市的企服创业公司；互联网巨头携后起之秀广泛展开战略型投资布局，实现多赛道全场景渗透覆盖，培育出众多优质泛生态体系中小微企业，政府引导基金入局创投市场，政策倾向行业初创中小微企业再添发展助力，但万亿资金投资绩效仍待进一步评估。

11.5.1 二八效应加速创投行业优胜劣汰

谈起 2018 年的创投圈，“募资难”无疑是最深入人心的一个印象，然而看似“钱荒”的背后，却不免也上演着一场创投圈现实版马太效应，在行业募资如此艰难的萧条景气下，“佼佼者”们依旧表现出色。从投资界整理的资料中可以窥见，2018 年的创投圈仍有着一系列受人瞩目的“大募资”事件①——高瓴资本为其最新成立的私募股权基金“高瓴基金四期”募得 106 亿美元资金（创下 2018 年 9 月亚洲募资规模之最同时登顶亚洲史上最大规模基金），凯雷投资集团旗下凯雷亚洲基金 V（五期）超 50 亿美元预期共募得 65. 5 亿美元，贝恩资本超 35 亿 ~ 40 亿美元融资目标完成 46. 5 亿美元募资，达晨创投新基金达晨创通募资规模达 46. 3 亿元，基石资本宣布完成总规模逾 100 亿元的 5 只新基金募集，还有光大控股、GGV 纪源资本、启明创投、大钲资本、深创投等均超预期表现抢眼完成了募资计划。而另外，根据中国证券投资基金业协会所披露的《2018 年私募基金登记备案综述及 12 月私募基金登记备案月报》数据，2018 年，协会办理了 772 家私募基金管理人的注销手续，清算私募基金达 13981 只。放眼市场，从中科招商因不符合《全国中小企业股份转让系统有限责任公司关于金融类企业挂牌融资有关事项的通知》中有关整改规定而被新三板市场强制摘牌，到赛伯乐因无节制扩张导致项目失控而深陷兑付危机，从春晓资本因关联的 5 家 P2P 被官宣立案并进一步爆出创始人由于非法集资被逮捕，再到阜兴系百亿私募失联事件震惊全国……创投行业经过多年的近乎爆发式的发展，问题已在悄然中慢慢涌现，业内诸多浑水摸鱼、滥竽充数的机构亟须被正本清源。

而放眼未来，随着行业发展的逐步回归理性，以及机构专业度的不断提升，在某种程度上对广大创业的中小微企业提出了更高的要求。相比募资端，或许真正令人担忧的是来自投资端优质项目的“短缺”。放眼整个股权投资市场，根据清科研究中心数据②，2018 年中国股权投资市场投资规模的 TOP100，用 1% 的投资案例数占比获得了高达 48% 的市场投资占比，同样的情况一直延续到 IPO 环节，2018 年中国股权投资市场被投企业 IPO 账面总金额③ TOP10 的机构，用 2% 的机构数量占比获得了整个股权投资市场 IPO 账面退出总量的 43% 。可见，市场的“二八效应”正在显现，资金正在渐渐朝赛道内的头部企业聚集，同时，随着宏观大环境波动所带来的投资人避险情绪增强，资金更愿意布局能够较大可能带来投资回报的行业领头羊。对于广大中小微企业来说，募资问题是其发展历程中所不可避免的重点，而在这样的大背景下，如何提高自身竞争力、凸显自身与其他企业的差异化，则显然是一个需要慎亘思考的问题，身处行业长尾、没有强劲市场表现的中小微企业，在未来将越来越难获得资本的垂青。因此，众多初创的中小微企业需要找准自身市场定位，不管是从模式创新进行重构，或是通过技术创新突出重围，核心的自身竞争壁垒无疑是最强大的武器，唯有此才能在激烈的市场角逐中笑到最后。

11. 5. 2　To B 风云再起，创投市场迎来更多可能

To B（企业服务）在 2018 年的创投圈中似乎着实又火了一把，然而这已然不是其第一次如此受到关注，To B 的元年，更早还要追溯到 2015 年。根据 CV Source 投中数据，2015 年共出现了 2657 起企服投资事件，融资额达 4324. 96 亿元④。但在过去几年中，To B 领域并没有维持持续的热度，也并非热门的赛道，但随着移动互联网热潮所带来流量红利的增长接近瓶颈，To C 领域的增长逐步趋缓，To B 端业务市场又再一次进入人们的视野，2018 年 To B 领域的投资出现回暖，融资规模达到

① 数据来源：清科集团投资学院：《盘点 2018 十大最具影响力募资事件》，2019 年 1 月。
② 数据来源：清科研究中心：《清科观察：深度了解 VC/PE 市场，这“十大趋势”你不得不知!》，2019 年 3 月。
③ 根据清科研究中心的统计注释，被投企业 IPO 账面金额根据 IPO 企业第 20 个交易日收盘价计算。
④ 数据来源：投中网：《再战 To B：VC 的算盘与野心》，2019 年 5 月。

3444.61 亿元[①]。

与 To C 面向大众的粗放式经营不同，To B 更需要精细化的运营。回到最本质关于 To B 的定义，会发现有时候范围界定过于广泛，行业差异太明显。市场关于 To B 与 To C 的划分一般而言都是根据企业所服务的对象，若是面向企业提供服务则为 To B 企业，若是面向普通消费者提供服务的则为 To C 企业。但具体来看，每一个企业所在行业的特点、重点、痛点以及商业模式都千差万别，因此若以此来细化看待 To B 业务，可以发现通过多维度的划分，To B 可以被界定为非常之细的林林总总各色各样的垂直细分领域，此时每一个领域的专业化程度都较高，但同时也都享有独属于自己的一片广阔市场，可以说，To B 的想象空间非常巨大。

To B 的崛起也给了相关业务领域的中小微创业企业以更多的可能，根据西南证券的分析[②]，To B 业务可以大致抽象成 5 条主赛道，分别是服务于企业数据流的云计算（如亚马逊 AWS + 阿里云 + 微软 Azure）、服务于企业资金流的金融服务（如蚂蚁金服 + 平安集团）、服务于企业货物流的物流网络（如菜鸟网络）、服务于企业业务流的企业服务（如 Salesforce + 钉钉）、服务于线上营销的赋能（如阿里妈妈 + Google Ads），亿欧则主要将 To B 赛道的企业划分为 IDC[③]、人力资源、新零售、智能营销和政策服务等领域[④]，但不管何种角度，To B 的热门赛道都紧紧抓住了为企业降本提效的行业痛点。而除了在业务领域上给予相关中小微创业企业以更多的可能，To B 的崛起还在一定程度上促进了非一线城市地区的创投发展。在某种程度上，To C 项目适合生长在以金融、服务、零售等为主的具有较大人口红利的一线城市，对于更倾向于实体、技术等传统领域的 To B 业务，非一线城市则或许变成更好的选择。

而从投资机构角度来看，市场整体对 To B 的投资要显得更为理性。根据亿欧整理的国内外历史投资企业服务领域前 50 名的投资机构名单中[⑤]，历史投资数超过 100 的仅有 5 家，占比 10%，分别为 IDG 资本、红杉中国、深创投、达晨创投和真格基金，均为成立时间较长的成熟机构。这种谨慎同样体现在初创企业对投资机构的选择上，由于 To B 业务的自身特点，对于 To B 企业来说，其更看重投资机构所能为其带来的资源加持和产业赋能，看重双方“生态圈”的契合度。未来，随着机构对 To B 相关赛道了解的深入、对行业上下游全产业链的准确把握以及在相关细分领域专业化水平的提升，投资机构与创投企业之间的识别将会更加顺畅有效，投资机构与 To B 企业将更像并肩战斗的合作伙伴，共同探索 To B 市场的风云格局。

11.5.3 互联网巨头战略投资布局正热，政府引导基金带资高调进场

在谈起创投行业时，脑海里想象更多的是诸如 IDG、高瓴、红杉、经纬、深创投等明星投资机构，抑或称之是典型的财务投资者。一般而言，财务投资更看重财务回报，其一般选择发展迅速，具有较大市场空间的高潜力值项目，以期在预定的存续期间内通过并购或 IPO 实现退出获得财务投资收益，但也正因为财务投资的既定性目的，财务投资者对于被投企业将有非常明确的业绩成长速

---

① 数据来源：投中网：《再战 To B：VC 的算盘与野心》，2019 年 5 月。

② 资料来源：西南证券：《2C + 2B + 2T | 复盘 20 年 + 展望 20 年》，2018 年 12 月。

③ IDC：互联网数据中心，为互联网内容提供商（ICP）、企业、媒体和各类网站提供大规模、高质量、安全可靠的专业化服务器托管、空间租用、网络批发带宽以及 ASP、EC 等业务。

④ 资料来源：亿欧：《中国 To B 投资这 5 年：哪些赛道是存量，哪些是增量?》，2019 年 4 月。

⑤ 资料来源：亿欧：《中国 To B 投资这 5 年：哪些赛道是存量，哪些是增量?》，2019 年 4 月。

度和规模要求。而近年来，战略型投资开始登上创投圈舞台中央。所谓战略型投资与财务型投资不同的地方在于其更看重投资企业本身与被投企业在产业上的联系与整合，其一般希望与被投企业在产业链上下游方面获得产业协同的潜在收益，并实现规模与效率的提高，相比财务型投资短期内的退出，战略型投资更偏向于中长期的持有，双方深度融合实现互补或合作，但同时战略型投资一般要求更高程度对被投企业的控制权以及策略决定权，因此纵观市场上多数战略型投资的被投企业均思考着“站队风险”，并往往在后期被投资企业整体收购，很难始终保持独立性。

创投圈中最典型的战略型投资者非互联网巨头 BAT 莫属，且近年来 TMD 的崛起更是让战投领域日渐烽烟四起。互联网巨头阿里与腾讯两位行业老大哥之间的投资版图布局可谓是互不相让，从最初重金布局互联网、IT、电信等战略协同领域开始，逐步拓展至娱乐传媒、物流、金融、汽车出行、教育培训、生物医疗、连锁零售等方方面面[①]，甚至市场上一度认为“初创企业绕不过站队阿里或腾讯的命运”，而后来《腾讯没有梦想》的一篇文章更是冲击了舆论高地，占据了各类媒体的头条，也让大家开始思考互联网巨头的战略型投资是否已经沦为财务化的进击工具。相比阿里与腾讯，原互联网三巨头之一的百度，则显得入场稍晚。2018 年百度占比最大的三类领域投资分别是企业服务、汽车交通以及文娱传媒/医疗健康（并列第三位），分别为25%、13.3%和11.7%[②]，在 AI 方面的投资则同比下降了 15.6%，参与的投资项目融资金额首位的为网易云音乐，融资金额达到 36 亿元。随着自身业务的逐渐发展成熟以及行业龙头地位的确立，TMD 三小巨头也开始通过战略型投资来扩展自己的版图。今日头条的母公司字节跳动在成立的短短 7 年间，已成长为估值超越百度的新一代互联网独角兽，根据鲸准研究院数据，2014—2018 年，字节跳动更多参与了 5000 万元以下金额的投资，占比达到 52.8%，5 亿～10 亿元范围的大额投资占比则逐渐上升至 22.3%，由于自身业务的特点，字节跳动的投资布局毫无意外大多数集中于文娱传媒领域，并开始逐渐向教育、企业服务等多领域渗透。与此同时，字节跳动更在全球范围内通过广泛的收购将海外多类内容平台纳入麾下，以期在短期内实现迅速扩张。美团与大众点评的合并奠定了其在 O2O 领域的霸主地位，此后，美团还通过设立产业基金龙珠资本开始进行投资布局。相对 TMD 中的另外两家，美团的出手频次更高，2014—2018 年共出手 53 起投资事件，其中包括 45 个项目及 8 个追投，其中 2018 年收购摩拜的案例更是引来了市场的极大关注。纵观美团的投资布局，其更多围绕出行、酒旅、餐饮等展开，在企业服务领域的投资则主要将点餐系统或酒店管理系统等作为主要关注对象。美团招股书中所提到的“进一步增加与美团核心业务有关的更广泛的成员公司，与美团实现战略协同，为美团提供产品及服务组合，或帮助美团进入新市场以扩展国际业务”，也显示出美团的核心投资逻辑，在布局餐饮全产业链的同时，拓展对其他生活场景的全覆盖。滴滴作为共享出行平台企业，毫无疑问汽车交通行业是其关注重点，2018 年该类项目投资占比高达73%。自 2016 年以来，滴滴便通过包括投资、并购抑或内部孵化等在内的多种方式，形成了多种出行方式并举的宽平台核心竞争力，业务内容涉及快车、专车、顺风车、出租车，同时覆盖巴士、单车等。

另一方面，在战略投资充分入场创投圈时，各类政府引导基金也不忘分一杯羹。所谓政府引导基金，是指由政府出资，并吸引有关地方政府、金融、投资机构等各类社会资本，通过投资于创业风险投资机构或新设创业风险投资基金对创业企业发展给予专项基金支持，借此引导创投机构更多

① 关于阿里与腾讯的投资布局详见专题 11－2。
② 本段落数据来源：鲸准研究院：《周期、重构、起航——2018 年中国新经济创投白皮书》，2018 年 12 月。

关注创业早期的企业。根据前瞻研究院数据[①]，截至2018年6月，国内共成立1171只政府引导基金，总目标规模达58546亿元（含引导基金规模+子基金规模，政府引导基金本身总规模约为14636亿~17564亿元），在地域分布上，华东地区以546只基金数量、21747亿元总目标规模高居榜首。可以发现，近年来各类政府引导基金如雨后春笋般应运而生，然而也正因如此，相关各类设立、管理、评估、退出等问题开始浮现。目前，市场化运作是政府引导基金管理模式的发展方向，其可通过国有引导基金管理机构自身组件专业化团队来直接进行管理也可委托市场相关管理机构来进行。政府引导基金由于肩负“政策引导性”功能，因此在退出时更需要对其相关政策落实度进行评估，其应在普通基金评估考核的基础上更着重分析在贯彻国家相关区域政策规划及宏观管理方面的完成情况。2018年国家发展改革委下发的《国家发展改革委办公厅关于做好政府出资产业投资基金绩效评价有关工作的通知》，也标志着政府对各类政府引导基金及其子基金在绩效考核方面的重视，未来全国范围内高达万亿规模的各类政府引导基金将获得更加规范、有序的发展。

专题11－2　2018年阿里/腾讯投资版图全对比

互联网战略投资的江湖，向来因为阿里与腾讯两大巨头的竞争而显得精彩纷呈，其通过各自独具特点的投资，达到战略驱动、业务赋能、流量导入、技术加持、新兴行业布局等目的，编织起一幅庞大的战略版图。2018年，阿里在企业服务、电商、物流、汽车交通、文化娱乐等13个领域完成71起投资，腾讯则在文化娱乐、企业服务、电商、游戏、金融等15个领域完成149起投资[②]。

阿里2018年在企业服务领域共计有11次投资，与电商领域相同，腾讯则有19次投资，仅次于其投资核心的文化娱乐领域（为49次），可见两大巨头对未来企业服务领域的发展空间都抱以积极态度。由于自身电商业务体系的重要性，阿里一直在物流领域进行持续的投入，2018年共计出手10次，其中不乏中通快递13.8亿美元战略投资这样的大手笔，而腾讯似乎也不甘示弱，出手5次，入股满帮、京东物流、永辉云创等，意在构建自己的物流网络。为了遏制阿里，电商领域也一直是腾讯重仓加码之地，2018年共发生13起投资，超过阿里的11起，其中包括拼多多这样的线上后起之秀以及名创优品这样的线下连锁之王。当腾讯对电商领域出手时，阿里也不忘向其战略腹地文化娱乐领域发起进攻，2018年腾讯仍撒网般在文化娱乐领域收割优质项目，投资次数多达49笔，投资范围覆盖视频、FM、直播、问答、娱乐经纪等众多方面，继续确立自身社交与娱乐的流量霸主地位，阿里则共计出手7次，虽然与腾讯的投资次数相比略显相形见绌，但阿里正通过一步步包括投资、并购等方式的布局形成属于自己的泛娱乐版图，旗下囊括了大优酷事业群、大UC事业群、阿里文学、游戏、影业、音乐和体育等诸多领域，其中阿里影业更在2018年凭借《我不是药神》《红海行动》《狗十三》《无双》等高口碑电影交出了令人瞩目的成绩单，这四部电影更在豆瓣“2018评分最高的华语电影”前5名中独占4席。此外，阿里还旨在通过对汽车交通、本地生活、医疗健康、房产服务等方面构建起全生活场景模式的360度覆盖，让阿里系的产品深入生活的每一个空间和情景，腾讯则在游戏和教育方面比阿里有更多的投入，特别是在在线教育领域，投资了包括VIPKID、猿辅导、新东方在线等在内的一众行业领头羊。

与此同时，阿里和腾讯还将投资布局的争夺之战延伸到了印度及东南亚等国的市场。阿里投资了印度版大众点评Zomato、电商Paytm Mall、Snapdeal、Tokopedia、Lazada，腾讯则加码了印度

① 本段数据来源为前瞻产业研究院根据投中信息监测数据整理。
② 本专题数据来源为晚点LatePost：《投资称霸，腾讯阿里瓜分中国独角兽》（2019年4月）中阿里、腾讯投资版图。

外卖O2O平台Swiggy、电商Flipkart、Shopee，阿里在金融上布局了印度的Paytm、东南亚的Bkash、Mynt、Ascend Money，在物流上布局了XpressBees、新加坡邮政、冠庭国际物流，腾讯则在出行、社交、游戏、文娱等方面更胜一筹，囊括了Ola、Go－jek、ShareChat、Hike、Dream11、Sea、Gaana、Ookbee等。

中国互联网曾经是BAT三足鼎立，但如今却不得不承认，阿里与腾讯通过更具战略化的布局以及对核心流量的绝对掌握，已远远将百度甩在身后，然而TMD等正在奋起直追，全力以赴来加入这场没有硝烟的瓜分之战。商业的竞争，永远都无法精准地预知结局，阿里与腾讯，甚至还有未来更多的互联网独角兽，或许会相逢在每一个勇者为王的赛道，姑且让我们拭目以待。

表11－4　阿里与腾讯2018年投资版图①

投资领域	阿里	腾讯
企业服务	11次： ZStack－B轮/1亿元 探迹－A轮/4000万元 WPP－战略投资/25亿美元 旷视科技－D轮/6亿美元 秉坤－B轮/9000万元 SMARTRAC－天使轮 奥哲网络－A＋轮/5000万元 Video＋＋C轮/3.49亿元 商汤科技－C轮/6亿美元 中兴软创－收购/12.23亿元 龙图信息－新三板定增/4000万元	19次： 中电数据－战略投资 光启元－A轮 悠络客－C＋轮，新三板定增/4979万元 盛灿科技－新三板定增/3600万元 安畅网络－新三板定增/6101万元 燧原科技－Pre－A轮/3.4亿元 WPP－战略投资/25亿美元 常山北明－战略投资/3亿元 动车网络－战略投资 互道－B轮/数千万美元 东华诚信－战略投资/12.66亿元 长亮科技－IPO上市后/4亿元 销售易－D＋轮/1亿元 微电汇－A轮/数千万元 尚博信－A轮 网速大师－战略投资/700万元 安赛－A轮/1亿元 易久批－D轮/2亿美元 有赞－IPO上市后/1.5亿美元
电商	11次： Tokopedia－战略投资/11亿美元 1919酒类直供－C轮/20亿元 衣二三－战略投资/数千万美元 回收宝－C轮/亿元及以上人民币 Trendyol Group－收购/7.5亿美元 小红书－D轮/3亿美元 ORDRE.com－战略投资/2000万美元 汇通达－战略投资/45亿元 Paytm Mall－B轮/4.45亿美元 Lazada－战略投资/20亿美元 石基零售－战略投资/4.86亿美元 Daraz－收购	13次： 好衣库－B轮/亿元及以上人民币，B＋轮/数千万美元 名创优品－战略投资/10亿元 步步高－IPO上市后 每日优鲜－战略投资/4.5亿美元 小红书－D轮/3亿美元 多抓鱼－B轮 惠下单－战略投资 拼多多－D轮/13.69亿美元 门牙－B轮 山茶花－A轮 好物满仓－A轮/数千万元 海澜之家－战略投资/25亿元 SEE小店铺－C轮/数千万美元

① 根据晚点LatePost：《投资称霸，腾讯阿里瓜分中国独角兽》（2019年4月）中阿里、腾讯投资版图整理，标红为海外项目。

续表

投资领域	阿里	腾讯
物流	10 次： Pickupp – Pre – A 轮 中通快递 – 战略投资/13.8 亿美元 XpressBees – C 轮/3500 万美元 东骏快捷物流 – 收购 快狗速运 – 战略投资/2.5 亿美元 快狗打车 – A 轮/2.5 亿美元 万象物流 – 收购 芝麻开门配送 – 收购 黄马甲 – 收购/亿元及以上人民币 点我达 – 战略投资/2.9 亿美元	5 次： G7 – 战略投资/3.2 亿美元 满帮集团 – F 轮上市前/19 亿美元 GoJek – E 轮/15 亿美元 京东物流 – A 轮/25 亿美元 永辉云创 – 战略投资/1.875 亿元
汽车交通	7 次： 驿公里 – 战略投资 大搜车 – F 轮/5.78 亿美元 BUS365 – B 轮/亿元及以上人民币 DeepMap – B 轮/6000 万美元 ofo – 战略投资/8.66 亿美元 小鹏汽车 – B 轮/22 亿元 Nexar – B 轮/3000 万美元	9 次： 四维智联 – A 轮/1 亿美元 吱道二手车 – B 轮 Momenta – 战略投资/2 亿美元 途虎养车 – E 轮/4.5 亿美元 科拓股份 – 战略投资 赛雷 – B 轮 人人车 – E 轮/3 亿美元 灿谷集团 – 战略投资/数千万元人民币 车好多 – C 轮/8.18 亿美元
文化娱乐	7 次： 阿里影业 – IPO 上市后/12.5 亿港元 呦吼互娱 – A 轮/数千万元 NewTV – 天使轮/10 亿美元 灿星文化 – 战略投资/3.6 亿元 神居动漫 – A 轮 华人文化 – A 轮/100 亿元 万达影视 – 战略投资 万达电影 – 战略投资/78 亿元	49 次： 十字星工作室 – A 轮/数千万元 B 站 – 战略投资/3.176 亿美元 野心视频 – A 轮 一刻 – A + 轮 录客 – A 轮 北半球 – A 轮/1000 万元 喜马拉雅 – E 轮/4.6 亿美元 猫饼 – 收购 够嗨传媒 – Pre – A 轮 知乎 – E 轮/2.7 亿美元 大宇无限 – B 轮 潮库 – A 轮 华人文化 – A 轮/100 亿元 视美影业 – 天使轮 小题影视 – A 轮 Newsdog – C 轮/5000 万美元，B 轮/数千万美元 福桃文化 – 天使轮 萤火虫视频 – B 轮 快手 – E 轮/4 亿美元 小象互娱 – Pre – A 轮/3000 万元 梨视频 – A 轮/6.17 亿元 发明迷 – A 轮 艾尔平方 – B 轮/数千万元 畅游新媒 – 战略投资/400 万元 K 米 – B 轮/1.2 亿元 微见 – 天使轮 壹心娱乐 – 天使轮

续表

投资领域	阿里	腾讯
文化娱乐		哇唧唧哇－天使轮 酷匠网－A 轮 趣头条－B 轮/2 亿美元 有狐文化－天使轮 新丽传媒－战略投资/33.17 亿元 虎牙直播－B 轮/4.6 亿美元 柠萌影业－C 轮/亿元及以上人民币 斗鱼－E 轮/40 亿元 Gaana－B 轮/1.15 亿美元 幕星社－天使轮/4000 万元 子在车上曰－A＋轮 上海影视传媒－C 轮 双羯影业－天使轮 艺画开天－A＋轮/数千万元 即刻－C 轮/3000 万美元 盛大网络－战略投资 铁鳞社－天使轮/数百万元人民币 Skydance Media－战略投资 灵龙文化－B 轮 Wattpad－E 轮/5100 万美元 七印象－A 轮 苍穹互娱－战略投资/数千万元
本地生活	6 次： 逸刻新零售－战略投资/4.3 亿元 喜士多－战略投资/5 亿元 好食期－C 轮/1.1 亿元 宝宝树－战略投资/亿元及以上人民币 Bigbasket－战略投资/3 亿美元 Zomato－战略投资/2 亿美元 饿了么－收购/55 亿美元（95 亿美元估值）	4 次： Swiggy－F 轮上市前/10 亿美元 同程生活－天使轮/数千万元 美团点评－战略投资/15 亿美元 吃喝实验室－A 轮
医疗健康	6 次： 德生堂－战略投资/1.88 亿元 一树药业－战略投资/8.26 亿元 华人健康－B 轮 漱玉平民－战略投资/4.54 亿元 浙江扁鹊－战略投资/5500 万元 无锡曼荼罗软件－新三板定增/6435 万元	4 次： 思派网络－D 轮/4 亿元 妙手医生－C 轮/5 亿元 Atomwise－A 轮/4500 万美元 晶泰科技－B 轮/1500 万美元
硬件	5 次： 坚果投影－D 轮/6 亿元 WayRay－C 轮/8000 万美元 En－trak，Pre－A 轮/数百万美元 寒武纪－B 轮/亿元及以上美元 魔点科技－A 轮/数千万元 中天微－收购	3 次： 优必选－C 轮/8.2 亿美元 Marble－A 轮/1000 万美元 乐融致新－战略投资/30 亿元
房产服务	3 次： 神工 007－C 轮/2500 万美元 易居－战略投资 居然之家－战略投资/130 亿元	2 次： 万达商业地产－战略投资/340 亿元 自如网－A 轮/40 亿元

续表

投资领域	阿里	腾讯
金融	2 次： Paytm－战略投资/4.45 亿美元 蚂蚁金服－战略投资/亿元及以上人民币	10 次： Voyager－战略投资/2.15 亿美元 QTRADE－A 轮 联易融－C 轮/2.2 亿美元 Nubank－战略投资/2 亿美元 新分享科技－B 轮/9000 万美元 Paystack－A 轮/800 万美元 会分期－D 轮/数千万元 空中云汇－B 轮/8000 万美元 N26－C 轮/1.6 亿美元 iPayLinks－B 轮/亿元及以上人民币
农业	1 次： 赶街网－A 轮/亿元及以上人民币	
广告营销	1 次： 分众传媒－IPO 上市后/150 亿元	1 次： 微盟－D 轮/10 亿元，F 轮上市前/3.21 亿美元
体育	1 次： 苏宁体育－A 轮/6 亿美元	5 次： 乐刻运动－D 轮 说盟体育－A 轮 Keep－D 轮/1.27 亿美元 肆客足球－B 轮 壹球成名－A 轮
工具软件		4 次： 马卡龙玩图－A 轮/数千万美元 美行科技－战略投资 SoundHound－战略投资/1 亿美元 超级双开助手－天使轮
教育		9 次： 猿辅导－F 轮上市前/3 亿美元 VIP 陪练－C 轮/1.5 亿美元 B 轮/亿元及以上人民币 考虫英语－D 轮/5500 万美元，C 轮/2000 万美元 tstudy－C＋轮 百词斩－C＋轮 VIPKID－D＋轮/5 亿美元 新东方在线－A 轮/5088 万美元 宝宝玩英语－B 轮/1.5 亿元 洋葱数学－C 轮/1.2 亿元
游戏		12 次： Discord－E 轮/1.5 亿美元 Dream11－D 轮/1 亿美元 Bluehole Studio－战略投资/30 亿元 织梦者－天使轮 乐竞文化－战略投资 育碧－战略投资/4.5 亿美元 91ACT－B 轮 颂歌网络－A 轮 帝释天－B 轮 游光网络－A 轮 木七七－战略投资 盛大游戏－战略投资/30 亿元

11.6　创投行业服务中小微企业展望

2018 年广泛弥漫着的“募资难”情绪源于市场很多因素，宏观大背景环境下适逢国家金融去杠杆的决心，资管新规等相关文件的出台更是从源头堵塞了很多资金来源渠道，行业在经历了前几年的高举高打之后，开始进入调整阶段，优胜劣汰逐渐上演，投资机构唯有凭借过硬的专业水平，方能在市场风云之中大浪淘金。尽管 2018 年投资端的情况似乎没有受到较多影响，但由于机构当年投资资金一般来源于前期募集基金，即投资端存在“滞后反应”情况，因此 2018 年的募资难问题将在 2019 年给行业带来真正的考验，市场能否最后抵住压力，答案需要我们拭目以待。

VC 投资的繁荣特别是早期投资阶段的活跃给了更多中小微企业以生存和发展的想象和空间，市场的可能性变多，也将赋予各行各业以更强的创新创富驱动力，能真正为产业和社会带来效率提升和优化解决方案的企业将更受资本和市场青睐。随着风口的散去和行业的回归理性，“哗众取宠”式的项目终将是昙花一现而不可持续。创投行业的前行之路大浪淘金而任重道远，能长久立足于行业的弄潮儿必拥有深耕行业的耐心、坚守自我的理性、犀利独到的眼光，也必将拥有更为专业的投后管理能力，其真正为初创的中小企业实现赋能和价值提升，陪伴其起飞和成长，而对于被投企业而言，做好自己、提升自己、超越自己，更是务必认真对待的首要之事，当机遇的时代浪潮袭来，如何“修炼内功”对广大中小微企业来说尤为重要。科学技术的研发更替速度在不断加快，各类创新成果的商业化落地方案更是拥有巨大的潜在空间，新一代信息技术、集成电路、医药健康、智能装备、节能环保、新能源汽车、新材料、人工智能、软件和信息服务、科技服务业等高级、精密、尖端的领域和相关产品在未来势必保持强劲的发展并拥有广阔的市场和需求空间，而这归根究底，都需要赛道中的初创中小微企业能够全身心地投身于这一场伟大的浪潮，融改变于进程，融梦想于实践。

创投基金给予了众多初创中小微企业以腾飞的支持和商业落地的助力，创投机构更不言而喻是众多初创中小微企业至关重要的良师益友，创投市场见证了众多初创中小微企业从孵化到成长到化身独角兽的全历程。可以说，创投行业发展的顺利与否，在某种程度上折射了时代对未来想象空间的可能，在一个很重要的意义上影响了社会的科学技术迭代、产业变革创新等诸多方面。近年来，虽然行业正本清源、严控风险的进程在不断推进，但从相关政策的出台来看，国家扶持创业投资行业的决心和信心并未改变，双创的升级、优惠税率的施行、科创板的推出、对私募股权基金参与上市公司并购重组的鼓励……都无一不在给予创投行业以发展的定心丸。而政策的鼓励和支持，更是国家对于创新创造“中国智造”的期许与笃定。相信在 2019 年，行业仍将迎来利好的政策窗口期，获得有力的助推。伴随着更多政策的出台、体系的完善、机制的健全，市场也将获得愈加良好的宏观环境，一二级市场估值倒挂的现象有望逐步改善。

另外，如何破局人口红利的瓶颈，是从 To C 端商业模式的出其不意抢占市场，抑或是从 To B 端攫取新一片蓝海，众多可能性正等待着市场的探索。当今，全球经济的国际化已步入成熟期，不止是众多初创企业广泛开拓国外市场，投资机构也正热衷于“出海”，尤以投资东南亚、印度、非洲等新兴市场为代表，资本正在撒网收割各类优质项目，而这对于众多中小微企业来说，在某种程度上也意味着若想取得外部股权资金，则必须具备更加充分的全球竞争力，这对其发展提出了更高的要求。

回望国内创业投资的成长之路，再远眺其未来发展之途，任重而道远，道远而多艰，然而罗马非一日建成，社会发展生态体系的构建以及科学技术水平的应用从来便不是一朝一夕所能达成，创投资金帮助企业孵化，陪伴企业成长，支持企业提高产业效率，融投资于城市、区域的经济发展以及社会的进步与变革之中，未来仍有太多的可能性正在每一天中悄然发生，或许就在我们每一个人身边，或许就在当下的此刻。

12

股权交易市场：融资结构仍待优化，政策支持前景向好

2018 年上证综指开盘于 3314. 03 点，1 月持续上行，并于 1 月 29 日升至高位 3587. 03 点，之后便一路震荡下行，收于 2493. 90 点，全年跌幅 24. 59%；深证成指开盘于 11079. 64 点，走势与上证综指较为相似，全年总体呈现震荡下跌态势，收于 7239. 79 点，全年跌幅 34. 42%；中小板指开盘于 7576. 55 点，1 月总体持平后开始呈现震荡下行态势，年末收于 4703. 03 点，全年跌幅 37. 75%；创业板指开盘于 1759. 02 点，1 月震荡持平后于 2 月上旬迅速下跌，随后立即反弹，并于 3 月中旬开启了长达两个月的震荡持平周期，随后开始震荡下行，最终收于 1250. 53 点，全年跌幅 28. 65%。除 A 股市场外，2018 年股转系统亦出现大幅下跌，三板成指开盘于 1270. 17 点，收于 954. 80 点，全年跌幅 24. 83%；三板做市开盘于 993. 65 点，收于 718. 94 点，全年跌幅 27. 65%。

伴随着股市走低，股权市场融资规模也出现了较大幅度的下降。2018 年全年在主板、中小板、创业板和股转系统获得融资的企业共有 1667 家，募资总额为 11168. 21 亿元，较 2017 年的 17256. 05 亿元减少 35. 28%。2018 年全年中小微企业的融资额占全部股权市场融资总额的 3. 75%，相比 2017 年 6. 75% 的比重有所下降，股权市场资金仍然集中流向大型企业。2018 年股权市场改革仍在进行，减税降费贯穿全年，独角兽 IPO 绿色通道开启，资管新规促使资金脱虚向实，A 股纳入国际指数，沪伦通正式开启，资本市场国际化水平不断提高，科创板横空出世，多层次资本市场进一步得到完善。展望未来，在股权市场改革的背景下，仍需思考如何定位和完善不同市场的功能，拓宽中小微企业资本补充渠道，优化资源配置效率，更好地服务于中小微企业的发展。

12. 1　多层次市场深化发展，融资景气度下滑

12. 1. 1　多层次市场定位各异，新三板市场首现收缩

目前我国的多层次资本市场体系自上而下依次由主板、中小板、创业板、全国中小企业股份转让系统（又称新三板）以及区域股权交易中心构成。其中主板、中小板和创业板上市的公司股票在沪深证券交易所交易，因而称其为场内市场；股转系统和区域股权交易中心统称场外市场。各个市

场的定位差异化，主板主要为实力雄厚、高市值的成熟大型企业提供融资和股票流通的场所，中小板和创业板定位于服务高成长性、流通股本相对较小的企业；股转系统和区域股权交易中心为未能在交易所上市的、处于成长阶段的中小微企业提供融资平台。各个板块互为补充，满足资本市场上不同企业的多样化融资需求。

截至2018年末，我国资本市场上共有上市/挂牌公司十万余家，资本市场的各个层次在企业数量上基本呈现出“正金字塔”的结构：场内市场由上至下分别为主板、中小企业板、创业板，分别有上市公司1906家、922家、739家，位于金字塔的“顶端”。股转系统挂牌公司数量为10691家，而在区域股权交易中心挂牌的公司共106443家[①]，构成我国多层次资本市场的基础（见图12－1）。

图12－1　我国各层级资本市场正金字塔结构（2018年）

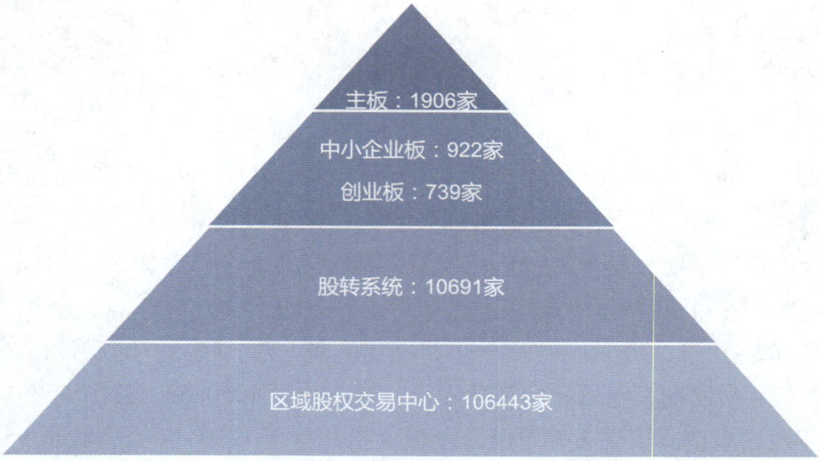

注：通过Wind资讯终端只能查询到区域股权交易中心的最新数据，图中区域股权交易中心的统计数据截至2019年4月24日，其余板块数据统计截至2018年12月31日。

资料来源：Wind资讯。

2018年A股市场新增上市公司117家，其中主板、中小企业板、创业板分别新增上市公司52家、19家、29家。截至2018年末，A股市场3567家上市公司总股本65041.35亿股，总市值达到433799.32亿元。主板共有1906家上市公司，公司数量同比增长2.80%，总股本52909.88亿股，同比增长5.60%，总市值323183.73亿元，同比下降21.31%；中小企业板有922家上市公司，公司数量同比增长2.10%，总股本8402.01亿股，同比增长9.97%，总市值70140.58亿元，同比下降32.64%；创业板有739家上市公司，公司数量同比增长4.08%，总股本3729.46亿股，同比增长14.27%，总市值40475.00亿元，同比下降21.20%。

场外市场中，截至2018年底，新三板挂牌公司数量较2017年末相比减少939家，降至10691家，同比减少8.07%。2014年至2016年间，挂牌公司数量分别以3倍、2倍以及1倍的速度增长，2017年增速放缓至14.43%，而2018年挂牌公司数量首次出现负增长。在挂牌企业数量不增反减的情况下，股转系统的总股本与总市值也首次出现回落。挂牌企业总股本6324.53亿股，相比2017年

① 根据Wind资讯统计，截至2019年4月22日，区域股权交易中心共有106443家挂牌公司。

末的6756.73亿股减少了6.40%，总市值34487.26亿元，相比2017年49404.56亿元的总市值减少了30.19%（见图12－2）。

图12－2　我国各层级资本市场上市/挂牌企业家数（2014—2018年）

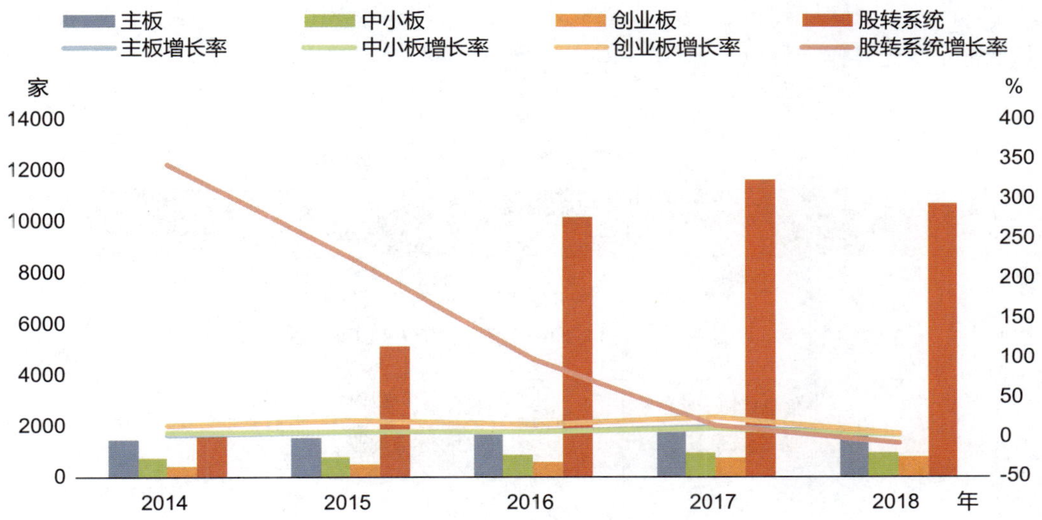

资料来源：Wind资讯。

12.1.2　各板块行业分布明显差异化，各行业融资规模表现不同

目前我国股权市场基本实现了行业的全面覆盖，其中主板和股转系统挂牌企业的覆盖面最广，涵盖了18大门类行业，中小企业板、创业板所覆盖的门类行业分别为17类、16类。各个板块挂牌企业数量前五名的行业及排序在2018年均未发生明显变化，制造业企业的数量均占主导地位，其中中小板和创业板制造业企业的数量占比均在70%左右；此外，各板块的行业聚集密度也体现出一定的差异性，主要体现在信息传输、软件和信息技术服务业在创业板和股转系统的分布占比较高，分别达到了18.00%和19.49%，在一定程度上体现了这两个板块服务于“创新型”企业的功能定位（见表12－1）。

表12－1　主板、中小板、创业板、股转系统上市/挂牌公司数量排名前5位的行业对比（2018年）

主板		中小板		创业板		股转系统	
行业	占比	行业	占比	行业	占比	行业	占比
制造业	54.77%	制造业	74.40%	制造业	69.55%	制造业	49.22%
批发和零售业	6.87%	信息传输、软件和信息技术服务业	6.40%	信息传输、软件和信息技术服务业	18.00%	信息传输、软件和信息技术服务业	19.49%
房地产业	5.88%	建筑业	3.58%	科学研究和技术服务业	2.57%	租赁和商务服务业	5.21%
电力、热力、燃气及水生产和供应业	5.09%	批发和零售业	2.93%	文化、体育和娱乐业	2.03%	科学研究和技术服务业	4.71%
交通运输、仓储和邮政业	4.41%	租赁和商务服务业	1.95%	水利、环境和公共设施管理业	1.89%	批发和零售业	4.65%

资料来源：根据Wind资讯整理。

除板块间的行业分布差异外，行业融资支持力度的差异也体现出不同板块发展各有侧重的特点。在主板与中小板中，虽然金融业上市企业的比例较低，然而金融业的融资规模却十分可观，皆处在行业前列。2018 年主板市场金融业共获得融资 2951.52 亿元，占据整个主板市场融资规模的首位，比例高达 36.61%。除制造业外，创业板获得融资较多的是文化、体育和娱乐业，而股转系统获得融资较多的是信息传输、软件和信息技术服务业，这也再次说明，相比于其他板块，股转系统对“创新型”企业的支持更具倾向性（见表 12－2）。

表 12－2　主板、中小板、创业板、股转系统上市/挂牌公司融资排名前 5 位的行业对比（2018 年）

主板		中小板		创业板		股转系统	
行业	占比	行业	占比	行业	占比	行业	占比
金融业	36.61%	制造业	67.37%	制造业	68.23%	制造业	49.28%
制造业	31.25%	金融业	14.48%	文化、体育和娱乐业	13.66%	信息传输、软件和信息技术服务业	14.03%
信息传输、软件和信息技术服务业	8.60%	信息传输、软件和信息技术服务业	5.12%	信息传输、软件和信息技术服务业	8.54%	批发和零售业	5.61%
交通运输、仓储和邮政业	6.19%	交通运输、仓储和邮政业	3.16%	卫生和社会工作	3.04%	科学研究和技术服务业	5.24%
批发和零售业	5.57%	电力、热力、燃气及水生产和供应业	2.86%	科学研究和技术服务业	2.10%	水利、环境和公共设施管理业	4.10%

资料来源：根据 Wind 资讯整理。

12.1.3　市场融资额显著下降，板块间差异仍旧悬殊

2018 年全年在股权市场（主板、中小企业板、创业板、股转系统）进行股权融资（首发、增发、配股、可转债、优先股）的企业数量为 1667 家，相比 2017 年的 3336 家减少了约 50%；2018 年募资总额为 11168.21 亿元，较 2017 年的 17256.05 亿元减少 35.28%。

A 股市场方面，2018 年获得融资的企业数量有 426 家，比 2017 年减少 462 家，有融资的企业数量占全部 A 股上市企业的比例为 11.94%，融资金额总计 10651.22 亿元，同比减少 33.31%，A 股市场融资情况下滑较为严重。分板块来看，主板市场有 213 家企业进行融资，融资金额为 8061.33 亿元，融资企业数量相比 2017 年的 424 家减少约 50%，融资金额同比下降 27.57%；中小板 2018 年进行融资的企业有 111 家，融资金额 1669.70 亿元，融资企业数量减少约 50%，融资金额同比减少 51.30%；创业板 2018 年共有 102 家企业进行融资，共融得资金 920.19 亿元，获得融资的企业数量同比减少 56.78%，融资额较 2017 年减少 34.95%。2018 年在获得融资的企业中，主板、中小企业板、创业板平均每家企业获得融资分别为 37.85 亿元、15.04 亿元、9.02 亿元。

场外市场中，股转系统的融资状况持续低迷，2018 年共有 1241 家企业进行融资，获得融资的企业数量同比减少约 50%，共募集资金 516.99 亿元，同比下降 59.74%。从融资活跃度来看，2018 年股转系统获得融资的企业仅占全部挂牌企业数量的 11.60%，与 2017 年相比，融资情况明显恶化，具体详见图 12－3。

图 12－3　我国各层级资本市场募资家数及募资规模（2014—2018 年）

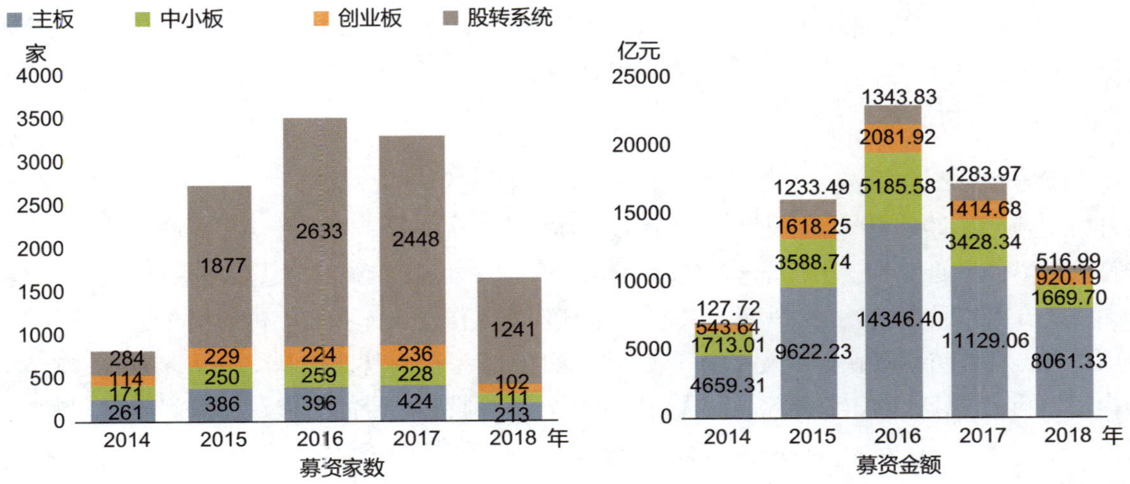

资料来源：根据 Wind 资讯整理。

12.1.4　A 股增发融资主导地位弱化，优先股、可转债异军突起

目前 A 股市场上主要有首发、增发、配股、优先股、可转债五种股权融资方式。2018 年，从融资方式和结构上看，通过配股、优先股、可转债等方式融资的企业数量和融资金额有所上升，而进行 IPO 融资的企业数量和融资金额由升转降，增发融资的企业数量和融资金额继续收缩，其主导地位进一步下降。2018 年 A 股市场（包括主板、中小企业板、创业板）共有 426 家企业进行融资，共募得资金 10651.22 亿元。其中进行 IPO 融资的企业有 105 家，同比下降 76.03%，共募集资金 1378.15 亿元，同比下降 40.11%，IPO 融资额占募集资金总额的 11.93%，IPO 在股权融资中的地位有所下降。增发融资的企业有 267 家，同比减少 50.56%，增发募集资金 7523.52 亿元，同比下降 40.78%，增发融资额占募集资金总额的比重为 65.13%，增发融资仍占据主导地位，但增发企业数量和增发融资金额均有明显下降（见图 12－4）。2018 年有 15 家企业进行配股融资，共募集资金 228.32 亿元，占募资总额的 1.98%；发行优先股的企业有 7 家，募集资金 1349.76 亿元，占总融资额的比重为 11.69%；发行可转债的企业有 77 家，共募集资金 1071.10 亿元，占募集资金总额的 9.27%。股转系统依然仅以增发融资为基本的融资方式，2018 年有 1241 家企业通过增发股票募集资金 516.99 亿元。

整体看来，尽管 A 股市场上具有较为多样化的融资方式，目前增发融资方式仍然占据主导地位，但增发融资的主导地位有所下降，主要是 2017 年“再融资新规”和“减持新规”的影响仍在延续。2017 年 2 月证监会发布“再融资新规”，从三个维度对再融资行为实施限制。（1）限制定增规模：上市公司申请非公开发行股票的，拟发行的股份数量不得超过本次发行前总股本的 20%。（2）限制定增周期：上市公司申请增发、配股、非公开发行股票的，本次发行董事会决议日距离前次募集资金到位日原则上不得少于 18 个月。（3）强化募集资金用途限制：上市公司申请再融资时，除金融类企业外，原则上最近一期末不得存在持有金额较大、期限较长的交易性金融资产和可供出售的金融资产、借予他人款项、委托理财等财务性投资的情形。2017 年 5 月，“减持新规”出台，要求定增股东：（1）竞价交易 12 个月内减持不能超过持有数量的 50%；

（2）竞价交易 90 日内减持不得超过总股本的 1%；（3）大宗交易减持 90 日内不得超过总股本的 2%。这导致定增股东锁定期延长至 1.5～2 年，大幅降低了定增投资的流动性。2018 年 IPO 数量由升转降，一方面是因为 2017 年底新的发审委员换届，IPO 环境发生较大变化，IPO 发行审核明显趋严，过会率低于往年；另一方面是因为 IPO“堰塞湖”问题已基本消除，IPO 总体秩序平稳，因此较 2017 年有所回落。

A 股市场优先股、可转债融资规模的上升，一方面是因为增发融资受到上述监管措施的制约，另一方面是因为在 2018 年金融去杠杆的整体政策环境下，优先股、可转债等工具符合监管部门促进发展直接融资，降低金融杠杆的理念。2018 年 8 月，国家发展改革委、人民银行、财政部、银保监会、国资委五部门联合发布的《2018 年降低企业杠杆率工作要点》指出，需加快推进降低企业杠杆率各项工作，打好防范化解重大风险攻坚战，使宏观杠杆率得到有效控制。因此，为优化企业再融资结构，降低企业杠杆率和债务风险，优先股、可转债等股债结合的发展路径得到强化。为增强金融服务企业的能力，仍需大力拓展多层次、多元化、互补型的融资渠道，进一步健全完善与实体经济多元化投融资需求相适应的多层次资本市场体系。

图 12－4　A 股市场主要募资方式及其占比（2014—2018 年）

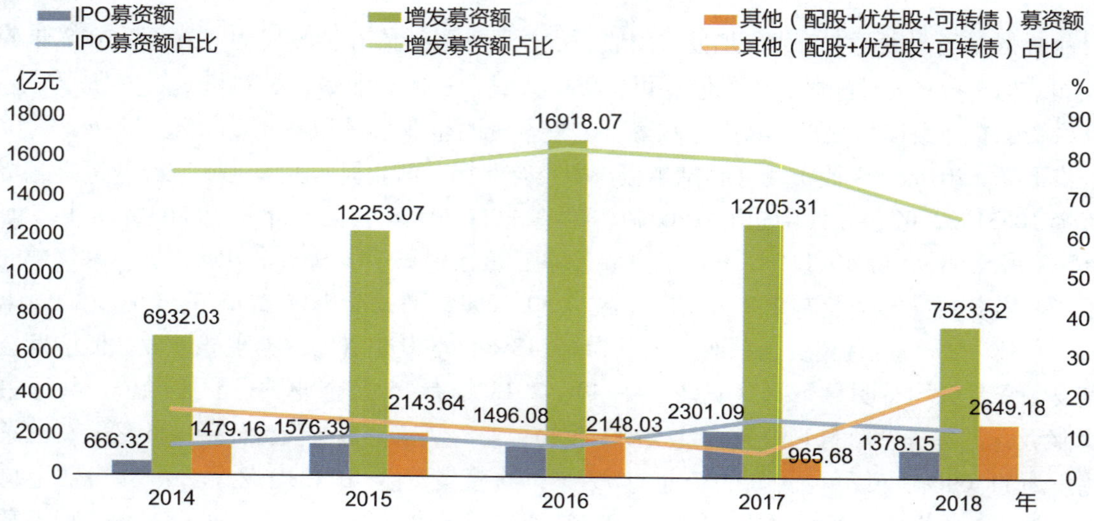

资料来源：根据 Wind 资讯整理。

12.2　股权市场对中小微企业融资支持情况

12.2.1　各类型企业（大、中、小、微）数量分布对比

为了更准确地分析多层次资本市场对中小微企业的金融支持，课题组对上市/挂牌企业逐一进行规模划型，主要依据是国家统计局颁布的《统计上大中小微型企业划分办法（2017）》（国统字〔2017〕213 号）（以下简称《划分办法》）。在划型过程中，课题组发现，完全按照《划分办法》进行划型并不能真实准确地反映全部上市/挂牌企业的实际情况，比如部分公司对员工人数的披露

明显失真，从而导致依据员工人数进行的划型出现明显偏差。此外，由于现代科技以及生产外包等产业组织形式的运用，员工人数并不能真实反映企业的规模，使得仅仅依据员工人数对企业规模进行划型并不能真实反映企业的规模。鉴于此，课题组对上述划型标准进行了适当调整（见图12－5注①）。

无论是按照统计局的分类标准还是按照课题组调整后的分类，场内市场主板、中小板和创业板上市公司结构中均以大中型企业为绝对主导。相较于国家统计局的分类标准，按照调整后的分类标准，主板、中小板、创业板的大型企业数量明显增加，各个板块均呈现出企业规模分类明显集中于大型企业的现象。值得注意的是，调整后股转系统中企业类型变化最为明显，逾700家企业由中型企业上调为大型企业，逾4500家企业由小型企业上调为中型企业。

图12－5　主板、中小板、创业板、股转系统上市/挂牌企业类型家数对比（2018年）

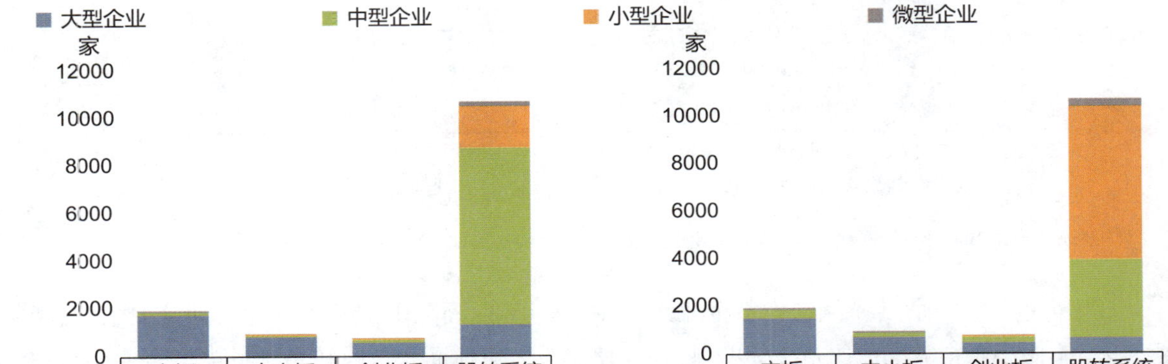

	主板	中小板	创业板	股转系统
微型企业	1	0	0	177
小型企业	10	1	2	1767
中型企业	144	72	105	7405
大型企业	1751	849	632	1342

课题组标准各类企业家数

	主板	中小板	创业板	股转系统
微型企业	2	1	0	308
小型企业	32	10	23	6420
中型企业	329	171	254	3293
大型企业	1543	740	462	670

国家统计局标准各类企业家数

注：①国家统计局标准是指《统计上大中小微型企业划分办法（2017）》（国统字〔2017〕213号，以下简称《划分办法》）。课题组调整标准是指对于《划分办法》中有明确归属的行业的企业，只依据营业收入/资产总额指标（即剔除员工人数这一指标）进行分类。对于其他行业的企业（划分标准只有员工人数这一指标），则依据《划分办法》先按员工人数分类，然后结合营业收入对部分明显划型"失真"的企业进行适当调整。向上调整的标准是：中型企业营业收入大于10亿元的，调整为大型企业；小型企业营业收入大于5000万元的，调整为中型企业，大于10亿元的，调整为大企业；微型企业营业收入大于1000万元的，调整为小型企业。向下调整的标准为：大企业营业收入小于1亿元的，调整为中型企业；中型企业营业收入小于500万元的，调整为小型企业；小型企业营业收入小于50万元的，调整为微型企业。

②截至2019年5月20日，1521家公司2018年年报仍未发布，以2017年年报进行估计。

资料来源：根据Wind资讯各板块上市/挂牌企业财务数据整理。截至2019年5月20日。

基于调整后的划型标准，主板市场以大型企业为主体，占比91.9%，中型企业占比7.6%；中小板仅有1家小型企业，其余全为大中型企业，其中大型企业占比甚至超过主板市场，达到92.1%；创业板大型企业和中型企业分别占比85.5%和14.2%；股转系统以中型企业为主，占比为69.3%，其中小型、微型企业合计占比为18.2%（见图12－6）。

从挂牌企业的规模分布看，主板、中小板和创业板的市场主体大中型企业数量占比均高于99%。虽然创业板上市条件与主板和中小板有异，但创业板上市公司在分布上也并未表现出向中小微企业的倾斜。目前来看，A股市场的上市门槛较高、审核制度较严，大量中小企业很难达到上市要求。在这样的情况下，股转系统成为中小微企业数量相对多的市场，合计占比高达87.5%。

图12－6 主板、中小板、创业板、股转系统上市/挂牌企业类型占比对比（2018年）

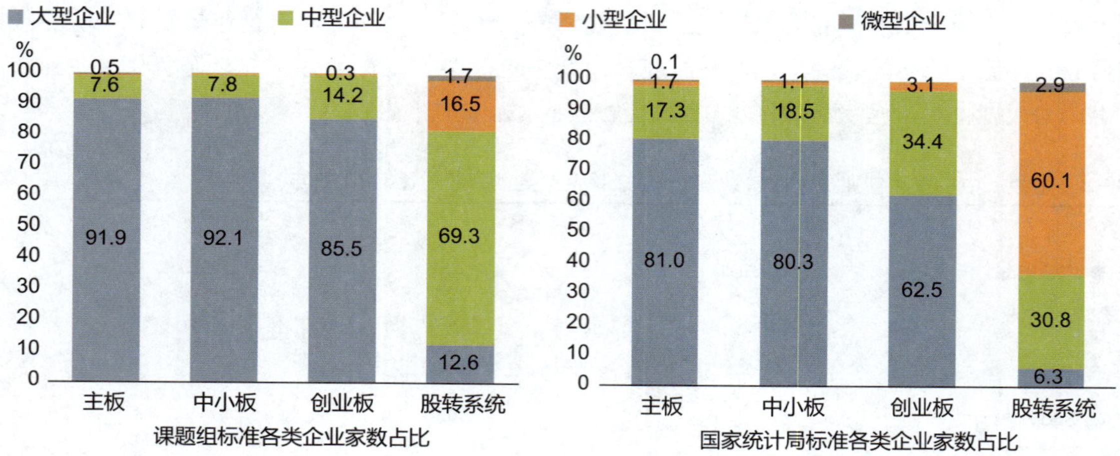

资料来源：根据Wind资讯各板块上市/挂牌企业财务数据整理。

与2017年相比，股转系统中大型企业比例由10.4%提高至12.6%，中型企业占比由72.6%下降至69.3%，小微企业的占比从17.0%上升至18.2%。整体而言，股转系统各类型企业分布并未发生显著变化（见图12－7）。

图12－7 股转系统挂牌企业类型年度对比（2017—2018年）

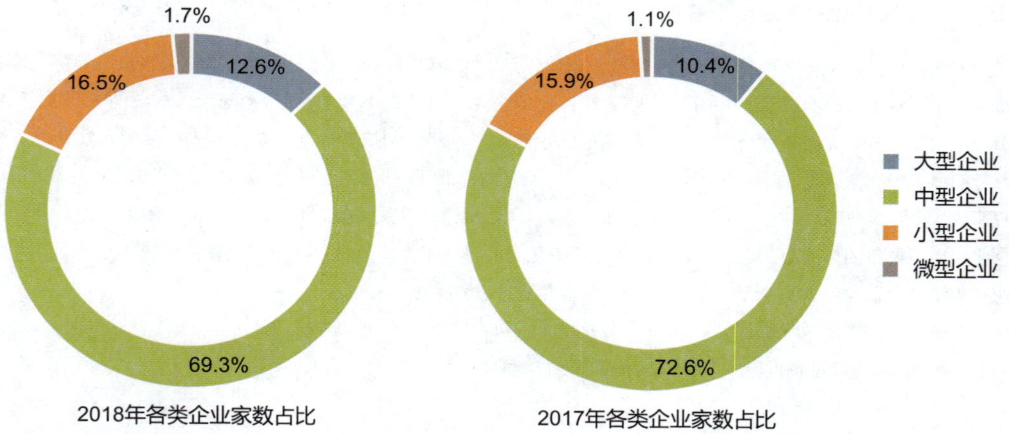

资料来源：根据Wind资讯各板块上市/挂牌企业财务数据整理。

2018年股权市场共674家企业新上市/挂牌，远低于2017年2585家企业新上市/挂牌的数量。按照课题组标准，其中大型企业149家、中型企业406家、小型企业115家、微型企业4家，分别占比22.1%、60.2%、17.1%、0.5%，小微企业合计占比17.6%。

从各板块来看，主板、中小板、创业板2018年只有大型企业和中型企业上市，并均明显表现出以大型企业为主导的现象。2018年主板市场新增企业57家，其中大型企业53家，中型企业4家；2018年中小板市场新增企业19家，其中大型企业15家，中型企业4家；2018年创业板市场新增企业29家，其中大型企业28家，中型企业1家。

图12-8 各类企业新上市/挂牌家数占比年度变化（2017—2018年）

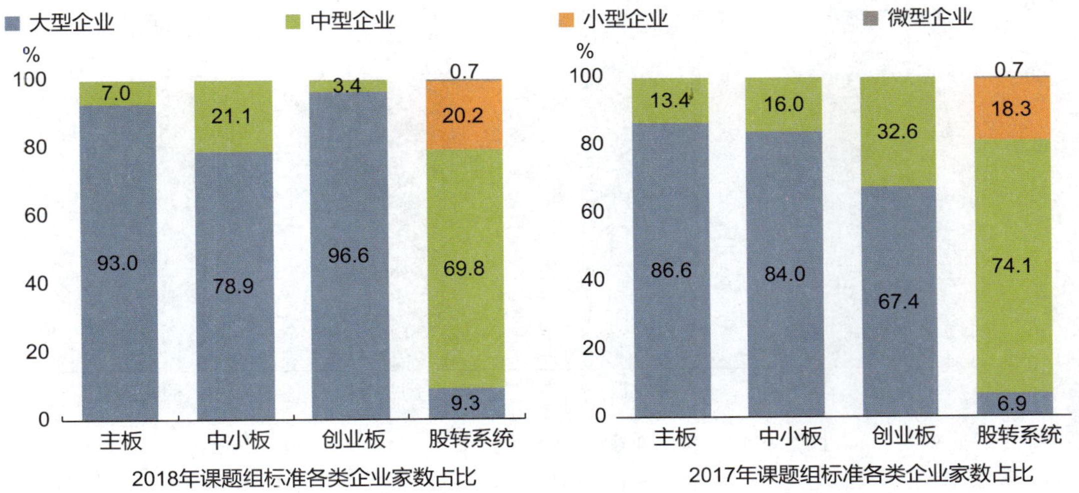

资料来源：根据Wind资讯各板块上市/挂牌企业财务数据整理。

12.2.2 各类型企业（大、中、小、微）融资情况对比

2018年间，共有1667家企业进行了股权融资，融资额累计11168.21亿元，仅为2017年融资额的65%，企业总体融资热情有所下降。大、中、小、微企业分别占39.59%、53.63%、5.82%和0.96%，募集资金流向大、中、小、微企业的比例分别为96.25%、3.52%、0.13%和0.10%（见表12-3）。虽然中型企业融资活动较为活跃，融资家数比大型企业多出200余家，但是融资额仅相当于大型企业的3.65%。与2017年相比，中小微企业融资额占比明显下降，从6.75%下降至3.75%。

表12-3 不同规模的企业股权市场融资概况

企业规模	融资家数（家）	融资家数占比（%）	融资额（亿元）	融资额占比（%）
大型企业	660	39.59	10749.87	96.25
中型企业	894	53.63	392.66	3.52
小型企业	97	5.82	14.87	0.13
微型企业	16	0.96	10.81	0.10
合计	1667	100.00	11168.21	100.00

资料来源：根据Wind资讯各板块2018年融资企业融资情况整理。

从各板块融资企业的规模分布看，主板、中小板、创业板2018年股权融资额中的绝大部分都流向了大型企业，大型企业融资额占比分别为99.14%、99.03%、97.83%。在股转系统中，大型企业

融资额占比 39.54%，中型企业融资额占比 55.40%，小微企业融资额占比 5.06%，中小微企业的融资额占比高于大型企业（见图 12－9）。

图 12－9　不同板块大型企业和中小微企业融资额占比（2018 年）

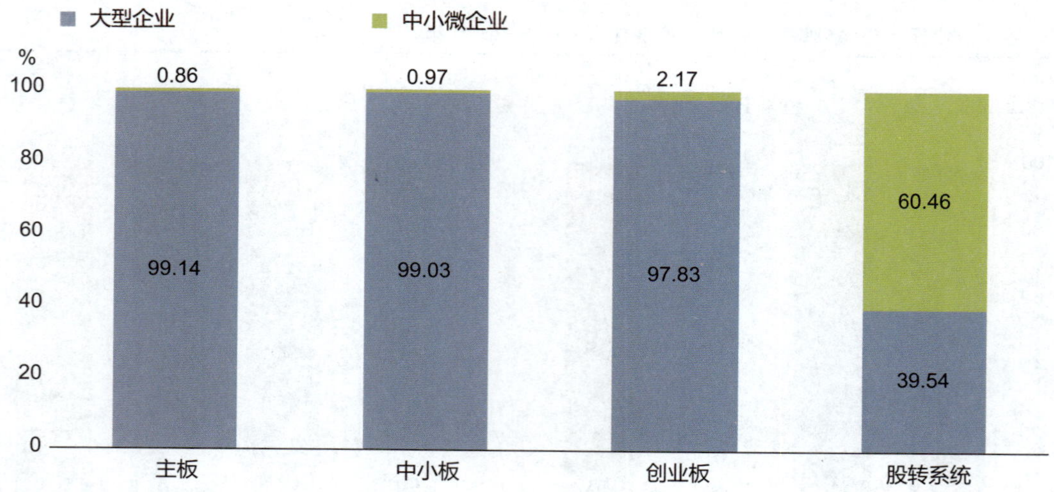

资料来源：根据 Wind 资讯各板块 2018 年融资企业融资情况整理。

在股转系统，大型企业融资家数 250 家，募资均值达 0.82 亿元，远高于其他类型规模企业。中型企业的融资家数最多，达 878 家，市场融资额占比高达 55.50%，但是募资均值仅为 0.33 亿元；小型企业融资家数 97 家，由于近半数企业融资金额低于 1000 万元，整体募资均值仅有 0.15 亿元。相比之下，微型企业融资家数 16 家，其中 1 家融资金额高达 5.04 亿元，仅有 5 家融资金额低于 1000 万元，整体募资均值仅次于大型企业，达 0.68 亿元（见表 12－4）。

表 12－4　　2018 年股转系统发生融资的企业按规模统计概况

公司规模	融资家数（家）	融资额（亿元）	融资额占比（%）	募资均值（亿元）
大型企业	250	204.38	39.53	0.82
中型企业	878	286.93	55.50	0.33
小型企业	97	14.87	2.88	0.15
微型企业	16	10.81	2.09	0.68

资料来源：根据 Wind 资讯股转系统 2018 年融资企业融资情况整理。

与 2017 年相比，大型企业募资均值有所下降，中型和小型企业募资均值无较大变化，微型企业募资均值反而有所上升。受宏观经济进一步下行影响，大型企业融资意愿下降程度较大，募资均值由 1.33 亿元下降至 0.82 亿元。相比之下，中型企业和小型企业受影响程度较小，募资均值保持在 0.39 亿元和 0.16 亿元附近。虽然微型企业募资均值由 0.22 亿元上升至 0.68 亿元，但由于融资企业数量仅有 16 家，募资均值受极端值影响较大，排除 2 家融资额超 3 亿元的企业后，募资均值为 0.20 亿元，与 2017 年相比并无明显变化（见图 12－10）。

图 12－10　股转系统企业募资均值对比（2017—2018 年）

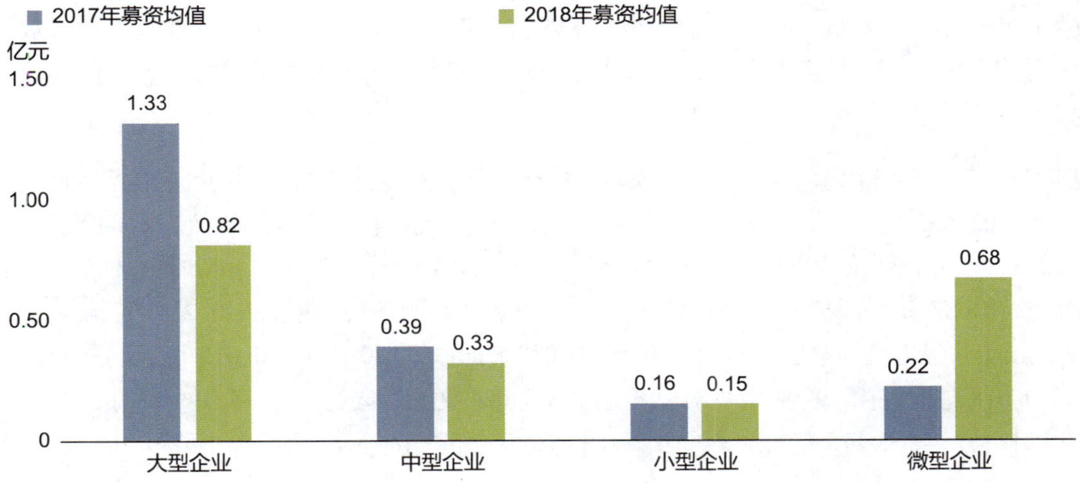

资料来源：根据 Wind 资讯股转系统 2018 年融资企业融资情况整理。

12.2.3　各类型企业融资行业流向

分行业来看，在各个类型企业中，制造业的融资额均占有较大比重，分别占据大型企业、中型企业和小微企业融资额的 40.07％、52.57％和 55.82％。在大型企业中，金融业占比接近 30％，位居第二，远高于占比 8.28％且位居第三位的信息传输、软件和信息技术服务业。在中型企业中，金融业和信息传输、软件和信息技术服务业分别以 9.99％和 9.48％排在融资额的第二位和第三位。在小微企业中，科学研究和技术服务业、租赁和商务服务业融资占比均高于 10％，分别位居第二和第三位（见表 12－5）。

表 12－5　　2018 年不同规模企业融资额占比前五名行业对比

大型企业		中型企业		小微企业	
行业	占比	行业	占比	行业	占比
制造业	40.07%	制造业	52.57%	制造业	55.82%
金融业	29.50%	金融业	9.99%	科学研究和技术服务业	11.82%
信息传输、软件和信息技术服务业	8.28%	信息传输、软件和信息技术服务业	9.48%	租赁和商务服务业	10.85%
交通运输、仓储和邮政业	5.16%	房地产业	8.69%	信息传输、软件和信息技术服务业	8.55%
批发和零售业	4.48%	水利、环境和公共设施管理业	3.60%	电力、热力、燃气及水生产和供应业	3.82%

资料来源：根据 Wind 资讯各板块 2018 年融资企业融资情况整理。

12.3　上市/挂牌企业业绩增长情况

12.3.1　各类型企业（大、中、小、微）业绩增长对比

2018 年中国经济增速趋缓，下行压力增大，股市低迷，不稳定因素激增，各类型企业业绩增长

速度均出现了不同程度的放缓现象。大型企业平均营业收入虽然依旧保持较高的增长率，但是净利润无明显的增长；相比之下，中小微企业在规模、盈利能力和抗风险能力等方面均不及大型企业，营业收入严重下滑，亏损局面加剧。中型企业平均营业收入和净利润微薄，营业收入增长放缓，净利润出现了负增长，而小微型企业的营业收入不仅微薄，净利润更是处于亏损状态，营业收入和净利润均出现了负增长。

截至2019年5月20日，共有12774家企业披露年报，在这些上市/挂牌企业中大型企业平均实现营业收入103.633亿元，同比增长12.51%，扣除非经常性损益后净利润均值为8.448亿元，同比增长0.42%；中型企业平均实现营业收入1.227亿元，同比增长4.71%，扣除非经常性损益后净利润均值为0.018亿元，同比下降73.47%；小型企业平均实现营业收入0.234亿元，同比下降20.04%，扣除非经常性损益后净利润均值为-0.033亿元，较2017年-0.015亿元的净利润均值数相比下降0.018亿元；微型企业平均实现营业收入0.024亿元，同比下降78.49%，扣除非经常性损益后净利润均值为-0.175亿元，较2017年-0.070亿元的净利润均值数下降0.105亿元（见表12-6）。

表12-6　各类型企业平均营业收入、平均净利润及增长率（2018年）

	大型	中型	小型	微型
样本数（家）	4442	6743	1492	97
平均营业收入（亿元）	103.633	1.277	0.234	0.024
平均营业收入增长率（%）	12.51	4.71	-20.04	-78.49
平均净利润（亿元）	8.448	0.018	-0.033	-0.175
平均净利润增长率（%）	0.42	-73.47	-434.87	-69.46

注：平均营业收入=该类型上市/挂牌企业营业收入之和/该类型企业总家数；
平均营业收入增长率=（2018年该类型上市/挂牌企业营业收入之和/2017年该类型上市/挂牌企业营业收入之和-1）×100%；
平均净利润=该类型上市/挂牌企业净利润之和/该类型企业总家数；
平均净利润增长率=（2018年该类型上市/挂牌企业净利润之和/2017年该类型上市/挂牌企业净利润之和-1）×100%。
资料来源：根据Wind资讯整理。

12.3.2　各板块不同类型企业（大、中、小、微）经营业绩对比

在A股市场中，基本上全为大型企业和中型企业，根据3564家企业披露的年报，大型企业实现平均营业收入139.137亿元，同比增长12.40%，扣除非经常性损益后净利润均值为11.57亿元，同比增长0.46%；中型企业平均实现营业收入3.75亿元，同比下降11.45%，扣除非经常性损益后净利润均值为-0.714亿元，同比下降2825.40%。在股转系统中，大型企业平均实现营业收入8.907亿元，同比增长17.38%，扣除非经常性损益后净利润均值为0.419亿元，同比下降2.49%；中型企业平均实现营业收入1.162亿元，同比增长7.72%，扣除非经常性损益后净利润均值为0.055亿元，同比下降23.00%；小型企业平均实现营业收入0.234亿元，同比下降16.25%，扣除非经常性损益后净利润均值为-0.027亿元，同比下降328.25%，净利润均值下降幅度的数值巨大，近乎异常，实际上是因为2018年与2017年净利润均值的数值皆为负且相对较小，故2018年亏损加剧导致的负增长在与2017年相比时会显得尤为突出；微型企业平均实现营业收入0.025亿元，同比下降78.01%，扣除非经常性损益后净利润均值为-0.176亿元，较2017年-0.070亿元的净利润均值数下降0.106亿元（见表12-7）。整体来看，不论是在A股市场还是在股转系统中，大型企业营业收

入增长率明显高于中小微企业，这种差异一定程度上是经济不确定性的反映，大型企业实力雄厚，能很好地维持发展的趋势，增长较为平稳，而中小微企业由于自身规模的原因，很容易受到市场不确定性因素的冲击与干扰，故在业绩方面波动较大。

表 12－7　股转系统、A 股市场各类型企业平均营业收入、平均净利润及增长率（2018 年）

	股转系统				A 股市场			
	大型	中型	小型	微型	大型	中型	小型	微型
样本数（家）	1211	6423	1480	96	3231	320	12	1
平均营业收入（亿元）	8.907	1.162	0.234	0.025	139.137	3.575	0.201	0.010
同比增长率（%）	17.38	7.72	－16.25	－78.01	12.40	－11.45	－89.31	－96.51
平均净利润（亿元）	0.419	0.055	－0.027	－0.176	11.457	－0.714	－0.840	－0.111
同比增长率（%）	－2.49	－23.00	－328.25	70.10	0.46	－2825.40	－19478.10	7.23

资料来源：根据 Wind 资讯整理。

将 A 股市场中的创业板与股转系统进行对比可以发现，近年来创业板和股转系统企业的平均营业收入保持增长趋势，业绩规模不断扩大，但增长速率有所放缓。创业板企业的平均营业收入始终保持在股转系统企业平均营业收入的 10 倍左右，业绩规模上占有绝对优势。创业板平均营业收入增长率自 2015 年开始呈现出下滑的趋势，从 2015 年的 36.13% 下滑至 2017 年的 12.04%，2018 年增长率小幅回升至 16.97%。相比之下，股转系统企业的平均营业收入增长率变化不大，在 15% 上下波动。

从平均净利润来看，创业板和股转系统企业近年来盈利能力不断下滑，平均净利润增长率甚至出现了不同程度的负增长。创业板企业的平均净利润从 2016 年的 1.81 亿元不断下滑至 2018 年的 0.67 亿元，增长速率由正转负，从 2016 年的 26.43% 下滑至 2018 年的 －52.42%。股转系统企业的平均净利润维持在 0.11 亿元左右，但由于数值较小，平均净利润增长率波动较大（见图 12－11、图 12－12）。

图 12－11　创业板平均营业收入、平均净利润及增长率（2014—2018 年）

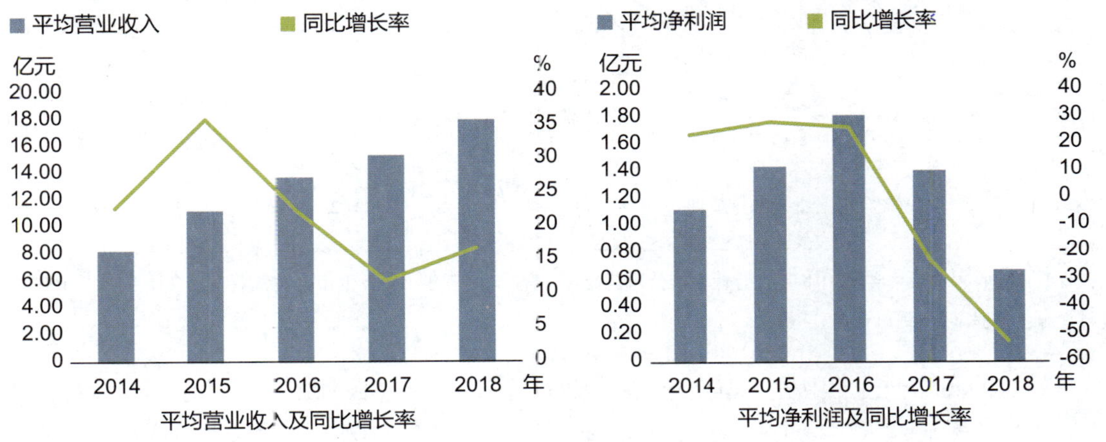

资料来源：根据 Wind 资讯整理。

图 12－12　股转系统平均营业收入、平均净利润及增长率（2014—2018 年）

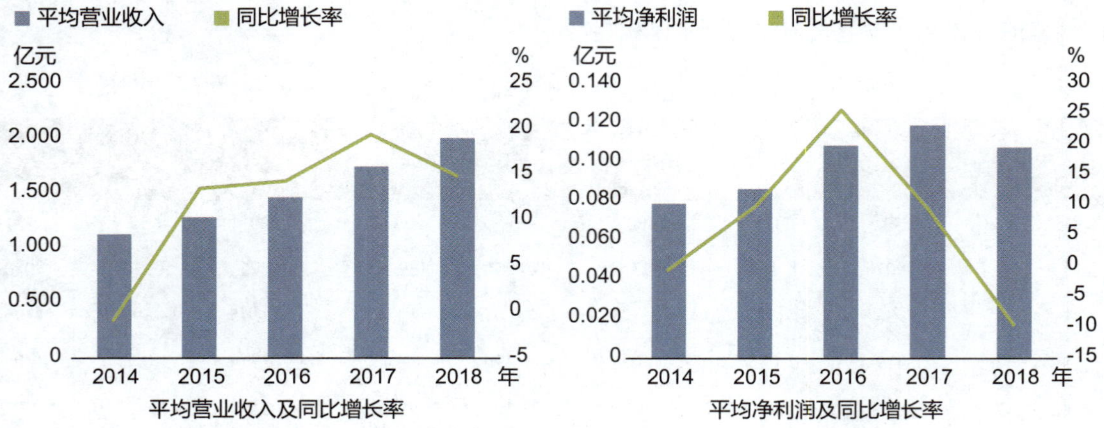

资料来源：根据 Wind 资讯整理。

12.3.3　各板块代表性行业业绩增长情况

分行业考察，各板块业绩增长排名靠前的五大行业明显不同。需要说明的是，各板块中业绩增长迅速的行业都是各板块中的“小行业”，它们在各自板块中的占比都相对较低。

表 12－8　　各板块上市/挂牌企业营业收入增长前五位的行业对比（2018 年）

主板		中小板		创业板		股转系统	
行业	营业收入增长率	行业	营业收入增长率	行业	营业收入增长率	行业	营业收入增长率
水利、环境和公共设施管理业	43.75%	卫生和社会工作	33.33%	教育	48.25%	采矿业	20.02%
科学研究和技术服务业	29.96%	房地产业	30.76%	批发和零售业	37.19%	科学研究和技术服务业	11.28%
综合	29.60%	水利、环境和公共设施管理业	28.91%	卫生和社会工作	36.53%	卫生和社会工作	9.37%
房地产业	20.41%	交通运输、仓储和邮政业	24.87%	租赁和商务服务业	30.75%	信息传输、软件和信息技术服务业	6.05%
采矿业	18.67%	批发和零售业	18.13%	科学研究和技术服务业	23.46%	金融业	5.63%

注：行业营业收入增长率＝（2018 年该行业上市公司营业收入合计/2017 年该行业上市公司营业收入合计－1）×100%。
资料来源：根据 Wind 资讯整理。

从各板块的高增长行业中各类型企业占比来看，主板、中小板和创业板几乎都以大中型企业为主，除了主板中采矿业大中型企业占比为 96.92% 外，其余均为 100%。股转系统大中型企业虽略有下降，但是均高于 60%，依旧体现出较高业绩增长情况。相比之下，各板块的高增长行业中很难看到小微型企业的身影，小微型企业营业收入增长情况不容乐观（见表 12－9）。

表 12-9　各板块上市/挂牌企业营业收入增长前五位行业大中型企业占比（2018 年）

主板		中小板		创业板		股转系统	
行业	大中型企业占比	行业	大中型企业占比	行业	大中型企业占比	行业	大中型企业占比
水利、环境和公共设施管理业	27/27（100.00%）	卫生和社会工作	2/2（100.00%）	教育	1/1（100.00%）	采矿业	32/40（80.00%）
科学研究和技术服务业	23/23（100.00%）	房地产业	11/11（100.00%）	批发和零售业	6/6（100.00%）	科学研究和技术服务业	309/503（61.43%）
综合	23/23（100.00%）	水利、环境和公共设施管理业	8/8（100.00%）	卫生和社会工作	3/3（100.00%）	卫生和社会工作	43/49（87.76%）
房地产业	112/112（100.00%）	交通运输、仓储和邮政业	14/14（100.00%）	租赁和商务服务业	10/10（100.00%）	信息传输、软件和信息技术服务业	1815/2077（87.39%）
采矿业	63/65（96.92%）	批发和零售业	27/27（100.00%）	科学研究和技术服务业	19/19（100.00%）	金融业	91/136（66.91%）

资料来源：根据 Wind 资讯整理。

12.4　并购重组稳中有增，板块行业分布差异化

12.4.1　并购重组数量缓增，并购规模同比转负

作为资本市场进行存量资源配置的主要形式，并购重组是中小企业开展资本运作和现代化经营的重要手段，也是培育行业龙头促进企业做大做强的重要途径。中小微企业积极参与并购重组，有助于市场发挥资源配置的功能，推进企业转型升级和发展壮大。

近年来，我国企业并购重组的数量、规模和涉及的行业范围不断扩大，并购方式和目的日趋多元化，并购重组已经成为我国企业、特别是中小微企业发展壮大的重要工具。2018 年中国上市企业并购重组事件共计 12193 件，相比较 2017 年的 11255 件，小幅增长了 8.33%，增长率较 2017 年大幅下跌；然而，2018 年并购重组规模仅有 33377.57 亿元，相比较 2017 年的 50851.16 亿元，大幅下跌 34.36%，不再是 2017 年的迅猛增长态势（见图 12-13、图 12-14）。

图 12-13　我国并购重组事件数量与年增长率（2015—2018 年）

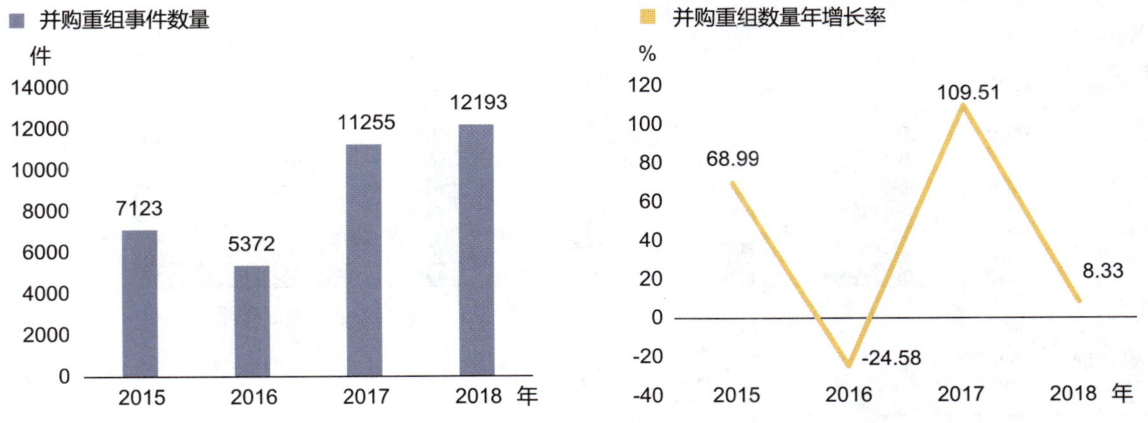

资料来源：Wind 资讯。

图 12－14　我国并购重组规模与年增长率（2015—2018 年）

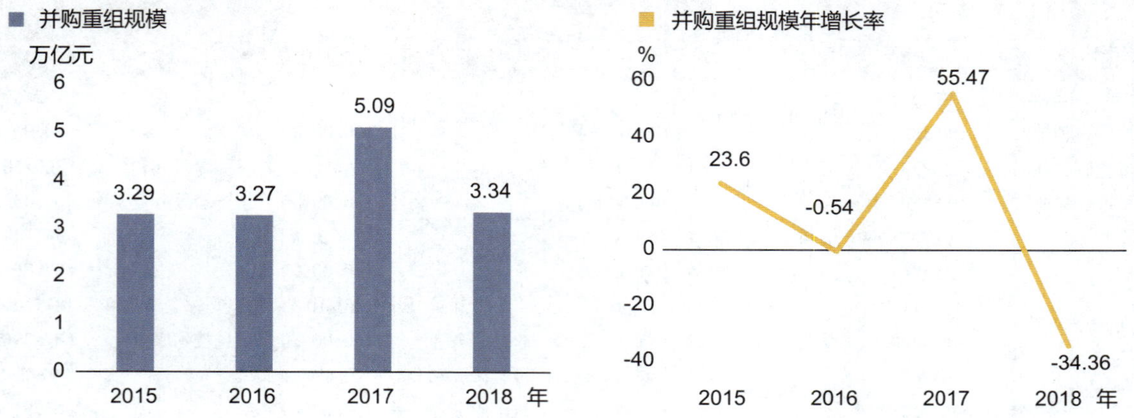

资料来源：Wind 资讯。

12.4.2　并购重组规模分布不均，行业结构相对稳定

按照并购重组的规模不同，我们将其划分为 7 组（见图 12－15）。2016 年至 2018 年，未披露事件数量分别占 16.72%、28.34%、32.30%，比重较大且逐年增加。不考虑未披露事件，综合 2016—2018 年数据，我们可以得出如下判断。

总体来说，并购重组事件集中在规模小的事件中，除 <0① 的并购重组事件以外，小规模的并购重组数量多，但总体交易金额小。以 0～1 亿元的并购重组事件为例，2018 年占总数量的 42.46%，交易金额为 995.83 亿元，仅占 2.98%；并购重组规模 >5 亿元（5 亿～10 亿元、10 亿～50 亿元和 >50 亿元）的事件数量同 1 亿～5 亿元规模的事件大致相同，前者的交易金额总和却是后者的 8.26 倍。规模较小的并购重组事件比重高，表明中小微企业参与并购重组的意愿较高，能够在一定程度解决中小企业融资难和产业升级等问题（见图 12－15、图 12－16）。

图 12－15　我国并购重组交易数量分布（2016—2018 年）

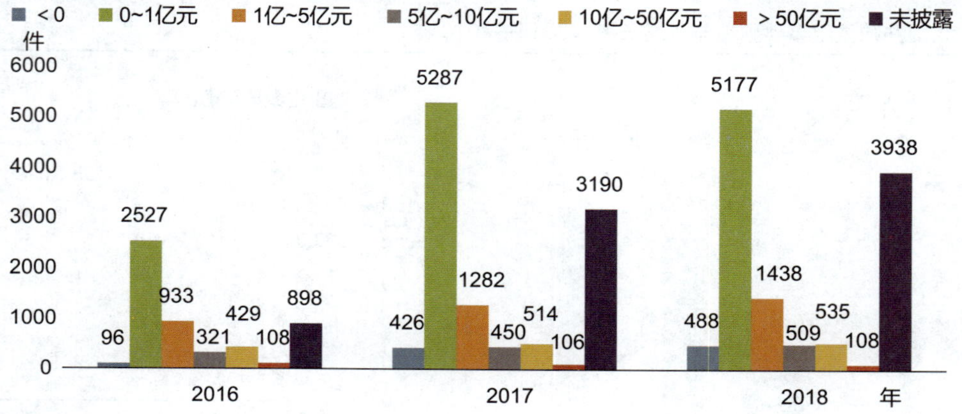

资料来源：Wind 资讯。

① <0 的并购重组事件是指并购重组委未通过的并购重组项目。

图 12－16 我国并购重组交易规模分布（2016—2018 年）

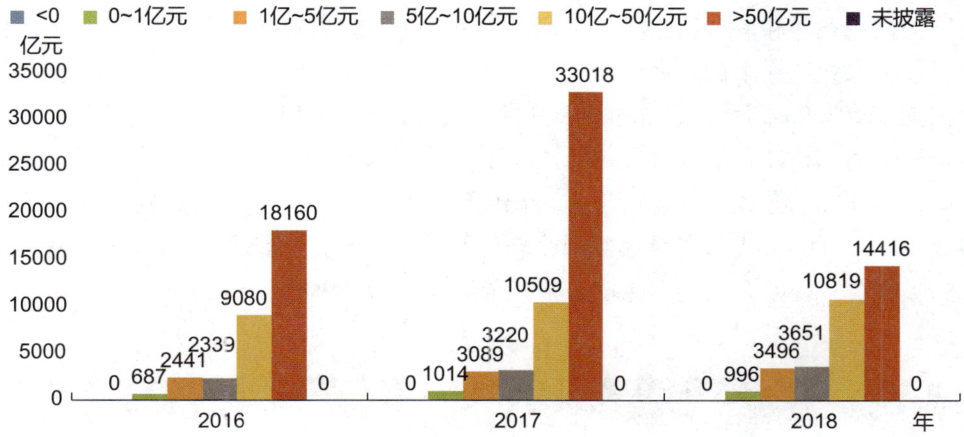

资料来源：Wind 资讯。

并购重组的范围涉及各个行业，其中占据较大比重的行业有房地产、信息技术、可选消费、材料、医疗保健、金融、工业等。纵向来看，2016—2018 年并购重组事件最多的四个行业为信息技术、可选消费、金融和工业，2018 年四个行业的并购重组事件的比重分别为 18.54%、13.35%、12.52% 和 24.28%；2016—2019 年并购重组事件最少的两个行业为电信服务和能源，2018 年占比分别为 0.23%、1.12%。横向来看，除金融行业的并购重组事件的比重有较为明显的下降外，从 2016 年的 17.37% 下降到 2018 年的 12.52%，其他行业的占比在 3 年内变化不大。

中国产业信息研究网发布的《2018 年版中国中小企业发展研究及融资策略研究报告》披露，中小微企业主要集中在制造业，如非金属矿物制品业、农副食品加工业、电气机械和设备制造业、纺织业等，对应着表 12－10 中的信息技术、可选消费、日常消费、工业等行业。而这些行业并购重组事件较多，有利于助力中小微企业的发展。

表 12－10　　2016—2018 年并购重组事件行业分布状况　　单位：件

	2016 年	2017 年	2018 年	3 年总和
电信服务	6	15	14	35
房地产	231	367	310	908
信息技术	799*	1159*	1108*	3066*
可选消费	567*	846*	798*	2211*
公用事业	116	186	146	448
材料	417	606	622	1645
日常消费	147	277	263	687
医疗保健	307	455	449	1211
金融	754*	818*	748*	2330*
工业	971*	1400*	1451*	3822*
能源	73	94	67	234

注：①每列中加＊的数据代表以相应指标为准排名前四位的行业。

②该表采用 Wind 一级行业分类标准。

资料来源：Wind 资讯。

12.4.3 并购方式中协议收购最多，并购目的以横向整合为主

基于不同的适用条件和需求，企业可采用多种并购方式，并购方式的日趋多元化，也为企业并购重组提供了多种方式选择。按照金额计算，在2018年协议收购仍是最主要的并购方式，共计5570件，交易金额为17208.03亿元，数量和规模分别占比45.68%和51.56%；其次为发行股份购买资产和增资，数量分别为273件和1426件，交易金额分别为5909.40亿元和5036.03亿元。对比交易金额同比增长率，其他并购方式的交易金额呈现出明显负增长，增资、司法裁定、取得公众公司发行的新股、吸收合并、回购方式的交易金额同比增长为正，尤其是司法裁定和吸收合并方式，增长态势尤为突出，吸收合并交易金额的同比增长率甚至达到1187.89%（见表12-11）。

表12-11　　2018年并购方式状况与变化

	数量（件）	金额（亿元）	数量同比增长率（%）	金额同比增长率（%）
协议收购	5570*	17208.03*	14.68	-19.02
资产置换	17	132.14	-5.56	-70.4
间接收购	62	301.12	-21.52	-34.14
二级市场收购	4179*	2451.19	6.42	-74.86
增资	1426*	5036.03*	4.01	15.28
发行股份购买资产	273	5909.40*	-16.77	-7.84
要约收购	64	628.06	146.15	-59.38
司法裁定	39	106.36	387.5	117.48
取得公众公司发行的新股	360	190.21	-24.37	7.36
国有股权行政划转或变更	108	0	45.95	0
吸收合并	18	1352.44	20.00	1187.89
其他	58	44.77	-14.71	-99.29
继承	4	0	100	0
赠与	1	0	0	0
回购	14	16.53	366.67	59.13
管理层收购	0	0	-100	-100
证券交易	0	0	0	0
股权划拨	1	1.1	0	0

注：每列中加*的数据代表以相应指标为准排名前三位的并购方式。

资料来源：Wind资讯。

横向整合是最主要的并购目的，2018年横向整合数量为3104件，交易金额为12167.25亿元，占比36.45%，但相比较2017年的3275件与27574.22亿元，有较大幅度的下降；资产调整、多元化战略和管理层收购等并购目的比重有所上升，特别是多元化战略，其数量和交易金额同比增速均超过60%（见表12-12）。

表 12－12　　2018 年并购目的状况与变化

	数量（件）	金额（亿元）	数量同比增长率（%）	金额同比增长率（%）
财务投资	114	434.34	－51.28	－78.94
横向整合	3104 *	12167.25 *	－5.22	－55.87
资产调整	2259 *	5271.33 *	19.33	28.08
多元化战略	1214	4414.77	64.28	66.04
垂直整合	221	845.08	－1.34	－9.75
战略合作	383	3588.35	15.71	－51.46
收购品牌	0	0	－100	－100
其他	4853 *	5225.05 *	9.65	35.68
获取做市库存股	1	0.05	－98.53	－99.29
买壳上市	11	843.55	22.22	－24.48
整体上市	5	207.52	－16.67	34.35
业务转型	19	355.10	－55.81	－56.03
管理层收购	6	24.50	100	649.44
避税	1	0.05	0	0
私有化	0	0	－100	－100
获取知识产权	2	0.65	0	0
获取资质	0	0	0	0
获取资格拍照	0	0	－100	－100

注：每列中加＊的数据代表以相应指标为准排名前三位的并购方式。

资料来源：Wind 资讯。

12.4.4　板块分布稳中有变，行业分布较为分散

综合 2016—2018 年来看，并购重组事件①主要集中在场内市场，尤其是主板市场，其次是中小板市场；场外市场中的新三板市场（即股转系统）并购重组数量有了大幅提高，从 2016 年的 287 件到 2018 年的 1272 件，但交易金额比重很小。2018 年主板并购重组事件数量占总数的 33.70%，规模占比 71.42%；中小板并购重组事件数量占总数的 18.20%，规模占比 19.81%；创业板并购重组事件数量占总数的 14.51%，规模占比 7.43%；股转系统并购重组事件数量占总数的 33.25%，规模占比 1.24%。区域股权市场并购重组事件数量占总数的 0.34%，规模占比 0.03%（见图 12－17）。

① 根据买方（收购方）的上市状态统计。

图 12－17　我国并购重组数量与规模的板块分布（2016—2018 年）

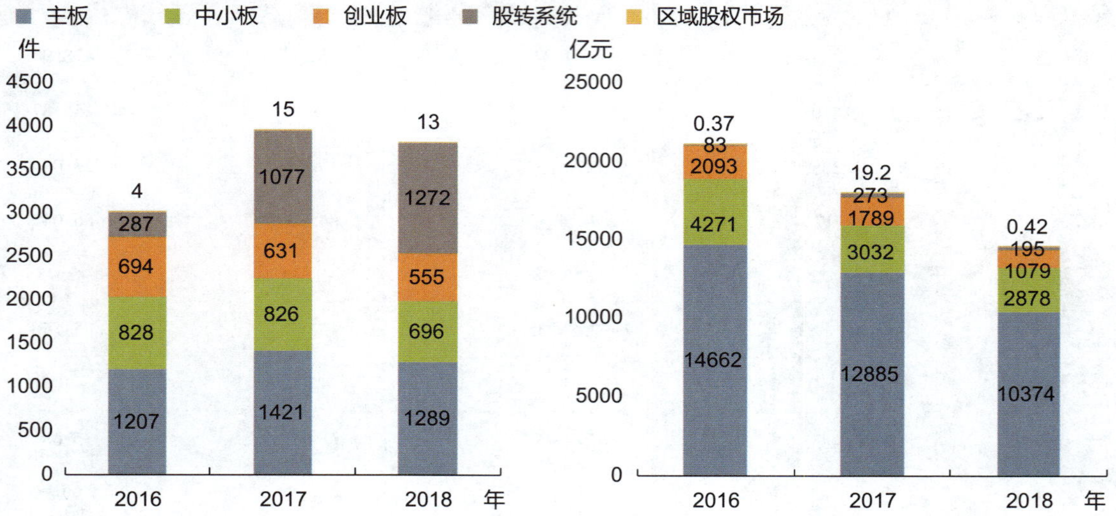

注：①根据买方的上市状态统计。

②左图为并购重组数量的板块分布，右图为并购重组金额的板块分布。

资料来源：Wind 资讯。

2018 年并购重组事件涉及 24 个行业，分布较为分散，不同板块的行业分布也各不相同。分板块来看（见表 12－13），主板并购重组事件较多地分布在材料（151 件）、资本货物（126 件）、多元金融（127 件）、房地产（111 件）、软件与服务（110 件）等行业；中小板并购重组事件最多的行业为软件与服务（113 件），其次是材料（86 件）、资本货物（80 件）行业；创业板并购重组事件最多的行业为软件与服务（76 件）和资本货物（65 件）；股转系统并购重组事件总数与主板大致相等，但却集中分布在软件与服务行业（332 件），其次为资本货物（126 件）、商业和专业服务（115 件）；区域股权市场的并购重组事件数量很少，只有 13 件，集中分布在商业和专业服务行业（9 件）。

分行业来看，材料、资本货物、软件与服务行业并购重组事件较多；多元金融和房地产行业的并购重组主要集中在主板，商业和专业服务的并购重组事件主要集中在股转系统，软件与服务行业则主要集中在股转系统和中小板。总体而言，大部分行业的并购重组事件在各板块之间的分布还是比较均匀的。

表 12－13　　2018 年各板块重大并购重组事件的行业分布　　单位：件

	主板	中小板	创业板	股转系统	区域股权市场
能源	27	6	6	7	0
材料	151*	86*	41	109	0
资本货物	126	80	65*	126*	1
商业和专业服务	51	21	28	115	9*
运输	47	7	4	22	0
汽车与汽车零部件	35	14	15	30	0
耐用消费品与服装	29	17	7	17	0

续表

	主板	中小板	创业板	股转系统	区域股权市场
消费者服务	25	24	19	68	1
媒体	21	9	15	35	0
零售业	60	34	17	28	0
食品与主要用品零售	11	4	2	10	0
食品、饮料与烟草	39	29	4	51	0
家庭与个人用品	6	2	3	6	0
医疗保健设备与服务	49	27	29	60	0
制药、生物科技与生命科学	65	36	52	34	0
银行	16	5	2	6	0
多元金融	127*	38	25	38	1
保险	3	2	1	1	0
房地产	111	12	3	26	0
软件与服务	110	113*	76*	332*	0
技术硬件与设备	43	67	56	72	1
半导体与半导体生产设备	14	9	9	4	0
电信服务	2	2	2	2	0
公用事业	38	17	15	30	0

注：①行业分类标准是 Wind 二级行业标准。

②每列中加 * 的数据代表以相应指标为准排名前二位（可并列）的行业。

资料来源：根据 Wind 资讯数据整理。

12.5 股转系统：挂牌数量首次回落，市场分层提高门槛

12.5.1 股转系统发展概况

截至 2018 年底，新三板（股转系统）挂牌公司数量较 2017 年末相比减少 939 家，降至 10691 家。2014 年至 2016 年间，挂牌公司数量分别以 3 倍、2 倍以及 1 倍的速度增长，2017 年增速放缓至 14.43%，而 2018 年挂牌公司数量首次出现负增长。在挂牌企业数量不增反减的情况下，股转系统的总股本与总市值亦首次出现回落。挂牌企业总股本 6324.53 亿股，相比 2017 年末的 6756.73 亿股减少了 6.40%，总市值 34487.26 亿元，相比 2017 年 49404.56 亿元的总市值减少了 30.19%。从挂牌公司的行业分布来看，股转系统与 A 股市场有较大不同，体现了其服务于“创新型、创业型”企业的定位。2018 年挂牌公司的行业分布与 2017 年相比没有太大变化，挂牌企业涵盖 18 个门类，其中制造业挂牌公司数量最多，占比达到 49.35%。代表新兴产业的信息传输、软件和信息技术服务业占比为 19.49%，新兴产业挂牌企业的比例超过 A 股市场（见表 12－14）。

表 12－14　　股转系统行业分布（2017—2018 年）

2018 年			2017 年		
行业名称	挂牌家数（家）	占比（%）	行业名称	挂牌家数（家）	占比（%）
制造业	5276	49.35	制造业	5795	49.83
信息传输、软件和信息技术服务业	2084	19.49	信息传输、软件和信息技术服务业	2275	19.56
租赁和商务服务业	558	5.22	租赁和商务服务业	606	5.21
科学研究和技术服务业	506	4.73	批发和零售业	535	4.60
批发和零售业	492	4.60	科学研究和技术服务业	508	4.37
建筑业	356	3.33	建筑业	383	3.29
文化、体育和娱乐业	240	2.24	文化、体育和娱乐业	264	2.27
农、林、牧、渔业	226	2.11	农、林、牧、渔业	222	1.91
交通运输、仓储和邮政业	192	1.80	交通运输、仓储和邮政业	199	1.71
水利、环境和公共设施管理业	186	1.74	水利、环境和公共设施管理业	198	1.70
金融业	131	1.23	金融业	143	1.23
电力、热力、燃气及水生产和供应业	122	1.14	电力、热力、燃气及水生产和供应业	131	1.13
房地产业	88	0.82	房地产业	95	0.82
教育	81	0.76	教育	93	0.80
卫生和社会工作	47	0.44	卫生和社会工作	55	0.47
采矿业	39	0.36	居民服务、修理和其他服务业	48	0.41
居民服务、修理和其他服务业	34	0.32	采矿业	43	0.37
住宿和餐饮业	33	0.31	住宿和餐饮业	37	0.32
合计	10691	100.00	合计	11630	100.00

资料来源：全国中小企业股份转让系统。

从挂牌公司地域分布来看，2018 年股转系统挂牌公司已经涵盖大陆地区 31 个省市自治区。挂牌公司依然集中在广东、北京、江苏、浙江、上海等东部经济较发达地区，其中广东省挂牌公司数量依然居首位，达到 1637 家，占比为 15.31%。不过，大部分地区的挂牌企业数量较 2017 年均有所减少。主板市场上市企业最多的五个地区依次为广东、浙江、江苏、北京、上海，与股转系统中企业的地域分布基本一致，绝大多数的企业都聚集于上述五个经济最发达的地区。值得一提的是北京地区，在股转系统和创业板中，北京挂牌企业家数都排第二位，而在主板和中小企业板中，北京上市企业家数都排第五位，这说明相比主板和中小板企业而言，北京地区容纳了更多的股转系统和创业板企业。而在上海地区，除主板企业数排名第一外，其余各板块企业数皆相对靠后。不同板块的企业在各个地区的集散程度不尽相同，各个地区作为各板块企业成长的土壤也有着各自不同的侧重（见表 12－15）。

表 12－15　　股转系统挂牌企业数量前十名的地区（2017—2018 年）

省份	2018 年末		2017 年末	
	公司家数（家）	占比（%）	公司家数（家）	占比（%）
广东	1637	15. 31	1878	16. 15
北京	1440	13. 47	1618	13. 91
江苏	1273	11. 91	1390	11. 95
浙江	933	8. 73	1032	8. 87
上海	903	8. 45	989	8. 50
山东	624	5. 84	636	5. 47
福建	373	3. 49	405	3. 48
河南	371	3. 47	378	3. 25
湖北	358	3. 35	404	3. 47
安徽	340	3. 18	358	3. 08

资料来源：全国中小企业股份转让系统。

2018 年以来企业数量不断减少，除 2 月增加 24 家外，每个月都有企业退出，2018 年企业净退出数量累计达到 939 家（见图 12－18）。

图 12－18　股转系统 2018 年各月挂牌公司变动数

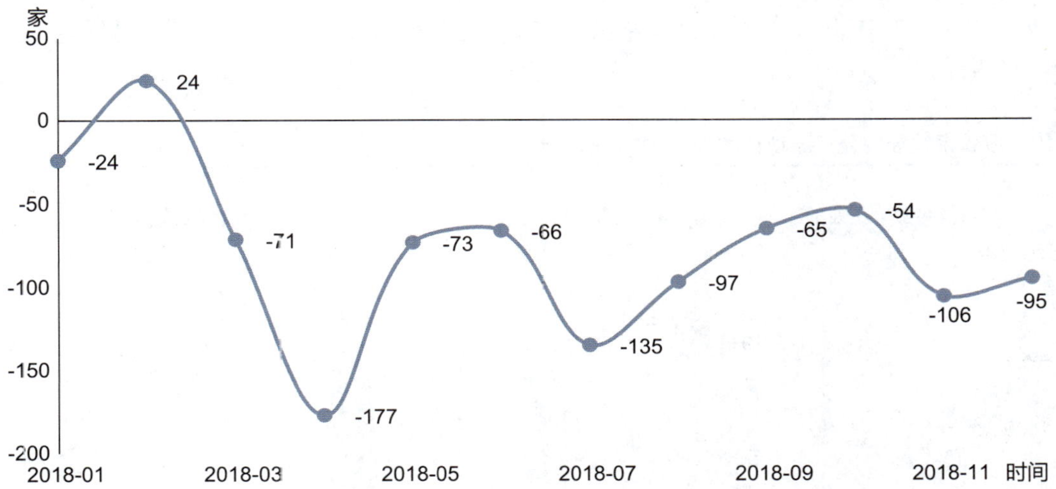

资料来源：全国中小企业股份转让系统。

市场分层方面，截至 2018 年 12 月 31 日，在股转系统挂牌的 10691 家企业中，创新层企业 914 家。前四月股转系统分层情况波动不大，创新层占比维持 11%，自 5 月股转施行分层新政以来，由于提高了创新层准入门槛，创新层占比下降并维持在 8% 左右的水平。2018 年基础层企业实际融资额达 368. 81 亿元，为创新层融资总额的 2 倍多，但 2018 年创新层平均每家有融资企业获得的实际融资额达 0. 69 亿元，约为基础层的 2 倍。从融资活跃度也可以看出，创新层获得融资的企业占比约 23. 09%，高于基础层的 10. 55%，创新层企业在股转系统中获得融资的能力明显优于基础层（见表

12－16）。尽管如此，不论是基础层还是创新层，融资情况与2017年相比均有所恶化，融资企业的数量与融资额皆出现较大回落。

表12－16　股转系统实际融资情况分层对比（2018年）

分层	挂牌企业数量（家）	融资额（亿元）	融资额占比（%）	有融资的企业数量（家）	平均每家有融资的企业获得的融资额（亿元）	有融资的企业数量占比（%）
基础层	9777	368.81	71.57	1031	0.36	10.55
创新层	914	146.49	28.43	211	0.69	23.09

资料来源：根据Wind资讯整理。

12.5.2　流动性问题依然严峻，交易制度仍需优化

■流动性统计

2015年新三板市场在流动性宽松的大环境、A股大牛市以及11月《全国股转系统挂牌公司分层方案（征求意见稿）》出台等利好消息的刺激下，新三板成交数量和成交金额均得到显著增长，成交金额高达1911亿元，成交数量279亿股，环比增长13.70倍和11.13倍。但由于市场流动性的基础没有得到根本的改变，2016年和2017年新三板的成交数量和成交金额均增长缓慢，年度增长率不足20%。2018年新三板市场流动性大幅降低，成交金额888.01亿元，成交数量236.29亿股，首次迎来负增长，其中成交金额环比下降45.46%，成交数量环比下降60.91%（见图12－19）。

从换手率来看，2015年市场换手率达到历史高点53.88%，随后持续回落，2017年换手率首次回落至20%以下，2018年换手率环比下降60.58%，仅为5.31%，新三板市场交易低迷，流动性处于历史最低点。

图12－19　股转系统挂牌公司流动性统计（2014—2018年）

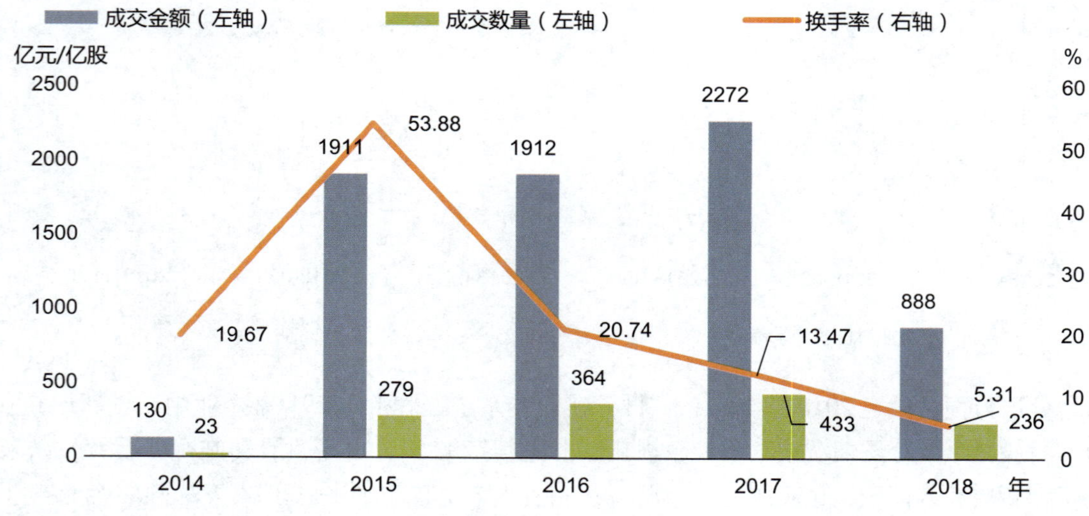

资料来源：全国中小企业股份转让系统。

2017 年 12 月，全国股转公司举行新三板分层与交易制度改革，原协议转让方式的股票盘中交易方式统一调整为集合竞价，2018 年 1 月 15 日集合竞价与盘后大宗交易正式推出。但 2018 年 2 月成交金额仅相当于 1 月成交金额的 43.18%，此后数月也没能恢复 1 月的水平。从换手率情况来看，交易制度改革后，1 月换手率为 0.72%，比上年同期下降 0.55 个百分点，2 月换手率则下降至 0.38%，成交活跃度仅为 1 月的一半，整体而言，交易制度改革后，2018 年各月成交金额均不及 80 亿元，各月换手率均不及 0.50%，远不及上年同期。

图 12－20　股转系统月度流动性统计（2017—2018 年）

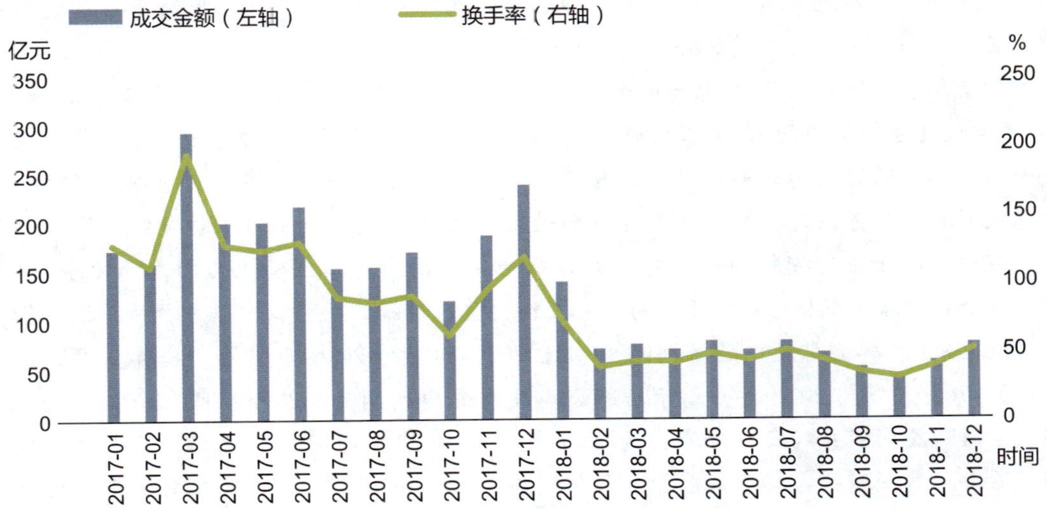

资料来源：全国中小企业股份转让系统。

同时，新三板表现出明显的流动性分布不均衡的特征。在 2018 年成交额排名前十的企业中，有 8 家属于创新层，2 家属于基础层。从行业分布上看，制造业有 4 家，金融业有 3 家（见表 12－17）。

表 12－17　股转系统成交额前十名的企业（2018 年）

名称	所属分层	年成交额（万元）	所属行业
联讯证券	创新层	141917.8	金融业
九鼎集团	基础层	92750.95	金融业
成大生物	创新层	80614.61	制造业
麦克韦尔	创新层	52877.26	制造业
圣泉集团	创新层	46387.62	制造业
宁波公运	创新层	37570.48	交通运输、仓储和邮政业
优炫软件	创新层	37178.51	信息传输、软件和信息技术服务业
山水环境	创新层	36104.31	建筑业
联赢激光	创新层	32311.01	制造业
汇通银行	基础层	31392.6	金融业

资料来源：根据 Wind 资讯整理。

专题 12－1　股转系统挂牌企业大量退市

为进一步规范挂牌公司申请办理股票终止挂牌及撤回终止挂牌业务，加强投资者权益保护，《全国中小企业股份转让系统挂牌公司申请股票终止挂牌及撤回终止挂牌业务指南》于2019年3月8日正式发布，在此之前，新三板市场始终存在大量的挂牌股票退市现象。2018年，股转系统共有1517家挂牌企业退市，退市比例为14.19%，与2017年6.10%的退市比例相比大大提升。2018年退市企业的数量为2017年的两倍之多，这也是2018年挂牌企业数量减少的主要原因。据摘牌公告的官方解释，其退市原因有六种，其中大部分退市原因是生产经营调整和其他不符合挂牌的情形，两者占比超过89%，其中转板上市占比仅为3.16%。摘牌公告官方解释的退市原因较为笼统，其实，新三板市场大量的企业退市有着更深层次的原因。

除并购重组和摘牌转板促使新三板企业退市外，融资困难也是新三板企业退市的一大原因。在2018年间股转系统退市的1517家企业中，仅有118家企业有融资记录。新三板市场是企业融资的重要平台，如果长时间不能融得资金，或者公司融资情况和公司挂牌之前的预期有所出入，那么股转系统对企业信息披露、盈利状况等方面的要求反而会成为企业的一种负担，因此大量企业纷纷主动摘牌。除了主动摘牌的情况外，也存在企业是因为持续经营能力问题而无奈摘牌退市。2016年2月ST红鹰发布公告称由于公司经营业绩欠佳，连续三年亏损，且亏损幅度逐年增加，其中2014年归属于挂牌公司股东的净利润为－8102079.51元，2015年归属于挂牌公司股东的净利润为－11554762.77元，2016年归属于挂牌公司股东的净利润为－28732291.26元，截至2016年年末归属于挂牌公司股东的每股净资产为0.08元，预计2017年将持续亏损，且考虑到挂牌后审计、持续督导等费用较高，广州红鹰能源科技股份有限公司决定公司股票在全国中小企业股份转让系统终止挂牌。

表 12－18　股转系统挂牌企业退市原因（2018年）

退市原因	退市数量（家）	占比（%）
连续三年亏损	1	0.07
吸收合并	3	0.20
转板上市	48	3.16
暂停上市后未披露定期报告	112	7.38
生产经营调整	566	37.31
其他不符合挂牌的情形	787	51.88
总计	1517	100.00

资料来源：根据 Wind 资讯整理。

表 12－19　历年退市股票数量（2012—2018年）

时间	退市数量（家）
2018年	1517
2017年	709
2016年	56
2015年	13
2014年	16
2013年	0
2012年	2

资料来源：根据 Wind 资讯整理。

在退市的1517家企业中，退市率最高的行业为居民服务、修理和其他服务业，行业内退市比例高达30.56%。退市企业最多的行业为制造业，高达790家，占所有退市企业数量的52.08%，其行业内退市率为15.01%。信息传输、软件和信息技术服务业退市企业数量居于第二位，高达282家，行业内退市率为13.53%。采矿业退市企业数量最低，仅有5家，行业内退市率也相对较低，为12.82%。

表12-20　股转系统行业退市率（2018年）

行业	退市企业数（家）	行业内退市率（%）
居民服务、修理和其他服务业	11	30.56
卫生和社会工作	13	26.53
房地产业	20	23.26
教育	18	21.69
住宿和餐饮业	6	18.18
水利、环境和公共设施管理业	30	15.96
制造业	790	15.01
电力、热力、燃气及水生产和供应业	18	14.52
批发和零售业	72	14.49
文化、体育和娱乐业	35	14.34
租赁和商务服务业	79	14.18
信息传输、软件和信息技术服务业	282	13.53
采矿业	5	12.82
金融业	16	11.85
交通运输、仓储和邮政业	22	11.70
建筑业	39	10.89
农、林、牧、渔业	19	8.52
科学研究和技术服务业	42	8.33
合计	1517	14.19

资料来源：根据Wind资讯整理。

建立常态化、市场化的退市机制是股转系统完善市场建设的重要内容，是实现市场进退有序、健康发展的重要保障。只有坚持开放包容的理念，充分尊重并保护挂牌公司主动作出的退市决定，允许挂牌公司主动申请终止挂牌，才能真正健全市场自净功能，实现市场优胜劣汰。在贯彻落实“依法监管、从严监管、全面监管”的要求下，对于不符合挂牌维持条件，以及存在重大违法违规行为的挂牌公司，依法强制其股票终止挂牌是对投资者的保护和对市场环境的肃清。

值得注意的是，除申请终止挂牌外，近期也陆续有挂牌公司撤回了主动摘牌申请。自2018年8月以来，新三板挂牌公司在申请终止挂牌后又提交撤回终止挂牌申请的案例逐渐增多。另外，还有不少挂牌公司在正式提交摘牌申请前又重新履行审议程序终止了摘牌议案，或在股东大会审议时否决了摘牌议案。挂牌公司撤回终止挂牌申请的原因主要包括四方面：一是对新三板全面深化改革有预期；二是近段时期以来新三板推出的存量制度优化措施满足了公司的特定需求；三是基于公司中长期发展规划及资本市场战略的审慎决定；四是为了保障公司全体股东的合法权益。以仁会生物为例，2018 年 5 月，仁会生物发布公告称根据公司资本市场长期战略发展规划，结合自身业务发展需要，经慎重考虑，公司拟申请公司股票在全国中小企业股份转让系统终止挂牌。2019 年 1 月，仁会生物又发布公告称因公司经营发展及长期资本战略规划需要，为更好地实现公司及全体股东利益的最大化，经公司慎重考虑，拟撤回公司股票在全国中小企业股份转让系统终止挂牌的申请。

目前，新三板市场已进入了提质增效的新阶段，全面深化改革具备坚实基础和良好条件。全国股转公司正以精细化分层为抓手，以差异化服务为重点，着力推进包括改革发行制度、优化市场产品、完善交易方式、丰富市场准入等措施在内的全面改革，进一步发挥好新三板市场服务中小微企业、支持民营经济发展的主阵地作用，同时做好广大投资者的权益保护工作。对于主动摘牌和撤回摘牌，应当充分尊重挂牌公司基于其意思自治作出的自主选择。在企业摘牌过程中，需重点关注异议股东保护措施是否合理充分，相关义务人是否能与异议股东形成法律契约关系，并通过市场化协商机制，促成挂牌公司和异议股东在最大限度上达成一致，确保投资者合法权益得到有效保障。

■流动性影响因素

随着新三板的扩容及挂牌企业的不断增多，其交易机制也在不断发生变革。2006 年 1 月中关村开始试点建立新三板时，企业实行协议转让。2014 年 8 月推出做市商制度。2016 年 6 月，分层制度正式实施。2017 年 12 月，全国股转系统三箭齐发，发布了新制定的《全国中小企业股份转让系统挂牌公司分层管理办法》（股转系统公告〔2017〕662 号）、《全国中小企业股份转让系统股票转让细则》（股转系统公告〔2017〕663 号）和《全国中小企业股份转让系统挂牌公司信息披露细则》（股转系统公告〔2017〕664 号），推出了最新的新三板分层、交易制度和信息披露等制度，新三板正式进入“集合竞价 + 做市转让”时代。在新三板发展的不同阶段，全国股转公司希望通过交易制度的改革与优化，提升市场流动性，但效果并不理想。

（一）做市商制度对流动性的影响分析

2013 年 12 月 30 日，股转系统发布了《全国中小企业股份转让系统业务规则（试行）》（股转系统公告〔2013〕40 号，以下简称《业务规则》），该《业务规则》规定，股票转让可以采取协议转让方式、做市转让方式、竞价转让方式或其他中国证监会批准的转让方式（见表 12 – 21）。

表 12 – 21　股转系统股票转让方式

协议转让方式	买卖双方在场外协商，并确定买卖意向，再回到报价转让系统，委托主办券商办理申报、确认成交及结算
做市转让方式	由具备一定实力和信誉等资格条件的证券经营机构，持续向公众投资者公开发布某证券的双向交易报价，并在其报出的价位和数量范围内，以自有资金和证券与投资者进行交易
竞价转让方式	竞价转让方式包括集合竞价和连续竞价两种方式

资料来源：根据公开资料整理。

2014 年 8 月 25 日，全国中小企业股份转让系统做市转让方式正式实施，新三板正式进入协议转让和做市转让并行的双交易制度时代。当日，新三板股票累计成交 2879 笔，其中做市成交笔数占比 93%；制度实施第一周，做市成交达 6569 笔，占 2014 年前 8 个月总成交笔数（13236 笔）

的50%左右。从成交量和成交金额来看，2014年1—7月，各月成交量一直较为均衡，且均不在高位，月均成交3438.67万股，共有2.4亿股成交。各月成交金额一直处于较低状态，5—7月的成交金额呈下降趋势，月均成交金额仅7亿元；2014年8月开始，市场成交量和成交额均明显放大，12月成交量和成交额最高，分别为6.04亿股和31.05亿元（见图12－21）。总体来说，做市商制度对于新三板市场的流动性起着重要的作用，做市商制度引入初期显著提高了新三板市场的整体流动性。

图12－21　股转系统月度成交额统计（2014年）

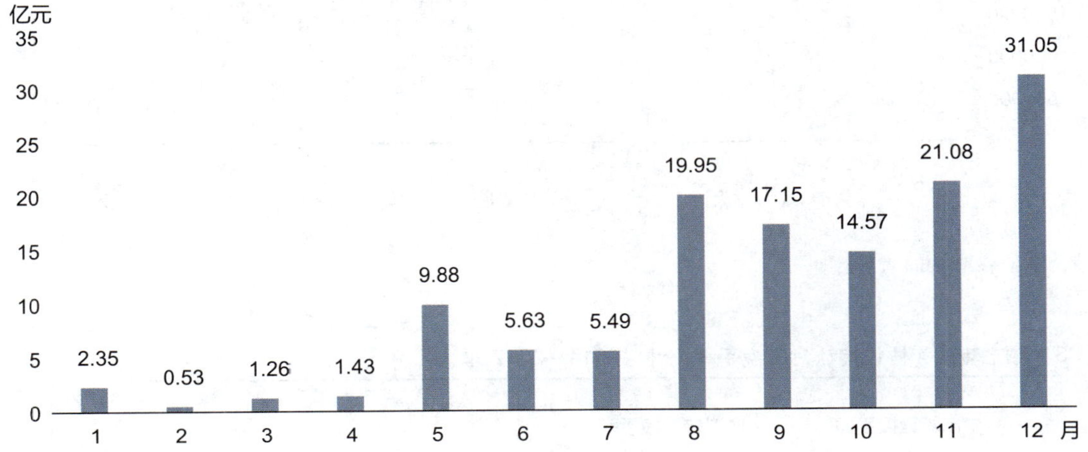

资料来源：根据Wind资讯整理。

做市商制度实施后新三板流动性呈现出两个阶段的特征。

第一阶段：2014年8月至2016年初，新三板公司做市热情高涨，做市转让企业的流动性远胜过协议转让企业。从成交金额来看，虽然做市转让和协议转让成交金额相差不多，但是由于做市转让企业数量远小于协议转让企业，因此做市转让企业流动性远高于协议转让企业。从换手率来看，2014年末至2016年初，做市转让换手率一直高于协议转让，其中2015年3月做市转让换手率高达20.08%，比协议转让换手率高出14.92%。此外，2014年末新三板挂牌企业数量是1572家，总市值4591.42亿元，换手率仅为19.67%。一年后，新三板挂牌数量达到5192家，总市值高达24584.42亿元，换手率为53.88%。在这一阶段，做市转让方式明显提高了新三板市场的活跃程度，达到了预期效果。

第二阶段：2016年初至今，企业做市热情回归理性，新三板市场陷入流动性困境。从成交金额来看，自2016年，随着上市公司数量的进一步扩容，以及做市商制度自身存在的缺陷，市场交易量逐渐萎缩。做市转让成交额于2016年7月低于协议转让成交额，之后便呈现出不断下滑的趋势，而协议转让成交额略有上升，二者差额不断扩大。从换手率来看，2016年初至今，做市转让换手率和协议转让换手率持续下滑，2017年做市转让和协议转让年均换手率仅为1.42%和1.09%，其中2017年12月协议转让的换手率甚至超过了做市转让。做市商制度对企业流动性的提高效果不明显，部分做市转让企业甚至退出做市，做市转让企业的数量一度出现下滑，这反映出目前做市制度存在缺陷与不足，具体详见图12－22。

图 12－22　做市转让和协议转让月度成交额统计（2014—2017 年）

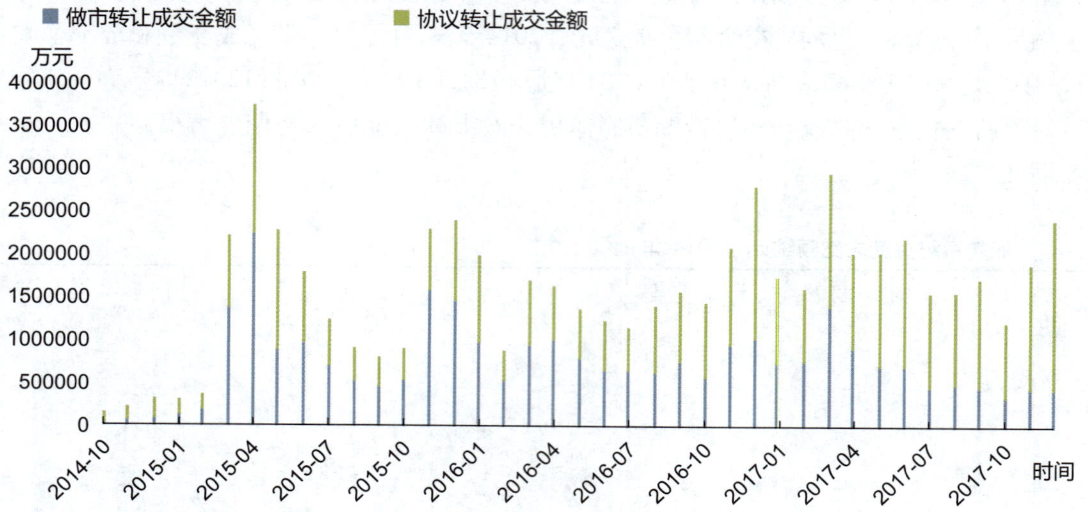

资料来源：根据 Wind 资讯整理。

图 12－23　做市转让和协议转让月度换手率统计（2014—2017 年）

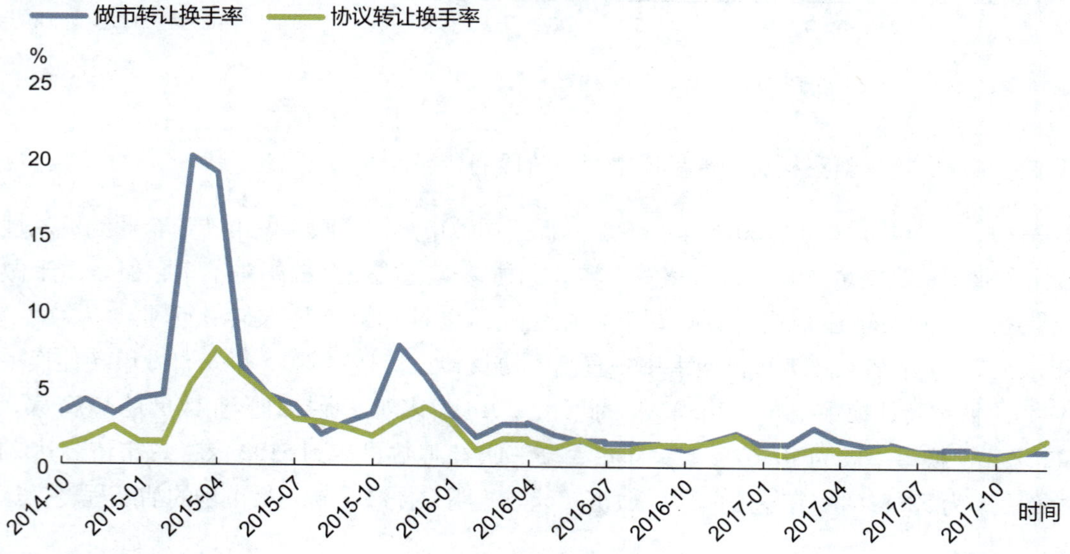

资料来源：根据 Wind 资讯整理。

（二）分层制度对流动性影响分析

2016 年 5 月 27 日，股转系统公司发布《全国中小企业股份转让系统挂牌公司分层管理办法》（股转系统公告〔2016〕37 号），按照“多层次、分步走”的思路，对挂牌公司实施分层管理，分为基础层和创新层，其中对于创新层的准入标准、维持标准都具有明确规定。

分层制度的初衷是降低投资人信息收集成本，通过创新层留住真正具备投资价值的企业，提高新三板市场的流动性。但是从分层制度实施后情况看，两大新三板指数均未改变下跌走势，交易量呈现分化趋势，创新层企业的交易量有所改善，基础层的流动性则相对下降，分层并未带来市场明显的活跃，只是呈现一定分流。创新层和基础层公司在交易额、估值和融资额等方面两极分化情况进一步加剧。流动性困境不仅没有得到有效改变，反而呈现出明显的结构性流动性差异特征。

首先，在企业月度成交金额方面，基础层远远落后于创新层。2017 年，创新层企业年度成交金额 11164318 万元，年均企业成交额 9047 万元/家。相比之下，基础层企业 2017 年度成交额 11553722 万元，年均企业成交额 1151 万元/家（见图 12－24）。创新层企业年均成交额是基础层企业的 7.86 倍，二者成交量差异巨大。

图 12－24　创新层、基础层月均成交金额（2016—2018 年）

资料来源：根据 Wind 资讯整理。

其次，在个股换手率方面，基础层远远落后于创新层。位于基础层的股票中，有超过 50% 的股票在整个 2017 年度区间完全没有交易记录，成为僵尸股，而创新层中只有 14.63%。基础层中超过 3/4 的股票换手率不足 10%，而创新层中较多股票的换手率都位于 10% 与 50% 之间。但是基础层与创新层中，换手率超过 100% 的股票占比都很少，分别为 1.78% 和 2.07%（见图 12－25）。

2017 年 12 月 22 日，全国股转公司发布的《全国中小企业股份转让系统挂牌公司分层管理办法》（股转系统公告〔2017〕662 号），在保持现有市场分层基本架构、基本逻辑不变的前提下，调整创新层的部分准入和维持标准，促进更多优质企业向创新层聚集。相比于 2017 年，2018 年基础层和创新层的年成交金额、年成交数量以及日均成交股票数几乎腰斩。其中，创新层企业 2018 年度成交金额 3642745 万元，年均企业成交额 3451 万元/家。相比之下，基础层企业 2018 年度成交额 5237372 万元，年均企业成交额 517 万元/家，创新层企业年均成交额是基础层企业的 6.67 倍。同时，2018 年度新三板市场整体换手率仅有 5.31%，相比于 2017 年下降了 8.16%。2018 年，新三板市场流动性大幅下降，结构性分化程度加剧，使基础层股票的流动性问题变得更加严峻。

图 12－25　基础层、创新层个股换手率分布占比情况（2017 年）

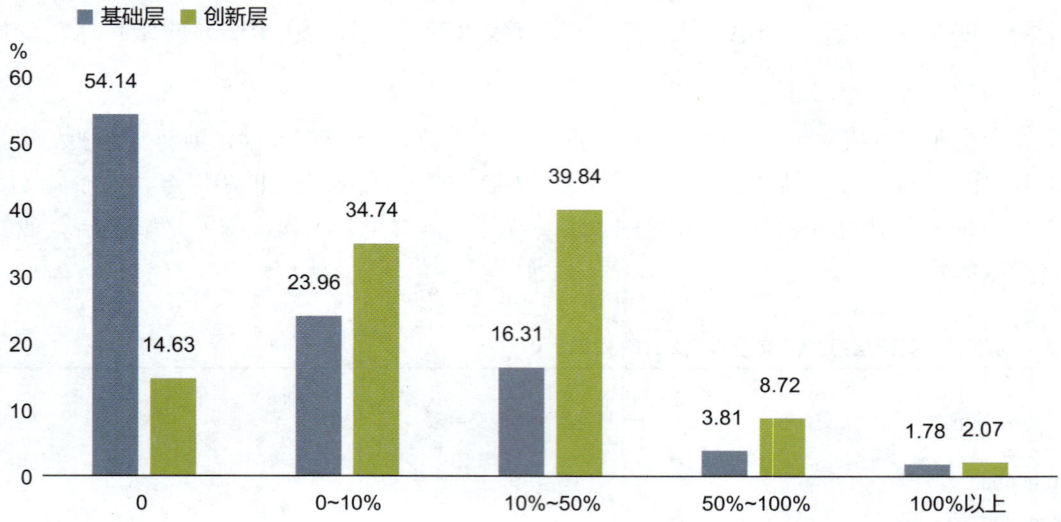

资料来源：根据 Wind 资讯整理。

图 12－26　股转系统分层交易规模统计（2016—2018 年）

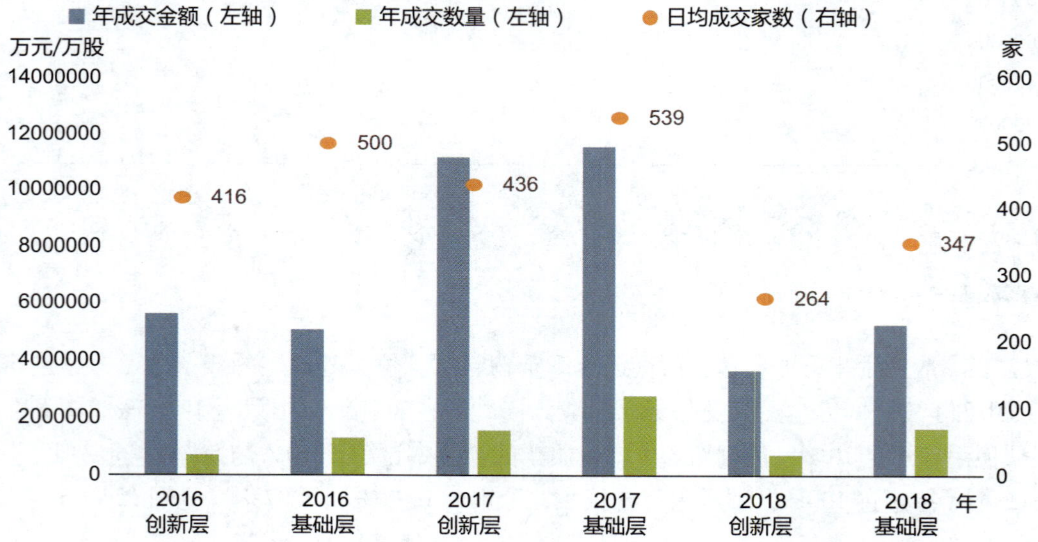

资料来源：根据全国中小企业股份转让系统整理。

（三）集合竞价制度对流动性影响分析

为了进一步完善市场价格形成机制，为持续改善流动性奠定基础，全国股转公司于 2017 年 12 月 22 日发布《全国中小企业股份转让系统股票转让方式确定及变更指引》（股转系统公告〔2017〕506 号）和《全国中小企业股份转让系统股票转让细则》（股转系统公告〔2017〕663 号），本次改革主要包括引入集合竞价、优化分层制度、实施差异化信披制度等内容。引入竞价机制有助于完善市场价格形成机制，也为持续改善流动性奠定基础。

表 12－22　　大宗交易、做市转让、竞价转让的相关要求

大宗交易	在盘后交易，单笔申报数量不低于 10 万股，或者转让金额不低于 100 万元人民币
做市转让	做市商每次提交做市申报应当同时包含买入价格与卖出价格，且相对买卖价差不得超过 5%
集合竞价转让方式	采取集合竞价转让方式的基础层股票，交易主机于每个转让日的 15：00，对接受的买卖申报进行集中撮合。采取集合竞价转让方式的创新层股票，交易主机于每个转让日的 9：30、10：30、11：30、14：00、15：00，对接受的买卖申报进行集中撮合
连续竞价转让方式	具体条件由全国股份转让系统公司另行制定

资料来源：根据公开资料整理。

集合竞价的流动性促进效果之所以未达到预期，可能是因为竞价交易次数太少，交易活跃程度受限。根据股转系统规定，创新层企业单个交易日中将会有 5 次集合竞价转让的时段，而基础层全天仅有一次集合竞价撮合（下午 3 点）。这在交易连续性上明显存在不足，给股票转让带来不便，甚至阻碍流动性的进一步提高。此外，在流动性困境面前，这种集合竞价在一定程度上影响到了市场交易的活跃度、投资者的交易欲望以及成交的可能性。究其根本原因在于集合竞价制度的“不连续性”。不连续集合竞价制度，会加重新三板流动性困局。

■流动性困境产生原因

（一）做市制度层面问题分析

1. 做市商数量总体不足

股转系统规定做市商可以是券商或非券商机构，但目前为止只有券商机构参与做市。做市成交量不如协议转让活跃，且有逐年降低的趋势，其首要原因是具备做市资格的券商数量有限，资金有限。据 Wind 金融终端统计，截至 2019 年 3 月底共有 93 家券商为股转系统企业提供做市服务，每家券商平均做市 115 家。其中中泰证券做市股票数量最多，做市 356 只股票；长城国瑞证券做市股票数量最少，仅为 2 只股票提供做市服务。

2. 双重退出导致做市公司占比下降

由于做市制度未能很好地发挥作用，大量做市公司转回协议转让和做市商退出做市，双重退出导致做市公司占比不断下降。

IPO 是很多新三板挂牌企业的目标。在挂牌企业 IPO 的过程中，由于协议转让可以控制股东人数和成分，因此使做市商更倾向于用协议转让等非市场的方式获得低价股票做库存，通过二级市场买卖报价获取库存股票动力不足。

对于券商，2018 年以来，做市商退出做市情况有所增加。对此全国股转公司高度重视，并进行了持续跟踪评估。做市商退出做市主要有两方面原因：一是做市商主动调整做市策略。2017 年以来，在市场环境下行的大背景下，部分做市商基于对市场行情的判断开始调整做市策略，主动退出一些业绩不佳或受到处罚的股票做市。二是部分做市挂牌公司因拟 IPO、控制股权结构等原因主动变更转让方式或摘牌，导致做市商被动退出做市。全国股转公司表示，做市转让制度是新三板市场建设的重要制度创新，实施以来，在促进价格发现、改善市场流动性等方面发挥了积极作用，将继续鼓励并支持做市转让制度。一方面，以市场分层为抓手，持续推动市场发行、交易、投资者适当性改革，进一步促进新三板市场良性运作。另一方面，加快推进做市制度优化改革，促进做市制度长远健康

发展。

（二）分层制度层面问题分析

1. 分层标准更偏向财务指标

我国一直以来都是通过对标美国的纳斯达克市场来发展新三板市场，为改变新三板市场流动性以及稳定性不足的问题，全国股转公司在新三板市场引入了分层制度，虽然新三板市场的分层标准整体上与纳斯达克市场的分层标准有众多相似之处，但具体来看也呈现显著的差异性，主要体现在财务指标和流动性指标设置两个方面，在一定程度上影响了新三板市场的流动性和稳定性。

在指标设置上，我国主要通过财务指标来区分优质企业和尚不优质的企业，而纳斯达克市场在分层时虽然对企业财务方面也有要求，但他们更多关注的是有关公共持股方面的要求，比如公众的持股量、公众持股市值以及股东人数等。我国新三板市场如此设置分层标准的方式，可能过分关注财务指标而且具有较强的主观性。由于我国新三板市场为了支持技术密集型企业的发展，在这些企业挂牌之初并未设置财务门槛，而在分层标准中设置较高的财务标准会使得一些仍处于发展初期，财务状况不良，尚无法盈利或者盈利不够充分但前景光明的高成长企业被滞留在基础层，无法进行充分和有效的融资，从而失去发展的最好机会，而新三板市场也就失去了为这些公司提供融资平台的作用。

在流动性指标上，我国新三板市场在做市商数量这一要求上比纳斯达克市场的要求更为严格。比如我国新三板市场通过标准 3 规定，做市商数量至少要达到 6 家，而纳斯达克市场的要求只有 3 家或者 4 家，这本意上是想对能够进入创新层的企业的股票流动性有更高的要求，但是这一要求同时会埋下一个很大的隐患。由于目前新三板市场企业和投资者之间存在着较大的信息不对称，会产生较严重的逆向选择的问题。而采用做市交易方式的新三板企业的股票交易很大程度上依赖做市商的做市能力，双向报价的差额即做市商的利润，受利润驱使，会增加做市商炒作、控制甚至操纵市场的可能性，导致影响新三板市场的流动性和稳定性，最终受害的还是新三板的企业和投资者。

2. 分层制度需要配套交易制度跟进

新三板市场政策的变动往往从根本上影响市场的交易情况。政策预期不明朗将导致投资者行为偏于保守，这也是流动性不足的另一原因。2016 年 6 月分层制度正式启动之前，市场参与者预期后市政策利好会集中在交易层面，例如竞价交易制度、与创业板联动的转板制度、投资者准入降低等。分层制度的改革，能进一步提高市场分层的精细化和有效性，同时可以在创新层中对合格投资者人数提出进一步要求，使公司的公众化水平进一步提升。信息披露制度的进一步改革将是对新三板市场进一步发展的利好因素，丰富投资者类型也可以进一步拓宽市场资金来源，将来若推进新三板市场对外开放与合作，新三板市场的流动性有望得到显著提高。

（三）集合竞价制度层面问题分析

1. 集合竞价撮合次数过少

集合竞价的流动性促进效果之所以未达到预期，可能是因为竞价交易次数太少，交易活跃程度受限。根据股转系统规定，创新层企业单个交易日中将会有5次集合竞价转让的时段，而基础层全天仅有一次集合竞价撮合（下午3点）。这在交易连续性上明显存在不足，给股票转让带来不便，甚至阻碍流动性的进一步提高。此外，在流动性困境面前，这种集合竞价在一定程度上影响到了市场交易的活跃度、投资者的交易欲望以及成交的可能性。集合竞价制度的“不连续性”加重了新三板流动性困局。

2. 交易制度转变过快，投资者和企业需要适应

从股转系统发出公告至集合竞价正式推出不到一个月的时间内，市场反应巨大，协议转让的成交量一直居高不下；而在集合竞价引入的第一天，成交数量跌到最低点1305万股，此后集合竞价的成交量也低于之前的协议转让成交量。这反映出市场对于协议转让仍有需求，股东可以通过协议转让完成内部股权调控，完善公司股权结构，而集合竞价对此形成阻碍。股转系统“一刀切”转变的方式迫使交易者在不到一个月的时间内尽可能用协议转让达成交易。

集合竞价的推出看似使中国的新三板市场与美国的纳斯达克市场更近一步，但中国的新三板市场远没有达到纳斯达克的活跃程度，集合竞价虽然有助于推动市场公平和交易透明化，但可能并不能适应现在的新三板市场，过于急切转变成集合竞价，可能不仅不能解决流动性问题，还会使市场风险增大。

（四）投资者层面问题分析

1. 投资者结构较单一且门槛较高

与新三板对企业挂牌的宽松规则相反，新三板对于投资者的准入一直都坚持高门槛。为贯彻落实2016年12月12日颁布的《证券期货投资者适当性管理办法》（中国证券监督管理委员会令第130号）的相关要求，全国中小企业股份转让系统有限责任公司于2017年7月1日第二次修订并施行《全国中小企业股份转让系统投资者适当性管理细则》（股转系统公告〔2017〕196号）。该“细则”在机构投资者准入要求、自然人投资者准入要求及投资者适当性管理等方面进行了相应修订或补充。

在机构投资者准入要求方面，必须是实收资本或实收股本总额500万元人民币以上的法人机构，或者实缴出资总额500万元以上的合伙企业；在自然人投资者准入要求方面，要求本人名下最近10个转让日的日均金融资产500万元人民币以上，并且具有2年以上证券、基金、期货投资经历，或者具有2年以上金融产品设计、投资、风险管理及相关工作经历，或者具有在规定的金融机构的高级管理人员任职经历；在投资者适当性管理方面，要求自然人投资者开通权限之日起每12个月内，主板券商至少对其进行一次持续评估，同时主办券商在自然人投资者前5个转让日日均资产低于申请开通权限准入资产规模要求的60%时，要履行特别的注意义务。

与其他市场相比，新三板市场门槛过高，参与者数量相对较少，2018年年末投资者总数仅43.48万户。虽然从2014年以来，不论是机构投资者还是个人机构者，账户数量都在不断地上升，但是近年来上升的幅度相对有限，仍然缺乏足够的外部增量资金入场，市场活跃度相对不高。目前新三板的主要投资者是机构投资者中的私募股权投资和风险投资，投机行为偏重。

表 12－23　　2014—2017 年上交所投资者开户总数

投资者账户数量	2014 年	2015 年	2016 年	2017 年
自然人（万户）	9691.5	13698.9	16936.5	19435.8
机构（万户）	46.1	52.4	58.3	64.3
总计（万户）	9737.6	13751.3	16994.8	19500.1

资料来源：《上海证券交易所统计年鉴 2018 卷》。

表 12－24　　2014—2017 年深交所投资者开户总数

投资者账户数量	2014 年	2015 年	2016 年	2017 年
自然人（万户）	11895.9	16736.1	20736.7	24377.6
机构（万户）	40.1	47.7	54.6	60.9
总计（万户）	11935.9	16783.7	20791.3	24438.6

资料来源：《深圳证券交易所市场统计年鉴 2017》。

2. 信息披露水平不高，弱化市场有效性

根据有效市场假说，信息披露越完全，资本市场越有效，做市商的报价越趋于合理。新三板市场的信息披露制度与成熟资本市场相距尚远。

一方面信息披露要求低，新三板市场现有的信息披露制度，只强制要求公司提供半年报、年报等信息，新三板公司大部分企业成长性较强，报告发布信息事件的间隔过长，不仅会造成投资者信息滞后，带来严重的信息不对称，还会造成投资者收集信息的高额成本，一定程度上降低了部分投资者的投资意愿。

表 12－25　　新三板企业与主板上市企业信息披露要求对比

	新三板企业	主板上市企业
信息披露监管	最低披露要求，鼓励自愿披露	强制性披露
定期报告频率	年报、半年报，可以披露季报；年报需经审计	年报、半年报、季报；年报需经审计
定期报告：股东	前十大股东	前十大股东及持股 5% 股东
定期报告：高管信息	董事、监事、高级管理人员的任职情况、持股变动情况	董事、监事、高级管理人员的任职情况、持股变动情况、年度薪酬情况
定期报告：对非标准审计报告的要求	暂无	董事会应当针对非标准审计意见涉及事项作出专项说明
定期报告：业绩预告的要求	暂无	上市公司预计经营业绩发生亏损或者发生大幅变动的，应当及时进行业绩预告
临时报告	12 项重大事项	21 项重大事项
披露媒体	指定网站	中国证监会指定媒体
信息督导责任	由主办券商承担	由上交所、深交所承担

资料来源：根据公开资料整理。

另一方面信息披露质量低。本应具备专业评估和研判能力的主办券商，并未很好地履行督促企业进行信息披露的义务。挂牌企业的剧增要求更高规格的披露水平，而新三板市场显然是有所欠缺的。据 Wind 金融终端统计，2018 年间，由于违反了各种法规条例，整个新三板市场中共有 849 家企业构成违规，公司违规的种类主要是信息披露违规、资金占用、违规交易和未及时披露公司重大事项等，整个新三板市场挂牌上市的企业中有大约 1/10 出现违规的情况。宽松的准入门槛带来企业质量的良莠不齐，必须辅以较高的信息披露水平，才能减少信息不对称的问题，增加投资者信心，促进股票流动性。

12.5.3 发挥制度供给作用，改善市场流动性

■完善做市交易制度，提高市场流动性

（一）建立多元化做市商体系，提高做市商的竞争性

建立多元化做市商体系，打破券商垄断做市，增加私募机构、公募基金和社保基金等加入做市。提高做市商的竞争性，是提高新三板流动性的重要方式。首先，扩大做市商的主体范围，是破解做市商和挂牌企业供需不均衡、提高做市商竞争性的第一步。事实上，2016 年底新三板已经启动了私募做市试点。相比券商，私募做市商加入做市有诸多好处。其次，做市企业在选择做市商方面有了更多的余地和主动权。再次，私募机构的选股策略和市场定位同券商存在一定的差异，可以形成互补效应，借此改善市场对新三板发展前景的预期，有利于增量资金进入市场。最后，也应对公募和社保基金等放开参与做市的大门，进而丰富参与做市的市场主体，完善做市的市场结构。

（二）明确做市商的权利义务，激发做市商的做市热情

一是推出做市商行为边界准则，规范做市商报价行为。自新三板做市制度推出以来，股转尚未发布针对做市商做市业务的行为边界准则，目前仅有自媒体发布的做市商排名，但因自媒体并不能获取全面数据，如做市报价深度、做市报价及时性等数据，导致各种已有的做市商排名榜单不客观、不全面，挫伤部分做市商的做市积极性。

二是降低交易费用，鼓励做市商参与做市。做市商为活跃市场交易做了很多贡献，为提高投资规模和做市报价服务能力，还要承担高额的交易成本。在市况较弱的情形下，这部分成本已让券商不堪重负。激发做市商的做市热情，首先是直接交易费用的减免，如对于当季排名前三的做市商，免予收取其下一季度的交易单元流量费和转让经手费（交易单元流量费收费标准为双边征收成交金额的 0.025‰；转让经手费的计费标准为双边收取成交金额的 0.5‰）。对于当季评价标准第四位至第十位的做市商，下一季度的交易单元流量费和转让经手费减半。其次是市场征收费用的红利返还，如当季评价标准前三的做市商，可获得当季度全市场交易单元流量费和转让经手费 50% 的返还；对于当季评价标准第四位至第十位的做市商，可获得当季度全市场交易单元流量费和转让经手费 30% 的返还。

■深化分层制度建设，推动发行制度改革

（一）新三板分层差异化，引导流动性分层

现有新三板的分层制度设计还没有起到分流的作用，分层之后流动性问题没有得到根本性的解决。进一步分层有利于为真正优质的企业提供像交易所一样活跃、更具创新性的制度设计。可以考虑在创新层和基础层之外进一步推出更高层（精选层），丰富新三板的市场体系。基础层门槛最低，能够让更多的中小企业进入新三板，成为新三板最基础的“蓄水池”，使新三板有充足的企业储备；创新层作为中间层，筛选出相对优质的企业，同时也是企业向精选层过渡的“跳板”；精选层是新三

板最高的一层，是新三板明星企业的聚集地，拥有未来新三板最优质企业，对投资者吸引力最大，将成为新三板最活跃的平台。一方面，通过分层调整，创新层的稳定性增加，为后续的差异化制度安排奠定基础。另一方面，分层制度的深化将有利于通过市场化的定价手段，对创新层内部以及创新层与基础层企业进行价值上的区分，有利于筛选出优质公司。

（二）市场发行制度改革，提高资金配置效率

在发行制度方面，与上市公司股票发行相比，新三板的发行制度具有较强的制度创新，既契合了中小微企业成长和融资难的特征，降低了股票发行阶段财务指标的约束标准，又避免了挂牌公司由于融资额过大而产生的资金使用效率低下或者股权过度稀释等问题。然而，当前的发行制度也存在一定的问题，股转系统为非公开发行的市场，而市场希望匹配一个公开交易的市场，这显然是一个矛盾的结构，需要在发行制度上予以突破。

首先，可以增设公开发行层，允许在创新层挂牌满一年以上的企业公开发行股票。这些企业应当具备新经济特征，科技研发力度大，有自己的专利。公开发行品种灵活多样，允许发行普通股、优先股、权益性债券（明债实股），以更好地满足发行人和投资人的需求。其次，还可以实施股票发行注册制改革试点。股票发行审核以信息披露为中心，发行人是信息披露第一责任人，证券公司、会计师事务所、律师事务所等中介机构承担把关责任，投资者自主决策、自担风险。监管部门取消对发行价格，发行节奏的行政管制，强化事中事后监管，严惩违法违规行为，保护投资者合法权益，形成市场主导、责任到位，披露为本，预期明确，监管有力的股票发行上市制度。最后，新三板发行制度改革也需要进一步明确市场属性，以及包括修改《证券法》在内的监管上的统筹和协调。通过设立差异化的融资制度，建立灵活多元的融资机制，在现行小额融资制度上增加大额融资制度，既能够把现行小额快速灵活的定向发行机制进行更为便捷的个性化安排，又能积极应对优质企业大规模融资需求和新经济企业的独特制度需求。

■优化竞价交易制度，促进作用发挥

（一）加快新三板集合竞价交易制度推出后的制度优化步伐

加快新三板集合竞价交易制度推出后的制度优化步伐，尽可能减小制度改革所带来的负面冲击。本次新三板集合竞价交易制度的改革并未对市场的流动性有明显的改善，一方面是集合竞价撮合次数太少，导致交易有限；另一方面也是市场本身发展不够完善，未能充分体现出集合竞价交易制度的优势，导致最终呈现效果未达预期水平。因此，在新三板市场的发展过程中，仍需从多方面出发完善交易制度，比如优化集合竞价交易制度，提高集合竞价撮合次数，改进挂牌企业的质量，对市场严格监管，防止市场操纵等。

（二）加强交易制度与其他规则制度间的配合，提前做好风险防范措施

总体来看，我国新三板制度之间相互连接性不强、相互适应能力较弱、各制度在执行过程中存在一定的冲突，这也很大程度上给新三板市场风险的产生和蔓延留下了空间。加强交易制度与其他规则制度间的配合，提前做好风险防范措施将是预防新三板市场系统性风险发生的重要措施。所以在监管过程中，加强新三板交易制度与发行制度、公司信息披露制度、退市制度等各制度规则间的配合将极大增强新三板市场发展过程中的风险防范能力。另外，提前制定相关的风险应对机制，防范风险在发生后引发连锁反应，导致系统风险的发生。

■建立多层次投资者结构，保障投资者权益

（一）降低投资者准入门槛，增加投资主体

投资门槛的降低有利于投资者规模的扩大，改善市场买卖力量不均衡、流动性不足的局面。首先，在坚持以机构投资者为主体的前提下，适当降低个人投资者准入门槛，引入部分散户投资者，2016 年 12 月，证监会将自然人投资者的证券类资产市值 500 万元的要求改为金融资产 500 万元，实质上降低了投资者门槛；其次，投资者门槛的降低不适用于所有的新三板公司，应该制定一系列考核标准，选取信誉良好、创新能力强的优质新三板企业，按照风险大小分层次降低投资者门槛。2017 年 6 月 27 日正式发布的《全国中小企业股份转让系统投资者适当性管理细则》第四条指出，证券公司资产管理产品、基金管理公司及其子公司产品、期货公司资产管理产品、银行理财产品、保险产品、信托产品、经行业协会备案的私募基金等理财产品，社会保障基金、企业年金等养老金，慈善基金等社会公益基金，合格境外机构投资者（QFII）、人民币合格境外机构投资者（RQFII）等机构投资者，可以申请参与挂牌公司股票公开转让。降低投资者门槛能为股转系统注入新的活力，这些投资渠道的引入以及做市商的扩容将有望改善股转系统流动性不足的现象。

（二）完善信息披露机制，保障投资者权益

当前，新三板很多挂牌企业是中小微企业，其公司治理结构不完善、信息披露意识淡薄，不利于投资者的价值发现和投资信心的增强。同时，分层制度的推出和新三板的并购浪潮也要求加强信息披露。2017 年 12 月《全国中小企业股份转让系统挂牌公司信息披露细则》正式发布，在坚持信息披露真实、准确、完整、及时和公平的基础上，探索实施了创新层企业与基础层企业差异化的信息披露制度。鉴于创新层公司公众化程度更高，对其信息披露作了从严要求。基础层公司继续执行现有信息披露规则，但对其中要求过严、明显不合理的一些规定做出了修改。此外，信息披露制度应在加强监管的同时体现差异性。新三板定位于服务不满足上市条件的广大中小企业，过于严苛的信息披露制度会加大企业信息披露成本，在私有信息上失去竞争力。可以考虑加强对企业持续经营能力的关注，弱化对公司治理规范化的要求，发挥新三板的培育、扶持中小企业发展的“土壤”作用。

12.5.4　并购活跃度显著提升，成为市场间联系的重要纽带

并购重组作为帮助企业发展壮大、延伸产业链或推动产业整合的工具，也逐渐成为 A 股市场和股转系统挂牌公司联系的重要纽带。2018 年，上市公司并购股转系统挂牌企业 197 起，与 2017 年相比减少 27.03%（见表 12－26）。截至 2019 年 3 月底，并购已完成 95 起，在披露交易金额的 168 起并购重组中，累计交易金额达 640.80 亿元，与 2017 年大抵持平。在 197 起并购重组中，共涉及 159 家股转系统挂牌公司，截至 2019 年 3 月底，77 家已经退市。

表 12－26　　上市公司并购挂牌公司次数及金额（2015—2018 年）

年份	上市公司并购挂牌公司次数	交易金额（亿元）
2018	197	647.80
2017	270	636.73
2016	229	353.37
2015	120	119.22

资料来源：根据 Wind 资讯整理。

由于并购活动的不确定性较大，截至2019年3月底，已有12起并购重组宣告失败（见表12－27）。

表12－27　上市企业并购股转系统挂牌企业失败案例（2018年）

竞买方	目标方	并购目的	交易金额（亿元）
九鼎投资	九鼎集团	横向整合	—
梦舟股份	梵雅文化	横向整合	4.15
国中水务	洁昊环保	战略合作	2.04
中珠医疗	康泽药业	横向整合	32.28
山河药辅	新兴药业	横向整合	—
金字火腿	瑞一科技	多元化战略	1.84
四川金顶	海盈科技（退市）	多元化战略	5.28
鲍斯股份	蓝创智能（退市）	横向整合	9.82
罗普斯金	弘天生物（退市）	多元化战略	—
惠程科技	爱酷游（退市）	横向整合	12.38
派思股份	正拓能源（退市）	多元化战略	9.50
柯利达	赛翼智能（退市）	多元化战略	2.59

资料来源：根据Wind资讯整理。

2018年发生的并购案例中并购目的各不相同，其中并购目的最多的仍是横向整合，共67起，占比41.61%。并购目的比例变化最大的为获取做市库存股，2018年仅有1起，占比0.62%，而2017年共有52起，占比21.22%（见表12－28）。由此可见，横向整合仍是上市公司并购股转系统挂牌企业的主因，而以获取做市库存股为目的的并购行为则大幅减少。

表12－28　上市企业并购股转系统挂牌企业并购目的占比（2018年）

并购目的	并购次数（次）	占比（%）
横向整合	67	41.61
其他	36	22.36
垂直整合	15	9.32
多元化战略	15	9.32
战略合作	15	9.32
资产调整	9	5.59%
财务投资	3	1.86
获取做市库存股	1	0.62
总计	161	100.00

资料来源：根据Wind资讯整理。

股转系统挂牌公司成为很多上市公司的并购目标，这与股转系统本身的制度安排不无关系。对比非上市（挂牌）公司，股转系统挂牌公司信息披露更为充分。与非上市公司相比，股转系统挂牌企业通过信息披露制度和财务审查，才得以在市场中挂牌，尤其是经过主办券商推荐和持续督导，标的公司的财务信息和公司运营较为规范。这为买方节约信息搜集成本，对标的公司的估值也更为合理。其次，对比上市公司，股转系统挂牌企业并购重组制度较为宽松。2014 年证监会先后颁布《非上市公众公司收购管理办法》《非上市公众公司重大资产重组管理办法》，使得股转系统挂牌企业在参与并购中硬性规定和行政许可减少、成本降低。这为上市公司并购股转系统挂牌企业提供了便利，使得股转系统挂牌企业在上市公司选择目标公司时更具吸引力。与此同时全国股转公司也同步配套发布了《全国中小企业股份转让系统非上市公众公司重大资产重组业务指引（试行）》（以下简称《重组指引》）。2016 年以来，全国股转公司先后发布了三个与并购重组相关的业务问答，对《重组办法》和《非上市公众公司收购管理办法》（以下简称《收购办法》）和实施过程中常见的操作性问题进行了解释说明。经过四年多的发展，新三板市场出现了新情况、新变化、新需求，原有的重大资产重组规定已无法充分满足现阶段市场发展的需要；2018 年 1 月新三板交易制度改革实施后，市场各方在如何适用《收购办法》相关规定方面也遇到了一些新问题，需要进一步明确。

2018 年 10 月 26 日，全国股转公司发布实施了《全国中小企业股份转让系统非上市公众公司重大资产重组业务指引》《挂牌公司重大资产重组业务问答》《挂牌公司权益变动与收购业务问答》，对新三板市场并购重组制度进行了优化改革。一方面，修订了《重组指引》，将前期发布的并购重组相关业务问答中部分内容吸收进来，进一步完善重大资产重组认定标准、优化重大资产重组停复牌制度、调整审查流程安排、明确募集配套资金的相关监管要求及罚则。另一方面，对前期发布的并购重组相关业务问答进行了梳理、增补和修订，根据不同业务条线，对涉及重大资产重组的内容，修订为《挂牌公司重大资产重组业务问答》；对其中涉及收购和权益变动的内容，修订为《挂牌公司权益变动与收购业务问答》。本次全国股转公司对并购重组制度的修订完善，既是新三板存量制度改革的重要内容，也是新三板切实服务中小微企业和民营企业、落实“放管服”改革的重要举措。

12.5.5 转板 A 股热度不减，直接转板审慎推进

2016 年《中华人民共和国国民经济和社会发展第十三个五年规划纲要》中提到要加快金融体制改革，发展多层次股权融资市场，深化创业板、新三板改革，规范发展区域性股权市场，建立健全转板机制和退出机制。2017 年 2 月 10 日，时任证监会主席在 2017 年全国证券期货监管工作会议上谈及新三板市场时也表示，让一批创新能力强、诚实守信、市场前景好的企业，能够转板的就转板，不愿意转板的就在新三板里面绽放，这是未来中国资本市场又一道风景线。

股转系统“转板”到 A 股市场上市主要有两种方式，一是通过 IPO“转板”，挂牌公司向证监会申请首次公开发行股票并上市前，向股转系统申请暂停股份转让；如果中国证监会核准申请，股转系统将终止其挂牌，随后股票便可在 A 股市场上进行交易，但此类“转板”并非真正意义上的转板制度。二是股转系统直接对接 A 股，无须退市后再度上市交易，当前这种方式尚未实现，关于新三板挂牌企业直接转板或开通 IPO 绿色通道的制度设计，证监会曾表示需统筹考虑市场公平与监管秩序，审慎研究推进。

2018 年股转系统中共有 13 家企业成功摘牌“转板”，其中 4 家企业“转板”至创业板，7 家企业“转板”至主板，其余 2 家企业“转板”至中小企业板。现阶段股转系统的市场准入门槛低于 A 股市场，市场成熟度也远低于 A 股市场。因此，成功转板后企业的流动性和估值水平都会随之提升。截至 2018 年底，13 家已上市转板企业的平均参考总市值达到 70.31 亿元。此外，转板后的企业也受益于 A 股市场充裕的流动性，自转板上市后至 2018 年底，13 家已上市转板企业的平均日均换手率达

到 18.75%，较转板前有较大提高（见表 12－29）。

表 12－29　　转板企业情况统计（2018 年）

代码	简称	股转系统摘牌时间	转板上市时间	上市板块	市值（亿元）	转板上市后日均换手率（%）
002942. SZ	新农股份	2018－09－04	2018－12－05	中小企业板	36. 74	27. 71
300749. SZ	顶固集创	2018－08－01	2018－09－25	创业板	25. 58	26. 65
300724. SZ	捷佳伟创	2018－06－06	2018－08－10	创业板	91. 14	16. 73
603693. SH	江苏新能	2018－05－24	2018－07－03	主板	85. 22	12. 94
603105. SH	芯能科技	2018－05－22	2018－07－09	主板	65. 40	18. 56
601990. SH	南京证券	2018－05－17	2018－06－13	主板	239. 16	20. 32
603348. SH	文灿股份	2018－04－10	2018－04－26	主板	49. 48	17. 92
603583. SH	捷昌驱动	2018－03－16	2018－09－21	主板	47. 45	16. 87
002930. SZ	宏川智慧	2018－03－08	2018－03－28	中小企业板	62. 89	20. 00
603187. SH	海容冷链	2018－03－05	2018－11－29	主板	37. 36	18. 09
300748. SZ	金力永磁	2018－01－25	2018－09－21	创业板	89. 75	27. 19
603516. SH	淳中科技	2018－01－19	2018－02－02	主板	30. 24	15. 86
300737. SZ	科顺股份	2018－01－05	2018－01－25	创业板	53. 62	4. 92

资料来源：根据 Wind 资讯整理。

正是因为企业转板后能在估值水平、流动性方面得到大幅提升，股转系统挂牌企业通常热衷于通过转板实现企业自身的发展。然而 2018 年挂牌企业摘牌转板的热情较 2017 年似乎有所减退，不仅 IPO 申报例数从 2017 年的 138 例减少到 37 例，上市辅导例数也从 2017 年的 201 例减少到 81 例（见表 12－30）。

表 12－30　　挂牌公司 IPO 申报例数及上市辅导例数（2015—2018 年）

年份	IPO 申报例数	上市辅导例数
2018	37	81
2017	138	201
2016	41	76
2015	85	31

资料来源：Wind 资讯。

就目前的情况而言，虽然在监管层“审慎研究推进”的态度之下，股转系统挂牌企业直接转板至 A 股还存在一定难度，但 H 股市场给股转系统挂牌企业的上市开辟了新的道路。2018 年 4 月 21 日，全国股转公司与香港交易所签署合作谅解备忘录，确定了双方合作框架，明确新三板挂牌公司可以申请到境外发行股票并在香港联交所上市，无须在全国股转系统摘牌。全国股转公司对挂牌公司申请到香港交易所发行股票和上市不设前置审查程序及特别条件。本次合作备忘录的签署为挂牌公司赴港融资建立了基础性的合作框架，有助于挂牌公司统筹利用境内外两个市场的资源与优势，拓宽国际视野，实现自身高质量发展；也有助于提升全国股转系统的国际化水平，增强市场服务实体经济的能力，优化市场价格发现功能，提升估值效率。

2018 年，共有三家股转系统挂牌企业通过多种方式在中国香港成功上市。2018 年 12 月 12 日，汇量科技分拆后通过“新三板 + 红筹”模式进军港股市场，其间接子公司汇量科技有限公司正式在香港联交所主板挂牌上市，成为 2018 年股转系统挂牌企业赴港大潮中的首位成功者。12 月 17 日，永升生活服务（于 2018 年 3 月在股转系统摘牌）通过“分筹”模式在香港交易所敲钟上市。12 月 24 日，君实生物正式赴港上市（君实生物 - B），成为首家“新三板 + H 股”企业。推动企业京港两地挂牌，是促进资本市场双向开放和两地市场互联互通的有益探索，也是全国股转公司与国际市场对接的重要一步。全国股转公司需在开放发展的过程中不断完善市场功能，为挂牌公司提供更为开放、多元的融资渠道，为内地企业“走出去”、国际资本“引进来”搭建更广阔的市场平台。

12.6 区域股权市场“34 + 1”定型，多项举措促进规范创新发展

区域性股权市场是主要服务于所在省级行政区域内中小微企业的私募股权市场，是多层次资本市场体系的重要组成部分，是地方人民政府扶持中小微企业政策措施的综合运用平台。规范发展区域性股权市场是完善多层次资本市场体系的重要举措，有利于充分发挥区域性股权市场的功能作用，弥补现有场内市场的不足，有利于区域性股权市场与沪深证券交易所、全国股转系统形成错位发展、有序衔接、功能互补的多层次资本市场体系。

12.6.1 “34 + 1”格局正式定型，市场规模持续增长

2018 年 8 月 27 日，随着山西股权交易中心成为山西省区域性股权市场唯一合法运营机构，区域性股权市场在 2018 年完成了承上启下的转型，除了云南省股权交易市场正在筹建以外，全国“34 + 1”[①] 的格局正式定型。

从 2008 年到 2018 年，区域性股权市场规模不断扩大，市场效率显著提高，在整体经济形势较为严峻的情况下，为中小企业的发展开辟了新的融资空间。2018 年区域性股权市场累计为企业实现各类融资 9063 亿元，挂牌、展示企业数量突破 10 万家，并且助推 800 多家企业成功转入新三板、沪深交易所等更高层次资本市场，同时吸引培育 1 万余家各类中介服务机构扎根区域性股权市场，联通了资本通向中小微企业的“最后一公里”。

从挂牌家数来看，截至 2019 年 4 月 24 日，全国区域性股权交易中累计挂牌家数超过 10 万家，达到 106443 家，相比 2018 年 4 月 12 日的 79912 家增长 33.20%。其中前海股权交易中心挂牌家数最多，总挂牌家数已超过 1 万家，达到 13575 家，相比较 2017 年有小幅增长，继续保持挂牌家数最多的区域性股权市场的地位。上海股权托管交易中心的挂牌家数也接近 1 万家，达到 9806 家，浙江股权交易中心的挂牌家数超过 6000 家，达到 6642 家。

从挂牌企业资产总额来看，排在第一位的是贵州股权交易中心，其次为大连股权交易中心和成都股权交易中心，相比较 2017 年的前三位有了较大的变化。贵州股权交易中心和大连股权交易中心的资产规模远远领先于其他市场，2018 年两个市场资产合计分别为 7592.51 亿元与 4049.22 亿元。

从挂牌企业营业收入来看，排在第一位的是陕西股权交易中心，2018 年营业收入合计 555.03 亿

① “34 + 1”是指目前已设立 34 家区域性股权市场，云南省的股权交易市场正在筹建。

元，相较2017年的454.49亿元增长了22.12%。贵州股权交易中心和上海股权托管交易中心分列第二、第三位，营业收入分别为284.89亿元和113.58亿元。挂牌企业净利润方面，成都股权托管中心保持了2017年的领先地位，净利润达到11.35亿元，相比于2017年的8.24亿元大幅增长了37.74%；贵州股权交易中心和大连股权交易中心排在第二、第三位，净利润分别为11.10亿元和10.92亿元（见表12－31）。

表12－31　　2018年区域股权交易中心（所）挂牌企业家数、资产合计等情况

交易所	挂牌家数	股份总量（万股）	资产合计（亿元）	营业收入合计（亿元）	净利润合计（亿元）
前海股权交易中心	13575*	10000.00	1523.90	88.48	7.10
上海股权托管交易中心	9806*	31576.56*	337.70	113.58*	0.60
浙江股权交易中心	6642*	19403.00*	7.85	0.91	－0.06
武汉股权托管交易中心	5708	N/A	147.24	42.03	2.33
广州股权交易中心	5486	3300.00	13.07	1.84	－0.60
中原股权交易中心	5221	N/A	1.18	0.77	－0.14
江西联合股权交易中心	4579	3000.00	1808.23	41.38	5.44
北京四板市场	4525	1200.00	10.75	4.32	0.21
江苏股权交易中心	4459	3000.00	193.78	7.75	0.75
广东股权交易中心	3824	N/A	10.07	0.25	－0.55
齐鲁股权交易中心	3496	N/A	63.96	39.56	1.03
安徽省股权托管交易中心	2890	N/A	3.28	0.31	0.06
广东金融高新区股权交易中心	2873	N/A	17.42	10.37	0.92
甘肃股权交易中心	2695	3000.00	86.80	3.01	0.51
海峡股权交易中心	2316	N/A	12.78	1.04	0.22
贵州股权交易中心有限公司	1939	N/A	7592.51*	284.89*	11.10*
辽宁股权交易中心	1712	1233.76	105.14	19.57	1.35
内蒙古股权交易中心	1655	N/A	425.14	94.80	7.48
陕西股权交易中心	1529	28350.78*	664.66	555.03*	5.61
厦门两岸股权交易中心	1505	N/A	21.16	10.11	0.70
广西北部湾股权交易所	1323	N/A	320.68	6.46	0.45
天府（四川）联合股权交易中心	1034	N/A	84.15	1.45	0.64
宁夏股权托管交易中心	982	4130.76	1.03	0.45	0.02
天津股权交易所	849	5462.00	46.64	12.14	－1.32
重庆股份转让中心	746	14450.00	192.14	23.44	1.75
新疆股权交易中心	740	N/A	181.34	13.67	0.80
大连股权交易中心	561	N/A	4049.22*	36.76	10.92*
吉林股权交易所	478	N/A	3.94	0.85	0.06
哈尔滨股权交易中心	450	N/A	775.91	15.57	0.92
成都股权托管中心	191	N/A	2003.93*	27.81	11.35*

注：①表格中统计结果截至2019年4月24日。

②由于一些股权交易中心披露数据不全，只披露挂牌家数信息，根据“资产合计”不为零的标准，表格筛选出30家区域股权交易中心。

③部分股权交易中心的挂牌条件中并不要求企业改制成股份公司，因此缺少“股份总量”的信息。

④每列中加*的数据代表以相应指标为准排名前三位的区域股权交易中心。

资料来源：Wind资讯。

12.6.2 市场整合工作完成，明确规范发展要求

2018 年是区域性股权市场承上启下，完成市场整合和规范发展的一年。在历经十年的发展之后，区域性股权市场正式进入顶层设计逐步完善的阶段，市场规模不断扩大，市场效率显著提高，影响力与日俱增，助力中小企业的健康发展。

2017 年 7 月 1 日《区域性股权市场监督管理试行办法》开始施行，规定各省、自治区、直辖市、计划单列市行政区域内设立的运营机构不得超过 1 家，拉开了区域性股权市场整合的序幕。2018 年区域性股权市场整合进一步加速：2018 年 3 月，证监会发布《全国区域性股权市场运营机构备案名单（第一批）》，北京、河北、内蒙古等 21 个地区已完成整合并向证监会备案；2018 年 4 月 28 日，天津市明确天津滨海柜台交易市场为天津市区域性股权市场运营机构，原天津股权交易所停止开展新增业务，存量业务由天津滨海柜台交易市场承接；2018 年 7 月，广东省明确新成立的广东股权交易中心为唯一运营机构，原广东金融高新区股权交易中心、广州股权交易中心依法注销，全部业务由广东股权交易中心承接。同月证监会发布了《全国区域性股权市场运营机构备案名单（第二批）》，天津、广东、深圳等 9 个地区已完成整合并向证监会备案；2018 年 8 月，山西省明确山西股权交易中心为山西省区域性股权市场唯一合法运营机构。至此区域性股权市场的整合工作阶段性完成，全国 36 个省、自治区、直辖市、计划单列市的“34 + 1”格局正式定型，每个区域相应的区域性股权市场如表 12 – 32 所示。

表 12 – 32　全国 34 家区域性股权市场运营机构名单

地区	区域性股权市场运营机构名称
北京	北京股权交易中心有限公司
河北	石家庄股权交易所股份有限公司
内蒙古	内蒙古股权交易中心股份有限公司
辽宁	辽宁股权交易中心股份有限公司
上海	上海股权托管交易中心股份有限公司
江苏	江苏股权交易中心有限责任公司
安徽	安徽省股权托管交易中心有限责任公司
福建	海峡股权交易中心有限公司
江西	江西联合股权交易中心有限公司
湖南	湖南股权交易所有限公司
广西	广西北部湾股权交易所股份有限公司
重庆	重庆股份转让中心有限责任公司
四川	天府（四川）联合股权交易中心股份有限公司
陕西	陕西股权交易中心股份有限公司
甘肃	甘肃股权交易中心股份有限公司
青海	青海股权交易中心有限公司
宁夏	宁夏股权托管交易中心有限公司
新疆	新疆股权交易中心有限公司

续表

地区	区域性股权市场运营机构名称
大连	大连股权交易中心股份有限公司
宁波	宁波股权交易中心有限公司
厦门	厦门两岸股权交易中心有限公司
天津	天津滨海柜台交易市场股份公司
浙江	浙江股权交易中心有限公司
山东	齐鲁股权交易中心有限公司
河南	中原股权交易中心股份有限公司
湖北	武汉股权托管交易中心有限公司
广东	广东股权交易中心股份有限公司
海南	海南股权交易中心有限责任公司
深圳	深圳前海股权交易中心有限公司
青岛	青岛蓝海股权交易中心有限责任公司
黑龙江 *	哈尔滨股权交易中心有限责任公司
吉林 *	吉林股权交易所股份有限公司
贵州 *	贵州股权交易中心有限公司
山西 *	山西股权交易中心有限公司

注：①第一列中加 * 的代表资料并非来自证监会的备案名单。

②34 家包括：25 个省或自治区建立的区域性股权市场（云南省尚未建立符合规定的区域性股权市场，西藏自治区和四川共建 1 家区域性股权市场），4 个直辖市建立的区域性股权市场，5 个计划单列市建立的区域性股权市场。

资料来源：根据中国证监会公告及公开资料整理所得。

2018 年区域性股权市场在规范发展方面也取得了长足的进步。首先，行业自律组织的成立极大地促进了区域性股权市场的规范发展、协同发展和健康发展。2018 年 8 月 31 日，中国证券业协会区域性股权市场委员会成立大会暨第一次全体委员会议在成都召开，宣告中国首个区域性股权市场行业自律组织正式成立，同时再次明确了服务中小微企业是区域性股权市场的使命和职责。自律管理是区域性股权市场规范发展的重要基础，区域性股权市场委员会的成立不仅是中国多层次资本市场体系建设的重要里程碑，而且将会在支持中小微企业直接融资、推动中小微企业规范运作、增强金融服务普惠性方面发挥重要作用。

另外，相关法律文件和政策的出台，再次明确了区域性股权市场规范发展的基调。2018 年 2 月，证监会发布了《区域性股权市场信息报送指引（试行）》，进一步规范了区域性股权市场的信息报送和信息披露体系。2018 年 8 月，中国证券业协会发布《区域性股权市场自律管理与服务规范（试行）》，从证券业行业角度进一步对区域性股权市场发展作出了定位，同时也重点对券商相关业务开展进行了指导。2018 年 11 月，中共中央、国务院发布《关于建立更加有效的区域协调发展新机制的意见》，明确提出促进资本跨区域有序自由流动，完善区域性股权市场。上述法律法规和规章制度的公布与执行，势必会规范区域性股权市场的发展，为区域性股权市场的协调、健康发展奠定基础。

专题 12－2 区域性股权市场设置科技创新专板

2018 年 12 月国务院常务会议决定，为了更大力度激活创新资源和激励创新活动，将新一批 23 项改革举措向更大范围复制推广，其中包括在区域性股权市场设置科技创新专板。这项举措意在为科技型企业提供挂牌展示、托管交易、融资融智等多元化服务，从而有效缓解中小微企业融资难的问题。

设置科技创新专板开始试点

在证监会的指导下，区域性股权市场设置科技创新专板，其主要内容[①]为：根据科技型中小企业的特点，在区域性股权市场推出“科技创新板”，提供挂牌展示、托管交易、投融资服务、培训辅导等服务，开拓融资渠道，力求缓解科技型中小企业融资难的问题。

设置科技创新专板仅限于京津冀、上海、广东（珠三角）、安徽（合芜蚌）、四川（成德绵）、湖北武汉、陕西西安、辽宁沈阳等 8 个改革试验区域[②]，上述 8 个试验区内有北京股权交易中心、天津股权交易中心、石家庄股权交易中心、上海股权托管交易中心、广东股权交易中心、前海股权交易中心、安徽股权交易中心、天府股权交易中心、武汉股权交易中心、陕西股权交易中心和辽宁股权交易中心等 11 家区域性股权市场。

目前试点科技创新专板的区域性股权市场取得了一定的成果。如上海股权托管交易中心的科技创新板在审核机制方面率先实行注册制，要求推荐机构在所推荐公司中投入一定资金并在规定期限内不转让，另外股交中心对挂牌材料进行形式审查，同时辅助技术入股、现金入股，使得初创企业有了融资平台。又如天府股权交易中心的科技金融板、创业创新板挂牌企业已达到 3277 家，在融资制度方面，采取非公开发行股票、可转换债券等，多管齐下帮助企业开辟融资渠道，累计融资金额已近 50 亿元。

助力科创型中小企业发展

当前，科技创新企业融资难的问题十分突出，而中小型科技创新企业由于轻资产等特征，更是难以利用资本市场获得发展。在区域性股权市场设立针对科技型、创新型中小企业的科技创新板并规范运营，能够有效缓解中小企业融资难问题，助力“大众创业、万众创新”，贯彻落实国家创新驱动发展战略，健全多层次资本市场体系。

同时，科技创新板也会拉动民间投资，引导社会资源向具有竞争力的战略性新兴行业、科技型创新型企业集聚，培育新的经济增长点；可以有效发挥区域性股权市场融资和培育孵化的作用，密切科技与金融的联系，拓宽科技型企业融资渠道，使企业获得更好的推动力，进而使区域市场更好地服务实体经济。

首个区域市场科技创新板——上股交科技创新板

早在 2015 年 12 月底，上海股权托管交易中心（以下简称上股交）推出了首个科技创新板。经过三年多的运营，上股交科技创新板表现良好，在服务科创型中小微企业方面发挥了积极作用，成为全国区域性股权市场最受瞩目的新兴板块之一。

据上股交总经理张云峰表示，上股交的科技创新专板以服务初创阶段的科技型民营经济企业为主，创造性地设立了基础条件和可选条件相结合的准入门槛，重点强调企业的科技性、创新性

---

① 资料来源：《关于推广第二批支持创新相关改革举措的通知》。

② 同①。

和规模性，不片面强调利润和资金规模等传统指标，很好地平衡了融资需求迫切性与投资者投资安全性之间的矛盾。在审核机制方面，上股交科技创新专板率先实行注册制，推荐机构在所推荐公司中投入一定资金并在规定期限内不转让，股交中心对挂牌材料进行形式审查并面向社会公示，同时进行严格的事后监管。在融资制度方面，采取非公开发行股票、可转换债券、跨境融资、筹建股权投资基金及搭建综合金融服务平台等，多管齐下帮助中小企业开辟融资渠道。

在挂牌企业方面，截至2018年12月底，上股交科技创新板的挂牌企业累计达223家，其中科技型企业208家、创新型企业15家，分布于先进制造、信息技术、节能环保、生物医疗等20个新兴行业。另外，挂牌企业中有90家位于张江国家自主创新示范区，其中61家位于张江核心区。

在市场功能发挥方面，截至2018年12月底，已有130家挂牌企业实现股权融资额17.95亿元，204家企业通过银行信用贷、股权质押贷及科技履约贷等实现债权融资12.01亿元；上股交科技创新板累计共产生726笔交易，交易总金额4.61亿元、交易总股数2.82亿股，成交价格平均值6.64元/股。

科技创新专板有望成为科创板"孵化器"

在区域性股权市场设置科技创新专板，与上交所正在推进的科创板，都是国家为支持科技创新企业而推出的重要举措。

上交所的科创板是有一定门槛限制的，如企业市值最低10亿元、上市发行后股本总额不低于3000万元等，所以中小型的创新型企业无法直接在上交所的科创板上市。另外，在科创板初始阶段，因为承担着"试验田"的责任，所以一开始科创板的规模不会太大，并且投资者会抱有谨慎观点，故而对创新型企业达不到"普惠"的效果。

但是，区域性股权市场设置科技创新专板，其上市条件会比科创板更加宽松，同时辅助技术入股及现金入股，使得众多初创企业有了融资平台。而科创型企业登陆区域性股权市场的科技创新专板，经营会更加规范，税收等会更清晰，被上市公司并购机会大增。在区域性股权市场设立科技创新专板，有助于促进那些处于初创期的科技企业规范治理，进一步为创业板和科创板市场孵化培育企业。

在一定程度上，区域性股权市场的科技创新专板可能成为科创板的"孵化器"。

12.7 股权市场服务中小微企业展望

12.7.1 多层次资本市场助力中小微企业股权融资

目前我国已经初步形成多层次的资本市场体系，主板、中小板、创业板、股转系统、区域性股权市场在公司数量上呈现正三角形态。2019年6月24日，人民银行、银保监会首次发布《中国小微企业金融服务报告（2018）》，报告提出：发展多层次资本市场，拓宽小微企业资本补充渠道。加快推进科创板建设，稳步推进新三板发行与交易制度改革，规范发展区域性股权市场，有效发挥科创板、新三板在服务中小微企业股权融资方面的作用，构建多元融资、多层细分的股权融资市场。

科创板的推出旨在补齐资本市场服务科技创新的短板，是资本市场的增量改革，将在盈利状况、股权结构等方面作出更为妥善的差异化安排，增强对创新企业的包容性和适应性，是完善资本市场基础制度、激发市场活力和保护投资者合法权益的重要安排。同时，科创板也助推了新三板和区域性股权市场的存量改革步伐，提升了资本市场对中小微企业的服务水平。

新三板作为中小微企业的主阵地，进一步深化改革将以精细化分层为抓手，统筹推进发行交易、信息披露、适当性管理、监管差异化制度供给，完善和充分发挥服务中小微企业特别是创新型、创业型、成长型企业的功能，全面落实科技创新发展战略，全力服务供给侧结构性改革，促进创新创业和结构优化，激发经济增长新动力。区域性股权市场是多层次资本市场“金字塔”体系的底座和塔基，是区域性中小微企业获取金融服务的重要平台。规范发展区域性股权市场是完善多层次资本市场体系，拓宽中小微企业直接融资渠道，更好满足融资需求的重要举措。

12.7.2 资本市场国际化增强企业融资服务

加快我国资本市场的国际化进程，积极推动双向开放，有利于提升我国资本市场的国际水准，增强服务实体经济的能力。中国资本市场的改革开放近年来取得了丰硕成果，为中国经济的发展作出了重要贡献。2018 年 6 月，MSCI 将中国 A 股正式纳入 MSCI 新兴市场指数和 MSCI ACWI 全球指数；2019 年 6 月，A 股正式纳入富时罗素指数。随着 A 股纳入各国际指数，中国资本市场进一步对外开放，资本市场国际化程度得到提高，外资流入将是大势所趋。这不仅将进一步促进 A 股国际化，丰富我国资本市场投资主体，改善 A 股投资者结构，倒逼市场制度和规则的进一步成熟完善，也将推动全球资金对中国资产的配置，从而推动人民币国际化，进一步提高人民币的国际地位。

我国正不断加大力度推进资本市场对外开放，完善外资进入渠道，优化资本市场结构。除已开通的沪港通和深港通外，2019 年 6 月 17 日，中国证券监督管理委员会、英国金融行为监管局发布了沪伦通《联合公告》，沪伦通正式揭牌。沪伦通将为中英两国投资者和上市公司进入对方资本市场进行投融资活动提供便利。沪伦通为境内投资者提供了一种投资国外公司的便捷方式，在克服时差、开放程度和市场制度差异所带来的投资困难的同时，也避免了境外交易的成本以及货币兑换与跨境结算等风险，为境内投资者提供了一种投资国外优质公司的便捷方式，满足多样化的投资需求。此外，沪伦通也为境内 A 股公司开展跨国融资并购和拓展国际业务提供便利。沪伦通为上交所上市公司提供了一种新的融资方式，境内公司在伦交所发行全球存托凭证（GDR）可以获得融资，提升交易活跃度；也可以利用伦交所国际金融中心的地位，提升公司的国际知名度；还可以将融得的资金用于发展境外业务，避免了汇率波动的风险。

对国内的中小微企业而言，资本市场的国际化不仅拓宽了外资流入的渠道，为国内企业融资注入了新的活力，提供了更多的发展机会，而且也为国内企业引入了国际领先的管理经验和更加成熟的管理方式，这将有利于带动产业转型升级，推动企业治理规范与管理水平的提升。来源多元化的资金在资本市场流通，能够使有成长潜能的中小微企业较以往更容易获得融资机会，一定程度上缓解企业的融资困境，提升金融市场服务实体企业的能力，最大限度地发挥资本市场支持经济发展的作用。

12.7.3 股权市场将成为落实中小微企业支持政策的重要载体

中小微企业作为国民经济的重要组成部分，无论是在生计、就业还是社会经济方面都发挥着重要作用。2019 年 4 月，中共中央办公厅、国务院办公厅印发了《关于促进中小企业健康发展的指导意见》，针对中小企业面临的生产成本上升，融资难、融资贵，创新发展能力不足等难点痛点，对

2018 年以来各项惠及小微和民营企业的支持政策，进行了总结和深化，意味着支持中小微、民营企业的发展创新作为深化对内改革的重要内容，已经上升到国家战略层面。

从目前的多层次股权市场来看，层次分明、不断完善的股权市场较好地满足了不同类型、不同发展阶段企业的多样化融资需求，随着小微企业股权融资比例逐步扩大，股权市场将成为落实大力支持中小微企业发展政策的重要载体。

场内市场汇聚了大批优质蓝筹龙头企业，在维护市场稳定、促进资本市场持续健康发展等方面起到了重要的作用，主板健康发展的同时为中小微企业发展政策的出台及实施提供了坚实的保障；新三板积极响应国家政策号召，不断创新融资品种，逐步完善制度规则体系，实施挂牌公司分层，强化金融类企业挂牌融资监管，助力未上市的中小微企业充分利用新三板市场发展壮大；区域性股权市场的不断规范发展为中小微企业政策的落实营造了良好的环境，在服务中小微企业融资、股权转让等方面发挥了积极作用。科创板的推出是对其他板块的补充和完善，重点服务于尚未进入成熟期但具有成长潜力的创新型中小企业，进一步完善现有资本市场基础制度、激发市场活力。

13

债券市场：困境与转机共存

2018 年，在国内经济疲软、中美贸易摩擦和货币政策宽松的背景下，债券市场迎来拐点，走出波澜壮阔的结构性牛市行情。全年债券市场融资 43.84 万亿元，同比增长 7.38%。中债总财富（总值）指数全年上涨 4.61%，10 年期国债收益率较 2017 年末大幅下行，全年下行 65 个基点。非金融企业一级市场新发各类债券融资额达到 6.94 亿元，较上年增长 33.13%。但与此同时，民营企业债券违约激增，仅 2018 年单年违约债券的数量和金额就超过历史上违约债券的总和。伴随着层出不穷的债券违约事件，投资者风险偏好明显下降，中小微企业通过债券直接融资的难度与日俱增。庆幸的是，在这一年，纾困债和信用风险缓释证券成功发行，政府在助力中小微企业融资中表现出更强的信心和更大的决心。并且，小微企业专项金融债、应收账款类 ABS 的发行在政策支持下回到正轨，这些多样化的融资方式都有助于提高中小微企业债市融资的效率，从而增强债券市场对中小微企业金融服务的供给能力。

13.1 利率下行周期中债券市场融资规模恢复性上升

与银行信贷相比，债券市场的利率管制相对宽松、定价机制也更加市场化，因此债券市场规模的扩大在客观上推进了利率市场化进程。由于企业的信贷融资成本往往受制于央行公布的贷款基准利率，而发行债券的融资成本则跟随债券二级市场的收益率水平变动。一般来说，债券二级市场的收益率水平的下降一般先于人民银行对贷款基准利率的调整，相较银行贷款，企业通过发行债券融资的成本下降得更快。从某种意义上讲，企业更多地通过发行债券进行直接融资，终将对商业银行传统的信贷业务模式构成冲击，从而可能促使商业银行完善风险定价能力，并将更多的信贷资源投放到中小微企业融资服务上。

13.1.1 企业债券净融资规模和占比大幅回升

社会融资规模的结构变动清晰地展现了债券市场对于“金融脱媒”趋势的推动。2018 年，受到国内经济下行的影响，社会融资规模合计 19.26 万亿元，较 2017 年减少 0.94%，为 2015 年以来首次出现下滑。但从融资结构看，企业债券净融资规模①有显著增长。从绝对规模来看（见图13－1），企业债券净融资规模在2017年缩减至0.45万亿元后，在2018年迅速反弹至2.48万亿元，但仍然低于2015年和2016年2.94万亿元和3万亿元的企业债券净融资规模；从相对比例来看（见图13－2），企业债券净融资在社会融资规模中的比例回升至12.90%，较2017年增加10.6个百分点，基本恢复到企业债融资净额在社会融资规模中占比的历史上行区间。

图13－1　社会融资总量中各类融资形式规模变化（2002—2018年）

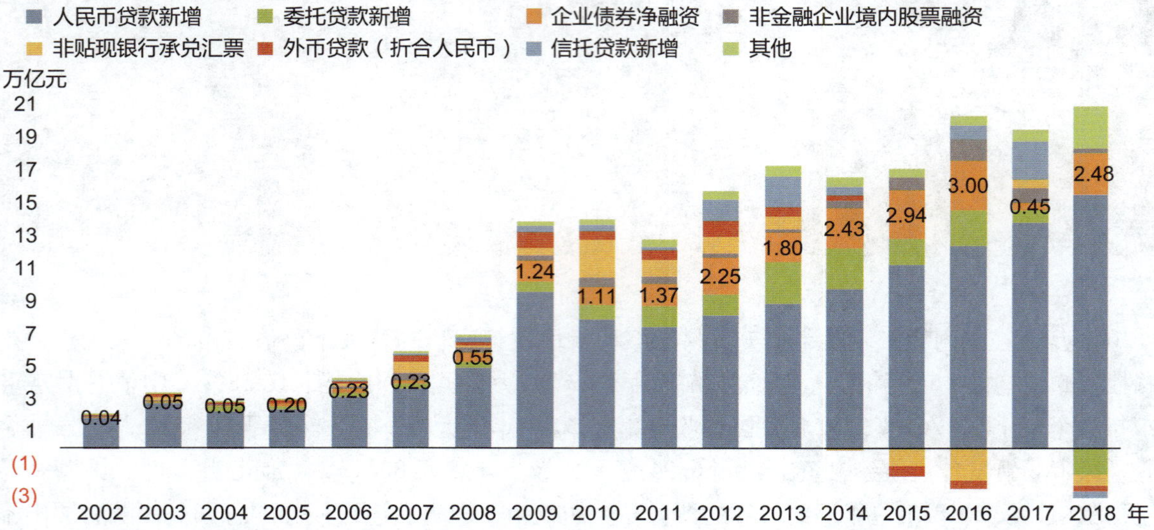

注：图中标记数据为每年企业债券净融资规模。币种为人民币。

资料来源：中国人民银行、Wind资讯。

图13－2　企业债融资净额在社会融资规模中占比（2002—2018年）

资料来源：Wind资讯。

① 根据中国人民银行对于社会融资总量的统计口径，此处的企业债券不同于一般意义上的"企业债"，还包括公司债、短期融资券、中期票据等债券类投资品种。社会融资总量中的企业债券融资额是一个增量概念，为当期发行或发生额扣除单期兑付偿还额的差额，且为了避免金融资产的市场价格波动扭曲实体经济的真实筹资规模统计，企业债券融资额均采用发行价或账面价值进行计值。

2018 年企业净融资规模大幅回升主要有两点原因。

首先是在 2018 年债券市场利率整体下行的背景下，一级市场新发行债券的票面利率走低，企业发行债券进行融资的成本随之下降，从而更多地选择通过债券市场融资，推升了企业债券净融资规模。通过对企业债券融资成本与贷款成本比价关系的走势进行分析，可以对该结论加以验证。2015 年 11 月以来，5 年以上和 3 年至 5 年期的银行贷款基准利率分别维持在 4.66% 和 4.51% 的水平，而同期企业债的到期收益率呈现剧烈波动。2016 年底开始，在金融强监管政策、流动性紧缩，通胀担忧、股市上涨等多重因素的打击下，债券利率出现快速上行。一直持续到 2018 年 1 月下旬，AAA 级 3 年期和 5 年期的中债企业债到期收益率分别最高达到 5.33% 和 5.47%，显著高于同期贷款基准利率。但从 2018 年 1 月下旬至 4 月中旬，在人民银行两次定向降准和建立“临时准备金动用安排支持”等措施的作用下，资金面超预期宽松，叠加 3 月下旬中美贸易摩擦爆发导致市场对于经济的悲观预期上升，避险情绪上升，利率走势出现拐点，呈现单边下行。虽然 4 月下旬到 5 月中旬，人民银行短暂收紧流动性，导致利率小幅回升，但随着中美贸易摩擦的不断激化，股市持续下跌导致的股债跷跷板效应显著，货币政策重回宽松，共同推动债券收益率水平在 5 月下旬至 8 月初进一步下行。8 月初至 9 月中旬，随着中央政治局会议强调实施积极的财政政策，人民银行一系列宽货币宽信用政策的出台，市场对于经济的悲观预期有所缓和，加上同期非洲猪瘟疫情导致的猪肉价格上涨以及原油和黑色系大宗商品价格上涨引发的通货膨胀预期升温，利率出现回调。但到第四季度，美联储加息放缓，金融数据环比腰斩，油价、工业品价格和蔬菜价格下跌导致通货膨胀预期下降，多重因素的作用下利率再次迎来下行行情。综合来看，2018 年全年利率呈现快速下行趋势，截至 2018 年 12 月 31 日，AAA 级 3 年期和 5 年期的中债企业债到期收益率分别为 3.75% 和 4.06%，相比于年初的高点分别下行了 158 个基点和 141 个基点，显著提高了企业债券融资的热情，具体见图 13－3。

图 13－3　企业债累计融资额与融资成本（2015—2018 年）

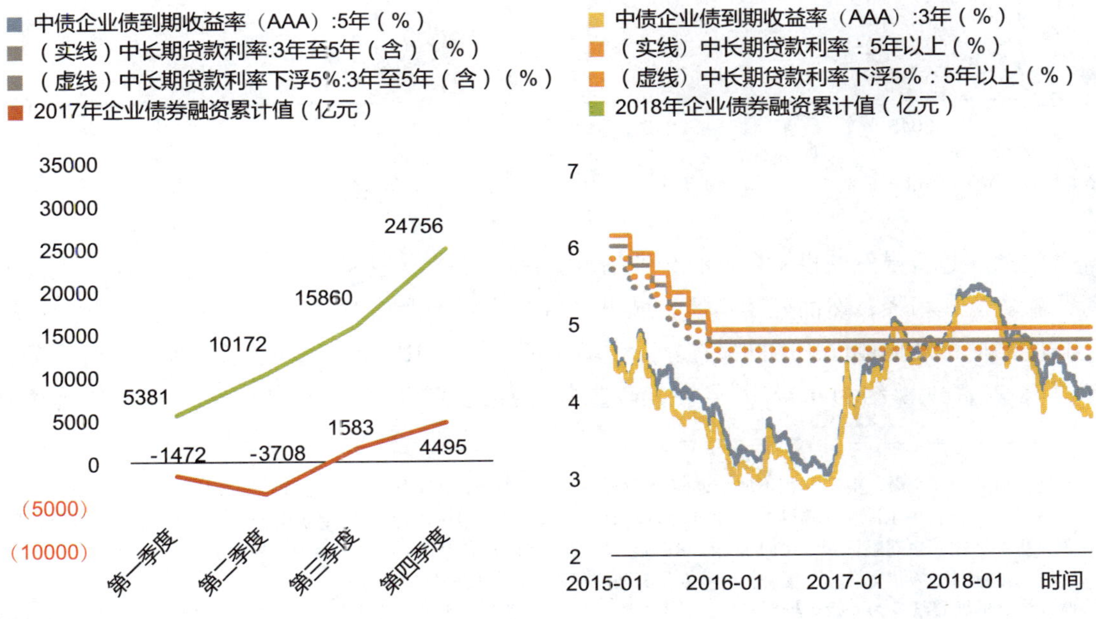

资料来源：Wind 资讯。

其次是决策层高度重视当前民企、小微企业“经营难、融资贵”等问题。按照党中央、国务院的决策部署，中国人民银行、中国银保监会等部门发挥“几家抬”政策合力，加大逆周期调节，保持流动性合理充裕，组合运用信贷、债券、股权“三支箭”，精准发力，有效缓解小微企业融资难题。其中“第二支箭”是支持民企发债，推出民企债券融资支持工具，精准支持民企扩大债券融资规模，促进债券市场融资功能的有效发挥。

13.1.2 非金融企业债券融资规模和其占全部债券融资中的比例均回升

2018 年，非金融企业[①]在一级市场新发行各类企业债、公司债、中期票据、短期融资券、定向工具、可转债、可交换债[②]共 6707 只[③]，较 2017 年增加 1534 只，融资规模约为 6.94 万亿元[④]，较上年增加 33.13%。2018 年债券市场融资规模为 43.85 万亿元，非金融企业债券融资在债券市场融资占比结束连续三年的下降趋势，在 2018 年回升至 15.84%，比 2017 年的 12.78% 上升了 3.06 个百分点，具体见图 13－4。

图 13－4 非金融企业债券融资额及其在债券市场融资中占比（2015—2018 年）

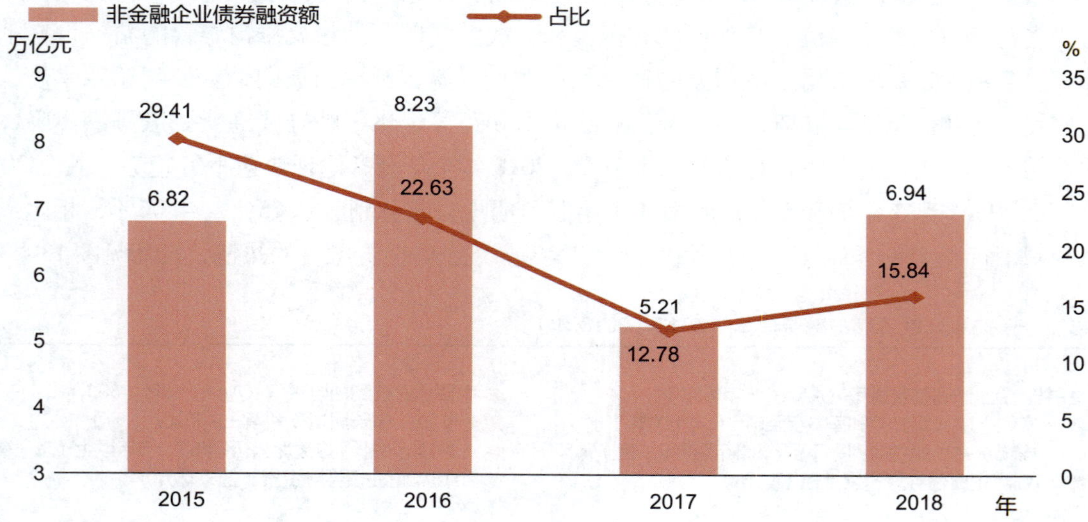

资料来源：Wind 资讯。

需要注意的是，虽然城投平台拥有企业属性，在社会融资规模统计中其发行的债券也被纳入企业债券净融资规模口径，然而究其本质，城投平台并不属于严格意义上的工商企业，其融资行为具有一定程度的非市场化属性。因此，在剔除了城投债[⑤]后，2018 年普通工商企业[⑥]共发行债务融资工具 3871 只，融资规模约为 4.48 万亿元，较上年增加约 37.85%。在非金融机构债券融资中占比

① 此处所指的“非金融企业”是指不属于证监会、银监会、保监会监管范围的企业，同时剔除归属于金融业的企业。

② 2013 年之前报告中工商企业债券的统计口径为企业债、公司债、中期票据、短期融资券，2014 年将统计口径扩展为企业债、公司债、中期票据、短期融资券、定向工具、可转债、可交换债，并剔除其中归属于金融业的企业。

③ 同时在银行间市场和交易所市场交易的债券虽有两个代码，但是按一只债券计算。

④ 此处统计的融资规模为一级市场新发债券融资金额，由于未剔除统计期内的到期债券金额，因此数值上大于中国人民银行在社会融资总量中的相关统计。

⑤ 城投债统计口径为 Wind 城投标准下的企业债、公司债、中期票据、短期融资券、定向工具、可转债、可交换债。

⑥ 这里的普通工商企业特指剔除城投平台公司后的非金融企业，下文中如无特殊说明，均为这一口径。

64.55%，比2017年上升2.17个百分点。把普通工商企业债券放到整个债券融资规模看，2018年其在整个债券融资中的占比从2017年的7.97%回升至10.23%，上升了2.26个百分点，具体见图13－5。

图13－5　普通工商企业债券与城投债融资对比（2016—2018年）

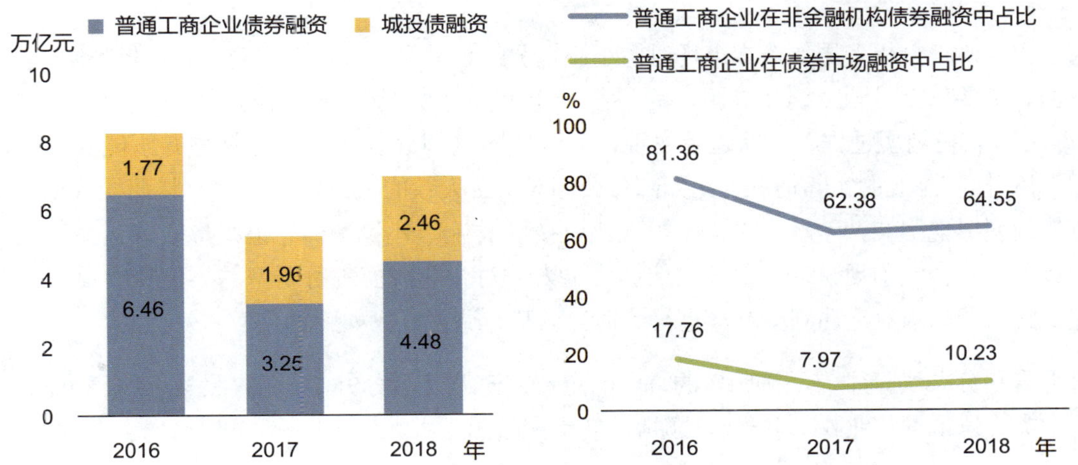

注：各年非金融企业债券融资额均占100%，此处的普通工商企业债券和城投债不含金融业的企业。

资料来源：Wind资讯。

图13－6　各类主要债券发行人的债券发行额比较（2015—2018年）

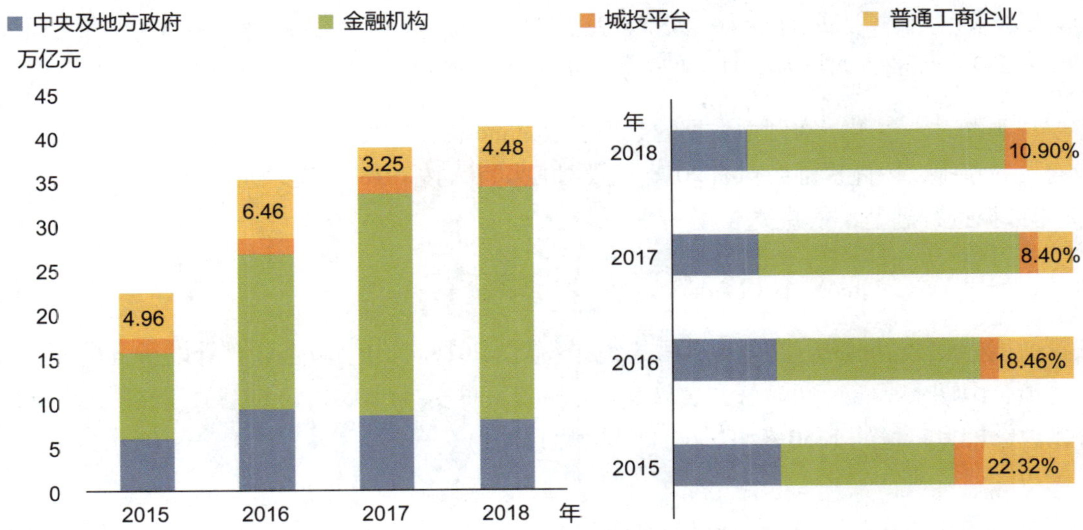

注：各年中央及地方政府、金融机构、城投平台、普通工商企业发行债券的融资额总和均为100%。

资料来源：Wind资讯。

再进一步分析不同种类债券的发行规模，2018年普通工商企业在四大类债券发行[①]（中央及地方政府、金融机构、城投平台、普通工商企业）融资规模中的占比在经历2017年断崖式下跌后小幅回升，占比从2017年的8.40%回升至10.90%，但仍然显著低于2015年的22.32%和2016年的

① 债券发行人中，中央及地方政府、金融机构、城投平台、普通工商企业是发行主体，因此对这四大类发行人进行分析研究。

18.46%（见图13－6）。分析原因，除了过去两年工商企业债券发行规模出现回落之外，主要原因是过去三年同业存单的发行规模急剧上升，使得金融机构债券融资规模占比大幅提升。

13.2 中小微企业债市直接融资情况

为了更准确地分析多层次资本市场对中小微企业的金融支持，课题组对上市/挂牌企业逐一进行规模划型，主要依据是国家统计局颁布的《统计上大中小微型企业划分办法（2017）》（以下简称《划分办法》）。在划型过程中，课题组发现，完全按照《划分办法》进行划型并不能真实准确地反映全部上市/挂牌企业的实际情况，比如部分公司对员工人数的披露明显失真，从而导致依据员工人数进行的划型出现明显偏差。此外，由于现代科技以及生产外包等产业组织形式的运用，员工人数并不能真实反映企业的规模，使得仅仅依据员工人数对企业规模进行划型并不能真实反映企业的规模。鉴于此，课题组对上述划型标准进行了适当调整，调整方式如下：

对于《划分办法》中有明确归属的行业的企业，遵循《划分办法》，按照Wind资讯证监会行业门类、大类，只依据营业收入/资产总额指标（即剔除员工人数这一指标）进行分类。

对于其他行业的企业（划型标准只有员工人数这一指标），则依据《划分办法》先按员工人数分类，然后结合营业收入对部分明显划型“失真”的企业进行适当调整。

向上调整的标准是：中型企业营业收入大于10亿元的，调整为大型企业；小型企业营业收入大于5000万元的，调整为中型企业，大于10亿元的，调整为大企业；微型企业营业收入大于1000万元的，调整为小型企业。向下调整的标准为：大型企业营业收入小于1亿元的，调整为中型企业；中型企业营业收入小于500万元的，调整为小型企业；小型企业营业收入小于50万元的，调整为微型企业。

需要说明的是，由于此次划型依据的数据来自Wind提供的发行人2018年年报，4月份部分发行人还没有更新年报，因此课题组对有2018年数据的发行人按2018年数据进行划型，没有更新数据的按2017年数据进行划型，依此类推。

13.2.1 中小微企业债市直接融资规模继续下行

根据前述标准对企业进行类型划分后的统计数据，2018年中小微企业合计发行各类债券（企业债、公司债、中期票据、短期融资券、PPN、可转债、可交换债）共计58只，融资规模285.58亿元，分别占全部发行量的1.50%和0.64%（见表13－1）。

表13－1　国家统计局标准调整后各类型企业融资情况（2018年）

企业类型	发行数量（只）	发行面额（亿元）
大型企业	3676	43403.39
中型企业	57	283.58
小型企业	0	0
微型企业	1	2.00
数据缺失①	137	1123.56
合计	3871	44812.53

注：①数据缺失是指Wind无法获取相关发行人的资产总额及营业收入数据，因此导致缺少划型条件。

资料来源：Wind资讯。

对比2017年，中小微企业合计发行数量较2017年下降了44.76%（减少47只），发行面额减少41.26%（减少200.86亿元）。二者在普通工商企业债券融资总量占比分别下降了2.11%和0.86%（见表13－1、表13－2）。可见，虽然2018年整体的企业债券融资环境有所改善，但债券融资进一步向大型企业倾斜，中小微企业想要通过债券工具获得融资的难度进一步增加。

表13－2　国家统计局标准调整后各类型企业融资情况（2017年）

企业类型	发行数量（只）	发行面额（亿元）
大型企业	2719	31333.73
中型企业	105	486.44
小型企业	0	0
微型企业	0	0
数据缺失①	83	712.24
合计	2907	32532.41

注：①数据缺失是指Wind无法获取相关发行人的资产总额及营业收入数据，因此导致缺少划型条件。

资料来源：Wind资讯。

从行业分类来看，2018年在全部发行人中发行规模位列前三的行业分别是制造业，电力、热力、燃气及水生产和供应业，以及采矿业，与2017年维持一致。2018年中小微企业发行人发行规模位列前三的行业是建筑业、采矿业以及综合业，而2017年为建筑业、房地产业以及综合业（见图13－7、13－3）。

图13－7　基于标准划型的中小微企业发行人和全部工商企业发行人行业分布（2018年）

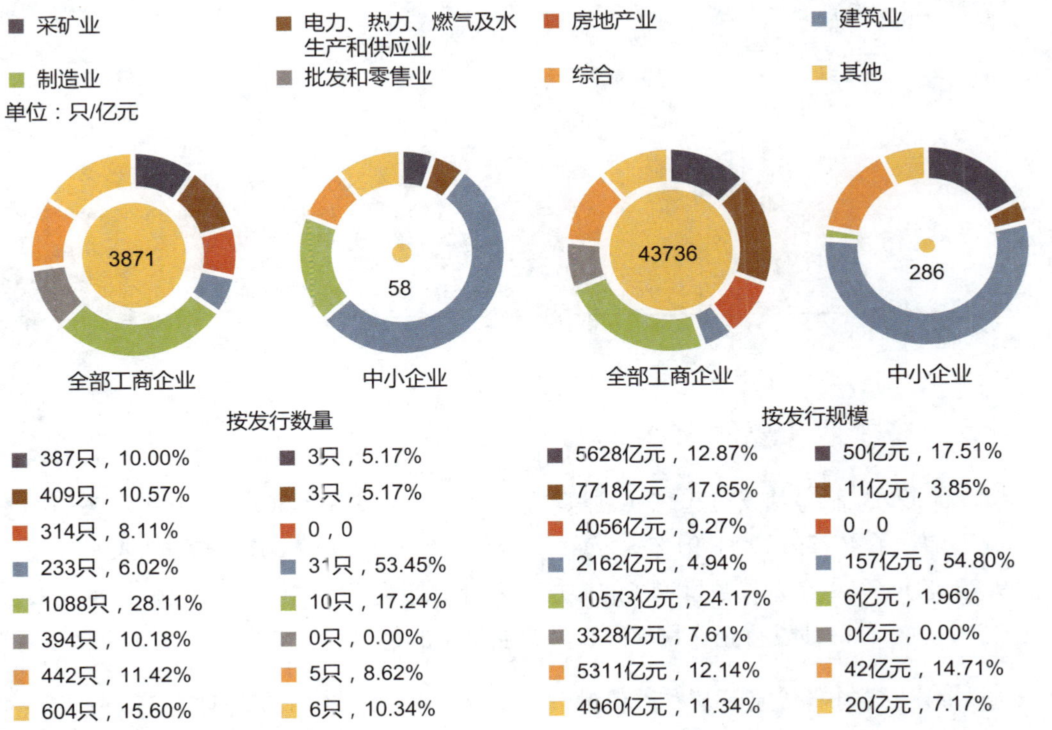

资料来源：Wind资讯。

表 13－3　基于标准划型的中小微企业发行人和全部工商企业发行人行业分布明细（2018 年）

证监会门类	全部工商企业		中小微企业	
	发行数量（只）	发行面额（亿元）	发行数量（只）	发行面额（亿元）
制造业	1088	10573. 03	10	5. 6
电力、热力、燃气及水生产和供应业	409	7717. 8	3	11
房地产业	314	4056. 37	0	0
采矿业	387	5628	3	50
综合	442	5311. 03	5	42
建筑业	233	2162. 18	31	156. 51
交通运输、仓储和邮政业	230	2820. 3	1	15
批发和零售业	394	3327. 61	0	0
信息传输、软件和信息技术服务业	58	1003. 5	1	0. 5
水利、环境和公共设施管理业	36	201. 63	2	4. 75
租赁和商务服务业	80	544. 1	2	0. 22
居民服务、修理和其他服务业	5	60. 5	0	0
文化、体育和娱乐业	36	201. 63	0	0
农、林、牧、渔业	28	166. 9	0	0
住宿和餐饮业	8	60. 9	0	0
卫生和社会工作	2	7	0	0
教育	0	0	0	0
科学研究和技术服务业	6	5. 32	0	0
合计	3871	44812. 53	58	285. 58

资料来源：Wind 资讯。

13. 2. 2　中小微企业私募债融资难度进一步提高

2018 年共有 399 只私募债发行起息（剔除城投债），共筹集资金 3684. 31 亿元，发行数量与规模较 2017 年分别增加了 4. 72% 和 31. 91%，私募债的平均发行规模由 2017 年的 7. 33 亿元/只上升至 2018 年的 9. 23 亿元/只。在发行数量增长有限的情况下，发行规模出现了较大幅度的增长，说明在私募债主体扩容后，私募债发行企业呈现向大型企业集中的趋势。

为了进一步分析中小微企业通过私募债融资的情况，我们从 2018 年起息的 399 只私募债（剔除城投债）中剔除了数据不全的样本和缺乏划型指标客观数据的行业样本，最后剩余 371 个有效样本（募集 3489. 91 亿元）。根据课题组标准对发行人进行划型，371 只私募债样本中，发行人符合中小微企业标准的私募债有40只，占当年发行全部私募债发行数量的10.78%，较上年降低11.65个百分点，募资总额225.26亿元，占当年全部私募债募资总额的6.45%，较上年降低8.53个百分点（见图13－8）。由此可见，中小微企业通过私募债方式进行融资的难度显著提升。

图13－8　基于标准划型的中小微企业私募债在全部私募债中的占比情况（2018年）

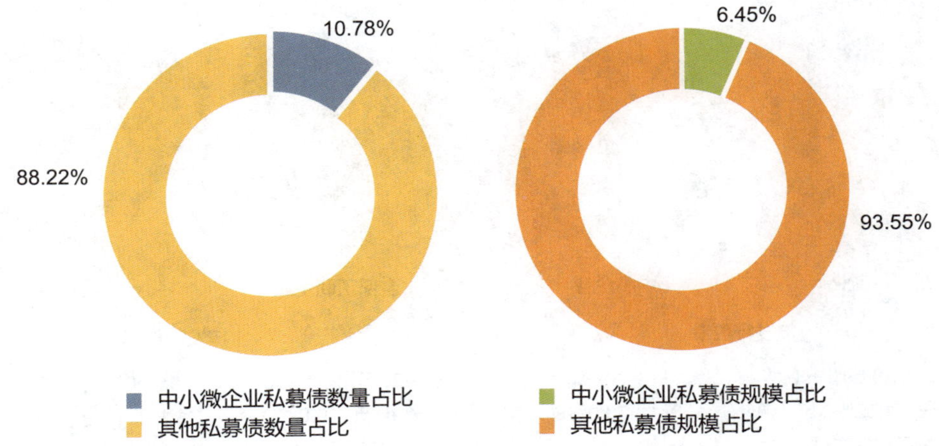

注：①本图中的全部私募债特指满足标准划型的私募债，即从2018年起息的399只私募债（剔除城投债）中剔除数据不全的样本和缺乏划型指标客观数据的行业样本（主要是仅依据员工人数唯一划型指标的行业，因员工人数数据可靠性较差，故课题组不予纳入划型指标），剩余371个私募债样本。

②371只私募债中，发行人符合中小微企业标准的私募债共40只。

资料来源：Wind资讯。

从发行人所属行业来看（见图13－9），全样本私募债（371个私募债样本，下同）2018年发行规模位于前三位的行业依次为房地产行业、制造业和采矿业。房地产行业的私募债发行数量为100只，发行规模为1206.67亿元，较2017年分别增长203.03%和248.04%；制造业的私募债发行数量为57只，发行规模为430.5亿元，较2017年分别下降39.18%和24.99%；采矿业的私募债发行数量为33只，发行规模为425.9亿元，较2017年分别增长73.68%和25.78%。

2018年中小微企业私募债的发行规模位于前三位的行业依次是建筑业，采矿业，交通运输、仓储和邮政业，而2017年中小微企业私募债的发行规模位于前三位的行业依次是建筑业，房地产业，电力、热力、燃气及水生产和供应业。其中，虽然建筑业的中小微企业私募债发行规模相比于2017年减少了33.33%，但依然是中小微企业中私募债发行规模最大的行业，占比达到63.93%；采矿业受益于中国大唐集团煤业有限责任公司在2018年3次发行私募债，总发行规模为50亿元，成为发行规模增长最快的行业；而受到政策监管和行业景气度的影响，房地产业的中小微企业在2018年没有成功发行私募债；此外，制造业作为中小企业高度集中的行业，在2018年仅有3只中小微企业私募债成功发行，总发行规模仅为0.35亿元，融资难度进一步加大。

在发行利率方面，从全样本私募债看，尽管2018年债券市场的无风险利率和企业债的融资利率大幅走低，但是各行业私募债的融资利率却有明显上升。相比于2017年只有房地产行业的平均票面利率在7%以上，2018年有房地产业、制造业、建筑业，电力、热力、燃气及水生产和供应业在内的8个行业的平均票面利率均在7%以上。平均票面利率最高的行业是文化、体育和娱乐业，达到

7.60%，平均票面利率最低的行业是交通运输、仓储和邮政业，为6.10%。

图13-9　基于标准划型的中小微企业和全样本私募债的发行人行业分布（2018年）

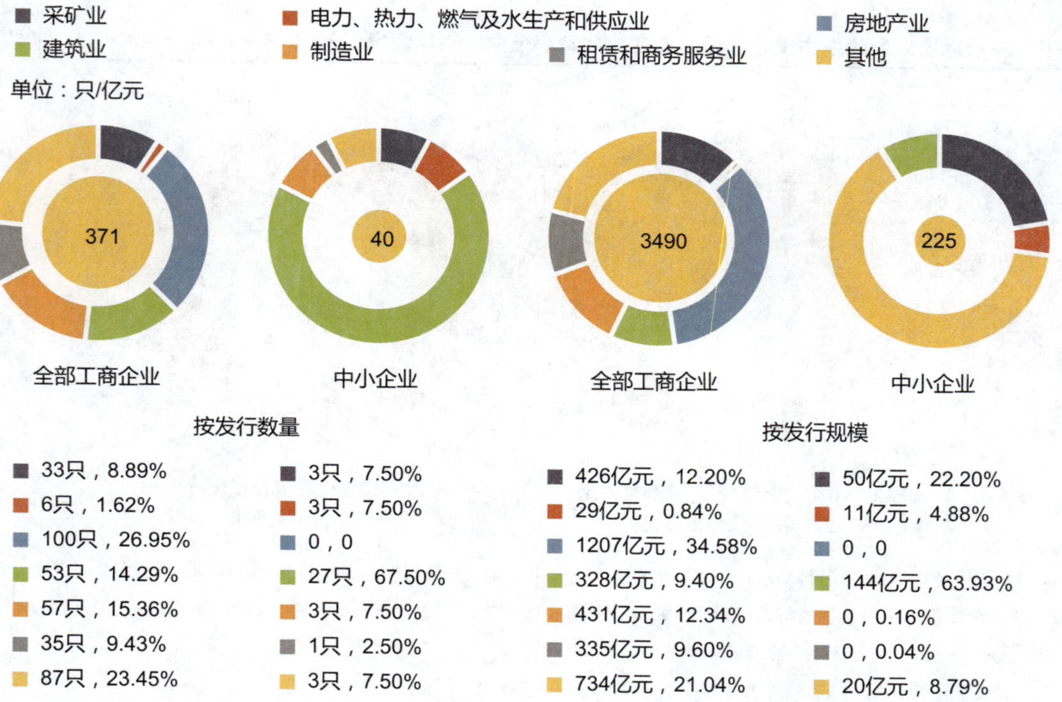

注：①本图中的全部私募债特指满足标准划型的私募债，即从2018年起息的399只私募债（剔除城投债）中剔除数据不全的样本和缺乏划型指标客观数据的行业样本（主要是仅依据员工人数唯一划型指标的行业，因员工人数数据可靠性较差，故课题组不予纳入划型指标），剩余371个私募债样本。中小微企业私募债特指发行人符合中小微企业标准的私募债。

②左侧两图按照发行数量进行统计，右侧两图按照发行规模进行统计。

资料来源：Wind资讯。

从中小微企业发行的私募债看，在2018年有中小微企业发行私募债的8个行业中，有6个行业的平均票面利率大于7%。平均票面利率最高的行业是水利、环境和公共设施管理业，达到7.50%，平均票面利率最低的行业是采矿业，为5.23%。

在期限方面，2018年中小微企业发行的私募债期限以3年期和5年期为主，分别有11只和26只，占比达到27.5%和65%。相比往年，中长期限债券的占比有所上升。其中3年期多为“2+1”形式（即2年末赋予投资者回售选择权），5年期多为“3+2”形式（即3年末赋予投资者回售选择权）。经统计，2018年中小微企业发行的40只私募债中，有34只附加了回售条款（占比85%），具体见图13-10。

总体而言，在私募债的发行过程中，中小微企业的弱势地位越发明显。一方面，在债券市场整体利率向下的情形下，通过私募债形式发行的债券融资成本却持续走高；另一方面，即使中小微企业大多在债券中附加回售条款以提高对投资者的吸引力，但难改中小微企业私募债的融资规模走低的趋势。

图 13-10 中小微企业私募债和全部私募债发行人的期限和票面利率情况（2018 年）

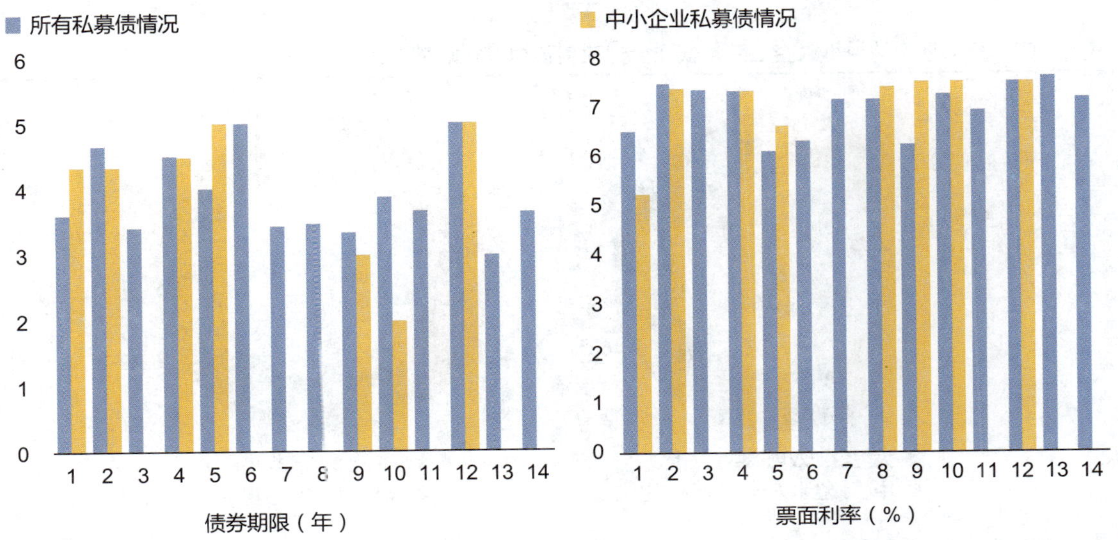

注：①本图中的全部私募债特指满足标准划型的私募债，即从 2018 年起息的 399 只私募债（剔除城投债）中剔除数据不全的样本和缺乏划型指标客观数据的行业样本（主要是仅依据员工人数唯一划型指标的行业，因员工人数数据可靠性较差，故课题组不予纳入划型指标），剩余 371 个私募债样本。

②债券期限为各行业平均债券期限，单位年；票面利率为各行业平均票面利率。

③横坐标 1 至 14 代表所属证监会门类行业：1 对应采矿业，2 对应电力、热力、燃气及水生产和供应业，3 对应房地产业，4 对应建筑业，5 对应交通运输、仓储和邮政业，6 对应农、林、牧、渔业，7 对应批发和零售业，8 对应制造业，9 对应租赁和商务服务业，10 对应信息传输、软件和信息技术服务业，11 对应科学研究和技术服务业，12 对应水利、环境和公共设施管理业，13 对应文化、体育和娱乐业，14 对应综合。

资料来源：Wind 资讯。

13.2.3 新型“双创”债务融资工具对中小微企业扶持加大

为了推进大众创业、万众创新政策的落实，2016 年证监会层面试点推出创新创业公司债，全国首批创新创业企业公司债券在上海证券交易所开闸发行，开创了创新创业企业通过债券市场实现融资的先河。创新创业公司债券（简称双创债）在证监会试点，其目的是贯彻落实国家创新驱动发展战略，推进大众创业、万众创新，更好地服务供给侧结构性改革，进一步丰富公司债券发行主体结构、优化中小企业资本形成机制，以及切实支持科技创业创新。

在发行数量方面，2018 年共发行双创债 26 只，较 2017 年进一步增加（增加 6 只），其中小微企业占发行数量的 42%。在融资规模方面，双创债的融资规模提高了 68.17 亿元，达到 87.3 亿元，其中中小微企业的融资规模为 33.3 亿元。相比于 2017 年只有 9.84% 的资金流向中小微型企业，2018 年流向中小微企业的资金为 38%，双创债对于中小微企业的扶持力度明显提升（见图 13-11）。

私募可转换公司债券属于创新创业公司债的子品种，是股权、债券结合性产品，具有帮助拓宽企业的融资渠道，丰富融资方式，进一步降低融资成本的优势。2017 年 9 月 22 日，沪深交易所分别联合全国中小企业股份转让系统有限责任公司和中国证券登记结算有限责任公司发布实施《创新创业公司非公开发行可转换公司债券业务实施细则（试行）》（以下简称《实施细则》）。《实施细则》

对发行主体及适用范围、发行方式、转股流程、信息披露要求四个方面作出了明确规定，对"双创"债券的发行条件和流程作出了进一步规范。

图 13－11　基于标准划型的中小微企业双创债在全部双创债中发行规模占比（2018 年）

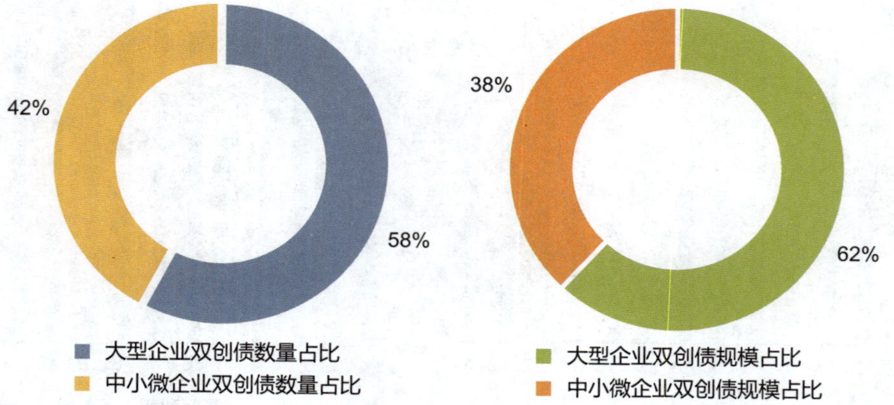

注：本图中的全部双创债特指满足标准划型的双创债，即从 2018 年起息的双创债（剔除城投债）中剔除数据不全的样本和缺乏划型指标客观数据的行业样本（主要是仅依据员工人数唯一划型指标的行业，因员工人数数据可靠性较差，故课题组不予纳入划型指标），剩余 26 个私募债样本。

资料来源：Wind 资讯。

2017 年作为"双创"可转债发行的首年，全年发行 4 只"双创"可转债，发行主体均为中小微企业。但是到了 2018 年，没有一家中小微企业通过"双创"可转债的方式获得融资。2018 年总计发行 3 只"双创"可转债，发行主体均为大型企业，分别是"18 创投 S1""18 龙腾 01"和"18 璞泰来"。

13.2.4　民企债券违约高发加大中小微企业债券融资难度

2018 年以来中国经济呈现下行趋势，尽管人民银行通过货币政策调控保持资金面合理充裕，但伴随着资管新规在内的金融防风险政策相继出台并逐渐落地，银行负债端成本持续处于高位，信托和融资租赁等非标渠道融资难度加大，使得实体企业流动性压力上升，信用风险加剧。

2018 年，债券市场新增实质违约发行人共 40 家，违约债券 163 只，涉及违约金额 1491.25 亿元。从 2014 年国内市场出现第一只违约债券——超日债算起，截至 2018 年末，中国债券市场违约发行人累计达到 104 家，违约债券 323 只，违约金额 2403.72 亿元。因此，仅 2018 年单年，违约债券的数量和金额就超过了 2014—2017 年的总额。其中，民企新增实质违约发行人共 34 家，占比达到 85%。民企债券违约数量为 138 只，债券违约金额为 1287.87 亿元，分别占所有违约债券的 84.66% 和 86.36%（见图 13－12）。2018 年民企债券违约数量激增的原因，一方面是民企再融资渠道相对狭窄，更易受到金融严监管背景下再融资渠道收缩的影响，导致资金链条的断裂；另一方面也暴露民企普遍存在的公司治理和财务审慎程度不足的问题。

从季度分布来看，2018 年的债券违约主要分布在第三、第四季度。第一季度、第二季度、第三季度和第四季度违约债券数量依次为 13 只、15 只、55 只和 80 只，违约金额依次是 115.64 亿元、167.87 亿元、525.50 亿元和 684.23 亿元。其中，第一季度、第二季度、第三季度和第四季度民企债券违约数量依次为12只、12只、48只和66只，违约金额依次为110.64亿元、151.30亿元、476.00亿元和549.93亿元。尽管政府在7月下旬陆续出台了各项宽信用政策，并在10月中下旬密集出台了多项民企支持政策，但是由于下半年低资质信用债特别是非公开公司债到期回售集中，所以下半年的债券违约情况不降反升（见图13－13、图13－14）。

图13－12　债券违约数量和违约金额（2014—2018年）

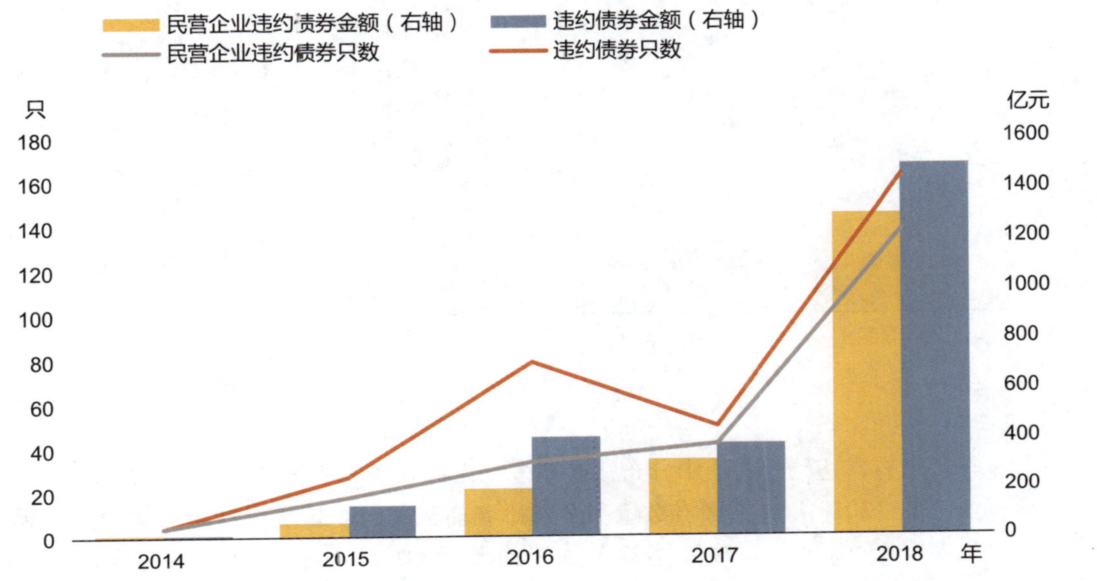

资料来源：Wind资讯。

图13－13　债券市场新增违约主体数量（2014—2018年）

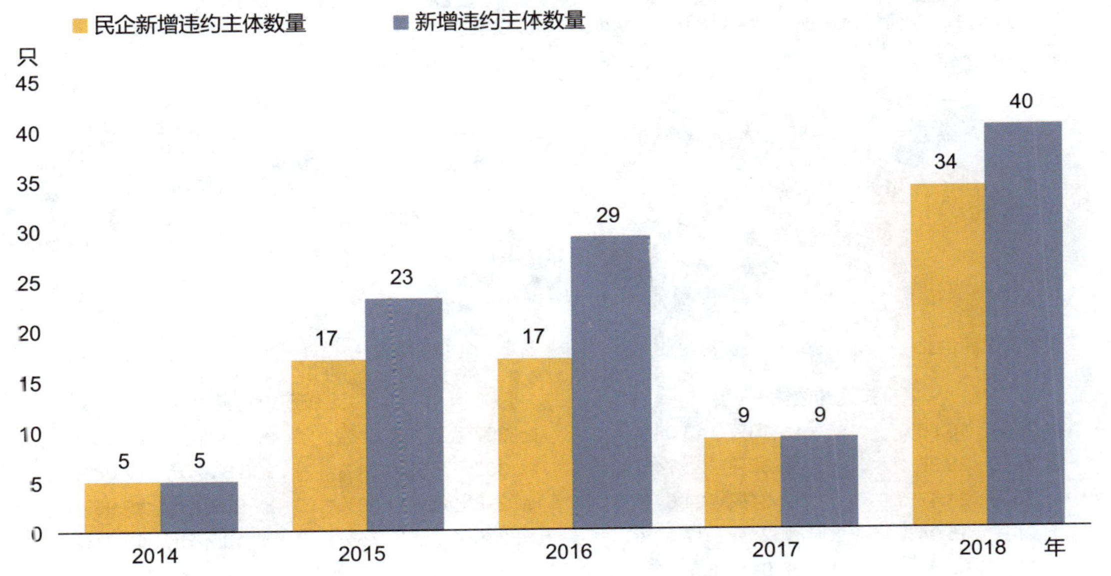

资料来源：Wind资讯。

图 13－14　债券违约情况季度分布（2018 年）

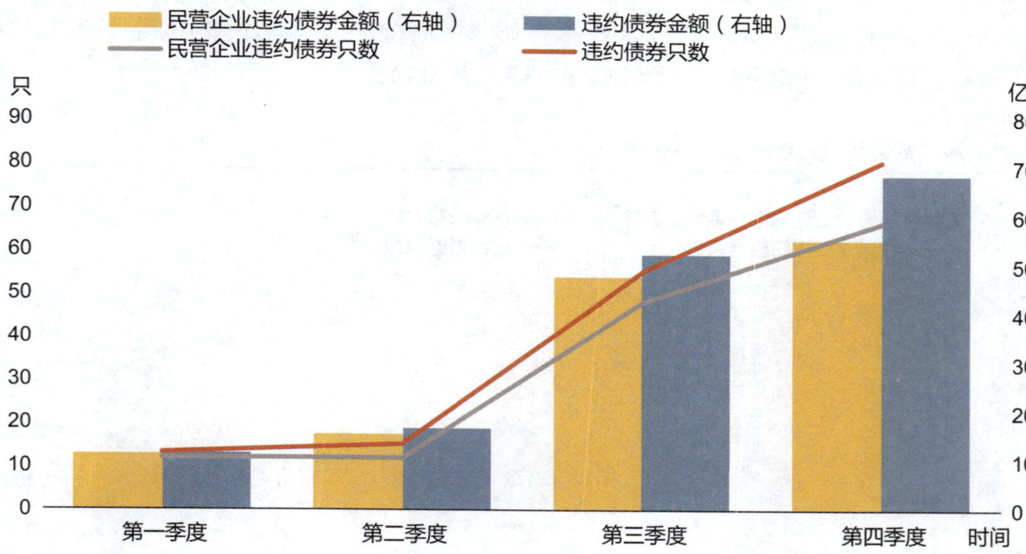

资料来源：Wind 资讯。

从行业分布上来看，违约企业集中分布在前期多元化扩张较为激进的化工、食品加工和综合业。根据证监会行业分类，2018 年违约债券数量和金额排名前三的行业依次是批发和零售业、采矿业和制造业。批发和零售业的债券违约数量是 27 只，违约金额 397.3 亿元；采矿业的债券违约数量是 34 只，违约金额是 301.8 亿元；制造业的债券违约数量是 35 只，违约金额是 217.5 亿元（见图 13－15）。

图 13－15　债券违约情况行业分布（2018 年）

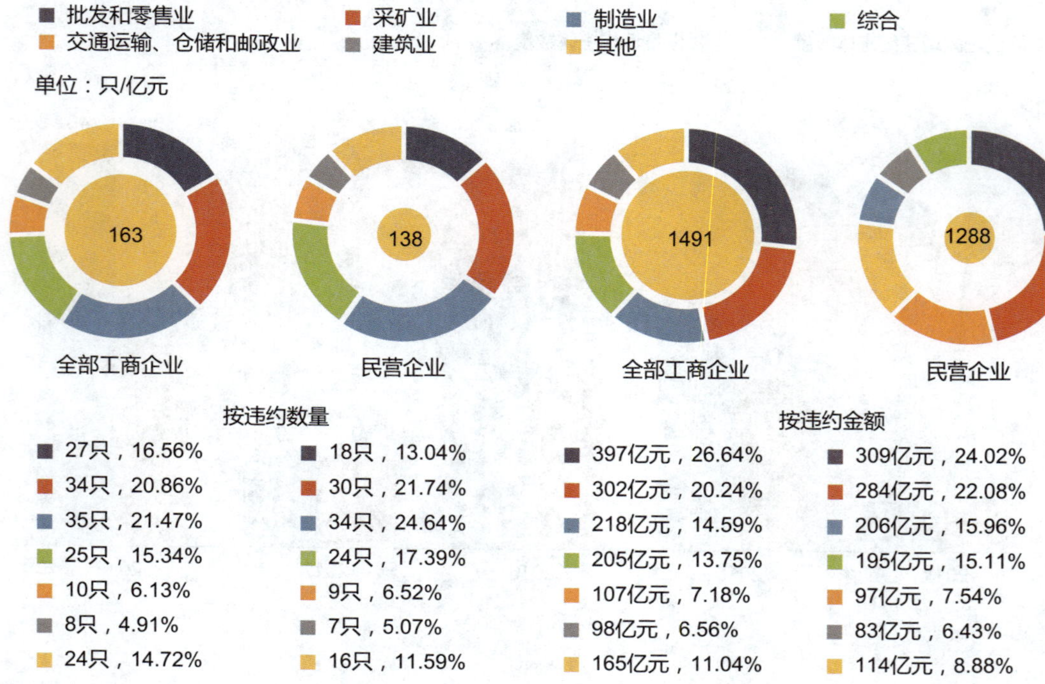

资料来源：Wind 资讯。

民企信用违约事件的频频发生，对投资者的信心造成了极大的打击，而大部分金融机构无法在短期内提升对债券信用风险的甄别能力，因而对民企债券特别是中小微民企采取“一刀切”的策略，导致近年来中小微企业融资难度不断加大。在此背景下，2018 年 10 月 22 日，国务院常务会议决定设立民营企业债券融资支持工具，为经营正常、流动性遇到暂时困难的民营企业发债提供增信支持。截至 2018 年末，民营企业债券融资支持工具共发行 50 笔，发行金额为 64.25 亿元，支持了 35 家民营企业发行 229.2 亿元债务融资工具。

专题 13－1　民营企业信用风险缓释工具重焕活力

2018 年 10 月 22 日，中国人民银行宣布，将按照法治化、市场化原则，引导设立民营企业债券融资支持工具，稳定和促进民营企业债券融资，并积极支持商业银行、保险公司以及债券信用增进公司等机构，在加强风险识别和风险控制的基础上，运用信用风险缓释工具等多种手段，支持民营企业债券融资。

本次中国人民银行支持引导的信用风险缓释工具类型主要是信用风险缓释凭证（Credit Risk Mitigation Warrant，CRMW），它是由机构主动创设的一种标准化的信用衍生产品，债券投资者通过购入 CRMW 获得创设机构的信用风险保护。在 2010 年 10 月被首次推出后，因“刚性兑付”的、统一定价标准的缺失等原因，CRMW 并没有提供较多实质性帮助。但随着近几年债券市场违约的常态化发生，信用风险事件频发，为有效支持民营企业发债融资，交易商协会在人民银行指导下，进一步优化了 CRMW 的创设发行机制。通过引入簿记建档机制、推出同步发行机制和 CRMW 联合创设机制，提升了 CRMW 发行定价的市场化水平，限制了利用 CRMW 投机套利的非规范操作，有效吸引更多潜在投资者积极参与。

自 2018 年 11 月沪深交易所启动信用保护工具业务试点至 2018 年末，CRMW 共发行 50 笔，发行金额为 64.25 亿元，支持了 35 家民营企业发行 229.2 亿元债务融资工具。凭证期限范围是 0.5 年到 2 年，其中 6 个月、9 个月和一年的凭证期限居多。以发行规模为权重的加权平均创设费率为 1.39%，即每保障 100 元本金需要支付的费用为 1.39 元。创设机构共涉及 22 家，具体包括中债增信 1 家担保公司、国泰君安和中信建投 2 家证券公司和 19 家商业银行。信用事件为标的实体破产或标的债务发生支付违约，宽限期为 3 个营业日，起点金额为人民币 100 万元。

债券信用风险缓释工具的推出，将有助于中小微民营企业信用风险的转移和分散，缓解中小微民营企业因信用不足导致的融资难题，进一步支持其稳健发展。上交所表示，“积极推出新型债券品种，完善债券发行机制，更好满足民营企业特别是民营控股上市公司发债的需要，支持中小型民营企业发行高收益债券、私募债券和其他债务融资工具。积极研究推出债券信用风险缓释工具，充分发挥交易所优势，联合各方力量积极化解信用债券违约风险”。在交易所等监管方、金融机构、中小微民营企业和债券投资者的合力作用支持下，中小微民营企业信用债或将迎来更大的发展机会。

总之，在“去杠杆、严监管、防风险”的大背景下，市场环境从前几年的信用扩张转为信用收缩，使得部分前期政策宽松时期下资产负债扩展较为激进的企业面临着较大的债务偿还压力，出现资金周转困难，导致 2018 年民企债券违约高发。为防止融资渠道收缩带来的风险由低资质民企向高资质民企传染，对“暂时遇到困难，但有市场、有前景、有技术竞争力的民营企业”造成伤害，国务院常务会议决定设立民营企业债券融资支持工具，传递监管层对于民企支持的态度，恢复市场对于民企特别是优质民企融资的信心。此后，民企信用债发行的规模和利率出现了较大的改善，但是目前市场总体信用收缩的局面还难以彻底逆转，进入2019年，债券违约情况仍没有明显好转。

13.3 政府和金融机构借助债市服务中小微企业

中国人民银行统计数据显示，2018年度商业银行对中小微企业贷款净增加额为4.57万亿元人民币，2018年末对中小微企业贷款余额为46.06万亿元人民币。我们在13.2节中的统计数据显示，2018年中小微企业债券直接融资规模仅为285.58亿元左右。相比之下，中小微企业债券直接融资规模相对于金融机构中小微企业贷款规模显得微不足道。

债券市场是政府部门和金融机构服务中小微企业的一大资金来源。2018年，为充分利用债券市场融资功能，地方政府主导的旨在纾解民营企业融资困境的纾困专项债成功发行，进一步拓宽化解了民营企业流动性风险的资金渠道。而以全国股份制商业银行和区域性商业银行为代表的金融机构通过发行小微企业专项金融债，将募集资金用途限定在为小型微型企业提供资金支持，现已经在中小微企业融资方面发挥着越来越大的作用。

专题13-2 政府主导纾困专项债成功发行

为纾解民营企业的融资困境、防范化解上市公司股票质押风险，2018年10月26日，深圳市投资控股有限公司和北京海淀科技金融资本控股集团股份有限公司分别在深交所和上交所成功发行纾困专项公司债券（以下简称纾困债），发行规模分别为10亿元和8亿元。因该债券品种较强的政策支持力度和较低的信用风险，这两只纾困债均获得投资者踊跃认购，并表现出较强的示范效应，成功带动了其他省份类似纾困债的陆续发行。截至2018年末，各省份纾困债共发行8只，发行规模为118亿元，以发行规模为权重的加权平均发行票面利率为4.44%。各只纾困债的基本信息如下：

表13-4　纾困专项债发行基本情况（2018年）

证券简称	发行起始日期	发行总额（亿元）	债券期限（年）	发行时票面利率（%）	债项评级	债务主体
18深纾01	2018-10-26	10.00	5	3.97	AAA	深圳市投资控股有限公司
18海专项	2018-10-26	8.00	3	4.70	AAA	北京海淀科技金融资本控股集团股份有限公司
18圆纾01	2018-11-09	10.00	5	4.15	AAA	厦门金圆投资集团有限公司
18闽纾债	2018-11-12	10.00	5	4.10	AAA	福建省投资开发集团有限责任公司
18台纾01	2018-11-13	5.00	5	5.70	AA+	台州市金融投资集团有限公司
18海纾困	2018-12-18	50.00	3	4.14	AAA	北京市海淀区国有资本经营管理中心
18鲁纾01	2018-12-24	10.00	3	5.38	AAA	山东国惠投资有限公司
18蓉纾01	2018-12-27	15.00	3	4.97	—	成都交子金融控股集团有限公司

资料来源：Wind资讯。

从募集资金用途来看，纾困债募集资金主要用于设立专项股权投资基金，以帮助各省份立足主营业务，经营状况良好的上市公司或优质科技公司及其股东化解因股票质押而出现的流动性风险。从纾困基金受援对象来看，在披露了受援公告的A股上市公司中，中小板和创业板公司成为受援主流，并且受援效果显著，公司股份质押比例已出现明显回落。

纾困专项债券的发行，是充分利用资本市场融资功能，通过债券品种的创新，进一步拓宽化解民营企业流动性风险的资金渠道，对于支持具有发展前景的民营企业意义重大。证监会也表示将会同沪、深交易所对该类专项公司债券审核建立"绿色通道"，实行专人对接、专项审核，适用即报即审政策，提高发行效率，以积极发挥交易所债券市场对纾解民营企业融资困境及防范化解上市公司股票质押风险的支持作用。但是也要看到纾困资金的主要流向仍为各行业领域中的大型民营企业，就目前的情况来说，纾困债对于中小微企业的帮助作用十分有限。

13.3.1 市场性金融机构债市融资规模整体波动增长

2018年，我国金融机构共发行金融债[①]51034.10亿元，增幅为3.88%。自2015年以来，市场性金融机构金融债券发行情况整体趋于平稳，发行规模整体呈现波动增长的趋势。从债券品种来看，政策银行债的发行量近年来呈现平稳增长之势，2018年政策银行债发行规模为34649.80亿元，比2017年增加5.49%，占全年金融债规模的67.90%，占比较2017年增加1.04个百分点。在三农金融债、绿色金融债和小微企业金融债等具有政策背景的专项债的带动下，2018年商业银行债的发行量增长较大。2018年商业银行债发行规模为5170.20亿元，较2017年增加32.33%，在全年金融债规模中占比为10.13%，占比相对2017年增加27.39个百分点。而2018年商业银行次级债发行规模为4007.20亿元，较2017年下降16.59%。一些非银行金融机构，如金融租赁公司和汽车金融公司等，由于近年来业务规模快速增长，需要补充资金来源或优化资产负债期限结构，债券发行的活跃度进一步提升。2018年其他金融机构债发行规模为1913.00亿元，较上年增长64.35%。

总体来看，2018年政策性银行债发行规模在整体金融债券发行规模中的占比增加了5.49个百分点。市场性金融机构债市融资规模较2017年增长0.62%，在全年金融债规模中占比为32.10%，较2017年下降1.04个百分点（见图13－16、图13－17）。

13.3.2 小微企业专项债发行规模大幅增加

2018年，商业银行共发行金融债[②]9177.40亿元，同比增长5.35%，其中，一般性商业银行债[③]发行数量为106只，融资规模为5170.20亿元，同比增长32.33%，占商业银行全部债市融资规模的56.34%；商业银行次级债发行数量为67只，发行规模为4007.20亿元，较2017年下降16.59%，占商业银行全部债市融资规模的43.66%（见图13－18）。

① 本章金融债统计口径包括政策银行债、商业银行债、商业银行次级债、保险公司债、证券公司债、其他金融机构债六部分。本章金融债统计口径不包括证券公司短期融资券，主要原因在于：证券公司短期融资券期限较短，滚动发行且融资规模与短期融资券的期限关系很大，因此未纳入统计口径。

② 包括商业银行债和商业银行次级债，其中商业银行债中包含小微企业专项金融债。

③ 包括小微企业专项金融债和其他商业银行债。

图 13－16　金融机构债市融资规模与年增长率（2011—2018 年）

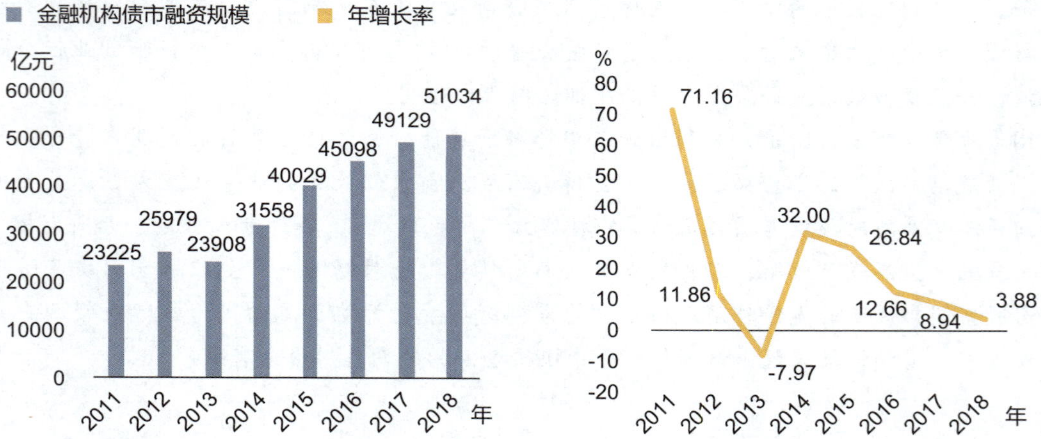

注：金融债统计口径不包括证券公司短期融资券，主要原因在于：证券公司短期融资券期限较短，滚动发行且融资规模与短期融资券的期限关系很大，因此未纳入统计口径。

资料来源：Wind 资讯。

图 13－17　各类金融债规模与占比变化（2015—2018 年）

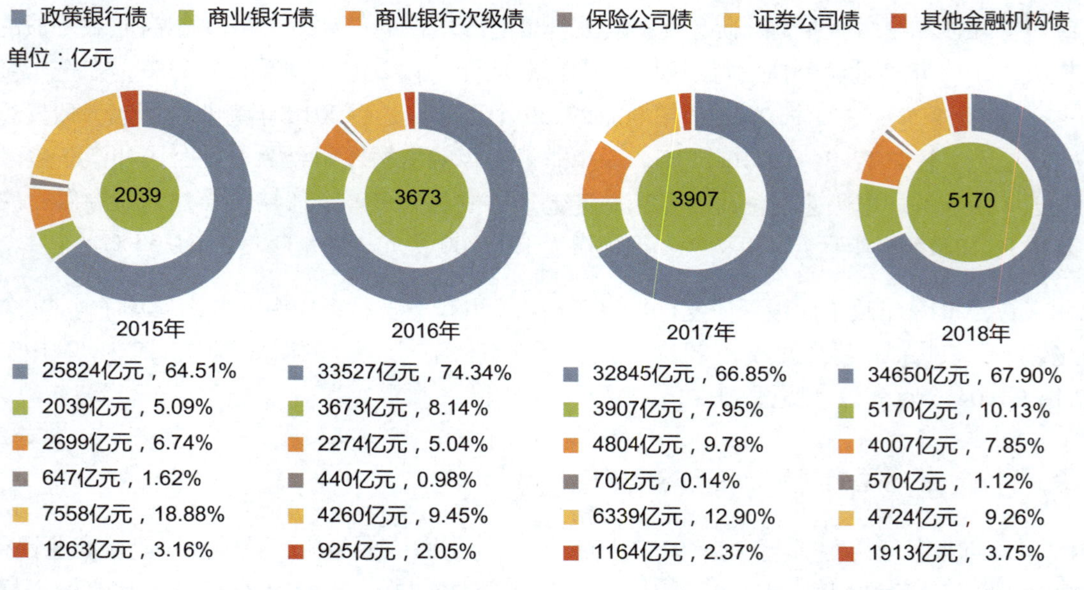

注：圆环图中间绿色圆代表商业银行债总发行规模，圆圈越大，发行规模越大，2018 年发行规模最大，为 5170 亿元。

资料来源：Wind 资讯。

从商业银行债市融资结构来看，商业银行次级债在 2017 年出现大幅增长后稍有下降，而商业银行债发行规模出现较快增长。其中，除小微企业专项债以外的其他商业银行债发行规模仍旧保持平稳增长的趋势，小微企业专项金融债继 2017 年出现首次下降后发行规模大幅增加，较 2016 年增加了 1075 亿元。并且随着市场上专项金融债品种日渐丰富，商业银行为中小微企业提供金融服务的渠道进一步拓宽，支撑力进一步增强。

■小微企业专项金融债发行规模出现新高

小微企业专项金融债诞生于2011年，通过为金融机构提供特殊的债券融资渠道，使其扩大对中小微企业融资服务的规模，间接助力于小微企业融资，在为小微企业提供金融服务方面扮演着重要的角色。

图13－18　商业银行债市融资情况（2010—2018年）

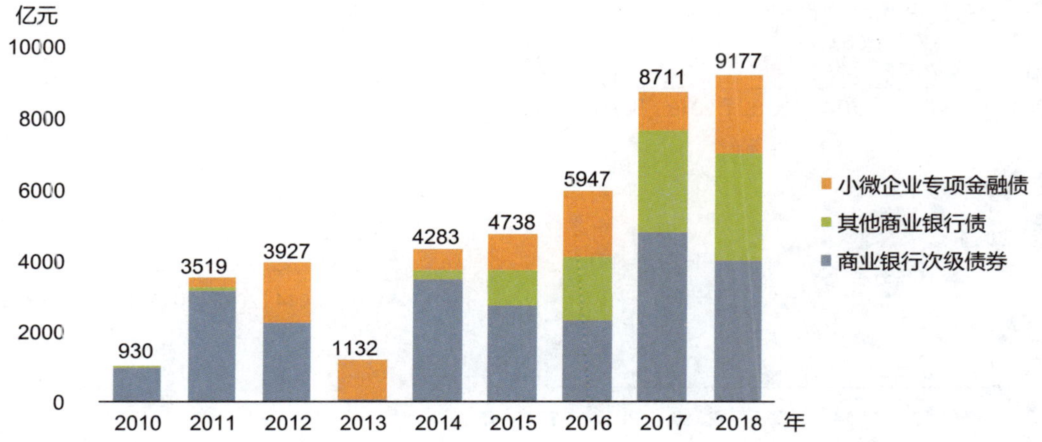

资料来源：Wind资讯。

从发行规模来看，2018年小微企业专项金融债全年发行规模2145亿元，较2017年增长了100.47%，在2017年出现首降后大幅并发展为新高；小微企业专项金融债在一般性商业银行债中的占比较2017年增加了14.10个百分点，为41.49%。

从发行数量来看，2018年小微企业专项金融债的产品发行数量和参与主体数量分别为29只和21个，较2017年分别增加11只和9个。区域性商业银行单只小微企业专项金融债发行规模由17.86亿元/只增加到18.86亿元/只（见图13－19）。

从发行利率来看，2018年小微企业专项金融债月平均利率呈现波动下降的趋势，年度平均发行利率为4.46%，较2017年下行约30个基点。从发行期限看，2018年小微企业专项金融债的发行期限为3年或5年，且3年期品种占绝对比重，约为96.55%，而5年期品种在小微企业专项金融债中的比例为3.45%（见图13－20）。

■全国性股份制商业银行成为小微企业专项金融债发行主力

从发行主体来看，2018年全国性股份制商业银行发行小微企业专项金融债规模为1630亿元，占比为75.99%，连续三年发行规模超过区域性商业银行，逐渐成为小微金融债的发行主力。2018年区域性商业银行的小微企业专项金融债发行规模为415亿元，在小微企业发债总量中占比为19.35%，又创下占比新低。继四年的发行空白之后，2018年五大行发行小微企业专项金融债100亿元，占比为4.66%（见图13－21）。

具体来看，2018年共21家商业银行发行小微企业专项金融债，其中包括1家五大行（交通银行），5家全国性股份制商业银行（广发银行、华夏银行、民生银行、浙商银行、平安银行）、12家

图 13－19　小微企业专项金融债发行情况（2013—2018 年）

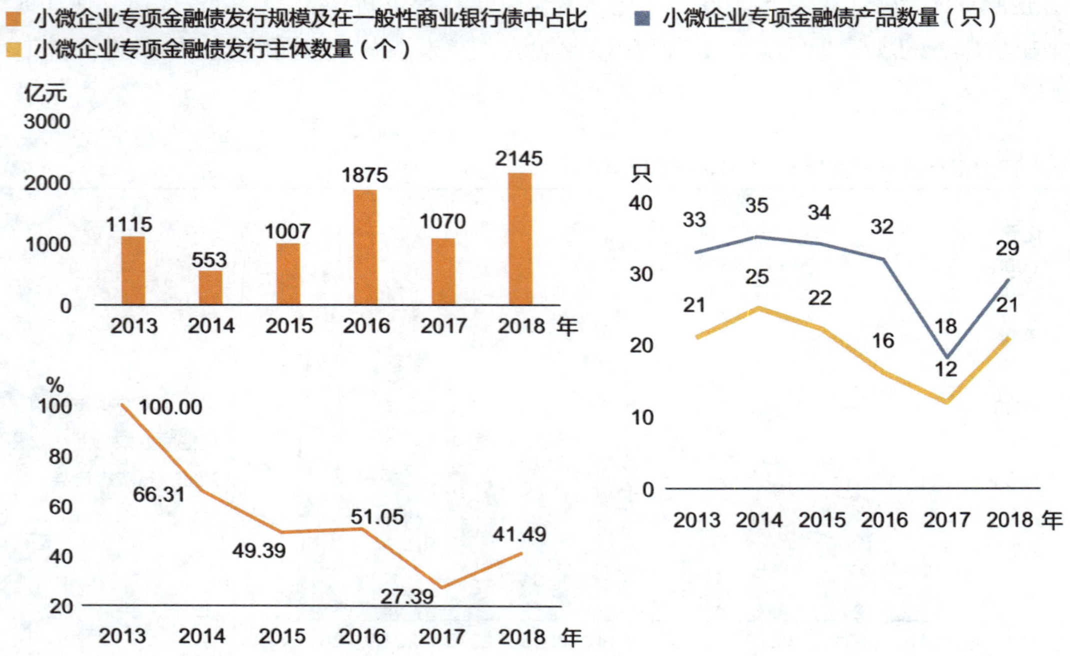

注：左下折线图为小微企业专项金融债在一般性商业银行债（不含次级债）中的占比。

资料来源：Wind 资讯。

图 13－20　小微企业专项金融债发行期限与月平均发行利率（2012—2018 年）

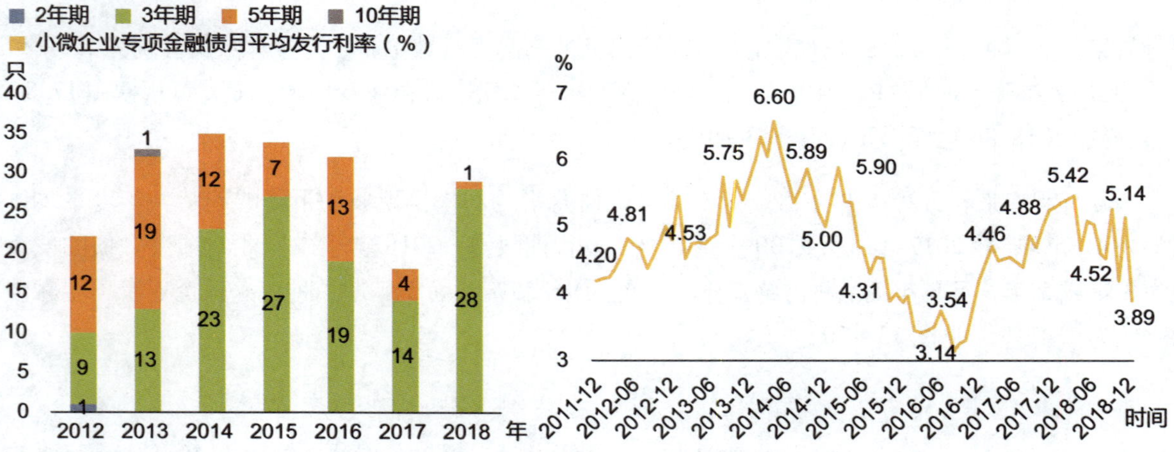

注：在小微企业专项金融债月度平均发行利率的统计中，2012 年 1 月、6 月、9 月、10 月，2013 年 6 月、12 月，2014 年 1 月，2015 年 1 月，2016 年 4 月、11 月、12 月，2017 年 1 月、4 月、6 月、12 月以及 2018 年 1 月、2 月无小微企业专项金融债发行，这些月份的平均利率取前后两个月的平均值。例：2012 年 1 月的平均发行利率＝（2011 年 12 月平均发行利率＋2012 年 2 月平均发行利率）÷2。

资料来源：Wind 资讯。

城市商业银行（厦门银行、四川天府银行、江苏银行、江苏长江商业银行、绍兴银行、宁波通商银行、吉林银行、台州银行、浙江民泰商业银行、温州银行、福建海峡商业银行、泉州银行）和3家农村商业银行（天津滨海农村商业银行、厦门农村商业银行、重庆农村商业银行）。

图 13－21　小微企业专项金融债融资主体结构（按发行规模）（2015—2018 年）

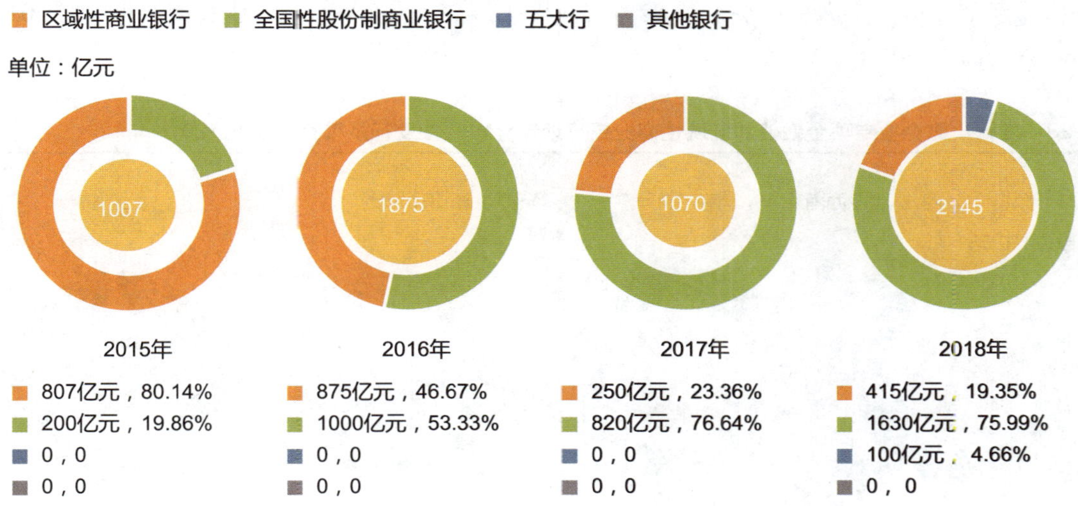

注：圆环图中间黄色圆代表小微企业专项金融债总融资规模，圆圈越大，融资规模越大。2018 年融资规模最大，为 2145 亿元。

资料来源：Wind 资讯。

图 13－22　小微企业专项金融债融资主体结构（按发行数量）（2015—2018 年）

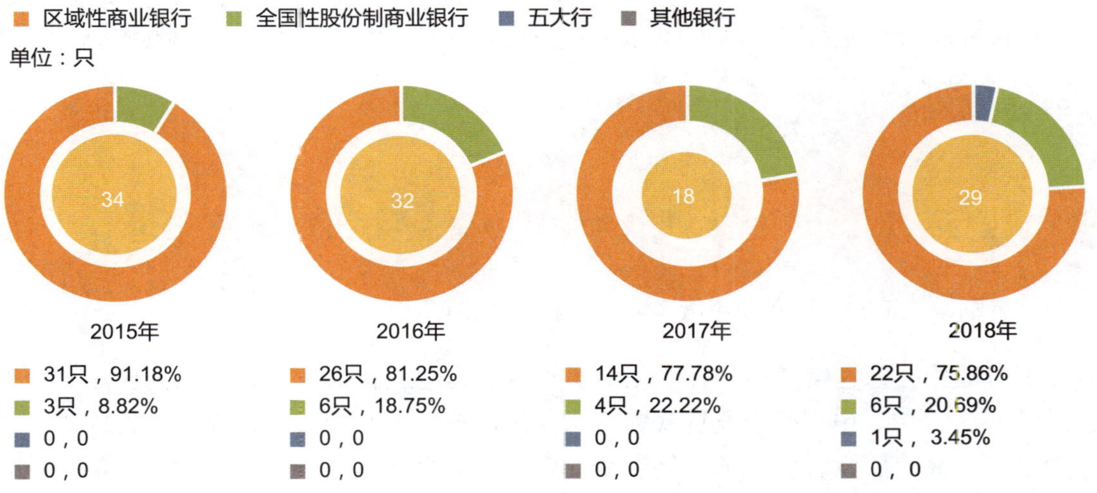

注：圆环图中间黄色圆代表小微企业专项金融债总发行数量，圆圈越大，发行数量越多。2015 年发行产品最多，为 34 只。

资料来源：Wind 资讯。

从区域性商业银行的类别来看，2018 年，城商行发行规模在区域性商业银行中占比为 80.72%，较 2017 年增加约 3 个百分点。从地域分布来看，发行小微企业专项金融债的区域性银行具有较强的地域集中性：华东地区为小微企业专项金融债的发行主力，在发行规模中占比较高。2015 年至 2018 年，华东地区和华北地区的区域性商业银行发行的小微企业专项金融债规模在区域性商业银行发行总规模中占比分别为 85.50%、72.57%、76.00% 和 85.54%。2018 年西南和东北地区的区域性商业银行小微金融债规模占比为 9.64% 和 4.82%（见图 12－23）。而华南、华中和西北地区在 2018 年没有发行小微金融债。

图 13－23　发行小微企业专项金融债的区域性商业银行地域分布（按发行规模）（2015—2018 年）

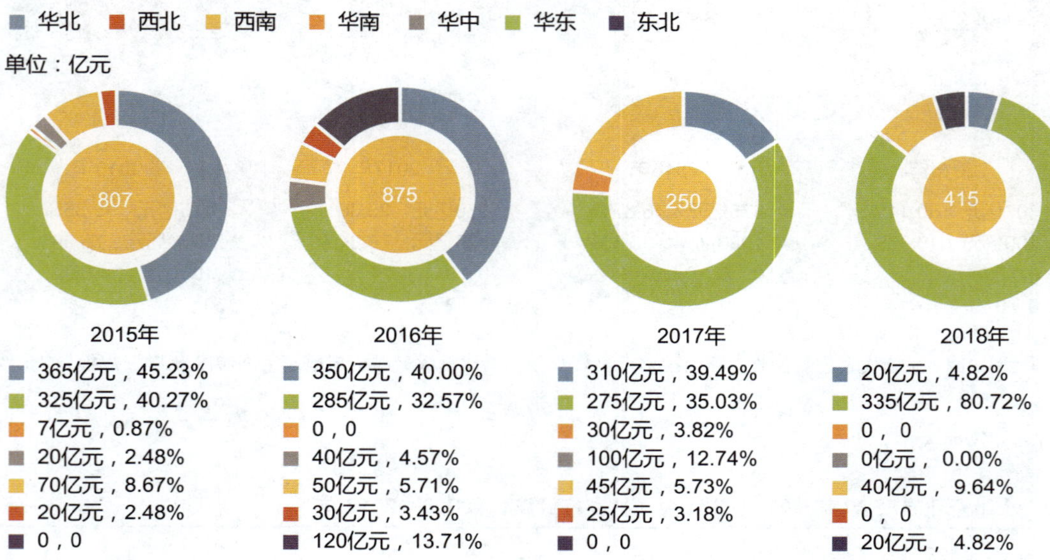

注：圆环图中间黄色圆代表区域性商业银行发行的小微企业专项金融债总融资规模，圆圈越大，融资规模越大，2016 年融资规模最大，为 875 亿元。

资料来源：Wind 资讯。

13.4　资产证券化市场持续扩容为中小微企业拓宽融资渠道

目前，我国资产证券化服务中小微企业主要有三条路径。

第一，商业银行通过信贷资产证券化盘活存量，迅速获得流动性，从而为中小微企业贷款提供资金支持。其中，中小微企业贷款资产证券化是较为特殊的品种，商业银行以对中小微企业的贷款为基础资产，发行资产证券化产品，募集的资金又将用于对中小微企业的贷款。中小微企业贷款资产证券化增加了中小微企业贷款的流动性，提高了商业银行发放中小微企业贷款的积极性。

第二，小额信贷公司以企业类资产证券化产品为载体，通过资产证券化补充资金来源，增加对中小微企业放贷的能力，扩大业务规模。

第三，中小微企业以自身资产组合（比如应收账款和企业债权等）为支撑进行资产证券化，通过资产端的操作拓宽资金来源渠道。

目前，对于前两条依赖金融机构放贷进行资产证券化的途径，虽然仍旧面临资产定价、风险管理和法律关系等各方面的问题，但近几年的发展较为迅速。不过我们仍应该注意到由于盘活的存量资金大部分并未流入中小微企业，资产证券化规模的扩大对中小微企业融资的帮助是有限的。而对于最后一条路径，在供应链金融政策支持下，中小微企业通过反向保理方式发行该类资产证券化产品，在2018年获得创新性进展。

13.4.1　资产证券化规模连续5年正向增长

自2014年起，资产证券化进入爆发式增长通道，至今已实现连续5年正向增长，增长率分别为1083.31%、85.30%、42.76%、67.62%和18.56%。2018年，资产证券化市场发展仍然较快，全年资本市场上共有810只[①]资产证券化产品发行，总规模达17400亿元。

具体来看，银保监会监管的信贷类资产证券化产品137只，发行规模8389.01亿元，占当年资产证券化产品总量的48.21%，信贷类ABS发行规模近三年首次超过企业类ABS发行规模，成为2018年发行金额最大的品种；证监会监管的企业类ABS 2018年共发行584只产品，发行规模为7885.01亿元，占当年资产证券化产品总量的45.32%；交易商协会ABN共发行89只[②]，发行规模1125.98亿元（见图13－24）。

图13－24　资产支持证券发行规模和数量（2015—2018年）

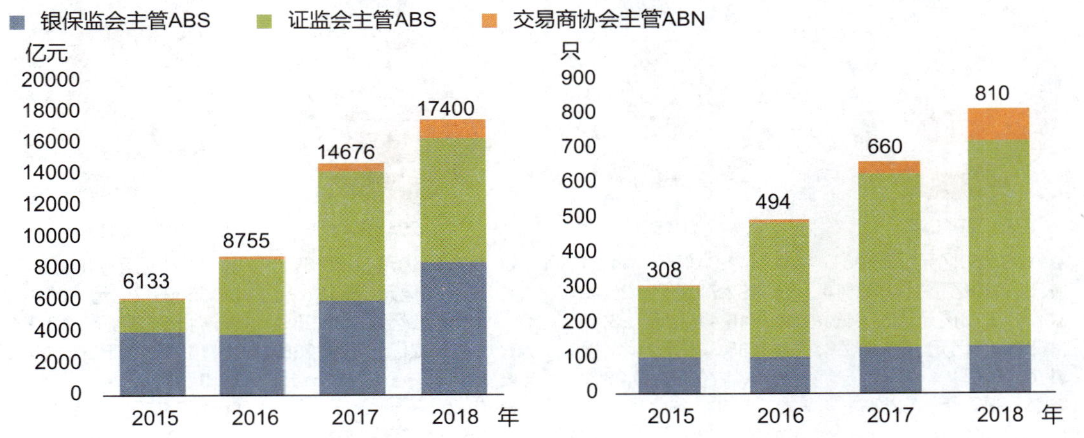

注：左图为资产支持证券发行规模，右图为资产支持证券发行数量。

资料来源：Wind资讯。

13.4.2　信贷类ABS对中小微企业贷款促进作用有限

2018年，信贷资产证券化产品发行规模为8389.01亿元，同比增长40.35%，占资产证券化产品发行总规模的48.21%，信贷资产证券化在为金融机构补充资金来源方面具有重要地位。中国债务存

① 每只资产证券化产品的优先级、劣后级份额合并计算。

② ABN产品的基础资产不出表，风险未进行转移，不属于真正意义上的资产证券化产品。

量庞大，截至 2018 年 12 月，金融机构人民币贷款余额为 136.30 万亿元，由此可见，信贷资产证券化发展空间巨大。

从原始权益人种类来看，2018 年，银保监会监管的信贷类 ABS 原始权益人的种类与 2017 年相比稍有增加，分别为政策性银行、五大行、全国性股份制商业银行、城市商业银行/农村商业银行、邮政储蓄银行、汽车金融公司、金融租赁公司和其他八类。其中，邮政储蓄银行和金融租赁公司为 2018 年新增原始权益人类型，而资产管理公司在 2018 年并未发行该类产品。

从原始权益人结构占比来看，2018 年五大国有商业银行作为原始权益人发行的 ABS 规模为 5880.62 亿元，在全部银保监会主管的 ABS 中占比 70.10%，占比提高了近 37 个百分点，再次超越全国性股份制商业银行，成为发行占比最高的信贷 ABS 原始权益人类型；全国性股份制商业银行、汽车金融公司占比分列第二、第三位，具体为 13.30%、11.39%，其中，汽车金融公司占比已经连续四年上涨，2018 年增长率达到 176.33%。2018 年，区域性商业银行作为原始权益人发行的 ABS 规模为 141.58 亿元，较 2017 年减少 285.37 亿元，在所有信贷资产证券化产品中的比重下降为 1.69%（见图 13－25）。

图 13－25　银保监会监管的信贷类 ABS 原始权益人结构（2015—2018 年）

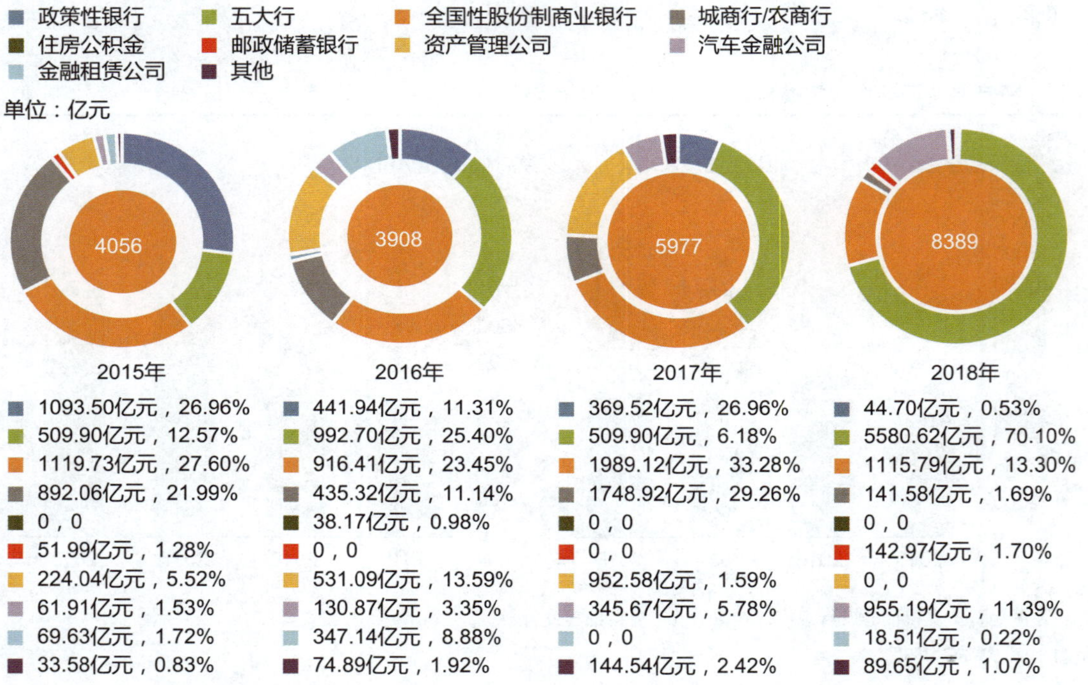

注：圆环图中间黄色圆代表银保监会监管 ABS 总融资规模，圆圈越大，融资规模越大，2018 年融资规模最大，为 8389 亿元。

资料来源：Wind 资讯。

从基础资产结构来看，以个人住房抵押贷款、消费性贷款、信用卡贷款和汽车贷款等作为基础资产的产品发行规模在信贷类 ABS 产品规模中占据较大比重，2017 年和 2018 年分别为 71.80% 和 89.00%。相对来说，与中小微企业联系较为密切的以企业贷款和不良贷款为基础资产的信贷类 ABS 产品规模占比相对较小，分别为 9.33% 和 1.46%，占比较 2017 年分别减少了 10.83% 和 0.72%（见

图13-26）。尽管信贷资产证券化是商业银行盘活存量的较好选择，但是商业银行是否会将信贷类ABS腾挪的信贷额度运用于中小微企业信贷服务，信贷类ABS对解决中小微企业融资难题有多大裨益在很大程度上决定了商业银行有多大动力推进中小微企业贷款服务。

图13-26　银保监会监管的信贷类ABS基础资产结构（2016—2018年）

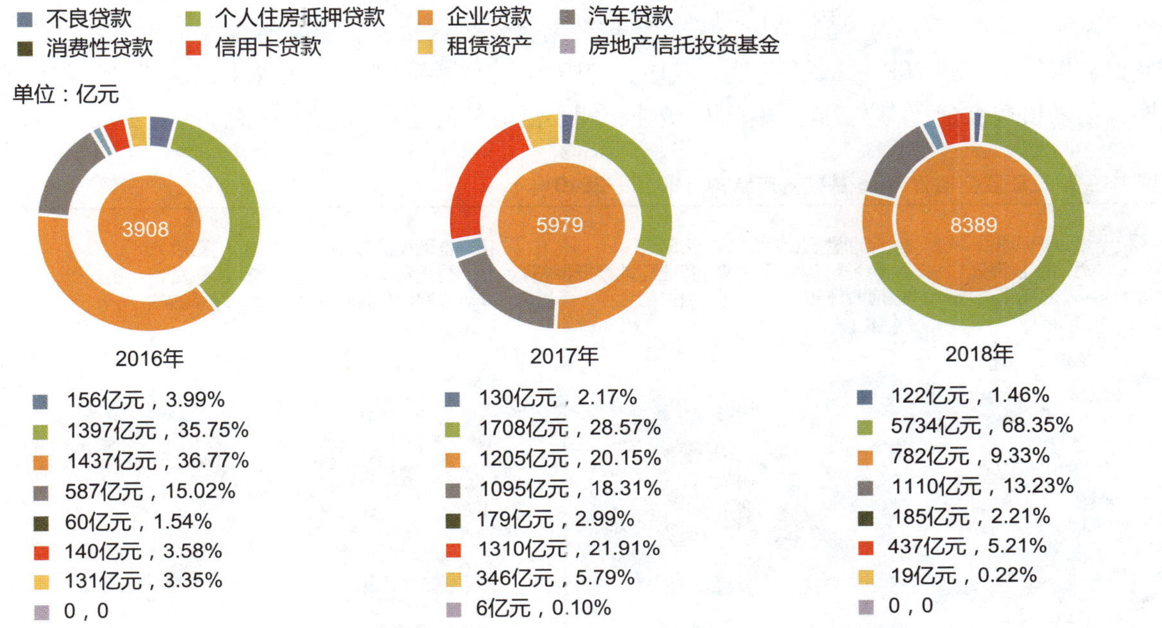

注：圆环图中间黄色圆代表银保监会监管ABS总融资规模，圆圈越大，融资规模越大，2018年融资规模最大，为8389亿元。
资料来源：Wind资讯。

不过从近三年市场情况看，信贷类ABS也有望为增加中小微企业信贷服务的商业银行扫除部分障碍，助力中小微企业信贷业务增长。2016年，我国重启了不良贷款资产证券化市场，全年发行了两只小微贷款债权不良资产证券化产品，发行总额为9.3亿元，占不良资产为基础资产的信贷类ABS发行总额的5.96%。2017年的两只小微贷款债权不良资产证券化产品发行总额为7.03亿元，占不良资产类产品的5.42%，与2016年占比相当。2017年11月28日，泰和2017年第一期微小企业贷款资产支持证券正式发行，发行总额为7.03亿元。2018年10月8日，中国银行间市场交易商协会发布《微小企业贷款资产支持证券信息披露指引（2018版）》，大力支持银行业金融机构发行微小企业贷款资产支持证券，进一步降低小微企业融资成本，改进小微企业等实体经济金融服务。2018年共成功发行5只微小企业贷款资产支持证券，发行总额为108.04亿元，发起机构分别是浙江泰隆商业银行、宁波银行、华夏银行、招商银行和浙商银行。预计未来商业银行将更多地采用微小企业贷款资产证券化的手段获得流动性，以更好地满足中小微企业的融资需求。

13.4.3　企业类ABS发行规模首次下降

证监会监管的企业类ABS是以基础资产所产生的现金流为偿付支持，通过结构化等方式进行信用增级，在此基础上发行资产支持证券的业务活动。2018年企业类ABS全年发行规模为7885.01亿元，较2017年减少2.82%，发行规模出现首次下降。2018年企业类ABS发行数量为584只，较

2017 年增长 18.94%。虽然发行规模出现下降，但是企业类 ABS 的发行数量仍在增加，并且基础资产的丰富程度与 2017 年相差不大。

具体来看，2018 年共有 13 类基础资产 ABS 产品发行，与 2017 年相比减少了股票质押回购债权和保单贷款两类。2013 年至 2018 年，企业类 ABS 产品的基础资产一共有小额信贷、基础设施收费、企业债权、应收账款、股票质押回购债权、保理融资债权、信托受益权、租赁租金、类 REITs、BT/BOT 项目、航空票款、门票收入、学费、住房公积金、委托贷款、商业房地产抵押贷款、融资融券债权、保单贷款和 PPP 项目等 19 类。其中，与中小微企业融资服务相关性较高的资产证券化产品主要包括以租赁租金、应收账款、保理融资债权和小额信贷为基础资产的 ABS 产品（见图 13－27）。

图 13－27　证监会监管 ABS 基础资产结构（2015—2018 年）

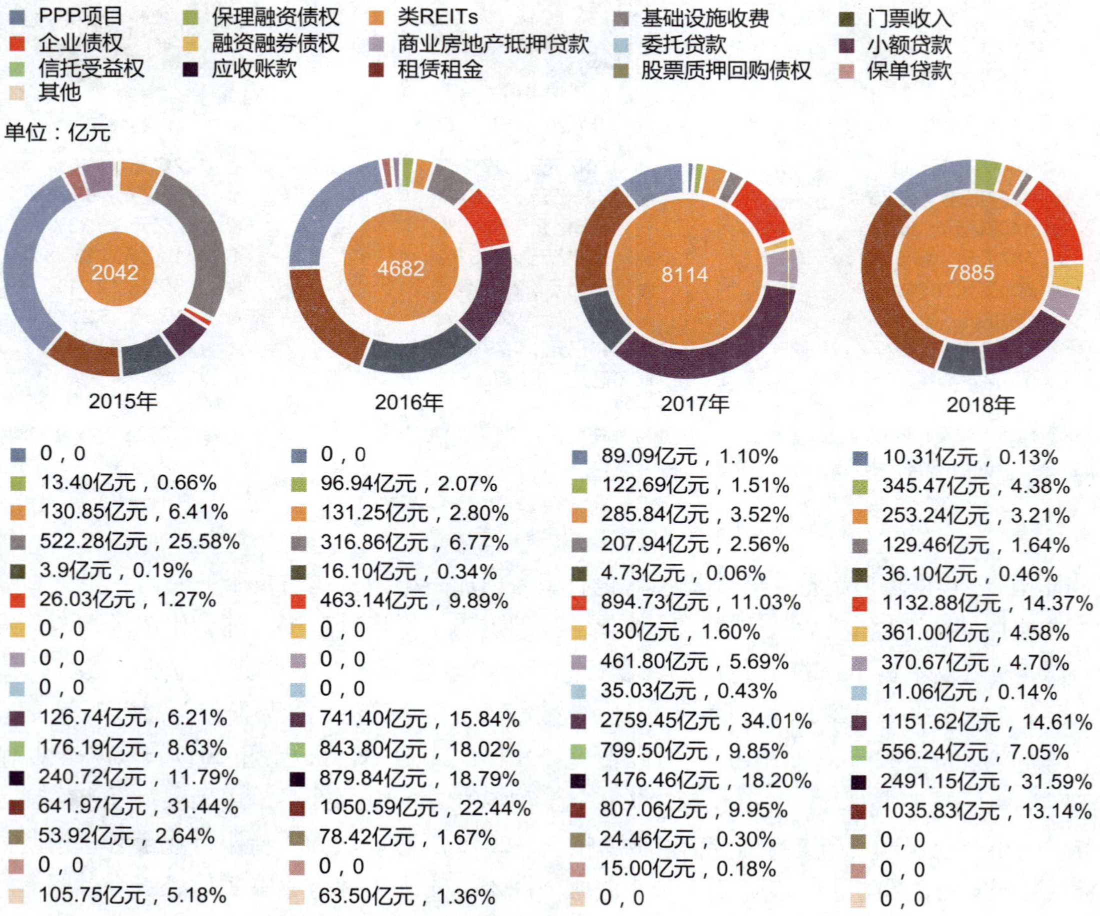

注：圆环图中间黄色圆代表证监会监管 ABS 总融资规模，圆圈越大，融资规模越大。2017 年融资规模最大，为 8114 亿元。

资料来源：Wind 资讯。

从优先级厚度来看，以类 REITs 为基础资产的 ABS 产品优先级厚度最低，平均水平在 88.52% 左右；企业债权的优先级厚度在 2018 年下降为 89.45%。除了这两类 ABS 产品外，其他类别 ABS 的优先级厚度平均水平在 90% 之上。基础设施收费、应收账款、保理融资债权、商业房地产抵押贷款和 PPP 项目五类 ABS 产品优先级厚度较高，均在 95% 以上（见表 13－5）。与中小微企业融资服务相关性较高的以小额信贷、企业债权、租赁租金和应收账款为基础资产的 ABS 产品中，企业债权和应收账款类ABS产品的优先级厚度在2018年出现下降，租赁租金和小额贷款类ABS产品优先级厚度在2018年有所增加但仍处于中等偏下水平，反映出这些基础资产的风险相对较大。

表13－5　　证监会ABS优先级厚度（2015—2018年）

序号	类别	优先级厚度（%）			
		2015年	2016年	2017年	2018年
1	租赁租金	88.86	90.57	90.76	92.05
2	小额贷款	90.49	89.29	90.47	92.41
3	基础设施收费	93.34	96.09	94.82	95.05
4	企业债权	93.00	90.64	90.76	89.45
5	应收账款	91.72	93.47	96.60	95.75
6	股票质押回购债权	88.79	93.52	91.46	
7	保理融资债权	91.69	96.31	93.42	98.20
8	信托受益权	92.22	92.15	89.15	94.33
9	类REITs	90.00	93.75	87.85	88.52
10	门票收入	68.70	80.67	92.00	94.46
11	委托贷款	89.74	94.42	94.76	93.33
12	商业房地产抵押贷款			97.80	95.22
13	融资融券债权			95.12	94.99
14	保单贷款			99.30	
15	PPP项目		95.00	95.65	95.00
16	其他	96.94	95.83		

注：优先级厚度为所有优先级份额（包括A档、B档）发行规模在单只产品总发行规模中的占比。

资料来源：Wind资讯。

从优先级A档加权期限来看，以类REITs、商业房地产抵押贷款和信托受益权为基础资产的ABS产品加权期限较长，分别为18年、15年和12年左右。加权期限的长度与基础资产现金流的偿还期的长度息息相关，与其他基础资产相比，类REITs和商业房地产抵押贷款的现金流偿还期偏长，对应地，资产证券化产品的回收期限也偏长。保理融资债权、融资融券债权、小额贷款和委托贷款类ABS优先级A档加权期限偏短，在1.5年左右。2018年发行的保理融资债权类ABS的优先级A档加权期限仅1.14年，属于优先级A档加权期限最短的ABS品种。与2017年相比，2018年大部分连续发行同类基础资产ABS产品的A档加权期限均出现增长（见表13－6）。

表13－6　　证监会ABS优先级A档加权期限（2015—2018年）

序号	类别	优先级A档加权期限（年）			
		2015年	2016年	2017年	2018年
1	租赁租金	2.28	2.22	2.26	2.61
2	小额贷款	1.82	1.41	1.05	1.63
3	基础设施收费	3.77	6.35	3.66	7.00
4	企业债权	0.75	6.51	1.69	2.07
5	应收账款	2.81	2.03	1.79	1.91
6	股票质押回购债权	1.20	1.62	1.21	
7	保理融资债权	3.00	1.19	1.26	1.14

续表

序号	类别	优先级 A 档加权期限（年）			
		2015 年	2016 年	2017 年	2018 年
8	信托受益权	3. 40	4. 08	1. 96	12. 33
9	类 REITs	12. 24	12. 87	11. 55	17. 63
10	门票收入	4. 57	5. 16	3. 23	4. 51
11	委托贷款			2. 25	1. 73
12	商业房地产抵押贷款			15. 30	15. 31
13	融资融券债权			1. 73	1. 58
14	保单贷款			0. 84	
15	PPP 项目			6. 48	6. 89
16	其他	8. 57	19. 59		

注：优先级 A 档加权期限以发行规模为权重进行加权计算。由于一只 ABS 产品往往有多个 A 档份额，所以首先以各份额规模为权重对单只 ABS 产品优先级 A 档加权期限进行计算，再以单只 ABS 产品优先级 A 档规模为权重计算每个基础资产类别下 ABS 优先级 A 档加权期限。

资料来源：Wind 资讯。

从优先级 A 档加权利率来看，2018 年已有的各类企业资产证券化产品的 A 档加权利率较 2017 年相差不大，只有委托贷款类 ABS 产品的 A 档加权利率变动幅度较大，较 2017 年增加了 2. 71 个百分点（见表 13 –7）。

表 13 –7　　证监会 ABS 优先级 A 档加权利率（2015—2018 年）

序号	类别	优先级 A 档加权利率（%）			
		2015 年	2016 年	2017 年	2018 年
1	租赁租金	6. 07	4. 25	5. 65	6. 26
2	小额贷款	6. 74	3. 85	5. 34	5. 05
3	基础设施收费	7. 06	4. 89	5. 85	5. 32
4	企业债权	5. 53	3. 27	4. 64	5. 12
5	应收账款	7. 20	4. 34	5. 76	5. 36
6	股票质押回购债权	0	4. 39	5. 30	0
7	保理融资债权	0	3. 95	5. 56	5. 62
8	信托受益权	7. 77	4. 59	5. 36	6. 01
9	不动产投资信托 REITs	6. 70	4. 26	6. 08	6. 14
10	门票收入	6. 97	6. 14	6. 18	6. 58
11	委托贷款	0	0	4. 07	6. 78
12	商业房地产抵押贷款	0	0	5. 38	5. 97
13	融资融券债权	0	0	5. 13	5. 22
14	保单贷款	0	0	4. 74	0
15	PPP 项目	0	0	5. 38	6. 36
16	其他	0	4. 27	0	0

注：优先级 A 档加权利率以发行规模为权重进行加权计算。由于一只 ABS 产品往往有多个 A 档份额，所以首先以各份额规模为权重对单只 ABS 产品优先级 A 档加权利率进行计算，再以单只 ABS 产品优先级 A 档规模为权重计算每个基础资产类别下 ABS 优先级 A 档加权利率。

资料来源：Wind 资讯。

13.4.3.1　应收账款类 ABS 快速增长

2014 年以来，应收账款类 ABS 产品的发行规模快速扩张。因为 2017 年应收账款融资的利好政策出台，2018 年应收账款类 ABS 产品继续保持增长态势，发行规模达 2491.15 亿元，在企业类 ABS 产品中占比达 31.59%，成为企业类 ABS 市场中占比最高的产品类型（见图 13－28）。

图 13－28　应收账款 ABS 发行情况（2015—2018 年）

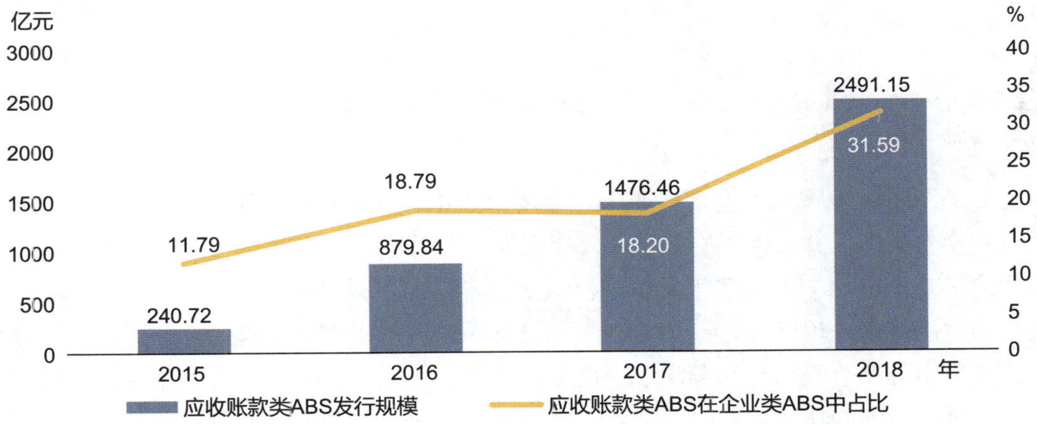

资料来源：Wind 资讯。

目前，应收账款类 ABS 主要通过两种方式为中小微企业提供融资支持。一种是中小微企业自身将应收账款打包成为 ABS 基础资产，然后作为原始权益人发行 ABS 产品获得资金。另一种是通过反向保理的方式，将企业自身对资质较好的大公司的债权先受让给保理机构，再由保理机构作为原始权益人发行应收账款类 ABS。不同于常规保理业务更为关注债权人的资信情况，反向保理是以债务人资信为主导，因此除降低保理机构的风险以外，还可以降低债权人的融资成本。

在第一种直接发行应收账款类 ABS 的方式中，2018 年全部工商企业（剔除城投债之后的非金融企业）共发行 299 只，发行规模为 1353.36 亿元，占全部应收账款类 ABS 产品发行规模的 57.98%。与 2017 年比较，发行数量增加了 53 只，发行规模增长了 58.68%，在全部发行规模中的占比增加了 0.19 个百分点。受部分企业划型数据缺失的影响，2018 年中小微企业以自己作为原始权益人发行了 9 只应收账款类 ABS，发行规模为 28.23 亿元，占普通工商企业应收账款类 ABS 的 2.09%，与 2017 年比较虽然发行数量变化不大，但发行规模大幅增加，见表 13－8、表 13－9。

表 13－8　普通工商企业应收账款类 ABS 发行情况（2018 年，按企业类型）

企业类型	发行数量（只）	发行规模（亿元）	发行规模占比（%）
大型企业	245	1175.22	86.84
中型企业	9	28.23	2.09
小型企业	0	0.00	0.00
微型企业	0	0.00	0.00
数据缺失①	45	149.92	11.08
合计	299	1353.36	100.00

注：①数据缺失是指 Wind 无法获得相关发行人的资产总额及营业收入数据，因此缺少划型条件。

资料来源：Wind 资讯。

表 13－9　　普通工商企业应收账款类 ABS 发行情况（2017 年，按企业类型）

企业类型	发行数量（只）	发行规模（亿元）	发行规模占比（%）
大型企业	159	568.48	66.67
中型企业	8	6.62	0.78
小型企业	0	0	0.00
微型企业	0	0	0.00
数据缺失[①]	79	277.81	32.56
合计	246	852.91	100.00

注：①数据缺失是指 Wind 无法获得相关发行人的资产总额及营业收入数据，因此缺少划型条件。

资料来源：Wind 资讯。

从行业分类来看，2018 年在全部普通工商业发行人中，房地产业、建筑业、批发和零售业三个行业的发行规模位列前三并占据了绝大份额，分别为 433.27 亿元、429.04 亿元、182.76 亿元，占全部发行规模的 77.22%，这与 2017 年发行规模情况基本一致，并且传统行业在各种类型发行人中依旧占据主导地位。另外，2018 年中小微企业发行人中只有中型房地产企业发行了 28.23 亿元，而中小微企业高度集中的制造业和批发零售业却并没有通过发行此类 ABS 获得融资，从侧面说明中小微企业因为自身优质资产的缺乏导致通过这类应收账款 ABS 进行融资时仍然存在劣势，具体见表 13－10 和表 13－11。

表 13－10　　应收账款类 ABS 普通工商企业发行人行业分布明细（2018 年）

行业分类	全部工商企业		中小微企业	
	发行数量（只）	发行规模（亿元）	发行数量（只）	发行规模（亿元）
制造业	18	110.30	0	0.00
电力、热力、燃气及水生产和供应业	10	49.22	0	0.00
房地产业	121	433.27	9	28.23
采矿业	0	0.00	0	0.00
综合	6	5.42	0	0.00
建筑业	78	429.04	0	0.00
交通运输、仓储和邮政业	0	0.00	0	0.00
批发和零售业	45	182.76	0	0.00
信息传输、软件和信息技术服务业	6	7.32	0	0.00
水利、环境和公共设施管理业	0	0.00	0	0.00
租赁和商务服务业	15	136.04	0	0.00
合计	299	1353.36	9	28.23

资料来源：Wind 资讯。

表 13－11　　应收账款类 ABS 普通工商企业发行人行业分布明细（2017 年）

行业分类	全部工商企业		中小微企业	
	发行数量（只）	发行规模（亿元）	发行数量（只）	发行规模（亿元）
制造业	38	109.68	0	0.00
电力、热力、燃气及水生产和供应业	5	14.69	0	0.00
房地产业	78	289.76	8	6.62
采矿业	1	0.48	0	0.00
综合	17	14.59	0	0.00
建筑业	24	147.15	0	0.00
交通运输、仓储和邮政业	2	11.51	0	0.00
批发和零售业	64	251.9	0	0.00
信息传输、软件和信息技术服务业	6	9.51	0	0.00
水利、环境和公共设施管理业	5	1.11	0	0.00
租赁和商务服务业	6	2.89	0	0.00
合计	246	853.27	8	6.62

资料来源：Wind 资讯。

对于第二种反向保理应收账款类 ABS 产品，2017 年之前这种方式应用还不是很广泛。但近两年有关供应链金融发展支持政策的出台极大地促进了供应链金融资产支持产品的发展。2017 年 10 月，国务院办公厅发布《关于积极推进供应链创新与应用的指导意见》，鼓励商业银行、供应链核心企业等建立供应链金融服务平台，为供应链上下游中小微企业提供高效便捷的融资渠道。2018 年 4 月，商务部等八部门发布《关于开展供应链创新与应用试点的通知》，要求积极稳妥开展供应链金融业务，为资金进入实体经济提供安全通道，为符合条件的中小微企业提供成本较低、高效快捷的金融服务。

2018 年共发行 160 只反向保理应收账款类 ABS 产品，发行规模为 616.54 亿元，与 2017 年相比发行数量增加了近 8 倍，发行规模增加了近 2.5 倍。其中供应链金融 ABS 占有绝对比重，比例为 95.61%（见表 13－12）。

表 13－12　　2018 年反向保理应收账款类 ABS 发行情况

原始权益人	发行数量（只）	发行规模（亿元）
北京尚融商业保理有限公司	6	12.95
北京一方商业保理有限公司	5	12.91
和信（天津）国际商业保理有限公司	2	1.41
天津聚量商业保理有限公司	3	4.70
新希望（天津）商业保理有限公司	2	4.50
逸锟商业保理（天津）有限公司	8	26.91
上海品众商业保理有限公司	1	0.25
上海逸锟商业保理有限公司	4	13.56

续表

原始权益人	发行数量（只）	发行规模（亿元）
尚隽商业保理（上海）有限公司	10	39.85
TCL 商业保理（深圳）有限公司	2	5.00
前海结算商业保理（深圳）有限公司	2	5.00
深圳德远商业保理有限公司	2	3.71
深圳联合保理有限公司	8	26.66
深圳前海辉玥商业保理有限公司	2	3.16
深圳前海联捷商业保理有限公司	43	161.39
深圳市柏霖汇商业保理有限公司	12	76.30
深圳市前海平裕商业保理有限公司	2	7.78
深圳市前海一方恒融商业保理有限公司	26	76.61
深圳市前海一方商业保理有限公司	12	121.70
鑫航国际商业保理有限公司	2	4.70
中化商业保理有限公司	2	1.89
重庆魏桥金融保理有限公司	2	2.60
重庆小米商业保理有限公司	2	3.00
合计	160	616.54

资料来源：Wind 资讯。

应收账款是企业（尤其是中小微企业）重要的流动资产，发展应收账款融资，对于有效盘活企业存量资产，提高企业的融资效率具有重要意义。供应链金融以及应收账款类 ABS 产品的政策支持和监管规则逐渐明朗，可以有效帮助缺乏不动产的中小微企业依靠应收账款等流动资产进行融资，以弥补中小微企业融资服务的结构性缺失，预计应收账款类 ABS 今后在为中小微企业提供资金融通方面会发挥越来越大的作用。

13.4.3.2　小额信贷类 ABS 产品发行规模下降

2013 年，资产证券化的基础资产类别开始扩展至小额贷款机构的小额贷款，这一创新融资形式的出现打破了小额贷款公司资金来源严重受限的“瓶颈”，促进其更好地为中小企业提供服务。从 2015 年开始，小额贷款 ABS 一直保持了较高的增长速度，2017 年在企业类 ABS 中的占比达到 34.01%。

但由于存在网贷公司通过发行信贷类 ABS 规避资本金监管、高杠杆发展“现金贷”业务的情况发生，2017 年 12 月 1 日，《关于规范整顿“现金贷”业务的通知》发布，对网络小额贷款开展清理整顿工作，主要包括暂停新批设网络（互联网）小额贷款公司、严格规范网络小额贷款业务管理和加强小额贷款公司资金来源审慎管理等内容。

在这一严监管下，较多小贷公司通过主动降低新增 ABS 规模和补充资本金的方式来满足监管要求，导致 2018 年小额贷款类 ABS 发行大幅下降，发行规模为 1151.62 亿元，在企业类 ABS 中占比为 14.61%，与 2017 年相比发行规模减少了 58.27%，在企业类 ABS 中的占比减少了 19.40 个百分点（见图 13－29）。但是 2018 年小额贷款类 ABS 仍然是企业类 ABS 市场中的主要品种之一。

图 13－29 小额贷款类 ABS 发行情况（2015—2018 年）

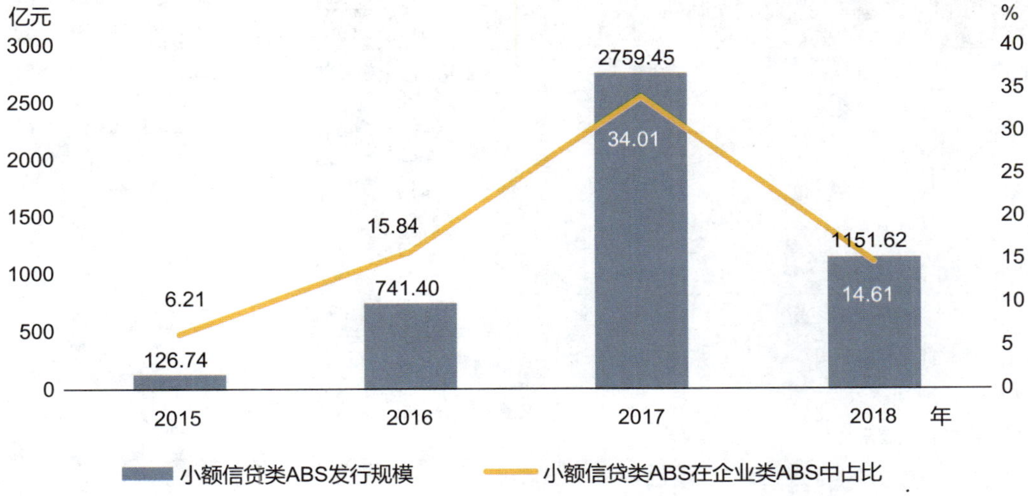

资料来源：Wind 资讯。

由于小贷公司的牌照门槛较低，同时小额贷款业务风险偏高的特点，小贷类 ABS 的发行对小贷公司的股东背景和资质要求一直较高，其利率在整个企业类 ABS 市场中处于中等偏高的位置。2018 年小贷 ABS 产品优先级厚度为 92.41%，加权期限为 1.63 年，加权利率为 5.05%。与 2017 年相比，优先级厚度增加 1.94 个百分点，优先级 A 档加权期限平均减少 0.58 年，优先级 A 档加权利率平均降低 0.29 个百分点，见表 13－13。

表 13－13 小额贷款 ABS 优先级厚度、A 档加权期限与加权利率情况（2014—2018 年）

年份	优先级厚度（%）	优先级 A 档加权期限（年）	优先级 A 档加权利率（%）
2014	90.14	1.44	6.74
2015	90.49	1.82	5.91
2016	89.29	1.41	3.85
2017	90.47	1.05	5.34
2018	92.41	1.63	5.05

资料来源：Wind 资讯。

表 13－14 2017 年、2018 年小额贷款 ABS 发行情况对比

2017 年		2018 年	
原始权益人	发行总额（亿元）	原始权益人	发行总额（亿元）
康平县中和农信小额贷款有限责任公司	10.00	康平县中和农信小额贷款有限责任公司	20.01
重庆市小米小额贷款有限公司	38.00	重庆市小米小额贷款有限公司	30.00
长安新生（深圳）金融投资有限公司	4.00	长安新生（深圳）金融投资有限公司	5.32
重庆市蚂蚁商诚小额贷款有限公司	1176.10	重庆市蚂蚁商诚小额贷款有限公司	505.00
重庆市蚂蚁小微小额贷款有限公司	1433.05	重庆市蚂蚁小微小额贷款有限公司	588.00
安徽省皖投小额贷款股份有限公司	5.00	华能贵诚信托有限公司	1.50

续表

2017 年		2018 年	
原始权益人	发行总额（亿元）	原始权益人	发行总额（亿元）
碧桂园控股有限公司	0.95	百色市通商小额贷款有限责任公司	1.80
重庆金安小额贷款有限公司	39.00		
德清德华小额贷款有限公司	1.00		
深圳安信小额贷款有限责任公司	4.47		
深圳前海敏恒商业保理有限公司	2.45		
深圳市诚正科技小额贷款有限公司	5.00		
深圳市顺丰合丰小额贷款有限公司	4.50		
四川瀚华小额贷款有限公司	2.00		
德阳经济技术开发区金坤科技小额贷款有限公司	5.09		
重庆百度小额贷款有限公司	12.56		
重庆海尔小额贷款有限公司	4.48		
重庆两江新区盛际小额贷款有限公司	5.80		
重庆市瀚华小额贷款有限责任公司	6.00		
合计	2759.45	合计	1151.62

资料来源：Wind 资讯。

从原始权益人来看，小额贷款 ABS 原始权益人由 2017 年的 19 家减少到重庆市蚂蚁小微小额贷款有限公司、重庆市蚂蚁商诚小额贷款有限公司、重庆市小米小额贷款有限公司等 7 家（见表 13－14）。在 7 家小贷 ABS 的原始权益人中，阿里系小贷公司作为原始权益人的小贷 ABS 发行规模依旧占据着绝对比重且比重在继续上升。从 2015 年到 2018 年，这一比重分别为 47.34%、74.86%、94.55%和 94.91%。阿里系小贷 ABS 的基础资产为针对个人的消费贷款业务，与中小微企业关系不大，所以若剔除这种个人消费贷款形成的小贷 ABS，则 2018 年小贷 ABS 发行总额仅为 58.62 亿元，比 2017 年减少 91.38 亿元，所以小额信贷类 ABS 对中小微企业的发展似乎没有提供实质性的支持帮助。

13.5 债券市场服务中小微企业展望

2018 年，国内宏观环境呈现信用收缩、经济下行的趋势，部分民营企业面临较大的债务偿还压力，出现资金周转困难，导致债券违约高发。再考虑到中小微企业较弱的经营能力、较差的信用水平和缺失的信息披露，使得投资者无法准确识别企业的风险，投资偏好显著下降，导致中小微企业在债券市场直接发债的融资难度加大。

相比于中小微企业直接发债融资，债券市场为金融机构补充流动性间接助力中小微企业融资服务可能是更高效的途径。小微企业专项金融债的发行将会继续为商业银行更好地服务中小微企业提供有力的支撑。未来全国性股份制商业银行和区域性商业银行将作为小微企业专项金融债的重要发行主体，进一步扩大为中小微企业服务的业务广度和深度。

在资产证券化方面，以小微企业贷款为基础资产的信贷类资产证券化产品的良好发展，为银行提供了处置小微企业不良贷款的新渠道，提高了银行发放小微企业贷款的积极性。此外，随着应收账款融资制度的不断完善，反向保理应收账款类资产证券化产品会使中小微企业获得门槛更低、成本更合理的融资来源。

从金融服务实体经济的角度看，未来融资难题的缓解需要进一步借助政府的政策支持与引导示范，推动完善债券市场体制机制，发展不同信用等级的多层次债券产品，提高市场投资者风险偏好的多元性，满足债券投资者在有效风险管理前提下的合理收益，为中小微企业通过债市融资创造空间，充分发挥债券市场在促进中小微企业金融服务方面的应有作用。

14

民间金融：攻坚克难

2018 年，民间金融攻坚克难，P2P 爆雷潮、平台清退转型、备案延期接踵而至，众筹平台低潮持续，“疯狂”“乱象”不是民间借贷的本来面目，贯穿问题事件频发的还有政策的密集出台，监管、自律双管齐下，《放贷人条例》纳入 2019 年立法工作，或将进一步引导民间借贷“阳光化”。2018 年，也是金融科技加速赋能、支持中小微企业发展如火如荼的一年，金融科技发挥技术优势，降低民间金融平台获客成本、提升金融交易效率。P2P 网贷历经至暗时刻，加速转型清退，年中“三项检查”开启、资金存管落地，法律体系进一步规范，但行业剧烈动荡、备案不确定性及投资恐慌情绪依然在市场蔓延，参与者如履薄冰。众筹市场颓势延续，股权众筹试点有待开启。

14.1 中小微企业资金需求旺盛，民间借贷举足轻重

民间金融在我国经历了长期的发展与演变，探索民间借贷的方式不仅要追根溯源，同时也要纵向探究金融服务中小微企业的历程与变化。

14.1.1 “小额主力、大额补充”的民间金融

我国小微企业的民间借贷十分活跃。CHFS① 数据显示，2013 年全国 31.9% 的小微企业有负债。在负债小微企业中，有 62.9% 的小微企业仅通过民间形式进行借款，有 14.1% 的小微企业通过民间和银行同时借款，负债小微企业中近八成家庭有民间借款。从融资金额来看，民间借款占小微企业负债总额的 45.7%，一直以来是中小微企业不可或缺的资金来源。

“温州指数”是由温州市金融办发布的温州民间融资利率指数，为温州乃至全国民间融资市场提供了一个风向标，也是纵向、整体性研判全国民间金融融资的指示器。截至 2018 年底，根据温州指数所有监测点的交易量统计，民间融资主要呈现以下三个特点。

---

① CHFS，中国家庭金融调查（China Household Finance Survey），是西南财经大学中国家庭金融调查与研究中心进行的一项全国性的调查，在我国每两年进行一次。

特点1：中小额融资规模为主，大额融资规模占比上升。

从交易规模占比来看，2018 年民间借贷金额以小额融资（100 万元以下）和中额融资（100 万～500 万元）为主，尤其是在 2018 年初，小额融资占比高达 43.06%，但 2018 年全年呈现大额融资占比不断上升的趋势，从 2018 年年初的 21.67% 上升至年末的 40.31%（见图 14－1）。

图 14－1 温州民间融资规模占比（2018 年）

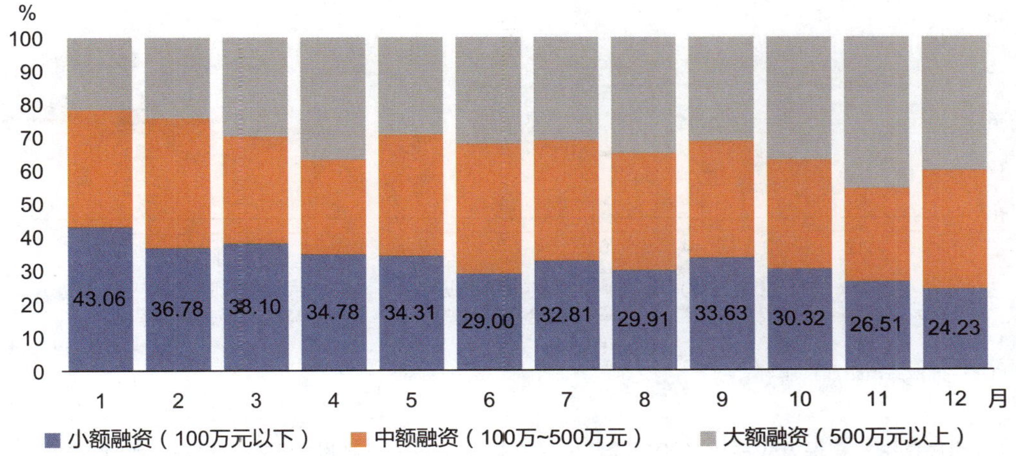

资料来源：根据温州指数及公开数据整理。

从融资规模利率来看，中额和大额融资规模利率上升，2018 年第四季度，小额、中额和大额融资规模利率分别为 15.11%、16.85% 和 19.74%，比第一季度分别下降 0.03 个、上升 1.59 个和 1.03 个百分点。

特点2：民间融资综合利率呈上升趋势，民间借贷资金在 15% 浮动。

2018 年全年温州指数综合利率水平呈小幅上升趋势，从年初的 15.31% 波动上升至年末的 16.41%，增幅 1.1 个百分点。分监测主体来看，除其他市场主体利率外，其余民间融资利率水平在 12%～18%，且基本在 15% 左右上下浮动，其中，农村资金互助会借贷利率水平最低，其次是社会直接借贷利率水平，而小额贷款公司的利率水平相对较高，作为专攻民间金融的农村资金互助会、民间借贷服务中心等机构，具有相对的利率服务优势和便利（见图 14－2）。

特点3：信用融资方式比重上升，资金用途投向生产与周转。

在温州民间融资项目中，担保方式主要包括保证（含担保）、信用及抵质押三种，以保证（含担保）方式为主，全年平均占比超 49%，信用融资方式作为后起之秀，在 2018 年占比中奋起直追，从年初不到 20% 的占比增加到年末超 50%，信用融资方式占比的攀升在一定程度上说明了国内民间金融的借贷环境向好，给予中小微企业的信任度、宽容度都在增加（见图 14－3）。

在资金用途方面，民间金融资金去向主要有三种，分别是投资、生产经营和资金周转，用于投资用途的资金较少，月平均在 2% 左右，绝大比例资金还是应用于企业的生产经营和资金周转（见图 14－4）。

图 14－2　温州民间融资不同融资主体利率水平（2018 年）

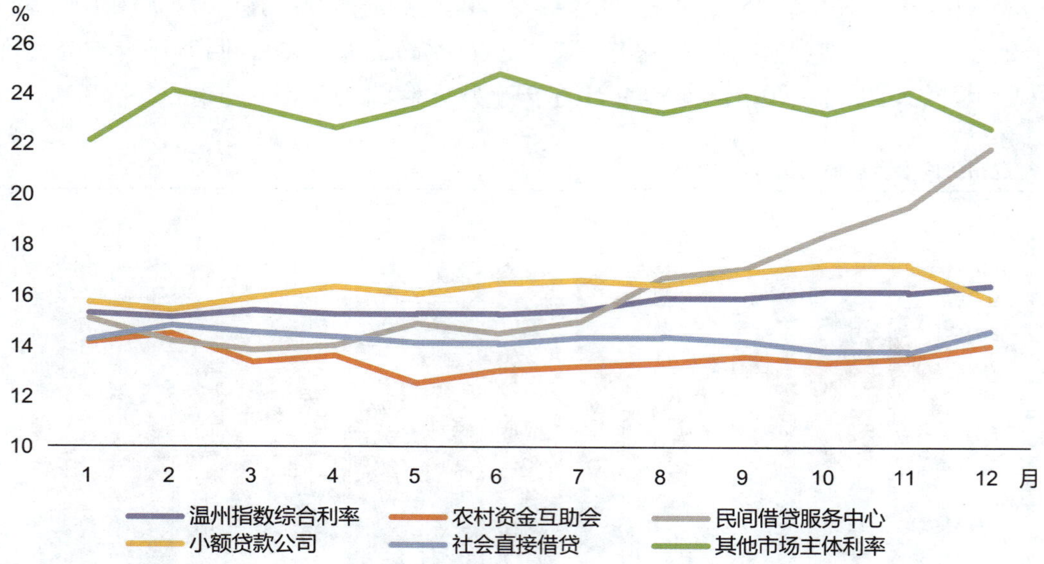

资料来源：根据温州指数整理。

图 14－3　温州民间融资担保方式占比（2018 年）

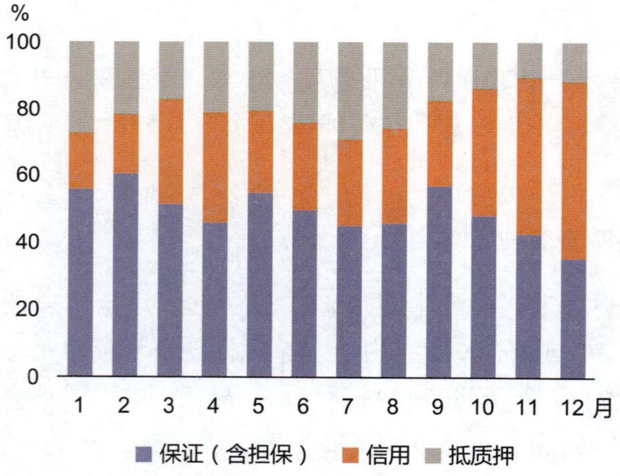

图 14－4　温州民间融资用途占比（2018 年）

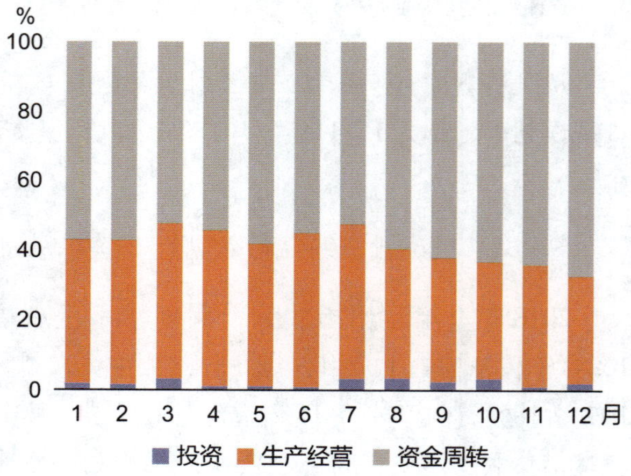

资料来源：根据温州指数整理。

相比 2018 年末，2019 年中温州地区民间借贷综合利率指数有所回温，按主体分呈“三降两升”趋势，农村资金互助会、民间借贷服务中心和社会直接借贷利率小幅下降，小额贷款公司利率及其市场主体利率上升，整体保持在小幅波动的水平。

中小微企业的数量逐渐增多且获得资金支持的力度、途径也在不断增加，但贷款获得性仍相对较差，最重要的原因来自自身抵质押品不足、信用体系不完善，农业和工商业的贷款需求依然旺盛，从银行难以获得贷款的中小微企业依旧需要民间渠道的资金支持。

14.1.2 一波三折的《放贷人条例》

民间借贷的规范化和阳光化，一直以来是金融政策领域关注的焦点，国务院将《非存款类放贷组织条例》纳入2019年立法工作计划，人民银行在2019年金融法治工作会议上也强调，要加快推动该条例的重点立法工作。《非存款类放贷组织条例》的前身就是在民间金融领域被寄予厚望的《放贷人条例》。

由中国人民银行起草的《放贷人条例》（草案）早在2008年已提交国务院法制办[①]，最大突破在于允许符合条件的个人和企业注册从事放贷业务，打破垄断、放宽了信贷市场的参与主体，进而可解决中小企业融资难的问题。根据《放贷人条例》，要求个人放贷的资金必须是自有资金，严禁吸收存款、“只借不收”；抵押品不再仅限于房屋、机器、设备等不动产，借贷双方可以根据自己协商的内容，将应收账款、农民土地流转等动产纳入抵押品中，但关于《放贷人条例》的出台仍是“只见楼梯响，不见人下来”。2014年，人民银行将《放贷人条例》改名为《非存款类放贷组织条例》，2015年9月，国务院法制办发布条例征求意见稿，不过时至今日仍尚未正式发布。无论是之前的《放贷人条例》还是现在的《非存款类放贷组织条例》，其目的是通过国家立法形式保障资金供给方的放贷权利，保护私有财产使用权，使民间借贷走向合法、阳光的道路。

民间借贷绝非“洪水猛兽”，长期以来民间借贷丰富的实践经验逐渐为《放贷人条例》的出台铺好了路，民间借贷“阳光化”本身就是金融市场拓宽、开放的一大重要举措，规范和灵活或许可以让民间金融市场迸发新的活力，促使民间金融在促进中小企业融资方面真正发挥更大的作用，用法律法规保护借款人与贷款人的合法权益。

14.1.3 规范民间借贷行为有实质性进展

近年来，以暴力催收为主要表现特征的非法活动在民间借贷中愈演愈烈，违法放贷八大罪名（黑社会性质组织罪、高利贷逼债各类罪、高利转贷罪、骗取贷款罪、非法吸收公众存款罪、集资诈骗罪、擅自设立金融机构罪和非法经营罪）[②]严重扰乱了社会秩序、危害经济金融安全。2018年，规范民间借贷行为有了实质性进展，5月4日，银保监会、公安部、国家市场监督管理总局、中国人民银行等多部门联合发文《关于规范民间借贷行为，维护经济金融秩序有关事项的通知》（以下简称《通知》），进一步规范民间借贷行为，引导民间资金健康有序流动，防范金融风险，维护经济及金融秩序与社会稳定。

《通知》中涉及的行为规范主要有以下八个方面：①切实提高认识，充分认识规范民间借贷行为的必要性和暴力催收的社会危害性；②把握工作原则，严厉打击非法行为；③明确信贷规则，未经有权机关依法批准，任何单位和个人不得设立从事或者主要从事发放贷款业务的机构或以发放贷款为日常业务活动；④规范民间借贷，民间借贷中出借人的资金必须是其合法收入的自有资金，禁止吸收或变相吸收他人资金用于借贷；⑤严禁非法活动，包括非法吸收公众存款、变相吸收公众存款、暴力催收等；⑥改进金融服务，加大对实体经济的资金支持力度；⑦加强协调配合，依法履行职责；

---

① 资料来源：https://baike.baidu.com/item/放贷人条例/7770861?fr=aladdin。

② 资料来源：http://www.sohu.com/a/230557265_157189。

⑧依法调查处理；⑨加强宣传引导，增强广大人民群众的风险防范意识。[①]

《通知》重点提及了依法借贷、严禁非法放贷、借贷资金自有、严禁暴力催收、严禁高利转贷或变相放贷等内容，其出台一方面从政府角度认可民间借贷存在的必要性；另一方面明令禁止了暴力催收等非法行为，维护民间借贷市场秩序。在规范民间借贷行为的进程中，政府部门间应强强联合，加大宣传教育力度、严惩不规范的借贷行为、强化风险警示，借贷双方应依法合规履行义务与职责，加强自律规范、强化服务意识，真正发挥民间金融服务中小微企业的作用与正向的生命力。

14.2　P2P 网贷深陷“水深火热”之中

14.2.1　雷潮滚滚：P2P 网贷年内经历至暗时刻

■ 优胜劣汰，市场出清

2018 年以来，P2P 网贷平台在金融强监管和转型的夹缝中生存，并开启了一轮规模较大的行业洗牌，强者恒强，大机构或积极备案，或通过获取金融牌照转型成为小额贷款公司，同时市场出清，部分中小机构以“自杀式”手段引爆风险或黯然退场。

整体来看，截至 2018 年底，P2P 网贷平台累计上线 6063 家[②]。其中，正常运营平台 1185 家，同比下降 23.0%；2018 年新增上线平台数量仅 55 家，同比减少 67.3%，正常运营及新增平台数量较 2017 年整体呈现下降趋势（见图 14－5）。

图 14－5　中国 P2P 借贷行业数量（2010—2018 年）

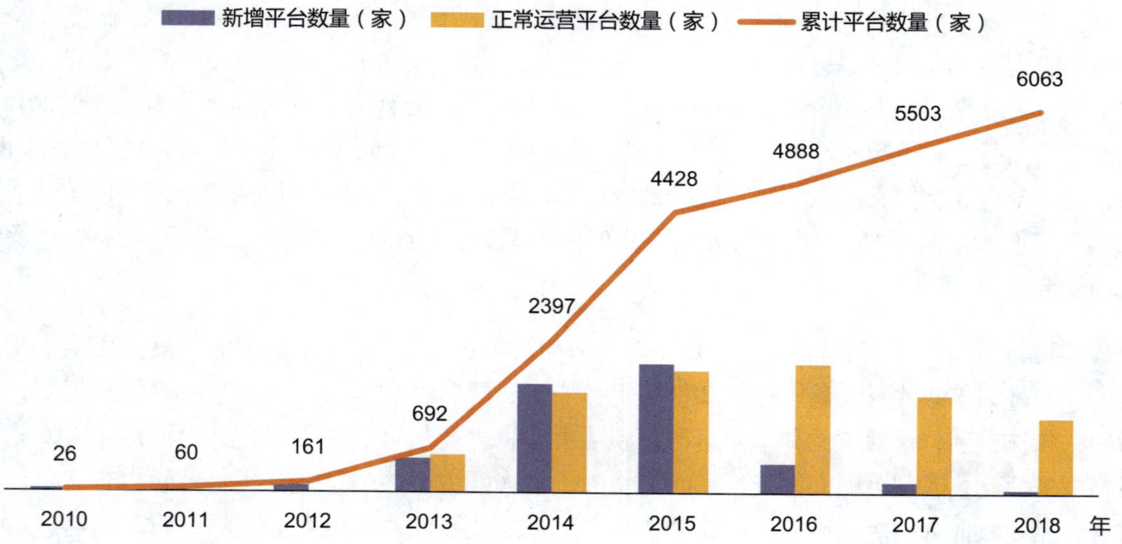

资料来源：零壹财经。

① 资料来源：http：//www.cbrc.gov.cn/chinese/newShouDoc/94B66446DDF840BDBD0C66D6517583A1.html。

② 仅包括有 PC 端业务的平台，不含港澳台地区。

从贷款余额看，截至2018年末，P2P网贷行业贷款余额（待还本金，下同）为7331亿元，同比下降39.2%（见图14－6）。

图14－6 P2P网络贷款余额走势（2012—2018年）

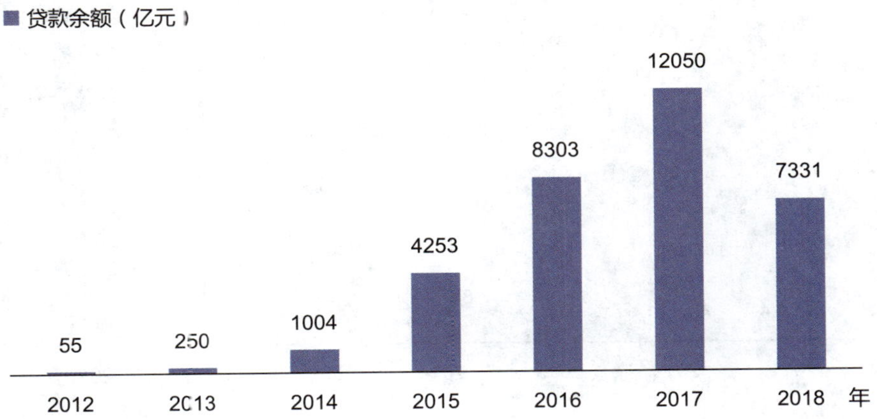

资料来源：零壹财经。

从成交金额看，2018年P2P网贷成交额16200亿元，增长率出现了自2000年以来的首次下跌，跌幅高达40.2%，“爆雷潮”给市场带来了较大的冲击，投资者及有资金需求的中小微企业、个人望而却步（见图14－7）。

图14－7 P2P网贷历年成交金额及增长率（2010—2018年）

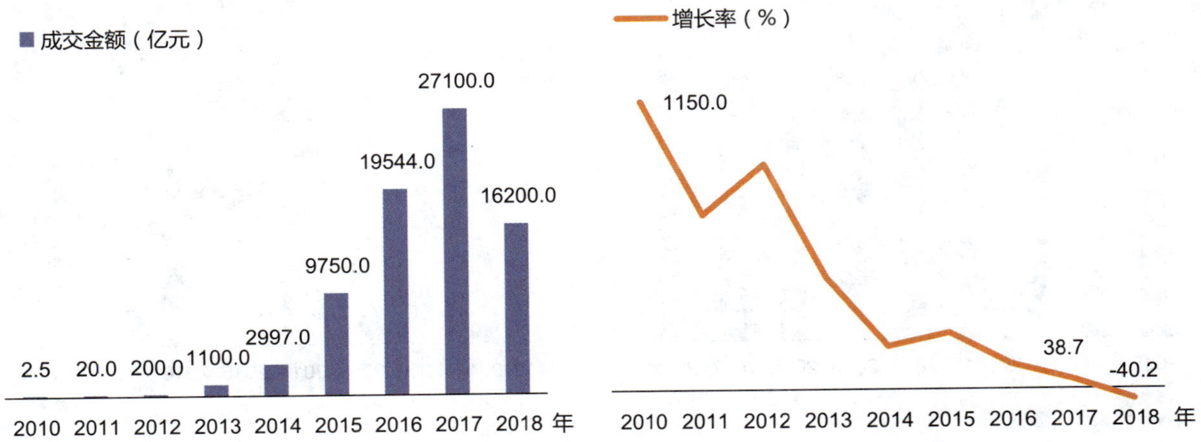

资料来源：零壹财经。

从市场活跃度看，2018年P2P网贷活跃借款人数1252万，同比下降7.3%，草木皆兵的投资人数1114万人，同比下降10.9%；2018年，借款人数依旧超过投资人数，主要仍是来自近两年消费贷款尤其是现金贷产品的增多（见图14－8）。

图 14－8 P2P 网贷参与人数（2010—2018 年）

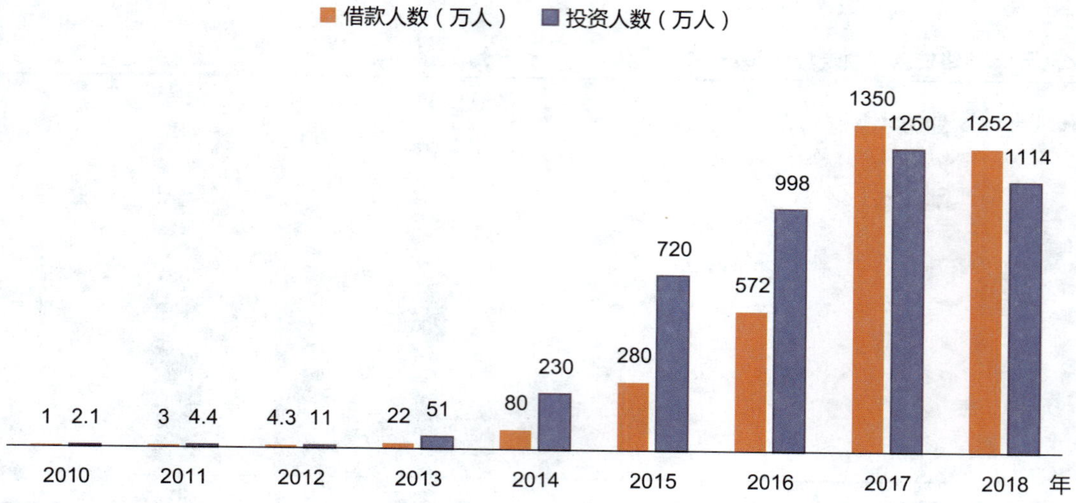

资料来源：零壹财经。

在借款期限和平均投资利率方面，2018 年 P2P 网贷平均借款期限为 315 天，首次突破 300 天关口，行业整体不景气、参与主体降低等原因共同导致平均借款期限的延长；平均投资利率为 9.25%，近三年利率水平相当，趋于平稳（见图 14－9）。

图 14－9 中国 P2P 借贷行业平均借款期限和投资利率（2010—2018 年）

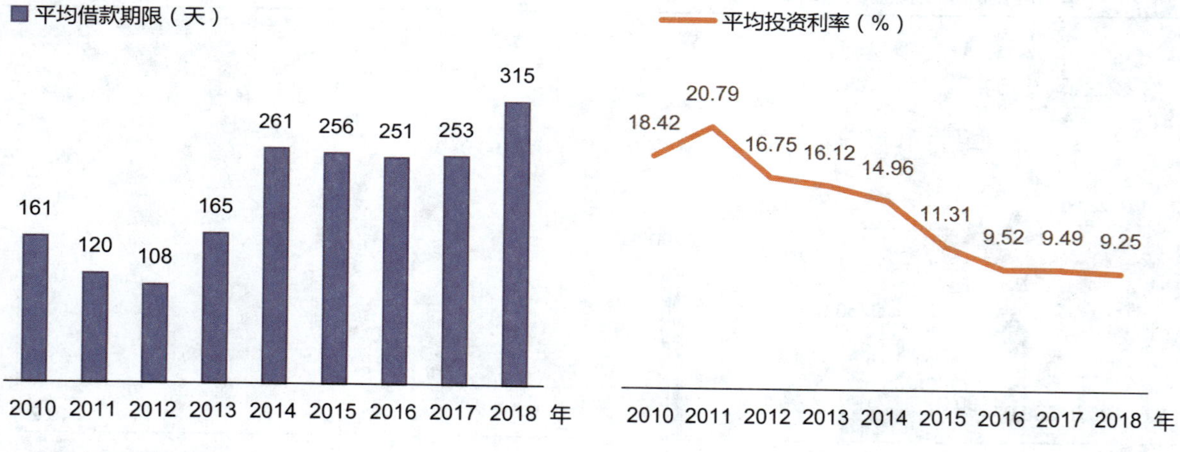

资料来源：零壹财经。

服务实体经济、服务小微企业融资仍是 P2P 行业应追求的“初心”和“使命”，历经十余年的发展和演变，P2P 网贷已成为服务小微企业、提供资金支持的重要途径，也是普惠金融的重要环节。

据网贷之家数据统计，2014 年以来，P2P 网贷服务小微企业成交规模累计约 1 万亿元，并从 2014 年至 2017 年呈逐年上升的趋势，但 2018 年 P2P 行业平台出现大规模违约等事件，导致服务小微企业成交规模明显下降（见图 14－10）。

图 14－10 P2P 网贷服务小微企业成交规模（2014—2018 年）

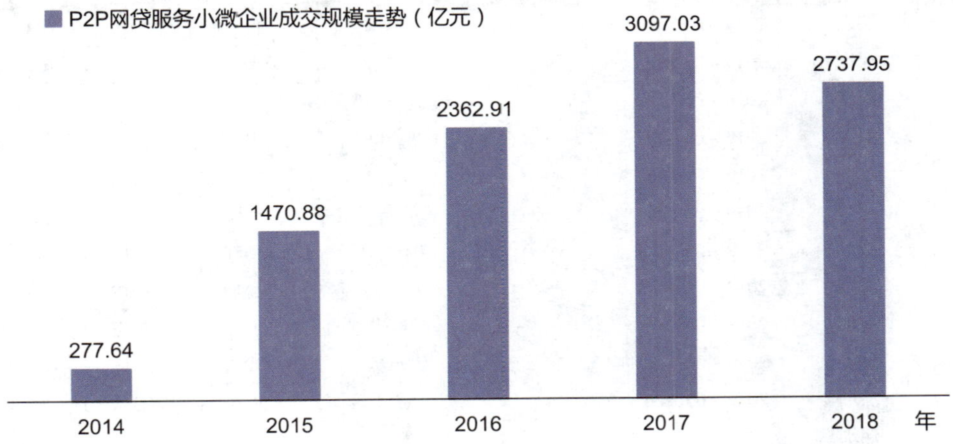

资料来源：网贷之家。

“爆雷”一词成为 2018 年 P2P 平台的标签，失联跑路、资金链断裂的平台愈演愈烈，停业的问题平台数量、涉及的借款人数及贷款余额均呈指数倍增长。2018 年，行业累计停业及问题平台数量高达 5409 家，累计涉及出借人数 215.4 万人，同比增长了 2.7 倍，涉及贷款余额 1766.5 亿元，比 2017 年同期翻了两番。2018 年，在 946 家问题平台中，网站关闭原因占比最高为 20.1%，清盘及提现困难等原因分别排在第二位及第三位，为 15.5% 及 14.9%（见图 14－11）。

图 14－11 P2P 网贷平台问题类型分布（2018 年）

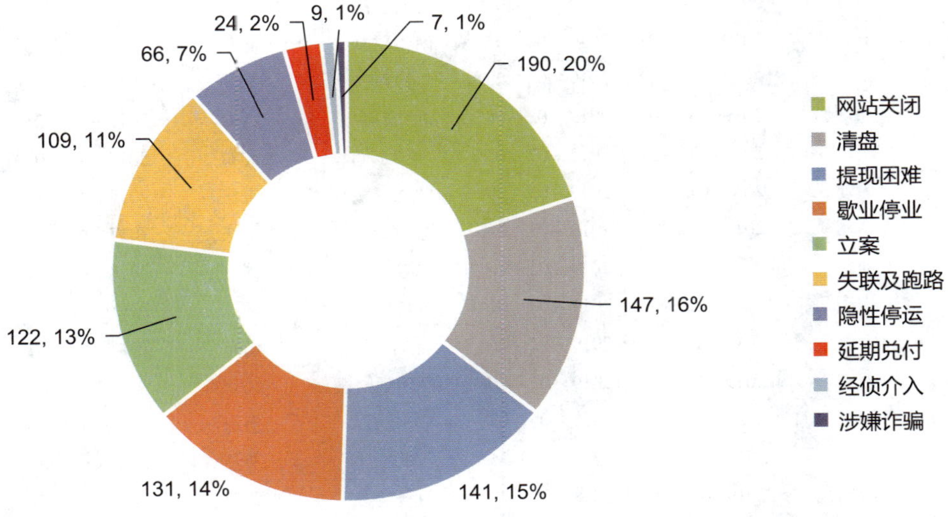

资料来源：零壹财经。

2018 年问题平台原因占比排序较 2017 年有一定的改变，2017 年约 30.5% 的平台失联及跑路，位居首位，主要原因是行业竞争严峻导致部分同质化平台出局，网站关闭及歇业停业等原因位居其次；2018 年，市场合规平台出清，部分平台自知通过备案难度较大，逐渐选择清退或转型。截至 2019 年 5 月，已有 79 家平台全额兑付完成，实现良性退出，61 家平台成功转型（见表 14－1、表 14－2）。

表 14-1　　79 家良性退出平台名单

平台名称	注册地	退出时间	清盘时间	平台名称	注册地	退出时间	清盘时间
爱健康金融	深圳	2019-05-06	—	丰投网	上海	2019-01-02	2019-01-02
点银网	深圳	2019-05-06	—	浙江车贷网	浙江	2019-01-01	2018-10-25
益田理财	深圳	2019-05-06	—	虔诚猫金服	浙江	2018-12-29	2018-12-29
丰财网	深圳	2019-05-06	—	芝麻开门	上海	2018-12-26	2018-12-26
派派金	深圳	2019-05-06	—	8 戒有财	上海	2018-08-06	2018-08-06
鲁班贷	深圳	2019-05-06	—	民生转赚	深圳	2018-12-12	2018-12-12
多财宝	深圳	2019-05-06	—	慧米财富	浙江	2018-12-02	2018-12-02
钱进帮	深圳	2019-05-06	—	牛人街	深圳	2018-11-30	2018-11-30
椰子理财	深圳	2019-05-06	—	小胖理财	浙江	2018-11-28	2018-11-28
融金汇	深圳	2019-05-06	—	银承猫	陕西	2018-11-28	2018-11-28
升值宝	深圳	2019-05-06	—	互助贷（鲁）	山东	2018-11-19	2018-11-19
微融资	深圳	2019-05-06	—	千壹	北京	2018-11-23	2018-11-23
华众时代	深圳	2019-05-06	—	贷信通	河北	2018-11-14	2018-11-14
萤火虫	深圳	2019-05-06	—	房众金融	广东	2018-11-12	2018-11-12
东方金钰	深圳	2019-05-06	—	紫金聚宝	深圳	2018-10-19	2018-10-19
遇财网	深圳	2019-05-06	—	718 金融	北京	2018-10-9	2018-10-9
易米阳光	深圳	2019-05-06	—	悠米钱包	上海	2018-9-21	2018-9-21
贷贷平安	深圳	2019-05-06	—	长投在线	湖北	2018-09-02	2018-09-02
丰收贷	深圳	2019-05-06	—	领先贷	上海	2018-08-29	2018-08-29
共富网	深圳	2019-05-06	—	麦穗金服	河北	2018-06-30	2018-06-30
粤辉财富	深圳	2019-05-06	—	东吴在线	江苏	2018-06-29	2018-06-29
金海贷	深圳	2019-05-06	—	金疙瘩	深圳	2018-06-13	2018-06-13
首信创投	浙江	2019-04-30	2019-03-01	力帆善融	四川	2018-05-14	2018-05-14
奇子向前	北京	2019-04-08	2019-04-08	微银财富	北京	2018-03-23	2018-03-23
德晟金服	深圳	2019-04-02	2019-03-29	月月贷	湖北	2018-02-23	2018-02-23
蝴蝶银	深圳	2019-04-01	2019-02-18	54 贷客	上海	2016-12-29	2016-12-29
瑞达金服	浙江	2019-03-31	2015-07-03	酷融贷	北京	2017-12-06	2017-12-06
美易理财	天津	2019-03-29	2019-03-29	易九金融	重庆	2017-10-15	2017-10-15
喜悦金融	广东	2019-03-25	2019-03-25	惠民金融	重庆	2017-03-15	2017-03-15
和万贷	浙江	2019-03-19	2019-03-19	中融金服	深圳	2017-03-01	2017-03-01
叶子金服	广东	2019-03-01	2019-03-01	景腾金融	浙江	2017-02-09	2017-02-09
福银票号	上海	2019-02-26	2019-02-26	易小贷	山东	2017-01-01	2017-01-01
融租 e 投	北京	2019-02-20	2019-02-20	唯存信理财网	北京	2016-12-31	2016-12-31
协融所	深圳	2019-01-29	2019-01-07	网交所	上海	2016-12-20	2016-12-20
合富金融	广东	2019-01-21	2018-12-25	米牛	浙江	2016-09-13	2016-09-13
鸿金宝	深圳	2019-01-17	2018-07-30	美利金融	北京	2016-07-20	2016-07-20
人人理财	北京	2019-01-09	2019-01-09	优微贷	北京	2016-03-25	2016-03-27
金宝会	北京	2019-01-08	2019-01-08	大王理财	深圳	2016-01-29	2016-01-29
非常易贷	黑龙江	2019-01-06	2019-01-06	壹投资	安徽	2015-07-21	2015-07-21
简单理财网	天津	2019-01-05	2019-01-05				

注：部分平台数据缺失。

资料来源：零壹财经。

在良性退出的平台中，如东方金钰、丰收贷等平台为上市公司旗下的 P2P 平台，这也是其能良性退出的重要原因之一。

表 14－2　　69 家转型成功平台名单

平台名称	注册地	转型时间	平台名称	注册地	转型时间
善贷	广西	2019－04－15	阜金网	安徽	2017－03－01
好借贷	湖北	2018－12－24	粤科金服	广东	2017－03－01
恒瑞财富网	广东	2018－12－13	365 创投	山东	2017－01－28
国金社	北京	2018－10－10	同诚信	河北	2017－01－17
沪臣地方金融	上海	2018－07－31	投资啦	北京	2016－12－27
方泽金服	上海	2018－07－25	皖平财富	安徽	2016－11－29
恒大财富	山东	2018－06－25	金贝艺融	北京	2016－11－28
阳光钱包	北京	2018－06－03	富瑞通	福建	2016－11－26
鸿运通	江苏	2018－04－19	财通投资	北京	2016－09－23
火柴财富	深圳	2018－04－19	多贷贷	上海	2016－08－31
钱升钱	深圳	2018－02－09	猿才酷	广东	2016－08－19
汇金益	广东	2018－01－25	亚联超银	北京	2016－07－20
中财所	上海	2018－01－16	安阔财富	北京	2016－07－15
巨涟金融	上海	2017－12－05	驾道车融	广东	2016－07－07
兆邦基金融	深圳	2017－12－04	柚美理财	上海	2016－07－07
全球星金服	北京	2017－11－22	寻钱网	浙江	2016－06－30
零壹金服	广东	2017－11－07	仁我行	上海	2016－06－02
快来贷	广东	2017－07－19	第一光年	深圳	2016－04－29
沐金农	北京	2017－07－16	合众筹	重庆	2016－04－28
点车成金	上海	2017－07－13	金谷网盈	福建	2016－01－15
爱利是	上海	2017－07－13	69 贷	浙江	2016－01－05
大鱼金服	上海	2017－06－27	阳光易贷	安徽	2015－11－25
佳佳盈	湖北	2017－06－06	富疆财富	新疆	2015－10－17
87 汇财	四川	2017－05－31	财猫网	北京	2015－09－21
达飞贷	北京	2017－05－01	股信网	上海	2015－09－15
蜂蜜众筹	江苏	2017－04－24	六合资本	湖北	2015－07－16
蚂蚁白领	北京	2017－04－18	喜来贷	深圳	2015－07－15
融魔方	重庆	2017－04－18	贷帮	深圳	2015－01－01
惠金天下	上海	2017－04－04	宙斯盾网贷	山东	—
添添投	山东	2017－03－30	华腾资本	山东	—
合盈网贷	深圳	2017－03－17			

注：部分平台数据缺失。

资料来源：零壹财经。

从表 14－2 中可以看出，69 家转型成功的 P2P 平台多集中在 2018 年以前完成，2018 年以后仅有 13 家平台转型成功。其中，28 家平台为同行业转型，主要方向为金融服务公司、从事消费分期资产端业务等；33 家平台为跨行业转型，转型方向包括众筹平台、电商平台、资讯业务平台等。

P2P 平台业务通常金额大、兑付期限长，因而在短时间内便能够实现良性退出或转型实属不易。无论是转型还是退出的平台中，大多具有成交规模相对较低、清盘前借贷余额相对较小等特点，兑付时间较短，可及时实现“止损”。

■“短暂性休克”的 P2P 网贷

2018 年的 7—9 月堪比 P2P 网贷平台的“至暗时刻”，每天均有多家平台出现清盘等问题，平台数量加速减少；行业整体成交额萎缩，借款方兑付期限延长，资金方更多持张望态度，提现困难为最主要的问题类型，市场投融资环境深处水深火热之中。保持业态的健康发展是当务之急，这也对监管落地提出了更高的要求。

图 14－12　大、中、小型企业贷款需求指数（2018 年第一季度至 2018 年第四季度）

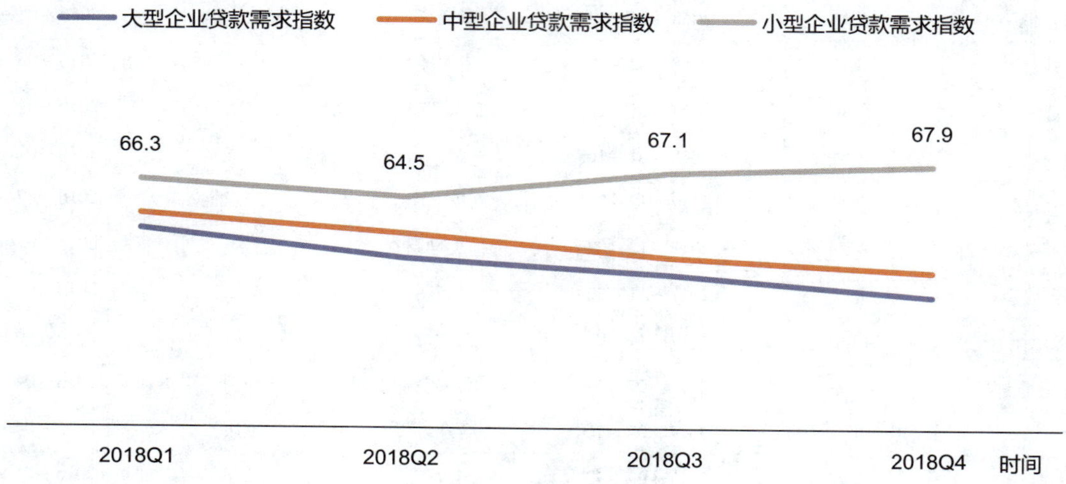

资料来源：中国人民银行《银行家问卷调查报告》。

2018 年“爆雷潮”发生在 6—8 月，7 月达到了阶段性峰值，最严重时平均每天有约 6～7 家平台出现问题。在 2018 年宏观金融周期下半场决定的流动性退潮大趋势下，P2P 大面积的爆雷正是流动性褪去，资金链断裂、资金骗局暴露的集中表现，也给急功近利“逐利”的行业带来了血的教训。

出现问题的 P2P 平台中大多具有待还金额大、兑付时间长、平台发展异化等问题，因此从最直观角度来看，问题平台贷款余额在 1 亿～10 亿元占比最大，也有少量约 5% 的平台贷款余额超 30 亿元（见图 14－13）。

P2P 的“爆雷潮”在历史上曾出现过三次，分别是 2013 年底、2014 年底至 2015 年底和 2018 年中，而以 2018 年 6—8 月的“爆雷潮”最为猛烈和严重，三次的结果均是行业出清、监管出台，虽然清理了部分违规乱象，但也折射出了行业深层次的发展问题。前期，P2P 野蛮发展，我国监管长期缺位，P2P 乱象滋生、业务多打法律擦边球，违法成本较低；2014—2015 年以来，行业经历了“由乱而治”的过程，监管政策陆续出台、落地，部分违规平台被清理出局；2018 年以来，由于金

图 14－13　问题平台在各区间贷款余额的数量分布（2018 年 1 月至 2019 年 4 月）

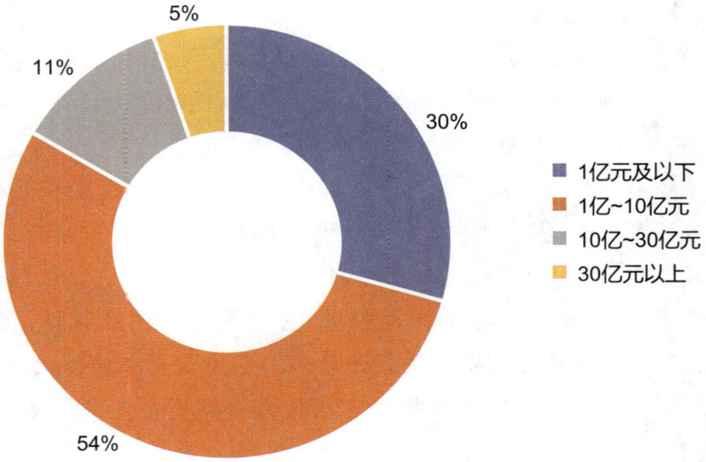

资料来源：网贷之家。

融去杠杆带来宏观环境下流动性下降，P2P 平台偿付压力提升，同时监管备案来袭，投资者信心受到影响，并形成了恶性循环。

历次“爆雷潮”均指向一个原因：P2P 平台发展的异化问题。P2P 作为一个信息中介，负责借贷双方的信息提供、尽职调查等工作，收取手续费作为佣金，业务发展过程本不存在资金链的压力与风险。但我国由于监管长期不完善、备案工作多次延期、风控措施尚不健全，P2P 在我国发展变形、异化，违规的平台主要分为两类，一是平台标的不真实，发行虚拟标的（如秒标等）等非法募集资金，并发展成为金融诈骗的手段之一；二是平台非法募集资金后投资去向不明晰，违规构建资金池，形成庞氏骗局，异化发展、低门槛的 P2P 行业吸引了大量急功近利的人，但“来得快去得也快”，短时间内很多平台卷钱跑路或破产倒闭，不利于国内 P2P 行业的发展。

P2P 平台能够稳健发展的核心一定是“合规”，在黯黑的“爆雷潮”期间，也有企业在危机中坚守本心、紧跟监管及合规步伐，积极配合监管部门报送失信人员名单、严格对出借人进行风险评估及分级管理、严格做好每一阶段的信息披露工作，规范运营。

14.2.2　监管合规，存管落地

2018 年 4 月 8 日，中国银保监会正式挂牌；11 月 13 日，《中国银行保险监督管理委员会职能配置、内设机构和人员编制规定》第三条第三款明确：银保监会的主要职责包括制定网络借贷信息中介机构业务活动的监管制度，至此，P2P 网贷被明确纳入银保监会监管范围。

2018 年，监管政策频繁出台，针对“暴力催收”事件、“整改验收”工作、“现金贷、净值标”监管、“失信惩戒”工作等加大了规范力度，同时也对自查自纠、自律检查等提出了意见指导。监管、自律双管齐下，逐步引导“爆雷”后的 P2P 网贷行业走向正轨。

专题 14－1　P2P 网贷备案再度延期，资金存管落地，引入 AMC 化解风险

■ 6 月备案延期，8 月开启“三项检查”

2018 年初，多地下发整改验收指引，但从 4 月上旬开始，指引的发布呈停滞状态，就在 6 月备案进程进入倒数的时刻，备案再度延期。此次监管层面的“爽约”引发了行业、投资者等多方的疑虑与猜测，也给 7—8 月的爆雷潮又增加了一份“猛料”。

备案延期期间，风险加剧。一方面，跑路、爆雷平台持续增加；政策不明晰，P2P 产品发生变动，存在较大风险；市场参与者恐慌情绪严重，投资人草木皆兵。另一方面，备案一再延期极易造成市场上“劣币驱逐良币”，加大合规成本。

2018 年 8 月，监管层为深化 P2P 网贷专项整治，分类指导、精准施措，督促平台合规经营、加强风险管控，中国互联网金融协会下发《关于开展 P2P 网络借贷机构合规检查工作的通知》，开启全国标准统一的合规检查。通知中明确合规检查包括网贷机构自查（包括自查自纠、非现场检查和现场检查）、协会自律检查（以各地互金协会为主）及行政检查（以各地监管机构、金融办为主），通过合规检查发现问题、处置风险。

检查之后，更重要的是整改和风险处置。2019 年初，《关于做好网贷机构分类处置和风险防范工作的意见》（175 号文）及《关于进一步做实 P2P 网络借贷合规检查及后续工作的通知》（1 号文）陆续出台。以“清退”为主旋律的 175 号文为不合规的 P2P 平台提供三条转型出路，分别是转型成为网络小额贷款公司、转型做助贷、转型做引流平台。1 号文则给予了 P2P 市场更多的希望并明确了“新三降”，一是确保辖区内 P2P 平台总数、业务总规模、投资人数实现三降；二是确保每家 P2P 平台投资者数量、业务规模以及借款人数实现三降。

现在明确说重启备案可能仍为时尚早，但“行业清退”已成为“新常态”，175 号文及 1 号文的有机结合加速 P2P 网贷回归本源，摒弃不顾风险、只赚快钱的不负责行为，更好地服务小微企业、助力实体经济。

■ 最严资金存管落地，“白名单”陆续公布

根据监管要求，网贷平台不得直接或间接归集资金，且应实行自身资金与出借人和借款人资金的隔离管理，选择符合资质的银行作为资金存管机构。因此，为进一步贯彻执行监管要求、防范控制风险、明晰网贷平台性质，2018 年，在新一轮的合规检查中，资金存管成为平台验收的“硬性指标”。

中国互联网金融协会在“全国互联网金融登记披露服务平台”正式对外公布了首批 25 家 P2P 存管银行“白名单”，截至 2018 年末，共有 43 家商业银行通过资金存管测评，其中建设银行、招商银行、华夏银行等 32 家银行公示了其对接 P2P 网贷平台存管名单，共涉及网贷机构 649 家，包括全量业务上线机构 548 家，已签约未全量上线机构 101 家，占比约为 15.56%，2019 年，“白名单”的出炉仍在继续，资金存管披露给平台及用户吃了一颗定心丸。

■ 引入 AMC 主动化解风险①

网贷行业的自查自纠、行业监管的最终目的是构建健康、良性、合规的市场环境，使得资本可以精准无误地惠及中小微企业，而这一市场环境也离不开规范的风险化解与处置指引。2018 年，四大 AMC 积极响应监管要求，协助相关部门化解 P2P 风险、实现风险软着陆。

① 资料来源：网贷之家：《四大 AMC 将协助化解 P2P 风险 方案正在研究中》。

但 AMC 的引入仅仅起到的是“协助”的作用。传统 AMC 处置不良资产主要是针对工、农、中、建四大国有银行的不良资产（主要是大额资产、标准化小额资产包等），而对小额分散、虚拟标的的不良资产的处置也是“摸着石头过河”；同时，网贷产品复杂、模式众多、债权债务关系交织，乱象背后业务实质的处理也较为烦琐，政策、合规、风险识别等方面存在障碍，AMC 助力化解 P2P 不良资产面临着巨大的挑战。挑战与机遇并存，尽管 AMC 助力 P2P 行业仍有很长一段探索之路，但无疑也给市场一个积极的处置信号，2019 年不良资产的防范与化解依旧任重而道远。

14.2.3 供应链金融网贷平台：产业驱动，精准定位，风控升级

供应链金融市场规模逐年扩大，根据《中国供应链金融行业研究报告》数据，市场规模几乎每年保持在 1000 亿元的增速，预计 2019 年将达到 2.1 万亿元。在互联网金融发展如火如荼的今天，基于互联网的供应链金融业应运而生，更好地为中小企业带来融资支持。“互联网 +”供应链金融作为新型融资服务模式，充分运用互联网优势与特点进行监管与风控，并为中小企业提供了个性化、定制化的金融服务，实现了互联网、产业与金融的深度融合。

供应链金融与 P2P 市场的结合进一步细分了市场，使民间金融渗透到产业链条中有需求的中小微企业。从客户群体来看，P2P 供应链金融平台主要服务于供应链上处于非核心地位的中小企业，这类企业一般与核心企业有稳定的贸易往来，在 P2P 平台上，供应链金融实现了物流、商流、资金流和信息流的整合，信息数据、流程运作达到了初步的运用，中小企业的发展离不开上下游供应商、销售商，由此天然形成产业链条，这也给供应链金融扶持中小微企业、注入信用提供了天然的便利。互联网下的供应链金融逐步呈现“去中心化”特点，供应链上的各参与者之间都是相互依存的交互式关系，纵向强化了上下游之间的协同和互动。如今，通过互联网、物联网等技术手段，在平台上搭建了金融生态圈与产业生态圈，更多的应用场景可以被构建、更多的底层数据也可以被获取，中小企业的信用风险更加可控，直接打通了中小微企业融资的“最后一公里”，资金运转效率进一步提升。

表 14－3　供应链金融与非供应链金融融资方式对比

对比内容	供应链金融	非供应链金融融资方式
融资主体	供应链上各个环节的中小企业	有资金实力的企业（一般为大企业）
信用评级要点	供应链条运作、真实交易融资项下的资产、财务报表	财务报表
评级范围	融资企业、交易信息、交易对手、供应链运作情况等	融资企业本身
授信条件	信用贷款；应收账款、预付账款、动产质押等	固定资产质押、第三方担保等
银行参与	动态跟踪企业经营过程	静态关注企业本身情况
银行承担风险	较小	较大
服务品种	品种多样	品种较少
服务效率	效率较高，及时解决企业资金需求	手续烦琐、效率低下
服务内容	为单个企业或供应链持续提供信贷支持	解决单个企业单次融资需求
服务作用	提升供应链整体的持续竞争能力，发展潜力大，解决中小企业融资困境	仅仅缓解企业一时资金需求业务范围有局限性

资料来源：①宋华，陈思洁．供应链金融的演进与互联网供应链金融：一个理论框架［J］．中国人民大学学报，2016，30（5）：95－104.

②胡跃飞，黄少卿．供应链金融：背景、创新与概念界定［J］．金融研究，2009（8）：194－206.

截至2018年底，我国P2P网贷行业供应链金融业务累计成交量达2294.89亿元。截至2019年3月末，P2P网贷行业涉及供应链金融业务的正常运营平台为39家，占正常运营P2P平台总数量不足5%。[①]

图14－14　供应链金融业务各季度成交量（2017年第一季度至2019年第一季度）

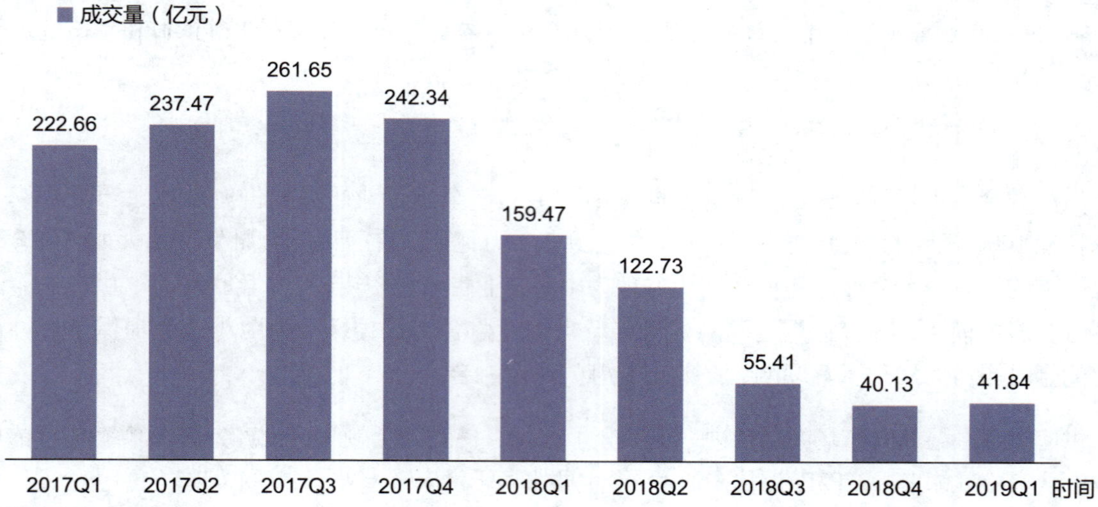

资料来源：网贷之家。

2018年以来，P2P平台供应链金融的成交量呈断崖式下跌。尤其是2018年第三季度，受行业爆雷影响，成交量同比下跌78.82%，很多涉及供应链金融业务的P2P平台违规运营，如从事自融等违法违规行为，进而资金链断裂、平台倒闭。此后季度成交量也一直维持在40亿元左右。

表14－4　P2P平台涉及供应链金融业务总成交量排行（2019年第一季度）

排名	平台名称	供应链业务成交量（亿元）	平台成交量（亿元）	供应链业务成交量占比（%）	供应链业务综合收益率（%）
1	海融易	5.20	5.20	100.00	—
2	红金宝	4.91	5.26	93.35	—
3	道口贷	4.85	4.85	100.00	9.33
4	微贷网	4.46	144.23	3.09	8.38
5	钱香	3.23	3.23	100.00	9.20

注：因数据缺失，故此表选择2019年第一季度为时间节点。

资料来源：网贷之家。

在排名前五的涉及供应链金融业务的P2P平台中，有三家平台专攻供应链业务，分别是海融易、道口贷和钱香，从成交量可以看出，供应链金融业务成交金额在P2P平台中占比相对较低，综合收益率处于均值水平。以道口贷为例，道口贷最初是从校园系P2P平台起家，目前转型成为中小企业金融科技服务的平台，在服务中小微企业方面，2018年10月，道口贷与中国中小企业协会达成战略合作，进一步推进针对中小企业的信用评价体系，发展基于应收账款融资的创新模式和渠道。

① 数据来源：网贷之家。

作为一家专注做供应链金融的 P2P 平台，目前道口贷平台对投资者的保障就是核心企业的担保、承付，并没有第三方担保、保险等其他保障措施。虽然核心企业的安全度往往相对较高，但是一旦核心企业出现风险，牵涉的影响面也往往更广。如 2018 年 7 月 2 日，道口贷发布《关于童创童欣未能对其承付项目到期还款的公告》，童创童欣待还项目共 31 个，涉及金额 2240 万元，涉及投资人 2496 人。但公告中未提及任何还款的具体计划、日期及安排，投资者便将矛头直指平台，期待平台刚兑的心态一览无遗。从短期获客角度而言，投资者都会倾向于“兜底”平台，因此平台主动打破刚兑的步伐普遍较缓慢；但从长期行业、市场发展的进程来看，“打破刚兑”是必然趋势，一是平台不一定有足够的资金和体量承担；二是会引发道德风险、逆向选择，降低正常还款企业的按时还款意愿；三是将平台与项目的风险进行隔离，减少“爆雷”危机，逐渐形成良性发展模式。P2P 平台实现这一目标的前提必须是平台的合规运营、完善的信息披露机制，提高企业违约成本。

金融科技赋能供应链金融，是中小微企业当前的福音。在 P2P 平台上有借款需求的中小微企业无须再依托抵押担保授信，而是利用应收账款和真实的交易往来，打通了中小企业融资的“最后一公里”。道口贷平台累计服务中小企业直接融资突破 119 亿元人民币，逾期率为 0. 87%，平均综合年化融资成本为 12. 88%①，金融科技贡献了相当大的功效。从提高企业违约成本的角度，金融科技加持供应链金融，一是更有针对性地构建资金供求双方的风险定价体系，为中小企业制订个性化方案；二是互联网监管系统可实时追溯资金来源于去向，保障资金安全；三是供应链金融以应收账款、企业真实订单为基础，互联网可高效查验贸易交易的真实性；四是实时、充分、完全的信息披露机制，为 P2P 供应链金融提供了低成本、高效率和风险可控的融资可能。

在企业的运营过程中，因为产业链条的存在进而形成了供应链条，也由此形成了上游供应商和下游分销商、形成了资金实力雄厚的核心企业和其上下游中小企业，核心企业的优质信用在供应链闭环中注入中小企业，为中小企业提供信用支持，P2P 平台结合供应链金融打造崭新的应用场景。P2P 供应链金融的发展逐渐呈现出行业细化的特点，如专做汽车供应链金融的普汇云通、物流供应链金融的怡亚通等，且规模不断扩大；同时区块链技术应用到供应链流程中，融资过程真实性增加；P2P 平台与 ERP 系统服务商结合，在风控等方面呈现优势。P2P 供应链金融的发展未来可期，服务中小微企业的优势也在不断扩大。

专题 14－2　金融科技及其监管

截至 2018 年末，“互联网金融”已经连续五年被写入政府工作报告中，用关键词总结政府工作报告中的“互联网金融”，主要为：促进健康发展（2014 年、2015 年）、规范发展（2016 年）、高度警惕（2017 年）和健全监管（2018 年）。

2018 年，FinTech 正深刻地改变着民间金融行业生态环境，由传统向数字化、科技化不断地转型和迈进。巴塞尔委员会将金融科技分为四大类：支付结算、存贷款与资本筹集、投资管理和市场设施，其中，存贷款与资本筹集主要包括 P2P 网络借贷和股权众筹等，因此金融科技与民间金融休戚相关。纵观世界各国对金融科技态度，均强调了金融科技的重要性，金融科技可以在很大程

① 资料来源：道口贷网站．https：//www. daokoudai. com.

度上解决中小企业融资问题，加速普惠金融进程。金融科技在区块链、大数据、人工智能等技术创新下大力发展起来，尤其是近两年来我国金融科技发展水平位居世界前列，针对金融科技的监管也势在必行。

针对金融科技方面的监管，我国正处于试水阶段，学习了解成熟金融科技市场的监管政策，有助于我国完善金融科技立法工作。美国金融科技监管较为成熟，其在《金融科技监管白皮书》（*A Framework for FinTech*）中提出了政府监管的六大政策目标、十项总体原则，值得一提的是美国拥有以技术创新为主要驱动力的金融科技环境，针对这一特点采用“功能性监管”方式，将金融科技业务按照不同的功能纳入相应的金融监管体系中。欧洲国家向来以老牌、严谨著称，历经了多次的金融危机和金融风暴，欧洲各国也逐步拥有了完善、系统的金融监管体系，以英国为例，结合金融创新与金融科技提出：①双峰式监管：英国要求 P2P 借贷平台和股权众筹平台需获得 FCA（金融服务监管局，Financial Service Authority）授权；②“项目革新”计划：推进创新创业进程，建立金融科技创新企业孵化器，利用创新中心的专家团队为企业提供咨询与建议，计划取得了显著成效；③监管沙盒：FCA 于 2016 年推出的监管沙盒政策为创新与监管提供了一个充分自由的平台，项目允许企业在可控的测试环境中对金融科技新产品或新服务进行测试，极大拓宽了企业和产品的创新维度与领域，这一项目在新加坡、澳大利亚等均有过实行；④监管科技：FCA 鼓励各金融机构大力创新监管科技，利用科技手段降低合规成本，提高监管准确性。

2015 年后，中国开始不断试水新的监管政策，如试行中国式“监管沙盒”、2018 年全国首个区块链监管沙盒落地等。借鉴国外较为成熟的金融科技监管经验，国内金融科技的监管应形成“中国特色”，一方面，在我国现有监管机构、监管体系框架下，逐步探索适合中国国情的金融科技监管体系；另一方面，应鼓励、扶持企业创新，给予创新一定的自由度和企业发展的空间，让金融科技真正发挥解决中小企业融资困难的作用。

14.2.4 车贷平台上演大退潮，红海中深耕合规发展

P2P 车贷业务自 2011 年出现至今已有 7 年多的发展历程，经历了 2016—2017 年的狂热发展，2018 年 P2P 车贷这一细分领域规模及增速逐渐放缓、投资利率趋于理性。截至 2018 年末，P2P 车贷历史交易规模累计约 7111 亿元，2018 年当年总规模为 1433 亿元，同比下降 42.15%；截至年末，P2P 车贷贷款余额约 473 亿元，较 2017 年末同比下降 27.3%；同时，2018 年 P2P 车贷标的平均借款期限为 201 天，较 2017 年增加 37 天，平均年化投资利率为 8.94%，较 2017 年降低 0.55 个百分点。[①]

2018 年 P2P 车贷交易规模前十名平台如表 14－5 所示，前三名分别为微贷网、投哪网和有利网，其中微贷网和投哪网依然领跑第一、第二名，前十名平台中有 5 家为只做 P2P 车贷业务的平台，有两家平台车贷业务占比超 80%。

---

① 资料来源：零壹财经。

表 14 – 5　　P2P 车贷交易额前 10 名平台情况（2018 年）

序号	平台简称	省市（注册地）	车贷交易规模（亿元）	车贷业务占比（%）	平均利率（%）	平均期限（天）	车贷同比变化率（%）
1	微贷网	浙江	555.86	91.1	6.98	125	–30.7
2	投哪网	广东	92.08	100.0	9.13	355	–56.3
3	有利网	北京	70.03	41.4	9.56	425	8.3
4	人人聚财	广东	57.10	100.0	9.85	376	–22.4
5	拓道金服	浙江	44.60	100.0	9.66	89	11.3
6	新升贷	浙江	40.19	100.0	11.99	62	–7.5
7	团贷网	广东	39.20	24.7	10.54	551	94.3
8	连资贷	浙江	26.68	81.8	8.05	36	20.1
9	聚车金融	浙江	24.90	100.0	10.57	29	13.5
10	轻易贷	河北	24.59	7.7	8.62	180	—

注：统计数据仅包括撮合完成的借款项目，不含债权转让。

资料来源：零壹财经。

P2P 车贷热潮退去的一大明显标志就是投资利率下降、回归理性，较行业正态回报率而言不再具有吸引力。如图 14 – 15 所示，2014—2017 年，P2P 车贷投资利率均高于行业整体水平，车贷这一细分领域的获客能力较强，加之 P2P 车贷业务本身具有小额、标的分散的特点，是近年来投资者追捧的领域、也是很多平台转型的新选择。但随着市场逐渐饱和，P2P 车贷的投资利率与行业平均投资利率逐渐趋同，“高息”优势不再明显。

图 14 – 15　P2P 车贷投资利率及 P2P 网贷行业投资利率（2014—2018 年）

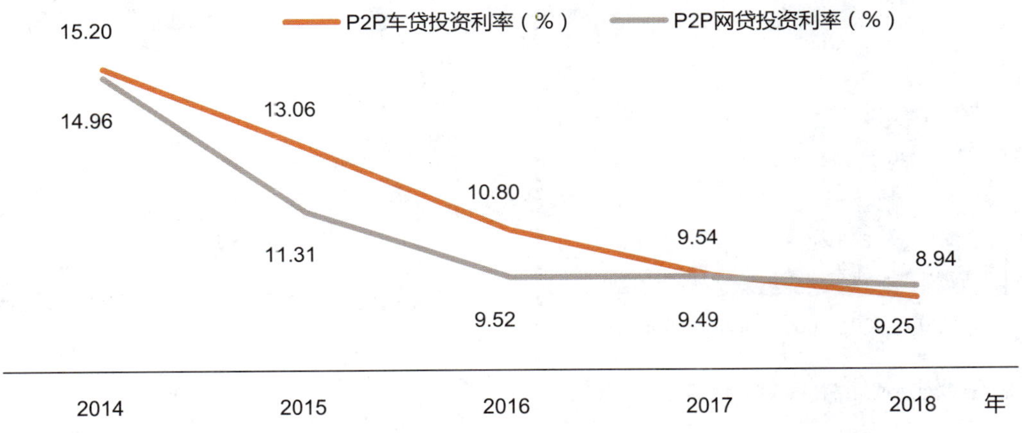

资料来源：零壹财经。

在 P2P 车贷服务小微企业方面，以“微贷网”为例。截至 2019 年 6 月，微贷网平台共有项目 1607 个，其中包含转让项目 125 个。因 125 个转让项目无具体借款用途说明，从分析 P2P 平台助力中小微企业角度，平台案例以 1482 个非转让项目为主进行分析。

微贷网 1482 个车贷 P2P 项目共累计借款金额 116031414 元，平均每个项目借款 78293.80 元。项目以 3 个月、12 个月等中短期借款期限为主，综合出借利率以 5% ~6% 和 8% ~9% 为主，平均借款期限及借款利率处于行业平均及以下水平，仍是 P2P 平台投资“蓝海”。

图 14－16　微贷网各借款期限项目数

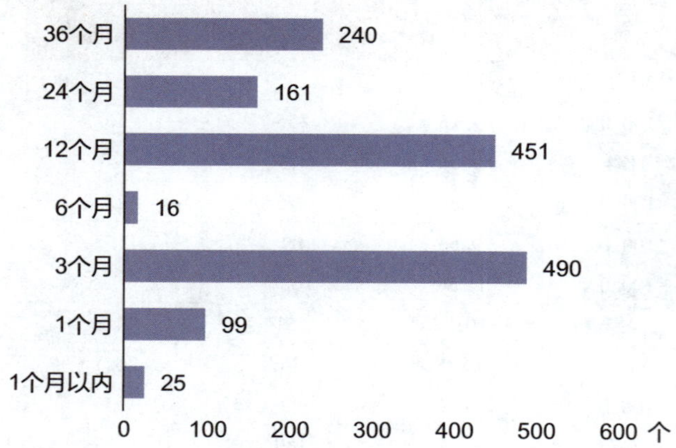

图 14－17　微贷网各综合出借率项目数

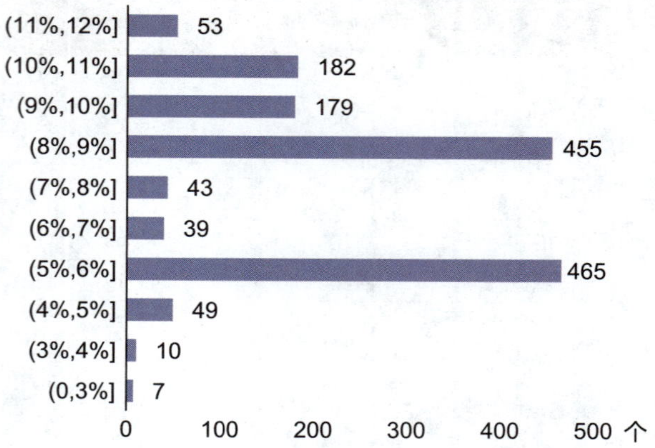

资料来源：课题组通过网络爬虫获取的平台公开信息。

微贷网平台共有车抵押、车主信用贷、微易融等九种项目类型，其中车抵押类型项目数量最多，为 1020 个；各类型平均每个项目借款金额在 10 万元至 20 万元之间，但车主信用贷和多米贷两类项目分别为信用贷款、平台标的贷款，因此平均每个项目借款金额在 1 万元左右、相对较少。

图 14－18　微贷网各项目类型项目数

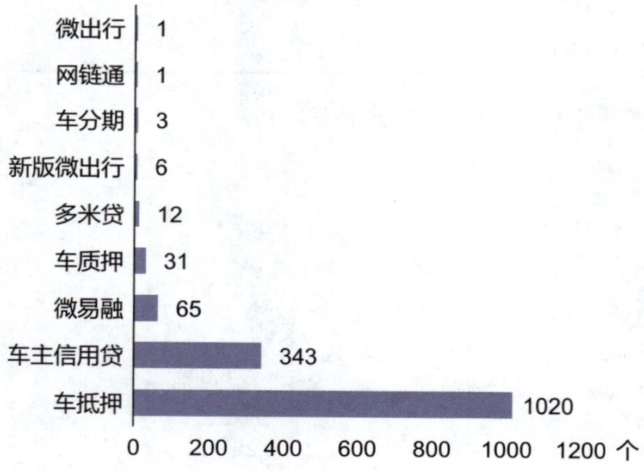

图 14－19　微贷网各项目类型平均项目金额

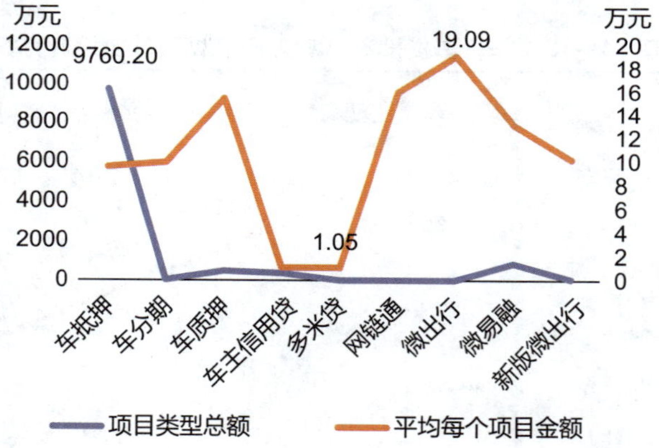

资料来源：课题组通过网络爬虫获取的平台公开信息。

根据“借款用途”，可判断具体车贷项目的借款用途及性质，并以此判断平台支持中小微企业资金的力度。平台共分购车、教育、旅游、其他、企业经营、日常消费、医疗、装修及资金周转等九种用途，其中明确用于“企业经营”用途的项目数为 52 个，占比约 4%，涉及金额 693 万余元，占比约 6%；大量资金用途被选为“资金周转”，项目数共计 1066 个，7171 万余元，分别占比约 73%、61.8%，更多的用户可能在有资金需求时不愿透露真实借款意图或对分类不明晰，这也对判断中小企业资金需求造成了一定影响，同时也对平台进一步细化、审核资金用途提出了更高的要求（见图 14－20、图 14－21）。

图 14－20　微贷网按资金用途分类项目数

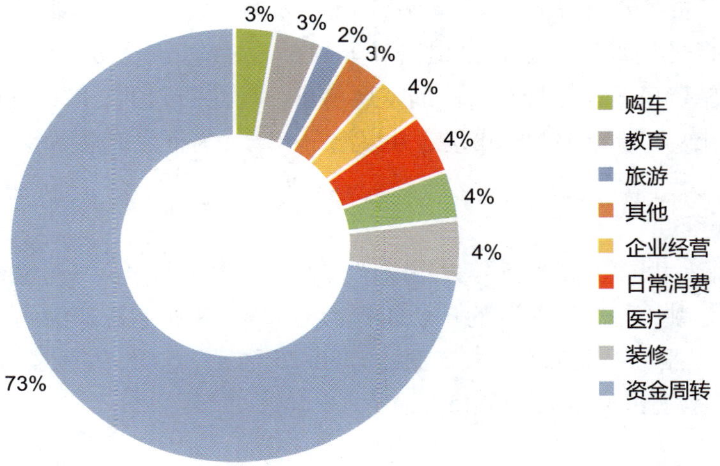

资料来源：课题组通过网络爬虫获取的平台公开信息。

图 14－21　微贷网按资金用途分类金额数

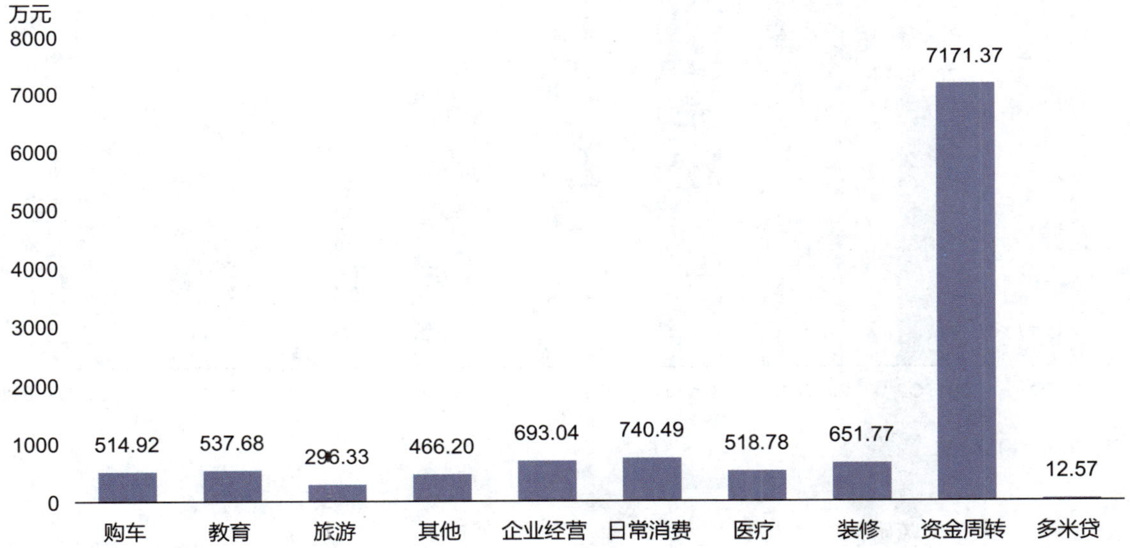

资料来源：课题组通过网络爬虫获取的平台公开信息。

在企业经营这一借款用途中，项目类型均为车抵押，金额仅占全部车抵押金额的 8%，项目数量也仅占 5%。此外，在企业经营用途下，电力、房地产、建筑业、交通运输、教育、文体娱乐等行业均有所涉及，其中占比最大的为批发和零售业，建筑业及文化、体育和娱乐业。在资金周转这一用途中，占比最大的行业分别为批发和零售业，制造业，建筑业等行业。

在服务中小微企业角度，探究 P2P 平台助力程度仍存在较多困境。一是平台借款用途类型划分不细致、不全面，可能出现借款人无法选择最近用途等现象；二是平台审核不严格，借款人由于主、客观原因错误选择借款用途，加之平台审核较宽松，才出现了超 3/4 的借款项目用途为“资金周转”的现象；三是中小微企业多自然人主体，自用和企业用的界限模糊。种种原因导致呈现在平台上的中小微企业借款需求少、项目少、金额少，但真实用途应远多于此。

整体来看，P2P车贷主要服务于二手车存量市场，以融资租赁、抵质押业务为主，虽然部分涉及大额车贷模式的平台受到2016年银监会提出“限额令”等政策新规的影响，但车贷作为以小额、分散化标的为主的投融资模式，仍具有广阔的发展前景。理性回归下，P2P车贷市场应更加注重多元化布局、拓展新车市场、新能源汽车市场、共享汽车市场，为行业带来更多、更灵活的操作空间。

14.2.5 P2P涉农贷款：互金赋能“三农”，服务小微企业

2004年至2018年，我国已连续15年发布以“三农”为主题的中央一号文件，2019年中央一号文件再次强调要打通金融服务“三农”的各个环节涉农P2P的发展也深耕细化。截至2018年底，我国P2P涉农平台服务“三农”业务累计成交额达1380.25亿元，涉及“三农”业务并正常运营的平台有107家，“三农”业务成交量为276.15亿元①。

图14-22 P2P网贷涉农业务各季度成交量（2017年第一季度至2019年第一季度）

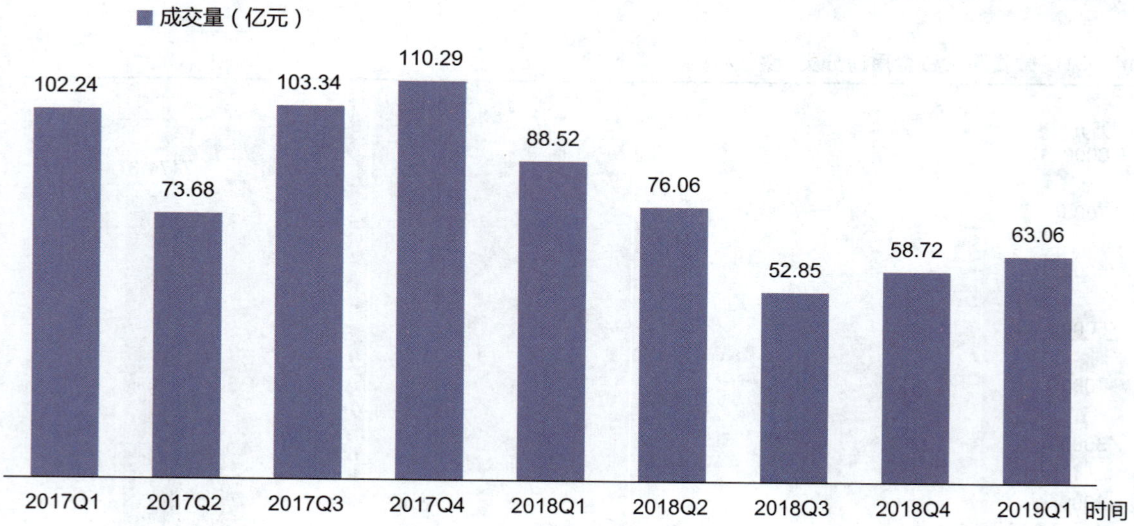

资料来源：网贷之家。

2018年，受行业环境影响，P2P“三农”业务各季度成交量较低，尤其是第三、第四季度成交量仅为50亿元左右，7月份月平均成交量仅为18.6亿元，但“爆雷潮”后，随着行业发展趋于稳定，“三农”业务回暖，12月成交量达21.86亿元（见图14-22）。

从“三农”业务成交量来看，2018年翼龙贷仍作为服务“三农”的头部平台领跑，且“三农”成交量约为第二名的6倍。截至2019年2月末，翼龙贷向业务覆盖的1200余个区县级数万个村镇输送资金552.26亿元，实现借贷笔数达80.4万笔，为十万户次“三农”家庭、个体工商户及小微企业提供融资服务②（见表14-6）。

① 资料来源：网贷之家。

② 资料来源：网贷之家、翼龙贷官网等。

表 14－6　　2018 年 P2P 网贷平台“三农”业务成交量前十名

排名	平台名	运营地	“三农”业务成交量（亿元）	总成交量（亿元）	“三农”业务占比（%）	综合收益率（%）
1	翼龙贷	北京	157.38	181.57	86.68	8.95
2	布谷农场	广东	26.19	28.08	93.26	10.26
3	短融网	北京	11.95	22.84	52.32	9.75
4	洋钱罐	北京	6.04	215.16	2.81	11.48
5	杉易贷	广东	3.57	8.20	43.54	10.50
6	城铁在融	湖北	1.57	24.94	6.30	14.06
7	前海惠农	广东	1.24	8.82	14.03	11.06
8	天壕普惠	北京	1.18	1.18	100.00	9.11
9	空中金融	上海	0.70	5.43	12.83	8.79
10	屹农金服	北京	0.63	0.90	69.39	9.75

资料来源：网贷之家。

希望金融是一家专注“三农”和小微企业投融资的互金平台，依托新希望集团雄厚的资源，在一定程度上解决了涉农借款“小、散、差”等问题，所有项目均线上资金存管，并于 2017 年 1 月接入厦门银行资金存管系统。截至 2019 年 6 月末，平台累计借贷金额 104.67 亿元，累计交易笔数 88045 笔，累计借款人 33969 人，借款人服务费区间在 0.5% 到 6.13% 之间①。

综观 2018 年平台运营情况，截至 2018 年 12 月 31 日，希望金融平台累计借贷金额 95.54 亿元，累计交易笔数 76495 笔，累计借款人数量 30647 人。2018 年当年，出借人赚取收益 2.48 亿元，待收金额 10.49 亿元。2018 年，希望金融平台月均成交额 2.18 亿元，平台也未能在爆雷潮中幸免。除 1 月外，其余 11 个月同比均处于下跌状态，且以 6—8 月下跌比例最为严重（见图 14－23）。

图 14－23　希望金融成交额及同比增长率（2018 年）

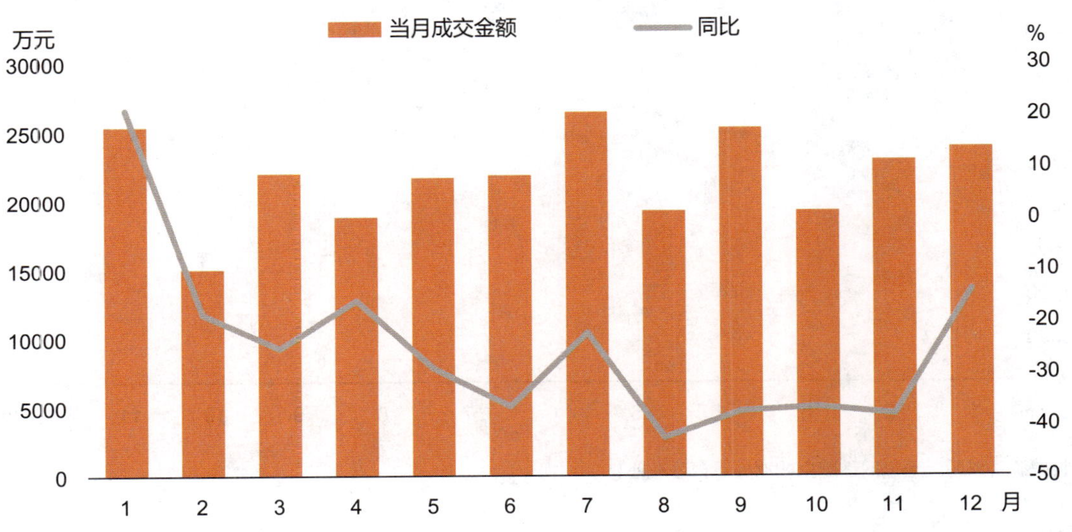

资料来源：课题组通过网络爬虫获取的平台公开信息。

① 资料来源：希望金融官网、希望金融运营月报等。

2018 年，希望金融累计借款标的 35623 笔，服务“三农”类客户借款标的 35475 笔，占比 99.58%（见图 14－24）。借款标的期限在半年以上的交易金额占比超半数，3～6 个月的交易金额占比为 23.80%，1～3 个月的占比为 14.16%，1 个月以内的占比为 9.69%（见图 14－25）。

图 14－24　希望金融借款标的笔数（2018 年）

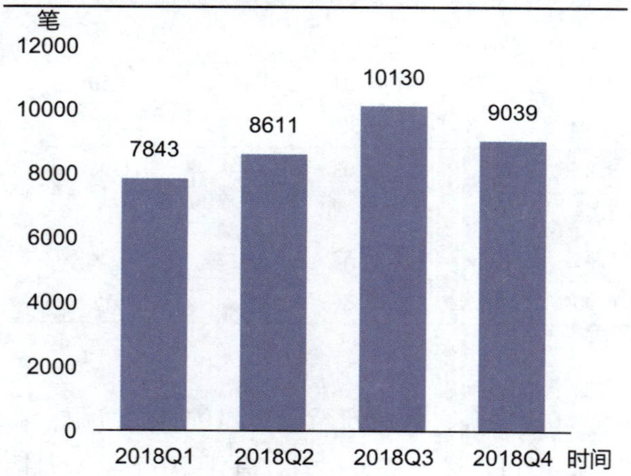

图 14－25　希望金融借款标的期限（2018 年）

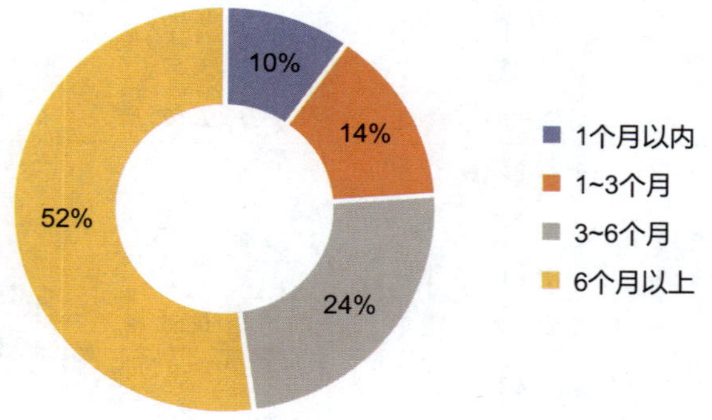

资料来源：课题组通过网络爬虫获取的平台公开信息。

2018 年，超 31 万用户注册希望金融平台，10 月与 11 月两个月的月注册用户数均超 11 万人次（见图 14－26）。从借款标的的出借用户数和借款用户数看，月出借用户数普遍高于借款用户数，借款需求应普遍得到满足。

图 14－26　希望金融出借用户数及借款用户数（2018 年）

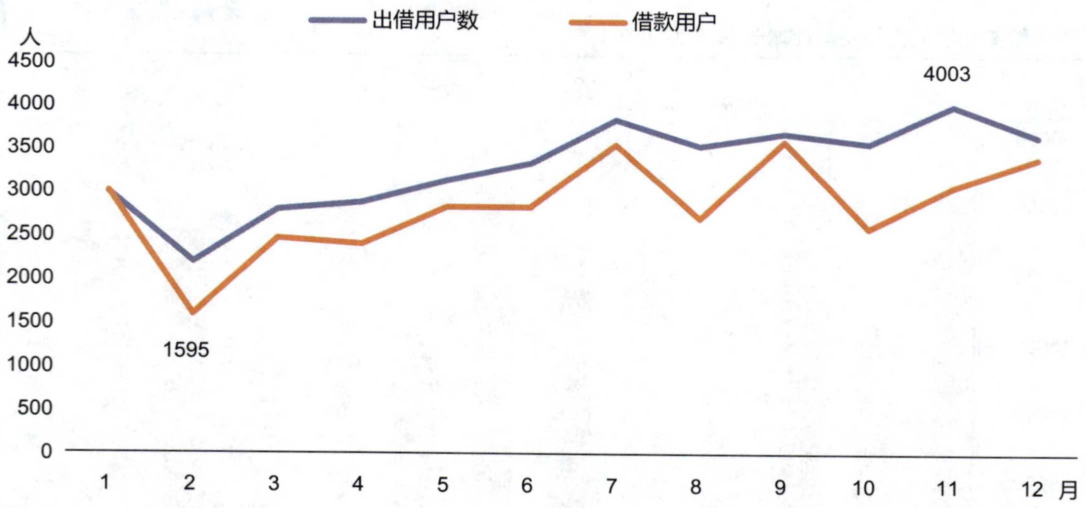

资料来源：课题组通过网络爬虫获取的平台公开信息。

2018 年“三农”类借款标的成交金额 260590.18 元，其中种植业、养殖业、个体工商户和小微企业分别占 13.18%、34.97%、30.97%和 20.89%，个体工商户与小微企业借款总额超 50%，足以看出希望金融支持中小微企业的力度。

因平台仅显示近200个借款项目，因此课题组选取截至2019年6月的200个项目进行网络爬虫获取相关数据，并进一步从平台支持中小微企业融资角度进行分析。200个案例标的项目平均年化利率为7.36%，处于行业平均借款利率水平之下，平均借款周期为6.12个月，投资回收期限较短，具有较大的市场潜力。从借款人主体来看，200个项目中有20个项目为法人主体、180个项目为自然人主体，151个项目的借款人身背负债，9个借款人曾出现过逾期的现象，且均为有负债的自然人主体，26个项目借款人在其他平台也有借款情况。

图14－27 希望金融标的案例项目行业分类及数量

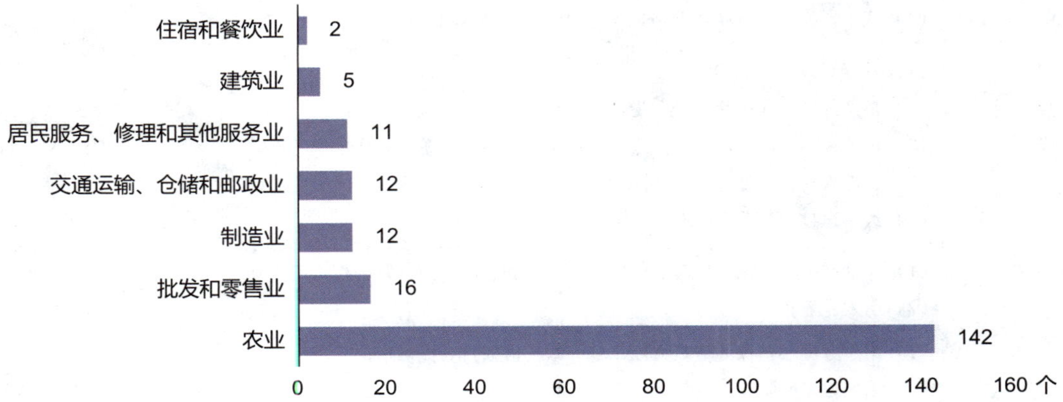

资料来源：课题组通过网络爬虫获取的平台公开信息。

在200个标的项目中，农业行业的项目数量名列前茅并占据高达71%比例的数量，批发和零售业，制造业，交通运输、仓储和邮政业等行业数量相对较少，均在20个项目之下，“三农”资金需求还是主要集中在养殖业、种植业等农业行业之中（见图14－27）。同时，资金需求地点主要集中在山东省、河南省、河北省等农业大省，如图14－28所示。

图14－28 希望金融标的案例项目所在省份及数量

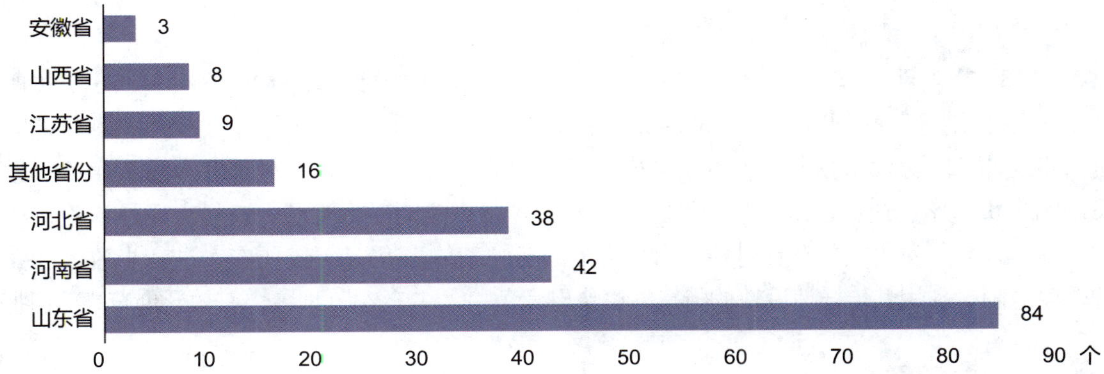

资料来源：课题组通过网络爬虫获取的平台公开信息。

根据平台公开数据披露，希望金融有较为完善的风控体系，以200个案例项目为例，根据项目披露情况，希望金融平台共有5大类型的风险控制措施，如表14－7所示。

表 14－7　　希望金融标的案例项目风险控制五大措施

序号	内容及措施	数量
1	（1）希望金融平台对借款人和担保人进行现场考察和数据分析，确认借款人及其经营场所、保证人的真实存在。 （2）以借款人收入作为第一还款来源。 （3）以合格保证人作为第二还款来源，原则上按照综合实力不低于借款人的标准选择保证人；在实践上，侧重对借款人有实质性影响或制约的人作为借款人的担保人。	158
2	（1）借款人有丰富的养殖经验，养殖情况优良。 （2）自然人提供担保，共同承担义务。 （3）线下风控、业务团队严格把关。	24
3	（1）基于真实贸易数据。 （2）挑选连续合作多年、经营稳健的客户。 （3）额度控制：匹配的资金不作为客户主要的授信来源，只作小额补充。 （4）自然人连带责任保证，共同承担义务。 （5）线下风控、催收团队严格把关。	11
4	（1）车辆质押作为全额按时偿还借款本金及利息的保障，并已正式签署合同。 （2）引入企业担保、自然人担保。	4
5	（1）第三方提供担保或借款方以车辆为本次借款行为提供增信。 （2）第三方车库安全可靠，专人看管，充分保证。	3

注：平台根据不同项目的真实情况会对相应内容做细化与调整。

资料来源：课题组通过网络爬虫获取的平台公开信息。

在五大风控措施中，超3/4的措施为第一种，即平台将对借款人和担保人进行现场考察和数据分析，以确保借款人经营场所、保证人的真实存在，其余措施为基于真实贸易交易数据、提供增信担保等方式。涉农借款是银行“闻风丧胆”的借款种类之一，有“小、散、差”等特点，而银行普遍存在大客户偏好，因此解决涉农借款需求需要对农业、农民和农村有深刻理解，的资金提供方参与，同时，基于农民担保抵押物少、违约成本低、互联网通信不发达等现状，必要的现场勘查、现场监管、现场调研也是必不可少的重要风控环节。面向农村互联网金融的市场还有巨大的成长空间，也有巨大的价值值得挖掘。

截至2018年12月末，我国农村网民规模为2.22亿人，占整体网民的26.7%，较2017年底增加1291万人；农村地区互联网普及率为38.4%，较2017年底提升3个百分点。[①] 网络在农村地区的普及为进一步延伸P2P涉农贷款业务提供了基础，但我国非网民人口仍以农村地区人群为主，农村地区非网民占比为63.2%，这也是目前P2P涉农贷款亟须攻坚克难的一大难题。农村市场是检验普惠金融的重要阵地，未来民间金融更有针对性、有效性的服务“三农”仍是关键所在，进一步放大和强化互联网的辐射范围，利用其传导速度快的特点，将金融竞争引入“三农”地区，有效开展普惠金融服务。

14.3　互联网众筹颓势依旧

截至2019年5月末，我国处于运营状态的众筹平台共计110家，较2018年全年及2019年年初

① 资料来源：《第43次中国互联网络发展状况统计报告》。

的145家平台相比，颓势持续，市场检验与政策不确定性依然充斥着众筹市场。

如图14－29所示，2018年我国众筹平台运营数量呈明显的下降趋势，到2019年仅存100余家正常运营的平台，期间，不少平台下线或网站链接失效①，还有平台相继成功转型。

图14－29　我国众筹行业正常运营平台数量（2018年）

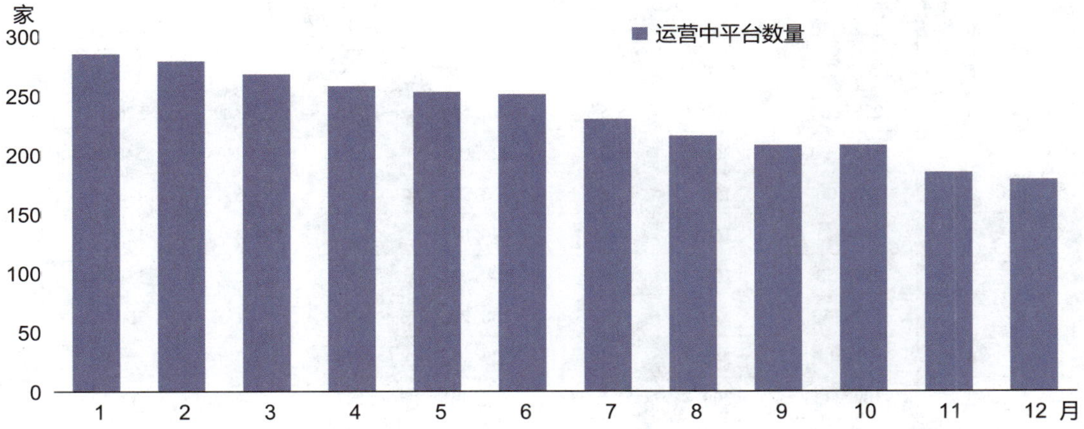

资料来源：众筹家。

在正常运营的平台中，截至2019年1月末②，我国共有互联网非公开股权融资型（以下简称"股权型"）平台51家，权益型平台46家，物权型平台22家，综合型平台18家，公益型平台8家，数量均同比下降。

从图14－30可以看出，股权型与权益型众筹平台占众筹平台总数一半以上，这与2017年平台业务分布相当，以典型平台为例。

图14－30　我国正常运营众筹平台类型分布（截至2019年1月）

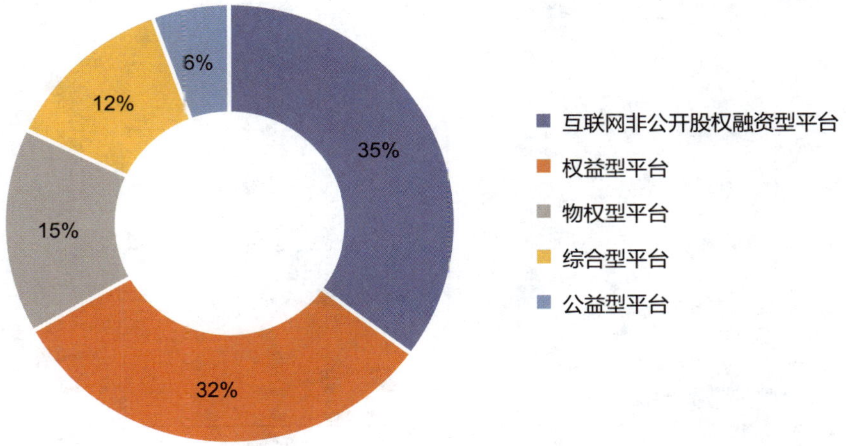

资料来源：众筹家。

① 链接失效：指平台官网连续超过7天无法正常访问。
② 因2018年末数据缺失，此处分析2019年1月末情况。

表 14－8　　典型股权型众筹平台基本情况（2018 年）

时间	第五创			人人创			众筹客		
	成功项目数	成功项目融资额（万元）	成功项目投资人次	成功项目数	成功项目融资额（万元）	成功项目投资人次	成功项目数	成功项目融资额（万元）	成功项目投资人次
2018－01	3	998. 50	347	7	710. 65	1058	10	632. 99	398
2018－02	4	822. 66	446	—	—	—	6	362. 69	163
2018－03	6	2225. 30	645	—	—	—	7	671. 20	313
2018－04	5	547. 75	416	—	—	—	4	453. 20	193
2018－05	5	2283. 60	709	5	714. 55	782	3	526. 00	156
2018－06	3	1578. 90	260	3	228. 00	517	4	545. 95	148
2018－07	2	593. 00	158	4	420. 90	575	3	487. 00	188
2018－08	2	644. 43	168	7	690. 84	1113	3	153. 15	100
2018－09	2	849. 50	209	6	1145. 90	387	2	139. 00	74
2018－10	4	1774. 53	379	4	258. 20	104	1	300. 00	58
2018－11	3	608. 14	244	5	327. 95	176	4	285. 00	147
2018－12	3	1097. 11	209	2	817. 40	187	2	32. 12	145
2019－01	2	1735. 00	134	4	388. 75	129	6	295. 15	147

注：因数据获取难度大，人人创 2018 年 2 月至 2018 年 4 月数据缺失。

资料来源：众筹家。

如表 14－8 所示，以第五创、人人创和众筹客三个典型股权型众筹平台为例，整体来看，平台月均众筹成功项目数均不超过 10 个，月成功项目融资额在 1000 万元以上较少，月均参与人数大多在 500 人以下。

图 14－31　典型股权型众筹平台每人次每项目月均投资额（2018 年）

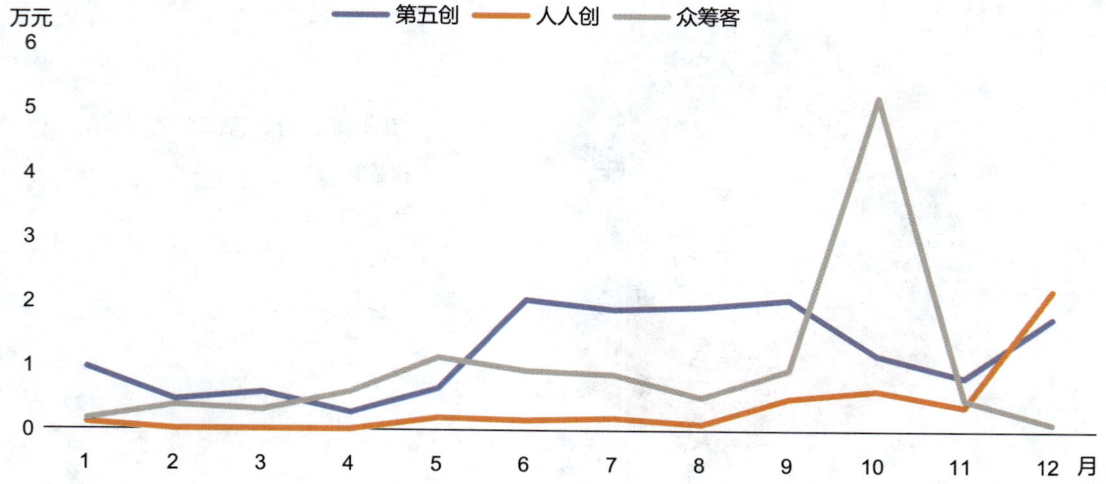

资料来源：众筹家。

平均到每人次、每成功项目而言，第五创平台月均投资额在三个平台中最高，多为 1 万～2 万元，人人创及众筹客次之，多在 0～1 万元，股权型众筹市场参与度与渗透能力较 2017 年下降明显。

众筹行业的颓势也展现在权益型典型平台上。2018年，一直跻身融资额前十的权益型众筹平台，月均成功项目数均有不同程度的降低，相对应项目的投资人次也呈下降趋势。相比于股权型众筹平台而言，权益型平台具有众筹成功项目数更多、参与投资人次更广的特点，这也得益于此类平台项目更加亲民、生活化的特点，以及诸如京东、小米、淘宝等电商平台自身的发展与口碑（见图14－32）。

图14－32　典型权益型众筹平台成功项目数（2018年）

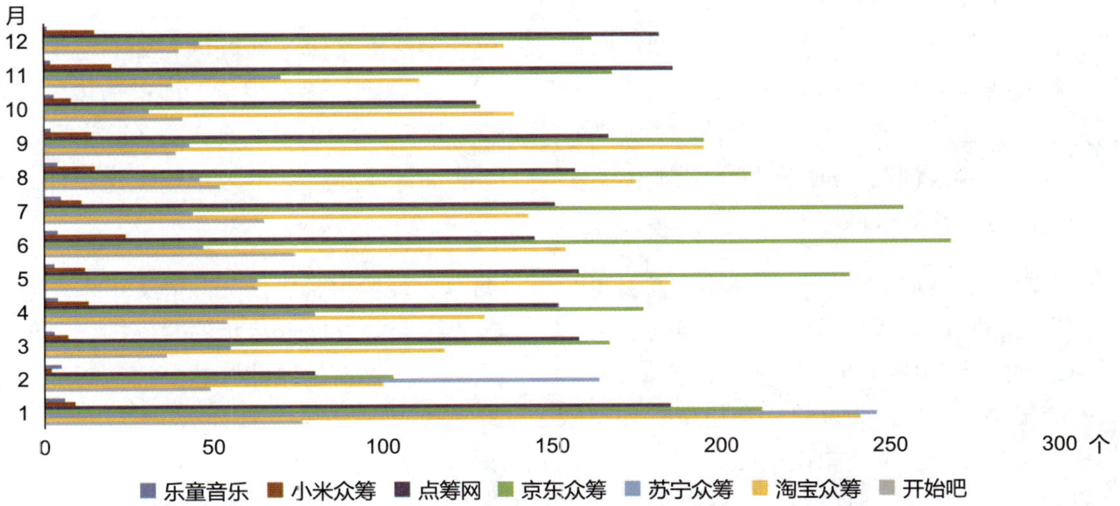

资料来源：众筹家。

在7家典型权益型平台中，平均到每人次、每成功项目，开始吧、点筹网、小米众筹和乐童音乐投资额较高，淘宝众筹、苏宁众筹和京东众筹相对投资额较低，主要因为此类众筹平台依托淘宝、苏宁、京东等熟知的电商平台，且多为产品众筹项目，涉及金额小、投资者多，参与度相对更高、更广（见图14－33）。

图14－33　典型权益型众筹平台每人次每项目年均投资额（2018年）

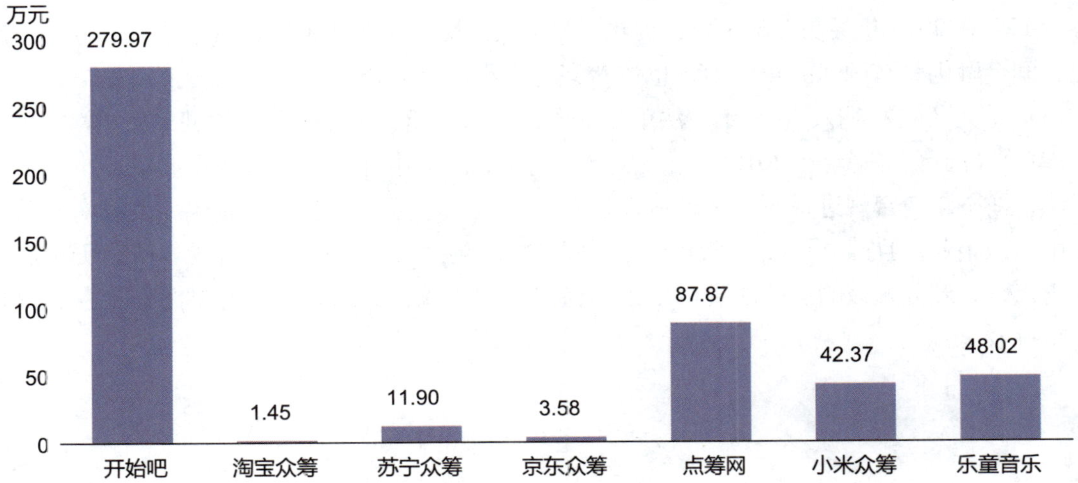

资料来源：众筹家。

股权众筹自2011年起在我国出现，是中小微初创企业通过互联网平台进行小额股权融资的活动，这一从欧美兴起的新兴小额股权融资活动在2014年、2015年两年平台数量迅速增加，2014年12月《私募股权众筹融资管理办法（试行）（征求意见稿）》是解决股权众筹合法性的源头，2015年8月，中国证券业协会发布《场外证券业务备案管理办法》，将“私募股权众筹”改为“互联网非公开股权融资”，这对“股权众筹”有了新的界定。同年，《关于促进互联网金融健康发展的指导意见》明确了股权众筹的定位与特征，股权众筹步入“公开、小额、大众、面向小微”阶段，指导意见指出发起众筹的融资方应是小微企业，目标是解决中小微企业融资问题，拓宽小微企业融资渠道。随后，因行业监管不完善、平台逐利等原因，股权众筹逐渐暴露一些问题，如非法融资、非法标的，触及法律红线。2016年4月，股权众筹风险专项整治启动，逐步规范、清退违规股权众筹平台，并建立了如“小额、大众、200人限制”等行业行为规范。2018年1月，国务院常务会议再次提及“众包众筹众创”，同时证监会将制定《股权众筹试点管理办法》纳入年度立法工作计划，为股权众筹营造良好的市场环境。

同P2P行业发展类似，众筹行业的发展也经历着萌芽、野蛮生长、浮沉冷静、市场动态平衡的过程，相应的监管也从无到有、从框架到细化。在中国股权众筹发展近八年的时间内，首例股权众筹居间违约案于2018年6月宣判，股权众筹平台原始会项目“巨峰竹木业”投资者起诉原始会和网信众筹的案件，以被告北京原始会投资管理有限公司被判赔偿原告陈英轩损失一万八千元而告终。法院认为，原始会投资公司在项目审查、风险提示和保持中立等三个方面存在违约行为，具体来看，一是原始会投资公司在项目审查过程中未尽到尽责审查义务；二是原始会投资公司未尽到风险提示义务，没有告知投资人应注意的交易模式和相应风险；三是众筹交易实则为居间合同的撮合交易过程，应保持居间方的中立性、独立性，而原始会在一定程度上向投资者传达了倾向性信息，对投资决策产生影响。这一起违约赔偿案件再一次强调了众筹平台的独立客观性，以及其作为居间平台的“定位”，平台应着力于服务众筹项目资金需求方和投资方的信息匹配、交易撮合，提供更精准的信息对接。

14.4 民间金融服务中小微企业展望

尽管P2P在2018年经历至暗之年，但也只是庞大的民间金融体系中非常小的一部分，有着悠久历史的民间金融仍具有顽强的生命力，也依然会是中小微企业资金周转的主要来源渠道。历经多次波折的《放贷人条例》纳入2019年立法重点工作，民间借贷“阳光化”能否迎来实质性突破还有待观察。P2P平台、众筹平台在2018年历经黑暗时刻，风险集中释放使平台数量大幅减少，加速行业优胜劣汰，新一年在合规进程下，平台良性退出、转型、业务调整趋势已显现。大浪淘沙后，能真正服务中小微企业并且建立了核心竞争力的平台或将所剩无几。2019年，合规、备案仍是监管层面的工作重点，各细分领域的法律法规体系正加速出台的步伐，民间金融平台将面临生存、盈利与合规的多重挑战。

15

保险：调整与转型

2018年，我国保险市场进入“调整与转型”期。偿二代二期工程的推进、为规范市场行为银保监会发布的一系列文件等表明防范风险、强化监管仍然是行业主旋律。保险市场量减质增，增速放缓，业务结构加快调整，行业防控风险能力增强，回归保障本源，是从重规模走向重质量的关键转型期。保险业作为我国金融业的“三驾马车”之一，不断为全社会提供更高风险保障，在社会发展中发挥着越来越重要的作用。非车险财产保险业务焕发新活力，成为带动财产保险保费增速的主要动力，企业相关保险市场在国家政策的推动下出现新的增长点，中小微企业保险迎来发展时期。信用保险的进一步发展、农业保险扶贫政策的出台、科技保险的试点等都是保险业服务中小微企业的新思路。总体而言，保险服务中小微企业机遇与挑战并存，保险行业服务中小微企业在探索中前行。

15.1 保险业务结构转型，回归保障本源

受强监管环境的影响，2018年中国保险市场增速放缓。监管层多次强调“保险姓保”、回归本源，市场对此作出相应调整，对产品结构也进行了优化，进一步突出保险的风险保障功能。

15.1.1 保险行业资产规模持续增长，产险公司总资产首现负增长

2018年底，我国保险公司总资产达183309亿元，较年初增长8.2%，增速下降至近八年来最低（见图15-1）。其中产险公司总资产23484.85亿元，较年初下降5.92%，首次出现负增长，其主要原因是受投资市场不景气影响投资收益大幅减少以及综合成本率的一路走高；寿险公司总资产146087.48亿元，较年初增长10.55%；再保险公司总资产3649.79亿元，较年初增长15.87%；资产管理公司总资产557.34亿元，较年初增长13.41%。

图 15－1　保险行业总资产规模及年增长率（2011—2018 年）

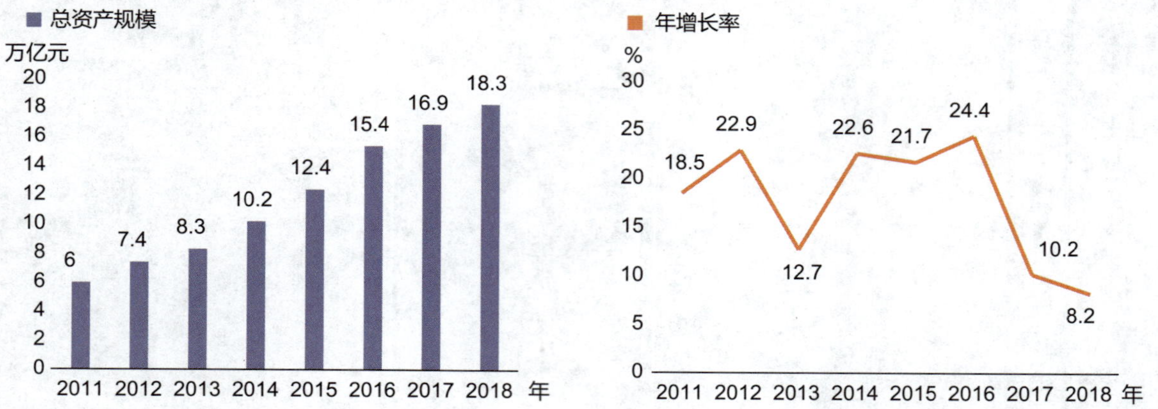

资料来源：中经网统计数据库。

15.1.2　保险行业保费收入增速大幅下降，赔付支出增速略有上升

2018 年保险业保费收入、赔付支出都有所增加，但保费收入增速放缓，降至近七年来最低水平，较 2017 年有大幅下滑，赔付支出增速略有提升。

■ 保险行业保费收入及增速状况

2018 年，保险行业实现原保费收入 38016.6 亿元，同比增长 3.9%。保费收入持续增长，但增速同比下降 14.24 个百分点（见图 15－2）。

图 15－2　保险行业保费收入及年增长率（2011—2018 年）

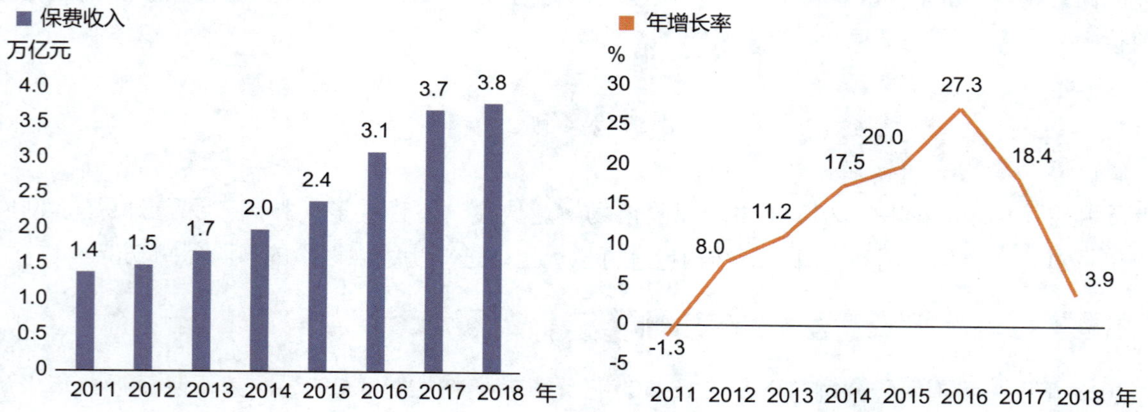

资料来源：中经网统计数据库。

■ 保险行业赔付支出及增速状况

衡量保险行业服务社会和保障民生的重要指标之一就是保险行业的赔付支出。2018 年，保险行业赔款和给付支出共计 12297.87 亿元，同比增长 9.99%。其中，产险业务赔款 5897.32 亿元，同比增长 15.92%；寿险业务给付 4388.52 亿元，同比下降 4.07%；健康险业务赔款和给付 1744.34 亿元，同比增长 34.72%；意外险业务赔款 267.70 亿元，同比增长 19.68%（见图 15－3）。在经济发展和灾害损失年度分布不均等原因影响下，近年来保险赔付支出保持增长态势但增长率波动较大。

图 15－3 保险行业赔付支出及年增长率（2011—2018 年）

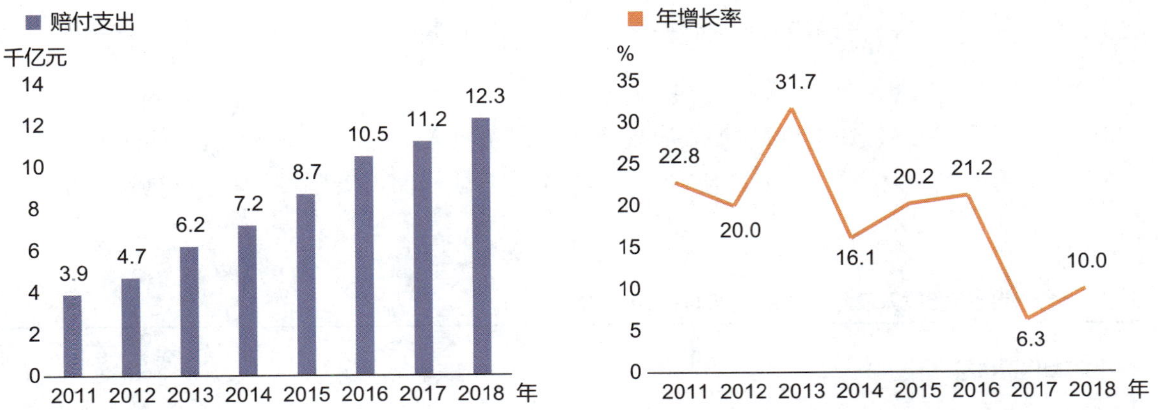

资料来源：中经网统计数据库。

■ 保险行业业务结构

我国保险业务可分为产险业务、寿险业务、意健险业务。其中，寿险业务的原保费收入占行业原保费收入的比重过半，产险业务次之，意健险业务比重较低。近些年，随着“保险姓保”理念的提出，保险逐渐回归保障本源，业务结构不断调整，投资型的寿险业务量减少，寿险业务占比略有下降；同时，受税优型健康保险等利好政策的影响，互联网“百万医疗保险”等爆款产品的推出以及居民健康保险意识的提升，意健险业务比重有所提升。2018 年，我国产险业务、寿险业务、意健险业务占比分别为 28. 13% 、54. 66% 和 17. 21% 。

图 15－4 保险行业保费收入结构（2011—2018 年）

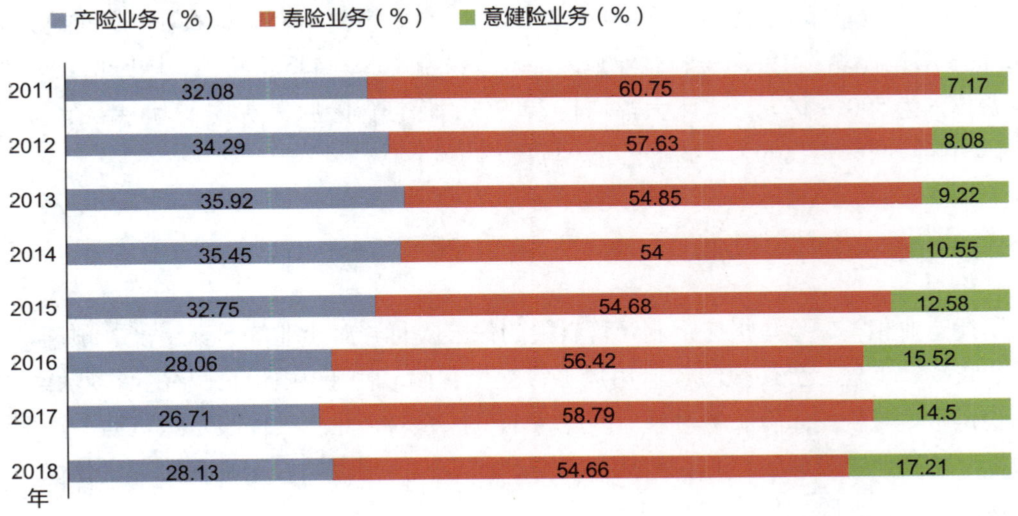

注：①产险业务包含险种：机动车辆保险、企业财产保险、货物运输保险、农业保险、信用保险、保证保险、责任保险、工程保险、船舶保险、特殊风险保险等；

②寿险业务包含险种：传统人寿保险、新型人寿保险（分红保险、万能保险、投资连结保险）；

③意健险业务包含险种：意外伤害保险、健康保险。

资料来源：中经网统计数据库。

15.1.3 财产保险业务保费收入增速下降

2018 年我国财产保险市场保费收入持续增长，但受商车费改的影响，增速较上一年有所下降。

■ 财产保险保费收入及增速状况

2018 年财产保险市场总体向好发展，实现原保险保费收入 10770.08 亿元，同比增长 9.4%，增速下降 3.3 个百分点。财产保险保费收入的增速放缓，但依然保持着平稳增长的趋势，如图 15－5 所示。

图 15－5 财产保险保费收入及年增长率（2011—2018 年）

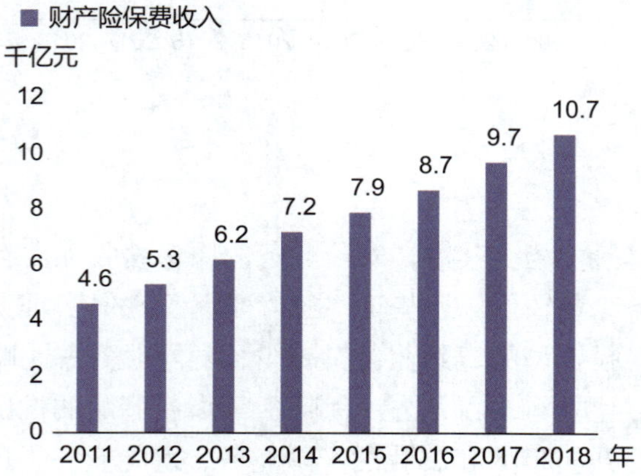

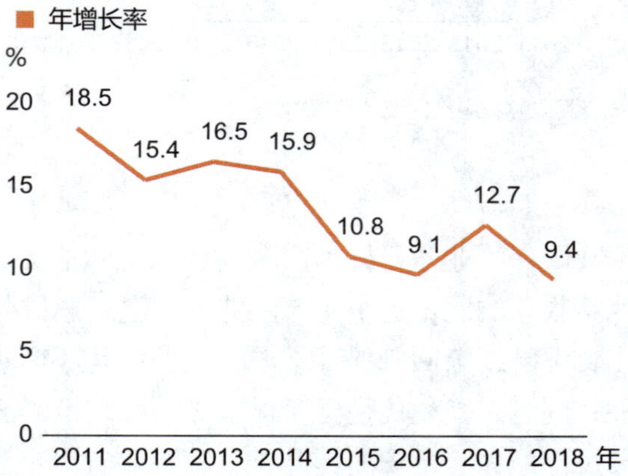

资料来源：中经网统计数据库。

■ 财产保险业务结构

2018 年，交强险原保险保费收入为 2034.38 亿元，同比增长 8.85%；农业保险原保险保费收入为 572.65 亿元，同比增长 19.54%；企业财产保险原保费收入为 423.1 亿元，同比增长 7.9%；责任保险原保费收入为 590.8 亿元，同比大幅增长 30.9%；保证保险原保费收入为 645 亿元，大幅增长 70.1%；信用保险原保费收入为 242.5 亿元，同比增长 13.1%。

15.2 企业相关保险稳中有升

本节所述企业相关保险是指与企业经营有关的保险险种，对企业的可保资产、预期可获得的利润、产品、货物、工程、责任风险、信用风险等提供保障。由于中国的农业生产多以家庭为单位，所以农户也是中小微企业保险服务对象。因此，本节探究的企业相关保险是除机动车辆保险和家庭财产保险以外的其他财产保险险种，包括企业财产保险、信用保险、保证保险、责任保险、农业保险、船舶保险、工程保险、货物运输保险和特殊风险保险。

近年来在国家政策的引导下，行业越来越重视对中小微企业提供保障全面、丰富多样的保险服务，一方面助力在专业领域具有优势的中小微企业发展科技创新，提供“首台套技术装备保险”；另一方面涌现了一批专门为中小微企业服务的保险中介，为中小微企业提供更为精准贴心的服务。2018 年，保险扶贫政策力挺中小微企业发展，积极探索“保险＋期货”模式的农业保险，建立小微企业出口信用保险政府统保平台，创新发展关税保证保险、知识产权质押融资相关的保证保险等险种，为中小微企业和农户的经营稳定提供更高风险保障。

15.2.1 企业相关保险发展政策支持

2018 年为促进保险业更好地服务中小微企业，政府各部门陆续出台了一些政策，支持企业相关保险发展，其中有关农业保险政策将在后面的章节详细整理，保险业宏观政策、信用保险及一些特殊险种政策如表 15－1 所示。

表 15－1　支持企业相关保险发展的政策（2018 年）

时间	文件或会议	内容
2018－03－21	《关于深入做好首台（套）重大技术装备保险补偿机制试点工作的通知》（财办建〔2018〕35 号）	对首台（套）重大技术装备保险保费补贴申请相关事宜进行详细安排
2018－04－11	《关于促进首台（套）重大技术装备示范应用的意见》（发改产业〔2018〕558 号）	增强保险“稳定器”作用，继续实施首台套保险补偿政策，优化首台套保险运行机制，鼓励地方和保险机构积极探索。加大政策支持力度，加强科技、产业、财政、金融、保险、军民融合等政策衔接，构建有利于首台套示范应用的政策体系。首台套示范效果评价可作为保险理赔依据
2018－06－16	《中共中央　国务院关于全面加强生态环境保护坚决打好污染防治攻坚战的意见》	推动环境污染责任保险发展，在环境高风险领域建立环境污染强制责任保险制度
2018－06－15	《中共中央　国务院关于打赢脱贫攻坚战三年行动的指导意见》	开发物流仓储、设施农业、“互联网＋”等险种
2018－09－18	《国务院关于推动创新创业高质量发展打造“双创”升级版的意见》（国发〔2018〕32 号）	支持保险公司为科技型中小企业知识产权融资提供保证保险服务
2018－10－30	《关于开展关税保证保险通关业务试点的公告》	企业可以通过购买关税保证保险替代原有方式，在确保海关税款的安全的同时，可以减少企业的资金占用，降低运营成本，提升通关效率
2018－12－21	《国务院关于加快推进农业机械化和农机装备产业转型升级的指导意见》（国发〔2018〕42 号）	鼓励发展农机保险，加强业务指导，鼓励有条件的农机大省选择重点农机品种，支持开展农机保险
2019－02－25	《中国银保监会关于进一步加强金融服务民营企业有关工作的通知》（银保监发〔2019〕8 号）	保险机构要不断提升综合服务水平，在风险可控情况下提供更灵活的民营企业贷款保证保险服务，为民营企业获得融资提供增信支持
2019－04－07	中共中央办公厅　国务院办公厅印发《关于促进中小企业健康发展的指导意见》	鼓励金融机构扩大出口信用保险保单融资和出口退税账户质押融资，满足进出口企业金融服务需求
2019－05－10	《关于进一步深入推进首台（套）重大技术装备保险补偿机制试点工作的通知》（财建〔2019〕225 号）	落实中央经济工作会议精神，更好满足新形势下重大技术装备创新发展需求，进一步完善首台（套）重大技术装备保险补偿机制试点工作，助力制造业高质量发展

资料来源：根据国务院官网、银保监会官网、发改委官网、财政部官网资料整理。

15.2.2　企业相关保险保费收入及赔付支出情况

■ 企业相关保险保费收入表现良好

从保费收入来看，2018 年末，企业相关保险原保险保费收入约 2828.4 亿元①，较 2017 年增长 27.1%，远高于车险增速（见图 15－6）。受国家政策，如对农业保险的扶持力度加大，以及保证保险的快速发展，为产险业务发展注入了新活力，企业相关保险市场表现良好，增速较 2017 年有进一步提升。

图 15－6　企业相关保险市场保费收入及年增长率（2011—2018 年）

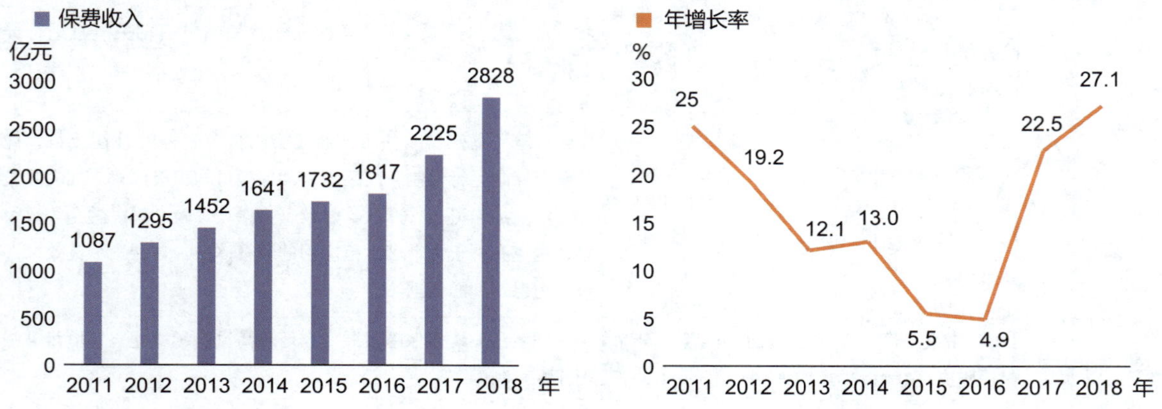

数据来源：中经网统计数据库。

■ 企业相关保险各险种保费收入及结构状况

从各险种原保费收入来看，2011 年到 2018 年，企业财产保险在企业相关保险中占比连续下降，2018 年占比仅为 18%。企业财产保险保费增长缓慢，这与保险业近年来的快速增长，尤其是责任保险、保证保险的快速增长形成鲜明对比。主要原因，一是目前市场上企业财产保险产品种类较少，且同质化严重，产品创新不足，不能满足企业的多样化需求和经济结构转型发展的需要；二是近年来我国巨灾频发，影响了保险公司的供给积极性，无法满足市场增长的需求；三是很多企业，尤其是中小微企业保险意识还不强，很难做到不出险的情况下下一年仍然投保，这种投保上的非连续性也对企财险的发展造成影响；四是其他险种的快速创新打开了新的市场，这一方面造成了企业财产保险占比逐年下降，另一方面也挤占了保险公司的资源，进而降低了保险公司对企财险的供给积极性。

2018 年责任保险实现保费收入 590.8 亿元，同比增长 30.91%，仍然保持着高速增长的态势，在企业相关保险中占比与 2017 年基本持平。受 2018 年多起化工企业、酒店发生重大事故影响，企业投保责任保险的意愿增强，加之政策的推动，如环境污染强制责任保险的退出，以及法律环境的不断完善，导致责任保险的需求不断增加，保险公司的供给也能相应增加。

2018 年，我国农业保险总保费收入 572.6 亿元，占财产险总保费收入的 5.32%。自 2007 年国家

---

① 产险公司保费收入中，车险占比很高，此处企业相关保险不包括车险。

财政开始补贴农业保险以来，我国农业保险保费收入在财险中的占比就达到了 4% 以上，在 2018 年首次突破 5%，不断为农业生产提供更高保障。受“保险 + 期货”等农业保险险种的创新发展以及国家补贴政策的进一步敦促落实，农业保险保费收入同比增长 19.52%，增幅较上年提高 4.81 个百分点，保费收入一直呈上涨趋势。未来受乡村振兴战略、农业保险扶贫等政策的影响以及农业再保险公司的建立，农业保险还将发挥更大的作用。

2018 年，得益于融资类保证保险的发展，如小额贷款保证保险、个人消费贷款保证保险等，保证保险发展迅猛，保费收入 645 亿元，同比增长 70.1%，成为除车险外的第二大产险业务。值得注意的是，保证保险存在市场集中度高的现象，平安的保证保险保费收入、利润均占市场一半以上，且融资类保证保险的本质还是风险管控，这对于那些缺乏相关经验及数据、风控能力一般的保险公司而言，开展保证保险所带来的风险很大，如长安责任 P2P 保证保险爆雷等事件就表明保证保险受市场影响波动性大，风险性高。考虑到监管层面对融资类保证险的趋严态势，未来保证保险的增速会有一定放缓。

2018 年，信用保险保费收入 242.5 亿元，同比增长 13.1%，稳定发展。虽然受贸易战影响，美国买方因无力缴纳本国进口关税而弃货，或因成本上升而导致下游销售不佳，进而恶意拖欠货款的情况有所增加①，但以出口信月保险为主的信用保险业务并没有受到太大影响，稳健增长。

其他险种（工程保险、货物运输保险、船舶保险和特殊风险保险）延续了 2017 年的快速增长趋势。具体来看，各个险种保费收入均实现 10% 以上的增长（见图 15－7）。

图 15－7 企业相关保险各险种保费收入及结构分布（2011—2018 年）

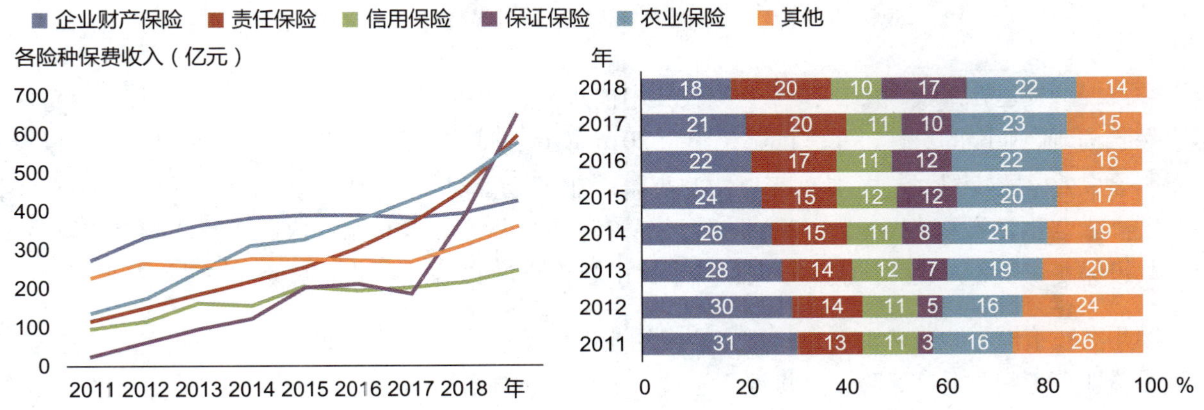

注：①其他险种为工程保险、货物运输保险、船舶保险、特殊风险保险。

数据来源：中经网统计数据库。

■ 企业相关保险各险种赔付率情况

从赔付率来看，2018 年各个险种的赔付率差距较大。农业保险维持过去七年赔付率第一的趋势，这说明农业保险充分发挥其政策性作用，在减少农户损失方面起到重要作用；责任保险赔付率比较稳定，近年来都维持在 40% 左右的水平；信用保险赔付率波动较大，2018 年超过 50%，达到了近年

① 资料来源：中国出口信用保险公司 2018 年发布的《国家风险分析报告》。

来的最高水平，这与国际贸易形势多变，违约概率上升有关；保证保险的赔付率近年来上升较快，在2017年下降之后又在2018年因P2P暴雷而大幅上升，但在各个险种赔付率中仍保持最低。整体来看，企业相关保险的赔付率低于产险业务赔付率。较低的赔付率反映了企业相关保险的盈利能力较强，也反映出了保险公司为企业提供保障和分担损失仍然较少，“保险姓保”仍需努力，见图15－8。

图15－8　企业相关保险各险种赔付率（2011—2018年）

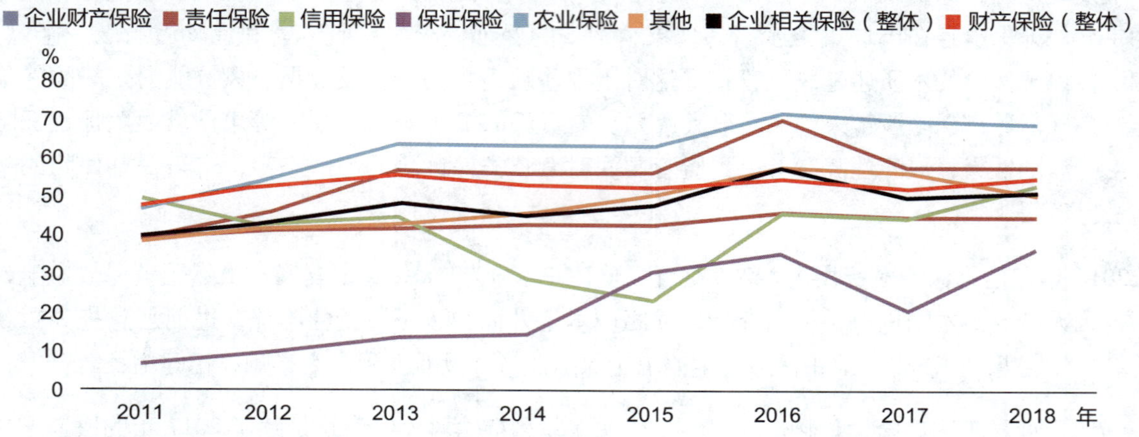

注：此处赔付率＝赔付支出÷保费收入×100%。

数据来源：中经网统计数据库。

15.3　政策性小微企业财产保险试点取得成效

宁波经济发达，是我国中小微企业比较集中的地方，承担着国家保险创新综合试验区示范区、国家保险创新产业园的重任。宁波市鄞州区自2016年6月试点开展政策性小微企业财产保险以来，取得明显成效，逐步建立起多层次普惠性的小微企业风险管理体系，培育了小微企业的保险意识，提升了小微企业的防灾减损能力。2018年共完成758家小微企业参保鄞州区政策性小微企业财产保险，共投保费454.8万元。试点3年来，共承保小微企业2847家次，累计风险保障7.968亿元。

鄞州区政策性小微企业财产保险试点取得的成功促使宁波市政府在2018年7月决定在全市推广实施政策性小微企业财产保险，这将深化宁波国家保险创新综合试验区建设工作，使更多的小微企业受惠于小微企业财产保险，充分发挥保险的“经济助推器”和“社会稳定器”作用。

在投保模式上，政策性小微企业财产保险主要采用政府引导，市场运作方式，建立多层级的小微企业财产保险专项扶持政策。各区县（市）对小微企业投保给予一定的保费补贴，有条件的乡镇（街道）可配套支持。各地根据产业发展导向和财政资源状况，明确补贴范围和补贴标准，每年可进行一次动态调整。保险机构按照“盈亏平衡、保本微利”的基本原则，以契合市场需求为导向，突出体现保险的社会治理功能和社会责任，因地制宜设计保险方案，确保方案科学、公平、合理，试点期间，通过政府引导、财政补贴方式，探索具有可持续、市场化运作模式。

保险公司方面，创新产品，统一投保。保险机构创新设计定额承保、定额赔付的小微企业财产保险产品，简化投保手续和理赔流程，充分发挥专业优势，提供防灾防损、融资贷款保证保险等增值服务，并做好本项目在各区县（市）的宣传推广工作。

在运作方式上，各区县（市）可以通过公开招标方式确定最优方案承保，确保辖区内条款统一、费率统一、理赔标准统一。同时，通过资格入围公开招标等方式，选择3~5家综合实力强、机构网点全、承保理赔服务优的保险机构承办此项业务，优先选择具有政策性小微企业财产保险经营经验的保险机构。

承保范围方面，原则上为上一年度销售收入在1000万元到2000万元之间（以税务机关数据为准）、符合产业导向的小微企业，淘汰类企业不列入承保范围。

以鄞州区为例，已经形成了比较成熟的政策性小微企业财产保险。标的为房屋、机器设备、存货等，保险责任为火灾、爆炸、雷击、暴雨、洪水、暴风、台风、暴雪、突发性滑坡、泥石流等。保费方面，每年每家保费为4400元，由区财政和参保企业承担（对于未缴纳自负保费的企业不予财政补贴），镇（街道、园区）不再分担保费。对小升规企业（经信部门认定）和科技企业（科技主管部门认定），区财政补贴2640元，企业承担1760元；其他小微企业（酸洗拉丝行业和蔺草行业等“散乱污”行业，高能耗行业，落后产能行业除外），区财政补贴2400元，企业承担2000元。保险金额方面，单户企业累计最高赔付50万元。其中，水灾单次事故最高补偿10万元；火灾、爆炸、雷击等其他保险事故，最高赔付额40万元。在查勘、定损、理赔方面，采取“定值投保、定值理赔”的模式，当发生台风、暴雨、洪水等水灾事故时，按照生产区域平均水位线高度给予施救费用定额补偿，进水水位超过30公分即可启动理赔。①

15.4 出口信用保险助力中小微企业“走出去”

信用保险，是指在被保险人进行信用放款或信用售货，发生债务人拒绝履行合同或不能清偿债务的风险后，由保险人承担其所受到的经济损失承担赔偿责任的保险合同。其中，出口信用保险则是专门针对企业出口应收账款所可能产生的拒收、拖欠、破产等商业风险及国家政治风险而设立的一种信用保险。

15.4.1 国家政策持续跟进，保险行业支持力度增强

随着我国“一带一路”倡议的逐步深入落实，我国与相关国家的合作水平不断攀升。在这一进程中，我国政府大力支持中小微企业抓住“一带一路”的契机，在建设配套的旅游、贸易、中介等服务领域充分发挥自身优势，寻找发展空间，为经济增长增添活力。在第十六届中国国际中小企业博览会的“一带一路”专项行动主题活动上，来自丹麦、柬埔寨、泰国等32家境外商协会和中小企业代表与300余家中国中小企业进行了一对一、面对面的沟通洽谈，完善中小微企业双边和多边合作机制，帮助中小微企业走向世界。

回顾近一年以来国务院经济工作的整体布局，“小微企业”可谓是工作的关键词之一，尤其在保障中小微企业出口贸易经营稳定方面作出了指示。2018年9月18日，李克强总理主持召开国务院常

① 张文胜，王筠．鄞州启动新一轮政策性小微企业财产保险［N］．科技金融时报，2019-07-09（3）．

务会议时明确提出“进一步降低进出口企业成本，鼓励金融机构增加出口信用保险保单融资和出口退税账户质押融资、加大对外贸企业尤其是中小微企业信贷投放”。2019 年 4 月 7 日，中共中央办公厅、国务院办公厅联合印发《关于促进中小企业健康发展的指导意见》，提出共计 23 项具体举措，其中特别提出鼓励金融机构扩大出口信用保险保单融资，以减轻企业融资负担。

为响应政府一系列的鼓励支持政策，保险行业高度重视在出口贸易方面所能为中小微企业提供的各方面支持。以中国信保为核心，深入贯彻“共商共建共享”的理念，持续大力服务推进“一带一路”建设，多措并举，发挥保险保障、资金融通、风险管理功能，努力从扩大保障覆盖面、提升服务水平质量、促进融资、配套风险管理服务等多个角度，助力中小微企业发展。统计数据显示，2018 年中国信保新增小微客户 2.5 万家，增长率超过 42%；累计服务支持小微出口企业 8.1 万家，覆盖率达到 30.3%；帮助小微企业获得融资 44.3 亿元，有效缓解了外贸企业特别是民营、小微企业的“融资难、融资贵”问题；向小微企业支付赔款 1.1 亿美元，切实发挥了政策性保险服务实体经济的作用。在增强中小微企业风险管理方面，积极利用互联网平台，实现平台投保、答疑、推送，定期发布国别、行业、买方等风险信息，加强与小微企业的日常沟通，帮助小微企业规范经营，树立合同意识，有效规避风险。

15.4.2 结合互联网平台优势，创新操作服务模式

2018 年，中国信保充分利用互联网的及时性、自主性和快捷性，通过上线小微业务操作平台——“中国信保小微企业服务”微信公众号，实现了对小微出口企业的“一站式”服务。通过这一优势结合，使出口信用保险产品更加贴合中小微企业的经营模式和实际需求。企业经营管理者可以查阅出口信用保险应用指南，帮助了解企业能够得到的保险权益；可以通过信保讲堂掌握近期市场行情动态、了解中小微企业投保出口信用保险的经典案例；可以在线上直接进行保单续保、融资申请、意向买家调查、在线索赔等操作。

15.4.3 帮助中小微企业提高融资能力

在云南，2018 年 5 月 29 日，省商务厅、中国出口信用保险公司云南分公司、中国建设银行股份有限公司云南省分行共同举办中小微出口企业无抵押无担保融资专题会议，推出了“建信易”综合金融服务方案。这一具有门槛低、操作简便、无担保及抵押要求特点的方案，旨在进一步破解出口企业“融资难、融资贵”难题。出口企业只需通过投保中国信保获得风险保障后，建设银行云南省分行即可为信用状况良好的中小微出口企业提供高效、快捷的一年期流动资金贷款融资支持。与此同时，对融资需求较大的出口企业，还可通过建设银行认可的担保机构，如云南省农业信贷担保有限公司等，在“信保 + 担保 + 银行”合作模式下，进一步支持企业扩大融资规模。

在山东，中国信保山东分公司联合担保公司、银行，于 2018 年 9 月为小微企业量身打造了“信保融”金融服务平台，将帮助企业以低成本、高效率的方式获得融资，有效解决了银行因为对中小企业融资还款风险把控困难进而导致“不敢放贷”或融资利率偏高的问题。

在江苏，由中国信保江苏分公司联合江苏省商务厅、财政厅共同推出的“苏贸贷”融资业务平台于 10 月 24 日正式启动。该平台将与全省小微企业信用风险统保平台相结合，利用政策性保险的杠杆作用，拉动相关银行为企业提供快速便捷的融资支持。该平台实施后，可为江苏省年出口 3000 万美元以下的中小微企业提供约 30 亿元的融资额，普及全省 40% 以上的中小微出口企业。

各地方信保公司采取“普惠+创新”的服务模式，支持小微企业通过保单质押方式获得银行融资，进一步提高理赔效率，实实在在地帮助小微企业及时减轻资金压力，获得损失补偿。

15.4.4　完善保险配套服务，帮助企业提升风险管理能力

由于国际贸易商业风险和政治风险的不断攀升，中小微出口企业普遍存在因畏惧相关风险的增加而不敢接单的现象，为解决这方面的问题，中国信保从线上线下两个渠道入手，协助中小微企业做好风险预判和防范，切实提升风险管理能力。线上方面，依托强大的资信信息库和丰富的信息渠道，制作和发布电子风险月刊共9期，利用“中国信保小微企业服务”微信号平台，通过微信等形式向企业发送风险提示和预警信息60余条，帮助出口企业全面及时了解买家和市场信息，防范化解出口风险。同时，各地市营业部在线下也主动履行职责，积极提供顾问式的咨询服务，以专业促发展，为中小微企业保驾护航。

浙江省一直以民营企业为特色优势，2018年全年，浙江信保营业部在杭州的富阳、临安、萧山、余杭等各区县（市）举办了20余场风险发布会，邀请多方专家对国际局势、各国经济政策、市场风险等进行分析，为企业传送国际经济环境解读和海外贸易相关知识，得到了当地企业的广泛好评。同时，浙江信保营业部还实地走进企业，与中小微企业进行零距离交流，根据具体情况为企业量身打造风险防范方案，助力企业在中美贸易摩擦和人民币汇率波动期的大背景下获得稳定收入。

2018年中国国际贸易促进会佛山市委员会积极落实市委市政府决策部署，增强服务中小微企业能力水平、提高针对性有效性。尤其是2018年10月以来，为积极应对中美贸易摩擦影响，佛山贸促会联合中国信保佛山营业部集中开展了两次面向全市中小微出口企业的送免费海外买家资信报告、免费政策性出口信用保险保单活动。活动在全市中小微出口企业中反响强烈，累计送出免费海外买家资信报告300多份、免费政策性出口信用保险保单550份，全市700多家中小微企业受益，合计为企业节省成本超过百万元。

15.5　发展保证保险，为中小微企业经营保驾护航

保证保险，是指保险人承保因被保证人行为使被保险人受到经济损失时应负赔偿责任的保险形式。保证保险分为诚实保证与确实保证两类。诚实保证保险是指保险人对权利人因义务人盗窃、侵占、挪用等不诚实行为造成的经济损失承担赔偿责任的一种保险；确实保证是保险人对依照法律或合同约定，在义务人不履行其法律或合同义务而给权利人造成经济损失时承担赔偿责任的一种保险，此种保险由被保证人投保。而其中针对中小微企业的整体的保险保障需求，主要涉及贷款保证保险、关税保证保险和工程履约保险。

15.5.1　贷款保证保险

长期以来，尽管我国金融环境活力不断提振，中小微企业的融资需求一直难以得到充分的实现。2018年全国金融工作会议、中央经济工作会议精神要求着力扎实推进服务实体经济、防控金融风险、深化金融改革任务。为响应十九大和经济工作会议的相关精神，顺应国务院相关政策引导，保险行业坚守使命勇担责任，努力提高服务实体经济的能力。面对中小微企业生命周期短、产业层次低、防御风险能力弱、信用违约可能性高的特点，在近几年持续推广政策性小额贷款保证保险、政银保

贷款，采取“政府+银行+保险”的模式解决中小微企业融资难融资贵的掣肘。这一模式得到国家的高度肯定，2018 年 6 月人民银行等五部门联合印发《关于进一步深化小微企业金融服务的意见》明确指出要进一步总结完善“政府+银行+保险”模式的试点经验。2019 年 2 月银保监会发布《关于进一步加强金融服务民营企业有关工作的通知》，要求保险机构要在风险可控情况下提供更灵活的民营企业贷款保证保险服务。

政策性小额贷款保证保险是指为满足企业生产经营中的小额融资需求，由借款人向保险公司投保，银行以此保险作为主要担保方式向借款人发放小额短期流动资金贷款；在借款人未按约偿还贷款时，由保险公司向银行承担贷款损失赔偿责任的保险业务。多家银行保险采取“政府搭台，银保唱戏”的业务模式，以政府相关政策范围内的融资性担保公司、保险公司、政府融资担保基金等机构提供风险分担作为风险缓释手段，向小微企业提供“免担保、利率低、额度高、手续简、放款快”的融资服务。根据银保监会数据显示，2018 年 1—9 月，信用保险和贷款保证保险累计为 50.27 万家小微企业提供融资增信服务，帮助其获得银行贷款 658.50 亿元。以科技型企业的云集之地上海为例，上海专门推出了“科技型中小企业贷款履约保证保险”和“科技型小微企业贷款保证保险”，截至 2018 年末已为 1893 家科技型中小微企业提供 68.32 亿元的贷款支持。①

总体而言，保险作为金融的重要组成部分，近年来针对中小微企业设立的贷款保证保险发展渐趋完善，并将通过保险工具的不断创新，进一步为中小微企业融资“提质增效”，全方位服务中小微企业的金融需求。

15.5.2 关税保证保险

关税保证保险是我国首例被保险人是政府机关的保险产品，通过保险公司提供的关税担保，企业在货物通关时可凭借关税保证保险的保单享受“先放行后缴税”的便利。在经过前期三家公司（中国人民财产保险股份有限公司、中国太平洋财产保险股份有限公司和中银保险有限公司）与部分海关的合作试点后，2018 年 10 月 31 日，银保监会与海关总署联合对外发布《关于开展关税保证保险通关业务试点的公告》，将此前开放的 10 个关税保证保险试点范围扩大至全国，即自 2018 年 11 月 1 日起关税保证保险正式在全国实施。② 从理论上讲，关税保证保险有助于信用良好的企业进行海外贸易，使企业在银行担保这个选择之外拥有了取得海关税收担保的新选择途径，在很大程度上缓解了企业的资金压力，同时压缩了整体通关时间，将进一步为外贸企业减负增效。

从各地的具体实施效果上不难看出关税保证保险拥有旺盛的市场需求和广阔的前景。以外贸大省广东省为例，据海关总署广东分署统计，2019 年前 7 个月，广东省多家保险公司共为省内 1083 家企业提交了 9462 份关税保证保险保单，担保额度高达 183.7 亿元，海关此举得到了很多外贸企业的称赞和支持。作为广东省外贸企业前沿窗口的深圳，前 7 个月深圳海关关区已有 76 家进口企业签订 493 份关税保证保险单，保险金额达 31.67 亿元。在关税保证保险逐步推广的过程中，保险公司还在不断寻求突破创新，力求将服务落实到位。一方面，各家保险公司针对关税保证保险业务展开相关

---

① 上海监管局. 2018 年上海市普惠金融发展报告［R/OL］［2019-09-03］. http://www.cbirc.gov.cn/shanghai/ybihDocpcjgView/4F31D960C0FC4E768A7ABFF66BEFBF23/01.html.

② 新浪网. 关税保证保险试点范围扩大至全国，试点险企实现系统直连.

培训，通过学习我国的法律条款和海关缴税及担保流程，梳理产品条款、业务出单流程，保证展业工作的顺利进行；另一方面，2019 年 8 月 6 日，深圳率先上线“单一窗口”，将关税保证保险业务与“互联网 +”相结合，进出口企业可通过中国（深圳）国际贸易单一窗口平台上传相关投保资料，保险公司审核通过后企业完成保费支付即可生成关税保证保险单，系统会自动实现保单数据电子传输、海关线上备案等程序，全投保流程无纸化办理，在线上即可全部完成，达到省钱、省时、省力的理想效果。①

15.5.3　工程履约保证保险

我国正处于基础设施等工程建设从规模扩张为主向提高质量为主的转变阶段，目前仍存在着大量的在建工程和预建工程。在这样的经济环境下，工程履约保险市场持续趋热。接连有 A 股上市公司、新三板挂牌公司发布办理建设工程履约保证保险的公告。在准入方面，相较于谨慎开展的个人贷款保证保险，监管机构在在审批政策上也给予了相应的宽松支持，银保监会在 2018 年全年共批复了汇友财产相互保险社、富德财险、永安财险、人保财险、太平洋财险、锦泰财险、大地财险、北部湾财险、华农财险 9 家财险公司的建设工程履约保证保险，数量达到 2017 年的 3 倍，包括建设工程施工合同预付款保证保险、建设工程合同履约保证保险、附加先行赔偿及追偿保险（适用于建设工程类履约保证保险）等。除此之外，围绕工程建设招标投标、工程实施、员工福利等环节，投标保证保险、发包人合同款支付保证保险、建设工程施工质量保证保险、施工企业工人工资支付保证保险等险种也在不断的配套完善。

这一系列积极信号也显示着工程履约保险所能为中小微企业提供的相关支持。相比于提供保证金，购买工程履约保证保险所需支付的保费较低、审核流程简便，这尤其适合于中小微企业资金量不足、周转困难且缺少银行授信无法办理银行保函的情况，通过减轻企业的保证金占用负担，缓解中小微企业在经营管理中流动性资金的压力，提高工程建设质量和效率。

15.6　普惠扶贫支农融资，　保险先行

党的十九大报告明确提出，“确保到 2020 年我国现行标准下农村贫困人口实现脱贫，贫困县全部摘帽，解决区域性整体贫困”。根据 2018 年 8 月公布的《中共中央　国务院关于打赢脱贫攻坚战三年行动的指导意见》，截至当时还有 3000 万左右农村贫困人口需要脱贫，其中因病、因残致贫的比例尤为突出。据统计，仅因病一项导致的贫困人口即可占据全国总贫困人口的 42% 以上。针对农村地区经济主要依托第一产业的巨大自然灾害风险和因病因残致贫的高度关联性，保险行业都可以发挥特有的专业作用。目前，保险业已初步建立起三套功能作用协同配合的保险扶贫体系。一是以农业保险为核心的保险扶贫保障体系，防止贫困农户因灾返贫致贫；二是以大病保险为核心的人身保障体系，防止因病致贫、因病返贫等情况的发生；三是以小额贷款保证保险为核心的保险扶贫增信体系，推动信贷资源向贫困地区投放，助力产业扶贫②。为进一步发挥农业保险在支农惠农、扶贫方面的作用，国家多次在相关政策中强调了农业保险，如表 15 – 2 所示。

① 央广网，广东省内海关大力推广关税保证保险业务“一张保单”即可享海关通关便利．

② 和讯网．保险扶贫：撑起“三农”发展的金融后盾．

表 15－2　　　　农业保险相关政策（2018 年）

时间	文件或会议	内容
2018－01－02	《中共中央　国务院关于实施乡村振兴战略的意见》	探索开展稻谷、小麦、玉米三大粮食作物完全成本保险和收入保险试点，加快建立多层次农业保险体系。稳步扩大“保险＋期货”试点，探索“订单农业＋保险＋期货（权）”试点
2018－06－15	《中共中央　国务院关于打赢脱贫攻坚战三年行动的指导意见》	支持贫困地区开发特色农业险种，开展扶贫小额贷款保证保险等业务，探索发展价格保险、产值保险、“保险＋期货”等新型险种。扩大贫困地区涉农保险保障范围，开发物流仓储、设施农业、“互联网＋”等险种
2018－07－30	《财政部、农业部、银保监会关于将三大粮食作物制种纳入中央财政农业保险保险费补贴目录有关事项的通知》（财金〔2018〕91 号）	贯彻落实党中央、国务院有关要求，促进我国制种行业长期可持续发展，稳定主要粮食作物种子供给，保障国家粮食安全，将三大粮食作物制种纳入中央财政农业保险保险费补贴目录
2018－09－26	《乡村振兴战略规划（2018—2022 年）》	完善农业保险政策体系，设计多层次、可选择、不同保障水平的保险产品。积极开发适应新型农业经营主体需求的保险品种，探索开展水稻、小麦、玉米三大主粮作物完全成本保险和收入保险试点，鼓励开展天气指数保险、价格指数保险、贷款保证保险等试点。健全农业保险大灾风险分散机制。发展农产品期权期货市场，扩大“保险＋期货”试点，探索“订单农业＋保险＋期货（权）”试点
2019－01－03	《中共中央　国务院关于坚持农业农村优先发展做好“三农”工作的若干意见》	按照扩面增品提标的要求，完善农业保险政策。推进稻谷、小麦、玉米完全成本保险和收入保险试点。扩大农业大灾保险试点和“保险＋期货”试点。探索对地方优势特色农产品保险实施以奖代补试点
2019－02－21	中共中央办公厅、国务院办公厅印发《关于促进小农户和现代农业发展有机衔接的意见》	拓宽小农户农业保险覆盖面。建立健全农业保险保障体系，从覆盖直接物化成本逐步实现覆盖完全成本。发展与小农户生产关系密切的农作物保险、主要畜产品保险、重要“菜篮子”品种保险和森林保险，推广农房、农机具、设施农业、渔业、制种等保险品种。推进价格保险、收入保险、天气指数保险试点。鼓励地方建立特色优势农产品保险制度。鼓励发展农业互助保险。建立第三方灾害损失评估、政府监督理赔机制，确保受灾农户及时足额得到赔付。加大针对小农户农业保险保费补贴力度
2019－03－01	《中国银保监会办公厅关于做好 2019 年银行业保险业服务乡村振兴和助力脱贫攻坚工作的通知》（银保监办发〔2019〕38 号）	推动解决当前“三农”和扶贫金融服务难点。其中强调，充分发挥保险的风险保障作用。一是强化保险机构风险保障功能，推进保险服务乡村振兴专业化机制建设；二是实施保险服务乡村振兴差异化监管，加强涉农类保险产品管理，研究涉农类保险产品分层管理
2019－06－14	《财政部关于开展中央财政对地方优势特色农产品保险奖补试点的通知》（财金〔2019〕55 号）	根据党中央、国务院关于打赢脱贫攻坚战、实施乡村振兴战略的有关要求，进一步完善农业保险制度，支持地方优势特色农产品保险发展，助力农业农村现代化和农民增收，开展中央财政对地方优势特色农产品保险奖补试点

15.6.1　农业保险为核心的扶贫保障体系

2019 年中央一号文件把农业保险列为重要内容，农业保险成为解决“三农”问题，实施乡村振兴战略的一项重要举措和主要内容。2007 年到 2016 年，保险行业针对农业风险，不断创新农业保险产品，丰富价格保险、指数保险、制种保险的种类。在保障力度方面，我国农业保险提供的风险保障从 1126 亿元增长到 2. 2 万亿元，年均增速达到 38. 8%。根据银保监会披露的最新数据显示，2018 年农业保险原保险保费收入为 572. 65 亿元，同比增长 19. 54%；农险保额 3. 46 万亿元，同比增长 24. 23%。保障杠杆，是衡量农业保险投入产出效能和风险保障倍增效应的量化指标，进一步通过这个更加精确的指标计算可以发现，2007—2018 年全国（不含西藏）参保农户缴纳 1 元保费平均可获得的风险保障从 121 元提高到 183. 57 元，农业保险保障杠杆效应明显①。在承保标的范围上，农险承保农作物从 2. 3 亿亩增加到 17. 21 亿亩，玉米、水稻、小麦三大口粮作物承保覆盖率已超过 70%。目前我国农业保险业务规模已仅次于美国，居亚洲第一位；其中，养殖业保险和森林保险业务规模居全球第一位。

15. 6. 2 小额贷款保证保险为核心的保险扶贫增信体系

■ “张农致富保”支农扶贫项目

人保财险张家口市分公司开展“张农致富保”支农扶贫项目，通过市、县农业担保公司提供担保，以张农集团为平台承接保险资金，为扶贫龙头企业、农村专业经济合作组织提供融资支持，带动和覆盖更多农户；支持人保财险张家口分公司开展“政融保”保险融资项目，通过政府提供政策支持和增信，保险资金提供融资，保险产品提供风险保障的融资模式，重点支持辐射广、效益高、效果好的扶贫产业项目，带动农户脱贫。推动保险机构与政府合作开展农业保险，进一步扩大政策性农业保险覆盖面，创新开展特色农业保险、推广人保财险等保险机构通过农业保险“联办共保”模式，实现农业保险全覆盖。

■ 江苏人保财险“农业保险贷”和“扶贫小额贷”

2017 年江苏人保财险协同地方政府和银行，推出了“农业保险贷”和“扶贫小额贷”这两项拳头产品，在传统的融资渠道之外，提供无抵押、免担保、低利率的贷款产品。短短两年，江苏人保的助农脱贫融资产品已累计融资 3. 51 亿元，惠及农户 1401 户次，精准助力脱贫攻坚和乡村振兴。其中，“农业保险贷”项目整合了财政、邮储银行和人保财险这三方力量，有力地缓解了农村融资难、农民融资贵的关键问题；“小额扶贫贷”聚合地方财政、农商行、扶贫办等多方力量，为建档立卡贫困户提供致富起航的启动资金充分发挥了保险助力精准扶贫的积极作用。

■ 结合产业特色，打造扶贫方案——闽西龙岩“扶贫保”农业保险项目

依托闽西硅矿资源和原有工业硅生产基础，近几年闽西老区龙岩迅速发展起了近 30 家光伏企业。2018 年，当地政府和保险企业通力合作，针对龙岩种养业极易遭受台风、洪涝、暴雨、寒流等灾害影响和光伏产业密集特点，面向全市贫困人口推出“扶贫保”农业保险项目。这一保险项目包括种养综合险、光伏设备财产综合险、农村小额家庭财产险和农村小额意外险，涵盖了贫困户的人身、财产、生产、生活等领域，每年累计提供风险保障近 30 亿元，为贫困人员织就一张综合性的保险保障网。目前，全市 10. 8 万亩种植业、11 万棒食用菌和 563. 6 万头（只）养殖业获得了累计 6059. 4 万元种养综合保险风险保障；全市 188 个贫困村、建档立卡贫困户联合自然人和村集体为其所有的 266 台太阳能光伏发电设备共获得风险保障达 8273. 9 万元。

① 《中国农业保险保障研究报告（2019）》。

■“保险＋期货”模式精准扶贫

“保险＋期货”是近几年探索出的扶贫新模式，农业经营者或企业为规避市场价格风险向保险公司购买期货价格保险产品，保险公司通过向期货经营机构购买场外期权将风险转移，期货经营机构利用期货市场进行风险对冲的业务模式。中央一号文件也连续几年提出扩大“保险＋期货”试点，帮助贫困农户稳定脱贫。2018 年，3 家交易所支持“保险＋期货”项目惠及农户 25.9 万户，与 2016 年相比，支持资金增长 11.5 倍，受益农户增长 20.6 倍。

2018 年底，徽商期货下属全资子公司徽丰实业（上海）有限公司联合中国人民财产保险股份有限公司安徽省分公司在安徽省岳西县成功开展政策性鸡蛋“保险＋期货”试点，有效规避价格风险，为该地区鸡蛋养殖户“保驾护航”。

2019 年天然橡胶“保险＋期货”精准扶贫试点工作座谈会在上海举行。会议指出，2019 年上海期货交易所将进一步加大天然橡胶“保险＋期货”精准扶贫试点工作支持力度，预计投入 1.06 亿元专项资金，全力支持项目开展，努力覆盖海南、云南两省 19 个贫困县，挂钩天然橡胶现货产量 10 万吨，并持续向建档立卡贫困户倾斜。

“保险＋期货”项目是一种可操作性较强的避险工具，通过购买保险产品，建立养殖户与期货市场之间的连接机制，将养殖户所面临的价格风险转移至期货市场，合理地利用保险行业和期货市场的双重风险管理功能。

15.6.3 进一步助推解决“三农”问题的发展方向

一是加强实地调研，与地方政府强化合作，进一步提高农业保险的覆盖率。虽然农业保险产品一直在不断推陈出新，但整体而言，无论是覆盖率还是理赔力度都有待提高。以 2018 年山东寿光灾情为例，洪灾过后，当地近 15 万个大棚受灾超过 2/3，但参保大棚仅有 120 个，充分暴露了保险覆盖率低的问题。

二是进一步丰富农业保险产品种类，目前许多特色现代农业生产企业，如大樱桃、蓝莓、草莓等种植业和海参等水产品养殖业，缺少与其需求契合的保险产品。应将农业保险业务拓展的重点放在产品设计上，实行“一企一案一品”的产品开发策略，实施精细化管理、差异化定价，以更贴合市场实际需求的产品来优化供给，推出更加契合农业经营主体和农业项目的保险产品，真正解决贫困群体乃至所有客户群体之困。

三是加大科技支持，探讨建立金融支农综合平台，形成金融支持现代农业发展的新模式。保险公司要加强与政府、银行的合作，发挥合力；要借助于科技力量，建立政府、银行、保险等共同参与、分工维护、共享信息、综合运用的金融支农综合平台，推广金融支农信息互通共享机制，便于保险机构综合利用平台数据创新和开发新的农险品种；银行机构也可将行业、产业保险保障信息作为一项信贷考量指标，提高信贷投向和信贷投放规模等。

15.7 责任保险助力小微企业稳定经营

为避免小微企业因意外、灾害、操作失误遭受重大损失，保险业积极开展责任保险，包括雇主责任险、安全生产责任险、环境污染责任险、医疗责任险等。2018 年 10 月，国家税务总局发布《关于责任保险费企业所得税税前扣除有关问题的公告》，根据公告，企业参加雇主责任险、公众责任险等责任保险，按照规定缴纳的保险费，准予在企业所得税前扣除。这一政策利好将鼓励企业完善保险保障，同时也将进一步促进责任险市场的发展。

15.7.1 雇主责任保险

雇主责任保险是以被保险人对雇员在从事职务工作时遭受意外导致伤亡或患有职业性疾病而依法应承担的经济赔偿责任为保险标的的责任保险。雇主责任保险有助于企业解决用工时发生事故导致的高额赔付问题。尤其是对于可流动资金有限的小微企业，一次高昂的赔付费用就有可能危及公司的发展或决定企业的生死，因此合理配置责任保险产品至关重要，不仅能够维护员工合法权益，也可以帮助企业自身固本培元。

以泰康在线的雇主责任保险产品为例，此前，泰康在线携手生活服务类平台推出“老板无忧用工险”。企业只需提供公司统一社会信用代码和雇员姓名即可轻松投保，方便快捷。从保障范围来看，该款产品提供员工死亡伤残、误工费、住院津贴等责任，三者人伤财损责任也在可选范围内，满足雇主全方位的保险需求。同时，企业可选择线上按月投保，每人每月最低只需 5 元保费即可轻松转移企业高昂用工风险，性价比极高。另外，该款保险打破责任险产品投保壁垒，3 人起保，且投保后还可随时修改和增加员工，充分满足了小微企业雇主的现实需求。

当前线上、线下服务场景众多，服务业发展多样化趋势明显，不同企业有着高度个性化的保险需求。面对企业的个性化需求，泰康在线在雇主责任险承保过程中，通过打通各领域平台渠道，利用自身的大数据优势和技术优势，深入分析合作方平台的业务属性、人群特质、服务痛点，结合各自平台的不同特点，打造定制化保险服务，推出最贴合雇主和用户需求的责任险产品。例如，线上外卖平台人员流动性大，骑手在送餐过程中易出现意外伤害事故、工伤认定难度大；线下连锁商超门店类型众多，经营风险各有不同，人伤和财产损失隐患如影随形却也有所差异。泰康在线针对具体痛点，为不同企业提供相应的保险解决方案，让保险服务真正落实到实处，减少用工风险，助力企业可持续发展。①

15.7.2 安全生产责任保险

安全生产责任保险是雇主责任保险的派生险种，是承保境内合法成立的煤矿、非煤矿、化学危险品、烟花爆竹等高危行业及其他生产经营企业，在从事生产、储存、经营等活动过程中，因遭受条款约定的生产安全事故，造成从业人员或雇员或第三者人身伤亡，依法应由被保险人承担的经济赔偿责任及必要的、合理的紧急抢险救援费用等责任的一种责任保险。由国家安全监管总局、保监会、财政部联合发布的《安全生产责任保险实施办法》于 2018 年 1 月 1 日起施行，进一步规范了安全生产责任保险工作，有助于切实发挥保险机构参与风险评估管控和事故预防功能。

以北京市为例，自 2015 年北京市安全生产责任保险启动试点以来，保险业不断探索将承保行业推广范围逐步扩大，着力保障中小微企业因管理体系、人才配置和资本方面设置不完善等问题遭遇安全生产事故面临企业“灭亡”的风险，始终坚持微利原则，致力于成为企业安全生产经营过程中

---

① 金融界，泰康在线：抓住责任保险发展机遇满足企业个性化需求。

坚实的后盾。截至2018年底，北京市的安责险已在建筑、批发零售、住宿餐饮、交通运输等17个一级行业领域，90多个细分领域全面推行，并将网吧、餐厅、商铺、旅社等小微企业纳入保障范围，成为目前全国唯一覆盖小微实体企业的省级地区。保障对象包含了企业雇员和社会公众，对事故伤亡人员赔偿遵循“无过错责任”原则，并在赔偿范围中增加“人员疏散费用”等费用。雇员死亡伤残责任限额55万元，与工伤保险形成有益补充；第三者责任限额125万元，基本满足北京地区的法定赔偿标准。根据企业安全生产事故、安全生产标准化、隐患排查治理情况等安全生产要素，每年按比例上下浮动一次，最低浮动至50%，充分发挥保险费率杠杆激励约束作用，促进企业加强安全生产建设。

人保财险北京市分公司充分发挥各服务网点的属地经营优势，在北京市所有区县均建立了安责险专业服务团队，同步设立了安责险的投保专柜，针对远郊区企业相对分散的情况，采取主动上门投保举措，为企业提供更为便捷的服务。目前，全市大部分区县已达到23%的企业保障覆盖率，企业在得到充分保障的同时可享受免费事故预防服务，逐步建立起“服务主导型”的安责险事故预防工作机制，通过发放安全救援应急物资、防范事故风险专题培训等开展多种形式的风险减量管理服务，切实提高了中小微企业的防灾减灾救灾能力，帮助企业落实了安全生产主体责任。

北京安责险制度实施以来，人保财险北京市分公司保障企业数量超5万余家，覆盖17个大行业，68个细分行业，累计提供风险保障超过3000亿元，承担事故风险赔付1000余笔，累计赔付超2000万元，通过引入专业化人才和安全生产专业服务机构，不断提升安责险的专业化服务水平，2018年为全市17个行政区的32748家参保企业提供了隐患排查服务，隐患排查服务费用支出超过385万元，排查出一般隐患数量达51194条，重点隐患2851条，提出了切实可行的整改建议52854条，并针对有重点隐患的企业开展整改复查工作，帮助企业整改、消除安全隐患，将风险事故扼杀在摇篮中，达到防患于未然的目的。①

15.7.3 医疗责任保险

医疗责任保险是以医疗机构的医务人员在诊疗护理活动中，因执业过失造成患者人身损害的经济赔偿责任为保险标的的保险，是目前我国职业责任保险中占主导地位的险种。

以四川省为例，2018年医疗责任保险共为458家小微营利性医疗机构提供风险保障1.37亿元，向5家小微医疗机构赔付54.1万元。医疗责任保险参保小微营利性医疗机构多为营利性乡村卫生服务站、私人诊所，是保险业服务“三农”、支持农村社会经济发展的重要举措②。

15.8 科技保险支持科技型小微企业

科技保险是以与科技企业技术创新和生产经营活动相关的有形或无形财产、科技企业从业人员的生命或健康、科技企业对第三方应承担的经济赔偿责任以及创新活动的预期成果为保险标的的保险。科技保险在转移企业风险方面有其独特的优势：它适合各种类型的科技企业以及企业发展的各个阶段，可以覆盖各个环节，包括研发、生产、销售及其他经营管理活动中所面临的财产损失、人

① 搜狐网：安全生产责任保险织牢小微企业安全生产“保障网”。

② 金融界，周延礼：四川保险业助力民营经济和小微企业发展。

身伤害、研发中断、民事赔偿、侵权责任、融资等各种风险。科技企业在初创和孵化的过程中，面临着多种高风险，但有的科技企业对保险却不甚了解，需要保险来帮助企业分散风险，促进中小科技企业存活发展。

2018年4月，财政部、工业和信息化部、银保监会发布《关于深入做好首台（套）重大技术装备保险补偿机制试点工作的通知》。该《通知》鼓励有条件的地方结合当地产业基础、行业特征，因地制宜制定地方首台（套）重大技术装备保险补偿政策，并做好与国家政策的衔接。鼓励首台（套）重大技术装备用户企业对投保装备免收质保金，发挥保险对质保金的替代功能。

四川保险业以科技型小微企业需求为导向，创新开发科技型企业急需的各类科技保险产品。目前，四川省已经形成了研发、产品、融资、人员、财产、环境等多个类型的科技保险险种，仅成都市就有重点引导险种20个，一般引导险种210个。2018年累计为1384家企业提供风险保障600多亿元。其中，针对科技企业技术研发和设备开发面临的风险，积极推动首台套技术装备保险，2018年以来已签单117笔，累计提供风险保障142.1亿元，产品共计20余种类型，涵盖航空航天、轨道交通、智能制造装备等多个领域，赔付支出1692.3万元。成都、德阳、绵阳出台科技专利保险保费补贴机制，对投保科技专利保险的科技型企业提供保险保费的20%～50%的补贴，减轻科技型小微企业投保负担；省财政对获得中央财政补助的首台套投保产品再给予核定保费10%的补助，对符合四川省认定的首台套投保产品按实际投保年度保费的80%且实际投保费率不超过3%的费率上限予以补助。

我国中小企业具有数量大、经营活力强等特点，随着“大众创业、万众创新”的不断推进，中小企业的活跃度日益提升，对国民经济的增长发挥着越来越重要的作用。尤其是科技型中小企业，作为技术创新活动中较为活跃的企业群体，已成为推动建立创新体系的重要主体。太保产险推出的“科创E保”是国内首创的创业保障保险，它打破了传统保险产品局限，直接聚焦科创企业在孵化阶段的实际需求，创造性地对企业创始人在创业过程中的费用提供保障，有力地体现了保险公司促进科技金融服务创新的支持作用。①

15.9 保险中介平台为中小微企业提供定制服务

■ 友企保——专注中小企业保险服务

友太安保险经纪有限公司（用友集团成员企业）旗下友企保，是专注于中小企业保险服务的互联网创新平台。凭借中小企业的财务、ERP等企业大数据、为中小微企业提供保险解决方案，定制企业场景保险，并通过互联网技术提供在线投保、在线保全、在线理赔等一站式服务，帮助企业降低风险、减少运营成本，提高中小微企业的风险管理能力。

■ 迎庶保——专注中小企业的员工保障福利的互联网综合服务平台

迎庶保是珠海市迎庶保科技有限公司于2018年1月推出的专注中小企业的员工保障福利的互联网综合服务平台。迎庶保致力于解决企业购买保险及后续享受服务过程中存在的痛点，专注为企业团体客户提供优质、高性价比的保险产品，并从客户体验的角度出发，借助互联网技术，重塑保险

① 上海金融新闻网：保险创新“护航”中小企业。

服务流程，为广大企业员工创造更加便捷、舒心的保险服务。

■ 携保——专为企业定制行业风险管理解决方案

小微企业如何分摊公司运营风险，留住人才，这些都有望通过保险来解决。慧择保险网推出企业险平台——携保保险网，致力为企业定制行业风险管理解决方案。携保洞察各细分行业的风险痛点，基于慧择12年不同细分行业风险管理服务经验，深入旅游、户外、货运、体育、贸易、教育等不同领域，推出企业险平台，为企业用户提供符合其所属行业风险特征的保险解决方案，率先布局新蓝海。一方面，携保可以协助企业通过团队保障做个性化设计，也可整合人力资源来协助企业建立用人留人的福利机制，解决中小企业用人留人方面的难题。另一方面，携保还将深度挖掘线下企业已有客户资源，结合慧择长期积累的场景运营能力，为企业提供新的利润增长来源，为企业的稳定发展保驾护航。①

■ 量子保——为企业级客户提供颗粒化场景化的保险产品服务

作为一家互联网保险新科技平台，量子保凭借动态保费、大数据精算、全线上流程体验等科技创新优势，致力为1000万家中小企业提供简单可信赖的保险和服务。通过“技术+服务”的领先模式，帮助企业降低成本，挖掘深度价值，抵御风险。目前客户已覆盖驾培、都市新蓝领、人身险、航旅、教育、O2O、共享经济等多领域。当线上流量天花板来临时，三、四线城市的金融需求还未被完全激发。注意到潮流变化中的小趋势，量子保以自带流量及线下交易场景的中小企业为主要群体。从保险保障、技术平台、营销策略等多个层面对企业进行赋能，助力中小企业抵御运营风险，实现转型升级。在产业互联网加速到来之际，量子保通过提供更多增值服务，为全场景B端企业用户进行赋能转型，保障千万个人用户。以家政行业为例：由于家政行业规模较小、抗风险能力弱，而其中介模式使得家政人员、家政平台、雇主之间容易出现责任划分不清等三方矛盾。量子保为解决行业痛点，将人身意外及第三者责任险两款产品进行资源整合，为家政公司提供一站式服务，企业只需投保“家政保”一款产品，即可满足从家政阿姨、家政公司到雇主的整个服务场景的全方位保障覆盖，维护多方权益。为满足企业转型需求，量子保还提供营销、运营等多方赋能。如针对驾培行业的招生难题，量子保为驾校创新性开发招生小程序，共建资源共享平台，挖掘上下游金融服务等需求，全面助力驾培企业在口碑竞争、模式竞争、资金竞争、产品技术竞争中处于主导地位，实现多方共赢。据统计，与量子保合作的驾校平均招生率提高20%，利润率提高在30%左右。目前，量子保已经与全国7000家知名企业达成合作，保障覆盖千万用户，其中驾考产品服务已占据整个行业的40%以上。②

15.10 保险服务中小微企业展望

在政策的积极引导及市场的要求下，保险业逐步回归“保险姓保”，提高风险管理能力，充分发挥“社会稳定器”和“经济助推器”的作用，向社会提供更加充分的保障，不断为中小微企业提供更加完善的服务。

从监管角度看，银监会与保监会合并之后将不断发挥协同作用，进一步鼓励支持“银行+保

① 深圳新闻网：慧择推出企业险平台“携保”定制保险解决中小微企业痛点。
② 汇能网：量子保荣获2019中国新经济创新势力榜“最佳金融保险平台”大奖。

险+政府”的信用保证保险发展，如“小额贷款保证保险”“农业保险贷”等产品，破解中小微企业、农户融资难、融资贵问题。

从产品角度看，政策性中小微企业财产保险有望继续扩大试点；农业保险作为支农惠农扶贫的重要工具，未来还将进一步扩大作用；随着科技的发展，中小微企业创新能力的提升，科技保险有着广阔的发展空间；关税保证保险、工程履约保证保险等场景保险的创新发展，为保证保险开拓新的发展思路。

从技术方面看，大数据、云计算、人工智能、区块链、物联网、移动互联网的快速发展，提升了保险公司的风险管理水平，产生了新的风险管理技术，从而有效促进中小微企业信用风险识别能力、风险管理能力、运作模式、精算能力等，提高保险业为中小微企业服务能力。

从平台方面看，随着中小微企业的发展，未来将产生一大批专业为中小微服务的保险中介平台。依托专业的技术、丰富的经验、优质的服务，为中小微企业的风险管理提供全方位的保驾护航。

总体来看，未来保险服务中小微企业仍大有可为，有着政策、技术、平台、产品方面的优势，但还需保险公司解决如何以更低的成本和更高、更全面的保障为中小微企业提供适合其本身的保险产品。

16

完善中小微企业金融服务的政策建议

基于对中小微企业金融服务的持续跟踪研究，按照本报告惯例，我们重点从完善中小微企业金融服务统计口径与信息披露制度、完善中小微企业金融服务激励机制、大力发展中小金融机构和多层次资本市场、持续完善金融基础设施与制度建设、加快推进民间金融健康发展和切实改善中小微企业生存与发展环境六个方面跟踪2018年的政策进展，提出仍需强化或补充的要点。

16.1　完善中小微企业金融服务统计口径与信息披露制度

16.1.1　进一步完善中小微企业划型标准

2011年，国家统计局颁布的《统计上大中小微型企业划分办法》（国统字〔2011〕75号）（以下简称《划分办法》或国标），新的企业划型标准根据经济发展和劳动生产率的变化相应调整了划型门槛①；简化了划型指标②，更加易于操作；还提出了“微型企业”的划型标准。这些重要的改进可圈可点，也为统一中小微企业金融服务监测统计口径奠定了基础，但仍有不足③。

---

① 主要是降低了从业人员数量的上限，提高了营业收入的上限。

② 从原标准的3个简化为2个或1个。

③ 其一，从业人员数量与企业规模不一定正相关。除了农、林、牧、渔业，建筑业和房地产开发经营的企业划型标准不含从业人员数量之外，其他主要行业的企业划型标准均包括从业人员数量和营业收入两个指标，而其他未列明行业（包括科学研究和技术服务业，水利、环境和公共设施管理业，居民服务、修理和其他服务业，社会工作，文化、体育和娱乐业等）的企业划型标准只有从业人员数量这一单一标准。也就是说，对于这些采用了从业人员数量指标做划型标准的行业，只要一个企业人员足够少，无论其营业收入高低，都有可能被划入中小微企业。众所周知，由于技术发展、业务外包及资本运营手段的运用等综合因素，在很多行业，企业从业人员数量与其规模不一定正相关，由此可能造成事实上规模不小的企业“降级”到中小企业，甚至微型企业。事实上也已经出现一些政府融资平台、基建分包公司等特殊类型的企业由于从业人员较少而被划入中小企业甚至微型企业的现象。其二，大型集团下属的中小企业与一般意义上的中小企业所面临的问题有相当的差异。在我国，包括央企和国企在内的大型企业集团通常有众多的子公司，这些中小型子公司虽然符合现行的中小企业标准，但由于有集团母公司的支持，其面临的经营、融资等环境与一般意义上处于弱势的中小企业有很大的差异。如果不能排除这个因素，就有可能造成由大企业集团控股支配的企业也搭了中小企业的政策便车。

2012年的调查显示，中小微企业划型标准的合理性在实务工作中也存在很大的争议①。而课题组于2016年和2017年的调查表明，在商业银行小微企业贷款实践中，大部分银行实行国标与行标并行的做法，国标用于向监管部门报送小微企业贷款数据，而行标则用于银行自身对小微企业客户的细分管理。这在一定程度上说明国标与实务划型需求有不相匹配之处，也意味着以目前的国标为基准的小微企业贷款统计监测数据存在一定程度的失真，可能放大了小微企业贷款数据。除了调查，课题组连续4年对上市企业和发债企业进行企业规模划型，以展示公开资本市场融资流向中小微企业的比例，结果显示，完全按照《划分办法》进行划型并不能真实准确地反映融资企业的实际情况。首先，由于监管机构对企业披露员工人数的准确性缺乏要求，部分企业对员工人数的披露明显失真，从而导致依据员工人数进行的划型出现明显偏差。其次，现代科技以及生产外包等产业组织形式的运用，也会使得用员工人数衡量企业规模的传统指标失效。最后，在被归为“综合类”的企业中，大量的城投公司由于从业人员较少都被划为小微企业，而这些政府融资平台并非是真正意义上的弱势企业群体。如果不进行合理的调整，每年统计上来的中小微企业融资规模比实际规模会明显虚增，出台的针对中小微企业的政策很难真正完全落实，造成目前“政策年年出，规模年年增，中小微企业融资年年困难”的尴尬局面。

2018年，在中小微企业划型标准方面仍没有进一步的政策出台，鉴于近年来国家支持中小微企业发展及其相关的金融服务差异化监管及财税激励政策从“务虚”进一步转向“务实”，政策的含金量提高，所以，我们建议进一步完善中小微企业划型标准，对人员少、营收高的情况较为普遍的特殊行业作出特别的划型规定，从而使划型标准更加接近中小微企业的实际情况。使各种以此为基础分类的统计更加客观真实，促进有关中小微企业发展的政策资源真正导向那些“正牌”的中小微企业。在划型标准修订到位之前，为了尽可能避免非“正牌”中小微企业②搭政策便车，对统计造成干扰，应将因某些指标界定为中小微企业而实质是政府融资平台的投资公司以及大型企业集团绝对控股的中小微企业单独统计或者排除在中小微企业融资统计和优惠政策覆盖范围之外。

16.1.2　统一中小微企业金融服务监测统计口径

在进一步完善中小微企业划型标准的同时，尽快统一中小微企业金融服务监测统计口径也迫在眉睫。自2012年起，银监会年报披露的“小微企业贷款”明确包括小型微型企业贷款、个体工商户贷款和小微企业主贷款，此口径除了包括小型微型企业贷款（狭义的“小微企业贷款”）之外，还包含了贷款对象为个体工商户和小微企业主的个人经营性贷款。但是，各家金融机构对小微企业贷款统计口径的标准也是五花八门③，导致披露数据的可比性受到很大的影响。

虽然由于市场定位的不同，各金融机构制定符合本行特点的小微企业贷款统计口径是合理且有必要的，但前提是涉及公开披露的数据应该有统一的统计口径。尤其是2014年以来，人民银行对

---

① 2012年，我们特别就新划型标准中某些行业（如科学研究和技术服务业，水利、环境和公共设施管理业，居民服务业，文化、体育和娱乐业等）的划型标准只有从业人员数量这一单一标准的现状，征询了商业银行小微企业经理人的看法。问卷调查结果显示，63%的受访者认为这会造成规模不小的企业“降级”到小微企业，50%的受访者认为“仅根据从业人数划型不太合理，我行有更细化的补充标准”或者“企业报来的从业人数一般都不太准确，我行一般不采用从业人数作为小微企业贷款分类的标准”，仅有不足10%的受访者认为“根据从业人数划型挺合理”。

② 这类中小微企业往往由于与政府有着更为紧密的关系或者被关联企业作为获取政策支持的载体等原因，在利用政策方面显示出较强的能力。

③ 各银行披露的统计口径差异可参见本报告第3章商业银行部分。

“三农”或小微企业贷款达到一定比例的商业银行推出定向降准的政策；在信贷政策支持再贷款类别下创设支小再贷款，专门用于支持金融机构扩大小微企业信贷投放，小微企业贷款统计口径不统一带来的问题更加凸显。要使结构化的货币政策能够真正起到调节信贷结构促进国民经济重点领域和薄弱环节发展的作用，执行统一的统计口径已经无法回避。

为此，再次建议监管部门推行统一的中小微企业金融服务监测统计口径，明确狭义和广义两种小微企业贷款统计口径，狭义小微企业贷款指小型企业和微型企业贷款（指法人企业贷款），广义小微企业贷款包括小型企业和微型企业贷款（指法人企业贷款）以及个体工商户贷款和小微企业主贷款。通过统一中小微企业金融服务监测统计口径，规范中小微企业划型标准，结合中小微企业金融服务信息披露制度，以客观真实地反映中小微企业金融服务发展状况，制定针对中小微企业金融服务的政策措施，监测政策的实施效果。

16.1.3 建立金融机构中小微企业金融服务信息披露制度

建议实施“2+2+2”强制披露，即强制披露2类口径（狭义小微企业和广义小微企业）、2个方面（贷款余额和贷款户数）、2种信息（绝对值和占比），以此为基础建立金融机构服务小微企业的外部监督机制①。

值得肯定的是，银监会在银行业金融机构小微企业贷款余额的数据披露中，从2014年开始披露小微企业贷款户数，而且不仅披露了贷款余额绝对值，还披露了在全部贷款余额中的占比。此外，自2015年起，银监会按季度向社会公开披露银行业金融机构整体的小微企业贷款余额，以及国有商业银行、股份制商业银行、城市商业银行、农村商业银行和外资银行五类银行的小微企业贷款余额。这对社会了解银行业金融机构服务小微企业情况提供了很好的数据基础，也有利于各类银行业金融机构彼此了解小微金融服务的发展状况以促进竞争。

2015年，银监会出台《关于2015年小微企业金融服务工作的指导意见》（银监发〔2015〕8号）要求各银监局加强对辖内小微企业贷款覆盖率、服务覆盖率和申贷获得率等指标的统计监测，及时在全辖通报。并将2008年以来一直施行的单纯侧重小微企业贷款增速和增量的两个“不低于”调整为更重视质的考量的三个“不低于”，即小微企业贷款增速不低于各项贷款平均增速，小微企业贷款户数不低于上年同期户数，小微企业申贷获得率不低于上年同期水平。将小微企业贷款户数纳入监测指标是非常值得肯定的政策导向，将有利于杜绝金融机构为实现监管指标盲目“垒大户”的现象出现，引导客户结构真正下沉。

但是，令人遗憾的是，2018年，监管机构仍然没有出台对具体金融机构小微企业金融服务信息强制披露的要求。从2018年主要商业银行信息披露情况来看，目前信息披露在规范性和完整性上仍存在较大的问题，离全面反映小微企业贷款发展状况仍有相当的距离，各机构披露的数据之间可比性差。

我们始终认为，信息公开是最好的监督，也是促进金融机构之间竞争的手段，再次建议在信息

① 在美国，根据《社区再投资法案》，主要金融机构必须统计并按年报告他们发放小企业和小农场贷款以及发放社区发展贷款的情况。监管部门将每个机构报告的数据汇总，纳入“社区再投资法案报告”，每个报告机构的资料以及汇总的每个大城市和每个县的资料，都向社会公开，从而形成了良好的外部监督机制。

披露上尽快出台规范，促进全社会对金融机构服务小微企业的情况进行监督，对鼓励小微企业金融服务的公共政策实施效果进行评估。

16.2　完善小微企业金融服务激励机制

16.2.1　提高小微企业金融服务监管激励政策的系统性和透明度

在小微企业金融服务实施监管激励方面，近年来在小微企业金融服务差异化监管方面取得的进展令人欣喜，截至目前，差异化的监管激励主要体现在人民银行综合运用差别存款准备金率、再贷款、再贴现等多种货币政策工具，鼓励金融机构增加小微企业信贷供给；银监会放宽中小银行及分支机构准入以及完善小微金融服务考核指标体系等多个方面，而且明确规定，自2015年起，商业银行适用小微企业金融服务相关的正向激励政策，应以实现小微企业贷款增速不低于各项贷款平均增速、小微企业贷款户数不低于上年同期户数、小微企业申贷获得率不低于上年同期水平为前提。2017年，人民银行进一步推动将小微企业定向降准政策适用范围扩大至单户授信小于500万元的小型微型企业贷款、个体工商户和小微企业主经营性贷款等普惠金融领域。2019年1月发布的《中国人民银行决定调整普惠金融定向降准小微企业贷款考核标准》中，自2019年起，将普惠金融定向降准小型和微型企业贷款考核标准由“单户授信小于500万元”调整为“单户授信小于1000万元”以扩大普惠金融定向降准优惠政策的覆盖面。

但仍有遗憾的是，这些政策的系统性和透明度没有得到显著的改善，比如中国人民银行每年按照定向降准相关制度，对参与定向降准金融机构上年度支持“三农”和小微企业领域情况进行考核，并根据考核结果动态调整其存款准备金率，但考核结果并未公开发布。

在系统性方面，建议银监会和人民银行将目前有关政策进行整合，进一步完善并统一监管激励指标，为商业银行提供准确有效的激励导向。具体可以借鉴美国《社区再投资法案》的实施经验①，建立独立的小微企业金融服务考核制度，将该考核纳入商业银行监管评级体系和现行金融机构绩效评价体系，同时作为中小微企业信贷政策导向效果评估制度的重要组成部分。对于小微企业金融服务表现好的金融机构，在市场准入、再贷款、再贴现、支付结算以及征信管理等方面给予倾斜，引导和鼓励金融机构及其分支机构为机构所在地的小微企业提供金融服务，切实促进各地区小微企业金融服务满足率、覆盖率和服务满意率的提升。

在透明度方面，建议监管部门公开小微企业金融服务考核指标和考核方法，并且每年公开发布小微企业金融服务结果，以比促进小微企业金融服务良性竞争，同时推动建立小微企业金融服务的社会监督机制。

---

① 在美国，基于储蓄机构有责任服务于社区的理念，为了鼓励储蓄机构满足他们社区的贷款和发展需求，特别是中低收入社区或个人、小企业和小农场的需求，20世纪70年代出台实施《社区再投资法案》，力求为商业银行等储蓄机构提供激励机制以使其满足社区贷款需求。根据该法案建立了社区再投资评级体系，重点是储蓄机构向中低收入人群、中低收入地区、小企业和小农场发放贷款的记录，其中，通过向小生意人或小企业提供融资以促进经济发展是社区再投资评级中非常重要的一项内容。监管部门公开发布储蓄机构实施该法案情况的书面评级报告以促进外部监督；在审批储蓄机构扩大业务范围申请时要考虑其社区再投资评级情况。因此，有意成立金融控股公司或从事其他扩展型金融业务的储蓄银行必须确保他们自身以及分支机构在《社区再投资法案》评级中达到合格的标准。

此外，我们建议在对小额贷款公司、典当行、融资租赁公司等其他机构实施监管以及通过行业协会加强行业自律管理方面，也可以借鉴商业银行小微企业金融服务监管激励的经验，引导这些类金融机构加大对小微企业服务的资源配置。

16.2.2 落实小微企业金融服务差异化监管标准

截至目前，小微企业金融服务差异化监管标准已经包括了小微企业贷款风险权重差异化计算方式以及对小微企业不良贷款实行差异化考核。总体来看，基于小微企业金融服务特点所制定的差异化监管标准的政策已经比较完备。

继2011年出台的差异化监管标准①之后，2012年《商业银行资本管理办法（试行）》（银监会2012年第1号令）明确规定了在计算商业银行资本充足率时，权重法下对同时符合一定条件的微型和小型企业债权风险权重要求降为75%，内部评级法下允许采用其他零售贷款风险权重公式计算。

2013年，小微企业贷款不良率差异化考核终于出台明确规定，《中国银监会关于进一步做好小微企业金融服务工作的指导意见》（银监发〔2013〕37号）规定，对小微企业贷款不良率高出全辖各项贷款不良率2个百分点以内的银行业金融机构，该项指标不影响当年的监管评级。《中国银监会关于2015年小微企业金融服务工作的指导意见》（银监发〔2015〕8号）进一步要求商业银行落实有关提高小微企业贷款不良容忍度的监管要求，小微企业贷款不良率高出全行各项贷款不良率年度目标2个百分点以内（含）的，不作为内部对小微企业业务主办部门考核评价的扣分因素。银监会《关于做好2017年小微企业金融服务工作的通知》进一步调整了小微企业贷款不良率考核指标，商业银行小微企业贷款不良率高出自身各项贷款不良率年度目标2个百分点（含）以内的，或小微企业贷款不良率不高于3.5%的，可不作为监管部门监管评级和银行内部考核评价的扣分因素。2019年，银保监会印发《关于2019年进一步提升小微企业金融服务质效的通知》，将普惠型小微企业贷款（单户授信总额1000万元及以下）的不良率容忍度放宽至不高于各项贷款不良率3个百分点。

2016年银监会进一步强调各商业银行可放宽不良贷款容忍度等方面的授信尽职免责，激励分支机构和客户经理加强小微企业金融服务。银监会《关于2016年推进普惠金融发展工作的指导意见》规定，小微企业不良贷款率高出当年全行各项贷款不良率目标2个百分点以内（含）的，在无违反法律法规和有关监管规章行为的前提下，可免予追究小微企业信贷人员的合规责任。银监会《关于进一步加强商业银行小微企业授信尽职免责工作的通知》表示，商业银行应结合授信业务风险溢价状况，配套设定合理的小微企业不良容忍度。在落实现有不良容忍度监管政策的基础上，商业银行可根据自身风险偏好、风险管理水平和各地经济金融环境，对不同地区的分支机构设置差异化的小微企业不良容忍度目标。小微企业金融服务差异化监管标准进一步得到落实。2018年，银监会《关于2018年推动银行业小微企业金融服务高质量发展的通知》对小微企业授信尽职免责工作的开展做了进一步的具体要求，要求各商业银行要继续完善具备可操作性、符合小微企业授信特点的内部尽

---

① 《银监会关于支持商业银行进一步改进小企业金融服务的通知》（银监发〔2011〕59号）提出，根据商业银行小企业贷款的风险、成本和核销等具体情况，对小企业不良贷款比率实行差异化考核，适当提高小企业不良贷款比率容忍度。《中国银监会关于支持商业银行进一步改进小型微型企业金融服务的补充通知》（银监发〔2011〕94号）规定，商业银行在计算资本充足率时，对符合相关条件的小型微型企业贷款，在权重法下适用75%的优惠风险权重，在内部评级法下比照零售贷款适用优惠的资本监管要求。获准发行小型微型企业贷款专项金融债的商业银行，该债项所对应的单户授信总额500万元（含）以下的小型微型企业贷款在计算“小型微型企业调整后存贷比”时，可在分子项中予以扣除。

职免责制度办法，加强对分支机构的宣讲传导，重点督促基层网点和一线业务人员落实尽职免责规定。加强对尽职免责调查、评议、认定等相关工作的文档管理，将尽职免责落实情况列为商业银行小微企业金融服务监管评估的重要参考因素。

16.2.3 对小微企业金融服务实行差异化的财税激励

鉴于小微企业金融服务的发展对扩大金融服务覆盖面、改善民生具有长期的重要作用，我们建议针对特定规模以下的小微企业金融服务，在不良贷款快速核销、贷款损失准备金税前扣除、营业税优惠、风险补偿等方面给予更大力度、更长期限的政策支持，提高财税激励的有效性和稳定性。

1. 对小微企业贷款损失准备金税前扣除、不良贷款快速核销以及贷款损失税前扣除认定条件执行差异化财税政策。

2015 年，财政部、国家税务总局联合发布《关于金融企业涉农贷款和中小企业贷款损失准备金税前扣除有关问题的通知》（财税〔2015〕3 号），决定延续金融企业涉农贷款和中小企业贷款损失准备金所得税税前扣除的政策①。2014 年 1 月 1 日起至 2018 年 12 月 31 日，金融企业对其涉农贷款和中小企业贷款②进行风险分类后，按照规定比例计提的贷款损失准备金，可以在计算应纳税所得额时扣除，有利于金融企业充分核销涉农和中小企业贷款损失，增加“三农”、中小企业等薄弱环节的信贷资金来源。

2013 年，小企业贷款自主核销政策得到落实③。值得点赞的是，2015 年，国家税务总局针对长期以来涉农贷款和中小企业贷款损失税前扣除存在认定条件偏严影响金融企业对涉农贷款和中小企业贷款的积极性的问题，终于出台政策对涉农贷款和中小企业贷款损失的税前扣除政策作了调整和完善。新规不仅放宽了损失税前扣除的认定条件，而且明确了新规适用于 2014 年度及以后年度的涉农贷款和中小企业贷款损失，而不是像过往一样只是一个短期的政策。

至此，对小微企业贷款损失准备金税前扣除、不良贷款快速核销以及贷款损失税前扣除认定条件执行差异化财税政策均已经基本到位。为使政策进一步聚焦和保持政策的长期稳定，建议进一步将前述两项政策的对象从政策自行界定的“中小企业”调整为符合国标划型标准的“中小微企业”④，引导金融机构放开手脚做好中小微企业金融服务。

2. 参照农户小额贷款利息收入税收优惠的做法，对金融机构一定规模以下的小微企业，尤其是微型企业和个体工商户小额贷款的利息收入免征或减征营业税。

2017 年在这方面有了进展，《关于支持小微企业融资有关税收政策的通知》规定自 2017 年 12 月 1 日至 2019 年 12 月 31 日，对金融机构向农户、小型企业、微型企业及个体工商户发放小额贷款取得的利息收入，免征增值税。自 2018 年 1 月 1 日至 2020 年 12 月 31 日，对金融机构与小型企业、微

---

① 早在 2009 年，财政部、税务总局就发文给予金融企业涉农贷款和中小企业贷款损失准备金税前扣除的税收政策。2010 年底政策到期后，国家再次将政策延续至 2013 年底。

② 本通知所称中小企业贷款，是指金融企业对年销售额和资产总额均不超过 2 亿元的企业的贷款。

③《金融企业呆账核销管理办法（2013 年修订版）》赋予金融机构对小微企业贷款拥有更为宽松的自主核销权限。小企业贷款自主核销金额由 500 万元上调至 1000 万元，首次允许对 500 万元以下的个人经营贷款自主核销。金融企业对单户贷款余额在 1000 万元及以下的，经追索 1 年以上，仍无法收回的中小企业贷款和涉农贷款，可按照账销案存原则自主核销。

④ 剔除因某些指标界定为中小微企业而实质是政府融资平台的投资公司以及大型企业集团绝对控股的中小微企业。

型企业签订的借款合同免征印花税。2018 年 9 月，财政部《关于金融机构小微企业贷款利息收入免征增值税政策的通知》指出，自 2018 年 9 月 1 日至 2020 年 12 月 31 日，将对金融机构向小型企业、微型企业和个体工商户发放小额贷款取得的利息收入，免征增值税。此外，监管部门加大金融机构小微企业贷款利息收入免征增值税优惠力度，人民银行等部委联合印发的《关于进一步深化小微企业金融服务的意见》（银发〔2018〕162 号）指出，从 2018 年 9 月 1 日至 2020 年底，将符合条件的小微企业和个体工商户贷款利息收入免征增值税单户授信额度上限，由 100 万元提高到 500 万元；对国家融资担保基金支持的融资担保公司，支持小微企业融资的担保金额占比不低于 80%，其中支持单户授信 500 万元及以下小微企业贷款及个体工商户、小微企业主经营性贷款的担保金额占比不低于 50%，可适当降低担保费率和反担保要求。

3. 适当扩大小微企业金融服务差异化财税激励政策的覆盖范围，对小额贷款公司、典当企业和融资租赁公司等机构开展的小微企业金融服务给予相应的财税政策激励，降低这些机构的运营成本，将更多的资源投入小微企业金融服务，惠及更多的小微企业。

2017 年，对符合条件的中小企业信用担保机构计提的部分准备金予以在税前扣除的政策得以延续[①]，并且对于小额贷款公司的税收优惠政策得到实质性的增强。《关于小额贷款公司有关税收政策的通知》规定自 2017 年 1 月 1 日至 2019 年 12 月 31 日，对小额贷款公司取得的农户小额贷款利息收入，免征增值税；对小额贷款公司取得的农户小额贷款利息收入，在计算应纳税所得额时，按 90% 计入收入总额。对小额贷款公司按年末贷款余额的 1% 计提的贷款损失准备金准予在企业所得税税前扣除。但截至 2018 年末，相关政策仍未扩展至典当、融资租赁公司等机构。

16.3 大力发展中小金融机构[②]和多层次金融市场

16.3.1 推动形成由中小金融机构为主体的多元化小微金融服务体系

1. 继续放松金融业的准入管制，大力发展由民间资本发起设立自担风险的内生型中小金融机构。在民营银行试点和引导民间资本参与农村信用社产权改革的基础上，进一步落实民间资本进入金融业的鼓励政策，引导民间资本投资中小金融机构，实现中小金融机构的数量和规模的有效增长，进一步丰富小微企业金融服务主体，真正增加中小微企业金融服务的有效供给。2018 年 6 月，银保监会等五部门联合印发《关于进一步深化小微企业金融服务的意见》，明确提出推进民营银行常态化设立，引导地方性法人银行业金融机构坚持服务地方经济和小微企业的发展方向，继续下沉经营管理和服务重心，重点向县域和乡镇等地区延伸服务触角。

2. 重视发展各具特色的中小金融机构和类金融机构。应充分认识到小贷公司、典当行、融资租赁公司、担保品管理公司以及商业保理公司等提供金融服务的机构由于其业务的不同特点，在服务小微企业方面具有不同的优势，丰富了服务的种类，是小微金融服务不可或缺的主体。应重视这些

---

① 《关于中小企业融资（信用）担保机构有关准备金企业所得税税前扣除政策的通知》规定，中小企业融资（信用）担保机构按照不超过当年年末担保责任余额 1% 的比例计提的担保赔偿准备，允许在企业所得税税前扣除；中小企业融资（信用）担保机构按照不超过当年担保费收入 50% 的比例计提的未到期责任准备，允许在企业所得税税前扣除；中小企业融资（信用）担保机构实际发生的代偿损失，应冲减已在税前扣除的担保赔偿准备，不足冲减部分据实在企业所得税税前扣除。

② 此处的中小金融机构泛指中小规模的金融机构和类金融机构。

各具特色的中小金融机构和类金融机构，鼓励其发挥自己独有的优势，在小微金融服务中发挥更大的作用。

值得肯定的是，2015 年 9 月，中国人民银行会同银监会、证监会、保监会和国家统计局联合发布《金融业企业划型标准规定》，首次将小额贷款公司、典当行和融资担保公司纳入金融业企业的范围，长期困扰这些机构的身份问题得到解决。2018 年 5 月，商务部发布《关于融资租赁公司、商业保理公司和典当行管理职责调整有关事宜的通知》，将融资租赁公司、商业保理公司和典当行经营和监管规则职责划给银保监会。

16.3.2 对中小金融机构实施差异化监管

1. 对于中小银行，在保证有效性的前提下尽可能简化监管，豁免非关键监管报告，降低中小银行的监管成本；继续实施差异化的资本充足率监管政策，适度降低对中小银行的资本充足率要求；继续实施差异化的存款准备金率政策，适度降低对中小银行的存款准备金率要求。

2. 对于小额贷款公司、典当行、融资租赁公司等中小金融机构，综合考虑这些机构资源的有限性，制定适度的监管制度，实施相对灵活、宽松的非审慎监管，既做到规范发展，又不制约其发展活力。

3. 推动包括小贷公司在内的中小金融机构参与市场化的评级，将服务客户数量、户均贷款余额、风险管理水平等指标纳入评级体系，更多地依靠市场优胜劣汰来推动中小金融机构的良性发展。

4. 确定对中小金融机构适度的监管边界，在遵循法律的基本前提下充分发挥内生型金融机构自我管理的能动性，避免过度监管带来的高成本和对机构发展的压制。比如，对于内生于农村社区的农村资金互助社等小型金融机构，如果业务范围仅在一个村或镇，服务的客户数量有限，利用熟人社会充足的社会资本、互联合约、担保抵押等机制可以实现有效风险管理，监管的力度可以适当放松。

16.3.3 扩大中小金融机构资金来源

1. 放松中小金融机构进入金融市场融资的限制，为其提供合理的资本补充渠道和稳定的负债来源。

（1）继续优先支持符合条件的中小商业银行发行小微企业贷款专项金融债。按中小商业银行上年年末小微企业贷款余额的一定比例给予其发行金融债的额度，完善发债募集金额投放的监管。《中国银监会关于 2015 年小微企业金融服务工作的指导意见》（银监发〔2015〕8 号）强调，要进一步扩大小微企业专项金融债发行工作，对发债募集资金实施专户管理，确保全部用于发放小微企业贷款。2016 年人民银行信贷政策继续支持符合条件的金融机构发行金融债券专项用于小微企业贷款。2018 年 6 月，银保监会等五部门联合印发《关于进一步深化小微企业金融服务的意见》，鼓励银行业金融机构发行小微企业金融债券，放宽发行条件，加强后续督导，确保筹集资金用于向小微企业发放贷款。

（2）积极鼓励包括中小银行在内的中小金融机构上市融资。适当放宽限制，重新打开中小金融机构 IPO 大门，为中小金融机构补充资本金提供稳定的渠道，吸引更多的社会资金投入中小金融机构，有效增加中小微企业融资的供给。虽然 2017 年银行 A 股上市“断档”让人遗憾，但在 2018 年，银行 A 股上市明显提速，先后有成都银行、郑州银行、长沙银行相继挂牌上市，青岛银行和西安银行等 13 家中小银行拿到 IPO 批文、通过发审会或进入“预披露阶段”。

（3）发展中小微企业贷款资产证券化，盘活中小金融机构的存量贷款，节约表内资金用于满足中小企业新的贷款需求。

《中国银监会关于 2015 年小微企业金融服务工作的指导意见》（银监发〔2015〕8 号）明确提出，商业银行要优化信贷结构，用好增量，盘活存量。通过信贷资产证券化、信贷资产转让等方式腾挪信贷资源用于小微企业贷款。银监会《关于做好 2017 年小微企业金融服务工作的通知》中指出，丰富信贷资产流转方式，支持银行业金融机构通过多种方式盘活小微企业信贷资源。鼓励符合条件的银行业金融机构一次注册、自主分期发行，开展小微企业贷款资产证券化业务。2018 年 2 月，《中国银监会办公厅关于 2018 年推动银行业小微企业金融服务高质量发展的通知》，要求各银行业金融机构可在依法合规、风险可控的前提下，通过信贷资产证券化、信贷资产转让和收益权转让等试点业务盘活小微企业信贷资源，进一步拓宽小微企业不良资产处置渠道。对近年完成考核指标良好、小微企业贷款基数大、占比高、户均余额低的银行业金融机构，在考核“两增”目标时，可将其通过信贷资产证券化、信贷资产转让和收益权转让试点、核销等方式盘活、处置的小微企业存量贷款进行还原计算。2018 年 6 月，银保监会等五部门联合印发《关于进一步深化小微企业金融服务的意见》，提出在强化信息披露、提高透明度的前提下，支持银行业金融机构发行小微企业贷款资产支持证券，将小微企业贷款基础资产由单户授信 100 万元及以下放宽至 500 万元及以下。对于发行小微企业贷款资产支持证券和小微企业金融债券的金融机构，人民银行给予适当支持。将金融机构持有小微企业金融债券和小微企业贷款资产证券化产品情况纳入信贷政策导向效果评估内容。

但是，事实上，在迅猛发展的资产证券化热潮中，真正以中小微企业贷款资产为基础资产的证券化产品仍寥寥无几，此外，资产证券化的多头监管、风险隔离不足以及投资者单一等问题仍亟待政策方面的突破。

2. 加强中小金融机构和非正式金融组织与商业银行等正式金融机构的合作和联系，扩大其融资渠道，维持其可持续发展。鼓励大型商业银行或政策性银行通过市场化招标的方式，为运营良好的村镇银行、小额贷款公司、农村资金互助社提供批发贷款。鼓励信托公司发挥信托工具的优势，帮助中小金融机构和非正式金融组织通过信托的方式募集资金。

2018 年，《中国银监会办公厅关于 2018 年推动银行业小微企业金融服务高质量发展的通知》提出，鼓励开发银行及政策性银行结合机构和业务特点，以转贷形式，向银行业金融机构批发资金，专门用于支持小微企业。转贷双方均应建立单独的批发资金账户，实行台账管理，统计贷款投向明细，避免重复计算；加强对资金用途的跟踪监测，确保批发资金全部用于支持小微企业。

16.3.4 大力推动多层次金融市场建设

1. 深化多层次股权交易市场的建设。推进 IPO 常态化，完善优胜劣汰机制，保持资本市场的活力；在加强执法力度的前提下，简化中小企业上市流程，降低上市准入门槛，完善适合具有高成长性的创新型中小企业上市发展的制度安排；优化市场结构，促进各板块差异化竞争，突出板块的服务定位，形成合理的市场分层和优势互补；完善股转系统，充分利用信息技术对日益增加的挂牌公司实施高效监管，发挥做市商制度的作用，提高市场流动性。

2019年，多层次资本市场建设有了重大进展，1月30日，证监会发布《关于在上海证券交易所设立科创板并试点注册制的实施意见》。3月1日，证监会发布《科创板首次公开发行股票注册管理办法（试行）》和《科创板上市公司持续监管办法（试行）》。2019年6月13日，科创板正式开板；7月22日，科创板首批公司上市。科创板不仅丰富了资本市场的板块和层次，更为重要的是有望成为资本市场基础制度改革创新的“试验田”，助推资本市场基础制度不断完善，比如明确在科创板试点讨论已久的注册制。

2. 大力推动债券市场的建设，改变银行间债券市场和交易所债券市场相互割裂、多头监管的现状，加快建设一个和经济体量相匹配的债券市场，特别是提高非金融企业债券融资的规模，推动金融脱媒以释放更多的银行信贷资源投向中小微企业。提高债券市场投资者风险偏好的多元性，发展不同信用等级的信用类债券，为中小企业通过债市融资创造空间，充分发挥债券市场在促进中小微企业金融服务方面的应有作用。2017年，证监会发布了《关于开展创新创业公司证券试点的指导意见》，规范了“双创”债券的发行主体和资金用途，但是发行规模过小是“双创”债券目前亟待解决的问题，2018年，该问题仍未得到根本性地改善。2018年，民营企业债券融资支持工具推出，旨在为经营正常、流动性遇到暂时困难的民营企业发债提供增信支持，但从实际效果看，惠及的民营企业有限。

16.4　持续完善金融基础设施与制度建设

16.4.1　有序推进征信体系健康发展

在已出台的《征信业管理条例》和《征信机构管理办法》基础上，加强征信的法制建设，推动形成规范有序、公平竞争的征信市场。充分认识互联网及大数据对征信行业带来的影响，扩大和规范征信公司的征信数据来源，保证征信信息的正当性、透明性和兼容性，促进网络经济下征信体系的健康发展。尤其要尽快制定《中华人民共和国个人信息保护法》，明确个人信息采集边界，规避个人信息被竞相挖掘和恶意利用，保护数据主体利益和个人隐私，促进信用信息分享。与时俱进地提升征信监管水平，避免因市场价格的过度竞争而危及信息安全标准的执行和造成不必要的数据碎片化、损失效率或危害征信体系可持续性的情况发生。值得期待的是，2018年9月10日，《十三届全国人大常委会立法规划》公布，69件法律草案列入第一类项目，其中，个人信息保护法是第61个项目。2018年5月，中国人民银行下发《关于进一步加强征信信息安全管理的通知》，对金融信用信息基础数据库运行机构和接入机构提出要求。同时，人民银行表示将建立征信合规与信息安全年度考核评级制度和征信信息安全巡查制度，从严强化征信监管。

16.4.2　加快完善公共征信系统建设

持续完善人民银行公共征信系统建设，切实提高数据质量，增强数据的全面性、完整性、准确性和及时性。扩大征信系统的接入机构范围，加快小贷公司、融资租赁公司、融资性担保公司以及P2P等网贷机构的接入步伐；在金融信用信息方面，加快对委托贷款、证券、保险信用信息的覆盖；在公共信息采集方面，发挥公共征信机构的优势，积极拓展新的数据源，建立信息的可持续报送机制。此外，建议打通个人征信系统与企业征信系统，更全面地反映企业信用状况，这对中小微企业信用风险管理尤其重要。

值得肯定的是，人民银行全面启动征信二代建设并计划于2018年正式推广投产，二代征信系统改变了一代企业和个人两个系统、两套机构和用户的管理模式，实现企业和个人业务互联互通。

16.4.3 建立全国性电子化的动产融资统一登记平台

随着我国动产融资业务的迅速发展，建立一个全国性、电子化的动产融资统一登记平台越来越迫在眉睫。尽管目前人民银行搭建了一个动产融资统一登记系统，提供包括应收账款质押和转让、融资租赁等近十种登记服务，但融资租赁登记、保证金质押登记、存货与仓单质押登记、信托登记、所有权保留登记及动产留置权登记等登记效力有待法律的认可。目前国内动产登记公示的主要缺陷是：一是登记机构分散，动产担保登记根据标的物不同分散在十多个部门进行，登记要求各有不同。应收账款、融资租赁及存货质押登记在中国人民银行，存货、设备的抵押登记在工商局，农业机械、渔船、农业车辆在农业部，交通车辆在公安部。二是登记信息难以共享，公示效果差。目前多数登记机关仍未采纳电子化的登记方式，使得登记部门之间以及地区之间信息不能共享，可能造成权利冲突、加大交易风险。如国家工商局的存货设备抵押登记在县区级工商局办理，纸质档案，或局限于本机构网页，难以做到低成本、快速查询。

因此，建议以《民法典》编纂为契机，建立现代担保物权制度，改变我国动产担保登记分散带来的融资成本和交易风险偏高问题。建议在人民银行目前登记系统的基础之上，协调整合各部委的动产登记管理职能，发展全国统一的、覆盖所有动产类型的担保物权登记系统，支持应收账款、存货、设备和知识产权等动产融资，改变权利登记分散状态，节省当事人的登记成本，切实推动动产融资的发展及其在中小微企业金融服务中的应用。

16.4.4 加快建设应收账款融资服务平台

在应收账款融资业务中，债务人对应收账款真实性的确认是业务开展的关键。当前应收账款融资业务开展面临的主要困难在于作为债务人的核心企业不愿放弃应收账款的控制权，不愿确认债务。核心企业作为产品采购方，掌控了债权企业的产品销售，对有关债务的付款方式（汇票或现金）、付款时间（或早或晚）、付款金额（根据债权企业资金紧张程度，要求让利等）都有较强的控制能力，核心企业确认账款无法获得直接经济利益，同时存在一旦参与应收账款融资，原本对应收账款债权人软性的债务约束将转化为对信贷市场的刚性债务约束的顾虑，因此，在应收账款真实性确认方面，核心企业缺少动力，积极性不高。

鉴于应收账款融资在我国的发展潜力及其对中小微企业发展的重要意义，建议推动相关法律法规修订，将发展动产融资作为解决中小微企业融资的制度性安排纳入其中，鼓励政府采购、国有企事业单位使用应收账款融资服务平台支持中小微企业融资。同时，建议相关部门推动核心企业带动供应链加入平台，释放供应链融资的巨大潜力，推动金融机构为这些核心企业的中小微供应商提供便捷的融资，这对缓解中小微企业融资难能够起到“立竿见影”的效果。

值得肯定的是，2016年以来，管理层真正开始发力，多部委联合推出政策共同推进应收账款融资的发展。人民银行、发展改革委、工信部、财政部、商务部、银监会、证监会、保监会八大部委联合发布《关于金融支持工业稳定增长调结构增效益的意见》，明确提出“推动更多供应链加入应收账款质押融资服务平台，支持商业银行进一步扩大应收账款质押融资规模。建立应收账款交易机制，解决大企业拖欠中小微企业资金问题。推动大企业和政府采购主体积极确认应收账款，帮助中小企业供应商融资”。2017 年，国务院《关于积极推进供应链创新与应用的指导意见》中鼓励供应链核心企业、金融机构与人民银行征信中心建设的应收账款融资服务平台对接，发展线上应收账款融资等供应链金融模式。中国人民银行、工业和信息化部、银监会、证监会、保监会五部门联合印发《关于金融支持制造强国建设的指导意见》，提出要大力发展产业链金融产品和服务，并明确依托人民银行建设的应收账款融资服务平台有效满足产业链上下游企业融资需求。人民银行、工信部会同财政部、商务部、国资委、银监会、外汇局七部委联合印发了《小微企业应收账款融资专项行动工作方案（2017—2019 年)》，总体思路是“充分发挥应收账款融资服务平台等金融基础设施作用，推动供应链核心企业支持小微企业应收账款融资，引导金融机构和其他融资服务机构扩大应收账款融资业务规模，构建供应链上下游企业互信互惠、协同发展生态环境，优化商业信用环境，促进金融与实体经济良性互动发展”。主要任务包括：向小微企业普及应收账款融资知识，向应付账款较多企业、供应链核心企业、大型零售企业开展宣传培训，加强应收账款融资业务的推广；推动地方政府为中小企业开展政府采购项下融资业务提供便利，支持政府采购供应商依法依规开展融资；动员国有大企业、大型民营企业等供应链核心企业支持小微企业供应商开展在线应收账款融资业务，发挥供应链核心企业引领作用；优化金融机构等资金提供方应收账款融资业务流程，提高企业融资便利度；建立健全应收账款登记公示制度，保障各方权利。我们期待这些有针对性的政策能够实现预期效果，使广大小微企业真正从中受益。2018 年和 2019 年，专项行动工作方案继续深入落实，中国人民银行于 2019 年 5 月发布通知，向社会公开征求意见，对《应收账款质押登记办法》（中国人民银行令〔2017〕第 3 号发布）进行修订，相关修订进展值得进一步的关注。

16.4.5　充分研究和利用金融科技加快金融基础设施建设和金融监管水平提升

互联网、大数据、云计算、人工智能、区块链等技术在金融领域的应用，不仅重塑了传统金融的业务运作模式与流程，也衍生出各种新兴的金融产品与服务，形成供给能力更充沛、效率更高、成本更低、更加便利快捷的金融新生态，同时也对金融基础设施和金融监管提出了挑战。洞察新时期金融发展的新特点和新需求，紧密跟踪金融科技的发展，作出前瞻性的战略部署，发挥金融科技在金融监管中的作用，提高监管水平和效率。具体到小微企业金融服务领域，应建立富有弹性、高效支付清算系统，为包括移动支付在内的各种支付形式/工具的高效安全运行提供基础性技术保障。加快移动金融基础设施建设速度，促进金融机构利用移动金融开展小微企业及农村地区的小微金融服务，提高金融普惠服务水平。根据网络银行、直销银行等基于新技术开展金融服务的金融机构的特点，制定包括远程开户在内的金融服务管理办法。提高金融监管水平，既要为金融服务创新提供良好的规制基础，也要利用科技切实守住风险底线，更好地服务量大面广的中小微企业客户群和新生代的个人金融消费主体。

可喜的进展是，2017 年，人民银行成立了金融科技委员会，统筹金融科技工作。金融科技委员会将组织深入研究金融科技发展对货币政策、金融市场、金融稳定、支付清算等领域的影响，切实做好中国金融科技发展战略规划与政策指引。进一步加强国内外交流合作，建立健全适合中国国情的金融科技创新管理机制，处理好安全与发展的关系，引导新技术在金融领域的正确使用。强化监管科技（Reg Tech）应用实践，积极利用大数据、人工智能、云计算等技术丰富金融监管手段，提升跨行业、跨市场交叉性金融风险的甄别、防范和化解能力。2018 年 8 月，中国证监会正式印发《中国证监会监管科技总体建设方案》，旨在通过大数据、云计算、人工智能等科技手段，为证监会提供全面、精准的数据和分析服务。上交所运用机器学习技术开展投资者画像研究，运用知识图谱技术分析建立违法违规账户组的关联关系，应用文本挖掘技术侦测网络“黑嘴”行为的研究和探索；深交所自主研发的智能监管辅助系统——“企业画像”一期项目正式运行上线。该项目应用功能包括公司速览、公司标签、股权股东、重组审查辅助、关系图谱、信息检索 7 大模块，运用了文本挖掘、云计算等信息技术，可以自动抽取、集中展示、智能提示不同的监管高频关注信息，有效帮助一线监管人员提升违法违规线索发现能力，提前防范和化解风险。

2019 年 10 月 24 日，中共中央政治局就区块链技术发展现状和趋势进行第十八次集体学习，会上总结了区块链的五大作用分别是：促进数据共享、优化业务流程、降低运营成本、提升协同效率和建设可信体系。习近平总书记要求把区块链作为核心技术自主创新的重要突破口，明确主攻方向，加大投入力度，着力攻克一批关键核心技术，加快推动区块链技术和产业创新发展。他指出，区块链技术应用已延伸到数字金融、物联网、智能制造、供应链管理、数字资产交易等多个领域。要加快推动区块链技术和产业创新发展，积极推进区块链和经济社会融合发展。

16.5　加快推进民间金融健康发展

正规金融供给远未能满足小微企业融资需求的问题是长期存在的现实，并且也将是我们必须长期面对的事实。在不断推进正规金融服务小微企业的同时，只有同步推进民间金融的健康发展，充分发挥其在小微企业资金融通中的作用，才有可能最大限度地缓解小微企业融资难的问题。

16.5.1　完善民间金融发展环境

转换民间金融的监管思路，由“管住机构”转向“守住底线”，坚持在法制体系框架下解决民间金融活动出现的问题。尽快出台《放贷人条例》，明确民间金融活动主体的法律地位和权利义务关系；加强法制建设和执法力度，提高民间金融活动主体的法律意识和契约精神。支持自下而上，内生于经济体的民间金融发展与创新，吸取过往在发展村镇银行、小额贷款公司方面所积累的经验教训，尊重民间投资主体合理的投资意愿，尊重民间金融已经形成的行之有效的做法，允许经营规范、发展良好的民间金融组织进行注册登记，转变为合法的金融中介机构，稳步推进民间金融的合法化进程。建立健全民间融资监测体系，推进民间金融持续、稳定发展。

2015 年，最高人民法院公布了《最高人民法院关于审理民间借贷案件适用法律若干问题的规定》，国务院法制办公布了《非存款类放贷组织条例（征求意见稿）》，这两个文件结合了我国经济金融发展的现实需要，对正规金融体系以外的融资活动（包括非常规的民间借贷和专业贷款机构）予以了法律上的认可，并分别确立了与之相应的监管原则或底线，对规范民间借贷的发展意义重大，标志着民间借贷开始走上阳光化道路。

但是，被寄予民间金融基础性立法厚望的《放贷人条例》直到 2018 年末仍未能出台，与之相关的《非存款类放贷组织条例（征求意见稿）》由于只适用于非存款类放贷组织（现阶段最主要的是小额贷款公司），仍未能覆盖到全面的民间金融活动。中国银保监会和人民银行联合发布的《2019

年中国普惠金融发展报告》提出，继续推动《非存款类放贷组织条例》《处置非法集资条例》尽快出台，为相关监管规制提供上位法依据。民间金融阳光化发展依然任重道远。

16.5.2 与时俱进推进民间金融新发展

高度重视技术发展和代际更替对民间金融形式创新带来的深远影响，以不触碰法律底线为前提，尊重金融本质和运行规律，鼓励民间金融有益创新，支持利用新技术和新手段发展新型的民间金融形态，缓解小微企业融资难题。与此同时，通过严格执法对民间金融活动中的违法行为，特别是对披着互联网金融“创新”外衣的违法金融行为进行整顿治理，创造公平公正透明的竞争秩序，促进市场优胜劣汰机制的形成。

2015 年，中国人民银行等十部委联合发布《关于促进互联网金融健康发展的指导意见》，对互联网金融健康有序的发展和引导互联网金融服务实体经济具有重要的意义。以此项条例为开端，2016 年迎来互联网金融整顿治理年。为进一步鼓励和保护真正有价值的互联网金融创新，国务院印发了《关于互联网金融风险专项整治工作实施方案的通知》（国办发〔2016〕21 号），规范各类互联网金融业态，强调综合运用各类整治措施，对“P2P 网络借贷和股权众筹业务”“通过互联网开展资产管理及跨界从事金融业务”“第三方支付业务”“互联网金融领域广告”等行为进行规范和整治，各相关部门和各级政府开展摸底排查和清理整顿。此后，银监会印发《关于 P2P 网络借贷风险专项整治工作实施方案的通知》（银监发〔2016〕11 号），对风险积聚的 P2P 网贷行业进行严格监管。全面排查、摸清底数、明确标准、分类施策，支持鼓励依法合规的网贷机构开展业务，整治和取缔违法违规的网贷机构，促进行业规范健康发展。银监会等四部委联合发布了《网络借贷信息中介机构业务活动管理暂行办法》，其中界定了网贷内涵，明确了适用范围及网贷活动基本原则，重申了从业机构作为信息中介的法律地位；确立了网贷监管体制，明确了网贷监管各相关主体的责任；明确了网贷业务规则，加强事中事后行为监管；强化了信息披露监管，发挥市场自律作用，创造透明、公开、公平的网贷经营环境。力求促进网络借贷行业的健康发展，引导其更好地满足小微企业、“三农”、创新企业和个人投融资需求，以实现维护互联网金融稳定、保护消费者权益、提升互联网金融效率三大监管目标，此后，2016 年 10 月，国务院办公厅公布了《互联网金融风险专项整治工作实施方案》，严肃负面清单制管理，分别对 P2P、股权众筹、第三方支付等互联网金融主要业态和资管类产品互联网渠道销售等重点专题列明了政策红线，并由各部委出台配套子方案配合实施，以确保专项整治工作的有序推进。

2017 年 2 月，银监会针对网贷机构发布《网络借贷资金存管业务指引》，确认了银行存管模式，网贷机构作为委托人需指定唯一一家存管人作为资金存管机构，自此联合存管模式确认出局；同时，对存管人的身份限定、禁止行为，存款银行的资质、业务技术、履行职责、信息披露义务等均作出了详细的要求与规定。2017 年 8 月，银监会进一步针对 P2P 网贷机构发布《网络借贷信息中介机构业务活动信息披露指引》，要求建立网络借贷信息中介机构及信息披露制度，网贷平台需向公众披露四大项共 24 小项内容，并于每月前 5 个工作日内向公众披露截至于上一月末经网络借贷信息中介机构撮合交易的 11 项信息。2017 年 12 月，P2P 网贷风险专项整治工作领导小组办公室发布《关于做好 P2P 网络借贷风险专项整治整改验收工作的通知》，要求各省（自治区、直辖市、计划单列市）网贷整治办按照一家一策、整改验收合格一家、备案一家的原则，有序开展辖内存量网贷机构的整改验收与备案登记工作，同时对债权转让、风险备付金、资金存管等关键性问题作出了进一步说明。

P2P 网贷机构的风险专项整治工作逐步向常态化监管稳步过渡，真正引导行业守住法律底线和政策红线，回归 P2P 网贷机构“信息中介”本源，切实服务实体经济和中小微企业。

2018 年，银保监会、公安部、国家市场监督管理总局、中国人民银行等多部门联合发文《关于规范民间借贷行为，维护经济金融秩序有关事项的通知》，进一步规范民间借贷行为，引导民间资金健康有序流动，防范金融风险，维护经济及金融秩序与社会稳定。中国互联网金融协会下发《关于开展 P2P 网络借贷机构合规检查工作的通知》，开启全国标准统一的合规检查，通过合规检查发现问题、处置风险。2019 年初，《关于做好网贷机构分类处置和风险防范工作的意见》和《关于进一步做实 P2P 网络借贷合规检查及后续工作的通知》陆续出台。

我们认为互联网金融从“大乱”到“大治”的阵痛难以避免，也可能出现矫枉过正的现象，但这是促进行业合规发展，回归金融服务本质的必要举措，随着整顿治理的深入，对互联网金融监管的共识进一步达成，这对行业的持续健康发展有重要的意义。

16.6　切实改善中小微企业生存与发展环境

实体经济是金融服务发展的基础，中小微企业金融服务要保持良性发展，宏观经济和中小微企业的持续健康发展是前提。改革开放带来了民营经济的快速发展，催生出一个庞大的中小微企业群体，为经济社会的发展作出了重要的贡献。然而，实事求是地说，我国民营中小微企业的生存与发展环境并没有因为其重要作用而得到明显的改善。长期以来，中小微企业普遍面临税负沉重、法律不健全、执法不透明、行政低效等问题。

近年来，国务院及各部委陆续出台了一系列文件降低税费负担，2015 年继续拓宽享受减半征收所得税的小微企业受益范围，从最早年的应纳税所得额低于 6 万元（含 6 万元）的企业扩大至低于 30 万元（含 30 万元）的企业，并强调加强小微企业税收优惠政策的执行力度，体现了国家加大对小微企业的扶持力度的决心。2016 年财政部继续启动税收优惠政策多措并举降成本。扩大小微企业享受减半征收所得税优惠的范围，年应纳税所得额上限由 30 万元提高到 50 万元；科技型中小企业研发费用加计扣除比例由 50% 提高到 75%，力图使结构性减税力度和效应进一步显现。在此基础上，2017 年，财政部发布《关于扩大小型微利企业所得税优惠政策范围的通知》进一步提出，对年应纳税所得额低于 50 万元（含 50 万元）的小型微利企业，其所得减按 50% 计入应纳税所得额，按 20% 的税率缴纳企业所得税；《关于提高科技型中小企业研究开发费用税前加计扣除比例的通知》进一步明确科技型中小企业开展研发活动中实际发生的研发费用，未形成无形资产计入当期损益的，在按规定据实扣除的基础上，在 2017 年 1 月 1 日至 2019 年 12 月 31 日期间，再按照实际发生额的 75% 在税前加计扣除；形成无形资产的，在上述期间按照无形资产成本的 175% 在税前摊销。同时，在增值税和交易印花税的优惠上，2017 年《关于延续小微企业增值税政策的通知》为支持小微企业发展，自 2018 年 1 月 1 日至 2020 年 12 月 31 日，继续对月销售额 2 万元（含本数）至 3 万元的增值税小规模纳税人，免征增值税。

2018 年，财政部发布《关于进一步扩大小型微利企业所得税优惠政策范围的通知》（财税〔2018〕77 号），自 2018 年 1 月 1 日至 2020 年 12 月 31 日，将小型微利企业的年应纳税所得额上限由 50 万元提高至 100 万元，对年应纳税所得额低于 100 万元（含 100 万元）的小型微利企业，其所得减按 50% 计入应纳税所得额，按 20% 的税率缴纳企业所得税。

2019 年 1 月，为进一步支持小微企业发展，财政部在《关于实施小微企业普惠性税收减免政策的通知》中规定：自 2019 年 1 月 1 日至 2021 年 12 月 31 日，对月销售额 10 万元以下（含本数）的增值税小规模纳税人，免征增值税；对小型微利企业年应纳税所得额不超过 100 万元的部分，减按 25% 计入应纳税所得额，按 20% 的税率缴纳企业所得税；对年应纳税所得额超过 100 万元但不超过 300 万元的部分，减按 50% 计入应纳税所得额，按 20% 的税率缴纳企业所得税。减税力度进一步提高。

然而，对于 8000 万户左右的小微企业（含个体工商户）而言，能真正获益的仍然有限。对于实际经营中面临的“潜在”的费用负担，目前的减免政策可谓象征意义大过实际意义。特别是在经济转型过程中，大量传统行业的中小微企业面临市场需求萎缩，经营成本不断攀升的窘境，严重挤压有限的利润空间，经营的不确定性进一步加大。客观地说，这也是造成金融机构对中小微企业融资态度再一次趋于谨慎的重要原因。

实体经济是金融活力的源泉。只有中小微企业发展好了，中小微企业金融服务才能有坚实的基础，金融机构才能通过服务中小微企业实现自身的可持续发展。因此，在建议改善中小微企业金融服务的同时，我们更需要呼吁将改善中小微企业创业创新和生存发展环境作为政府的常态工作来抓，而不是出了问题再做自上而下的动员。要从法制环境、行政规范、财税政策、行业准入、金融支持等多方面多管齐下进行综合治理，对中小微企业给予更加公正的待遇，为中小微企业创造新的市场空间和发展机遇。尤其是在经济转型的新形势下，特别建议通过更大力度的结构性减税等政策减轻中小微企业的经营压力，为其生存和调整适应新的经济形势留出空间；大力推进传统行业的互联网转型以及服务业等新兴产业的健康发展，吸纳中小微企业进入新兴产业，平稳渡过“转型坎”，继续保持活力，在中国经济的新常态中发挥出更大的作用。

附录

商业银行小微金融经理人调查报告（2019）

为了更好地反映商业银行小微金融服务的实际情况，2019 年，中央财经大学民泰金融研究所开展了第七届商业银行小微金融经理人年度问卷调查活动。受访的经理人分别来自东北地区、北部沿海地区、东部沿海地区、南部沿海地区、黄河中游地区、长江中游地区、西南地区、西北地区等八大区域，覆盖全国 4 个直辖市、22 个省、5 个自治区。受访者所在银行包括国有六大商业银行、股份制商业银行、城市商业银行、农村商业银行、民营银行。课题组对商业银行小微金融服务的市场状况、政策影响、行业竞争、产品创新、发展趋势、经理人的工作状况、市场预期等方面进行了调查。

一、调查活动概况

（一）总体情况

本次商业银行小微金融经理人调查问卷依托手机微信平台发放，调查时间为 2019 年 5 月 5 日至 5 月 27 日，共持续了 23 天，总共有 250 名受访者参加了调查，经过筛选剔除，总共获得有效问卷 132 份。本次调查内容主要包括商业银行小微金融经理人基本概况、小微金融服务现状和小微金融服务展望。

（二）受访者分布

本次受访的商业银行小微金融经理人分别来自东北地区（3.0%）、北部沿海地区（26.5%）、东部沿海地区（10.6%）、南部沿海地区（9.8%）、黄河中游地区（9.8%）、长江中游地区（15.2%）、西南地区（13.6%）和西北地区（11.4%）[①]，调查范围包括全国 4 个直辖市、22 个省、

① 东北地区包括黑龙江省、吉林省和辽宁省，北部沿海地区包括北京市、天津市、河北省和山东省，东部沿海地区为上海市、江苏省和浙江省，南部沿海地区包括广东省、福建省和海南省，黄河中游地区包括陕西省、山西省、河南省和内蒙古自治区，长江中游地区为湖北省、湖南省、江西省和安徽省，西南地区包括云南省、贵州省、四川省、重庆市和广西壮族自治区，西北地区包括宁夏回族自治区、甘肃省、青海省、西藏自治区和新疆维吾尔自治区。

5 个自治区（见附图 1）。

从受访者所在银行的类型分布来看，国有六大商业银行、股份制商业银行、城市商业银行、农村商业银行和民营银行的比例分别为 46.2%、18.9%、14.4%、17.4% 和 3.0%（见附图 2）。

附图 1　受访者工作地域分布

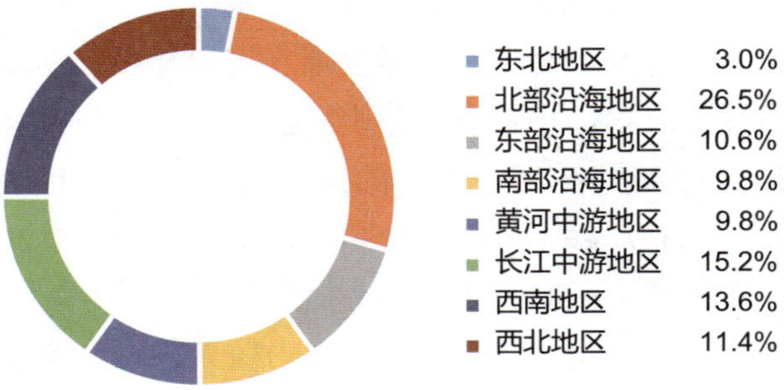

附图 2　受访者所在银行类型

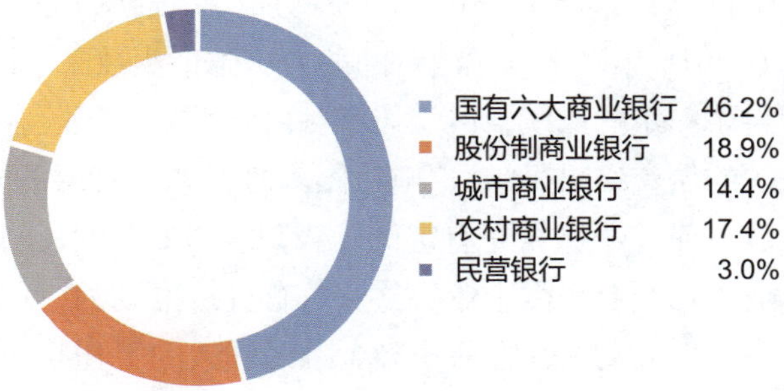

来自总行的受访者占比 33.3%，来自分行和支行占比分别为 43.2% 和 22.0%。受访者中有 61.4% 直接做小微金融业务；其他的虽然不直接做但工作与小微金融相关。工作岗位方面，15.2% 的受访者是行长/副行长，22.0% 的受访者是小微企业客户经理，21.2% 的受访者是小微企业部门负责人或下属处室负责人，这为此次调查问卷的质量提供了保证（见附图 3、附图 4）。

附图 3　受访者所在银行分支机构类型的分布

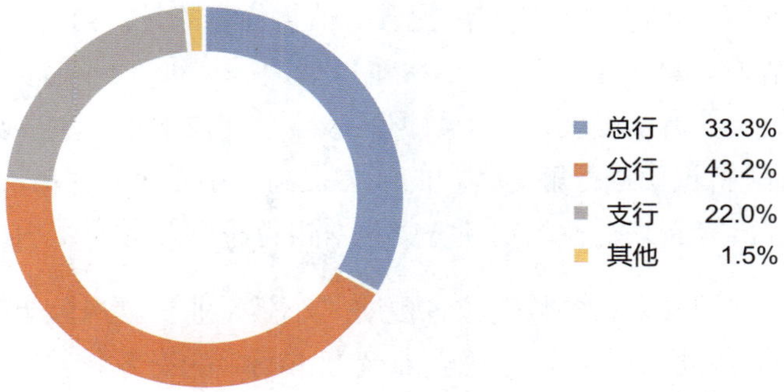

附图 4　受访者所在岗位分布

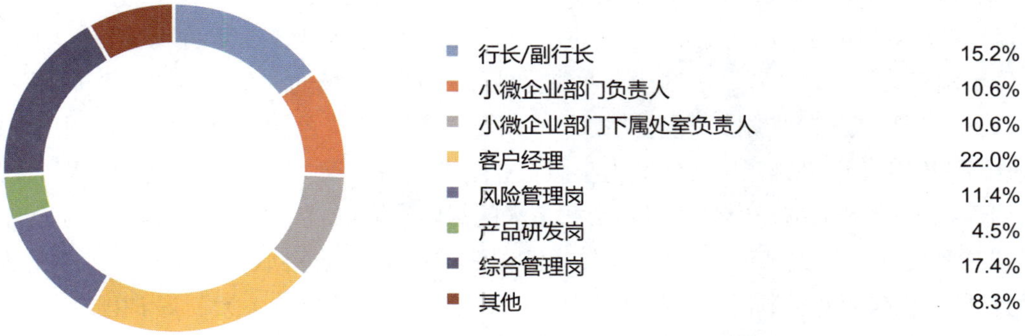

（三）调查主要发现

整体而言，受访者对2018年以来商业银行小微企业金融服务市场的整体评价一般。小微企业经营状况未见明显改善，贷款风险有所增加。小微企业金融服务市场竞争仍然激烈。明显不同于2017年调查结果的是，受访者对当前小微企业金融服务市场的评价中，“政策推动”成为出现频率最高的关键词，“风险加剧”“规模增加”“创新服务”及“可圈可点”等关键词出现频率也较高。反映出在2018年以来频频出台的助力小微企业融资政策推动下，小微企业金融服务发展在规模和服务上取得了一定的成绩，但受访者对由此带来的风险存有隐忧。对银行开展小微企业贷款业务主要动力来源的调查结果显示，“响应国家号召和监管层的要求，内在动力其实不大”的排序较2017年上升两位，而“小微企业有定价优势，能够带来更高的收益”的排序跌至最后一位。反映出监管政策对商业银行开展小微企业贷款业务有直接推动力，但在一定程度上影响了商业银行提高小微企业金融的内生发展动力。在对小微金融经理人的工作状况调查中，多数受访者表示工作压力较大，对目前的薪酬水平满意度不高。

虽然小微企业金融在艰难前行，但我们也能从中看到不少积极因素。受访者所在银行对小微企业业务的重视程度总体很高，并且较2017年调查结果有显著提升。贷款审批通过率保持中等水平，较2017年调查结果也有所提升。值得注意的是，商业银行对小微企业不良贷款的容忍度较2017年调查结果有明显提高，处于中等偏上水平。小微企业信贷尽职免责制度进一步落实，银行小微企业纯信用贷款有所发展；基于数据的风险管理技术进一步普及；金融科技对商业银行的作用进一步提升，“金融科技使银行触达客户的能力提高，小微企业业务的获客更加便利”广受认同；互联网金融、共享经济等新兴行业的重新洗牌也对银行小微服务产生积极影响。

展望未来，多数受访者预期“小微企业贷款风险上升”和“市场竞争加剧”将是商业银行面临的最主要挑战，同时小微企业金融市场中的有效贷款需求和产品创新活跃度将明显增加，贷款利率将降低。在受访者心目中最期待的政策或技术变革调查中，“大数据技术”位列榜首，“风控技术创新”“信息共享”“提高不良贷款容忍度”“政府支持”等紧随其后。另外，“落实尽职免责制度”“线上化”“减税”“完善征信体系”等也备受受访者期待。

1. 小微企业经营状况未见明显改善，小微企业金融服务发展受政策推动明显

大多数受访者反映其所在区域当前小微企业经营状况一般，与2017年调查结果持平，而贷款风险和有效贷款需求有所增加，小微企业金融服务市场竞争仍然激烈，创新活跃度有所增加。明显不同于2017年调查结果的是，受访者对当前小微企业金融服务市场的评价中，“政策推动”成为出现频率最高的关键词，“风险加剧”“规模增加”“创新服务”及“可圈可点”等关键词出现频率也较高。反映出在2018年以来频频出台的助力小微企业融资政策推动下，小微企业金融服务发展在规模和服务上取得了一定的成绩，但受访者对由此带来的风险存有隐忧。“竞争加剧”“努力奋进”“转型发展”“稳步发展”等关键词也多次出现，反映出在小微企业金融服务市场竞争加剧的大环境下，银行主动转型、积极应对。同时，我们还注意到“乏善可陈”“成效不大”等词出现频率较高，表明仍有部分受访者认为商业银行小微企业金融服务表现一般。

具体到各类政策的促进作用，受访者认同度最高的政策为“将普惠型小微企业贷款不良率容忍度放宽至不高于各项贷款不良率3个百分点”，其他政策认同度由高至低分别是“人民银行四次定向

降准支持小微企业融资”“加大金融机构小微企业贷款利息收入免征增值税优惠力度”“设立国家融资担保基金并对基金支持的融资担保公司支持小微企业融资提出要求”等。

关于银保监会加大无还本续贷政策落实力度以及将普惠型小微企业贷款的考核口径由“单户授信总额小于500万元”调整为“单户授信总额小于1000万元”对商业银行小微企业金融服务的影响，受访者反馈总体比较正面。但对于监管层提出的“两增两控”新目标，接近半数的受访者认为所在银行实现该目标有一定难度，仅一成的受访者认为难度较小。

2. 银行对小微金融重视程度显著提高，发展小微企业金融的政策动力显著增强

受访者所在银行对小微企业业务的重视程度总体很高，并且较2017年调查结果有显著提升。贷款审批通过率保持中等水平，较2017年调查结果也有所提升。值得注意的是，商业银行对小微企业不良贷款的容忍度较2017年调查结果有明显提高，处于中等偏上水平。对于所在商业银行小微企业贷款规模和贷款户数的变化，分别有超过90%的受访者表示增加，其中表示规模和户数保持同步增长的受访者占比高达84.85%。

在对当前银行开展小微企业贷款业务主要动力来源的调查中，从受访者评分加权平均值来看，认同度最高的观点是“拥有为数众多的小微企业客户，有利于银行稳定发展”，位列第二、第三、第四位的选项依次为“金融科技的应用使得小微企业贷款变得有利可图”“小微企业业务可以产生更多的交叉销售机会”“响应国家号召和监管层的要求，内在动力其实不大”，而“大中型客户金融脱媒进一步加剧，只能开发小微企业客户资源”和“小微企业有定价优势，能够带来更高的收益”排在最末两位。与2017年调查结果相比，“响应国家号召和监管层的要求，内在动力其实不大”的排序上升两位，而“小微企业有定价优势，能够带来更高的收益”选项的分值下降11.7%，排序跌至最后一位。反映出监管政策对商业银行开展小微企业贷款业务有直接推动力，但在一定程度上影响了商业银行提高小微企业金融的内生发展动力。

3. 小微金融经理人承受较高的工作压力，对薪酬待遇满意度不高

受访者反映小微经理人业绩压力和工作强度均处于较高水平。对于业绩压力的主要来源，受访者给出的看法中，排在前三位的依次为“增量客户开拓”“不良率控制考核”和“贷款业绩考核”，这一结果与2017年调查结果一致。

关于所在银行是否实施特殊的差异化激励措施来鼓励员工做好小微企业业务，调查结果显示，超过六成的受访者反映其所在银行采取了差异化的激励措施，有26.52%的受访者表示其所在银行尚未实施，还有9.09%的受访者表示不清楚。

超过半数的受访者表示目前薪酬待遇一般，1/4的受访者表示满意（包括非常满意和比较满意），两成的受访者表示对目前的薪资待遇不满意（包括不太满意和非常不满意）。整体来看，受访者对薪酬待遇满意度不高。而且不同银行类型的小微经理人对薪酬的满意程度差距较大，民营银行的受访者满意程度最高，接下来依次为股份制商业银行、城市商业银行、国有六大商业银行和农村商业银行。

4. 小微企业信贷尽职免责制度进一步落实，银行小微企业纯信用贷款有所发展

在关于所在银行是否已经落实小微企业信贷尽职免责制度的调查中，有七成的受访者表示所在银行已落实小微企业信贷尽职免责制度，相比2017年的调查结果有所上升。同时，在对尽职免责制

度作用如何的调查中，多数受访者认为尽职免责制度的实施对拓展小微企业信贷服务起到了促进作用。

关于所在银行小微企业纯信用贷款（无担保无抵质押也不追加保证）的发放情况，超过七成受访者表示所在银行“发放过”，这一结果与2017年调查结果相比明显增加。其中，表示“对公对私的小微企业纯信用贷款都有，已有一定规模”占比上升最大。可见商业银行纯信用贷款有所发展。

5. 基于数据的风险管理技术进一步普及，外部信用数据作用仍有待发挥

关于小微企业贷款风险管理技术，有接近七成的受访者反映其所在银行使用了基于数据的风险管理技术。在上述受访者中，41.57%的受访者表示“人工判断为主，基于数据的风险管理技术为辅”，33.71%的受访者表示“基于数据的风险管理技术为主，人工判断为辅”，24.72%的受访者表示“完全实现数据驱动的风险管理”。整体来看，与2017年的调查结果相比，基于数据的风险管理技术在商业银行中进一步普及。

调查结果显示，人民银行以外的信用数据在银行对小微企业及企业主信用风险评价中的使用程度仍然较低。仍有超过六成的受访者表示所在银行仅以央行的信用数据为依据，28.0%的受访者表示所在银行已使用央行以外的信用数据，这一比例较2017年略有上升，其中排在前三位的外部数据来源依次为阿里旗下的芝麻信用，腾讯旗下的深圳前海征信，中诚信征信和百行征信并列第三名。

6. 金融科技助力小微企业金融的作用进一步提升，大数据技术创新备受期待

我们将当前金融科技对小微企业金融服务的影响进行了具体分类并请受访者依次打分，各个选项按加权平均分数由高至低排序依次为：“银行触达客户的能力提高，小微企业业务的获客更加便利”“基于互联网全流程在线的网络贷款产品开发”“基于大数据的小微企业精准营销和交叉销售”“供应链金融线上化”“基于大数据的小微企业信用风险管理”（包括数量化打分卡技术、反欺诈技术等）以及“借助IPAD等移动设备实现移动展业、调查、审批，提高效率，防范客户经理道德风险”。与2017年的调查相比，各选项的排序未发生变化，但整体分值明显提高，反映出金融科技在多个方面对小微企业金融服务的促进作用进一步凸显。

在受访者心目中最期待的政策或技术变革调查中，“大数据技术”位列榜首，“风控技术创新”“信息共享”“提高不良贷款容忍度”等紧随其后。这一结果反映除围绕数据和技术开展的相关创新外，相关政策的支持也能在银行业小微金融服务领域的多个层面上发挥重要作用。另外，“落实尽职免责制度”“线上化”“减税”“完善征信体系”等也备受受访者期待。

7. 互联网银行对传统商业银行小微金融服务已产生竞争，新兴行业洗牌正面影响居多

我们请受访者评价当前互联网银行（如网商银行、微众银行等）与传统商业银行在小微金融服务领域的竞争关系。从1分到5分，分值越高代表竞争越激烈。调查结果显示，超过八成的受访者选择了3及3以上的数值，平均值为3.47，中位数为3。可见，互联网银行与传统商业银行在小微金融服务领域已经产生竞争。

2018年以来，互联网金融、共享经济等新兴行业陆续进入洗牌阶段，超过六成的受访者认为新兴行业的洗牌对商业银行小微金融服务主要是正面影响。

8. 2019 年小微企业金融服务市场风险上升，贷款利率降低

对于 2019 年商业银行小微企业金融服务领域面临的挑战，在受访者的回答中，最为普遍的是“小微企业贷款风险上升”以及“市场竞争加剧”，而“优质小微企业客户减少”“小微金融产品同质化程度提高”“缺少大数据等金融科技类的专业人才”也被较多受访者选择。超过七成的受访者认为 2019 年小微企业贷款风险将会增加，预期 2019 年小微企业金融服务市场竞争增加的受访者超过 85%。同时，仍有超过七成的受访者预期 2019 年小微企业有效贷款需求将会增加，小微企业金融服务市场的增长可期。与此同时，超过 90% 以上的受访者预期 2019 年小微企业金融服务产品创新活跃度将增加，这一比例较 2017 年明显提高。

在 2017 年的调查中，超过六成的受访者预测小微企业贷款利率将增加（包括显著增加和有所增加），与 2017 年的预测结果截然相反，2018 年超过六成的受访者预测小微企业贷款利率将降低（包括显著降低和有所降低），这与监管层“两增两控”要求的落实有一定关系。

二、　小微企业金融服务市场发展现状

1. 小微企业经营状况

超过半数受访者表示其所在区域当前小微企业经营状况一般，认为经营状况好（包括“较好”和“非常好”）的受访者略多于认为经营状况差（包括“较差”和“非常差”）的受访者。总体来看，受访者对小微企业经营状况的评价一般。对各选项从“非常差”到“非常好”依次赋予 1 ~ 5 分，计算出的加权评价分为 3.07 分（见附图 5）。

附图 5　受访者对小微企业经营状况的评价

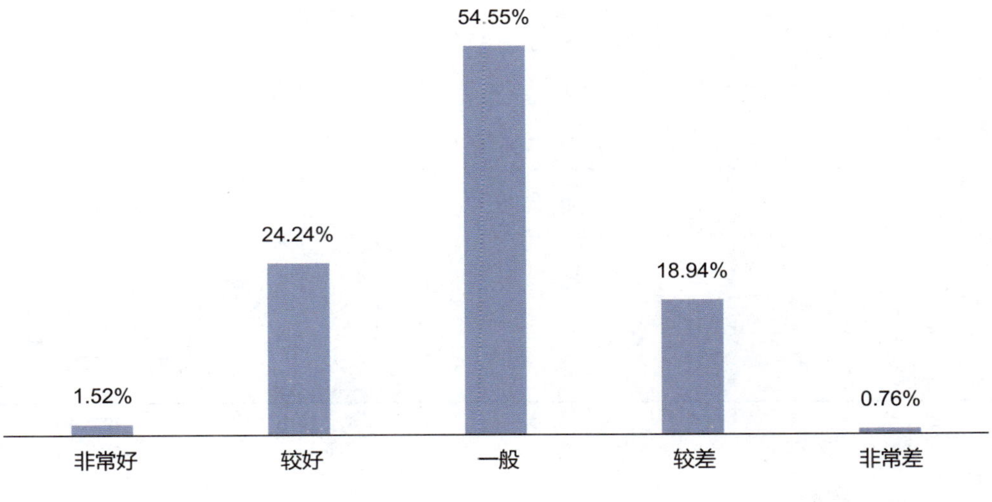

2. 小微企业有效贷款需求

受访者对当前小微企业有效贷款需求的评价比较正面。超过 60% 的受访者反映小微企业有效贷款需求大（包括“较大”和“非常大”），而反映小（包括“较小”和“非常小”）的受访者占比仅 3.81%。剔除“不清楚”的回答（1 个），并对其余选项从“非常小”到“非常大”依次赋予 1 分

到5分，计算出的加权评价分为3.74分（见附图6）。

附图6　受访者对小微企业有效贷款需求的评价

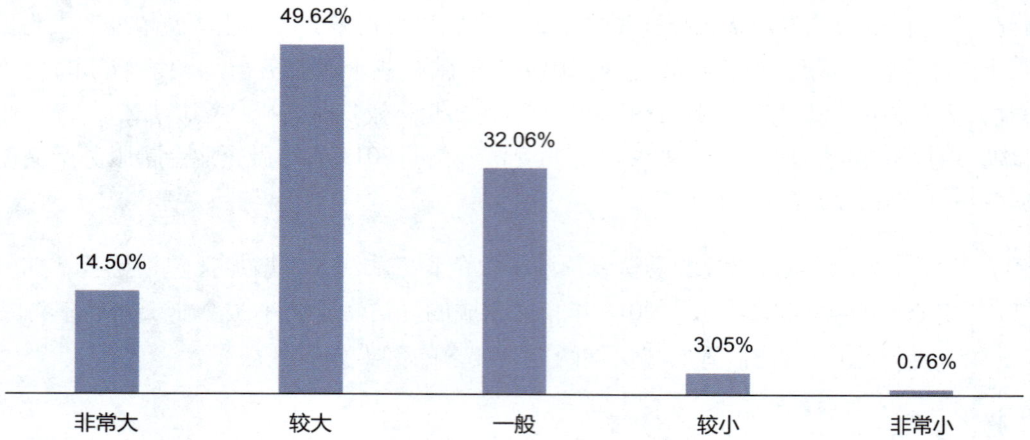

注：计算比例时剔除了回答“不清楚”的问卷（1份）。

3. 小微企业贷款风险状况

受访者对小微企业贷款风险的评价较为负面。超半数受访者表示当前小微企业贷款风险大（包括“较大”或“非常大”），而反映风险小（包括“较小”或“非常小”）的受访者仅有6.07%。对各选项从“非常小”到“非常大”依次赋予1～5分，计算出的加权评价分为3.53分（见附图7）。

附图7　受访者对小微企业贷款风险的评价

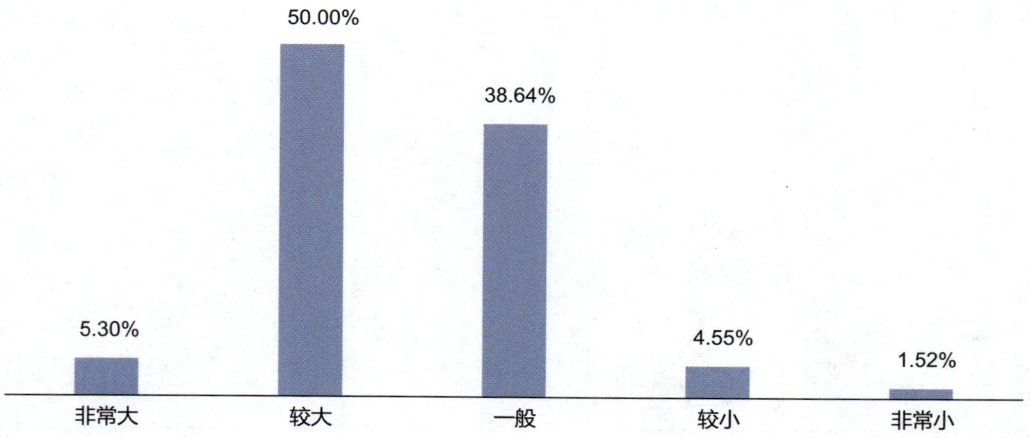

4. 小微企业金融服务市场竞争程度

我们请受访者用打分的形式描述当前银行业小微企业金融服务市场竞争程度，从1分到5分，分值越高代表竞争越激烈。调查结果显示，超过九成的受访者选择了3及3以上的数值，平均值为3.78，中位数为3。从这两个指标来看，小微企业金融服务市场的竞争十分激烈（见附图8）。

附图 8　受访者对银行业小微企业金融服务市场竞争程度的评价

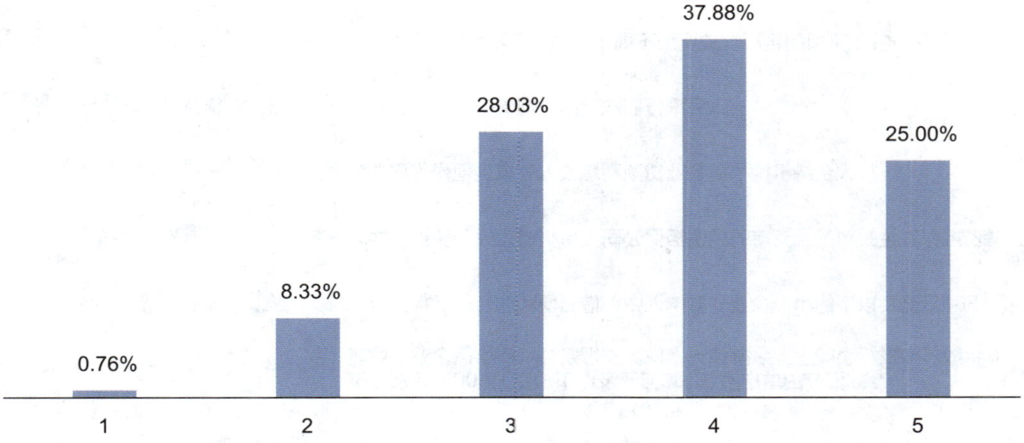

5. 小微企业金融服务创新活跃度

我们请受访者用打分的形式描述当前银行业小微企业金融服务创新的活跃程度，从 1 分到 5 分，分值越高表示创新程度越高。调查结果显示，超过八成的受访者给出了 3 及 3 以上的分数，平均值为3. 34 分，较2017 年调查结果3. 03 分上升了10. 23%，中位数仍为3 分。商业银行在小微企业金融服务产品创新方面的活跃度有所增加（见附图9）。

附图 9　受访者对银行业小微企业金融服务创新活跃程度的评价

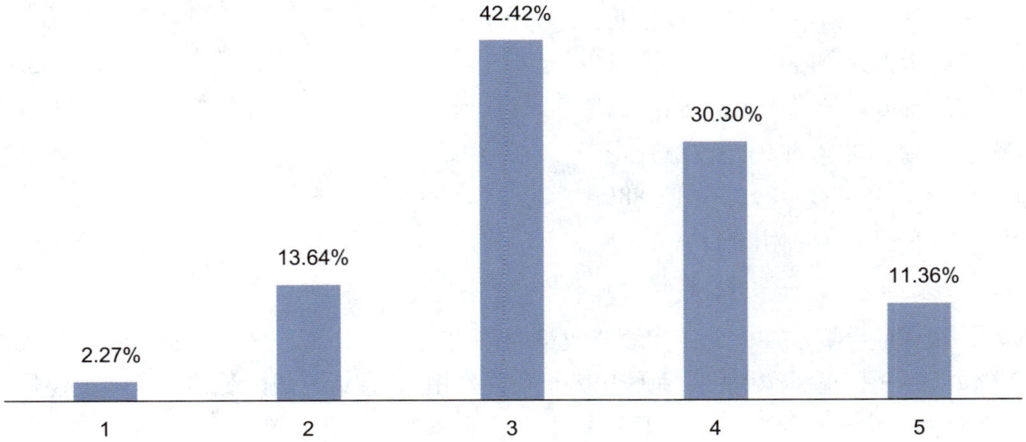

6. 政策助力对商业银行小微金融服务的影响

2018 年以来助力小微企业融资政策频出，我们请受访者评价相关政策对商业银行小微金融服务上的促进作用。受访者认同度最高的政策为“将普惠型小微企业贷款不良率容忍度放宽至不高于各项贷款不良率3 个百分点”，其他政策认同度由高至低分别是“人民银行四次定向降准支持小微企业融资”“加大金融机构小微企业贷款利息收入免征增值税优惠力度”“设立国家融资担保基金并对基金支持的融资担保公司支持小微企业融资提出要求”等（见附图10）。

附图 10　受访者对各政策效果的评价

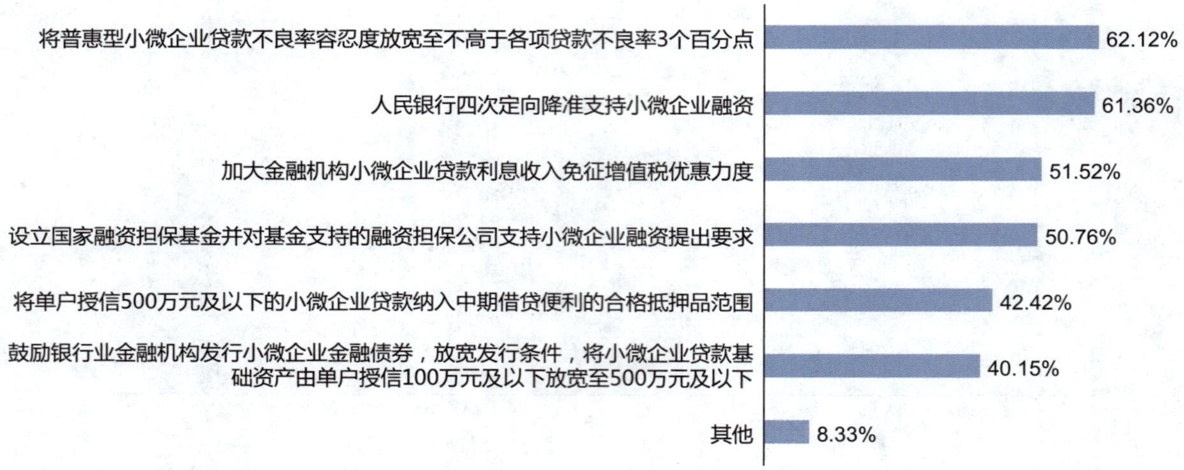

注：此问题为多选题，所有观点的比例加起来可能大于1。

7. “两增两控”监管目标对商业银行小微金融服务的影响

2018 年，监管层提出“两增两控”的新目标，即单户授信总额 1000 万元以下小微企业贷款增速不低于各项贷款增速，有贷款余额的户数不低于上年同期水平；合理控制小微企业贷款资产质量水平和贷款综合成本（包括利率和贷款相关的银行服务收费）水平。我们请受访者评价所在银行实现“两增两控”目标的难度。接近半数的受访者认为有一定难度（包括非常难和比较难），有 40.15% 的受访者认为难度一般，仅 12.88% 的受访者认为难度较小（见附图 11）。

附图 11　受访者对所在银行实现“两增两控”目标难度的评价

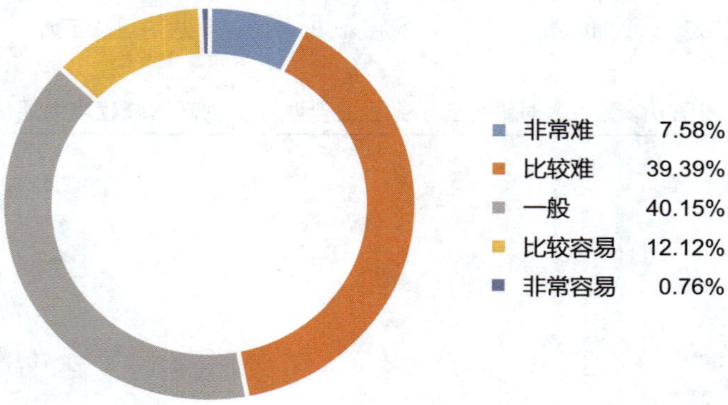

8. 加大无还本续贷政策力度对商业银行小微金融服务的影响

2018 年，银保监会要求加大无还本续贷政策的落实力度，对此，超过七成的受访者认为主要是正面作用（包括完全是正面作用和正面作用大于负面作用），接近三成的受访者认为主要是负面作用（包括完全是负面作用和负面作用大于正面作用）（见附图 12）。

9. 普惠型小微企业贷款考核口径的调整对商业银行的影响

2018 年，银保监会将普惠型小微企业贷款的考核口径由“单户授信总额小于 500 万元”调整为“单户授信总额小于 1000 万元”，2019 年，央行也将普惠金融定向降准小型和微型企业贷款考核标准做了上述调整。超过八成的受访者认为此举的影响是积极的（包括只有正面作用、正面作用大于负面作用两种情况），接近 10% 的受访者此举的负面作用明显（包括只有负面作用、负面作用大于正面作用两种情况）（见附图 13）。

附图 12　受访者对加大无还本续贷政策力度的评价

附图 13　普惠型小微企业贷款考核口径调整对商业银行的影响

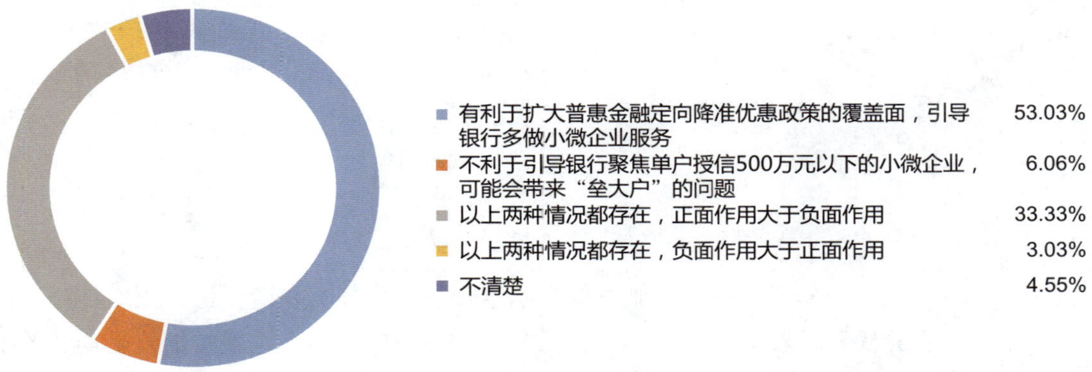

10. 互联网银行对传统商业银行小微金融服务的影响

我们请受访者评价当前互联网银行（如网商银行、微众银行等）与传统商业银行在小微金融服务领域的竞争关系。从1～5分，分值越高代表竞争越激烈。调查结果显示，超过八成的受访者选择了3及3以上的数值，平均值为3.47，中位数为3。可见，互联网银行与传统商业银行在小微金融服务领域已经产生竞争（见附图14）。

附图 14　受访者对互联网银行和传统商业银行间竞争程度的评价

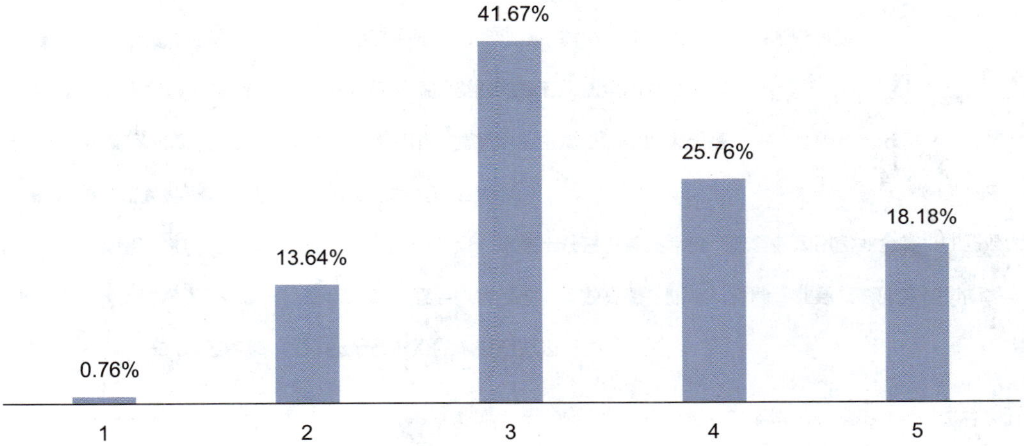

11. 新兴行业的发展对传统商业银行小微金融服务的影响

我们请受访者评价互联网金融、共享经济等新兴行业陆续进入洗牌阶段，对所在银行小微金融服务造成的影响。超过六成的受访者认为新兴行业的洗牌对商业银行主要是正面影响（包括只有正面影响和正面影响大于负面影响），有20.45%的受访者认为主要是负面影响（包括只有负面影响和负面影响大于正面影响），还有12.12%的受访者认为新兴行业的洗牌对商业银行没有影响（见附图15）。

附图15　受访者对新兴行业发展对商业银行影响的评价

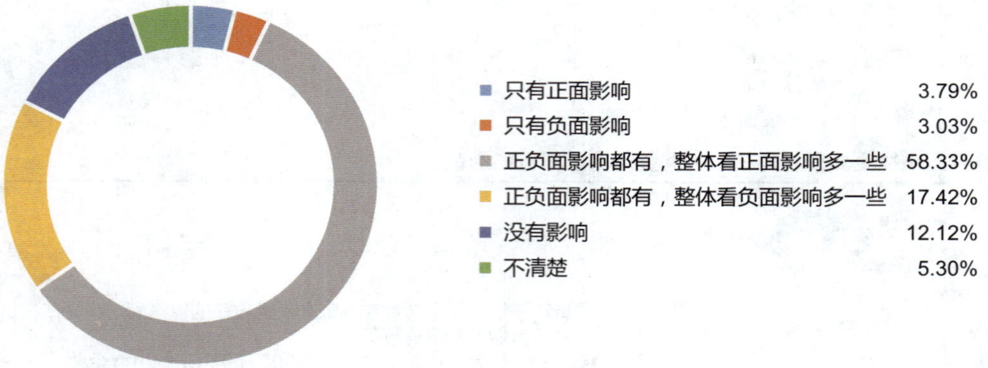

12. 金融科技对小微金融的影响

我们将当前金融科技对小微企业金融服务的影响进行了具体分类并请受访者依次打分，根据受访者给出的评分（1分代表尚未起作用，5分代表作用非常明显），各个选项按加权平均分数由高至低排序依次为："银行触达客户的能力提高，小微企业业务的获客更加便利"（3.98分）、"基于互联网全流程在线的网络贷款产品开发"（3.98分）、"基于大数据的小微企业精准营销和交叉销售"（3.92分）、"供应链金融线上化"（3.88分）、"基于大数据的小微企业信用风险管理（包括数量化打分卡技术、反欺诈技术等）"（3.87分）以及"借助IPAD等移动设备实现移动展业、调查、审批，提高效率，防范客户经理道德风险"（3.84分）（见附图16）。与2017年的调查相比，各选项的排序未发生变化，但整体分值明显提高，反映出金融科技在多个方面对小微企业金融服务的促进作用进一步凸显。

附图16　受访者对于金融科技在不同方面影响小微金融服务程度的评价

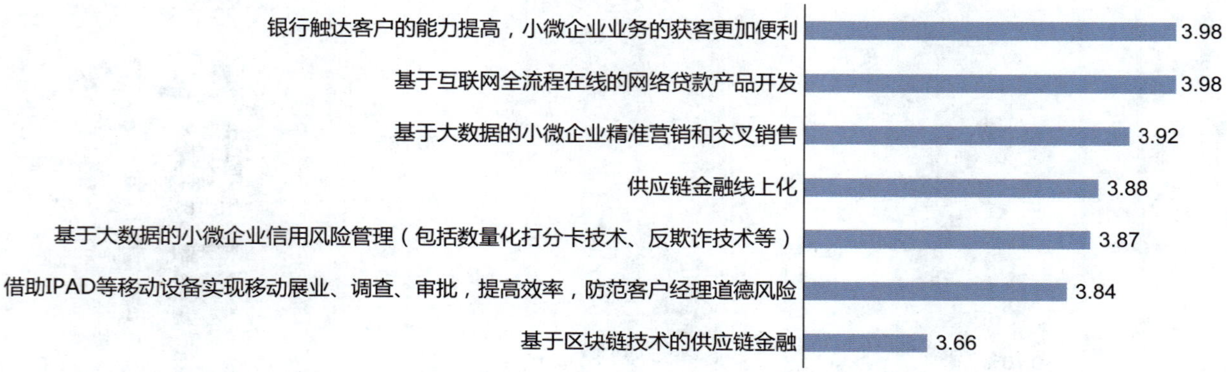

注：计算各选项加权平均分时剔除了各选项回答"不清楚"的问卷。

13. 商业银行小微企业金融服务表现的整体评价

我们请受访者用不超过 10 个字来概括商业银行小微企业金融服务 2018 年以来的表现，“政策推动”成为出现频率最高的关键词，“风险加剧”“规模增加”“创新服务”及“可圈可点”等关键词出现频率也较高。反映出政策推动下的小微企业金融服务发展在规模和服务上取得了一定的成绩，但受访者对由此带来的风险存有隐忧。“竞争加剧”“努力奋进”“转型发展”“稳步发展”等关键词也多次出现，反映出在小微企业金融服务市场竞争加剧的大环境下，银行主动转型、积极应对。同时，我们还注意到“乏善可陈”“成效不大”等词出现频率较高，表明仍有部分受访者认为商业银行小微企业金融服务表现一般（见附图 17）。

附图 17　受访者对商业银行 2018 年以来小微企业金融服务表现的评价

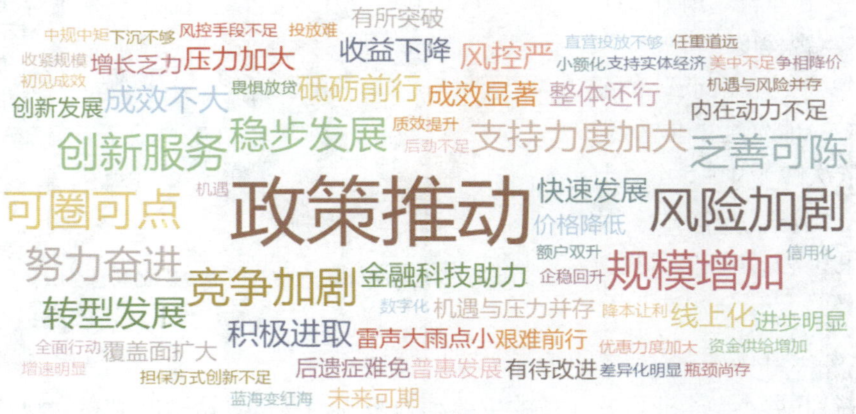

在此次调查中，我们还请受访者写出他们心目中 2018 年以来小微企业金融服务领域表现最好的 3 家银行。建设银行继续位居第一，是受访者心目中服务小微企业表现最佳的银行。六大行中除建设银行外，农业银行、工商银行也获得较高评价，新加入的邮储银行表现也比较突出；股份制商业银行中民生银行、招商银行名列前茅；城商行中泰隆银行受到青睐；互联网银行中的网商银行表现也十分抢眼（见附图 18）。

附图 18　受访者对 2018 年以来最佳小微金融服务商业银行的评价

三、受访者所在银行小微企业金融服务发展现状

（一）小微企业金融服务发展状况

1. 对小微企业业务的重视程度

受访者所在银行对小微企业业务的重视程度总体很高。超过 80% 的受访者表示所在银行对小微企业业务的重视程度“较高”或“非常高”，其中，56.49% 的受访者表示所在银行对小微企业业务重视程度“非常高”，而认为“较低”或“非常低”的受访者仅有 0.76%。对选项“非常低”到“非常高”依次赋予 1～5 分，计算出的加权评价分为 4.42 分，比 2017 年调查结果 3.97 分有显著提升（见附图 19）。

附图 19　受访者对小微企业业务重视程度的评价

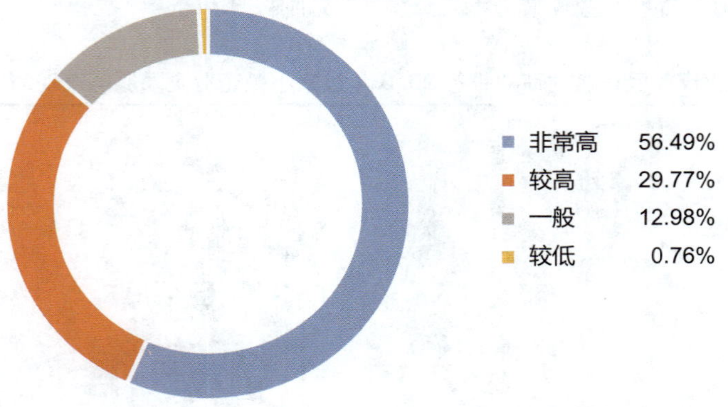

注：计算比例时剔除了回答“不清楚”的问卷（1 份）

2. 开展小微企业贷款的主要动力来源

关于商业银行开展小微企业贷款业务的主要动力来源，受访者认同度最高的观点是“拥有为数众多的小微企业客户，有利于银行稳定发展”，其加权平均分为 4.10 分（剔除“不清楚”的回答，下同）。“金融科技的应用使得小微企业贷款变得有利可图”和“小微企业业务可以产生更多的交叉销售机会”的加权平均分并列第二，为 3.73 分。与 2017 年的调查结果相比，此前三项的排序未发生变化，分值也差异不大。其他选项按照加权平均分由高至低依次为“响应国家号召和监管层的要求，内在动力其实不大”（3.50 分）、“大中型客户金融脱媒进一步加剧，只能开发小微企业客户资源”（3.23 分）和“小微企业有定价优势，能够带来更高的收益”（3.23 分）。与 2017 年的结果相比，“响应国家号召和监管层的要求，内在动力其实不大”选项的分值提高 9%，排名上升两位，而“小微企业有定价优势，能够带来更高的收益”选项的分值下降 11.7%，排名跌至最后一位（见附图 20）。

附图 20　受访者对于所在银行开展小微企业贷款业务动力来源的评价

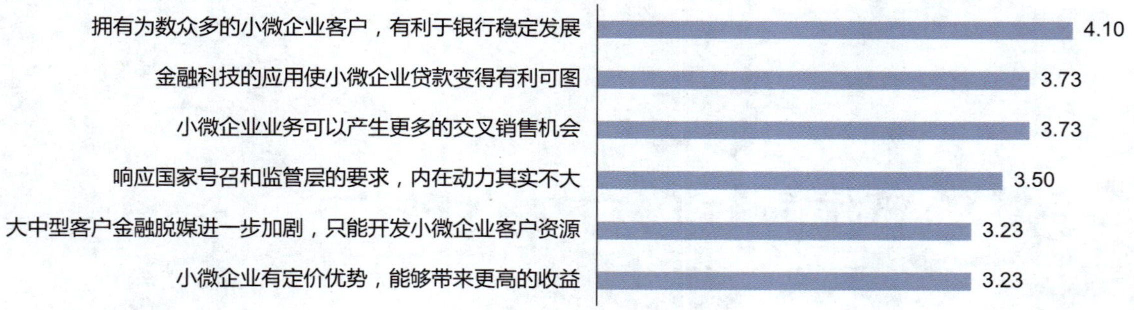

注：计算各选项加权平均分时剔除了各选项回答“不清楚”的问卷。

3. 小微企业贷款规模和贷款户数

对于所在商业银行2018年小微企业贷款规模的变化，超过90%的受访者表示增加（包括“有所增加”和“显著增加”），与2017年调查结果67.2%相比有显著上升。只有5.31%的受访者表示下降（包括“有所下降”和“显著下降”），该比例较2017年调查结果23.1%显著下降。

对于所在商业银行2018年小微企业贷款户数的变化，超过90%的受访者表示增加（包括“有所增加”和“显著增加”），与2017年调查结果65.6%相比有显著上升。只有6.07%的受访者表示下降（包括“有所下降”和“显著下降”），该比例较2017年调查结果24.2%显著下降。

反映两者的增长情况保持同步的受访者占比达84.85%，规模增长优于户数增长的占7.58%，户数增长优于规模增长的占7.58%（见附图21、附图22）。

附图21　受访者对小微企业贷款规模和贷款户数的评价

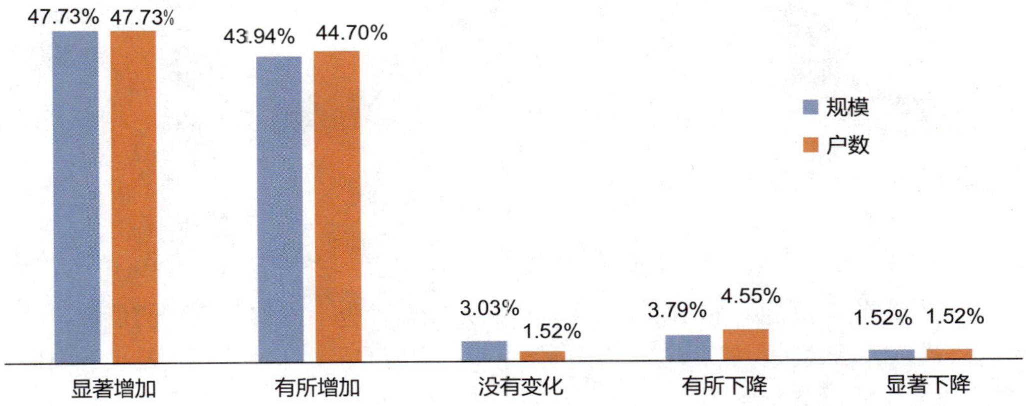

附图22　受访者对小微企业贷款规模和贷款户数评价的比较

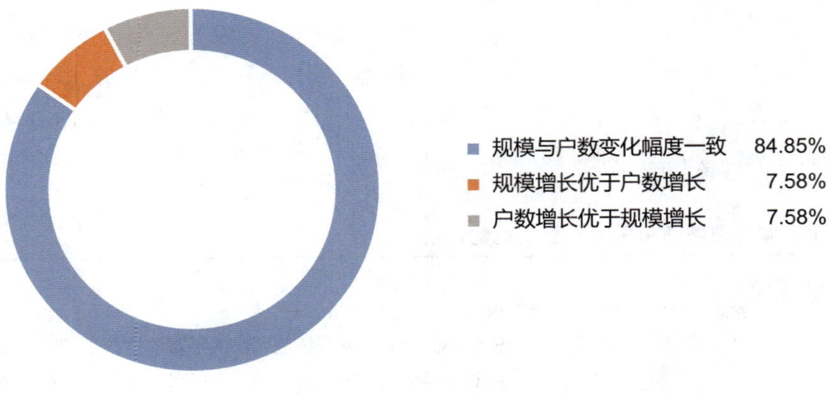

4. 小微企业贷款审批通过率

对于所在商业银行小微企业贷款审批通过率，认为“较高”或“非常高”的受访者有55.72%，认为“较低”或“非常低”的受访者有10.69%。对各选项从“非常低”到“非常高”依次赋予1~5分，计算出的加权平均分值为3.50分，较2017年调查结果3.21分有所提升（见附图23）。

5. 小微企业不良贷款的容忍度

关于所在银行对小微企业不良贷款的容忍度，近40%的受访者认为高（包括“较高”和“非常高”），35.61%的受访者认为“一般”，而认为低（包括“较低”和“非常低”）的受访者有24.25%。对各选项从“非常低”到“非常高”依次赋予1~5分，计算得出加权平均分为3.17分，该分值较2017年调查结果2.83分提高了12%（见附图24）。由此可见，当前，商业银行对小微企业不良贷款的容忍度明显提高，处于中等偏上水平。

附图23　受访者对小微企业贷款审批通过率的评价

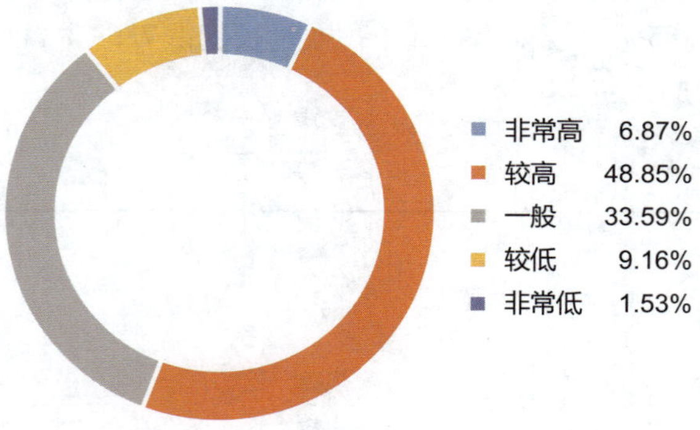

注：计算比例时剔除了回答“不清楚”的问卷（1份）

附图24　受访者对小微企业不良贷款容忍度的评价

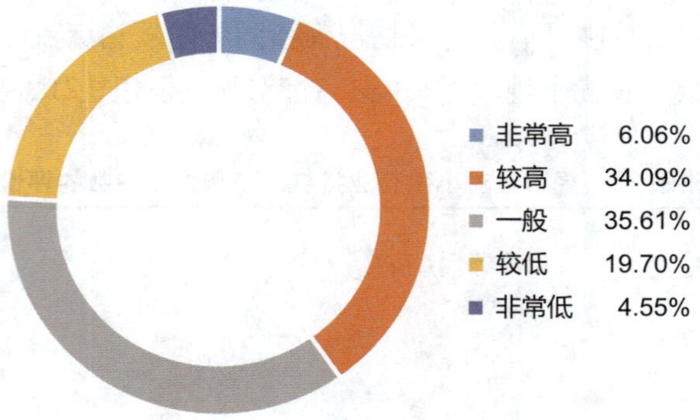

6. 小微企业纯信用贷款发放与占比情况

关于所在银行发放小微企业纯信用贷款（无担保无抵质押也不追加保证）的情况，超过七成受访者表示所在银行“发放过”。但反映纯信用贷款上一定规模的受访者比例仍不高，其中，表示“只对小微企业主发放纯信用个人经营性贷款，已有一定规模”的达5.30%，表示“只对小微企业主发放纯信用的对公贷款，已有一定规模”的仅为6.06%，表示“对公对私的小微企业纯信用贷款都有，已有一定规模”的为21.97%；此外，在初具规模的纯信用贷款中，表示“对公对私的小微企业纯信用贷款都有”的受访者比例最高。

与2017年的调查相比，受访者表示所在银行发放纯信用贷款的比重明显上升。其中，表示“对公对私的小微企业纯信用贷款都有，已有一定规模”占比上升最大，增加了18.77个百分点，由此可见，商业银行纯信用贷款有所发展（见附图25）。

附图25　受访者对于小微企业纯信用贷款发放情况的评价

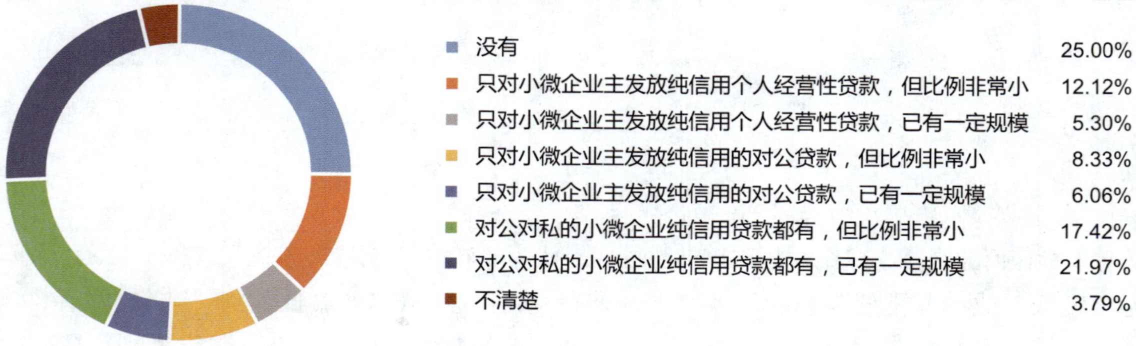

我们进一步对选择“已有一定规模”的44位受访者进行调查。其中，超过八成的受访者表示纯信用贷款的占比不超过50%，七成以上的受访者认为纯信用贷款的占比不超过30%（见附图26）。

附图26　受访者对于小微企业纯信用贷款占比的评价

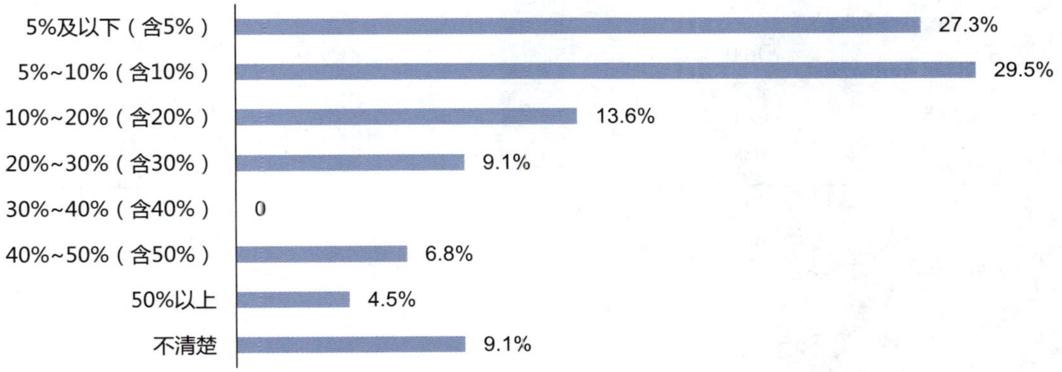

（二）小微企业金融服务工作状况

1. 小微企业信贷尽职免责制度

2018年我们继续关注商业银行落实小微企业信贷尽职免责制度的具体情况。有七成的受访者表示所在银行已落实小微企业信贷尽职免责制度，相比2017年的调查结果相比有所上升。

我们以打分的形式请受访者对尽职免责制度的作用进行评价，其中1分代表尚未起作用，5分代表作用十分明显。结果表明，超过75%的受访者选择了3及3以上的数值，平均值为3.14，中位数为3。可见，尽职免责制度的实施对拓展小微企业信贷服务起到了一定的促进作用（见附图27、附图28）。

附图27　受访者对所在银行小微企业信贷尽职免责制度落实情况的评价

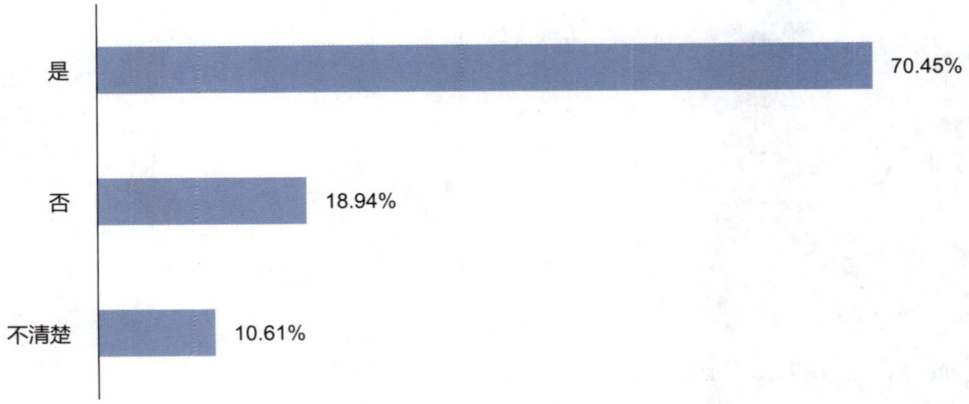

附图 28　受访者对所在银行小微企业信贷尽职免责制度作用的评价

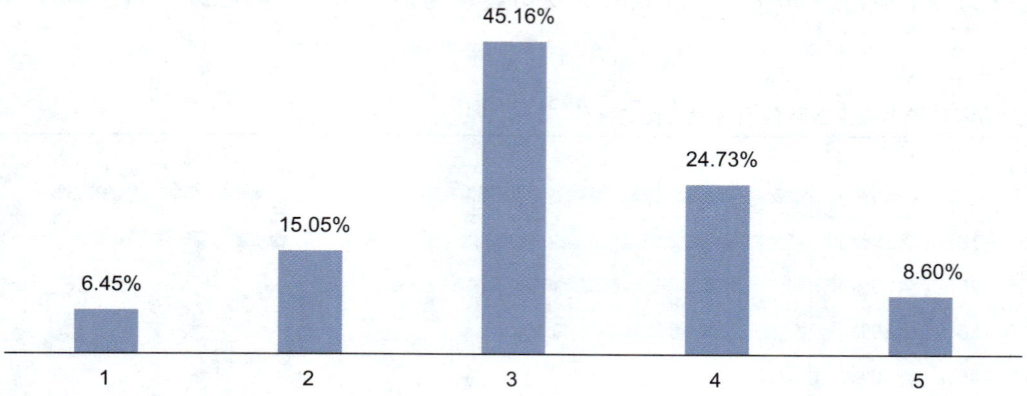

注：1 代表尚未起作用，5 代表作用非常明显。已剔除未作答的问卷（39 份）。

2. 小微金融经理人的工作压力

（1）小微企业贷款的业绩压力

受访者对小微企业贷款业绩压力的评价整体处于较高水平。调查发现，超过 60% 的受访者表示小微企业贷款业绩压力高（包括“较高”和“非常高”）。超过 10% 的受访者表示压力低（包括“较低”和“非常低”）。对各选项从“非常低”到“非常高”依次赋予 1 ~ 5 分，计算出的加权平均分值为 3.68 分，整体来看，受访者承担的小微企业贷款业绩压力与 2017 年调查结果基本持平（见附图 29）。

（2）平均工作强度

60.61% 的小微金融经理人反映经常加班，与 2017 年调查结果相比，这一比重有所下降。37.88% 的小微金融经理人反映偶尔加班，仅 1.52% 的小微金融经理人回答从不加班。整体来看，受访者的平均工作强度仍相对较大（见附图 30）。

附图 29　受访者对小微企业贷款业绩压力的评价

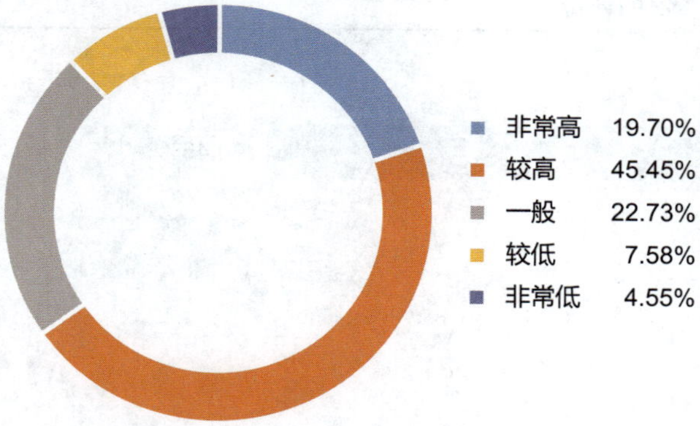

附图 30　受访者对于工作强度的评价

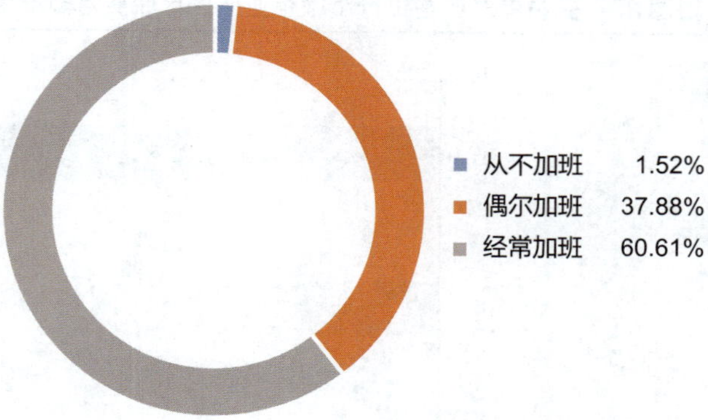

（3）小微企业业务的业绩压力来源

关于 2018 年小微企业业务的业绩压力来源，受访者给出的看法排在前三位的依次为“增量客户开拓压力”“不良率控制考核”和“贷款业绩考核”，这一结果与 2017 年的调查结果一致（见附图 31）。

附图 31　受访者的小微企业业务的业绩压力来源

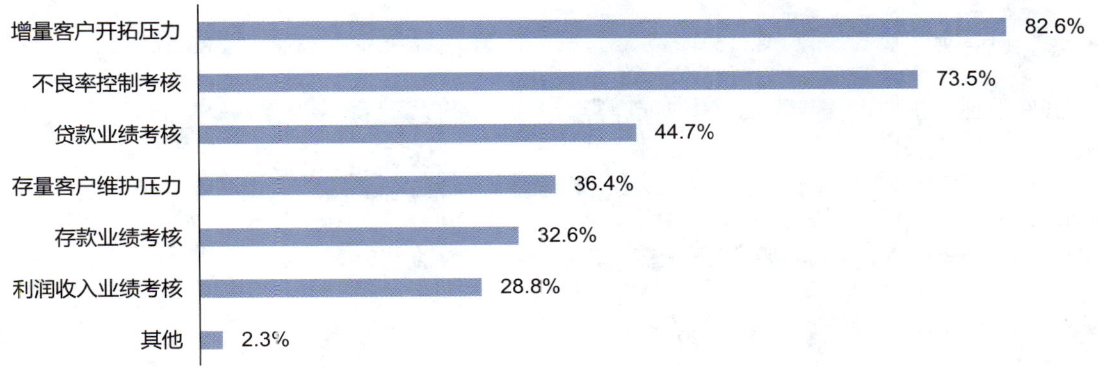

注：此问题为多选题，所有观点的比例加起来可能大于 1。

3. 小微金融经理人的薪酬情况

（1）差异化激励措施的实施

关于所在银行是否实施特殊的差异化激励措施来鼓励员工做好小微企业业务，调查结果显示，超过六成的受访者反映其所在银行采取了差异化的激励措施，有 26. 52% 的受访者表示其所在银行尚未实施，还有 9. 09% 的受访者表示不清楚（见附图 32）。

（2）小微金融经理人对目前薪酬的评价

在小微金融经理人对其目前薪酬待遇的评价中，超过半数的受访者表示目前薪酬待遇一般，四分之一的受访者表示满意（包括非常满意和比较满意），两成的受访者表示对目前的薪资待遇不满意（包括不太满意和非常不满意）。整体来看，受访者对薪酬待遇满意度不高。

此外，我们还对不同银行类型受访者的评价进行比较分析，给各选项分别赋分并进行加权平均，其中“非常不满意”为 1 分，“非常满意”为 5 分，结果显示不同银行类型的小微经理人对薪酬的满意程度差距较大，民营银行的受访者满意程度最高（3. 25 分），接下来依次为股份制商业银行（3. 16 分）、城市商业银行（3. 16 分）、国有六大商业银行（3 分）和农村商业银行（2. 83 分）（见附图 33、附图 34）。

附图 32　银行实施差异化激励措施的情况

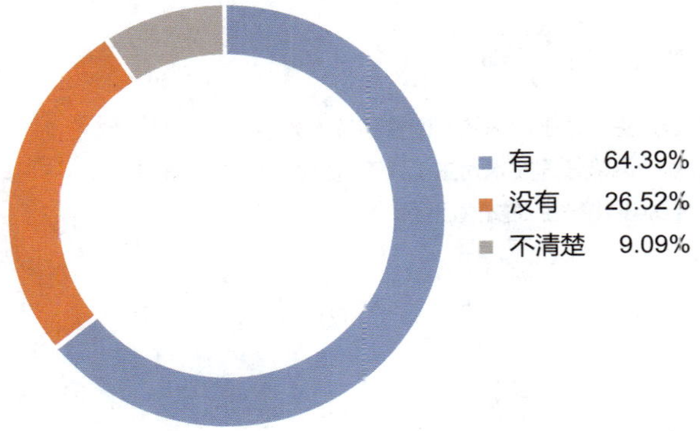

附图 33　小微金融经理人对目前薪酬的评价

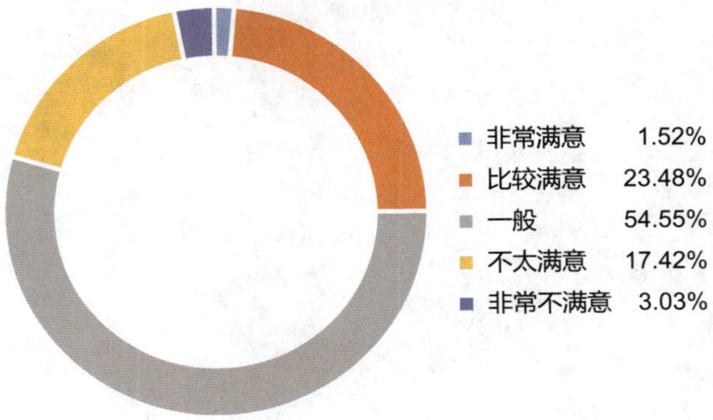

附图 34　不同银行类型中小微金融经理人对目前的薪酬评价比较

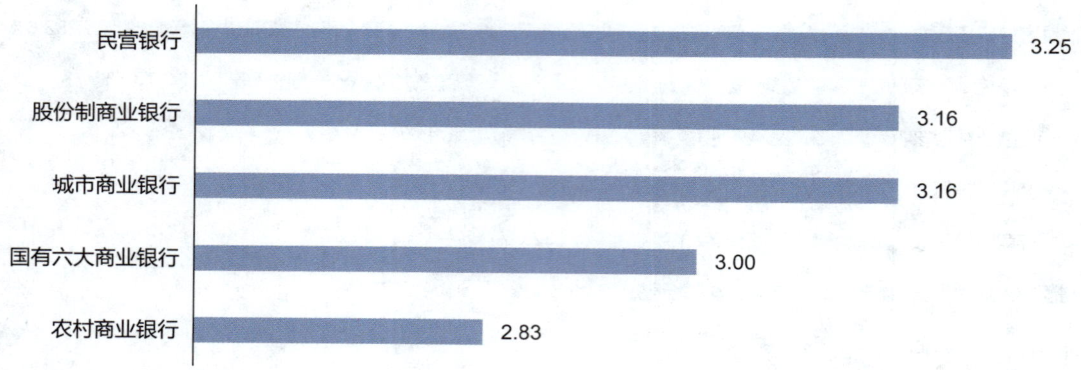

4. 小微企业风险管理与信用数据来源

（1）小微企业信用风险管理中基于数据的风险管理技术的使用情况

对于信用风险管理中基于数据的风险管理技术的使用情况，有接近七成的受访者反映其所在银行使用了基于数据的风险管理技术。在上述受访者中，41.57%的受访者表示“人工判断为主，基于数据的风险管理技术为辅”，33.71%的受访者表示“基于数据的风险管理技术为主，人工判断为辅”，24.72%的受访者表示“对一定类别的小微企业贷款已经完全实现数据驱动的信用风险管理”。整体来看，与2017年的调查结果相比，基于数据的风险管理技术在商业银行中进一步普及（见附图35、附图36）。

附图 35　受访者所在银行是否使用基于数据的风险管理技术

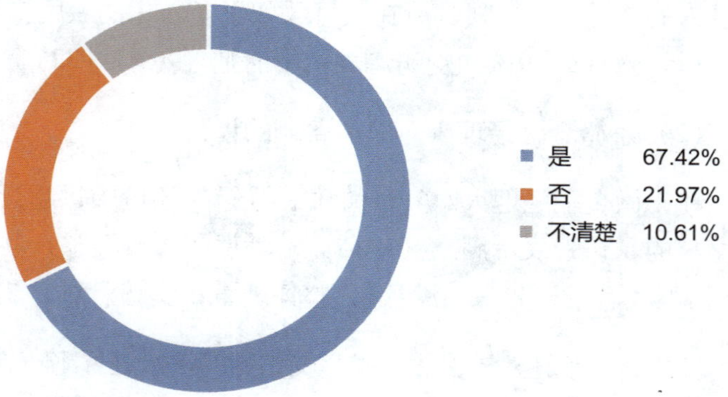

附图 36　受访者所在银行使用基于数据的风险管理技术的情况

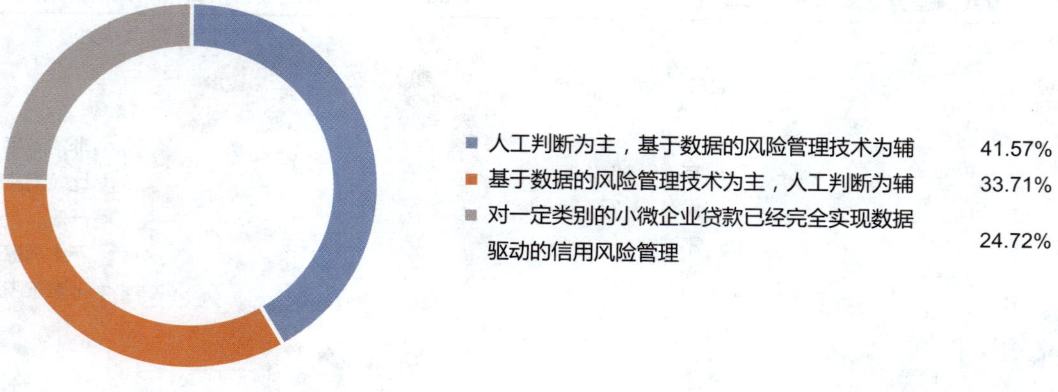

注：计算比例时已剔除未作答问卷（43份）。

（2）银行使用人民银行以外的信用数据的情况

根据调查结果，人民银行以外信用数据在银行对小微企业及企业主信用风险评价中的使用程度仍然较低。仍有超过六成的受访者表示所在银行仅以人民银行的信用数据为依据，28.0%的受访者表示所在银行已使用人民银行以外的信用数据，这一比例较2017年略有上升，其中排在前三位的外部数据来源依次为阿里旗下的芝麻信用，腾讯旗下的深圳前海征信，中诚信征信和百行征信并列第三（见附图37、附图38）。

附图37　受访者所在银行是否使用人民银行以外的信用数据

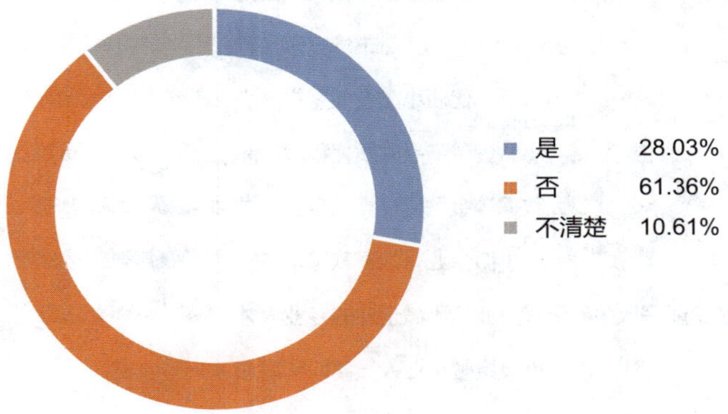

附图38　受访者所在银行使用的人民银行以外信用数据的来源

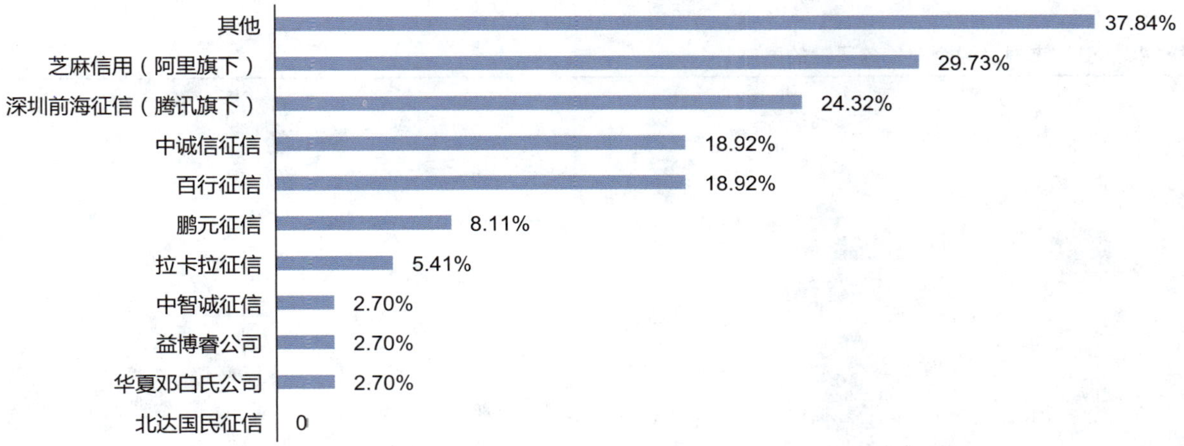

注：此问题为多选题，所有观点的比例加起来可能大于1。

此题有效问卷数为37份。

在非空的“其他”选项中，受访者主要提到了启信宝、微众税银、同盾数据等机构。

四、　小微企业金融服务市场发展展望

1. 小微企业金融服务面临的挑战

对于2019年商业银行小微企业金融服务领域面临的挑战，在受访者的回答中，最为普遍的是“小微企业贷款风险上升”以及“市场竞争加剧”，而“优质小微企业客户减少”“小微金融产品同质化程度提高”“缺少大数据等金融科技类的专业人才”也被较多受访者选择（见附图39）。

2. 小微企业贷款风险状况

超过七成的受访者认为2019年小微企业贷款风险将会增加，与2017年调查结果相比，该比例明显上升。仅13.6%的受访者认为2019年小微企业贷款风险将会有所降低。反映出受访者对于2019年小微企业的贷款风险不太乐观（见附图40）。

附图 39　受访者对小微企业金融服务面临挑战的展望

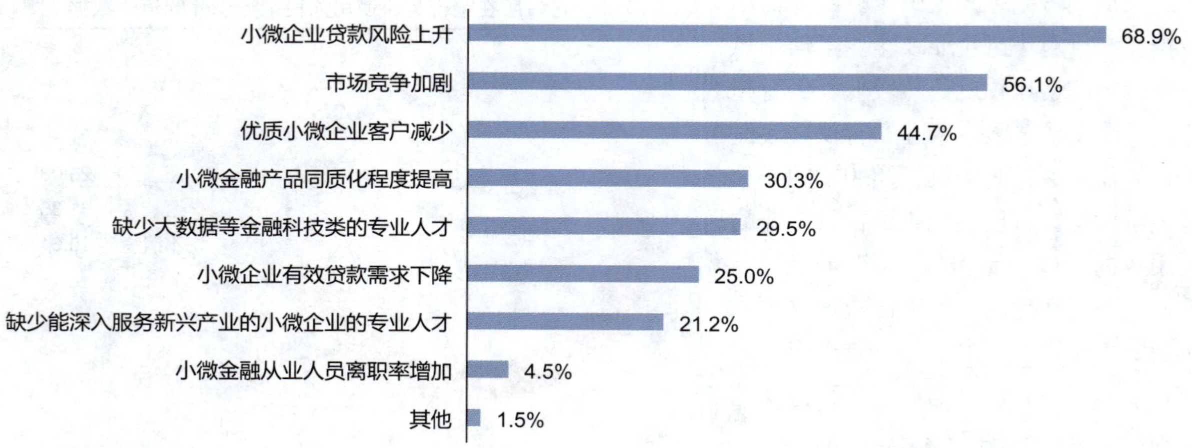

注：此问题为多选题，所有观点的比例加起来可能大于 1。
“小微金融产品同质化程度提高”为 2018 年新增选项。

附图 40　受访者对小微企业贷款风险的展望

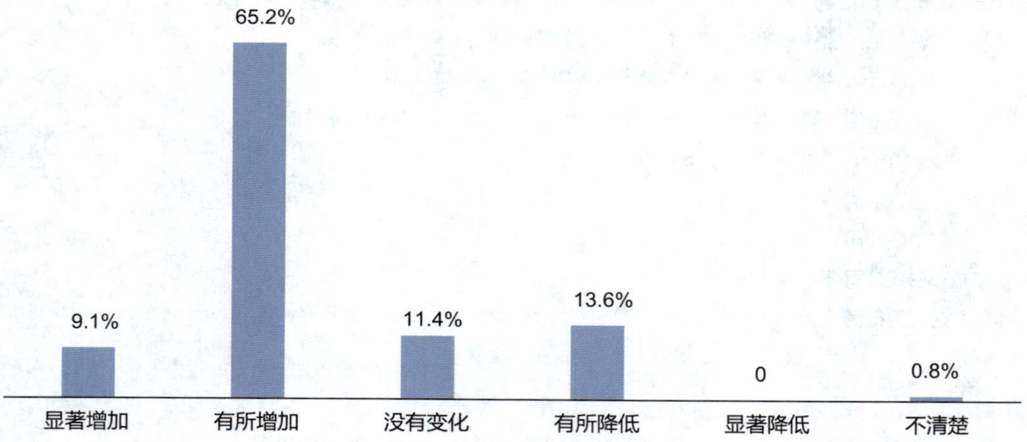

3. 小微企业金融服务市场竞争

超过 85% 的受访者预期 2019 年小微企业金融服务市场竞争增加，该比例与 2017 年的调查结果相比明显上升（见附图 41）。

4. 小微企业有效贷款需求

超过 70% 的受访者预期 2019 年小微企业有效贷款需求将会增加，16.7% 的受访者预期小微企业有效贷款需求会下降，与 2017 年调查结果相比，预期贷款需求会下降的受访者比例显著增加（见附图 42）。

5. 小微企业贷款利率水平

在 2017 年的调查中，超过六成的受访者预测小微企业贷款利率将增加（包括显著增加和有所增加），与 2017 年的预测结果截然相反，2018 年超过六成的受访者预测小微企业贷款利率将降低（包括显著降低和有所降低），这与监管层“两增两控”要求的落实有一定关系（见附图 43）。

附图 41　受访者对小微企业金融市场服务竞争程度的展望

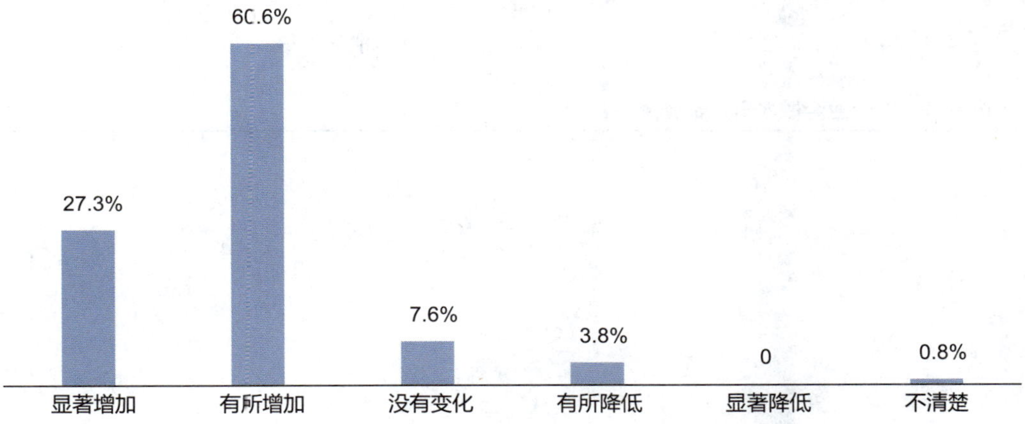

附图 42　受访者对小微企业有效贷款需求的展望

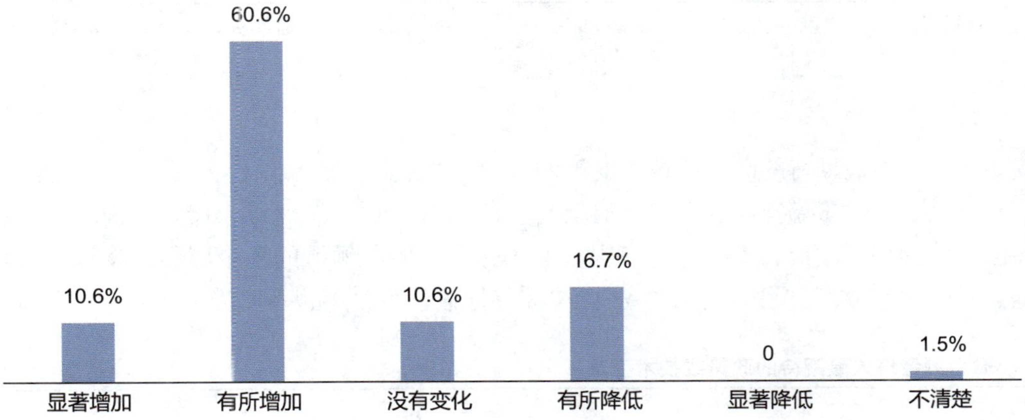

附图 43　受访者对小微企业贷款利率水平的展望

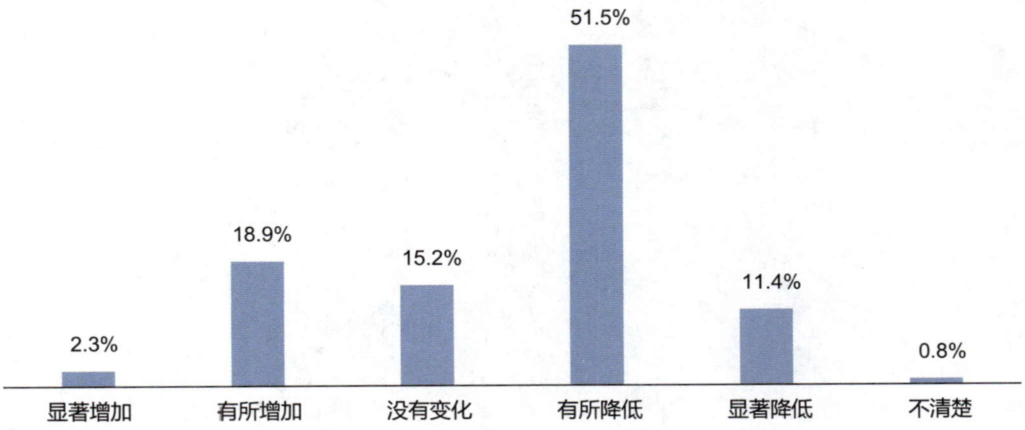

6. 小微企业金融服务产品创新活跃度

有90%以上的受访者预期2019年小微企业金融服务产品创新活跃度将增加（包括显著增加和有所增加），与2017年的调查结果相比，这一比例明显上升（见附图44）。

附图44　受访者对小微企业金融服务产品创新的展望

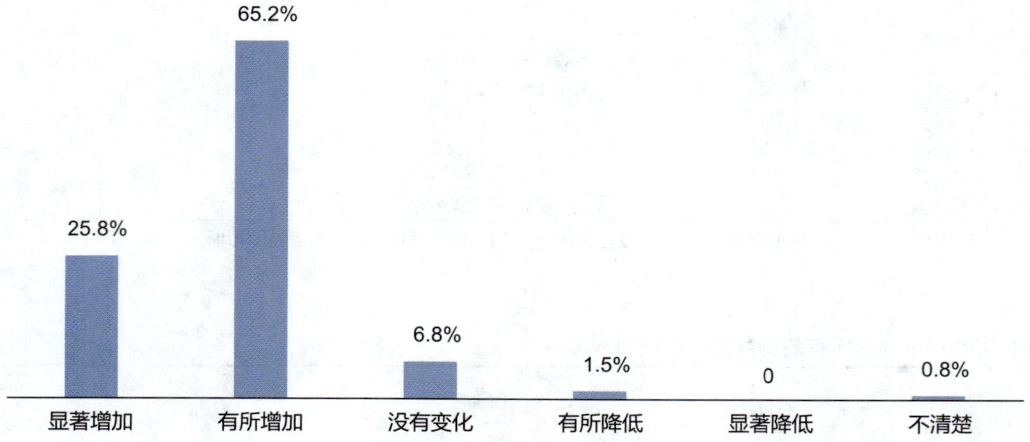

7. 最期待的政策或技术变革

在受访者心目中最期待的政策或技术变革调查中，“大数据技术”位列榜首，“风控技术创新”“信息共享”“提高不良贷款容忍度”“政府支持”等紧随其后。这一结果反映除围绕数据和技术开展的相关创新外，相关政策的支持也能在银行业小微金融服务领域的多个层面上发挥重要作用。另外，“落实尽职免责制度”“线上化”“减税”“完善征信体系”等也备受受访者期待（见附图45）。

附图45　小微金融经理人最期待的政策或技术变革

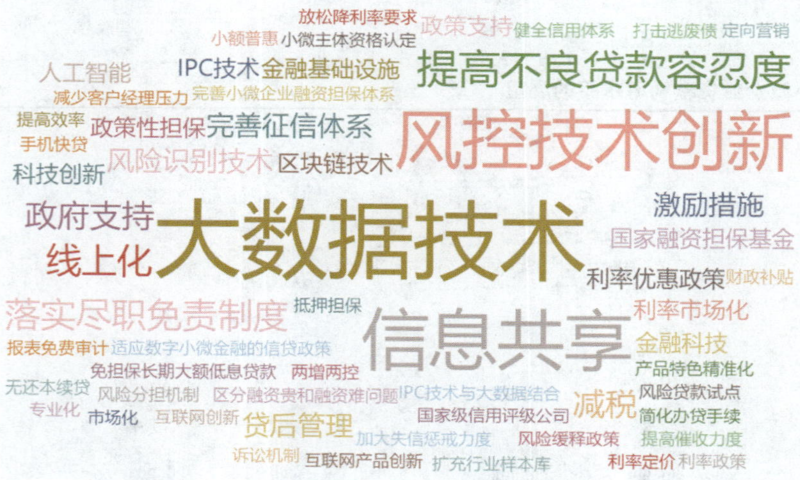